Rolf-Günther Nolden, Ernst Bizer, Julius Plasberg, Klaus Glötzel, Johannes Kolbe

Betriebswirtschaftslehre mit Rechnungswesen

für die Höhere Handelsschule

Band 1: Unterstufe

6. Auflage

Bestellnummer 7161.

Bildungsverlag EINS – Stam

www.bildungsverlag1.de

Gehlen, Kieser und Stam sind unter dem Dach des
Bildungsverlages EINS zusammengeführt.

Bildungsverlag EINS
Sieglarer Straße 2, 53842 Troisdorf

ISBN 3-8237-**7161**-2

Inhaltsverzeichnis

Teil II: Rechnungswesen

Verzeichnis der verwendeten Abkürzungen

%	Prozent
§	Paragraf
§§	Paragrafen
A	Aktiva
a. L. u. L.	aus Lieferungen und Leistungen
AB	Anfangsbestand
Abs.	Absatz
AfA	Absetzung für Abnutzung
AG	Aktiengesellschaft
AGB	Allgemeine Geschäftsbedingungen
AktG	Aktiengesetz
Amp.	Ampère
AO	Abgabenordnung
AR	Ausgangsrechnung
AÜ	Abschlussübersicht
Aufl.	Auflage
Aufw.	Aufwand
ausschl.	ausschließlich
Azubi	Auszubildende, Auszubildender
BDSG	Bundesdatenschutzgesetz
Best.-V.	Bestandsveränderungen
BetrVG	Betriebsverfassungsgesetz
BGB	Bürgerliches Gesetzbuch
bzw.	beziehungsweise
CD	Compact Disc
Co.	Kompanie
d. h.	das heißt
Darl.	Darlehen
DFÜ	Datenfernübertragung
Dr.	Doktor
DTA	Datenträgeraustausch
e. K., e. Kfm.	eingetragener Kaufmann
e. Kfr.	eingetragene Kauffrau
e. V.	eingetragener Verein
EB	Endbestand
EDV	elektronische Datenverarbeitung
EG	eingetragene Genossenschaft
Einh.	Einheit
einschl.	einschließlich
E-Mail	elektronische Post
engl.	englisch
ER	Eingangsrechnung
Ertr.	Ertrag
EStG	Einkommensteuergesetz
EStR	Einkommensteuer-Richtlinien
EU	Europäische Union
EUR	Euro
evtl.	eventuell
f.	und die folgende Seite/der folgende Paragraf
Fax	Telefax
FE	Fertige Erzeugnisse
ff.	und die folgenden Seiten/die folgenden Paragrafen
frz.	französisch
GbR	Gesellschaft bürgerlichen Rechts
Gebr.	Gebrüder
Gesch.-	Geschäfts-
GewO	Gewerbeordnung
ggf.	gegebenenfalls
GmbH	Gesellschaft mit beschränkter Haftung
GmbHG	GmbH-Gesetz
GoB	Grundsätze ordnungsmäßiger Buchführung
griech.	griechisch
GuV	Gewinn und Verlust
GVG	Gerichtsverfassungsgesetz
GWG	Geringwertige Wirtschaftsgüter
H	Haben
HGB	Handelsgesetzbuch
HRA	Handelsregister Abteilung A
HRB	Handelsregister Abteilung B
HV	Hauptversammlung
i. d. R.	in der Regel
i. V.	in Vollmacht
IHK	Industrie- und Handelskammer
IKR	Industriekontenrahmen
im Allg.	im Allgemeinen
Inh.	Inhaber
ISDN	Integrated Services Digital Network
ital.	italienisch

Kfz	Kraftfahrzeug
kg	Kilogramm
KG	Kommanditgesellschaft
KGaA	Kommanditgesellschaft auf Aktien
KiSt	Kirchensteuer
km	Kilometer
KSchG	Kündigungsschutzgesetz
Kt.	Konto
l	Liter
lat.	lateinisch
lfd.	laufend
Lkw	Lastkraftwagen
LSt	Lohnsteuer
LZB	Landeszentralbank
m	Meter
m^2	Quadratmeter
m^3	Kubikmeter
Min.	Minute(n)
Mio.	Million(en)
MuSchG	Mutterschutzgesetz
MwSt	Mehrwertsteuer
Nachf.	Nachfolger
Nr.	Nummer
NW	Nordrhein-Westfalen
oHG, OHG	offene Handelsgesellschaft
P	Passiva
PIN	persönliche Identifikationsnummer
Pkw	Personenkraftwagen
ppa.	per procura
PPS	Produktionsplanung und -steuerung
R	Richtlinie
S	Soll
S.	Seite
s.	siehe
SBK	Schlussbilanzkonto
sog.	so genannt
Soz.-Vers.	Sozialversicherung
St.-Kl.	Steuerklasse
Stck	Stück
Std.	Stunde(n)
TAN	Transaktionsnummer
Tel.	Telefon
u.	und
u. Ä.	und Ähnliche(s)
u. a.	unter anderem
u. a. m.	und andere(s) mehr
UB	Umbuchungsbeleg
UE	Unfertige Erzeugnisse
USt	Umsatzsteuer
UStG	Umsatzsteuergesetz
UWG	Gesetz gegen den unlauteren Wettbewerb
V	Volt
v. a.	vor allem
Verb.	Verbindlichkeiten
versch. Ktn.	verschiedene Konten
vgl.	vergleiche
VVaG	Versicherungsverein auf Gegenseitigkeit
z. B.	zum Beispiel
ZPO	Zivilprozessordnung

Teil: I

Betriebswirtschaftslehre

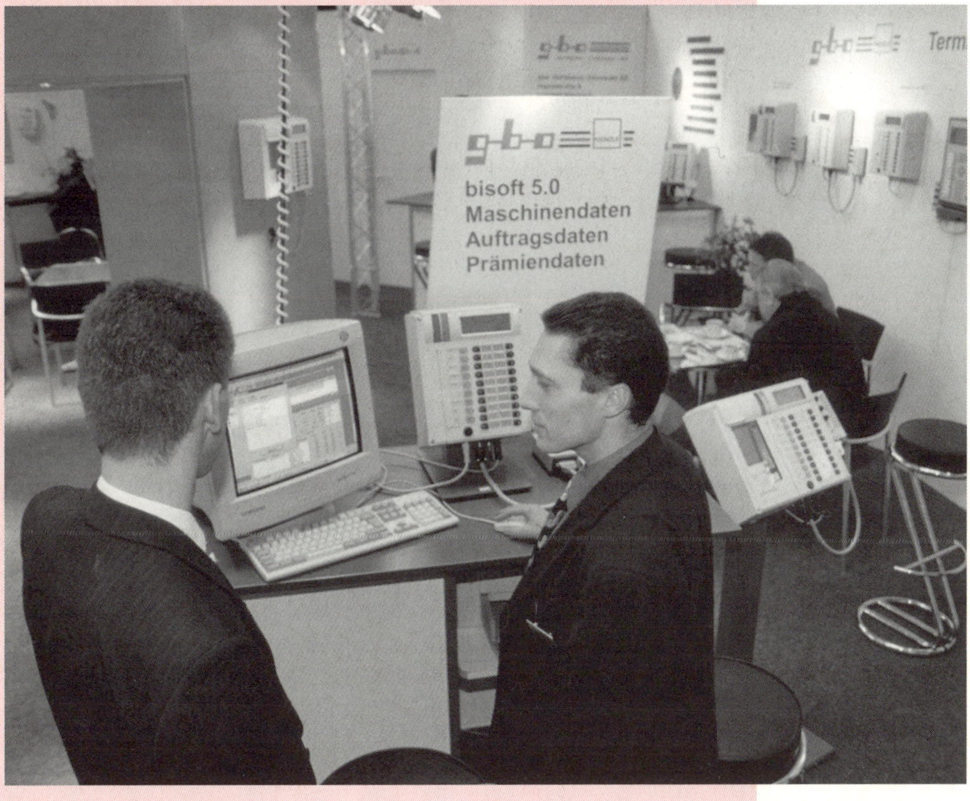

A

Einführung: Wesentliche Grundtatbestände der Unternehmung

1 Unternehmung und Betrieb

„Wir sind Erika und Roland Steiger, Eigentümer und Geschäftsführer eines mittelständischen Unternehmens, der Steiger GmbH in Wuppertal. Unsere Produkte: Hand- und Kleinmaschinen für Werkstatt- und Heimwerkerbedarf. Demnächst eröffnen wir einen Zweigbetrieb in Augsburg. Wir werden dadurch Kosten einsparen, unseren Marktanteil vergrößern und unseren Gewinn steigern."

Die Steiger GmbH ist eine **Unternehmung** (oder: Unternehmen). So nennt man die Träger der Güterproduktion. Unternehmungen sind rechtlich selbstständige Einheiten. Ihre Geschäftsleitung entscheidet über die Tätigkeiten der Unternehmung. Die Steiger GmbH hat einen Betrieb, demnächst zwei. Ein **Betrieb** ist eine Produktionsstätte, ein rechtlich unselbstständiger Teil der Unternehmung.

Im praktischen Gebrauch – selbst in der Fachsprache – geht man allerdings etwas nachlässig mit den beiden Begriffen um: **Man sagt oft Betrieb und meint Unternehmung.** (Das gilt auch für dieses Buch.)

2 Gewinn als Ziel; grundlegende Aufgaben

Die Produktion verursacht Kosten. Diese sind nur tragbar, wenn der Produktverkauf auf längere Sicht einen Überschuss, einen Gewinn, bringt.

Ein hoher Gewinn ist das oberste Unternehmungsziel.

Vom Gewinn lebt der Unternehmer.
Der Gewinn ist der Lohn für den Kapitaleinsatz.
Nur mit Gewinn kann die Unternehmung aus eigenen Mitteln wachsen.

In jeder Unternehmung muss eine Vielzahl von Aufgaben erfüllt werden. Dies zeigt schon das folgende Schema. Es ist sozusagen ein kleines Modell der Unternehmung.

Modell der Unternehmung

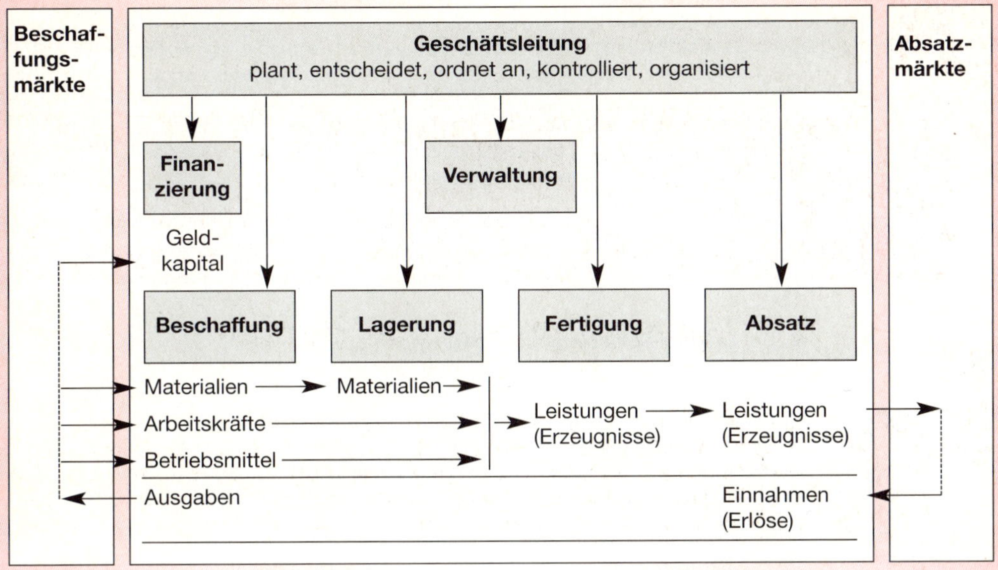

Grundlegende Aufgaben in einer Unternehmung sind Leitung, Beschaffung, Lagerung, Fertigung, Absatz, Verwaltung, Finanzierung.

- **Leitung:** Planen, Entscheiden, Anordnen, Kontrollieren, Organisieren
- **Beschaffung:** Einkauf von Betriebsmitteln, leitenden und ausführenden Arbeitskräften, Material, fertigen und unfertigen Erzeugnissen
- **Lagerung:** Aufbewahrung von Material bis zur Verarbeitung, von Produkten bis zum Abtransport
- **Fertigung:** Produktion der Erzeugnisse (der betrieblichen Leistungen)
- **Absatz:** Verkauf der Leistungen
- **Verwaltung:** Erfassung und Abrechnung aller betrieblichen Vorgänge sowie betreuende Tätigkeiten
- **Finanzierung:** Beschaffung von Geldkapital (finanziellen Mitteln)

Leitende Arbeitskräfte lenken das Betriebsgeschehen (an der Spitze die Geschäftsleitung).

Ausführende Arbeitskräfte erstellen die betrieblichen Erzeugnisse.

Betriebsmittel sind vor allem die Anlagen, Maschinen und Werkzeuge, mit denen die Erzeugnisse erstellt werden.

Material sind vor allem die Stoffe, die zu Erzeugnissen verarbeitet werden.

3 Entscheidungs- und Führungsprozesse

„Als Geschäftsführer haben mein Bruder und ich entschieden, wegen guter Absatzchancen einen Zweigbetrieb in Süddeutschland zu errichten. Auch unser leitendes Personal trifft Entscheidungen. Unser Verkaufsleiter zum Beispiel: Er hat kürzlich einer Verbrauchermarktkette, die wir als Kunden gewinnen konnten, einen Rabatt von 30 % eingeräumt. Und der Leiter eines Fertigungsleitstandes musste Arbeiter umsetzen, weil eine Maschine ausgefallen war."

Bei der Erfüllung ihrer Aufgaben sieht sich die Unternehmung immerzu vor neue Probleme gestellt.

Beispiele

- *Der Gewinn bleibt hinter den Erwartungen zurück.*
- *Der Umsatz in Hessen liegt unter dem Durchschnitt.*
- *Der Preis für Bohrhämmer deckt die Kosten nicht.*
- *Die Kunden verlangen technisch bessere Produkte.*
- *Die Produktionsverfahren veralten.*
- *Neue Wirtschafts-, Arbeits-, Umweltgesetze werden erlassen.*
- *Lieferer halten die vereinbarten Liefertermine nicht ein.*
- *Die eigene Zahlungsfähigkeit leidet, weil Kunden nicht zahlen.*
- *Ein Großauftrag muss zusätzlich eingeplant werden.*

Immer, wenn Probleme auftreten, müssen Entscheidungen gefällt werden.

- **Initiativen ergreifen:**
  - Probleme aufdecken
  - Ziele setzen
  - planen
- **Entscheidungen treffen**
- **Anordnungen treffen**
- **kontrollieren**

Die Geschäftsleitung trifft die wichtigsten Entscheidungen, die die Gesamtunternehmung betreffen. Andere Entscheidungen werden an die höheren, mittleren und unteren Führungskräfte delegiert (übertragen). Damit wird jeder Entscheidungsträger auch Träger von **Führungsaufgaben:**

Initiativaufgabe[1]

Initiativ tätig sein bedeutet: Prozesse in Gang setzen.

Es ist die Aufgabe der Unternehmensleitung, die notwendigen Betriebsprozesse in Gang zu setzen und in Gang zu halten. Sie legt z. B. jährlich das Gewinnziel fest. Daraus ergeben sich alle Unterziele wie kostengünstiger Einkauf, knappe, aber ausreichende Lagerhaltung, möglichst hoher Umsatz, ausreichende Geldmittelbeschaffung. Alle Ziele sind möglichst genau zahlenmäßig festzulegen.

Auf den Zielsetzungen baut die betriebliche Planung auf.

Planung ist vorausschauendes gedankliches Handeln. Sie legt späteres tatsächliches Handeln fest.

[1] *frz.: initiative = Anregung; Vorschlag*

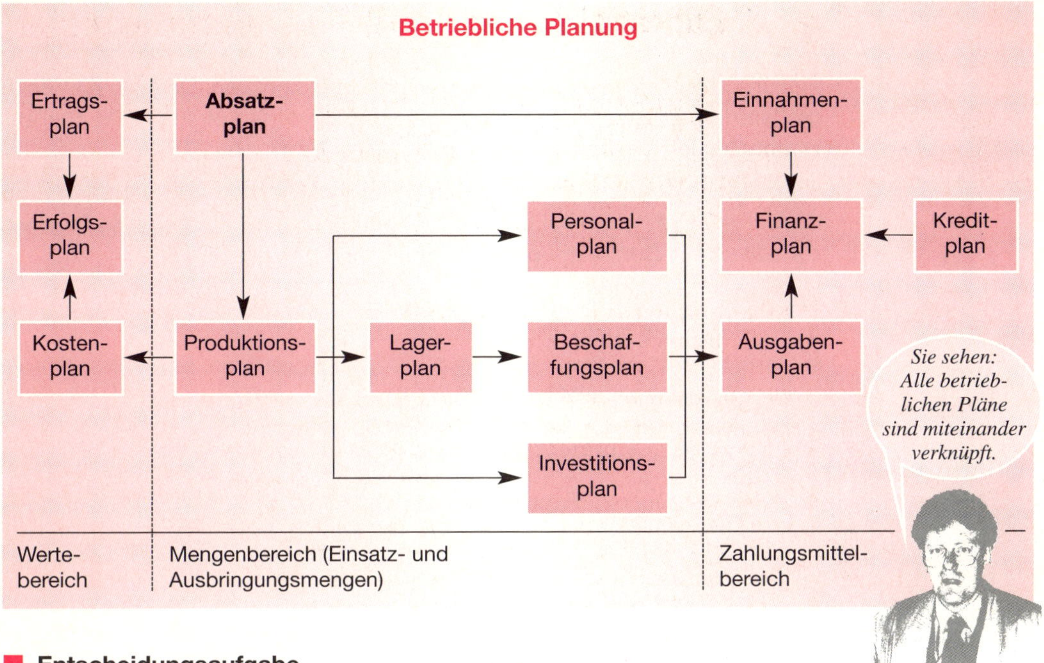

Entscheidungsaufgabe

Entscheiden bedeutet: Zwischen mehreren alternativen Möglichkeiten (z. B. Planvorschlägen) auswählen.

In ihrem abgegrenzten Verantwortungsbereich ist jede Führungsperson berechtigt, die notwendigen Entscheidungen zu treffen. So kann z. B. der Verkaufsleiter in bestimmtem Umfang über die Höhe des Rabatts für einen Kunden entscheiden.

Durchsetzungsaufgabe (Anordnungsaufgabe)

Durchsetzen bedeutet: Die Mitarbeiter veranlassen, die getroffenen Entscheidungen auszuführen.

Die Durchsetzung erfolgt auf den **Befehlswegen.** Sie sind in der Unternehmensorganisation festgelegt. Deshalb muss die Organisation reibungslos funktionieren. Jeder Führende muss sich ihrer problemlos bedienen können.

Kontrollaufgabe

Kontrollieren bedeutet: Sollwerte und Istwerte vergleichen.

Wer anordnet, muss auch die Ergebnisse kontrollieren. Dazu benötigt er Rückmeldungen seiner Mitarbeiter. Die Kontrolle ermittelt, wie nahe die erreichten Istwerte den als Ziel festgesetzten Sollwerten kommen. Der Soll-Ist-Vergleich löst neue Entscheidungsprozesse aus: Entweder bestätigt er das bisherige Vorgehen oder er ist die Grundlage für Korrekturen.

---

[1] *motivieren = Ansporn geben; delegieren= Aufgaben übertragen; koordinieren = auf das Ziel ausrichten*

4 Controlling[1]

Planung und Kontrolle müssen reibungslos funktionieren. Deshalb gibt es in größeren Unternehmen Koordinationsstellen für diese Aufgaben. Die Stelleninhaber heißen Controller, ihre Tätigkeit Controlling.

Controller tragen die Verantwortung dafür, dass systematisch geplant und kontrolliert wird. Weiterhin treffen und koordinieren sie oft alle Vorkehrungen zur wirksamen Durchführung von Planungen und Kontrollen.

Controller müssen dafür Sorge tragen,

- dass alle Ziele ausführlich und messbar festgelegt werden,
- dass alternative Planvorschläge (mit den erwarteten Ergebnissen) entwickelt und ausgewählt werden,
- dass die Einhaltung der Pläne laufend überwacht wird,
- dass bei Abweichungen die notwendigen Maßnahmen getroffen werden.

Arbeitsaufträge

1. Unternehmen brauchen Gewinn. Öffentliche (staatliche) Betriebe können auch mit Verlusten überleben.
   a) Erläutern Sie den Begriff *Unternehmen.*
   b) Begründen Sie, warum ggf. staatliche Betriebe, nicht aber Unternehmen ohne Gewinn überleben können.

2. In der Steiger GmbH müssen wichtige grundlegende Aufgaben erfüllt werden, damit bedarfsgerechte Güter an die Abnehmer geliefert werden können.
   a) Erläutern Sie diese Grundaufgaben.
   b) Geben Sie an, welche Abteilungen für die Durchführung dieser Aufgaben jeweils verantwortlich ist.

3. Die Walzwerke AG hat einen Großauftrag für den Bau eines Walzwerkes erhalten.
   a) Beschreiben Sie die Arbeitsabläufe, die durch die Erledigung des Auftrags in Gang gesetzt werden.
   b) Erläutern Sie die Führungsprozesse, die sich aus der genannten Problemstellung ergeben.

[1] *engl.: to control a process = einen Vorgang so steuern, dass er planmäßig abläuft*

B

Absatzmarketing

1 Das Kaufverhalten der Verbraucher

1.1 Einflussgrößen

- Warum kauft sich Nachbar Krelle einen Sportwagen, der für seine Verhältnisse doch eigentlich zu teuer ist?
- Warum verlässt Frau Arndt das Kaufhaus Sesam mit einem neuen Kleid, obwohl sie eigentlich nur Lebensmittel kaufen wollte?
- Warum hat Klaus Fenne fast ein halbes Jahr gebraucht, bis er sich endlich den lange benötigten Personalcomputer gekauft hat?
- Warum kauft Herr Hansen sein Benzin immer bei der Markentankstelle, obwohl es bei der Tankstelle am Verbrauchermarkt beträchtlich billiger ist?

Optimale Kaufentscheidungen sind nicht leicht: Das Güterangebot ist riesig, die Qualitäten und Preise sind höchst unterschiedlich. Bei knappem Geldbeutel ist oft Verzicht angesagt, und ein Kauf kann Zufriedenheit oder Enttäuschung bringen.

Der Anbieter muss seine Produkte absetzen, der Konsument will Enttäuschungen vermeiden. Für beide ist deshalb folgende Frage wichtig:

Wodurch wird das Kaufverhalten von Konsumenten beeinflusst?

Nach heutigem Erkenntnisstand sind die Einflussgrößen ökonomischer, psychologischer und soziologischer Art[1].

Ansätze zur Erklärung des Kaufverhaltens

ökonomischer Ansatz	psychologischer Ansatz	soziologischer Ansatz
Dieser Ansatz behauptet, dass der Mensch bei seinen Kaufentscheidungen den größtmöglichen Nutzen verwirklichen will.	Dieser Ansatz erklärt das Kaufverhalten als Folge bestimmter ● Gefühle, ● Motive, ● Einstellungen, ● Erfahrungen, ● Lernprozesse.	Dieser Ansatz behauptet, dass sich der Mensch bei seinen Käufen nach bestimmten Bezugspersonen oder -gruppen richtet.

---

[1] *ökonomisch = wirtschaftlich bestimmt; psychologisch = durch seelisch-geistige Vorgänge bestimmt; soziologisch = durch mitmenschliche, gesellschaftliche Einflüsse bestimmt*

1.2 Ökonomischer Ansatz zur Erklärung des Kaufverhaltens

„Ich heiße Sabine Wegener, bin Azubi und wohne bei meinen Eltern. Von meiner Ausbildungsvergütung muss ich alle meine Ausgaben bestreiten. Ich mag z. B. tolle Klamotten, aber ich bin auch verrückt nach Musik. Bei meinem knappen Portmonee ist es da oft nicht leicht zu entscheiden, ob es mir mehr Nutzen bringt, wenn ich mir eine schicke Bluse oder eine CD kaufe."

1.2.1 Nutzenmaximierung

Ausgeben kann man nur sein Einkommen, Erspartes und ggf. Geliehenes. Die Ausgabensumme ist also begrenzt. Die Konsumenten streben nach bestmöglicher Güterversorgung. Darum wollen sie mit ihren begrenzten Mitteln die Güter erwerben, die ihnen den größtmöglichen Nutzen bringen.

Das ökonomische Ziel der Konsumenten ist die Nutzenmaximierung.

Der Nutzen ist eine subjektive Größe, denn Art und Zusammensetzung der Bedürfnisse (die Bedürfnisstruktur) ist bei jedem anders.

Beispiele

- *Der eine schwärmt fürs Skifahren und will eine Skiausrüstung,*
- *der andere taucht gern und wünscht sich Tauchgerät,*
- *dem Dritten sagt das alles nichts: Er geht lieber ins Theater.*

Persönliche Bedürfnisstruktur

Persönliche Einflussgrößen
↓
Geschlecht, Alter, Körpergröße, Gewicht, Begabung
Bildung, Erfahrungen, Temperament, Impulse, Zukunftserwartungen u. a. m.

Äußere Einflussgrößen
↓
Natur:
z. B. Landschaft, Klima, Wetter, Jahreszeit
Soziale und kulturelle Größen:
z. B. Verhalten des Nachbarn, Einkommen, technischer Fortschritt, Werbung

Hinsichtlich des Nutzenmaximums gibt es zwei wichtige Erkenntnisse:

1. das Sättigungsgesetz

Der Nutzenzuwachs durch ein Gut wird mit jeder zusätzlichen Einheit dieses Gutes immer geringer.

Beispiel

Einem Durstigen wird das erste Glas Sprudel großen Nutzen bringen, das zweite bereits weniger, das dritte noch weniger. Bei Übersättigung sinkt der Gesamtnutzen sogar ab.

2. das Gesetz vom Ausgleich des Nutzenzuwachses

Bei einer gegebenen, begrenzten Ausgabensumme wird der größte Gesamtnutzen erzielt, wenn die Summe so verwendet wird, dass alle gekauften Güter den gleichen Nutzenzuwachs bringen.

Beispiel

*Nehmen wir einmal an, die oben vorgestellte Auszubildende könne im Monat für Kleidung oder CDs 200,00 EUR ausgeben. Sie wird dann wohl von beiden diejenige Kombination kaufen, von der sie sich den größten Nutzen verspricht. Kauft sie z. B. eine Bluse, muss sie auf zwei CDs verzichten. Sie wird die Bluse nur dann kaufen, wenn sie ihr **mehr Nutzenzuwachs** bringt als die CDs. Der größte Gesamtnutzen ist erreicht, wenn beide Güter den gleichen Nutzenzuwachs bringen (oder: wenn sich der Nutzenzuwachs durch das gekaufte Gut und der Nutzenverlust durch das nicht gekaufte Gut ausgleichen).*

1.2.2 Einkommens- und Preisänderungen

„Meine Ausbildungsvergütung ist zu Beginn des zweiten Ausbildungsjahres um 80,00 EUR gestiegen. Jetzt kann ich mir mehr Kleidung **und** CDs kaufen. Leider sind aber die Preise der Textilien gegenüber letztem Jahr so geklettert, dass mein Einkommenszuwachs dadurch wertmäßig halbiert wird. Ich glaube, ich werde mir höchstens mal zwei oder drei CDs zusätzlich leisten."

Steigendes Einkommen bedeutet größere Kaufkraft. Deshalb kann die Nachfrage nach **allen** Gütern steigen. Man beobachtet in der Praxis aber auch, dass die Nachfrage nach als geringwertig angesehenen Gütern (z. B. Synthetik-Krawatten) eingeschränkt und die Nachfrage nach höherwertigen Gütern (z. B. Seiden-Krawatten) ausgedehnt wird.

Steigende Preise bedeuten bei gleich bleibender Ausgabensumme weniger Kaufkraft. Deshalb lässt sich feststellen:

Normalerweise lassen steigende Preise eines Gutes die Nachfrage nach diesem Gut sinken; sinkende Preise lassen sie steigen.

Dies lässt sich anschaulich durch eine Nachfragekurve darstellen:

Nachfrage nach einem Gut in Abhängigkeit vom Preis des Gutes

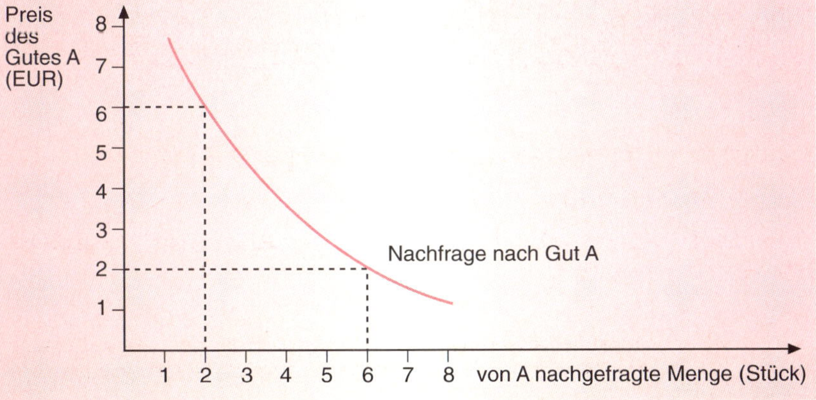

Es ist aber auch möglich, dass der Konsument bei steigendem Preis mehr und bei sinkendem Preis weniger von dem betreffenden Gut nachfragt. Dies gilt z. B. für als geringwertig angesehene (insbesondere existenznotwendige) Güter. Die Nachfragekurve verläuft dann invers (nach rechts steigend).

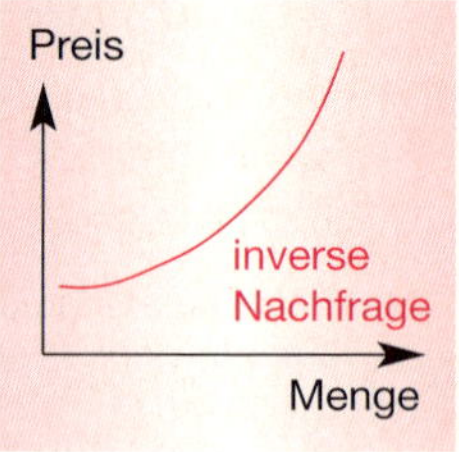

Beispiel

Ein Anstieg des Brotpreises kann für Arme einen starken Kaufkraftverlust bedeuten. Sie können sich deshalb gezwungen sehen, weniger Fleisch und Gemüse und mehr von dem vergleichsweise immer noch billigeren Brot zu kaufen.

Wenn der Preis eines Gutes steigt, kann der Konsument als dritte Möglichkeit auch seine Nachfrage nach anderen Gütern einschränken. Den Ausschlag dafür gibt seine Bedürfnisstruktur.

1.2.3 Kritik am ökonomischen Erklärungsansatz

Der ökonomische Ansatz vernachlässigt wichtige Aspekte:

- Es wird ein rein ökonomisch handelnder **Modellmensch** unterstellt, der sein Handeln allein nach Nutzenüberlegungen und ökonomischen Größen wie Einkommen und Preisen ausrichtet (so genannter „homo oeconomicus“). Gefühle, Motive, Einstellungen, Erfahrungen, Lernen oder Gruppeneinflüsse werden vernachlässigt.
- Die Theorie geht davon aus, dass der Konsument seine Bedürfnisstruktur kennt und deshalb die Güter rangmäßig einordnen kann. Dies ist in der Wirklichkeit nur beschränkt der Fall.
- Die Theorie berücksichtigt nicht, dass der Konsument das Güterangebot und den Markt auch nicht annähernd vollständig überblicken kann und deshalb Präferenzen (Vorlieben) für bestimmte Waren, Hersteller und Händler entwickelt, die letztlich auch seine Bedürfnisstruktur beeinflussen.

Modernere Modelle versuchen, **psychologisch und soziologisch begründete Verhaltensweisen** der Konsumenten einzubeziehen.

Beispiele

- *Bestimmte Konsumenten wollen **durch Konsum auffallen.** Wenn die Preise steigen, kaufen sie mehr, weil sie dann ihren Wohlstand besser zur Geltung bringen können.*
- *Bestimmte Konsumenten streben nach Exklusivität (so genanntes **Snobverhalten**). Sie schränken die Nachfrage nach einem Gut ein, das von Haushalten mit Durchschnittseinkommen nachgefragt wird. Sie werden ihre Nachfrage verstärken, wenn die Preise steigen und sich die anderen Haushalte mit der Nachfrage zurückhalten.*
- *Bestimmte Haushalte verhalten sich als **Mitläufer:** Wenn andere Haushalte ein Gut nachfragen, so nimmt auch ihre Nachfrage zu.*

Arbeitsaufträge

1. Frau Meurer führt einen Ein-Personen-Haushalt. Wir nehmen an, dass sie ihre Bedürfnisse in zwei Gruppen einteilt: Bedürfnisse nach Kleidung und Bedürfnisse nach anderen Gütern.
   Erläutern Sie anhand dieses Beispiels das Sättigungsgesetz.

2. Das Einkommen eines Haushaltes beträgt 2 400,00 EUR pro Monat. Davon werden 12,5 % gespart. Der Haushalt benötigt zwei Gütergruppen. Eine Einheit der Gütergruppe A kostet 30,00 EUR, eine Einheit der Gütergruppe B 40,00 EUR.
   a) Wie viel beträgt die Ausgabensumme?
   b) Wie viele Einheiten von Gütergruppen A und B kann der Haushalt maximal nachfragen? Welche Kombinationen sind möglich?
   c) Wovon hängt es ab, welche Kombination der Haushalt tatsächlich nachfragt?
   d) Angenommen, der Haushalt fragt tatsächlich 42 Einheiten von A und 21 Einheiten von B nach. Das Einkommen steigt nun auf 4 000,00 EUR. Nun soll der Haushalt nur noch 10 % sparen.
      - Wie viele Einheiten wird der Haushalt nun nachfragen, wenn er die beiden Gütergruppen als gleichwertig ansieht?
      - Wie wird sich die Nachfrage hingegen entwickeln, wenn der Haushalt die Gütergruppe A als geringerwertig ansieht?
   e) Nehmen wir an, der Preis der Gütergruppe A steigt anschließend auf 45,00 EUR. Welche Folgen hätte dies bei normalem Verbraucherverhalten, wenn der Haushalt
      - die Güter als gleichwertig betrachtet,
      - die Gütergruppe A als geringwertig ansieht?

1.3 Psychologischer Ansatz zur Erklärung des Kaufverhaltens

Sabine Wegener will nach dem Abschluss ihrer Ausbildung in eine eigene kleine Wohnung ziehen. Dies erfordert einige Anschaffungen:

- Sabine Wegener braucht z. B. eine neue Kücheneinrichtung. Sie weiß, dass sie dafür mindestens 2 000,00 EUR ausgeben muss. Sie versucht deshalb, sich bestmöglich zu informieren und keine Wahl zu treffen, die sie später bereuen würde.
- Für das Bad benötigt Sabine Wegener eine neue Lampe. Als sie im Baufachmarkt eine Lampe sieht, die ihr gefällt, überlegt sie nicht lange und nimmt die Lampe gleich mit.
- Für das Wohnzimmer kauft Sabine Wegener ein Bild. Zu Hause stellt sie fest, dass die Farben nicht zur Tapete passen. Sie versucht, das Bild zurückzugeben.

Psychologische Erklärungsansätze versuchen die Frage zu beantworten, ob und warum ein Konsument in einer Kaufsituation auf eine bestimmte Art und Weise handelt.

Man hat erkannt, dass das Kaufverhalten von wichtigen Größen beeinflusst wird:

Einflussgrößen des Kaufverhaltens

Risiken	Widersprüche	Lernprozesse	subjektive Einstellungen
welche mit der Kaufentscheidung verbunden sind	die der Konsument nach Käufen erkannt hat	durch die der Konsument Erfahrungen gewonnen hat	auf Grund derer sich der Konsument ein Urteil bildet

1.3.1 Einfluss von Risiken

Die Auswirkungen einer Kaufentscheidung sind oft nicht vorhersehbar. Man stellt bestimmte **Erwartungen** an den Kaufgegenstand und weiß nicht, ob sie erfüllt werden.

Stets besteht das Risiko, dass man

- entweder eine Wahl trifft, die nicht optimal ist
- oder eine zwar optimale Wahl trifft, die aber im Ergebnis unter den Erwartungen bleibt.

Die **Risiken** können verschiedener Art sein:

- Preisrisiko,
- Zeitrisiko,
- soziales Risiko,
- psychisches Risiko.

Beispiele

Preisrisiko

Sabine Wegener geht beim Kauf ihrer Kücheneinrichtung viel überlegter vor als beim Kauf ihrer Badezimmerlampe. Dies hängt mit dem ungleich höheren Preis zusammen. Bei hohen Preisen lässt sich eine Fehlentscheidung schwerer korrigieren.

Zeitrisiko

Herr Faber will sich eine Eigentumswohnung kaufen. Er weiß, dass sein Vorhaben nicht nur teuer ist, sondern dass er sich damit auch über einen langen Zeitraum an eine bestimmte Umgebung bindet.

Soziales Risiko

Herr Schreier kauft sich einen teuren Wagen. Er hofft, dass er dadurch bei seinen Kollegen an Ansehen gewinnt. Er täuscht sich: Alle bezeichnen ihn jetzt als Angeber.

Psychisches Risiko

Frau Weber kauft sich einen Heimtrainer um etwas für Gesundheit und Figur zu tun. Nach kurzer Zeit merkt sie, dass ihr das Trainieren allein keinen Spaß macht. Sie ist enttäuscht: Die gewünschte Bedürfnisbefriedigung ist nicht eingetreten.

In vielen Fällen kennt der Konsument die **Risiken beim Kauf** und versucht sie zu **verringern:**

- Er vereinbart mit dem Verkäufer ein **Rückgaberecht.**
- Er versucht sich vor dem Kauf bestmöglich zu **informieren.**
- Er verlangt, dass nach einem ihm bekannten **Muster** geliefert wird.
- Er kauft zunächst eine kleine **Probemenge** zum Ausprobieren.
- Er kauft das **teuerste Produkt,** weil er glaubt, dieses sei das beste.
- Er kauft das **billigste Produkt,** weil er glaubt, dadurch einen möglichen Schaden klein zu halten.
- Er verlangt eine längerfristige **Garantie.**

1.3.2 Einfluss von aufgedeckten Widersprüchen

Widersprüche werden z. B. erkannt, wenn:

- die gehegten Erwartungen durch den Kauf nicht erfüllt werden,
- sich nach einem Kauf herausstellt, dass die getroffene Wahl auch Nachteile hat und die nicht realisierten Möglichkeiten auch Vorteile haben,
- man aufgrund bestimmter Reize gegen seine eigentliche Überzeugung einen Kauf tätigt,
- neue Informationen nicht mit den vorhandenen Einstellungen übereinstimmen.

Beispiele

Unbestätigte Erwartungen
Sabine Wegener, die ein Bild für ihr Wohnzimmer kaufte, erwartete, dass das Bild sich harmonisch einfügen würde. Es passte aber nicht zur Tapete.

Widersprüche nach Wahlhandlungen
Herr Sperber kauft eine supermoderne Lederjacke. Nach dem Kauf stört es ihn dann aber doch mehr, als er gedacht hatte, dass er so viel Geld ausgegeben hat und dass die Jacke im Vergleich mit anderen Jacken nicht sehr warm ist.

Unterdrückung der Überzeugung
Herr Malzahn entdeckt ein sensationell günstiges Angebot: einwandfreie Fichte-Profilbretter für 3,50 EUR pro m². Er greift zu, obwohl er im Augenblick keine Verwendung dafür hat.

Widersprüchliche Informationen
Frau Bernstein hat eine teure Kaffeemaschine gekauft. Dementsprechend sind Frau Bernsteins Erwartungen. Kurz darauf liest sie in einer Zeitschrift, dass diese Kaffeemaschine bei einem Warentest schlecht abgeschnitten hat.

Widersprüche, die man nach einer vollzogenen Kaufhandlung festgestellt hat, stören die seelische Harmonie des Käufers. Es ist davon auszugehen, dass der betreffende Käufer dies bei späteren Kaufentscheidungen berücksichtigen wird.

1.3.3 Einfluss von Lernprozessen

„Wegen meiner empfindlichen Hände benutze ich gern eine Handcreme. Im Drogeriemarkt fiel mir eine bestimmte Handpflegelotion auf. Ich nahm sie mit. Beim Gebrauch stellte ich fest, dass meine Haut glatt blieb und nicht rissig wurde wie früher. Seitdem greife ich im Drogeriemarkt fast automatisch nach dieser Lotion."

Macht der Konsument gute Erfahrungen mit einem gekauften Produkt, so fühlt er sich für seine Kaufentscheidung belohnt. Das Ergebnis eines solchen Lernprozesses sind oft so genannte **Gewohnheitskäufe**[1].

Auch Werbung bewirkt Lernprozesse: Man bietet die Werbebotschaft mehrmals so dar, dass sie beim Adressaten angenehme Reaktionen auslöst. Dann überträgt er vielleicht seine positive Einstellung auch auf das Produkt. Ein Kauf kann die Folge sein.

Solche Lernprozesse spielen sich oft im Unbewussten ab. Es ist sogar möglich, dass die Werbebotschaft im Bewusstsein abgelehnt wird.

1.3.4 Einfluss subjektiver Einstellungen

Herr Weier ist sicherheitsbewusst, auch beim Autofahren. Er fürchtet besonders Autos, die nach einem Zusammenstoß in Brand geraten könnten. Dieseltreibstoff ist nur schwer entflammbar. Herr Weier hat deshalb eine positive Einstellung zu Dieselautos.

Der Verbraucher benötigt Güter zur Befriedigung seiner Bedürfnisse. Er wird eine **positive Einstellung** zu solchen Gütern entwickeln, die ihm geeignet erscheinen, bestimmte Bedürfnisse zu befriedigen.

Die Hersteller von Produkten versuchen vielfach durch Befragungen zu ermitteln, welche Eigenschaften von den Konsumenten als ideal angesehen werden. Sie schließen daraus auf die Einstellung der Konsumenten zu ihren Produkten und nehmen gegebenenfalls Änderungen vor.

[1] *Vgl. S. 24.*

1.4 Soziologischer Ansatz zur Erklärung des Kaufverhaltens

Herr Wegener erzählt seinen Arbeitskollegen, dass er Wintersport betreiben will und zum ersten Mal Skilanglauf ausprobieren möchte. Die Kollegen lachen und meinen, Langlauf sei für „Gruftis“ gut. Wer etwas auf sich halte, betreibe Abfahrtski.
Herr Wegener ist stark verunsichert. Hilfe suchend wendet er sich an den Kollegen Überflieger. Der betreibt schon seit 15 Jahren Ski und erzählt nach jedem Kurzurlaub die tollsten Sachen.
Kollege Überflieger meint, dass es nichts Schöneres gibt als Abfahrtslauf! Als Fachmann kann er Herrn Wegener natürlich auch gleich alles über die richtige Skiausrüstung, die besten Ski und die optimalen Wintersportorte sagen. Was die Ski angeht, so rät er eindeutig zu „Appapos Super“. Die seien ganz neu entwickelt. Natürlich hat er sie selbst soeben gekauft ...
Am nächsten Tag hat Herr Wegener sie auch.

Soziologische Erklärungsansätze versuchen zu begründen, dass und auf welche Weise der Konsument in seinem Kaufverhalten durch andere Menschen beeinflusst wird.

Kaufverhalten

wird beeinflusst durch

Bezugsgruppen	**Meinungsführer**	**Innovatoren**
Gruppen, mit denen der Einzelne sich identifiziert	Personen mit Leitbildcharakter	Personen, die als erste Neuerungen annehmen

Bezugsgruppen sind Gruppen, an deren Zielen, Wertvorstellungen und Normen der Einzelne sein Verhalten orientiert. Er identifiziert sich mit der Gruppe und akzeptiert ihre Verhaltensregeln.

Wer von den Verhaltensregeln der Gruppe abweicht, wird mit Missbilligung, ggf. mit Ausschluss bestraft; wer sich anpasst, erzielt Anerkennung. Dies gilt auch für das Kaufverhalten.

Wichtige Bezugsgruppen:
- Gleichaltrige,
- Angehörige der nächsthöheren sozialen Schicht,
- Menschen mit bestimmter Lebensanschauung/Glauben,
- Angehörige einer bestimmten Berufsgruppe,
- Freundeskreis,
- Familie,
- Arbeitskollegen

Die Ausrichtung des Kaufverhaltens an Bezugsgruppen vermindert das soziale Risiko[1] und ist folglich für den Konsumenten eine Orientierungshilfe. Aber: Sie beschränkt auch seine Handlungsmöglichkeiten.

Meinungsführer sind Personen mit **Leitbildcharakter** für eine Großgruppe. Sie beeinflussen durch ihr Verhalten die Gruppe. Dies gilt auch für Kaufentscheidungen. Deshalb werden Werbemaßnahmen häufig auf Meinungsführer ausgerichtet.

[1] *Vgl. S. 20.*

Innovatoren sind Personen, die Innovationen (z. B. neuartige Produkte) als Erste aufgreifen, anwenden, ausprobieren. Oft sind sie zugleich Meinungsführer. Durch ihr Konsumverhalten wecken sie das Interesse der übrigen Konsumenten, die dieses Verhalten imitieren wollen.

Arbeitsaufträge

1. Herr Schwalber will sich einen neuen Pkw kaufen. Von diesem Entschluss bis zur Unterschrift unter den Kaufvertrag vergehen aber noch drei Monate, obwohl Herr Schwalber über genug Geld verfügt.
   a) Nennen Sie mögliche Gründe für das lange Zögern.
   b) Herr Schwalber ist leitender Angestellter. Welche soziologischen Größen könnten seine Kaufentscheidung beeinflussen?
2. So geschieht es oft im Leben: „Ich kaufe mir Dinge, die ich nicht brauche. Mit Geld, das ich nicht besitze. Um Leuten zu imponieren, die ich nicht mag.“
   Versuchen Sie die Hintergründe für ein solches Handeln zu erläutern.
3. Auch „Kultfiguren“ prägen Verbraucherverhalten.
   Nennen Sie drei Beispiele für Ihre Generation.

1.5 Entscheidungsprozesse beim Kauf; Kauftypen

Der Kaufprozess ist ein Entscheidungsprozess. Er verläuft grundsätzlich in den gleichen Phasen wie die Entscheidungs- und Führungsprozesse in der Unternehmung.

Phasen	Inhalte	Beispiel
Anregungsphase ↓	• Aufdeckung eines Problems	• Herr Wegener erkennt, dass ein Verbleiben am selben Standort im Urlaub für ihn langweilig ist.
Zielformulierungsphase ↓	• Entwicklung und Formulierung von Zielvorstellungen	• Standort oft wechseln; unabhängig sein; möglichst viel sehen und erleben; eine bestimmte Ausgabensumme nicht überschreiten.
Planungsphase ↓	• Suche von Informationen, Mitteln und Wegen zur Erreichung der Ziele	• Herr Wegener plant, d. h. er ermittelt Alternativen (Handlungsmöglichkeiten) und legt ihre Auswirkungen fest; z. B.: (1) *mit Pkw von Hotel zu Hotel;* (2) *Kleinbus mit Zelt;* (3) *Wohnwagen;* (4) *Wohnmobil*
Entscheidungsphase ↓	• Verarbeitung der gewonnenen Informationen und Entscheidung	• Herr Wegener bewertet die Alternativen, bringt sie in eine Rangfolge und entscheidet sich für die Alternative *Wohnwagen.*
Durchführungsphase ↓	• Vornahme der Kaufhandlung	• Herr Wegener schließt einen Kaufvertrag über einen Wohnwagen ab.
Kontrollphase	• Vergleich von „Soll“ und „Ist“	• Herr Wegener stellt im Urlaub fest, in welchem Ausmaß er die erstrebten Ziele erreicht hat. Dies ist eine Grundlage für spätere Entscheidungen.

In der Realität werden meist nicht alle Phasen durchlaufen. Man unterscheidet dementsprechend folgende Kauftypen:

- Entscheidungskauf
- begrenzter Entscheidungskauf
- Gewohnheitskauf
- Impulskauf
- Zufallskauf

Entscheidungskauf

Der Kaufprozess durchläuft alle Entscheidungsphasen, weil das Problem von besonderer Bedeutung ist und intensiver Überlegung bedarf.

Beispiel *Kauf von teuren oder langlebigen Gütern.*

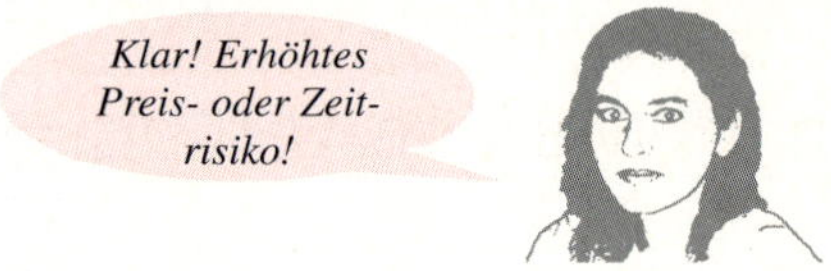

Begrenzter Entscheidungskauf

Der Käufer kürzt die Planungs- und Entscheidungsphase ab.

Beispiele

- *Der Käufer berücksichtigt nur Anbieter, die ihm schon als vertrauenswürdig bekannt sind.*
- *Der Käufer schließt Güter oberhalb eines bestimmten Preisniveaus von vornherein aus.*

Gewohnheitskauf

Der Käufer verzichtet auf die Planungsphase und auf die Bewertung der Alternativen in der Entscheidungsphase, weil er aufgrund wiederholter und ähnlicher Käufe glaubt über genügend Erfahrung zu verfügen.

Beispiel *Kauf von Gütern des täglichen Bedarfs.*

Impulskauf

Der Käufer erhält am Ort des Einkaufs die Anregung zum Kauf. Auslöser sind Werbemaßnahmen, Sonderpreise, verlockende Produktpräsentation und ähnliche Maßnahmen. Sie wecken spontane Kaufwünsche, denen unmittelbar die Kaufhandlung folgt. Planungs- und Entscheidungsphase fallen fort.

Beispiel *Spontaner Kauf einer Zehnerpackung Markendisketten zum Sonderangebotspreis von 2,99 EUR.*

Zufallskauf

Der Käufer kann sich nicht zwischen für ihn gleichwertigen Alternativen entscheiden. Die tatsächliche Entscheidung hängt dann oft vom Zufall ab.

Beispiel *Der Käufer schwankt zwischen zwei Automarken X und Y. Zufällig lernt er ein Mädchen kennen. Sie schwärmt für X. Er kauft daraufhin diese Marke.*

Arbeitsauftrag

Folgende Situationen liegen vor:

a) Sie suchen einen Heimwerkermarkt auf, um Schrauben zu kaufen. Als Sie das Geschäft verlassen, haben Sie außerdem eine in einer Sonderaktion besonders preisgünstig angebotene Bohrmaschine gekauft.
b) Sie wollen sich einen leistungsfähigen Personalcomputer anschaffen.
c) Beim Kauf von Marmelade wählen Sie stets die Marke „Fruchtpark“.
d) Sie können sich nicht für eine der Waschmaschinen XA und XB entscheiden. Zufällig sehen Sie, dass Bekannte Modell XA haben. Die Bekannten sind aber nicht sehr zufrieden damit. Daraufhin kaufen Sie XB.

Entscheiden Sie, welchem Typ von Kaufentscheidungen die geschilderten Situationen am ehesten entsprechen. Stellen Sie auch fest, welche Phasen des Entscheidungsprozesses wahrscheinlich durchlaufen werden.

2 Anbieterverhalten

2.1 Absatz

Unter Absatz versteht man alle Tätigkeiten, die auf die Veräußerung der betrieblichen Leistungen gegen Entgelt gerichtet sind.

Absatz

Absatzplanung und -vorbereitung	Absatzdurchführung (Verkauf)	Absatzkontrolle	Erhaltung der Absatzbeziehungen
• Marktforschung • Produktfindung • Festlegung von Absatzbudgets • Festlegung absatzpolitischer Maßnahmen	• Verkaufsanbahnung • Verkaufsabschluss • Verkaufsabwicklung • Rechnungserstellung • Kundenbuchhaltung und Mahnwesen	• Gegenüberstellung der Soll- und Istzahlen • Auswertung als Grundlage neuer Absatzentscheidungen	• Kundendienst • Kundenpflege

Der Betrieb muss seine Leistungen gewinnbringend am Markt verkaufen. Er lebt vom Absatz.

2.2 Marketing

Die Top-Dress GmbH ist ein bedeutender Hersteller von Damenoberbekleidung. Der Absatz erfolgt über Boutiquen, mit denen die Top-Dress GmbH vertraglich verbunden ist. Top-Dress ist gleichzeitig die Marke, unter der etwa 70 % des Warenangebots verkauft werden. Ganz bestimmte Überlegungen haben die Top-Dress GmbH veranlasst, diesen Absatzweg zu wählen:

- In der Bekleidungsbranche ist der Wettbewerb sehr intensiv. Die Verbraucher verlangen beste Qualität und dabei niedrige Preise. Sie haben einen guten Überblick über das gesamte Angebot auf dem Markt.
- Marktforschungsergebnisse haben gezeigt, dass die Stellung des Anbieters gestärkt wird, wenn er exklusive, modische, qualitativ hochwertige Kleidung anbietet, die von Kunden mit höherem Einkommen bevorzugt wird.

Voraussetzung ist, dass

- der Kunde von der stetigen modischen Aktualität und der gleich bleibend hohen Qualität überzeugt werden kann,
- die genannten Eigenschaften durch eine bekannte und repräsentative Marke nach außen sichtbar werden,
- das Sortiment durch ein umfassendes Angebot an modischen Accessoires abgerundet wird,
- das Personal ausreichend geschult ist,
- ein ausgezeichneter Kundenservice gesichert ist.

Die Top-Dress GmbH bestimmt das Sortiment der Boutiquen sowie die Gestaltung der Verkaufsräume. Sie übernimmt die Werbung, die Verkaufsförderung (insbesondere die Verkäuferschulung) und die Marktforschung.

2.2.1 Marketing als Unternehmenskonzept

Die Märkte der 50er Jahre waren ***Verkäufer-Märkte.***

Die Märkte von heute sind ***Käufer-Märkte.***

In den fünfziger Jahren, der Zeit des Wirtschaftsaufschwungs nach dem zweiten Weltkrieg, hatten die Anbieter es leichter als heute. Es herrschte noch starker Gütermangel und die Verkäufer mussten sich auch bei ungünstigem Preis, geringerer Qualität und schlechtem Service oft keine Absatzsorgen machen. Die Stellung der Verkäufer war stark.

Heutzutage hingegen gibt es alles zu kaufen, was man sich nur vorstellen kann. Der Verbraucher ist weitgehend gesättigt; er ist sehr qualitäts- und preisbewusst und verhält sich ausgesprochen wählerisch gegenüber den immer neuen Güterangeboten. Die Stellung der Käufer ist stark.

Es ist deshalb nötig, den **Betrieb von Markt her zu steuern:** Man muss systematisch Absatzmöglichkeiten aufspüren und dann Produktion, Beschaffung, Personalplanung, Finanzierung und Organisation konsequent auf die bestmögliche Befriedigung der Kundenbedürfnisse ausrichten. Aus dem reinen Verkaufen der betrieblichen Leistungen ist ein systematisches Vermarkten geworden: **Marketing.**

Marketing bedeutet eine marktgesteuerte Führung des Unternehmens. Marketing soll Märkte schaffen, vergrößern, erhalten.

2.2.2 Antizipation (Vorwegnahme) des Kaufverhaltens

Im Zentrum der marktgesteuerten Unternehmensführung stehen die Käufer, Verwender, Verbraucher der betrieblichen Leistungen, ihre Bedürfnisstruktur, ihr Kaufverhalten. Sind deren Einflussgrößen[1] bekannt, dann lässt sich das Kaufverhalten beeinflussen. Die Unternehmen betreiben deshalb intensiv Marktforschung.

Siehe vor allem Seite 41.

Marketing will nicht nur allen vorhandenen Verbraucherwünschen gerecht werden. Vielmehr will es Vorstellungen, Wünsche und Bedürfnisse und letztlich ein erwünschtes Käuferverhalten erzeugen.

Die grundlegende **Fragestellung** in diesem Zusammenhang lautet: „Wie kann die Unternehmung sich unentbehrlich machen und den Kunden an sich binden?"

Die **Antwort** lautet: „Sie muss das Leben des Kunden ‚mitleben', d. h. sich in seine Lage versetzen, seine Probleme erkennen und Lösungen dafür anbieten."

Die Leistungen der Unternehmung müssen z. B. neue Verwendungsmöglichkeiten eröffnen, Zeit sparen helfen, dem Geltungsbedürfnis entgegenkommen ...

2.2.3 Berücksichtigung von Konkurrenzbeziehungen

Am Markt trifft die Unternehmung auf Konkurrenten. Alle wollen ein möglichst großes Stück vom „Kuchen" – einen Marktanteil – haben.

Konkurrenzbeziehungen

- **sichtbare Konkurrenz**
  Mehrere Anbieter bieten gleichartige (homogene) Güter an oder ähnliche Güter, die sich gegenseitig ersetzen können (Substitutionsgüter).
- **unsichtbare Konkurrenz**
  - **aktuelle Konkurrenz**
    Die angebotenen Güter sind sich nicht ähnlich (heterogene[2] Güter), die Fertigung kann aber ohne hohe Kosten auf solche Güter umgestellt werden.
  - **potenzielle Konkurrenz**
    - Eine Umstellung der Fertigung auf ähnliche Güter ist mit hohen Kosten verbunden.
    - Neue Unternehmen mit neuen Produktionsmöglichkeiten tauchen auf.

Die Konkurrenz ist umso schärfer, je kleiner die Zahl der Anbieter ist und je homogener die Güter sind. Bei stark heterogenen Gütern besteht die Konkurrenz nur im Wettbewerb um die begrenzte Ausgabensumme der Konsumenten.

---

[1] *Vgl. S. 15 bis 22.*
[2] *heterogen = andersartig*

Jeder Anbieter wird im Rahmen des Marketings die Konkurrenzintensität zu verringern suchen. Dazu bemüht er sich ständig um die Entwicklung neuartiger, möglichst exklusiver Leistungen. Sie sollen sich positiv von den Leistungen der Konkurrenz abheben. Dies gilt v. a. für viele technische Erzeugnisse, aber auch Dienstleistungen.

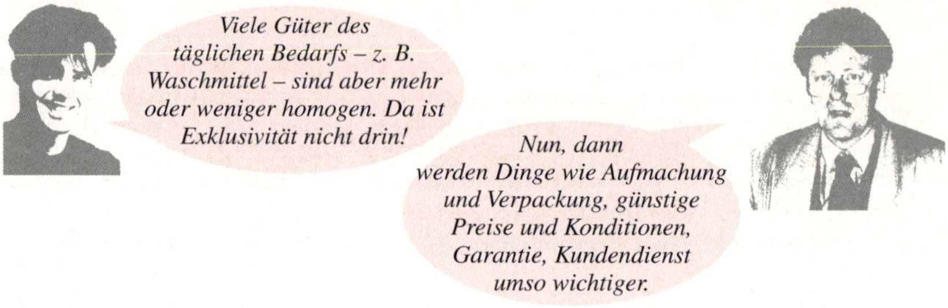

2.2.4 Marketing-Leitprogramm

Ein erfolgreiches Marketing verlangt die Ausarbeitung eines umfassenden Marketing-Leitprogramms. Dabei sind insbesondere zu berücksichtigen:

- das Suchen und Finden von Leistungen, die die Verbraucher/Verwender schätzen,
- das Festlegen von Marketing-Zielen,
- alle Rahmenbedingungen (einschränkenden Bedingungen),
- die grundlegenden Absatzstrategien,
- der abgestimmte Einsatz von Marketing-Instrumenten (Maßnahmen zur Umsetzung der Strategien).

Arbeitsaufträge

1. In den beiden Kästen werden zwei unterschiedliche Marktsituationen beschrieben.

Marktsituation 1	**Marktsituation 2**
• Bedarf ist größer als die derzeit mögliche Produktion • Käufer akzeptiert teilweise mindere Qualität und überhöhte Preise • Wettbewerb zwischen den Anbietern ist gering	• Bedarf ist kleiner als die derzeit mögliche Produktion • Käufer hat relativ viele Wahlmöglichkeiten • Wettbewerb zwischen den Anbietern ist groß

a) Welche der beiden Marktsituationen beschreibt einen Verkäufermarkt, welche einen Käufermarkt?
b) Welche dieser Marktsituationen ist in der heutigen Wirtschaft in den Industrieländern vorherrschend?
c) Wie muss eine Unternehmung gesteuert werden, wenn sie auf einem Käufermarkt überleben soll?

2. In dem folgenden Interview geht es um die Einführung einer Bildplatte für den Fernseher.

WiWo.: Und wann geht es los in den USA?
Z.: Ende 20.. auf einem Testmarkt. Zum Jahreswechsel 20.. wollen wir den gesamten US-Markt bearbeiten.
WiWo.: AEG scheiterte mit „TED" an technischen Schwierigkeiten und einfallslosen Programmen. Haben Sie dem vorgebaut?
Z.: Technisch fühlen wir uns sicher. Die Programmproduktion ist das heiße Eisen. Deshalb haben wir den „TED"-Versuch beobachtet und analysiert. Denn um ein neuartiges System als Massenprodukt einzuführen, reicht es nicht, den Verbraucher mit Konserven zu versorgen wie alten TV-Sendungen und Spielfilmen.
WiWo.: Für ihren US-Start zeigen Sie auch nicht viel Phantasie, wenn Sie überwiegend auf die Archive Ihres Überseepartners „Music Corporation of America" zurückgreifen.
Z.: Der US-Markt ist viel spielerischer, innovationsfreudiger und kaufkräftiger als der europäische. Deshalb sehen wir dort die bessere Startchance.
WiWo.: Amerikanischer Spieltrieb soll die anfängliche Durststrecke also überbrücken.
Z.: Das könnte man sagen. Hinzu kommt, dass der US-TV-Markt nahezu gesättigt ist und damit neuen Anwendungsmöglichkeiten hungrig gegenübersteht.
WiWo.: Das gilt wohl auch für Japan.
Z.: Natürlich. Da sich die japanische Unterhaltungselektronik aufgrund ihrer Überkapazitäten vornehmlich auf den US-Markt kapriziert, dürfte das „VLP"-System, sofern es in den USA einschlägt, auch auf Japan rückwirken.
WiWo.: Um dann letztlich in die Bundesrepublik und Europa einzudringen. Betrachten Sie „TED" noch als ernsthafte Konkurrenz?
Z.: Technisch nein.
WiWo.: VLP soll ein Volksgerät werden. Wie volksnah ist der Preis?
Z.: Die dreißigminütige Platte kalkulieren wir für Europa auf 15,00 bis 25,00 EUR. Der Spieler dürfte in der Preisklasse von Farbfernsehgeräten liegen.

a) Beschreiben Sie die Einstellung der Unternehmung
   - gegenüber den Kunden,
   - gegenüber der Konkurrenz.
b) Welche unterschiedlichen Aussagen werden über den deutschen und den amerikanischen Markt gemacht?
c) Erläutern Sie, inwiefern sich hinter den Aussagen ein ausgefeiltes Marketing-Programm vermuten lässt.

3. In dem Eingangsbeispiel zu Kapitel 2.2 auf Seite 26 spiegelt sich eine Reihe von Elementen eines Marketing-Konzepts wider.
Erläutern Sie diese Elemente.

3 Planung im Absatzbereich

3.1 Marketingziele

Man unterscheidet Ziele der Bedarfsdeckung und marktbeeinflussende Ziele.

Ziele der Bedarfsdeckung sind:

- das einzelne **Produkt.** Es muss in Art, Qualität, Aufmachung, Verpackung, Anwendung, Menge und Preis bestmöglich den Kundenwünschen entsprechen.
- das Angebot eines **Systems,** d. h. von aufeinander abgestimmten Teilen.
- die **Präsentation** des Produkts. Sie muss den Bedürfnissen der Käufer entsprechen (z. B. je nach Art der Ware: Selbstbedienung oder Beratung, Möglichkeiten der Begutachtung, des Anprobierens, Ausprobierens usw.).
- gute **Service- und Garantieleistungen.**

marktbeeinflussende Marketingziele

ökonomische Ziele

Auf einen bestimmten ökonomischen Erfolg ausgerichtete Ziele.

Wichtige Ziele sind:

- Erzwingung des Marktzugangs in einem bestimmten Gebiet oder bei bestimmten Käufergruppen;
- Erreichen eines bestimmten Marktanteils;
- Halten eines bestimmten Marktanteils;
- Erreichen eines bestimmten Umsatzes.

Die ökonomischen Ziele sind zahlenmäßig zu formulieren. Bei den psychografischen Zielen ist dies nicht möglich.

psychografische Ziele[1]

Auf das Verhalten der Käufer ausgerichtete Ziele.

Wichtige Ziele sind:

- Erhöhung des Bekanntheitsgrades
  - eines Artikels,
  - des Sortiments,
  - des Betriebes;
- Verbesserung der Kundeninformation über die Artikel;
- Verbesserung des Images[2] von Artikeln, Sortiment und Betrieb;
- Steigerung der Vorliebe der Kunden
  - für einen Artikel,
  - für das Sortiment,
  - für den Betrieb.

Beispiele

Ökonomische Ziele:

- *Einführung der Marke XY bei 20 % der Einzelhändler der Region Z,*
- *Steigerung des Marktanteils von Kaffee auf dem Teilmarkt A um 50 %,*
- *Erzielung eines Umsatzes von 100 000,00 EUR bei Schreibwaren.*

Psychografische Ziele:

- *Steigerung des Bekanntheitsgrades der Marke Top-Dress bei den Endabnehmern im Raum B,*
- *Schaffung eines Markenbewusstseins und einer Markenidentifizierung der Endabnehmer im Raum B („Die elegante Frau trägt nur Top-Dress.“).*

3.2 Rahmenbedingungen der Absatzplanung

„Wir würden ja ganz gern für bestimmte Produkte gemeinsam mit unseren Konkurrenten einheitliche Preise aushandeln und festlegen, aber dies ist durch das Gesetz gegen Wettbewerbsbeschränkungen verboten. Nun ja, wir sehen ein, dass solche Abmachungen den Wettbewerb nicht gerade fördern.“

Die natürliche, technische, wirtschaftliche, soziale und rechtliche Umwelt gibt einen begrenzenden Rahmen vor, in dem die betriebliche Absatzplanung stattfinden kann. Aber auch innerbetriebliche Größen setzen Grenzen. Man spricht von Rahmenbedingungen und unterscheidet dabei zwischen Daten und Reaktionsparametern.

---

[1] Psychografie (aus dem Griechischen) = Beschreibung seelischer Tatbestände

[2] angestrebtes Wirkungsbild (engl., frz.: image = Bild)

Daten

Daten sind Größen, die grundsätzlich nicht beeinflusst werden können. Sie müssen als gegeben hingenommen werden.

Beispiele

- ***Daten der Umwelt:***
  - *gesetzliche Bestimmungen (etwa zum Umweltschutz oder zum Schutz des Wettbewerbs)*
  - *Rohstoffknappheit*
  - *räumliche Marktgröße, Zahl der möglichen Käufer und ihre Kaufkraft*
- ***Daten des Betriebes:***
  - *beschränkte Finanzierungsmöglichkeiten (Kreditrahmen)*
  - *gegebene Ausstattung mit bestimmten Fertigungsanlagen*

Die Daten des Betriebes gelten oft nur für kürzere Zeiträume. So ist vielleicht die Aufnahme eines neuen Produkts wegen unzureichender Fertigungskapazitäten kurzfristig nicht möglich. Längerfristig wird man ggf. die Kapazität ausweiten.

Kurzfristig begrenzt stets der schwächste betriebliche Engpassbereich (der sog. Minimumsektor) die Gesamtplanung, also auch die Absatzplanung.
Längerfristig versucht man den Minimumsektor auszuweiten. Damit wird der langfristige Absatzplan bestimmend für alle betrieblichen Teilpläne.

Vgl. die Übersicht „Betriebliche Planung" auf Seite 13.

Reaktionsparameter

Reaktionsparameter sind Größen, die der Betrieb in gewissem Umfang beeinflussen kann.

Beispiele

- *Käuferverhalten (Beeinflussung durch Werbung, Preis, Produktgestaltung, geschultes Verkaufspersonal u. a. m.)*
- *Konkurrenzverhalten (ebenfalls Beeinflussung durch eigene Preisgestaltung, Produktgestaltung, Werbung u. a. m.)*
- *Gesetzgebungsprozesse (Beeinflussung von Politikern, z. B. durch Interessenverbände)*

3.3 Zielkonflikte

Marketingziele sollten möglichst in Harmonie mit den anderen Unternehmenszielen stehen. Dies ist nicht immer möglich. Bei Zielkonflikten muss ggf. festgesetzt werden, welche Ziele Vorrang haben sollen.

Beispiele

- *Ziele: 1. Bekanntmachung der Produkte; 2. Modernisierung der Produktionsanlagen*
  Konflikt: Ausgaben für Werbung schränken die Mittel für Modernisierung ein.
- *Ziele: 1. Gewinnsteigerung; 2. Sicherung der Beschäftigung*
  Konflikt: Ein Verlust bringendes Produkt soll aus dem Programm genommen werden. Dadurch entsteht aber Unterbeschäftigung in der Fertigung.

Arbeitsaufträge

1. Betriebliche Leistungen müssen geeignet sein, einen bestimmten Kundenbedarf zu decken und Kundenprobleme zu lösen.
   Geben Sie drei gezielte Leistungen an, die Bedarf decken/Probleme lösen können, und zwar in den Bereichen
   a) Wassersport,
   b) Wohnzimmereinrichtungen.

2. Man unterscheidet ökonomische und psychografische Marketingziele.
   Geben Sie dafür je zwei Beispiele an.

3. Rahmenbedingungen umfassen Daten und Reaktionsparameter.
   Nennen Sie auch hierfür je zwei Beispiele.

4. Für das Produkt X der Ackermann GmbH gilt:

Stückpreis	**Absatzmenge**	**Umsatz** (Menge · Preis)	**Kosten**	**Gewinn** (Umsatz – Kosten)
100,00 EUR	20 000 Stück	2 000 000,00 EUR	1 300 000,00 EUR	700 000,00 EUR

Die Geschäftsleitung setzt folgende Ziele: Umsatzsteigerung 10 %, Gewinnsteigerung 5 %.

mögliche Mittel	Preiserhöhung um 10,00 EUR	Preissenkung um 10,00 EUR	Produktverbesserung
wahrscheinliche Folgen	Absatzrückgang um 20 %	Absatzsteigerung um 5 %	Kostensteigerung um 20 % Umsatzsteigerung um 10 %

   a) Mit welchen Mitteln wird tatsächlich eine Umsatzsteigerung erreicht?
   b) Führt die Umsatzsteigerung in diesem Fall auch zur gewünschten Gewinnsteigerung?
   c) Erläutern Sie Zielkonflikte, die gegebenenfalls auftreten.

3.4 Absatzstrategien

Der Verkaufsdirektor der ELME Elektronische Medien GmbH äußerte sich in einem Zeitungsinterview:

„80 % unseres Umsatzes erzielen wir mit Erzeugnissen, die vor fünf Jahren noch gar nicht auf dem Markt waren."

„Werden diese Produkte auch nach weiteren fünf Jahren noch den Löwenanteil Ihres Umsatzes ausmachen?"

„Auf gar keinen Fall. Unsere Konkurrenz schläft nicht. Wenn wir nicht in spätestens zwei Jahren mit wesentlichen Innovationen aufwarten können, wird sie unweigerlich an uns vorbeiziehen. Aber wir sind zuversichtlich: Wir arbeiten zurzeit an acht innovativen Neuentwicklungen – u. a. an neuen Nutzungsmöglichkeiten für die CD. Diese werden uns mit Sicherheit neue Marktchancen eröffnen."

3.4.1 Produktlebenszyklus

Alle Produkte haben nur eine begrenzte Lebensdauer. Der Produktlebenszyklus[1] zeigt die Phasen im Leben eines Produkts.

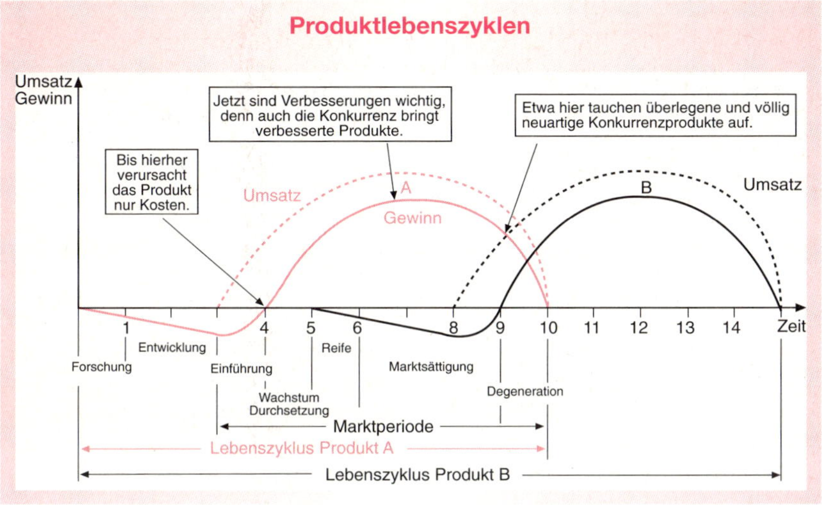

- In der **Forschungs- und Entwicklungsphase** verursacht das Produkt noch keine Umsätze, sondern nur Kosten und damit Verluste.
- Auch in der **Phase der Markteinführung** werden meist noch Verluste erzielt, da die Kosten für Werbung und Absatzförderung hoch sind, aber die verkaufte Menge noch klein ist.
- Die **Wachstumsphase** beginnt, wenn es der Unternehmung gelingt, die Marktwiderstände nach der Produkteinführung zu überwinden. Der Umsatz steigt stark an.
- Die **Reifephase** ist durch eine weitere, aber weniger starke Marktausdehnung gekennzeichnet. Die Zahl der Neukunden wird kleiner.
- In der **Phase der Marktsättigung** tauchen verbesserte Konkurrenzprodukte auf, die Käufer abziehen. Durch eigene Produktverbesserungen versucht die Unternehmung gegenzusteuern. Der Umsatz stagniert.
- In der **Degenerationsphase**[2] tauchen überlegene, neuartige Konkurrenzprodukte auf. Die Käufer wandern nun in starkem Umfang ab. Sonderangebote können kurzfristig den Umsatz noch einmal steigern. Dann muss das Produkt aufgegeben werden.

---

[1] *griech.-lat.: Zyklus = Kreislauf*
[2] *lat.: Degeneration = Entartung, Zerfall*

Beobachtung des Produktlebenszyklus

als Hilfsmittel für

Kontrollmaßnahmen	Prognosen	Absatzstrategien
Die Unternehmung stellt fest, wie sich das Produkt im Vergleich zu anderen Produkten entwickelt.	Die Unternehmung schließt auf zukünftige Marktphasen und deren Dauer.	Die Unternehmung entwickelt langfristige Konzepte zur Sicherung des Absatzes.

3.4.2 Portfolio-Matrix

*Strategische Planung legt langfristige Konzepte fest, **taktische** (operative) Planung betrifft die laufenden Geschäfte.*

Der Produktlebenszyklus macht u. a. deutlich, dass der Betrieb Absatzstrategien – langfristige Absatzsicherungskonzepte – entwickeln muss. Dazu ist es zweckmäßig, sich ständig ein Bild von der **aktuellen Wettbewerbssituation** der eigenen Produkte zu verschaffen. Ein Ansatzpunkt hierfür ist die sog. **Portfolio-Matrix**[1]. Sie teilt in einem Viererschema die Produkte auf in

- „Fragezeichen/Hoffnungen“,
- „Stars“,
- „Milchkühe“,
- „Arme Hunde“.

Diese Bezeichnungen kennzeichnen die jeweilige Wettbewerbsposition (ausgedrückt im Marktanteil) und das jährliche Marktwachstum der Produkte (in %).

Portfolio-Matrix	**niedriger Marktanteil in %**	**hoher Marktanteil in %**
hohes Marktwachstum in %	„Fragezeichen/ Hoffnungen“ ? Produkte mit (noch) niedrigem Marktanteil, aber hohen Wachstumsraten **Maßnahmen:** beobachten und ggf. fördern	„Stars“ Produkte mit bereits hohen Marktanteilen und zugleich hohen Wachstumsraten **Maßnahmen:** fördern ★
niedriges Marktwachstum in %	„Arme Hunde“ Produkte mit niedrigem Marktanteil und niedrigen Wachstumsraten **Maßnahmen:** aus dem Markt nehmen 	„Milchkühe“ Produkte mit hohem Marktanteil, aber bereits niedrigen Wachstumsraten **Maßnahmen:** Position halten; melken 

[1] *engl.: portfolio = Mappe, hier im übertragenen Sinn eine „Mappe“ mit dem Bestand an Produkten. Eine Matrix (lat.) ist ein rechteckiges Schema.*

Jede Unternehmung sollte dafür sorgen, dass sie zu jedem Zeitpunkt über ausreichende „Hoffnungen“, „Stars“ und „Milchkühe“ verfügt. Nur dann kann sie die „armen Hunde“ verkraften, zu denen auf Grund des Produktlebenszyklusses zwangsläufig alle Produkte einmal werden. Vor allem ist stets für genügend Produktnachwuchs, also für „Hoffnungen“, zu sorgen.

3.4.3 Grundlegende Strategien

Die Betrachtung der Produktlebenszyklen und der Portfolio-Matrix gibt der Unternehmung Ansatzpunkte für die Entwicklung von Absatzstrategien.

Absatzstrategien	**Beibehaltung der alten Produkte**	**Entwicklung/Aufnahme neuer Produkte**
Weiterbearbeitung der bisherigen Märkte	**Strategie der Marktdurchdringung** – Neue Kunden gewinnen! – Marktanteil erhöhen! – Konkurrenten abwehren! – Markenimage entwickeln!	**Strategie der Produktentwicklung** Innovationen entwickeln: a) Ersatzprodukte b) Systemlösungen (aufeinander abgestimmte Produkte, z. B. Bausätze, Sets, Pakete, Kollektionen)
Erschließung neuer Märkte	**Strategie der Marktentwicklung** Neue Zielgruppen finden! (dabei ggf. die vorhandenen Produkte variieren!)	**Strategie der Diversifikation** Völlig neue, andersartige Leistungsbereiche erschließen!

Wesentliche Elemente dieser Strategien finden Eingang in die Produkt- und Sortimentspolitik des Betriebes[1].

3.5 Marketinginstrumente

Marketinginstrumente sind alle Maßnahmen, die zur Verbesserung der Bedarfsdeckung und zur Marktgestaltung (Marktbeeinflussung) eingesetzt werden können.

Möglichkeiten zur Verbesserung der Bedarfsdeckung lassen sich durch die **Absatzmarktforschung** herausfinden. Marktgestaltung erfolgt durch den gezielten Einsatz der **absatzpolitischen** Instrumente.

Die absatzpolitischen Instrumente lassen sich den Bereichen **Leistungspolitik, Kommunikationspolitik**[2] **und Distributionspolitik**[3] zuordnen.

Die Marketingmaßnahmen müssen fein aufeinander abgestimmt werden. So soll eine möglichst absatzwirksame Mischung entstehen. Eine derartige Mischung von Marketingmaßnahmen heißt **Marketing-Mix**.

---

[1] *Vgl. S. 44 ff.*
[2] *lat.: communicatio = Mitteilung*
[3] *lat.: distributio = Verteilung*

Marketinginstrumente

Marktforschung

absatzpolitische Instrumente

Leistungspolitik	**Kommunikationspolitik**	**Distributionspolitik**
betrifft die Absatzleistungen	betrifft werbende Maßnahmen	betrifft die Organisation des Absatzes
– Produktpolitik – Sortimentspolitik – Preispolitik – Konditionenpolitik – Servicepolitik	– Publicrelations – Absatzwerbung – Verkaufsförderung	– Absatzorganisation – Absatzwege – Vertriebssysteme
Abstimmung durch **Leistungsmix**	Abstimmung durch **Kommunikationsmix**	Abstimmung durch **Distributionsmix**

Gesamtabstimmung durch **Marketing-Mix**
(optimale Mischung der absatzpolitischen Instrumente)

Arbeitsaufträge

1. Während der Produktlebenszyklus als längerfristiges Analyseinstrument dient, gibt die Portfolio-Matrix Auskunft über die aktuelle Wettbewerbssituation von Produkten.
   Erläutern Sie Gemeinsamkeiten und Unterschiede zwischen den genannten Analyseinstrumenten.

2. Nebenstehend ist die Portfolio-Matrix eines Industriebetriebes abgebildet.
   a) Wie viele Produkte stellt der Betrieb her?
   b) Wie sind die gegenwärtigen und zukünftigen Umsatzerwartungen des Betriebes zu beurteilen?

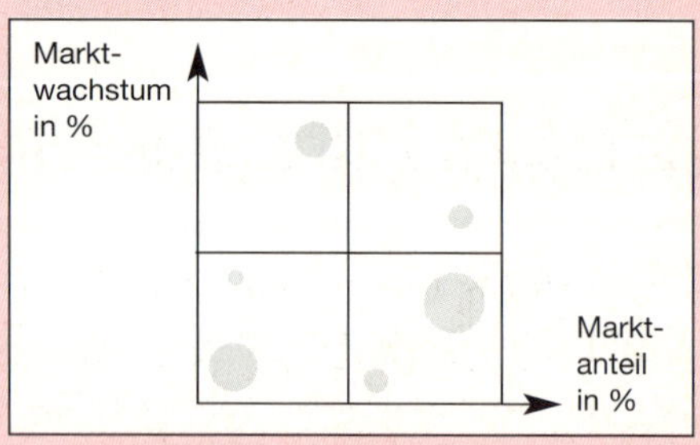

3. Zur Diversifikation des eigenen Angebotes ist die weltweite Produktsuche ein wirkungsvolles und kostengünstiges Instrument: Es muss nicht immer die eigene Produktidee sein, mit der ein eingeführtes Angebot sinnvoll ergänzt werden kann oder mit der angrenzende oder neue Märkte erschlossen werden können. Die Entwicklung neuartiger Produkte (Innovation) oder Dienstleistungsideen ist teuer. Deshalb ist neben der Eigenentwicklung die Suche nach guten Produkten und der Erwerb entsprechender Verwertungsrechte in vollem Gang.
   Entwerfen Sie eine Konzeption, wie eine Unternehmung einen Suchprozess sinnvoll planen und durchführen kann.

3.6 Marktforschung

3.6.1 Begriff der Marktforschung

Marktforschung ist die Beschaffung von Informationen über die Märkte der Unternehmung. Im Absatzbereich ist die Marktforschung wichtige Grundlage für die Absatzplanung und die Absatzpolitik.

Oft grenzt man den Begriff Marktforschung enger ein und versteht darunter (im Gegensatz zur unsystematischen Markterkundung) eine systematisch durchgeführte Marktuntersuchung.

Markterkundung, Marktforschung, Marktprognose

Ziel

Beschaffung von Informationen über
- die tatsächlichen und möglichen Nachfrager (Bedarfsforschung);
- die Konkurrenz und die Entwicklung der Branche (Konkurrenzforschung);
- allgemeinwirtschaftliche Verhältnisse, also staatliche Maßnahmen und volkswirtschaftliche Entwicklungen (Konjunkturforschung);
- die eigene Stellung am Markt und die Wirkung der Absatzpolitik (Absatzforschung).

↓

Marktuntersuchungen

Markterkundung	**Marktforschung**
unsystematisches Sammeln von Informationen (Kundengespräche, Berichte des Verkaufspersonals, besonders von Reisenden und Vertretern, Marktberichte in Fachzeitschriften, Messebesuche).	systematisches Sammeln von Informationen (mit wissenschaftlichen Methoden vorbereitet und vom Betrieb selbst oder von Marktforschungsinstituten durchgeführt).

Marktanalyse: Untersuchung des Marktes zu einem bestimmten Zeitpunkt, etwa für die Einführung eines neuen Produktes (Zeitpunkt-Analyse).

Marktbeobachtung: Eine Kette von Marktanalysen über einen längeren Zeitraum hinweg, meist bei schon eingeführten Produkten (Zeitraum-Analyse).

↓

Verarbeitung der Ergebnisse zu einer
Marktprognose
Abschätzung und Vorausberechnung der zukünftigen Marktverhältnisse als Grundlage für den Einsatz der absatzpolitischen Instrumente.

3.6.2 Methoden der Marktforschung

1. Der Verkaufsleiter eines Getränkeherstellers will wissen, welche Umsätze der Verkaufsbereich Münster erzielt hat. Er wird zur betriebsinternen Umsatzstatistik greifen.
2. In einem anderen Fall will er wissen, wie groß der Getränkekonsum in den letzten 5 Jahren in der gesamten Bundesrepublik Deutschland war. Er wird externe Statistiken (z. B. Verbandsstatistiken) benutzen.
3. Er will drittens wissen, wie eine neue Limonadenmarke „Pepsosprit" von der Bevölkerung aufgenommen wird. Hierfür wird eine eigene Umfrage gestartet.

Marktforschung kann als Primärforschung oder als Sekundärforschung betrieben werden.

Sekundärforschung[1]

Die benötigten Informationen werden bei der Sekundärforschung anhand von Quellenmaterial gewonnen, das schon für andere Zwecke erstellt wurde.

Sekundärforschung

Innerbetriebliche Informationsquellen	Außerbetriebliche Informationsquellen
z. B.:	z. B.:
• Umsatzstatistik • Verkaufsberichte • Schriftwechsel mit Kunden • Sammlung von Zeitschriftenartikeln • Reparaturlisten • Lagerbestandsmeldungen • Reisendenaufzeichnungen • Einkaufspreislisten	• Statistische Jahrbücher • Statistiken und Berichte von IHK, Verbänden, Banken, Fachzeitschriften • Bilanzen und Geschäftsberichte anderer Unternehmen • Prospekte und Kataloge • Preislisten von Konkurrenzfirmen • Veröffentlichungen wissenschaftlicher Institute

Primärforschung[2]

Man erhält bei der Primärforschung die benötigten Informationen durch Erhebungen, die eigens für den bestimmten Zweck angestellt werden. Es handelt sich um Befragungen, Beobachtungen und Tests (Experimente).

Eine Stichprobe ist eine **repräsentative Teilmasse,** die aus einer Gesamtmasse ausgewählt wird (z. B. 1 000 Einwohner von 20 Millionen). Die Stichprobe muss in ihrer Struktur (z. B. im Hinblick auf Altersaufbau, Geschlecht, Ausbildung, Beruf, Einkommen) mit der Gesamtmasse übereinstimmen. Dies erreicht man durch zwei Verfahren:

- **Random-Verfahren** (= Zufallsauswahl)
  Hier muss jedes Element der Gesamtmasse die gleiche Chance haben ausgewählt zu werden. Man wählt z. B. jeden 100. Fernsprechteilnehmer aus dem Telefonbuch.
- **Quotenverfahren**
  Man bestimmt die Struktur der Gesamtmasse und stellt z. B. fest:
  50,3 % der Einwohner sind weiblich, 23,2 % sind zwischen 20 und 30 Jahre alt,
  24 % leben in einer Großstadt, 55 % verfügen über ein mittleres Einkommen.

---

[1] *lat.: secundus = zweiter; Sekundärforschung verwendet sozusagen Material „aus zweiter Hand“.*

[2] *lat.: primus = erster; Primärforschung verwendet sozusagen Material „aus erster Hand“.*

Die Stichprobe muss nun die gleiche Struktur aufweisen. Der Befrager erhält deshalb genaue Anweisungen, wie viele „weibliche Personen, wohnhaft in einer Großstadt, Alter zwischen 20 und 30, mit mittlerem Einkommen" er aufsuchen muss.

Die häufigste Untersuchungsmethode ist die **Befragung** durch **Fragebögen.** Um eine ausreichende Rücklaufquote zu erhalten, werden sie oft mit Anreizen (Preisausschreiben, Werbegeschenken) verbunden. Fragebögen haben ein festes Frage- und Antwortschema. Kontrollfragen sollen eine wahrheitsgemäße Beantwortung gewährleisten. Der Fragebogen ermöglicht die Erfassung großer Gruppen und eine schnelle Auswertung. Mündliche Befragungen – **Interviews** – haben diese Vorzüge nicht. Sie verlangen vom Interviewer große Fähigkeiten und sind zeitaufwendig, können aber andererseits genauere Aussagen bringen.

Die Befragung eines gleich bleibenden Personenkreises zu denselben Themen und in regelmäßigen Abständen über einen längeren Zeitraum heißt **Panel.** Es handelt sich um eine besondere Form der Marktbeobachtung. Je nach den untersuchten Gruppen unterscheidet man Handels- und Haushaltspanel.

Beispiel

5 000 repräsentativ ausgewählte Haushalte sollen fortlaufend alle ihre Einkäufe von Bohnenkaffee nach Datum, Menge, Ausgabe, Marke, Packungsart, Einkaufsstätte usw. registrieren.

Bohnenkaffee – Einkäufe							
Wann kauften Sie im Berichtsmonat Bohnenkaffee?	Wie viele Packungen wurden gekauft?	Wie viel Gramm waren in der **einzelnen** Packung?	Welche Art wurde gekauft? a) ohne Coffein b) mit Coffein c) mild d) andere	Wie war der Bohnenkaffee verpackt?	Haben Sie a) **ungemahlenen** Kaffee gekauft, b) **gemahlenen** Kaffee gekauft?	Welche **Sorte** stand auf der Packung?	Welche **Marke,** welcher Hersteller standen auf der Packung?
1	2	3	4	5	6	7	8

Ein Nachteil des Panels ist, dass die Befragten im Lauf der Zeit nicht natürlich reagieren, sondern ihr Verhalten den Fragen anpassen.

Beispiel

- *Tauchen auf dem Fragebogen, was häufig der Fall ist, neue Produkte auf, wird eine Panel-Hausfrau leicht geneigt sein, diese Produkte auszuprobieren.*
- *Es ist möglich, dass billige Produkte gemieden werden, um den sozialen Status zu wahren.*

Um Nachlässigkeiten und Verhaltenskorrekturen der Befragten auszugleichen, werden die Panel-Haushalte von Zeit zu Zeit systematisch ausgetauscht. Dadurch wird auch die Zusammensetzung auf den neuesten Stand gebracht. So kann man z. B. den „Alterungsprozess" durch Hinzunahme junger Haushalte auffangen.

Unter bestimmten Umständen kann man das Verhalten der Marktteilnehmer durch **Beobachtung** ermitteln. So kann man z. B. durch Kameras die Kundenreaktion auf eine bestimmte Schaufenstergestaltung festhalten oder man kann zählen, wie viele Kunden ein bestimmtes Produkt in die Hand nehmen oder mitnehmen.

Letztlich sind **Tests** ein beliebtes Mittel, um die Einstellung von Käufern zu bestimmten Produkten, zu einem neuen Produktnamen, zur Gestaltung der Verpackung, zur Höhe des Preises usw. zu ermitteln oder um festzustellen, ob sich bestimmte Werbemaßnahmen lohnen. Um die Absatzfähigkeit neuer Produkte zu überprüfen, wendet man häufig den Warentest oder das Testmarktverfahren an.

Warentest und Testmarktverfahren

Warentest

Man stellt den Auskunftspersonen in Verbindung mit einer Befragung eine Ware zur Begutachtung zur Verfügung. So testet man insbesondere die Marktfähigkeit bestimmter Produktgestaltungen.

Testmarktverfahren

Man führt das Produkt auf einem regional begrenzten Teilmarkt, der in seiner Struktur dem Gesamtmarkt ähnlich ist, in Verbindung mit sämtlichen wesentlichen absatzpolitischen Maßnahmen ein und kontrolliert die Wirkungen. Berlin und das Saarland sind beliebte Testmärkte.

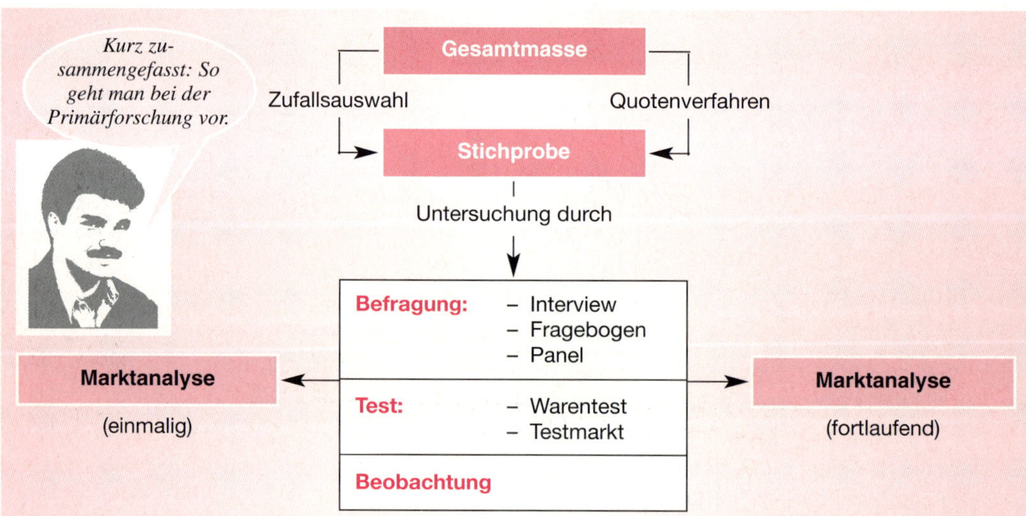

3.6.3 Bedarfsforschung

Die Bedarfsforschung sammelt Informationen über die tatsächlichen und möglichen Nachfrager. Sie umfasst Tatsachen-, Meinungs- und Motivforschung. Ziel ist es herauszufinden, welche Absatzchancen für Produkte, Sortimente, Dienstleistungen oder Bündel von Dienstleistungen bestehen.

Bedarfsforschung

Tatsachenforschung	**Meinungs- und Motivforschung**
objektive Daten über den Markt	Meinung der Kunden über Produkte und Konkurrenzprodukte; Gründe für die Kaufentscheidung

Tatsachenforschung

- **Marktgröße**
  - Größe der Bevölkerung
  - Einkommensverhältnisse und Kaufkraft
- Bestehen **Ersatzgüter** (Substitutionsgüter) oder **ergänzende Güter** (Komplementärgüter)?
- **Verbraucher**
  - tatsächliche Käufer
  - mögliche Käufer
  - Geschlecht, Alter, soziale Stellung, Einkommen, Ausbildung, Religion, Familienstand usw.
- **Entwicklungstendenzen** der angeführten Größen

Meinungs- und Motivforschung

- **Konsumverhalten**
  Wo, wann, wofür, wie oft, in welchem Umfang wird das Produkt gebraucht?
- **Produktbeurteilung**
  - gewünschte Qualität und Aufmachung
  - Kritik an eigenen und Konkurrenzprodukten
- **Kaufmotive**
  - Grundnutzen
  - Zusatznutzen

Über den **Grundnutzen** (Auto: Fortbewegung) hinaus ist oft auch der **Zusatznutzen** (Sportwagen: Gefühl der Sportlichkeit, Exklusivität) wichtig, den ein Gut stiften kann. Die Motive für den Zusatznutzen liegen oft im Unterbewusstsein. Kann man sie herausfinden, so werden sie meist durch gezielte, oft raffinierte Werbung angesprochen.

Auszug aus einem Fragebogen

Tatsachenforschung:

Wie viele Personen umfasst Ihr Haushalt? ________

Besitzen Sie einen Trockenautomaten? Ja ☐ Nein ☐

Meinungsforschung:

Halten Sie einen Trockenautomaten geeignet für

Kochwäsche?	Ja ☐	Nein ☐
Buntwäsche?	Ja ☐	Nein ☐
Oberbekleidung?	Ja ☐	Nein ☐
Gardinen?	Ja ☐	Nein ☐
Lederbekleidung?	Ja ☐	Nein ☐

Die meisten Trockenautomaten kosten zwischen 250,00 EUR und 600,00 EUR. Wie viel EUR würden Sie dafür ausgeben? ________ EUR

Motivforschung:

Welche Gründe sprechen nach Ihrer Ansicht für die Anschaffung eines Trockenautomaten?

Arbeitserleichterung?	Ja ☐	Nein ☐
Wäschepflege?	Ja ☐	Nein ☐
Zeitersparnis?	Ja ☐	Nein ☐
weitere Gründe?	________	

Beispiel

untersucht objektive Daten des Marktes

untersucht die Meinung der Befragten

untersucht die Gründe für Kaufentscheidungen

3.6.4 Konkurrenzforschung

Die Konkurrenzforschung sammelt Informationen über die tatsächlichen und möglichen Konkurrenten und die Branchenentwicklung.

Konkurrenzforschung

Tatsachenforschung	**Verhaltensforschung**
• Konkurrenzprodukte (Substitutions-, Komplementärgüter) • Vor- und Nachteile in Qualität, Aufmachung, Preis, Handhabung • Größe des Marktanteils, Absatzentwicklung • Konkurrenzanbieter (Angebotspalette, Kapitalstärke, Personalbestand, Absatzorgane) • Entwicklungstendenzen bei diesen Größen	aggressive oder zurückhaltende, schnell oder langsam reagierende Konkurrenz im Hinblick auf Preissetzung, Werbemaßnahmen, Verkaufsförderung, Produktgestaltung, Einsatz der Absatzorgane

3.6.5 Konjunkturforschung

Hier kommt es vor allem darauf an, Modeänderungen, Saisonschwankungen, Strukturveränderungen, Konjunkturschwankungen sowie rein zufällige Bewegungen, die sich langfristig nicht auswirken, und Trends (über lange Zeit wirksame Verschiebungen in einer bestimmten Richtung) zu erkennen und zu analysieren. Die Konjunkturforschung ist Sekundärforschung.

3.6.6 Absatzforschung

Die Absatzforschung sammelt Informationen über die eigene Stellung am Markt und über die Wirkung der eingesetzten absatzpolitischen Instrumente. Es ist herauszufinden,

- wie ein eingeführtes Produkt, eine Produktveränderung (etwa andere Aufmachung oder Fortfall eines Produktes) beim Kunden ankommen;
- wie der Kunde auf Änderungen der Preise, Rabatte, Lieferungs- und Zahlungsbedingungen reagiert (Elastizität der Nachfrage);
- in welchem Umfang Werbemaßnahmen den gewünschten Erfolg gebracht haben;
- ob die richtigen Absatzorgane eingesetzt wurden (Verkaufserfolg der Absatzabteilungen, Filialen, Reisenden, Vertreter usw. feststellen!) und ob die optimalen Absatzwege gewählt wurden.

Die **Absatzforschung** übernimmt damit gleichzeitig eine **Kontrollaufgabe.** Bei der **Absatzkontrolle** werden die Sollziffern des Absatzes, also abzusetzende Menge und anzustrebende Umsatzhöhe für die einzelnen Leistungen, den tatsächlich erreichten Istwerten gegenübergestellt. Durch entsprechende Untersuchungen im Rahmen der Absatzforschung lassen sich dann eventuell stichhaltige Gründe für Abweichungen von Soll und Ist finden.

Arbeitsaufträge

1. Aus einem Reisebericht des Handlungsreisenden Ralf Petersen:

   „... Die besuchten Werkstätten halten sich zurzeit generell mit der Anschaffung von Maschinen und Geräten zurück. Sie begründen dies mit dem konjunkturell bedingten Auftragsrückgang ihrer Kunden. Gegenüber dem letzten Vierteljahr ist mein Auftragsvolumen wertmäßig um etwa 25 % von 815 000,00 EUR auf 607 000,00 EUR zurückgegangen. Andererseits konnte ich allgemein reges Interesse an unserer neuen Metallsäge MS-3 feststellen. Eine gezielte Informations- und Werbekampagne könnte sich hier lohnen.

   Der verstärkte Hang zum Hobbywerker führte zu einer leicht ansteigenden Umsatztendenz bei Bohrmaschinen in Fachgeschäften, Warenhäusern und Verbrauchermärkten. Der Kauf von Zusatzgeräten scheint sich langsam von Kreissägen stärker auf Stichsägen zu verlagern. Die Konkurrenz (vor allem Black & Bauer) engagiert sich im Verbrauchermarkt- und Warenhausbereich mit Rabatten, die 10 % über den unsrigen liegen. Die Firma „Unipreis" ist nur bei einem Wiederverkäuferrabatt von 50 % bereit, unser Sortiment einzuführen ..."

   a) Zu welchem Bereich der Markterkundung gehört das Sammeln von Informationen aus einem solchen Bericht?
   b) Stellen Sie eine Übersicht über die Informationen und Rückschlüsse auf, die sich ergeben.

2. Die Haushaltselektro GmbH hat Pläne für eine neuartige Küchenmaschine entwickelt. Sie versucht nun, sich einen genauen Überblick über den Markt zu verschaffen.
   Welche Fragen muss die Unternehmung sich stellen?

3. Die Firma Chemische Werke Eduard Chrom GmbH hat vor Jahresfrist mit der Markteinführung ihrer Autopolitur „Langglanz mit Langzeitwirkung" begonnen. Nach einem Jahr kostspieliger Werbung erwartete man einen Marktanteil von etwa 10 %. Der tatsächliche Verkaufserfolg liegt jedoch nur bei 3 %. Durch gezielte Marktforschungsmaßnahmen sucht man die Gründe zu erfahren.

   a) Entwerfen Sie einen Fragebogen für Autobesitzer mit bis zu 15 Fragen.
      Er soll erkennen lassen, welche Gruppen (Alter, Einkommen, Geschlecht usw.) die Politur „Langglanz" ablehnen und welche Gründe für die Ablehnung vorliegen.
   b) Entwerfen Sie eine Anweisung für die Beobachtung von Käufern von Autopolitur. Beobachtungsort sei ein Stand in einem Verbrauchermarkt, an dem eine geeignete Werbeaktion durchgeführt wird. Auch hier sollen Motive für und gegen „Langglanz" erforscht werden können.
   c) Denken Sie sich einen Test aus, mit dem die Einstellungen zum Produkt „Langglanz" erforscht werden können.

4. Eine Gruppe von Hausfrauen (3 000 Teilnehmerinnen) soll täglich auf einem Fragebogen ihre Einkäufe unter Eintragung von Produkt, Marke, Gewicht oder Menge und Preis festhalten. Der Fragebogen wird wöchentlich über eine längere Zeit hinweg an ein Marktforschungsinstitut geschickt.

   a) Handelt es sich hier um Primär- oder Sekundärforschung?
   b) Nennen Sie den genauen Namen dieser Marktforschungsmethode.
   c) Nach welchen Verfahren wurden die Hausfrauen ausgewählt?
   d) Handelt es sich um eine Marktanalyse oder um eine Marktbeobachtung?
   e) Versuchen Sie einige Informationen anzugeben, die mit Hilfe einer solchen Untersuchung gewonnen werden können.

5. Ein Waschmittelhersteller möchte eine repräsentative Studie über das Waschverhalten in Nordrhein-Westfalen erstellen lassen.

   Kann die Umfrage auf telefonischem Wege erfolgen?

6. Prognosen über zukünftige Marktentwicklungen sind immer etwas problematisch.

   Versuchen Sie einige Probleme anzugeben, die damit verbunden sind.

3.7 Leistungspolitik

3.7.1 Produkt- und Sortimentspolitik

In einer Automobilzeitschrift war zu lesen:
„Seit über zehn Jahren produzieren die Vereinigten Autowerke den Pkw vom Typ Traveller in fast unveränderter Form. Der Traveller war schon immer der Stützpfeiler im Absatzprogramm der Autowerke. Sein Erfolg beruhte auf Zuverlässigkeit, Sparsamkeit und Preiswürdigkeit. Dennoch ist man bei den Vereinigten Autowerken unzufrieden, da die Gewinnsituation sich drastisch verschlechterte. Es werden immer weniger Käufer für diesen Typ gefunden. Andere Automobilhersteller haben in der Zwischenzeit erheblich verbesserte Pkw auf den Markt gebracht.“

- **Die Produktpolitik betrifft Neuentwicklungen (Produktinnovationen), Produktvariationen[1] (z. B. Verbesserungen), Produktgestaltung und schließlich Produktaufgabe (Produktelimination[2]).**
- **Die Sortimentspolitik betrifft die Zusammensetzung der gesamten angebotenen Produkt“palette“.**

Produktpolitik

Produktinnovation

Der **Vorgang der Innovation** beginnt mit dem Sammeln neuer Ideen.

Mögliche Quellen für Innovationsideen	
Betriebsexterne Quellen	**Betriebsinterne Quellen**
• Anregungen von Kunden	• Berichte von Reisenden und Vertretern
• Anregungen von Unternehmensberatungen	• Ideenwettbewerb der Mitarbeiter
• Auswertung von Konkurrenzerzeugnissen	• eigene Forschung und Entwicklung
• Nutzung fremder Forschungsergebnisse	

Für alle vorliegenden Ideen müssen die betrieblichen Möglichkeiten untersucht werden. Es sind folgende Fragen zu beantworten:

- Besteht freie Kapazität zur Aufnahme dieses neuen Produktes?
- Sind die notwendigen Betriebsmittel vorhanden?
- Welcher Kapitaleinsatz ist notwendig?
- Sind die erforderlichen Fachkräfte vorhanden?
- Welche Mindest-Absatzmenge ist notwendig?

Neue Produkte sollen der Unternehmung einen Wettbewerbsvorsprung gegenüber der Konkurrenz verschaffen.

Produktvariation

Produktvariationen sind Änderungen von Produkteigenschaften. Sie werden in der Phase der Marktsättigung zur Abwehr von Konkurrenzprodukten nötig. Außerdem dienen sie bei der Strategie der Marktentwicklung der Ansprache

[1] lat.: innovatio = Neuerung, variatio = Abänderung, Abweichung
[2] lat.: eliminatio = Abschaffung, Aufgabe

neuer Zielgruppen (Teilmärkte, Marktsegmente). Ebenso wie Innovationen bedingen sie eine intensive Marktforschung und technische Forschung.

In manchen Branchen ist es kaum möglich, Güter mit neuem Grundnutzen auf den Markt zu bringen. So bleibt der Güternutzen in der Bekleidungsindustrie im Wesentlichen konstant. Hier kommt deshalb der Produktvariation um so größere Bedeutung zu. Sie hat die Aufgabe, den **Zusatznutzen** zu erfassen.

Produktgestaltung

Durch die Produktgestaltung sollen sich die Produkte von denen der Konkurrenz deutlich und positiv abheben. Deshalb ist zu achten auf Qualität, Aufmachung, Markierung und Verpackung.

Produktgestaltung

Produktqualität

- Ziel: Erfüllung der Ansprüche, Bedürfnisse und Erwartungen der Kunden.
- Betroffen: z. B. Fragen der Gebrauchstüchtigkeit, Langlebigkeit, Installations-, Bedienungs-, Wartungs- und Reparaturfreundlichkeit, Transportierbarkeit sowie Umweltfreundlichkeit (rohstoffschonende Verwendung und Entsorgung).

Produktaufmachung

Festlegung der äußeren Erscheinung (Design, Farbe, Größe)

Produktmarkierung

- Eindeutige Kennzeichnung des Produkts (durch einen Produktnamen, ein Markenzeichen, ein Markensymbol, ein charakteristisches Schriftbild).
- Ziel: Signalwirkung am Markt.

Produktverpackung

- Schutz des Produkts gegen äußere Einflüsse bei Lagerung, Transport, Verwendung.
- Werbewirksame Gestaltung der Verpackung.
- Umweltfreundlichkeit (Beschränkung auf das notwendige Mindestmaß, sonstige Anforderungen wie beim Produktmaterial).

Produktelimination

Das Erscheinen überlegener und neuartiger Konkurrenzerzeugnisse lässt die Gewinnkurve meist rasch sinken. Wirft das Produkt keinen Gewinn mehr ab, so stellt sich die Aufgabe, es im richtigen Augenblick aus dem Markt zu nehmen: **Produktelimination.**

Viele Erzeugnisse sind unmittelbar mit dem Firmennamen verbunden (z. B. UHU, Rollei). Eliminiert man sie, so können treue Kunden verloren gehen. Man muss auch die Auswirkungen auf andere Produkte mitbeachten: Es ist durchaus möglich, dass ein an sich Verlust bringendes Erzeugnis den Absatz anderer Leistungen, z. B. von Komplementärgütern, fördert.

Sortimentspolitik

Die Brauerei Gebr. Schenk produziert zwei Sorten Bier: das „Schenk Pils“ (ein Pilsener, also ein untergäriges helles Vollbier) und das „Schenk Alt“ (ein Altbier, also ein obergäriges braunes Vollbier). Das Sortiment gliedert sich weiterhin in Fassbier (für Gaststätten), in Flaschenbier (0,5 Liter und 0,33 Liter) und in Dosenbier (nur Pils). Auf Bestellung werden auch Partyfässer mit 10, 20 oder 30 Liter Inhalt abgefüllt.

Unter dem Absatzsortiment eines Betriebes versteht man die gesamte Palette der von ihm angebotenen Leistungen.

Für die Bildung von Sortimenten sind die uneinheitlichen Verbraucher- und Verwenderbedürfnisse maßgebend. Sie bewirken die Aufspaltung des Gesamtmarktes in **Marktsegmente (Teilmärkte).** So zieht man in den verschiedenen Regionen Deutschlands bestimmte Biersorten vor, trinkt man je nach Geschmack und Anlass Fass-, Flaschen- oder Dosenbier.

In Kenntnis möglicher Teilmärkte legt der Betrieb seine **Sortimentsstrategie** fest.

Sortimentsstrategien		
Vorteile	**Sortimentsstrategie**	**Nachteile**
Ein großer Kundenkreis wird angesprochen und evtl. Massenvertrieb möglich. Die Kosten sind verhältnismäßig niedrig.	**Belieferung des Gesamtmarktes mit einem Universalprodukt** (Man stellt auf den Durchschnittsverbraucher ab.)	Gefahr des Unterliegens gegenüber Konkurrenzprodukten, die besser auf individuelle Wünsche ausgerichtet sind.
Meist starke Stellung auf dem Marktsegment. Die Kosten sind verhältnismäßig niedrig.	**Spezialisierung:** **Belieferung eines Teilmarktes mit einem Spezialprodukt** (Man stellt auf eine spezielle Käuferschicht ab, z. B. junge Leute.)	Gefahr eines zu kleinen Teilmarktes. Gefahr, dass sich die Verbrauchergewohnheiten ändern.
Erfassung eines größeren Kundenkreises.	**Differenzierung:** **Belieferung mehrerer Teilmärkte mit einem Sortiment differenzierter Spezialprodukte.** (Verschiedene Gruppen werden angesprochen, z. B. durch unterschiedliche Formen, Farben, Größen, Preislagen, Qualitäten.)	Mögliche Zersplitterung des Verkaufsprogramms. Die Kosten sind verhältnismäßig hoch.

Die Bearbeitung kleinerer Teilmärkte empfiehlt sich insbesondere für mittelständische Unternehmen, insbesondere dann, wenn diese Teilmärkte technische, geschmackliche oder modische Spezialprobleme aufweisen, die eine sehr individuelle Lösung erfordern. Hierdurch wird ihre Wettbewerbsanfälligkeit verhältnismäßig gering. Solche Marktnischen sind z. B. auf dem Papiermarkt (Endlosformulare für EDV-Anlagen), auf dem Margarinemarkt (Spezialfette für gewerbliche Verwender wie Bäckereien, Konditoreien usw.), auf dem Getränkemarkt (Bier mit einer besonderen Geschmacksnote für einen eng begrenzten Regionalmarkt), auf dem Radiomarkt (Radiogeräte für die gehobene Käuferschicht oder für den technisch-modern eingestellten Käufer) und auf dem Textilmarkt (Boutiquen für junge Leute) gegeben.

Der Zwang, vom Erfolg einer Leistung unabhängig zu werden, kann auch zu einer Erweiterung des Produktprogramms führen, d. h. zur Aufnahme andersartiger Erzeugnisse. Man nennt diesen Vorgang **Diversifikation**[1].

[1] *lat.: diversus = entgegengesetzt, völlig verschieden*

Oft gründet man zu diesem Zweck Tochtergesellschaften, kauft andere Unternehmen auf oder schließt sich mit ihnen zusammen. Man kann das Know-how[1] der anderen Unternehmen ausnutzen und so eigene Kosten sparen. Diversifikation soll immer von lediglich einem Leistungsbereich unabhängig machen.

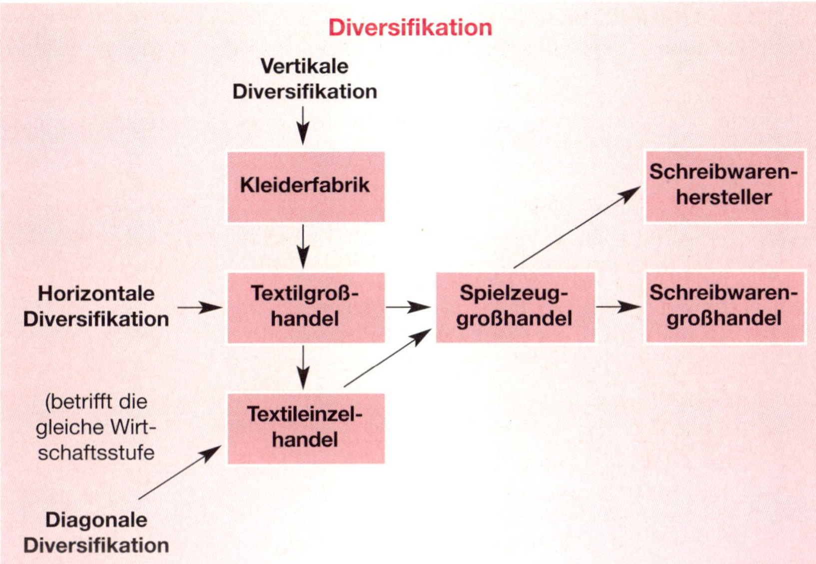

Wer diversifiziert, will „auf mehreren Beinen stehen". Er will sein Risiko verringern (streuen).

Arbeitsaufträge

1. In Aufgabe 2 auf Seite 29 ist von einer Bildplatte für den Fernseher die Rede, die große Hoffnungen weckte, sich aber gegenüber dem Videoband unterlegen zeigte und ein Flop wurde. Erläutern Sie anhand der folgenden Grafik wie sich die Produktentwicklung der Bildplatte abgespielt haben könnte.

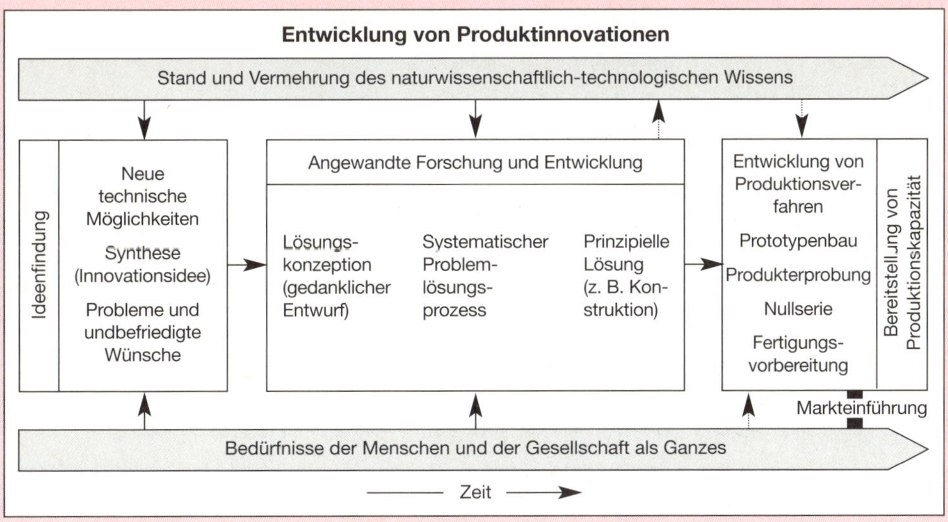

[1] engl. „wissen wie"; geistig-technische Spezialkenntnisse und Erfahrungen, die nicht rechtlich geschützt werden können und deshalb oft strenger Geheimhaltung unterliegen.

2. Die Portfolio-Matrix unterscheidet bei den Produkten zwischen „Fragezeichen", „Stars", „Milchkühen" und „armen Hunden".
   a) Begründen Sie, bei welchen dieser Produkte wahrscheinlich eine Notwendigkeit für Produktvariationen besteht.
   b) In welchen Phasen des Produktlebenszyklusses befinden sich diese Produkte?
   c) Geben Sie am Beispiel eines Pkw an, worin eine Produktvariation bestehen könnte.

3. Produktvariationen sind besonders wichtig, wenn in einer Branche keine Güter mit neuem Grundnutzen entwickelt werden können. Die Produktvariation soll dann den Zusatznutzen erfassen.
   a) Erläutern Sie den Unterschied zwischen Grundnutzen und Zusatznutzen.
   b) Nennen Sie Beispiele für derartige Branchen und ihre Produkte.

4. Die Produktgestaltung soll die Produkte von Konkurrenzprodukten abheben und sie optimal an den Kundenbedarf anpassen.
   Worauf ist nach Ihrer Meinung bei der Gestaltung folgender Produkte besonders zu achten: Schokolade, Waschmittel, Bohrmaschine, Waschmaschine, Oberbekleidung?

5. Marktsegmentierung ist eine wesentliche Grundlage für die Bildung von Sortimenten.
   Nennen Sie Gesichtspunkte, nach denen a) ein Seifenhersteller und b) ein Hersteller für Oberbekleidung Marktsegmentierung betreiben könnte.

6. Auf Seite 33 sind Produktlebenszyklen abgebildet.
   Welche produkt- und sortimentspolitischen Maßnahmen können in den einzelnen Lebensphasen der Produkte sinnvoll eingesetzt werden?

3.7.2 Preis- und Konditionenpolitik

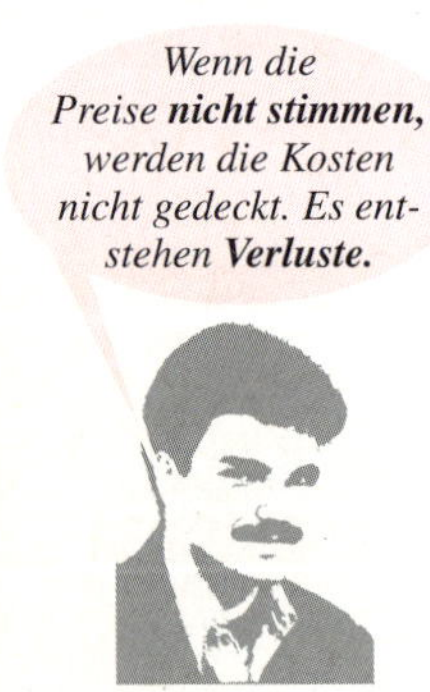

Aufgabe der Preis- und Konditionenpolitik

Für jede Unternehmung ist es wichtig, dass „die Preise stimmen".

Der Preis sollte so kalkuliert sein, dass über dem Erlös die Kosten abgedeckt werden und darüber hinaus ein Gewinn erzielt wird.

- Der Betrieb muss deshalb genaue Informationen über seine Kosten besitzen. Die Kosten bestimmen den Preis, der mindestens gefordert werden muss (Preisuntergrenze).
- Der Betrieb muss weiterhin über die Marktverhältnisse informiert sein, denn diese bestimmen, welcher Preis am Markt überhaupt zu erzielen ist und gefordert werden kann.
- In Kenntnis seiner Kosten und der Marktverhältnisse setzt der Betrieb seine Preise und Verkaufskonditionen fest.

Langfristig wird die Unternehmung bestrebt sein, ihren Gewinn zu maximieren. Denn nur ausreichende Gewinne ermöglichen die notwendigen Investitionen und belohnen den Einsatz von Arbeit und Kapital.

Kurzfristig kann es aber notwendig sein, für neue Produkte zunächst einen ausreichenden Markt zu schaffen oder aggressive Konkurrenten abzuwehren.

Die Preis- und Konditionenpolitik muss darüber entscheiden, welche Preise und Konditionen (Verkaufsbedingungen) sinnvoll sind, um einen möglichst hohen Gewinn oder einen möglichst großen Marktanteil zu erzielen.

Auswirkungen des Preises auf Nachfrage und Umsatz

Vergleichen Sie hierzu Seite 17.

Niedrige Preise ziehen Käufer an, hohe Preise schrecken sie ab. Deshalb kann man grundsätzlich davon ausgehen, dass die Nachfrage bei Preiserhöhungen zurückgeht und dass sie bei Preissenkungen steigt.

- **Elastische Nachfrage liegt vor, wenn die prozentuale Mengenänderung größer als die prozentuale Preisänderung ist.**
- **Unelastische Nachfrage liegt vor, wenn die prozentuale Mengenänderung kleiner als die prozentuale Preisänderung ist.**

Beispiel

Von zwei Waren werden bei einem Preis von jeweils 100,00 EUR in der Woche jeweils 200 Stück verkauft. Der Umsatz je Ware beträgt also 20 000,00 EUR. Nach einer Preiserhöhung um 20 % entwickeln sich Nachfrage (Absatzmenge) und Umsatz wie folgt:

	Preiserhöhung EUR	%	neuer Preis EUR	Absatzrückgang Stück	%	neue Absatzmenge Stück	neuer Umsatz EUR
Ware 1	20	20	120,00	20	10	180	21 600,00
Ware 2	20	20	120,00	60	30	140	16 800,00

Bei Ware 1 (unelastische Nachfrage) führt die Preiserhöhung zu einer Umsatzsteigerung, bei Ware 2 (elastische Nachfrage) zu einem Umsatzrückgang.

- **Bei elastischer Nachfrage bewirken Preiserhöhungen grundsätzlich einen Umsatzrückgang, Preissenkungen eine Umsatzsteigerung.**
- **Bei unelastischer Nachfrage bewirken Preiserhöhungen grundsätzlich eine Umsatzsteigerung, Preissenkungen einen Umsatzrückgang.**

Verhältnismäßig unelastisch ist die Nachfrage bei existenznotwendigen Gütern, elastischer dagegen bei Gütern des gehobenen Bedarfs. Auch wenn sich Güter in ihren Eigenschaften stark von anderen Gütern unterscheiden (heterogene Güter, z. B. kunstgewerbliche Gegenstände), so ist die Nachfrage verhältnismäßig unelastisch. Bei homogenen Gütern (z. B. Heizöl) ist die Nachfrage stark elastisch.

Kalkulation als Grundlage der Preispolitik

Die Preiskalkulation ist die Berechnung des angestrebten Verkaufspreises. Sie soll gewährleisten, dass die Kosten gedeckt werden und ein angemessener Gewinn erzielt wird.

In der Kostenrechnung nennt man die Produkte „Kostenträger".

Kosten sind alle Werte, die in einer Wirtschaftsperiode eingesetzt werden, um betriebliche Leistungen zu erstellen.

Im Industriebetrieb werden den Produkten alle Kosten zugerechnet. Sie müssen die Kosten tragen. Die Gesamtkosten (Selbstkosten) setzen sich wie folgt zusammen:

Gesamtkosten (Selbstkosten)

Einzelkosten	**Gemeinkosten**
Sie sind dem Produkt direkt zurechenbar.	Sie werden indirekt über eine prozentualen Zuschlag zugerechnet.
Fertigungsmaterial und Fertigungslöhne	Zinsen, Mieten, Abschreibungen, Gehälter, Energiekosten, Steuern u. a. m.
Einzelkosten sind stets:	Gemeinkosten können sein:
variable Kosten	**fixe Kosten**
Steigen und fallen mit der Produktionsmenge (Ausbringungsmenge)	Ändern sich nicht mit der Ausbringungsmenge; fallen auch an, wenn nichts produziert wird

Beispiel

- *Zinsen für ein aufgenommenes Darlehen = fixe Gemeinkosten*
- *Schmiermittel = variable Gemeinkosten*
- *Verbrauch von Rohstoffen = variable Einzelkosten*

Auf die Selbstkosten wird der kalkulierte Gewinn geschlagen. Weiterhin müssen das branchenübliche Skonto und die Kundenrabatte einkalkuliert werden. Die Verkaufskalkulation sieht dann wie folgt aus:

Beispiel

Für eine Kleindrehbank kalkuliert eine Unternehmung folgende Kosten:
Fertigungsmaterial: 400 kg Stahl = 1 500,00 EUR;
20 Stunden Fertigungslöhne à 60,00 EUR = 1 200,00 EUR.
Materialgemeinkosten = 20 % vom Fertigungsmaterial; davon sind 50 % fix und 50 % variabel.
Fertigungsgemeinkosten = 83 1/3 % von den Fertigungslöhnen; davon sind 50 % fix und 50 % variabel.
Verwaltungs- und Vertriebsgemeinkosten = 20 % von den Herstellkosten; davon sind 100 % fix.

	EUR	EUR	
Fertigungsmaterial	1 500,00		
+ Materialgemeinkosten (20 %)	300,00		
= Materialkosten		1 800,00	
Fertigungslöhne	1 200,00		
+ Fertigungsgemeinkosten (83 1/3 %)	1 000,00		
= Fertigungskosten		2 200,00	
Herstellkosten (Material- + Fertigungskosten		4 000,00	
+ Verw.- und Vertriebsgemeinkosten (20 %)		800,00	
= **Selbstkosten**		*4 800,00*	
+ Gewinnzuschlag 25 %		1 200,00	
= **Barverkaufspreis**		6 000,00	$\frac{6\,000 \cdot 100}{96}$
+ Kundenskonto (4 % vom Zielverkaufspreis)		250,00	
= **Zielverkaufspreis**		6 250,00	$\frac{6\,250 \cdot 100}{85}$
+ Kundenrabatt (15 % vom Listenverkaufspreis)		1 102,94	
= **Listenverkaufspreis**		7 352,94	

Kostenorientierte Preissetzung

Grundsätzlich versucht der Anbieter beim Verkauf den kalkulierten Preis zu erzielen. Dies gelingt ihm aber nur, wenn er gegenüber dem Käufer eine starke Stellung hat, z. B. wenn die Nachfrage groß und das Angebot knapp ist **(Verkäufermarkt).** Auch ein **Alleinanbieter** kann ggf. seine Preise durchsetzen. Allerdings sind Alleinanbieter heutzutage selten.

Nachfrage- und konkurrenzorientierte Preissetzung

Die heutigen Märkte sind meist **Käufermärkte:** Das Güterangebot ist groß, die Bedürfnisse sind weitgehend gesättigt. Je nach Angebot und Nachfrage lassen sich einmal höhere, einmal niedrigere Preise erzielen. Dementsprechend setzt der Unternehmer seinen Preis fest – **nachfrageorientierte Preissetzung.**

Hinzu kommt oft noch eine starke Konkurrenz zwischen den Anbietern. Der Betrieb wird bei Preissenkungen der Konkurrenten mitziehen, nicht aber bei Preiserhöhungen. Manchmal richtet er sich auch nach den Preisen eines Konkurrenten mit besonders großem Marktanteil, des sog. **Marktführers.**

Diese **konkurrenzorientierte Preissetzung** hat zur Folge, dass die Unternehmung selbst den Preis nicht beeinflussen kann. Konkurrenzorientierte Preissetzung ist v. a. dann gegeben,

- wenn die Zahl der Anbieter klein ist (sog. Oligopol),
- die Güter verhältnismäßig homogen sind und
- die Nachfrager einen guten Marktüberblick haben.

Die Preiskalkulation ändert bei nachfrage- und konkurrenzorientierter Preissetzung die Richtung: Man geht vom gegebenen Verkaufspreis aus und prüft, wie weit er die Kosten deckt.

Preisuntergrenzen

- Vor der Neueinführung eines Produktes muss der Unternehmer sich fragen, welchen Preis er am Markt erzielen kann, und seine Produktionskosten danach ausrichten (kostengünstige Konstruktion, Auswahl preisgerechter Materialien, Anwendung preisgerechter Fertigungsverfahren).
- Bei bestehenden Produkten muss er sich fragen, in welchem Umfang der erzielbare Preis seine Kosten deckt.

Die gesamten Stückkosten (Selbstkosten) bilden die langfristige Preisuntergrenze.

Begründung: Jeder Artikel sollte auf lange Sicht alle ihm zuzurechnenden Kosten decken. Dann entsteht zwar kein Gewinn, aber der Umsatz reicht aus, um den Betrieb weiterzuführen.

Die Höhe der variablen Stückkosten ist die kurzfristige (absolute) Preisuntergrenze.

Begründung: Auch in wirtschaftlich schlechten Zeiten müssen wenigstens die variablen Kosten über den Preis erstattet werden. Der größte Teil der variablen Kosten ist nämlich mit laufenden Ausgaben verbunden (z. B. Lohn- und Materialkosten).

Beispiel

Aus dem Kalkulationsbeispiel von Seite 50 ergibt sich:

	Fertigungsmaterial	1500,00 EUR
+	variable Materialgemeinkosten	150,00 EUR
+	Fertigungslöhne	1200,00 EUR
+	variable Fertigungsgemeinkosten	500,00 EUR
=	variable Kosten	3350,00 EUR

kurzfristige Preisuntergrenze

Preisstellungssysteme

Der Betrieb ist bestrebt, seine Preise möglichst individuell auf die Käufer abzustellen, um viele Kunden zu gewinnen. Hierzu dienen ihm grundsätzlich zwei Preisstellungssysteme:

Preisstellungssysteme

Bruttosystem	Nettosystem
Von den angegebenen Preisen werden noch Rabatte gewährt.	**Von den angegebenen Preisen werden keine Rabatte mehr gewährt.**
Beispiel: *„Wir bieten an zu 450,00 EUR abzüglich 40 % Wiederverkäuferrabatt."*	**Beispiel:** *„Wir bieten an zu 270,00 EUR."*

Bruttosystem

Durch Rabatte wird ein formell einheitlicher Angebotspreis gegenüber verschiedenen Abnehmern aufgrund bestimmter Bedingungen differenziert.

- **Mengenrabatt** soll den Kunden zum Kauf möglichst großer Mengen anregen.
- **Treuerabatt** wird langjährigen Kunden gewährt. Er soll die Kunden an das Unternehmen binden und das Eindringen von Konkurrenten verhindern.
- **Umsatzbonus:** Gutschrift, die dem Kunden gewährt wird, wenn er bis zum Jahresende einen festgelegten Gesamtumsatz erzielt hat. Je nach Vereinbarung wird der Bonus für alle getätigten Umsätze oder für die die Umsatzgrenze überschreitenden Käufe gewährt.
- **Skonto (Barzahlungsrabatt)** wird bei Zielverkäufen gewährt, wenn der Kunde die Rechnung vorzeitig (meist binnen 8 bis 10 Tagen) bezahlt.
- **Funktionsrabatt:** Preisnachlass, den der Verkäufer gewährt, wenn der Kunde ihm bestimmte Arbeiten abnimmt (z. B. Werbung, Abfüllen, Zuschneiden, Sortieren).

- **Wiederverkäuferrabatt** wird für Ware gewährt, die mit empfohlenem Endverkaufspreis ausgezeichnet ist. Er soll die Kosten des Einzelhändlers abdecken und ihm außerdem einen angemessenen Gewinn sichern.
- **Sonderrabatte:**
  - Personalrabatt (für das eigene Personal)
  - Weiterverarbeitungsrabatt (für Handwerker)
  - Jubiläumsrabatt (anlässlich von Geschäftsjubiläen)
  - Messerabatt (für Messeaufträge)
  - Behördenrabatt

Den **Absatz von unrentablen Kleinmengen** sucht der Betrieb zu unterbinden durch:

- **Mindestabnahmemengen**
  z. B.: „Mindestabnahmemenge 10 Stück"
- **Mindermengenzuschläge** (Umkehrung des Rabatts)
  z. B.: „Bei Abnahme von weniger als 10 Stück berechnen wir einen Zuschlag von 15 % auf den Listenpreis."
- **Frankogrenzen** (Übernahme festgelegter Fracht- oder Verpackungskosten von einem bestimmten Wert oder einer bestimmten Menge an)
  z. B.: „Bei einem Warenbezug ab 1 000,00 EUR erfolgt die Lieferung frei Haus."

Nettosystem

Auch beim Nettosystem wird die Abnahme größerer Mengen berücksichtigt. Dies geschieht durch **Preisstaffelungen.**

Beispiel

Bei Abnahme von	beträgt der Preis pro Stück
5–10 Stück	100,00 EUR
11–15 Stück	95,00 EUR
16–20 Stück	90,00 EUR
über 20 Stück	86,00 EUR

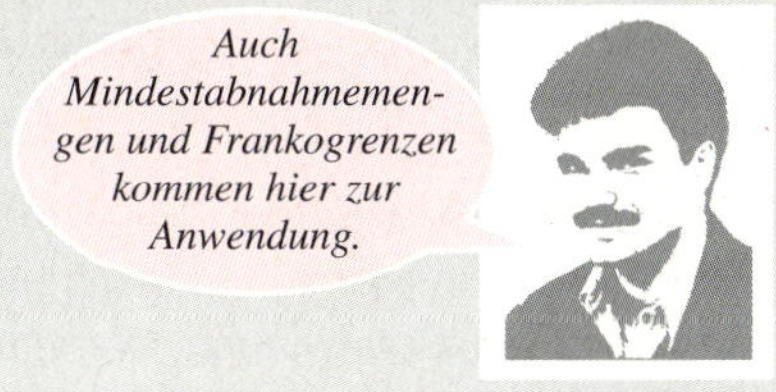

Preisstrategien

Preisdifferenzierung

Preisdifferenzierung bedeutet:
Angebot des gleichen Produktes zu unterschiedlichen Preisen, um unterschiedliche Nachfragebedingungen auszunutzen und den Gewinn zu vergrößern.

<table>
<tr><th colspan="2">Arten der Preisdifferenzierung</th></tr>
<tr><td>Räumliche Preisdifferenzierung
Unterschiedliche Preise an verschiedenen Orten
Beispiele:
Unterschiedliche Preise in Filiale A und B; höhere Preise an Autobahntankstellen</td><td>Sachliche Preisdifferenzierung
Angebot desselben Produktes in unterschiedlicher Aufmachung zu unterschiedlichen Preisen.
Beispiele:
Angebot von Waschmitteln als Markenartikel und als No-name-Ware</td></tr>
<tr><td>Zeitliche Preisdifferenzierung
Unterschiedliche Preissetzung zu verschiedenen Zeitpunkten
Beispiele:
Saisonrabatt, Jubiläumsrabatt, Sonderaktionen (z. B. Sonderangebote, Lockvogelangebote)</td><td>Persönliche Preisdifferenzierung
Preisbildung nach Personengruppen
Beispiele:
Behörden-, Weiterverarbeitungs-, Wiederverkäuferrabatt; Treuerabatt</td></tr>
<tr><td colspan="2">Preisdifferenzierung nach dem Umsatz
Unterschiedliche Preise bei unterschiedlichen Einkaufsumsätzen
Beispiele:
Mengenrabatt, Umsatzbonus, Mindermengenzuschlag, Preisstaffel</td></tr>
</table>

Dynamische Preisgestaltung

Maßnahmen der dynamischen Preisgestaltung sollen die Preise flexibel den Marktverhältnissen anpassen.

Bei der Produkteinführung bieten sich zwei Strategien an:

- **Hohe Einführungspreise (Abschöpfungspreise)**
  Man setzt hohe Einführungspreise, um zunächst die kaufkräftigste Käuferschicht anzusprechen. Anschließend senkt man den Preis. Mit dieser Preissenkung geht manchmal eine Verschlechterung der Ausstattung einher.

Beispiel *Einführung eines Romans in gebundener Leinenausgabe, später als Taschenbuch.*

- **Marktdurchdringungspreise**
  Man setzt von vornherein einen niedrigen Preis, um möglichst große Käuferschichten zu gewinnen. Wenn das Erzeugnis nach einer gewissen Zeit gut eingeführt ist, hebt man den Preis vorsichtig an.

Wenn ein Produkt allmählich aus dem Markt genommen werden soll, hält man meist die Preise stabil und verzichtet auf alle kostenträchtigen Maßnahmen (wie Werbung). Zum Schluss versucht man, das Lager durch starke Preissenkungen in Verbindung mit einer Sonderwerbeaktion zu räumen.

Konditionenpolitik

Günstige Verkaufskonditionen stellen für den Kunden u. a. einen zusätzlichen Preisvorteil dar. Sie können folglich die Kaufentscheidung beeinflussen.

Verkaufskonditionen

Preisnachlässe	Rückgaberecht
Rabatte, Skonti, Boni	Kauf auf Probe
Zahlungsfristen	**Garantieleistungen**
• Der Lieferer gewährt ein Zahlungsziel. • Der Lieferer vermittelt dem Kunden einen Kredit. • Der Lieferer gewährt Abschlagszahlungen.	Abgabe einer Garantie über die Gewährleistungsfrist hinaus (u. a. bei technischen Geräten)
Übernahme der Verpackungskosten	**Übernahme der Transportkosten**
Lieferung „Preis netto einschließlich Verpackung“	• „Lieferung frei Haus“ • „Lieferung frei Empfangsstation“

Arbeitsaufträge

1. Die Preis- und Konditionenpolitik ist ein wichtiges absatzpolitisches Instrument. Wenn die Preise nicht stimmen, kann eine Unternehmung rasch in die Verlustzone geraten.
Erläutern Sie in wenigen Worten die verschiedenen Elemente der Preis- und Konditionenpolitik.

2. Ein Betrieb bot eine Ware bisher zu 80,00 EUR an. Er setzt monatlich etwa 150 Stück um. Nach einer Preissenkung um 20 % steigt der Absatz auf 230 Stück.
a) Handelt es sich um eine elastische oder unelastische Nachfrage?
b) Begründen Sie, ob sich die Preissenkung für den Betrieb lohnt.
c) Wie beurteilen Sie die Aussichten dafür, dass sich die beschriebenen Ergebnisse einstellen, wenn ein Oligopol vorliegt und die Konkurrenten verhältnismäßig homogene Güter anbieten?

3. Die Vereinigte Maschinen- und Werkzeugfabrik AG (VMW) kalkuliert den Angebotspreis für eine Kleindrehbank.
a) Unter welchen Bedingungen könnte der Angebotspreis kostenorientiert festgelegt werden, unter welchen Bedingungen müsste er nachfrageorientiert festgelegt werden?
b) Vom Listenverkaufspreis gewährt die VMW 20 % Rabatt und 2 % Skonto. Welches Preisstellungssystem wendet sie an?
c) Welche Möglichkeiten der Preisdifferenzierung könnte der Anbieter nutzen?

4. Für die Fertigung eines Bohrautomaten entstehen folgende Kosten:
Fertigungsmaterial: 5 000,00 EUR, Fertigungslöhne: 2 000,00 EUR.
Die Materialgemeinkosten betragen 40 %, die Fertigungsgemeinkosten 120 %. Der Verwaltungs- und Vertriebsgemeinkostenzuschlagssatz beträgt 20 %. Von den Material- und Fertigungsgemeinkosten sind 40 % fix und 60 % variabel.
Bestimmen Sie a) die langfristige und b) die kurzfristige Preisuntergrenze.

5. Unternehmungen differenzieren ihre Preise häufig. Ordnen Sie nachfolgende Beispiele den vier behandelten Arten für Preisdifferenzierung zu:
a) Rentner bekommen Rabatt,
b) Nachsaisonpreise sind günstiger,
c) die gleichen Medikamente sind in England preiswerter als in Deutschland,
d) Markenartikelhersteller verkaufen ihre Marke auch als „No-Name-Produkt“ beim Billigpreisanbieter.

6. Die Konditionenpolitik steht in sehr engem Zusammenhang mit der Preispolitik.
Erläutern Sie dies.

3.7.3 Servicepolitik

Der Anbieter kann umso weniger eine eigenständige Preispolitik betreiben,

- je gleichartiger (homogener) die angebotenen Güter sind,
- je besser sich der Markt überblicken lässt (Markttransparenz),
- je schneller die Käufer auf Änderungen reagieren können,
- je kleiner die Lieferantentreue (Präferenz) der Käufer ist (Präferenzen aus persönlichen, räumlichen oder zeitlichen Gründen, z. B. kurzer Weg, freundliche Bedienung),
- je weniger er Konkurrenten seine Preise aufzwingen kann.

- ein besonders breites oder tiefes Sortiment,
- komplette Systeme für Problemlösungen (z. B. Hardware mit umfangreicher Software)
- umfangreiche Garantieleistungen
- günstige Verkaufskonditionen
- umfangreiche Serviceleistungen

Um den Spielraum für die Preispolitik zu vergrößern, sucht der Anbieter deshalb, den Wettbewerb auf die Art und Qualität seiner Leistungen zu verlagern und diese individuell auf den Käufer abzustellen. Auf diese Weise verliert der Markt an Übersichtlichkeit. Der Kunde entwickelt Präferenzen für einen bestimmten Anbieter und ist auch bereit, Preisänderungen in gewissen Grenzen zu akzeptieren.

Der Kundenservice (Kundendienst) ist der Werbung verwandt. Er umfasst Dienstleistungen (Nebenleistungen), die freiwillig und zum Teil auch kostenlos erbracht werden. Er soll Stammkunden gewinnen und den guten Ruf des Unternehmens stützen. Die Servicepolitik legt die Art der Serviceleistungen fest.

Der Service kann auch vom Händler erbracht werden. Dann unterstützt der Hersteller oft den Aufbau der Kundendienstorganisation.

Serviceleistungen

Serviceleistungen im Produkt- und Warenbereich

kaufmännische Serviceleistungen

- Produktinformationen
- Produktionsberatung
- Wirtschaftlichkeitsberechnung
- Finanzierungspläne
- Personalschulung
- Einkaufserleichterungen (z. B. Kundenkarte, Parkraum)

technische Serviceleistungen

- Gebrauchsanleitungen
- Installation
- Inspektion
- Wartungsdienst
- Reparaturdienst
- Ersatzteildienst

Serviceleistungen im Betreuungsbereich (Kundenpflege)

- Kundenbesuche
- Fortbildungskurse
- Managementinformation
- Unternehmensberatung
- Finanzierungshilfen
- Übernahme betrieblicher Funktionen (z. B. Rechnungswesen, Werbung)

Arbeitsaufträge

1. Sie haben die Absicht, a) eine Spülmaschine, b) einen Pkw zu kaufen.
   Welche Serviceleistungen erwarten Sie vom Verkäufer der Waren?

2. Die Gerber GmbH ist ein mittelständisches Unternehmen, das Dachgepäckträger und anderes Autozubehör herstellt. Die Verwaltung und die Produktionsstätten sollten mit einer neuen Computeranlage ausgestattet werden.
   Welche Serviceleistungen könnte die Gerber GmbH von den Computeranbietern erwarten?

3.8 Kommunikationspolitik

„Blödsinnig, diese Werbung."

3.8.1 Meinungswerbung (Publicrelations, Öffentlichkeitsarbeit)

Im Stadtgarten steht eine Bank, auf der deutlich lesbar eine Plakette angebracht ist: „Geschenk der Firma August Schwabe KG".
August Schwabe liebt die Fastnacht. Jedes Jahr stellt er für den Umzug einen Wagen. Dabei vergisst er auch das Geschäft nicht: Auf der Rückseite liest man: „Wagen der Firma August Schwabe KG".
Herrn Schwabes Sohn geht noch zur Schule. Beim letzten Schulfest gab es kostenlos Erbsensuppe mit Würstchen. Im Programmheft war zu lesen: „Gestiftet von der Firma August Schwabe KG".

Die angeführten Maßnahmen stellen Werbung für das Unternehmen dar. Sie sollen es in der Öffentlichkeit bekannt machen. Jeder soll mit dem Namen August Schwabe KG eine positive Vorstellung verbinden. Das Ziel ist die Imagepflege.

Alle Maßnahmen, die dem Ziel der Imagepflege dienen, fasst man unter dem Begriff Publicrelations, d. h. Öffentlichkeitsarbeit, Meinungswerbung, Vertrauenswerbung, zusammen. Publicrelations ist noch nicht direkt auf den Absatz ausgerichtet.

Andere Publicrelations-Maßnahmen, die besonders von Großunternehmen angewandt werden, sind z. B.:

- Werksbesichtigungen durch Schulklassen oder Clubs;
- Tage der offenen Tür;

- Kontakte zu Film, Presse, Funk, Fernsehen;
- Berichte in Tageszeitungen und Zeitschriften;
- Herausgabe von Broschüren, Werks- und Kundenzeitschriften;
- Förderung des Gemeinwohls, z. B. durch Spenden.

Mit Publicrelations eng verwandt ist das **Sponsoring.** Der Betrieb wird dabei als Förderer (Sponsor) von Personen, Vereinen und sonstigen Institutionen oder Organisationen – vor allem im Bereich von Kultur, Sport, Sozialwesen und Umweltschutz – tätig. Der Gesponserte übernimmt dafür Werbeleistungen (z. B. Trikotwerbung). Das psychologische Ziel von Sponsoring ist: Der Empfänger der Werbe-Botschaft soll das positive Bild, welches er vom Gesponserten hat, auf den Sponsor übertragen.

3.8.2 Absatzwerbung

Ziele und Aufgaben der Absatzwerbung

Im Gegensatz zu Publicrelations bezieht sich die Absatzwerbung unmittelbar auf die betriebliche Leistungsverwertung am Markt.

Durch die Absatzwerbung versuchen die Anbieter, neue Kunden zu gewinnen. Sie lassen ihnen ausgewählte Informationen zukommen, um sie direkt zugunsten der von ihnen angebotenen Güter zu beeinflussen.

Wirkungsstufen der Werbung (= psychologische Werbeziele)	
1. Stufe Bekanntmachung des Produktes	Die Bekanntmachung ist die Vorstellung, die Nennung des Produktes. Sie ist notwendig, weil ein Produkt nur dann gekauft werden kann, wenn der Käufer von seiner Existenz weiß.
2. Stufe Information über das Produkt	Der potenzielle Käufer muss Produktinformationen erhalten, die über die reine Bekanntheit hinausgehen. Sie beziehen sich in erster Linie auf den Nutzen, den das Produkt bringt.
3. Stufe Schaffung eines positiven Produktimages	Die Werbung soll bewirken, dass die gesamte Vorstellung von dem Produkt überwiegend positiv ausgeprägt ist. Dies setzt eine positive Bewertung der Produktinformationen voraus.
4. Stufe Schaffung einer Kaufdisposition bzw. Auslösung der Kaufhandlung	Das positive Produktimage soll dazu führen, dass das Produkt dem Umworbenen als wünschenswert erscheint. Die Folge soll eine Kaufdisposition (-neigung) sein (d. h. das Produkt soll bei Bedarf gekauft werden) oder das direkte Auslösen der Kaufhandlung (z. B. Bestellung aus einem Prospekt; Aufsuchen des Verkäufers).

Eine ähnliche Stufung findet sich in den folgenden Zielen:

1. Aufmerksamkeit erregen	(Attention)	**A**
2. Interesse an der Ware wecken	(Interest)	**I**
3. Besitzwünsche wecken	(Desire)	**D**
4. Kaufhandlungen auslösen	(Action)	**A**

Die Werbung wendet sich teils an den Verstand des Menschen, teils sucht sie durch feine psychologische Methoden im Unterbewusstsein versteckte Wünsche, Sehnsüchte, Ängste zu aktivieren. Letzteres ist vor allem bei der Werbung für Konsumgüter im Fernsehen und in Zeitschriften der Fall.

Man erkennt hier entgegengesetzte Interessenlagen:

- Der Verkäufer muss sein Produkt absetzen. Er wendet hierfür alle erlaubten Mittel an.
- Für den Käufer steht dagegen die Informationsaufgabe der Werbung im Vordergrund. Er möchte über Eigenschaften, Vor- und Nachteile sowie Preise der ihn interessierenden Produkte unterrichtet sein. Er will ja seine Entscheidungen möglichst nach dem ökonomischen Prinzip treffen.

Aufgaben der Werbung im Lebenszyklus des Produktes

Einführungswerbung

Sie soll neue Produkte bekannt machen und Verlangen danach wecken. Sehr häufig entstehen die Bedürfnisse erst durch die Werbung. Ein Mode- oder Geschmackswandel soll ausgelöst werden, neue Kunden sollen gewonnen, neue Märkte erschlossen werden.

Expansionswerbung

Bei schon eingeführten Produkten will man den Marktanteil erhöhen und eventuell von den Konkurrenten Kunden abziehen. Der Bekanntheitsgrad des Produktes soll erhöht werden.

Stabilisierungswerbung

Die Werbung soll aggressive Konkurrenten abwehren, die ihrerseits den Marktanteil vergrößern wollen, und die eigene Stellung am Markt stabilisieren.

Erinnerungswerbung

Sie soll Leistungen des Unternehmens bei bestehenden und früheren Kunden in Erinnerung bringen. Frühere Kunden sollen zurückgewonnen werden.

Indem die Werbung Präferenzen für die Unternehmung schafft, bewirkt sie:

- die Verkürzung der Einführungsphase bei neuen Produkten,
- die Verlängerung der Lebensdauer eines Produktes.

Werbemittel und Werbeelemente

Die Werbung versucht ihre Ziele durch den Einsatz verschiedenartiger Werbeelemente und Werbemittel zu erreichen:

Werbeelemente

Schrift

Werbemittel:

- Werbebrief
- Rundschreiben
- Anzeige
- Prospekt
- Preisliste
- Firmen- und Produktnamen (auf Fahrzeugen, Gebäuden, Verpackungen)
- Bildschirmtext

Ton

Werbemittel:

- Hörfunkspot
- Warenvorführung
- Verkaufsgespräch
- CD- und Kassettenaufnahme

Bild

Werbemittel:

- Werbefilm, -video
- Fernsehspot
- Plakat
- Lichtbild
- verschiedenes Display-Material (z. B. Bodenaufsteller, Zahlteller)

Ware

Werbemittel:

- Schaufenster- und Verkaufsraumauslagen
- Messe- und Ausstellungsgegenstände

Vergünstigungen

Werbemittel:

- Werbegeschenke
- Preisvergünstigungen
- Lieferungs- und Zahlungsbedingungen
- Garantien
- Kundendienst

Zum Einsatz der Werbemittel bedient man sich verschiedener Medien **(Werbeträger, Streumedien):** Briefpapier, Tages-, Wochen-, Sonntagszeitungen, Zeitschriften (Publikums- und Fachzeitschriften), Zeitungsbeilagen, Bildschirmtext, Internet, Hörfunk, Schallplatte, Kassette, Fernsehen, Fahrzeuge, Gebäude, Verpackungen, Kino, Adressbücher, Plakatwände, Litfaßsäulen, Geschäfts-, Messe-, Ausstellungsräume, Schaufenster, Videokassette, Bildplatte, Kabelfernsehen und andere.

Eine raffinierte Nutzung der Werbeträger erfolgt unter anderem durch das **Product-Placement** (Produktplatzierung). Dabei werden Produkte geschickt in die Handlung von Spielfilmen, Theaterstücken, Videos oder sogar Romanen eingebracht.

Beispiel

Aus einem Roman:

„Ihm fiel sofort die eigenwillige Einrichtung des Wohnzimmers auf: eine Polstergarnitur in hellem Büffelleder, eine Schrankvitrine im Jugendstil und in der hinteren Ecke ein ultramoderner, superflacher Akai-Fernseher ...“

Werbegrundsätze

Die Werbung soll wirksam, wirtschaftlich, wahr und klar sein.

Werbegrundsätze

Wirksamkeit

Wirksamkeit ist der oberste Werbegrundsatz. Er verlangt eine Beschaffenheit der Werbung, die zur Verwirklichung der Werbeziele führt. Aus diesem Grund muss die Werbung genau geplant werden.

Wirtschaftlichkeit

Werbeerfolg und eingesetzte Geldmittel sollen in einem möglichst günstigen Verhältnis zueinander stehen. Auch aus diesem Grund ist eine genaue Planung der Werbung unerlässlich.

Wahrheit

Die Erfahrung zeigt, dass falsche Werbeaussagen auf Dauer eine negative Wirkung erzielen, weil das Vertrauen der Umworbenen getäuscht wird. Deshalb sollen auch irreführende oder übertriebene Aussagen vermieden werden.
Die Werbung muss dabei nicht nur die Gesetze der jeweiligen Länder beachten (z. B. Hinweis auf Gesundheitsgefährdung bei Zigaretten), sondern soll auch mit dem moralischen und ästhetischen Empfinden im Einklang stehen.

Klarheit

Zum einen müssen die Ziele der Werbung klar formuliert werden, damit keine ungeeigneten Werbemaßnahmen ergriffen werden.
Zum anderen muss die Werbeaussage so klar formuliert bzw. dargestellt sein, dass keine Fehlinterpretationen möglich sind. Sie könnten zu verheerenden Umsatzeinbrüchen führen.

Elemente der Werbeplanung

Werbung ist heutzutage enorm teuer. Eine Werbeminute kann im Fernsehen über 30 000,00 EUR kosten. Die Werbeabteilung muss deshalb einen guten Werbeplan aufstellen.

Bestandteile des Werbeplans

Gegenstand	Beispiele/Erläuterung
Werbeziele Zu welchem Zweck werben?	Die Werbeziele müssen konkretisiert werden, z. B.: „Steigerung des Bekanntheitsgrades von Produkt A um 50 %“. „Erzielung eines positiven Images bei Männern bis 35 Jahren.“ „Neutralisieren einer Werbemaßnahme eines Konkurrenten.“
Werbeobjekte Wofür werben?	Zahnpasta A oder B oder C?
Zielgruppe Um wen werben?	Gesamte Umwelt (= „grobe Streuung“ der Werbung, z. B. durch das Fernsehen) oder nur die tatsächlich möglichen Käufer ansprechen (= „feine Streuung“ der Werbung, z. B. durch gezielte Vertreterbesuche)?
Werbemittel Womit werben?	Fernsehen, Zeitung, Plakat usw. Das Werbemittel muss überzeugen. Es soll die Zielgruppe ansprechen und kostengünstig sein.
Werbebudget Für wie viel Geld werben?	1 000 000,00 EUR oder 500 000,00 EUR jährlich?

Verteilung des Werbebudgets Wie die Gesamtsumme auf die Objekte aufteilen?	100 000,00 EUR für Produkt A, 200 000,00 EUR für B, 200 000,00 EUR für C oder nichts für A, 300 000,00 EUR für C?
Werbezeit Wann werben?	In der Hochkonjunktur oder in der Flaute? In der Saison oder vor der Saison?
Streugebiet Wo werben?	Im gesamten Absatzgebiet oder nur auf einem ausgesuchten Testmarkt, z. B. Berlin?
Werbesubjekt Wer soll werben?	● **Einzelwerbung:** Eine Unternehmung wirbt für ihre Leistungen. ● **Gemeinschaftswerbung:** Mehrere Unternehmen einer Branche werben gemeinsam. Das einzelne Unternehmen wird nicht mit dem Namen genannt. ● **Sammelwerbung:** Mehrere Unternehmen verschiedener Branchen schließen sich zu einer Werbeaktion zusammen. Sie werden mit dem Namen genannt. **BLITZOBLANKO** macht blitzblank **TRINKT MILCH!** **DURST** wird erst schön durch **BIER** 

Werbeagenturen beschäftigen Werbespezialisten: Werbeleiter, Kontaktleute, Marktforscher, Psychologen, Grafiker, Textgestalter, Layouter, Dekorateure, Fotografen. Oft ist es günstiger, hohe Kosten für diese Fachleute in Kauf zu nehmen, um einen größeren Werbeerfolg zu erzielen.

Im Zusammenspiel mit der Werbeagentur läuft eine Werbekampagne wie folgt ab:

Ablauf einer Werbekampagne

Festlegung des Werbebudgets	Von der Höhe der verfügbaren Mittel hängen die Werbestrategien und die Einschaltung in den Medien ab.
Briefing an die Agentur	Man leitet der Agentur alle notwendigen Informationen in Form eines **schriftlichen Berichts** (Briefing) zu. Die Informationen betreffen: ● Die Werbeziele (z. B. Steigerung des Bekanntheitsgrades um 50 %), ● eine besondere **Verkaufsidee** (z. B. hervorragende Waschkraft eines Waschmittels), ● **Käufer, Konkurrenten, Produktpolitik** (Gestaltung, Vorzüge, Verpackung, Sortiment), ● **Preise, Rabatte, Verkaufseinsätze, Publicrelations-Maßnahmen.**
Entwicklung der Werbestrategie	Die Agentur entwickelt die Strategie. Diese geht von dem „einzigartigen" Nutzen des Gutes aus und formuliert eine Beweisführung. Außerdem wird das Produkt mit einem Image versehen.

Gestaltung der Werbemittel, Erstellung des Mediaplans	Z. B. Herstellung von Werbefilmen oder Anzeigen. Festlegung der Werbemedien und der Einschalttermine.
Einschaltung in den Medien	Dies ist die Durchführung der Werbemaßnahmen.

1. Das Produkt hat einen „einzigartigen Nutzen“: **hervorragende Waschkraft.**
2. **Beweis:** Wir zeigen eine Hausfrau, die das Produkt auch nicht gegen die doppelte Menge eines anderen Produktes tauscht.
3. Wir geben dem Produkt ein **Image:** Frische und Strahlen.

Unsere Strategie

Kontrolle des Werbeerfolgs

Ökonomischer Werbeerfolg

Zur Messung des ökonomischen Werbeerfolgs werden folgende Kennziffern genannt:

$$\textbf{Wirtschaftlichkeit der Werbung} = \frac{\textbf{Umsatzzuwachs}}{\textbf{Werbeaufwand}}$$

$$\textbf{Marktanteil} = \frac{\textbf{Umsatz}}{\textbf{Gesamtumsatz des Marktes}} \cdot 100$$

Die Messung des ökonomischen Werbeerfolgs ist wichtig, aber überaus problematisch. Denn eine Steigerung des Umsatzes oder eine Erhöhung des Marktanteils hängt vom Einsatz aller Marketinginstrumente, von der Konjunktur, der Wirtschaftspolitik, der Mode und weiteren Einflüssen ab. Auch kann eine Werbemaßnahme erfolgreich sein, obwohl Umsatz oder Marktanteil sogar zurückgehen. Dann hat die Werbung vielleicht eine noch schlechtere Entwicklung verhindert. Einigermaßen zuverlässig lässt sich die ökonomische Werbeerfolgskontrolle nur auf einem **Testmarkt** durchführen, der in seiner Struktur mit dem Vergleichsmarkt möglichst übereinstimmen soll.

Außerökonomischer Werbeerfolg

Wegen der Mängel der ökonomischen Erfolgskontrolle hat man Kennziffern entwickelt, die sich an den psychologischen Werbezielen orientieren. Sie zielen darauf, das Verhalten der Umworbenen auszuwerten und festzustellen, wie die Werbung auf sie einwirkt.

Beispiel

Diese Messziffern orientieren sich an der AIDA-Formel.

$$\textbf{Attention} = \frac{\text{aufmerksame Adressaten}}{\text{Gesamtzahl der Adressaten}} \qquad \textbf{Desire} = \frac{\text{Überzeugte}}{\text{Gesamtzahl der Adressaten}}$$

$$\textbf{Interest} = \frac{\text{Interessenten}}{\text{Gesamtzahl der Adressaten}} \qquad \textbf{Action} = \frac{\text{zusätzliche Käufer}}{\text{Gesamtzahl der Adressaten}}$$

Um solche Messziffern zu erhalten, nimmt man Beobachtungen (z. B. mit Blickbewegungs-Registriergeräten), Befragungen, Tests (z. B. Erinnerungstests,

Tests über die Nachhaltigkeit von Werbemaßnahmen) vor. Fehler lassen sich dabei nicht vermeiden: Wer sich erinnert, muss deshalb nicht positiv berührt sein. Wer sich nicht erinnert, kann trotzdem positiv beeinflusst worden sein.

3.8.3 Verkaufsförderung (Salespromotion)

Die Haushaltselektro GmbH hat eine neuartige Küchenmaschine entwickelt. Das Gerät soll über die bestehende Absatzorganisation vertrieben werden. Die Preisstrategie ist festgelegt. Demnächst soll die Produkteinführung am Markt erfolgen, begleitet von einer Werbekampagne im Fernsehen und in fünf Publikumszeitschriften, davon zwei Frauenzeitschriften.
Außerdem wurde bereits eine Reihe von Maßnahmen ergriffen, die das Verkaufspersonal, die Absatzmittler und den Handel auf das neue Produkt einstimmen sollen:

- Die Küchenmaschine wurde auf der Haushaltswarenmesse vorgestellt. Es erfolgten Demonstrationen und die Messebesucher (der Fachhandel) erhielten umfangreiches Prospektmaterial.
- Gebrauchs-, Bedienungs- und Reparaturanleitungen wurden erstellt. Das Verkaufspersonal wurde in einem speziellen Training damit vertraut gemacht, ebenso der Kundendienst.
- Der gesamte Außendienst wurde mit einem Muster zur Demonstration ausgestattet.
- Es wurde werbewirksames Display-Material in Auftrag gegeben, das in den Fachgeschäften und Warenhäusern der Warendemonstration dienen soll: Attrappen, Bodenaufsteller, Hinweisschilder, Vorführdias und ein Video-Vorführfilm.

Während die Werbung sich in erster Linie an die Letztverbraucher bzw. -verwender richtet, wendet sich die Verkaufsförderung an die eigenen Verkaufsorgane. Sie umfasst Maßnahmen wie

- Verteilung von Gebrauchs-, Bedienungs- und Reparaturanleitungen,
- Verkäufertraining,
- Ausstattung mit Mustern,
- Ausstattung mit Display-Material, das der werbewirksamen Warendemonstration dient (Attrappen, Bodenaufsteller, Hinweisschilder, Vorführdias, Videofilme und andere).

Verkaufsförderung umfasst alle Maßnahmen, die die Werbung und die Arbeit der Verkäufer koordinieren, ergänzen und unterstützen.

3.8.4 Direct-Marketing

Die Stadtwerke Düren GmbH will eine telefonische Kundenbefragung durchführen. In jeder Straße ihres Versorgungsgebietes sollen 10 % der Anwohner nach dem Random-Verfahren ausgewählt und befragt werden, wie sie mit der eingeführten Strommarke ***evivo*** zufrieden sind. Befragten, die noch nicht Kunde sind, soll ein Beratungsgespräch angeboten werden.

Direct-Marketing ist aus dem Gedankengut des Direktvertriebs hervorgegangen. Es zählt heute zu den wichtigsten Bereichen des Marketings.

Das Direct-Marketing spricht den Kunden gezielt und individuell an. Damit will es die Grundlage für einen direkten Dialog legen.

Ziele des Direct-Marketings:

- zielgruppenspezifische Informationsübermittlung,
- möglichst geringe Streuverluste.

3.8.5 Event-Marketing

Ein Event ist eine informierende oder unterhaltende Veranstaltung. Unternehmen führen Events durch, um sich dem Kunden in erlebnisorientierter Form zu präsentieren, ihm näher zu kommen und mehr über seine Ansichten, Wünsche und Erwartungen zu erfahren.

Beispiele

- *Kunden-Weihnachtsfeier bei BMW mit Thomas Gottschalk*
- *Produktpräsentation der Firma Miele für Handelsvertreter in einem nachgebauten Hofbräuhaus*

Eventmarketing hat die Aufgabe, das Unternehmen, seine Produkte und Dienstleistungen im Rahmen von Events zu präsentieren. Eine Abstimmung mit dem Gesamtmarketingkonzept ist unbedingt erforderlich.

3.8.6 Unzulässige Werbung

Werbung kann leicht zur Anwendung unfairer Methoden verlocken, die Konkurrenten schädigen. Deshalb greift der Staat mit verschiedenen **Gesetzen zum Schutz des Wettbewerbs** ein. Das Gesetz gegen den unlauteren Wettbewerb (UWG) z. B. verbietet Handlungen, die gegen die guten Sitten im Wettbewerb verstoßen. Dazu gehört u. a. irreführendes und sittenwidriges Verhalten.

Gesetz gegen den unlauteren Wettbewerb (UWG)

Irreführendes Verhalten

- Irreführend können Angaben über Beschaffenheit, Ursprung, Herstellungsart, Preisbemessung einzelner Waren oder des gesamten Angebots, Preislisten, Bezugsart, Bezugsquellen, Besitz von Auszeichnungen, Anlass oder Zweck des Verkaufs oder Menge der Vorräte sein.

  Beispiele
  - *Durch Herausstellen einzelner Niedrigpreisartikel (ohne Kennzeichnung als Sonderangebot) wird ein preisgünstiges Gesamtangebot vorgetäuscht (Lockvogelwerbung).*
  - *Ein Kühlschrank ohne technische Spitzenausstattung wird als „Luxusausführung" gekennzeichnet.*

- Als irreführend sind auch verboten:
  - der Hinweis auf die Eigenschaft als Hersteller oder Großhändler, wenn nicht deutlich angegeben wird, ob man an den Endverbraucher zu den gleichen Bedingungen wie an Wiederverkäufer verkauft;
  - die mengenmäßige Beschränkung von werbend herausgestellten Waren („Abgabe nur in haushaltsüblichen Mengen", „Abgabe nur 5 Stück pro Person") und der Ausschluss von Wiederverkäufern vom Kauf solcher Waren.

Sittenwidriges Verhalten

- Sittenwidrig ist z. B. das „Anreißen", die Belästigung durch aufdringliche Werbung. Es verhindert eine ruhige und sachliche Prüfung des Angebotes. Dazu gehören:
  - unerbetene private Telefonanrufe, um Geschäftsabschlüsse anzubahnen;
  - das Zusenden unbestellter Waren an Nichtgewerbetreibende. Der Empfänger lehnt durch Schweigen das Angebot des Verkäufers ab, er muss die Ware nur eine angemessene Zeit aufbewahren und darf sie nicht in Gebrauch nehmen;
  - das Ansprechen von Kunden auf der Straße.

- Sittenwidrig sind auch:
  - Bestechung (z. B. um Aufträge zu erhalten);
  - Anschwärzen und Verleumden von Mitbewerbern;
  - die unerlaubte Benutzung anvertrauter Vorlagen, Vorschriften, Modelle usw. zu eigenen Zwecken;
  - die Benutzung eines fremden Firmennamens, sofern eine Verwechslungsgefahr besteht;
  - der Vergleich fremder Artikel mit den eigenen (vergleichende Werbung).

Arbeitsaufträge

1. Publicrelations ist heute in enger Verbindung mit der Corporate Identity zu sehen. Hinter diesem Begriff verbirgt sich eine Philosophie, derzufolge der Erfolg der Unternehmung wesentlich davon abhängt, ob es ihr gelingt sich eine „Identität" zu geben, sich als ein geschlossenes, unverwechselbares Ganzes zu präsentieren. Jeder Mitarbeiter soll sich mit den Zielen der Unternehmung identifizieren, ein positives Gefühl der Verbundenheit zu ihr entwickeln und sich entsprechend für sie einsetzen. Darüber hinaus soll die Unternehmung als Einheit von der Außenwelt erkannt und – mehr noch – anerkannt werden. Die werbewirksame Anbringung des Logos (Firmenzeichens) auf Geschäftspapieren, Gebäuden, Fahrzeugen, Kleidung, Anzeigen, Kundenzeitschriften u. a. m. ist als grundlegende Publicrelations-Maßnahme zu sehen. Desgleichen dient eine einheitliche Berufskleidung für die Mitarbeiter von immer mehr Firmen dazu, das Image nach außen hin zu prägen und das Selbstverständnis der Mitarbeiter nach innen zu stärken ...
   a) Erläutern Sie den Begriff „Publicrelations".
   b) Wodurch unterscheidet sich Publicrelations von der Absatzwerbung?
   c) Inwiefern können die oben genannten Maßnahmen als grundlegende Publicrelations-Maßnahmen bezeichnet werden?

2. Der Verkaufsdirektor der Firma Rheinische Haushaltselektro GmbH äußert sich in einer Mitarbeiterbesprechung über die Absatzlage:
   „Demnächst werden wir unsere neue Küchenmaschine „Super-Blitz" auf den Markt bringen, eine Neuentwicklung, die mixen, pressen, zerkleinern, schneiden, hacken, stampfen, sägen kann.
   Der Marktanteil unseres Trockenautomaten „Trocken-Blitz" liegt bei dem für uns niedrigen Wert von 6 %. Die Konkurrenz unterbietet unseren Preis bis zu 15 % mit Waren von geringer Qualität. Seit längerer Zeit ist der Absatz unseres seit 10 Jahren hergestellten Tauchsieders „Blitz-Koch" stark rückläufig."
   a) Man beschließt geeignete Werbemaßnahmen für die drei Produkte. Welche Aufgaben verfolgt die Werbung im jeweiligen Fall?
   b) Welche Werbemittel könnte man sinnvollerweise einsetzen?

3. Aussagen zur Werbung:
   a) „Wahrheit, Klarheit, Wirksamkeit und Wirtschaftlichkeit sind die wichtigsten Grundsätze der Werbung."
   b) „Wirb oder stirb!"
   c) „Jedes Produkt ist nur so gut wie seine Werbung."
   Nehmen Sie zu diesen Aussagen kritisch Stellung.

4. Die Gerring Fertigbau GmbH ist ein industrieller Hersteller von Fertighäusern in Massivbauweise (zweischalige hinterlüftete Betonwand mit Styroporisolierung).
   Die in Dortmund ansässige Firma konnte wegen der hohen Transportkosten für die Betonelemente bisher nur einen Umkreis mit einem Radius von 150 km beliefern, ist jedoch im Begriff, ein Zweitwerk bei Aschaffenburg zu eröffnen. Im letzten Jahr konnten 964 Häuser (durchschnittlicher Preis: 120 000,00 EUR, davon 453 mit Keller (durchschnittlicher Preis: 25 000,00 EUR) ausgeliefert werden. Weitere Präzisierungen nehmen Sie bitte selbst vor.
   a) Arbeiten Sie einen Werbeplan für diese Unternehmung für das Jahr 20.. aus.
   b) Die Unternehmung unterhält an mehreren Orten Musterhäuser. Wie kann mittels dieser Häuser wirksam Werbung betrieben werden?
   c) An Bauwillige sendet die Fertighausfirma Werbebriefe mit dem notwendigen Informationsmaterial. Fassen Sie einen solchen Werbebrief ab. Beachten Sie: Die Werbegrundsätze (vgl. Aufgabe 3) müssen berücksichtigt werden. Hervorzuheben sind vor allem die technischen Eigenschaften und Wohneigenschaften des Bauprogramms sowie die Zuverlässigkeit des Lieferers. Der Briefstil soll anziehend sein, vielleicht auch den einen oder anderen Werbegag enthalten, aber nicht übertreiben.

d) Vor und nach der Durchführung des Werbefeldzugs wurden folgende Zahlen ermittelt:

	vor der Werbung	nach der Werbung
Werbekosten		2 540 000,00
Umsatz	127 000 000,00	167 000 000,00
Gesamtumsatz des Marktes	1 905 000 000,00	2 438 000 000,00
Produktionskosten	80 000 000,00	106 000 000,00
Vertriebskosten	20 000 000,00	24 000 000,00

- Errechnen Sie geeignete Kennzahlen zur Ermittlung des ökonomischen Werbeerfolgs.
- Beurteilen Sie die Zuverlässigkeit der ermittelten Kennzahlen.

e) In der Zeitschrift Bausparrevue wurde ein Preisausschreiben veranstaltet. Das Preisausschreiben brachte folgende Zahlen und Resultate: Auflage der Zeitschrift: 10 000 Exemplare; Teilnehmer am Preisausschreiben: 6 000; Anfragen auf Grund des Preisausschreibens: 500; Haushalte mit positiven Stellungnahmen nach Vertreterbesuch: 100; Käufer von Häusern: 32.
Errechnen Sie geeignete Kennziffern zur Ermittlung des außerökonomischen Werbeerfolgs.

5. Die Werbung wendet sich oft an das Unterbewusstsein und versucht dort z. B. Wünsche, Bedürfnisse oder Ängste zu aktivieren. Es werden Bereiche wie Ansehen, Prestige, Sex, Männlichkeit, Weiblichkeit, Mut, Jugend, Schönheit, Modern-Sein, Versagen u. a. m. angesprochen.
Beispiele für entsprechende Werbeaussagen:

(1) „Weite Einsamkeit, harte Männer auf wilden Pferden. Dazu gehört die Pamir-Extra, herb im Geschmack, stark im Aroma. Eine Zigarette für Männer. Selbstverständlich ohne Filter (nikotinarm im Rauch)."

(2) „Warum schreit das Baby? Es hat doch alles, was es braucht! Frische Windeln und ein duftiges Bettchen! Halt, habe ich etwa Flora-Sanft im letzten Spülgang vergessen? Sollte ich wirklich eine so schlechte Mutter sein?"

(3) „Jugend, Frische, Schönheit! Auch Ihr Mund wird begehrenswerter mit dem Frische-Schock von Super-Weiß, der Zahncreme mit dem atemberaubenden Sexappeal. Nehmen Sie nicht zu viel davon. Ihr eigener Mann könnte Sie wieder küssen wollen."

(4) „Endlich ist er da, der Wagen mit den schwarzen Rallye-Streifen auf den Flanken, 150 PS stark, mit Rennfelgen, Gürtelreifen, Überrollbügel serienmäßig. Von diesem Wagen werden die meisten Autofahrer nur das Heck sehen."

a) Welche Bereiche werden durch diese Werbetexte angesprochen?
b) Formulieren Sie eine Kritik an dieser Art von Werbung.

6. Wer Waren durch Werbung ankündigt, muss auch dafür sorgen, dass sie eine angemessene Zeit im Geschäft vorhanden sind. In einem Faltblatt (Zeitungsbeilage) gibt der Verbrauchermarkt MINIPREIS bekannt: „Unser Angebot für die Woche vom 15. März bis 20. März: 300 Hemden, Seide, 14,95 EUR ... Vollwaschmittel WEISSI, 4,5 kg-Trommel, 3,95 EUR, Abgabe nur in haushaltsüblichen Mengen".

a) Sind die genannten Werbeangaben zulässig?
b) Einem Kunden, der am 19. März nach den Hemden fragt, wird gesagt, das letzte Hemd sei gestern verkauft worden. Liegt deswegen eine irreführende Werbung vor?

7. Verschiedene Anbieter nehmen folgende Handlungen vor:

a) Ein Lebensmittelhändler stellt im Schaufenster besten Wein zu sehr niedrigem Preis aus. Er erklärt aber einem Kunden, es handele sich um einen Irrtum in der Preisangabe. Nach einer Woche steht die Flasche immer noch mit dem alten Preis im Schaufenster.
b) „Im größten Teppichlager am Niederrhein führen wir Teppiche aller Preisklassen und Qualitäten!" – Das Teppichlager ist in Wirklichkeit mittelmäßig groß.
c) Ein Kaufmann behauptet einem Kunden gegenüber, sein Konkurrent X habe überhaupt keine kaufmännische Ausbildung und sei zur Führung eines Geschäftes nicht geeignet.
d) Ein Kaufmann wirbt mit dem Schild „Räumungsverkauf – Alle Artikel sind stark reduziert!" Ein Kunde bemerkt, dass nach einer gewissen Zeit die geschmolzenen Bestände wieder aufgefüllt werden.
e) Eine Waschmittelfirma wirbt für ihr Produkt: „Nichts wäscht reiner!"
f) Ein Weinhändler bringt auf seinen Flaschen Medaillen für frei erfundene Qualitätsprüfungen an.
g) Ein Einzelhändler gewährt einen Barzahlungsrabatt von 3 % an alle seine Kunden.
h) Zu Fischdosen erhält der Kunde von diesem Einzelhändler gratis einen Dosenöffner.
i) Eine Hausfrau findet im Briefkasten unbestellte Rasierklingen zum Angebotspreis von 5,00 EUR.

Beurteilen Sie, ob diese Handlungen zulässig sind. Geben Sie an, gegen welche gesetzlichen Bestimmungen sie gegebenenfalls verstoßen.

3.9 Distributionspolitik

Die besten Leistungen, die raffinierteste Werbung und die günstigsten Preise nützen nichts, wenn die Leistungen ihre Kunden nicht erreichen.

Die Distributionspolitik[1] betrifft die betrieblichen Entscheidungen über die optimale Verteilungsorganisation für die Betriebsleistungen.

3.9.1 Absatzorgane

Der Absatz (Vertrieb) der Produkte wird von Absatzorganen übernommen. Diese können zentral oder dezentral tätig werden. Je nach ihrer Bindung an den Betrieb unterscheidet man das werkseigene, das werksgebundene und das ausgegliederte Absatzsystem (Vertriebssystem, Distributionssystem).

	Mögliche Absatzorgane	Absatzsysteme
Der Absatz erfolgt **zentral** vom Stammhaus aus.	• Geschäftsleitung • Verkaufsabteilung im Stammhaus	Die Absatzorgane sind unternehmenseigene Organe **(werkseigener Absatz).**
Der Absatz erfolgt **dezentral** durch verschiedene Verkaufsstellen.	• Verkaufsniederlassungen (-filialen) • werkseigene Läden • Automaten • Reisende	
	• Werksvertretungen (Einfirmenvertreter) • Vertragshändler • Franchisenehmer	Die Absatzorgane sind rechtlich selbstständige Kaufleute, aber wirtschaftlich und organisatorisch an den Betrieb gebunden **(werksgebundener Absatz).**
	• Mehrfirmenvertreter • Kommissionäre	Die Absatzorgane sind selbstständige Kaufleute. Sie sind für mehrere Hersteller tätig und folglich nicht wirtschaftlich von einem Hersteller abhängig **(ausgegliederter Absatz).**

[1] *lat.: distributio = Verteilung*

Werkseigener Absatz

Zentraler und dezentraler Absatz

Der werkseigene Absatz erfolgt durch die Geschäftsleitung oder durch Angestellte. Im letzteren Fall kann eine zentrale Verkaufsabteilung tätig werden oder die Kunden werden dezentral (von verschiedenen Orten aus) durch Verkaufsniederlassungen, eigene Läden oder Reisende bedient. Auch Verkaufsautomaten sind möglich.

Beim **zentralen Absatz** benötigt man relativ wenig Personal. Deshalb sind die Kosten vergleichsweise niedrig. Auch Sach- und Raumkosten für Verkaufsstellen entfallen. Andererseits fehlt die Nähe zum Kunden. Dies erschwert eine intensive Bearbeitung des Marktes. Deshalb ist ein zentraler Absatz im Allgemeinen nur bei einem verhältnismäßig begrenzten Absatzgebiet angebracht. Auch eine umfangreiche Produktpalette, die eine besondere Behandlung der einzelnen Kundengruppen erforderlich macht, verhindert einen ausschließlich zentralen Absatz.

Beim **dezentralen Absatz** ist der Betrieb „näher am Kunden". Folglich ist auch der Kontakt enger. Besonders gilt dies, wenn Reisende die Kunden besuchen. Allerdings sind die Personal- und Sachkosten bei diesem System viel höher. Will man dies vermeiden, so muss man auf betriebsfremde Absatzorgane zurückgreifen.

Handlungsreisender

Die in Duisburg ansässige Haushaltselektro GmbH setzt für den Verkauf ihrer Produkte im Umkreis von 200 km neben ihrer zentralen Verkaufsabteilung und ihrer fünf Verkaufsfilialen Reisende ein. Die Reisenden haben die Aufgabe, den persönlichen Kontakt mit den Kunden zu pflegen, alte Kunden zu besuchen, neue zu werben, ihre Kreditwürdigkeit zu überwachen, die Konkurrenz zu beobachten, Geschäfte zu vermitteln und Kaufverträge abzuschließen.

Der Reisende ist ständig auf Grund seines Dienstvertrags damit beauftragt, für seinen Dienstherrn Geschäfte zu vermitteln oder abzuschließen (HGB § 55).

Als Angestellter erhält der Reisende grundsätzlich ein Gehalt und Ersatz seiner Aufwendungen (Spesen). Oft wird das Gehalt (Fixum) niedrig gesetzt. Als Leistungsanreiz wird dann eine Provision gezahlt.

Werksgebundener Absatz

Um die hohen Kosten eines werkseigenen Vertriebssystems zu vermeiden, bedient man sich häufig selbstständiger Kaufleute, die als Werksvertretungen (Einfirmenvertreter), Vertragshändler oder Franchisenehmer tätig werden. Sie sind wirtschaftlich und organisatorisch eng gebunden. Der Hersteller kann ihnen nämlich je nach den mit ihnen abgeschlossenen Verträgen auch weitgehende Vorschriften machen, etwa im Hinblick auf die Gewährung von Rabatten, Zahlungs- und Lieferungsbedingungen und auf die Preissetzung, in der Zusammensetzung des Sortiments und der Größe des Lagers, in der

Unterhaltung eines Kunden- und Reparaturdienstes usw. Die Verkaufsorgane tragen als selbstständige Kaufleute ihre Geschäftskosten selbst, verursachen aber andererseits hohe umsatzabhängige Kosten in Form von Provisionen.

Vertragshändler

Der Vertragshändler ist ein selbstständiger Kaufmann, der in eigenem Namen und für eigene Rechnung ein- und verkauft. Er ist durch einen langfristigen Vertrag an den Hersteller gebunden und erhält von diesem in der Regel das Alleinvertriebsrecht für seinen Bezirk. Weitere Rechte können sein: Recht auf Überlassung von Mustern und Ausstellungsstücken, Übernahme von Werbemaßnahmen durch den Hersteller, weitgehender Kundendienst und Reparaturdienst durch den Hersteller.

Dafür unterliegt der Vertragshändler weit reichenden **Bindungen:**

- der Sortimentsbindung,
- der Vertriebsbindung,
- Bindungen im Hinblick auf die Verkaufsmenge (Mindestverkaufsmengen),
- Bindungen bei der Lagerhaltung (Mindestlagermengen).

Beispiel *Opel-Vertragshändler (übernimmt jedoch Reparatur- und Kundendienst)*

Die **Sortimentsbindung** schreibt dem Vertragshändler den Aufbau seines Sortiments vor.

Beispiele

- *Komplementärgüter anderer Hersteller sollen in das Sortiment aufgenommen werden.*
  (Komplementärgüter sind solche, die sich gegenseitig ergänzen. Die Nachfrage nach einem Gut steigert folglich die Nachfrage nach dem anderen.)
  z. B. Gartenstühle und Sonnenschirm
- *Substitutionsgüter anderer Hersteller sollen nicht in das Sortiment aufgenommen werden.*
  (Substitutionsgüter sind solche, die sich gegenseitig ersetzen können und sich folglich gegenseitig im Absatz behindern.)
  z. B. Handrasenmäher, Motorrasenmäher; Butter, Margarine

Häufig dürfen nur die Waren des einen Herstellers geführt werden.

Die **Vertriebsbindung** schreibt dem Vertragshändler vor, welche Kunden er beliefern darf.

Beispiele

- *Vertrieb nur an Weiterverkäufer, nicht an Endverbraucher*
- *Vertrieb nur an Fachgeschäfte oder Warenhäuser mit Fachabteilungen*
- *Vertrieb nicht an Verbrauchermärkte, Discountgeschäfte, andere Billigpreisgeschäfte, Versandgeschäfte.*

Auf diese Weise betreibt der Hersteller Imagepflege für sein Produkt. Dieses erscheint dem Kunden als Markenartikel mit einem bestimmten Qualitätsniveau. Dementsprechend kann der Hersteller auch bestimmte Preisvorstellungen durchsetzen.

Werksvertretung

Der Hersteller darf einem selbstständigen Händler nicht seinen Weiterverkaufspreis vorschreiben (Verbot der sog. „vertikalen Preisbindung“ durch das Gesetz gegen Wettbewerbsbeschränkungen). Deswegen lassen viele Hersteller lieber selbstständige Handelsvertreter vertraglich für sich tätig werden. Wie der Name schon sagt, vertreten sie den Hersteller nur: Sie haben die Vollmacht, seine Waren für ihn zu verkaufen. Dafür erhalten sie eine Provision. Der Werksvertreter ist an die Weisungen des Herstellers gebunden. Von einer Werksvertretung spricht man, wenn im Vertretungsvertrag bestimmt ist, dass der Handelsvertreter keine andere Unternehmung vertreten darf (sog. Einfirmenvertreter).

Beispiel

Daimler-Benz Werksvertretungen

Franchising[1]

Das Franchising beruht auf einem Vertrag zwischen einem Franchisegeber und einem Franchisenehmer. Auf Grund dieses Vertrages erhält der Franchisenehmer die Lizenz, rechtlich selbstständig Produkte mit dem Markenzeichen des Franchisegebers herzustellen, zu führen oder zu vertreiben. Dafür zahlt der Franchisenehmer eine Gebühr, die meist von der Umsatzhöhe abhängig ist.

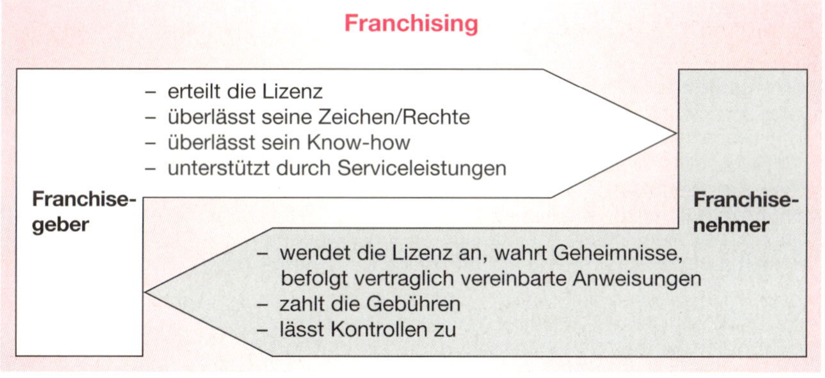

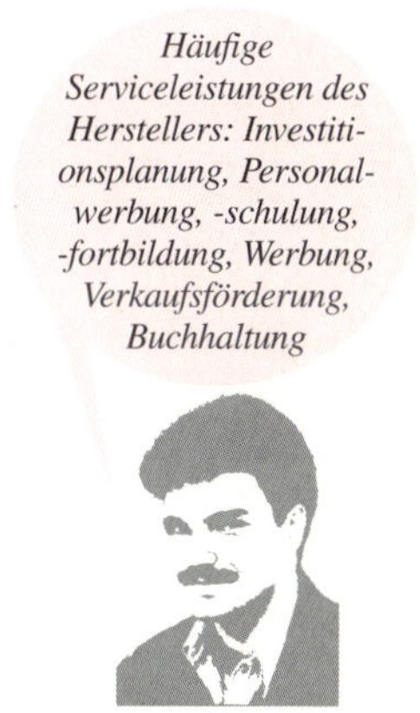

Beispiele

- *Vertrieb des Getränks Coca-Cola durch selbstständige Abfüllbetriebe, die dazu von der amerikanischen Zentrale den Sirup nach dem Originalrezept erhalten.*
- *Betrieb von McDonalds-Restaurants durch selbstständige Franchisenehmer.*

Ausgegliederter Absatz

Ausgegliederter Vertrieb liegt vor, wenn der Hersteller den Absatz seiner Produkte auf rechtlich und wirtschaftlich selbstständige Unternehmen überträgt.

---

[1] *„Franchise“ stammt aus dem Französischen und bedeutet ursprünglich ein hoheitliches Privileg, das Kaufleuten und Handwerkern gegen Zahlung von Gebühren das Recht einräumte, gewisse Tätigkeiten auszuüben (z. B. Messen zu veranstalten).*

Handelsvertreter

Die Haushaltselektro GmbH hat sich bisher auf Norddeutschland konzentriert. Sie will nun in Süddeutschland Fuß fassen. Die Einrichtung von Verkaufsbüros ist zunächst zu teuer; auch Reisende bringen fixe Kosten und sind außerdem nicht ortskundig. Man sucht ein Verkaufsbüro, das seine Kosten selbst trägt, ortsansässig und ortskundig ist und nur für zu Stande gekommene Verträge bezahlt wird. In einem solchen Fall kann man einen Handelsvertreter engagieren.

Man sagt: Der HV arbeitet in fremdem Namen und für fremde Rechnung.

Ausnahme: Das Interesse des Unternehmens wird durch Vertretung on Konkurrenten verletzt.

Der Handelsvertreter ist als selbstständiger Gewerbetreibender ständig damit betraut, für einen anderen Unternehmer Geschäfte zu vermitteln oder in dessen Namen abzuschließen (HGB § 84).

Der **Handelsvertreter** wird auf Grund eines Agenturvertrags (Vertretervertrags) tätig. Er kann als Selbstständiger seine Tätigkeit frei gestalten und seine Arbeitszeit selbst bestimmen. Je nach Abschluss- oder Vermittlungsvollmacht unterscheidet man Abschluss- und Vermittlungsvertreter.

Der Handelsvertreter hat grundsätzlich die gleiche Tätigkeit wie der Reisende, mit den gleichen Rechten und Pflichten. Für die vermittelten oder abgeschlossenen Geschäfte erhält er eine Provision.

Ist im Vertretervertrag nichts anderes vereinbart, darf der Handelsvertreter auch andere Unternehmen vertreten. Neben dem schon behandelten Einfirmenvertreter gibt es also den Mehrfirmenvertreter.

Kommissionär

Die Haushaltselektro GmbH möchte auch im Ausland Fuß fassen. Niederlassungen und Reisende sind mit festen Kosten verbunden, ohne dass ein Erfolg sicher ist; Handelsvertreter arbeiten im Namen der Firma, die aber im Ausland unbekannt ist. Geschäfte mit Unbekannten, zumal mit Ausländern, schließt man – wegen der meist etwas anderen Rechtsbestimmungen im Ausland – nicht so leicht ab. Die Firma entschließt sich deshalb, einen Geschäftsfreund als Kommissionär einzusetzen.

Kommissionär ist, wer es gewerbsmäßig übernimmt, Waren oder Wertpapiere für Rechnung eines anderen (des Kommittenten) in eigenem Namen zu kaufen oder zu verkaufen (HGB § 383).

Es gibt also **Einkaufs- und Verkaufskommissionäre.** Sie können ständig oder von Fall zu Fall auf Grund ihres Kommissionsvertrags tätig werden.

Beispiel

Ablauf einer Verkaufskommission

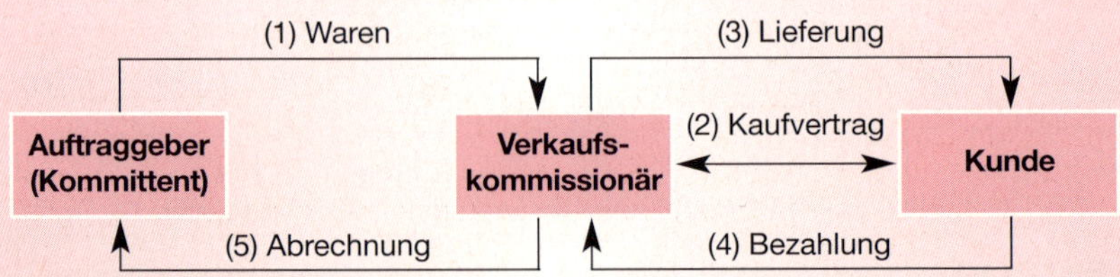

(1) Der Auftraggeber stellt dem Kommissionär Waren zur Verfügung. (Bis zur Eigentumsübertragung an einen Käufer bleibt er Eigentümer!)

(2) Der Kommissionär schließt im eigenen Namen mit dem Kunden Geschäfte ab. Er hat die Abschlussvollmacht. Er muss aber Weisungen des Auftraggebers befolgen (z. B. in Bezug auf die Preise).

(3) Der Kommissionär beliefert den Kunden und erfüllt damit den Kaufvertrag.

(4) Der Kunde zahlt an den Kommissionär und erfüllt damit den Kaufvertrag.

(5) Der Kommissionär muss dem Kommittenten unverzüglich die Ausführung einer Kommission anzeigen. Er muss dem Auftraggeber die ***Kommissionsabrechnung*** *mit Belegen vorlegen und die eingegangenen Rechnungsbeträge überweisen. In der Praxis erfolgt dies bei ständiger Kommission oft halbjährlich. Die verdiente Provision und seine Kosten zieht der Kommissionär ab.*

Der Kommissionär kennt das Absatzgebiet, die Kaufgewohnheiten der Kunden und ihre wirtschaftlichen Verhältnisse. Er stellt dem Auftraggeber eine fertige Verkaufsorganisation zur Verfügung. Dafür verursacht er vergleichsweise niedrige Kosten.

Arbeitsaufträge

1. Elektrogeräte werden in aller Regel von den Herstellern über den Groß- und Einzelhandel abgesetzt. Ein bekannter deutscher Staubsaugerhersteller allerdings vertreibt seine Geräte durch eigene Angestellte direkt an der Haustür.

a) Nennen Sie Argumente für die beiden entgegengesetzten Vertriebsformen.
b) Welche Absatzorgane lassen sich beim Absatz an den Handel vorteilhaft einsetzen?
c) Warum ist ein werksgebundenes Absatzsystem für die oben genannten Hersteller nicht empfehlenswert?

2. Das Franchisesystem wird gern als eine optimale Möglichkeit für unternehmungsfreudige Personen angesehen, die sich selbstständig machen wollen und über das notwendige Mindeststartkapital verfügen.

a) Welche Nachteile bringt ein Gewerbe auf Franchisebasis zwangsläufig mit sich?
b) Durch welche Vorteile werden diese Nachteile für einen Nachwuchsunternehmer mehr als aufgewogen?

3. Ein mittelständischer Hersteller von Wasserpumpen, ansässig in Bielefeld, vertreibt seine Produkte innerhalb Deutschlands durch seine Verkaufsabteilung. Im Radius von 300 km werden Reisende zur Förderung des Absatzes eingesetzt. Abnehmer sind der örtliche Großhandel, der die Geräte an Installateure weiterverkauft, und teilweise auch die Installateure selbst.
Auf Grund von Marktuntersuchungen sieht die Unternehmung Chancen, den Absatz in Süddeutschland und in einigen EU-Ländern erheblich auszuweiten. Sie denkt dabei teils an den Einsatz von Handelsvertretern, teils an Kommissionäre.

a) Warum lässt man die neuen Absatzgebiete nicht auch durch Reisende bearbeiten?
b) Für Süddeutschland denkt man an Handelsvertreter, für das Ausland an Kommissionäre. Begründen Sie diese Entscheidung.
c) Oft werden Großhändler als Handelsvertreter oder als Kommissionäre für Fertigungsbetriebe tätig. Welche Vorteile bieten diese Beziehungen den Vertragspartnern?
d) Durch den Einsatz von Handelsvertretern und Kommissionären verliert der Fertigungsbetrieb an Einfluss auf den Kunden. Erläutern Sie dies genauer und geben Sie verbleibende Einflussmöglichkeiten an.

4. Ein Reisender soll neu eingestellt werden. Es meldet sich Herr Patt, dem man bezüglich seiner Bezüge folgende Vorschläge macht:

(1) Ein Fixum von 1 000,00 EUR pro Monat zuzüglich 5 % Provision vom jeweiligen Zielverkaufspreis.

(2) Ein Fixum von 500,00 EUR pro Monat zuzüglich 8 % vom jeweiligen Zielverkaufspreis.

a) Von welchem Monatsumsatz an ist Vorschlag 2 günstiger für Herrn Patt?

b) Herr Patt bringt es im Laufe der Zeit auf einen Monatsumsatz von durchschnittlich 50 000,00 EUR. Da überlegt sein Arbeitgeber, ob es nicht kostengünstiger wäre, ihn durch einen selbstständigen Handelsvertreter zu ersetzen, dem man nur 11 % Provision zahlen müsste. (Beachten Sie, dass Herr Patt im Monat noch etwa 1 200,00 EUR Spesen erhält und Personalnebenkosten von 2 300,00 EUR verursacht.)

c) Zählen Sie Vorteile auf, die der Betrieb auf jeden Fall hat, wenn er keinen Handelsvertreter, sondern einen Reisenden einsetzt.

3.9.2 Absatzwege

Ein Schuhhersteller bemüht sich um die Produktion qualitativ hochwertiger Markenartikel. Er hat grundsätzlich die Wahl seine Schuhe durch ein weit verzweigtes Netz eigener Läden oder über den Schuhgroß- und -einzelhandel an den Verbraucher zu verkaufen.

a) Ein alteingesessenes, finanzstarkes Unternehmen könnte durchaus im Laufe der Zeit eine starke Filialkette aufbauen. Es nimmt damit bewusst hohe fixe Kosten für Personal, Lager, Transporteinrichtungen in Kauf. Diese Kosten könnten durch ein ausgeklügeltes Belieferungssystem und durch die Einsparung hoher Rabatte für Groß- und Einzelhändler mehr als ausgeglichen werden. Außerdem kann der Hersteller seinen Absatzorganen sämtliche Aktivitäten vorschreiben: die Art der Werbung, der Raumgestaltung, des Sortimentaufbaus, des Personaleinsatzes und der Preisgestaltung und Lieferungsbedingungen. Durch Marktforschung kann er die Kundenwünsche erspüren und seine Läden zu entsprechenden Maßnahmen veranlassen. So geht der direkte Kontakt zum Kunden nicht verloren. Der Kunde kann am leichtesten im Sinn der Betriebsziele beeinflusst werden. Durch ein im ganzen Land gleichartiges, gut sortiertes Warenangebot und gleiche Preise erhält der Kunde den Eindruck von immer gleich bleibender Qualität und Gediegenheit.

b) Ein anderer Hersteller von Qualitätsschuhwerk könnte den Verkauf durch Fachgeschäfte vorziehen. Er verliert damit die oben angeführten Einflussmöglichkeiten, muss aber auch nicht die hohen Kosten des direkten Vertriebs tragen. Ausgewählte Großhändler nehmen ihm diese Kosten ab. Durch langfristige Vorausbestellungen großer Mengen ermöglichen sie es ihm, seinen Produktionsplan langfristig aufzustellen und seine Kapazitäten gleichmäßig auszulasten. Auch die Lagerung übernimmt der Großhändler. Er leitet die Waren weiter, übernimmt teilweise Werbeaufgaben und gewährt den Einzelhändlern Kredite. Die Einzelhändler nehmen die Artikel in ihr Sortiment auf, runden das Sortiment nach allen Seiten mit den Artikeln anderer Hersteller ab, so dass eine größere Anziehungskraft entsteht.

c) Ein dritter Hersteller stellt billigere Schuhe von geringerer Qualität her. Er vertreibt sie über Discount- und Versandgeschäfte, Supermärkte und Warenhäuser, weil er hier den preisbewussten Durchschnittskäufer findet. Fachgeschäfte berücksichtigen ihn höchstens im Rahmen von Sonderangeboten.

Direkter Absatzweg bedeutet: Der Hersteller vertreibt Leistungen an den Verbraucher/Verwender ohne selbstständige Absatzorgane und Handelsbetriebe einzuschalten.
Indirekter Absatzweg bedeutet: Der Hersteller vertreibt seine Leistungen über selbstständige Absatzorgane und/oder Handelsbetriebe.

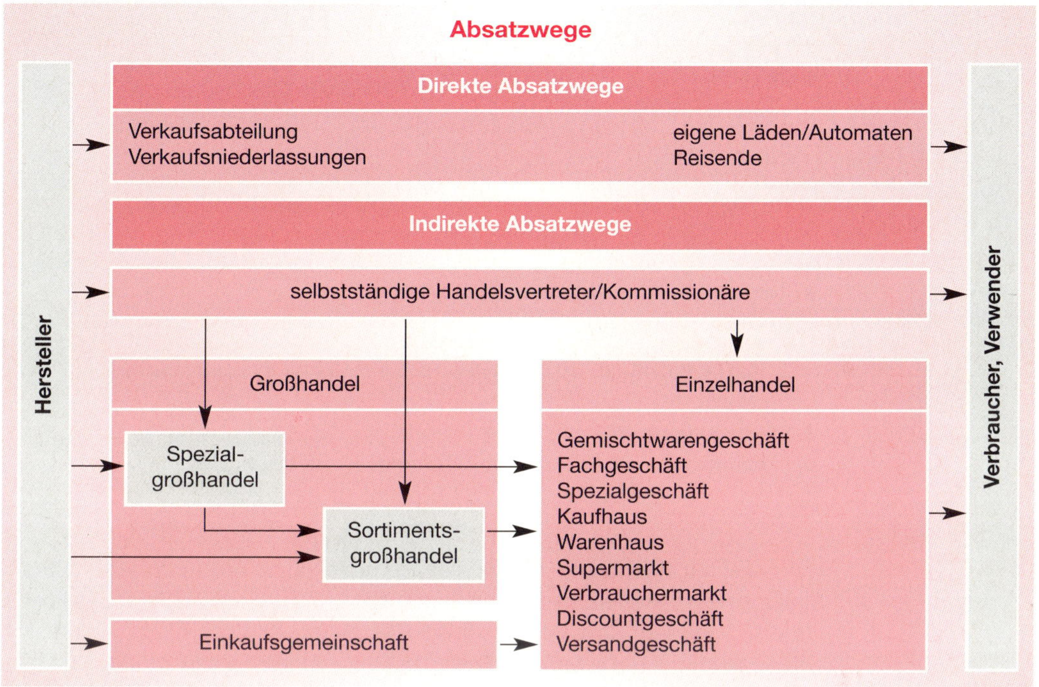

Der Hersteller wählt den optimalen Absatzweg unter Berücksichtigung der Kosten und der Absatzchancen aus. Die Eigenschaften des Produktes und die Besonderheiten des Absatzmarktes sind dabei zu berücksichtigen.

- Hochwertige Investitionsgüter (z. B. maschinelle Anlagen, Schiffe) werden stets direkt abgesetzt. In aller Regel werden sie überhaupt erst im Kundenauftrag gefertigt. Der direkte Kontakt des Herstellers zum Kunden ist unerlässlich.
- Je mehr eine Ware den Charakter eines Konsumgutes hat, je weniger beratungsbedürftig sie ist, je geringer ihr Wert ist, desto eher bietet sich der indirekte Absatz an. Eine eindeutige Regel lässt sich aber nicht

Vorteile des direkten Absatzes
(= Nachteile des indirekten Absatzes):

- unmittelbarer Kundenkontakt = unmittelbare Beeinflussung der Kunden
- schnelle Reaktion auf Kundenwünsche
- schnelle Belieferung der Kunden
- schneller Kundendienst
- Einsparung der Händlerkosten und -gewinne
- direkter Einfluss auf alle Aktivitäten der Absatzorgane (Sortimentsgestaltung, Konditionen, Preise, Raumgestaltung, Werbung usw.)

aufstellen. So werden Autos über werkseigene und werksgebundene Vertriebssysteme abgesetzt, teure Pelze dagegen über den Fachhandel. Die Größe und die Finanzkraft der Betriebe, ihre Marktziele und die Größe ihres Absatzgebietes spielen hier eine bedeutende Rolle.

Nachteile des direkten Absatzes
(= Vorteile des indirekten Absatzes):

- gegliederte und kostenintensive Absatzorganisation
- hohe Kosten für Lagerung und Transport (mit hoher Kapitalbindung)
- mangelhafte Anpassung an Nachfrageänderungen (Handel bildet auf Grund von Großbestellungen Puffer)

Handelsbetriebe sind auf diese Funktionen spezialisiert und können sie oft besser erfüllen als der Industriebetrieb.

Typische Aufgaben des Handels

- **Raumüberbrückung** (Bereitstellung in der Nähe des Verbrauchers/Verwenders)
- **Zeitüberbrückung** (ausreichende Lagerhaltung)
- **Sortimentsbildung:**
  - **Mengenaufgabe** (Bereitstellung der benötigten Mengen)
  - **Qualitätsaufgabe** (Bereitstellung der richtigen Art, Qualität, Größe, Form, Farbe usw.)
- **Werbeaufgabe** (Werbung für ein Produkt)
- **Kreditaufgabe** (Gewährung von Zahlungszielen an den Käufer)

Hersteller mit einer starken Marktstellung haben auch beim indirekten Absatz Einflussmöglichkeiten, besonders wenn der Artikel so bekannt ist, dass ohne ihn das Sortiment unvollständig wäre. Der Hersteller kann durch geschickte Gewährung von Rabatten und Boni das Geschäft ankurbeln, er kann mit den Händlern Verträge über die Größe der Verkaufsfläche, die Lagerhaltung und Zusammensetzung des Sortiments schließen (Sortimentsbindung). Auch eine Vertriebsbindung ist möglich.

Hinzu kommt das **Rackjobbing** (Regalmiete): Der Hersteller mietet Regale bzw. Verkaufsflächen im Geschäft an, füllt sie laufend mit seinen Sortimentswaren auf, zeichnet sie mit seinen Preisen aus und nimmt nicht verkaufte Ware wieder zurück. Das Einzelhandelsgeschäft verkauft die Ware für Rechnung und auf Gefahr des Herstellers und erhält eine Provision vom Umsatz. Großhändler betreiben ebenfalls Rackjobbing.

Ein ähnliches System ist der **Hersteller-Verkaufsstand.** Dabei erhält der Hersteller im Geschäft eine eigene Verkaufsfläche, wo er seine Waren auf eigene Rechnung und durch eigenes Personal verkauft. So entsteht ein kleiner Laden im großen Laden. Man spricht deshalb auch von „Shop in the Shop“.

Die Marktform ist jedoch entscheidend für die Stärke der Beeinflussung. So tritt in der Praxis durchaus häufig der Fall auf, dass die Händler den Produzenten ihre Bedingungen vorschreiben, weil sie große Mengen einkaufen und dabei die Hersteller gegeneinander ausspielen können. Eine solche Marktmacht haben oft

- Großversandhäuser (z. B. Quelle, Neckermann, Otto),
- Warenhäuser (z. B. Karstadt, Kaufhof),
- Verbrauchermärkte (z. B. Massa, Real),
- Einkaufsgenossenschaften (z. B. Rewe, Edeka),
- Großhändler, die sich mit einer Vielzahl von Einzelhändlern zu einer sog. „Kette" zusammengeschlossen haben (z. B. Spar).

Arbeitsaufträge

1. Die meisten Konsumgüter werden nicht vom Hersteller selbst an den Endverbraucher abgesetzt, sondern auf einem indirekten Absatzweg vertrieben.

a) Nennen Sie typische indirekte Absatzwege.
b) Beschreiben Sie verschiedene Absatzwege, auf denen Konserven vom Hersteller an den Endverbraucher gelangen.
c) Welche Aufgaben übernehmen dabei die zwischengeschalteten Betriebe?
d) Welche Vor- und Nachteile ergeben sich folglich für den Hersteller?
e) Warum findet man in der Investitionsgüterindustrie häufiger den direkten Vertrieb?
f) Nennen Sie bekannte Firmen, von denen Sie wissen, dass sie Konsumgüter direkt vertreiben.

2. In Kaufhäusern und Warenhäusern finden Sie bei manchen Gebrauchsgütern (z. B. Nähmaschinen) nur eine Marke.

Geben Sie hierfür mögliche Gründe an.

3. Großunternehmen des Einzelhandels fordern von Industriebetrieben, die als Lieferer Berücksichtigung finden wollen, oft ungewöhnliche Preisnachlässe und kostenlose Nebenleistungen, z. B. Preisauszeichnung der gelieferten Ware, Einräumen und Nachfüllen der Regale, Eintrittsgelder und Schaufenstermieten (obwohl vom Bundesgerichtshof verboten), Werbekostenzuschüsse, Gewinnausgleich, kostenpflichtige Warenrückgabe und Dutzende von Rabatten. In extremen Fällen werden für die gleiche Ware bis zu 17 verschiedene Rabatte gewährt.

a) Aus welchen Gründen wählen die betroffenen Industrieunternehmen trotz der Nachteile den genannten Absatzweg?
b) Welche Möglichkeiten müssen zwangsläufig in Anspruch genommen werden, um die Preis- und Kostennachteile auszugleichen?

4. Sie sind Hersteller folgender Produkte und müssen sich für einen Absatzweg entscheiden.

Hersteller	Produkt
(1) Fabrik für Hand- und Heimwerkermaschinen	elektrische Pressluftbohrmaschine
(2) Maschinenbauer	Klärschlammaufbereitungsanlage
(3) Gummiartikelhersteller	Pkw-Keilriemen

Welchen Absatzweg wählen Sie?

C Güterbeschaffungsmarketing

1 Beschaffungsobjekte

Der Betrieb muss für die Erstellung seiner Leistungen Einsatzmittel beschaffen: Betriebsmittel, leitende und ausführende Arbeitskräfte[1], Material und Handelswaren, Dienstleistungen und Informationen. Zur Deckung der anfallenden Ausgaben ist weiterhin Geldkapital notwendig[1].

Material und Handelswaren

Diese Gegenstände richten sich in Art und Zusammensetzung nach dem Produktionsprogramm und den Absatzmöglichkeiten des Betriebes.

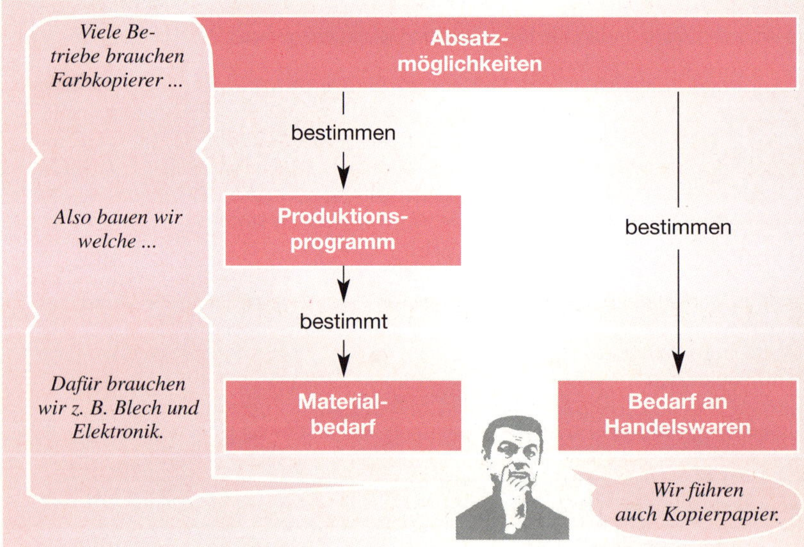

Materialien werden verarbeitet, bearbeitet, eingearbeitet oder sind für das Funktionieren der Betriebsmittel nötig.

Handelswaren sind Sachen, die gekauft und unverändert weiterverkauft werden. Sie ergänzen die Produktpalette. Eigene Produktion würde den Betrieb überlasten.

Dienstleistungen

Fremde Unternehmen können oft eine Leistung besser oder preisgünstiger erstellen. Dann sollte man sie von ihnen einkaufen und sie nicht selbst produzieren. Dies gilt für Einbauteile (z. B. Reifen, Bordinstrumente, Lampen, Batterien u. a. m. für Kraftfahrzeuge), aber auch für Dienstleistungen. Wichtige Dienstleistungen werden v. a. von Verkehrsbetrieben, Kreditinstituten, Versicherungen, Werbeagenturen, Rechts- und Unternehmensberatern, Marktforschungsinstituten, Auskunfteien, Maklern, Architekten und vielen anderen bezogen.

---

[1] Siehe S. 11.

Beispiele

- *Übermittlung von Zahlungen durch die Bank (statt Überbringung durch Boten)*
- *Absicherung von Risiken durch Versicherung (statt Ansparung von Rücklagen)*
- *Produktversand durch Spediteure (statt Zustellung durch eigene Fahrzeuge)*

Informationen

Informationen sind für den Betrieb in vieler Hinsicht lebenswichtig. Sie geben z. B. Aufschluss über Mängel, Änderungen, Aussichten, Erwartungen, Meinungen, Neuheiten und sollten bei der zukünftigen Planung berücksichtigt werden.

Beispiele

Informationen über

- *Gesetzgebung*
- *Absatz- und Beschaffungsmärkte*
- *Konkurrenz*
- *Produktentwicklungen*
- *gesamtwirtschaftliche Entwicklungen*
- *Änderungen im Arbeitsrecht*

Als Informationsquellen bieten sich u. a. an: Marktforschung, Messen, Fachzeitschriften, Gespräche mit Politikern, Fachtagungen, Auskunfteien, Kundenreklamationen, Wirtschaftszeitungen, Gespräche mit Mitarbeitern.

Beschaffungsobjekte

immaterielle		materielle	
• leitende Arbeit • ausführende Arbeit	• Dienstleistungen • Informationen	• Betriebsmittel • Materialien	• Handelswaren • Geldkapital

2 Planung im Güterbeschaffungsbereich

2.1 Material

Die Planung im Güterbeschaffungsbereich soll im Folgenden am Beispiel der **Materialbeschaffung und -lagerung** behandelt werden.

Materialien sind Gegenstände, die verarbeitet, bearbeitet oder eingebaut werden oder die für das Funktionieren der Betriebsmittel eingesetzt werden.

Man teilt die Materialien üblicherweise danach ein, in welchem Umfang sie Bestandteil des Fertigungserzeugnisses werden:

Materialien				
Produktmaterialien (Werkstoffe)			**Betriebsmaterialien**	
Rohstoffe (Grundmaterial)	**Hilfsstoffe** (Ergänzungsmaterial)	**Fertige Einbauteile**	**Betriebsstoffe**	**Reparaturmaterial**
werden Hauptbestandteil des Produkts	werden Nebenbestandteil des Produkts mit geringem Kostenanteil	fremdbezogene Teile, weil eigene Produktion unvorteilhaft	gehen nicht in das Produkt ein, sind aber für den Betriebsprozess notwendig	dient der Instandhaltung der Anlagen
z. B.: – Holz für Möbel – Blech für Autos	z. B.: – Leim für Möbel – Schrauben für Autos	z. B.: – Beschläge für Möbel – Tachos für Autos	z. B.: – Schmieröl – Treibstoffe und Energie	z. B.: – Riemen – Ketten – Putzmittel

2.2 Ziele der Güterbeschaffung

Unter **Güterbeschaffung** im engeren Sinn ist der Einkauf von Material zu verstehen. Im weiteren Sinn umfasst sie alle Tätigkeiten, die der Bereitstellung des Materials für die Produktion dienen. Sie schließt dann folgende **Teilaufgaben** ein:

- optimaler Einkauf des benötigten Materials,
- optimale Lagerung des Materials bis zu seiner Verwendung.

Mit diesen Aufgaben ist im Industriebetrieb die **Materialwirtschaft** betraut. Die **Ziele der Materialwirtschaft** liegen in der **Bereitstellung des Materials**

- in der benötigten **Art, Qualität, Abmessung,**
- in der benötigten **Menge,**
- zur **richtigen Zeit,**
- mit **minimalen Kosten.**

2.3 Informationsbeschaffung

Die Vidosonal AG, ein Hersteller von Fernsehgeräten und elektronischen Geräten, hat festgestellt, dass sie für die Fertigung ihrer Produkte rund 30 000 verschiedene Materialien benötigt. Im letzten Jahr traten in der Produktion Störungen auf, weil ein Serieneinbauteil im Wert von 0,40 EUR nicht rechtzeitig nachbestellt worden war. Gleichzeitig fiel ein Zulieferer wegen Insolvenzantrag aus. Es dauerte 2 Wochen, bis ein neuer Lieferer gefunden wurde. Die Organisationsabteilung nahm daraufhin eine Überprüfung der Arbeitsabläufe in der Einkaufsabteilung vor.
Bei der Untersuchung stellte sich heraus, dass bei dem einen Serienbauteil keine Anforderung des Lagers an den Einkauf vorgelegen hatte und dass im anderen Fall die Liefererdatei nicht ausreichend ergänzt worden war. Informationsmängel hatten also die Probleme verursacht.

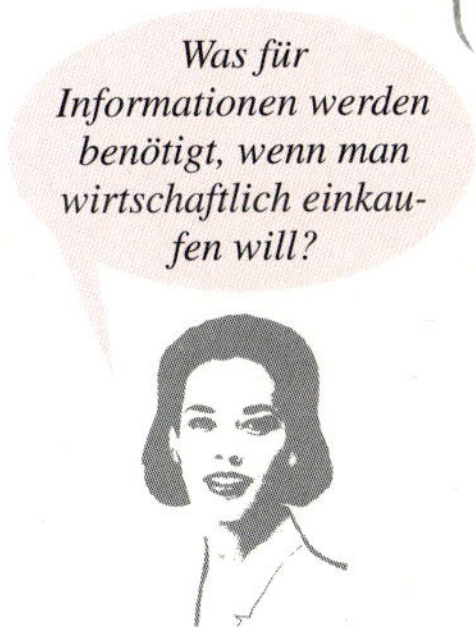

Die Einkaufsabteilung benötigt:

- Informationen über die Materialien (Bedarfsinformationen),
- Informationen über die Lieferer (Angebotsinformationen).

Informationen für die Planung und Durchführung des Einkaufs

Bedarfsinformationen (Informationen über Materialien) – werden benötigt für:				**Angebotsinformationen** (Informationen über Lieferer) – werden benötigt für:	
Bedarfsplanung	**Mengenplanung**	**Zeitplanung**	**Preisplanung**	**Ermittlung der Bezugsquellen**	**Auswahl der Lieferer**
Festlegung der Art, Qualität, Abmessungen, Einsatzmengen der Materialien im Einsatzzeitraum	Festlegung der notwendigen Beschaffungsmenge	Festlegung des günstigsten Beschaffungszeitpunktes	Festlegung akzeptabler Einkaufspreise	Ausfindigmachung möglicher Lieferer	Ausfindigmachung der Lieferer mit den günstigsten Preisen und Konditionen
Frage: Was wird benötigt?	**Frage:** Wie viel ist einzukaufen?	**Frage:** Wann ist einzukaufen?	**Frage:** Welcher Preis ist vertretbar?	**Frage:** Wo kann man einkaufen?	**Frage:** Welches Angebot nehmen?

Die benötigten Informationen werden teils betriebsintern erstellt, teils extern beschafft.

Möglichkeiten der **internen Informationsbeschaffung** sind z. B.:

- Bedarfsmeldungen der Verbrauchsstellen,
- Ermittlung von Bezugsquellen anhand vorhandener Lieferer- und Materialverzeichnisse,
- Anfragen bei möglichen Lieferern.

Möglichkeiten der **externen Informationsbeschaffung** sind z. B.:

- Beschaffungsmarktforschung von Marktforschungsinstituten,
- Besuch von Vertretern und Reisenden bei anderen Unternehmen,
- Fachzeitschriften, Messen, Konkurrenzbeobachtung.

2.4 Rahmenbedingungen der Beschaffungsplanung

Wie die Absatzplanung, so unterliegt auch die Beschaffungsplanung einer Reihe von **Rahmenbedingungen.** Es sind innerbetriebliche und außerbetriebliche Bedingungen zu unterscheiden.

- **Innerbetriebliche Bedingungen** sind z. B.:
  - die Produktions- und Lagerkapazitäten, nach denen sich die Bereitstellung richten muss,
  - die Möglichkeit, Finanzierungsmittel für Einkauf und Lagerung bereitzustellen.
- **Außerbetriebliche Bedingungen** sind z. B.:
  - Rohstoffknappheit,
  - gesetzliche Vorschriften (z. B. Umweltschutzvorschriften, Einfuhrverbote, Verarbeitungsverbote wegen Gesundheitsgefahren, Tier- und Artenschutzvorschriften),
  - Nachfrageverschiebungen.

2.5 Umweltverträglichkeit der Materialien

Bis 1996 konnte jeder seinen PC oder Fernseher über den Hausmüll entsorgen. Auf der Deponie gelandet, belastete das Gerät ggf. über den Boden das Grundwasser durch Schwermetalle, Öle oder Fette. Zudem gingen kostbare wiederverwertbare Rohstoffe verloren. Das Kreislaufwirtschaftsgesetz von 1996 setzt nun fest: Wer Güter produziert, vermarktet oder konsumiert, ist für die Vermeidung, Verwertung und umweltverträgliche Beseitigung der dabei anfallenden Reststoffe grundsätzlich selbst verantwortlich.

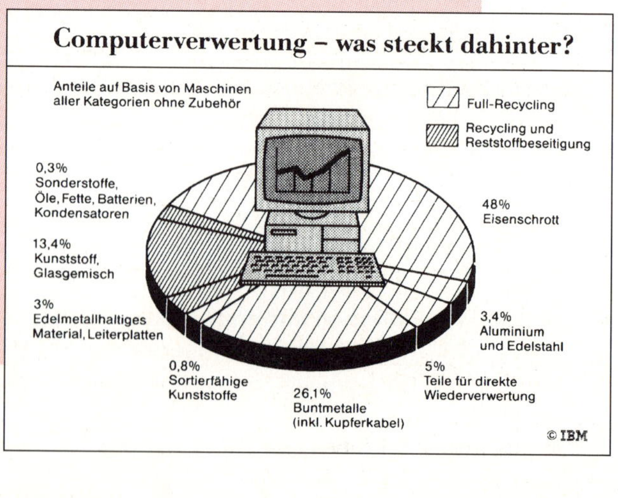

Umweltschutzbemühungen in der Materialwirtschaft sind in das Umweltmanagement[1] des Betriebes eingebettet. Der Absatzmarkt verlangt umweltfreundliche Produkte. Die Fertigung muss deshalb solche Produkte konstruieren und bauen. Die Materialwirtschaft muss dafür umweltfreundliche Materialien bereitstellen. Insbesondere ergeben sich folgende Anforderungen an die Materialien:

Umweltverträglichkeit der Materialien

Recycling

Die Materialien sollen möglichst recycelbar sein. Dann kann der Betrieb verkaufte und ausgediente Produkte zurücknehmen und die Materialien erneut verwenden. Langfristig lassen sich Preissteigerungen bei zunehmend knapperen Rohstoffen mildern. Die Umwelt wird von Abfall und Müll entlastet. Aus dem gleichen Grund sollen die Materialien möglichst durch Recycling gewonnen worden sein. Dies gilt nicht nur für Materialien aus zurückgenommenen Produkten, sondern auch für Materialien und Einbauteile von Lieferern. Problematisch wird das Recycling allerdings, wenn Energieverbrauch und Umweltbelastung beim Sammeln, Sortieren und Wiederaufbereiten der Stoffe höher sind als für die Gewinnung der ursprünglichen Rohstoffe.

Abfallverwertung

Aus dem gleichen Grund sollen Materialien verwendet werden, die aus Abfällen bei Produktionsvorgängen stammen.

Nachhaltige Entwicklung

Es sollen möglichst erneuerbare Rohstoffe verwendet werden. Sie sollen nur in dem Umfang verbraucht werden, wie sie nachwachsen.
Nicht erneuerbare Rohstoffe sollen sparsam verwendet und recycelt werden.

Umweltfreundlichkeit bei Prozessen

Es sollen Materialien verwendet werden, die bei ihrer Gewinnung und Verarbeitung, bei Transport und Lagerung, bei Gebrauch und Entsorgung der daraus entstandenen Produkte die Umwelt nicht belasten.

Umweltfreundliche Verpackung

Die Verpackung der Materialien soll auf das Notwendige reduziert werden. Im Übrigen gelten für sie die gleichen Grundsätze wie für die Materialien selbst.

Die Materialwirtschaft muss noch mehr tun:

- Sie soll alle Transport- und Lagerungsvorgänge umweltfreundlich gestalten. Dazu gehört auch die Auswahl umweltfreundlicher Transportmittel (Bahn) sowie eine möglichst geringe Anzahl Transporte.
- Sie soll auf die Lieferer einwirken, alle bisher genannten Punkte ihrerseits zu beachten. Großabnehmer zwingen ihre Lieferer heutzutage regelrecht zum Nachweis umweltfreundlichen Gesamtverhaltens.

Arbeitsaufträge

1. Der Betrieb benötigt für die Erstellung seiner Leistungen Einsatzmittel.

a) Nennen Sie die Hauptgruppen dieser Beschaffungsobjekte sowie je zwei Beispiele.
b) Was sind Produktmaterialien und Betriebsmaterialien? Wie werden sie eingeteilt? Nennen Sie auch hier jeweils ein Beispiel.
c) Erläutern Sie zwei Ziele der Materialwirtschaft.
d) Erläutern Sie anhand von Beispielen inner- und außerbetriebliche Rahmenbedingungen der Beschaffungsplanung.

[1] *Umweltorientierte Führung*

2. Die Papierindustrie lebt von dem regenerativen Rohstoff Holz. Die schwedische SCA-Gruppe (Svenska Cellulosa-Aktiebolaget) ist der größte Papierkonzern Europas. Eine Tochtergesellschaft, die SCA Laakirchen (Österreich), verwendet als einziger SC-Papier-Produzent ausschließlich total chlorfrei gebleichten Zellstoff zur Herstellung von absolut chlorfrei gebleichtem Papier (SC = super kalandriert; Naturpapier ohne zusätzliche Beschichtung. Chlor ist ein giftiges Gas, das die Atmungsorgane angreift. Es verseucht vor allem das Wasser bei der Altpapieraufbereitung.). Speziell für die Materialwirtschaft ist von Bedeutung: Die SCA Laakirchen setzt immer mehr Altpapier ein und verwendet immer mehr inländisches Holz – überwiegend aus einem Umkreis von 200 km (Oberösterreich, Waldviertel und angrenzendes Bayern). Wo immer möglich, wird mit der Bahn angeliefert. Das für die Papiererzeugung benötigte Faser- und Schleifholz – ohnehin minderwertiges Holz – soll vornehmlich aus Durchforstungen kommen. Es wird auch Schwachholz aus der Sägeindustrie, das nicht für die Bau- und Möbelproduktion geeignet ist, eingesetzt. Die Unternehmung, die selbst keinen Wald besitzt, legt Wert auf Lieferer, die Holz aus nachhaltiger Waldbewirtschaftung liefern. Sie lehnt artenarme Monokulturen ab. Das Holz darf nicht aus geschützten, wertvollen Biotopen und nicht aus übel zugerichteten Urwäldern stammen. Beim Einkauf wird darauf geachtet, dass die geforderten Umweltschutzmaßnahmen eingehalten werden. Im Gebirge wird Seilkrantechnik eingesetzt, im Flachland sind es Traktoren und wendige Kleinschlepper mit Niederdruckreifen.
(Sinngemäß entnommen aus: podium, Das Natur-Papier-Magazin der SCA Laakirchen AG, Nr. 1/1995)

a) Was versteht man unter regenerativen Rohstoffen?
b) Nennen Sie alle Umweltprobleme, die in dem obigen Text hinsichtlich der Nutzung des regenerativen Rohstoffes Holz angesprochen werden.
c) Erläutern Sie möglichst eingehend die Maßnahmen, die die SCA Laakirchen zur Lösung dieser Probleme ergreift.

2.6 Planungs- und Entscheidungsinstrumente

Um eine optimale Bereitstellung der Materialien zu erzielen, ist es für den Planungs- und Entscheidungsprozess sinnvoll, feste Vorgehensweisen zu entwickeln und bestimmte **Rechen- und Vergleichsverfahren** anzuwenden.

2.6.1 Bedarfsplanung

Übrigens: In Chemiebetrieben findet man an Stelle der Konstruktionsabteilung das Betriebslabor und an Stelle der Stücklisten Rezepturen.

Festlegung der Art des Bedarfs

Die Produkte müssen fertigungsgerecht und funktionsfähig konstruiert werden. Dabei arbeitet die **Konstruktionsabteilung** von Anfang an mit der Absatz-, Fertigungs- und Einkaufsabteilung zusammen, um die umweltfreundlichsten, bestgeeigneten, kostengünstigsten und am leichtesten beschaffbaren Materialien zu berücksichtigen.

Das Ergebnis der Konstruktion sind **Zeichnungen** des Produktes.

Anhand der Zeichnungen werden **Stücklisten** erstellt. Das sind Verzeichnisse aller benötigten Einzelteile. Durch sie werden die Materialien nach ihrer Art festgelegt.

Festlegung des mengenmäßigen Bedarfs

Moderne Industriebetriebe verfügen über ein PPS-System (Produktionsplanungs- und -steuerungssystem). Das ist ein Paket von Computer-Anwenderprogrammen, welches eine optimale Planung und Steuerung des konkreten Produktionsgeschehens ermöglichen soll. Das System enthält eine Datenbank (einen großen Informationsspeicher), in die die zuständigen Mitarbeiter alle Daten über Fertigungsaufträge und Produkte eingeben. Die Daten werden durch das System verwaltet, ausgewertet und verarbeitet. Für die Bedarfsplanung enthält das System Daten über die benötigten Materialien, die konstruktive Zusammensetzung der Produkte und über die betrieblichen Aufträge (Zugänge, Änderungen, Löschungen).

Daten von zusammengehörenden Sachverhalten sind in Tabellen zusammengefasst, z. B. die Daten der Materialien in einer Materialstammtabelle, Daten über die Mitarbeiter in einer Personaltabelle.

Verbrauchsgesteuerte Bedarfsermittlung

Bei der <u>verbrauchsgesteuerten Bedarfsermittlung</u> richtet man sich nach den Verbrauchswerten der Vergangenheit um den zukünftigen Bedarf festzustellen.

Das PPS-System entnimmt diese Werte den Absatz- und Verbrauchsstatistiken des Betriebes. Es berechnet den Trend (die Entwicklungs*tendenz*) der Werte und macht Bestellvorschläge, die dem Trend entsprechen. Auch Saisoneinflüsse (höherer oder niedrigerer Verbrauch zu bestimmten Jahreszeiten) können berücksichtigt werden.

Ein häufig angewandtes Verfahren ist die Ermittlung des Trends als **gleitender Durchschnitt** aus jeweils drei aufeinander folgenden Werten.

Die folgende Verbrauchsstatistik zeigt den Monatsverbrauch eines Teils in den Monaten Januar bis Juni. Jeder zukünftige Monatsbedarf soll als Durchschnitt der jeweils letzten drei Monatsverbrauchswerte berechnet werden (gleitender Durchschnitt).

Verbrauchsstatistik Ölstutzen M 16

Monat	tatsächlicher Verbrauch	berechneter Bedarf	
Jan.	210		$\frac{210 + 189 + 190}{3}$
Feb.	189		
März	190		
April	199	197 ↙	$\frac{189 + 190 + 199}{3}$
Mai	192	193 ←	
Juni	200	197 ↖	
Juli		198	$\frac{199 + 192 + 200}{3}$
Aug.			

Machen Sie mal einen Bestellvorschlag für August, wenn der tatsächliche Juliverbrauch 191 Stück beträgt!

Plangesteuerte Bedarfsermittlung

Bei der plangesteuerten Bedarfsermittlung ermittelt man exakt die Werkstoffmengen für eine festgelegte Produktmenge. Ausgangspunkt hierfür sind die Konstruktionszeichnungen und Stücklisten.

Die Stückliste ist im PPS-System gespeichert. Sie führt die einzelnen Baugruppen und Teile auf. Gleiche Teile können an unterschiedlichen Stellen und in unterschiedlichen Baugruppen enthalten sein. Es ist festzustellen, wie oft jedes Teil insgesamt vorkommt. Dazu löst das PPS-System die Baugruppen in die darin enthaltenen Teile auf **(Stücklistenauflösung).** Es addiert gleiche Teile und multipliziert sie mit der Fertigungsmenge. So erhält man für ein Produkt den Bedarf an allen Teilen. Das System addiert den entsprechenden Bedarf in den Stücklisten aller Produkte. Das Ergebnis ist der Gesamtbedarf **(Bruttobedarf)** an allen Teilen für alle Produkte.

Beispiel

Auszüge aus den Stücklisten zweier Produkte. Von Produkt 1 werden 100 Stück gefertigt, von Produkt 2 200 Stück. Wie viel Stück beträgt der Bedarf an dem Teil Sechskantschraube?

Stückliste Produkt 1

Pos.	Menge	Einh.	Benennung
1	2	Stck	Federring
2	2	Stck	Sechskantschraube
3	1	Stck	Gehäuseoberteil
4	1	Stck	Gehäuseunterteil

Stückliste Produkt 2

Pos.	Menge	Einh.	Benennung
1	2	Stck	Stirnrad
2	2	Stck	Kugellager
3	6	Stck	Sechskantschraube
4	3	Stck	Passfeder

2 · 100 = 200
6 · 200 = 1200
1400

Insgesamt werden 1400 Stück benötigt.

Der Bruttobedarf wird noch um Lagerreserven und erwartete Zugänge (aus der Fertigung und aus ausstehenden Bestellungen) korrigiert. Das Ergebnis ist der **Nettobedarf.**

Beispiel

Bedarf an Sechskantschrauben		1 400
+ Zusatzbedarf		
für Ersatzteile		300
für Ausschuss		80
= **Bruttobedarf**		1780
Lagerbestand	*2 000*	
– *Mindestbestand*	*200*	
– *Reservierungen*	*600*	
Lagerreserve	*1 200*	
– Lagerreserve		1 200
– Zugänge aus bestehenden Fertigungsaufträgen		100
– Zugänge aus ausstehenden Bestellungen		100
= **Nettobedarf**		380

Arbeitsaufträge

1. Ein Betrieb soll drei Produkte A, B und C fertigen, die aus den folgenden Baugruppen (Buchstaben) und Teilen (Ziffern) zusammengesetzt sind. Produkte und Baugruppen setzen sich wie folgt zusammen:

   - **A**: D, E, 1, 2
   - **B**: D, E, F
   - **C**: D, G, 1, 1, 1, 4, 4
   - **D**: 4, 4, 5
   - **E**: D, 1, 3, 4
   - **F**: 4, 6, 8
   - **G**: 2, 2, 4, 7

   a) Ermitteln Sie den Bruttobedarf an Teil 4, wenn von Produkt A und B 50 Stück und von C 80 Stück zu fertigen sind.
   b) Erläutern Sie anhand dieses Beispiels den Begriff plangesteuerte Bedarfsermittlung.
   c) Wodurch unterscheiden sich die mengenmäßigen Bedarfsermittlungen (1) im verbrauchsgesteuerten und (2) im plangesteuerten Verfahren?

2. **In einer Fertigungsperiode werden 1 800 Spezialschrauben benötigt. Hinzu kommen 15 % Zusatzbedarf für Ersatzteile. Der Lagerbestand beträgt zurzeit 1 500 Stück, davon sind 400 Stück reserviert und 150 Stück Mindestbestand. Aus Fertigungsaufträgen sind 400 Stück, aus ausstehenden Bestellungen 200 Stück an Zugängen zu erwarten.**
   Berechnen Sie den Nettobedarf für diese Spezialschrauben.

2.6.2 ABC-Analyse

Wie schon gesagt, benötigt die Vidosonal AG für die Produktion etwa 30 000 Materialien, teure und billige, häufig und selten benötigte. Ein wichtiges Problem ist die Feststellung des mengenmäßigen Bedarfs an jedem einzelnen Material. Man kann bei der Bedarfsplanung sehr gründlich vorgehen. Eine gründliche Planung verursacht natürlich hohe Planungskosten (Zeitaufwand, Personaleinsatz, Rechnereinsatz, ...). Andererseits sind die Ergebnisse recht exakt. Eine oberflächliche Planung ist billig, aber auch ungenau. Es ist leicht einzusehen, dass eine teure Planung sich vor allem dann lohnt, wenn unexakte Ergebnisse noch teurer zu stehen kommen. Konkret gesprochen: Wird von Material A im Jahr für 1 Mio. EUR verbraucht, von Material B für 100,00 EUR, so macht ein Planungsfehler von 10 % bei A 100 000,00 EUR, bei B 10,00 EUR aus. Für A lohnt sich deshalb eine gründliche Bedarfsplanung, für B kaum. Man erkennt leicht: Es hilft, Kosten einzusparen, wenn man die Materialien nach ihrem Wert in Gruppen einteilt. Dazu bedient man sich der A-B-C-Analyse.

Die A-B-C-Analyse ist eine Methode zur Schwerpunktbildung bei Mengenproblemen. Sie teilt gegebene Mengen nach ihrer Bedeutung in A-Teile, B-Teile und C-Teile ein, bildet also drei Gruppen.

Wesentliche Merkmale für die Bedeutung von Werkstoffen sind ihre Verbrauchsmengen und ihr Verbrauchswert. Aus dem Verbrauchswert ergibt sich der Rang eines Materials. Ordnet man die Materialien nach dem Rang und berechnet ihren Prozentanteil an der Gesamtverbrauchsmenge und am Gesamtverbrauchswert, so lassen sich die genannten drei Gruppen bilden.

Beispiel

Material	Verbrauchsmenge (in Stück)	Wert pro Stück (in EUR)	Verbrauchswert (in EUR)	Rang des Artikels
M 1	6 000	4,00	24 000,00	4
M 2	1 000	200,00	200 000,00	1
M 3	500	20,00	10 000,00	7
M 4	2 000	10,00	20 000,00	5
M 5	3 000	5,00	15 000,00	6
M 6	1 000	100,00	100 000,00	3
M 7	200	5,00	1 000,00	10
M 8	3 000	50,00	150 000,00	2
M 9	1 000	2,00	2 000,00	9
M 10	8 000	1,00	8 000,00	8
	25 700		530 000,00	

Materialien nach Rang	Verbrauchsmenge (in %)		Verbrauchswert (in %)		
M 2	3,89		37,73		A-Teile
M 8	11,67		28,30		
M 6	3,89	19,45	18,87	84,90	
M 1	23,35		4,53		B-Teile
M 4	7,78		3,77		
M 5	11,67	42,80	2,83	11,13	
M 3	1,95		1,89		C-Teile
M 10	31,13		1,52		
M 9	3,89		0,39		
M 7	0,78	37,75	0,20	4,00	
		100		100	

Beispiel

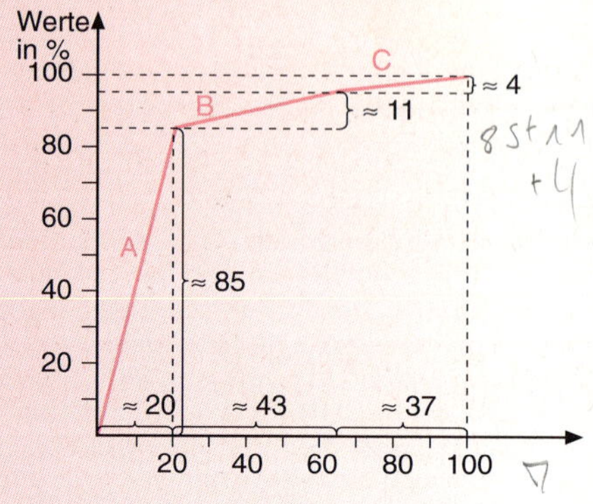

Wert-Mengen-Verhältnis

der A-Teile: $\frac{85}{20} = 4{,}25$ (groß)

der B-Teile: $\frac{11}{43} = 0{,}26$ (klein)

der C-Teile: $\frac{4}{37} = 0{,}11$ (sehr klein)

Ergebnis:

Knapp 20 % der Teile haben einen Verbrauchswert von bereits 85 %. Sie sind die wichtigsten Teile (A-Teile). Für sie kommt eine gründliche und exakte Planung des Bedarfs in Frage.

Weitere empfehlenswerte Maßnahmen für A-Güter:

- *optimale Planung der Bestellmengen und Lagermengen;*
- *Senkung der Mindestlagerbestände im Lager (so genannte „eiserne Bestände“, die jederzeitige Verfügbarkeit gewährleisten sollen);*
- *stattdessen langfristige Lieferverträge mit den Lieferern, wobei benötigte Mengen abgerufen werden;*
- *genaue Kontrolle der Lagerbestände zur Vermeidung von Verlusten;*
- *genaue Kontrolle von Materialentnahmen.*

Am wenigsten Bedeutung haben die C-Güter. Für sie kann der Bedarf oberflächlich ermittelt werden.

Bei den B-Gütern ist nachzuprüfen, ob sie den A-Gütern oder den C-Gütern nahe stehen. Ein Abbau der kostenintensiven Kontrollen ist denkbar, gegebenenfalls sogar Selbstbedienung bei der Materialentnahme. Dies gilt häufig für Hilfs- und Betriebsstoffe.

Arbeitsauftrag

Ein Betrieb benötigt sechs Materialien. Folgende Zahlen liegen vor:

Material	Verbrauchsmenge (in Stück)	Wert pro Stück (in EUR)
M 1	10 000	0,40
M 2	6 000	0,90
M 3	2 000	3,80
M 4	8 000	0,50
M 5	3 000	5,20
M 6	7 000	0,20

Ermitteln Sie anhand einer A-B-C-Analyse, für welche der Materialien sich die Ermittlung einer optimalen Bestellmenge lohnen könnte.

2.6.3 Mengenplanung

Optimale Bestellmenge

Einkaufsteile, für die eine Lagerhaltung unwirtschaftlich wäre, werden auf Grund der Bedarfsanforderung seitens der Arbeitsvorbereitung oder anderer Abteilungen bestellt. Werden Materialien jedoch häufiger benötigt, so ist zu überlegen, ob es eventuell vorteilhaft ist eine größere Menge zu kaufen und auf Lager zu nehmen:

Vorteile großer Einkaufsmengen	Nachteile großer Einkaufsmengen
• Rabatte • günstigere Fracht- und Verpackungskosten • Weniger Bestellungen. Jede Bestellung verursacht Kosten für Schreibarbeit, Papier, Porto, Kontrolle, Ablage, Buchung ...	• Wer große Mengen kauft, muss sie bis zum Verbrauch lagern. Bei kleinen Einkaufsmengen fallen weniger Lagerkosten an.

Beschaffungskosten und Lagerkosten entwickeln sich gegenläufig. Die optimale Bestellmenge liegt dort, wo die Summe aus Beschaffungskosten und Lagerkosten ein Minimum erreicht.

Beispiel

Ein Metallwarenbetrieb benötigt jährlich 1 800 Gussstücke mit einem Einkaufspreis von je 100,00 EUR. Die Lagerkosten pro Stück betragen im Jahr 30,00 EUR. Um jederzeitige Verfügbarkeit zu gewährleisten, wird ein eiserner Bestand von 10 Stück gehalten, der niemals angegriffen werden soll. Wir nehmen an, dass von den 1 800 Stück täglich ziemlich gleichmäßig 5 Stück verbraucht werden. Bei jedem Kauf fallen feste Bestellkosten von 20,00 EUR an. Rabatte und Transportkosten sollen nicht berücksichtigt werden. Das Jahr wird mit 360 Tagen berechnet. In der folgenden Tabelle wird festgehalten, wie hoch die Kosten bei verschiedenen Bestellmengen sind:

Bestellmenge	Zahl der Bestellungen pro Jahr	Kosten pro Bestellung (in EUR)	gesamte Bestellkosten (in EUR)	durchschnittlicher Lagerbestand[1]	durchschnittliche Lagerkosten[1] (in EUR)	Gesamtkosten (in EUR)
1 800	1	20,00	20,00	910	27 300,00	27 320,00
900	2	20,00	40,00	460	13 800,00	13 840,00
450	4	20,00	80,00	235	7 050,00	7 130,00
225	8	20,00	160,00	122,5	3 675,00	3 835,00
100	18	20,00	360,00	60	1 800,00	2 160,00
60	30	20,00	600,00	40	1 200,00	1 800,00
50	36	20,00	720,00	35	1 050,00	1 770,00
40	45	20,00	900,00	30	900,00	1 800,00
30	60	20,00	1 200,00	25	750,00	1 950,00

Bei 36 Bestellungen zu 50 Stück sind die Gesamtkosten am niedrigsten. Die optimale Bestellmenge beträgt deshalb 50 Stück.

[1] *Formeln siehe S. 91.*

Beispiel

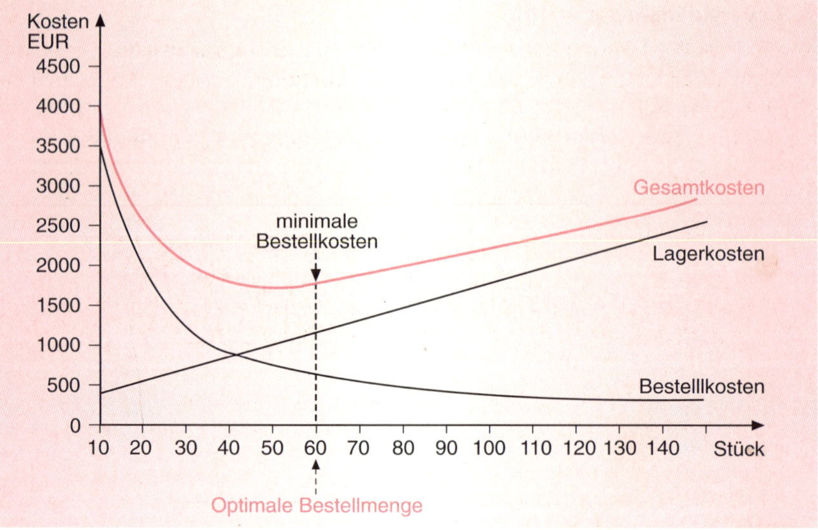

In der Praxis begegnet die Planung einer optimalen Bestellmenge großen Schwierigkeiten, da die zu verarbeitenden Informationsmengen weitaus größer als in unserem Modell und teilweise unsicher sind:

- Rabatte und Transportkosten müssen einbezogen werden.
- Die Lagerkosten sind nicht allein mengen-, sondern auch wertabhängig (z. B. die Versicherungskosten).
- Meist liegt kein gleichmäßiger Lagerabgang vor.
- Kostenansätze und Verkaufsmengen ändern sich im Zeitablauf.

Will man alle Möglichkeiten und Änderungen berücksichtigen, so wird bei einer großen Zahl von Waren die Planung der optimalen Bestellmenge weitaus höhere Kosten verursachen, als sie einzusparen hilft.

Hinzu kommt, dass man in der Praxis die optimale Bestellmenge manchmal gar nicht realisieren kann, weil

- der Lieferer eine Mindestmenge vorgibt,
- die Ware nur in festen Verpackungseinheiten geliefert wird,
- Artikel nur beschränkt lagerfähig sind,
- es sich um Saisonartikel handelt.

Die Planung einer optimalen Bestellmenge lohnt sich deshalb nur bei A-Gütern und ihnen nahe stehenden B-Gütern.

Arbeitsauftrag

Ein Fertigungsbetrieb verbraucht pro Tag etwa 50 Profileisen mit einem Einstandspreis von je 20,00 EUR. Die Lagerkosten pro Stück betragen im Jahr 1,00 EUR. Als eiserner Bestand wurden 300 Stück festgelegt. Bei jeder Bestellung fallen fixe Bestellkosten von 9,00 EUR an. Die Lieferzeit beträgt 5 Tage (Das Jahr wird mit 360 Tagen gerechnet.).

a) Berechnen Sie den Meldebestand. Wann ist spätestens zu bestellen, wenn der eiserne Bestand bei normalem Lagerabgang am 28. März erreicht wird?

b) Welche Stückzahl ist zu bestellen (optimale Bestellmenge)?
Wie hoch ist folglich der Höchstbestand?

Lagerkennziffern

Anhand der Ausführungen zur optimalen Bestellmenge wurde schon deutlich, dass die Materialwirtschaft unter anderem eine kostengünstige Lagerhaltung anstreben muss.
Lagerkennziffern geben dem Betrieb Hinweise darauf, wie kostengünstig seine Lagerhaltung ist.

Lagerkennziffern

durchschnittlicher Lagerbestand	**Umschlagshäufigkeit**	**durchschnittliche Lagerdauer**
gibt an, wie hoch die Vorräte im Jahresdurchschnitt sind	gibt an, wie oft der durchschnittliche Bestand im Jahr umgeschlagen wird (oder: wie oft das Lager geräumt wird)	gibt an, wie lange die Bestände durchschnittlich auf Lager liegen

Durchschnittlicher Lagerbestand

Wir kontrollieren den Bestand an Teil A am Ende jedes Monats und stellen fest:

Datum	Stück
02.01.	50
31.01.	14
28.02.	12
31.03.	27
30.04.	26
31.05.	17
30.06.	21
31.07.	69
31.08.	29
30.09.	6
31.10.	30
30.11.	5
31.12.	19
13 Daten	325

durchschnittlicher Bestand:

$$\frac{325}{13} = \mathbf{25} \text{ (Stück)}$$

Umschlagshäufigkeit

Wir stellen fest:

Verbrauch im Jahr 20..: 600 Stück

durchschnittlicher Lagerbestand: 25 Stück

Umschlagshäufigkeit:

$$\frac{600}{25} = \mathbf{24} \text{ (mal)}$$

Durchschnittliche Lagerdauer

Wir rechnen das Jahr mit 360 Tagen.

Umschlagshäufigkeit: 24

durchschnittliche Lagerdauer:

$$\frac{360}{24} = \mathbf{15} \text{ (Tage)}$$

$$\text{durchschnittlicher Lagerbestand} = \frac{\text{Jahresanfangsbestand} + 12 \text{ Monatsendbestände}}{13}$$

$$\text{Umschlagshäufigkeit} = \frac{\text{Jahresentnahme}}{\text{durchschnittlicher Lagerbestand}}$$

$$\text{durchschnittliche Lagerdauer} = \frac{360 \text{ Tage}}{\text{Umschlagshäufigkeit}}$$

Anmerkung

Bei täglich gleichmäßigem Verbrauch und stets gleicher Bestellmenge kann folgende einfache Formel verwendet werden:

$$\textbf{durchschnittlicher Lagerbestand} = \frac{\textbf{Bestellmenge}}{\textbf{2}} + \textbf{eiserner Bestand}$$

Je niedriger bei gleich bleibendem Jahresverbrauch der durchschnittliche Lagerbestand ist, desto schneller wird das Lager geräumt und desto kürzer ist die Lagerdauer.

Beispiel

Jahresverbrauch: 600 Stück

	durchschnittlicher Lagerbestand	Umschlagshäufigkeit	durchschnittliche Lagerdauer
①	*25 Stück*	$\frac{600\ \text{Stück}}{25\ \text{Stück}} = 24\text{mal}$	$\frac{360\ \text{Tage}}{24\text{mal}} = 15\ \text{Tage}$
②	*10 Stück*	$\frac{600\ \text{Stück}}{10\ \text{Stück}} = 60\text{mal}$	$\frac{360\ \text{Tage}}{60\text{mal}} = 6\ \text{Tage}$

Je niedriger der durchschnittliche Lagerbestand ist, desto niedriger sind natürlich auch die Lagerkosten und desto weniger Kapital ist in den Lagerbeständen gebunden.

durchschnittl. Lagerkosten = durchschnittl. Bestand · Lagerkosten pro Stück
durchschnittl. Kapitalbindung = durchschnittl. Bestand · Einstandspreis pro Stück

Beispiel

Die Lagerkosten pro Stück sollen 40,00 EUR betragen, der Einstandspreis 100,00 EUR. Dann gilt für die Zahlen aus dem vorigen Beispiel:

	durchschnittliche Lagerkosten	durchschnittliche Kapitalbindung
①	*25 · 40,00 EUR = 1 000,00 EUR*	*25 · 100,00 EUR = 2 500,00 EUR*
②	*10 · 40,00 EUR = 400,00 EUR*	*10 · 100,00 EUR = 1 000,00 EUR*

Ein kleinerer durchschnittlicher Bestand bedeutet gleichzeitig einen schnelleren Umschlag. Dies wiederum bedeutet eine kürzere Lagerdauer und damit eine raschere Freisetzung des gebundenen Kapitals.

Der Lagerzinssatz gibt an, wie viel Prozent Zinsen das im durchschnittlichen Lagerbestand gebundene Kapital während der durchschnittlichen Lagerdauer kostet.

$$\textbf{Lagerzinssatz} = \frac{\textbf{durchschnittliche Lagerdauer} \cdot \textbf{Marktzinssatz}}{\textbf{360}}$$

Wenn der Lagerzinssatz und somit auch die Lagerkosten niedrig gehalten werden können, so wirkt sich dies letztlich auch im Angebotspreis der Waren aus. Die Lagerkosten erhöhen die Selbstkosten und damit den Angebotspreis.

Beispiel

Durch das in den Lagerbeständen gebundene „tote Kapital" gehen Zinsen verloren, die man ansonsten z. B. durch Anlage des Geldes bei einer Bank erzielen könnte. Wenn z. B. der Marktzinssatz 8 % beträgt (er bezieht sich auf 1 Jahr = 360 Tage), so ergibt sich für eine Lagerdauer von 15 Tagen folgende Berechnung des Lagerzinssatzes:

	Fall 1 (15 Tage)	Fall 2 (6 Tage)
Lagerzinssatz	$\frac{15 \cdot 8\ \%}{360} \approx 0{,}33\ \%$	$\frac{6 \cdot 8\ \%}{360} \approx 0{,}13\ \%$

In Fall 1 liegen also die in den Selbstkosten enthaltenen Lagerkosten um 0,2 Prozentpunkte (0,33 % – 0,13 %) höher als in Fall 2. Entsprechend höher muss auch der Angebotspreis liegen.

Arbeitsaufträge

1. Ein Fertigungsbetrieb brauchte im Jahr etwa 1 000 Profileisen mit einem Einstandspreis von je 20,00 EUR. Die Lagerkosten betrugen im Jahr etwa 2,00 EUR pro Stück.

   Es wurden folgende Bestände ermittelt:

2. Januar: 58	31. März: 38	30. Juni: 41	30. September: 40	30. November: 49
31. Januar: 16	30. April: 76	31. Juli: 31	31. Oktober: 70	31. Dezember: 22
28. Februar: 34	31. Mai: 50	31. August: 47		

   a) Wie hoch war der durchschnittliche Lagerbestand?
   b) Wie groß war die Umschlagshäufigkeit, wenn der Verbrauch 484 Stück betrug?
   c) Wie viele Tage betrug die durchschnittliche Lagerdauer?
   d) Wie viel EUR betrugen die durchschnittlichen Lagerkosten?
   e) Wie viel EUR Kapital waren durchschnittlich in den Lagerbeständen gebunden?
   f) Wie hoch war der Lagerzinssatz bei einem Marktzins von 9 %?

2. Betrachten Sie noch einmal die Aufgabenstellung des Arbeitsauftrags auf Seite 90.
   a) Geben Sie an, wie groß unter den angegebenen Voraussetzungen der durchschnittliche Lagerbestand, die Umschlagshäufigkeit und die durchschnittliche Lagerdauer sind.
   b) Berechnen Sie die durchschnittlichen Lagerkosten, die durchschnittliche Kapitalbindung und den Lagerzinssatz (Marktzinssatz = 5 %).
   c) Erläutern Sie, was die berechneten Kennziffern aussagen.

3. In einem Betrieb wird behauptet, es habe der durchschnittliche Lagerbestand gesenkt werden können, gleichzeitig sei aber auch die Umschlagshäufigkeit gesunken und die Lagerdauer gestiegen. Nehmen Sie hierzu Stellung.

2.6.4 Zeitplanung

Liegt eine Bedarfsmeldung vor, so entscheidet der Einkaufsdisponent über

- Bestell- und Lieferzeitpunkt,
- Bestellmenge,
- Auswahl des Lieferers.

Bestellungen müssen so rechtzeitig erfolgen, dass immer ausreichende Materialbestände für die Produktion zur Verfügung stehen. Dabei kommen zwei grundlegende **Verfahren** zur Anwendung: Bestellpunktverfahren und Bestellrhythmusverfahren.

Bestellpunktverfahren

Beim Bestellpunktverfahren wird der Lagerbestand nach jeder Entnahme überprüft. Erreicht er einen festgelegten Meldebestand (oder: Bestellpunkt), so gibt das Lager eine Bedarfsmeldung an den Einkauf.

Aus Sicherheitsgründen wird für die einzelnen Materialien/Waren ein **Mindestlagerbestand (auch „eiserner Bestand") genannt)** festgesetzt. Er soll unter normalen Bedingungen niemals angegriffen werden.

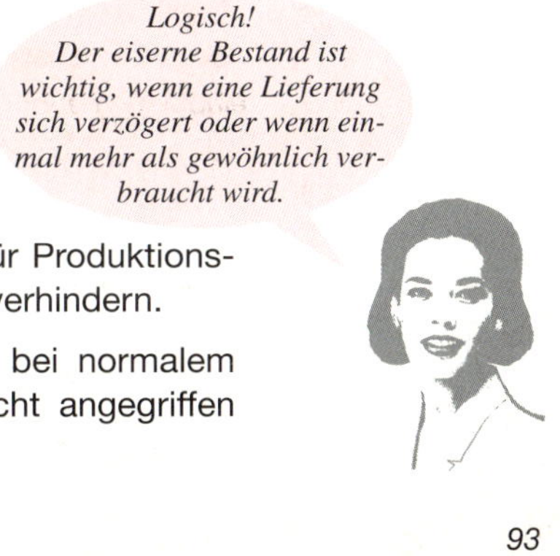

Der eiserne Bestand soll Fehlmengenkosten (z. B. Kosten für Produktionsstillstand, Konventionalstrafen wegen verspäteter Lieferung) verhindern.

Der **Meldebestand** ist folglich so hoch anzusetzen, dass bei normalem Verbrauch innerhalb der Lieferfrist der eiserne Bestand nicht angegriffen wird.

Meldebestand = eiserner Bestand + (durchschnittl. Tagesentnahme · Lieferzeit)

Beispiel

Jeden Tag werden im Durchschnitt 5 Ölsiebe eingebaut. Als Mindestlagerbestand ist ein Bedarf für 2 Tage, also 10 Stück, festgelegt. Es werden immer 45 Stück bestellt. Jede Bestellung benötigt 4 Tage Lieferzeit. Als Höchstbestand werden 55 Stück festgelegt (vorher 65).

Unter diesen Umständen muss man natürlich bestellen, wenn noch 30 Stück (Meldebestand) auf Lager liegen. Denn während der Lieferzeit von 4 Tagen sinkt der Bestand um (5 x 4) Stück = 20 Stück auf den Mindestbestand ab und dann muss die neue Lieferung spätestens eingehen.

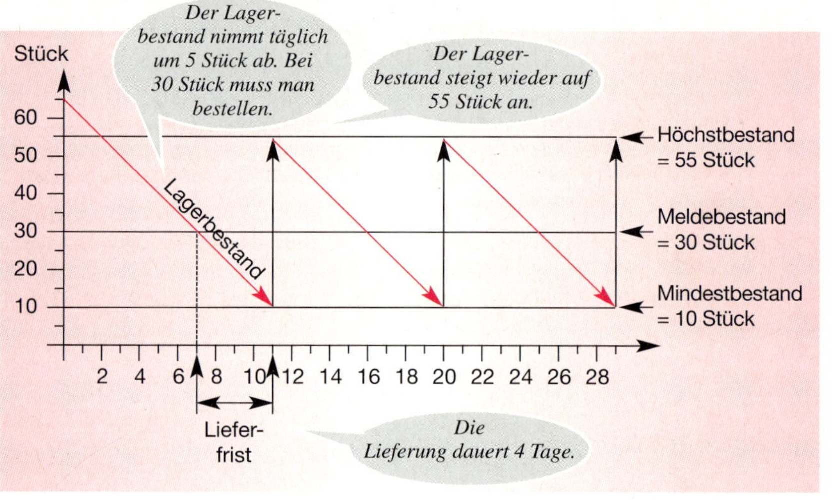

Das Bestellpunktverfahren wird hauptsächlich bei verbrauchsgesteuerter Bedarfsermittlung angewandt.

Der **Zeitpunkt des Einkaufs** muss jedoch nicht immer an den Meldebestand gebunden sein. Er kann unter Umständen auch abhängen von

- dem Zeitpunkt, an dem Angebote vorliegen (bei Saisonartikeln),
- der Preisentwicklung (Einkauf, bevor der Preis steigt),
- der Lagerfähigkeit der Werkstoffe.

Bestellrhythmusverfahren

Beim Bestellrhythmusverfahren wird nicht nach jeder Lagerentnahme der Bestand überprüft, sondern in festen Zeitabständen, z. B. monatlich. Bestellt wird in der Periode, in der ein Nettobedarf auftritt.

Das Bestellrhythmusverfahren findet hauptsächlich bei plangesteuerter Bedarfsermittlung Anwendung.

Arbeitsaufträge

1. Berechnen Sie den Meldebestand:
   Tagesverbrauch 70 Stück, Lieferzeit 2 Wochen, Mindestbestand 210 Stück.

2. Ein Materialstammsatz enthält unter anderem folgende Daten:
   Lagerbestand: 23, Meldebestand: 25, Mindestbestand: 14,
   Reservierter Bestand: 20, ausstehende Bestellungen: 60.
   Einkäufer X. behauptet, dass unter diesen Bedingungen schon längst eine Bestellung hätte vorgenommen werden müssen. Nehmen Sie Stellung dazu und erläutern Sie Herrn X., wann eine Bestellung erfolgen muss.

3. Die Motoren- und Getriebebau GmbH hat laufenden Bedarf an Rillenkugellagern. Der Bedarf wird verbrauchsgesteuert ermittelt. Aus der EDV sind folgende Lagerbewegungen der letzten Tage zu entnehmen:

Rillenkugellager 16002 – DIN 625						
Lager-Nr.: 2. 13. 45			Höchstbestand: 500			
Meldebestand: 100			Mindestbestand: 30			
Tag	Monat	Beleg	Zugang	Abgang	Bestand	empfangende Kostenstelle
4.	März	Übertrag			120	
5.	März	ME 2043		6	114	120
6.	März	ME 2098		8	106	110
7.	März	ME 3060		5	101	120
8.	März	ME 3100		5	96	110
9.	März	ME 3109		3	93	112

   An welchem Tag musste eine Bestellung vorgenommen werden? Geben Sie die Bestellmenge an. (Tagesbedarf durchschnittlich 5 Stück, Lieferzeit 14 Tage)

2.6.5 Ermittlung der Bezugsquellen, Anfrage, Angebotsvergleich

Ein Einkaufssachbearbeiter der Vidosonal AG erhält von einer Bedarfsstelle – Lager, Arbeitsvorbereitung, Betriebsbüro usw. – eine Bestellanforderung über 10 000 m Kabel NYM 3 x 1,5. Liefertermin: 3 Wochen.

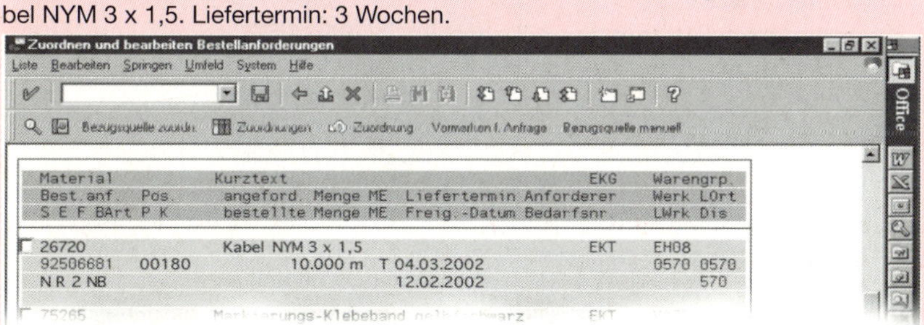

Ermittlung der Bezugsquellen

Der Einkaufsdisponent muss nun geeignete Lieferer ermitteln; dazu dienen ihm:

- interne Bezugsquelleninformationen,
- externe Bezugsquelleninformationen.

Beispiel

Ermittlung von Bezugsquellen für Kabel NYM 3 x 1,5

Interne Bezugsquelleninformationen sind in einer Liefererdatenbank gespeichert. *Sie ist grundsätzlich nach Lieferern geordnet und enthält deren Angebotssortiment und Konditionen. Man kann auf die gespeicherten Daten entweder nach dem Merkmal* ***Material*** *oder nach dem Merkmal* ***Lieferer*** *zugreifen.*

Zugriff nach dem Merkmal ***Material****:*

Nach Eingabe des Materialnamens oder der Materialnummer werden alle gespeicherten Lieferer dieses Materials angezeigt.

Lieferantenstamm: Material

Materialnummer 643456 **Materialnamen** Kabel NYM 3 x 1,5

Lieferernummer	Lieferer	PLZ	Ort
748	Meyer & Sohn	80995	München
721	Gabert OHG	51109	Köln
711	Olm KG	41561	Kaarst

Zugriff nach dem Merkmal ***Lieferer****:*
Nach Eingabe des Lieferernamens oder der Lieferernummer werden alle gespeicherten Artikel des Lieferers angezeigt.

Lieferstamm: Lieferer

Lieferer-Nr.	748	**Straße**	Grabenstr. 8	**Tel.**	(0 89) 2 45 67 33
Lieferernamen	Meyer & Sohn	**PLZ**	80995	**Fax**	(0 89) 2 45 67 34
Sachbearbeiter	Herr Ebert	**Ort**	München		

Mat.-Nr.:	Artikel	Einzelpreis	Einheit	Rabattsatz	Skontosatz	Transportkosten
643 456	Kabel NYM 3 x 1,5	46,1	100 m	10 % / 1000	2 % / 10 Tag	ab Werk
643 457	Kabel NYM 4 x 1,5	52,2	100 m	10 % / 1000	2 %/ 10 Tage	ab Werk

Kabel

- ***Grevenbroich (0 21 81x)***
kabeltechnik-dietz-GmbH JosefThienen-43 .... (Ka) 12 96
- ***Kaarst (0 21 31x)***
Rump-Folien GmbH Industrie-11 .... 60 50 39
- ***Meerbusch (0 21 32)***
Doelle EmmericherWeg 17 . . .(Os) 52 82 66
TLM Terboven Transfer-Leitungs-Montagen GmbH Moerser-37b 1 00 14
- ***Neuss (0 21 31x)***
Ernst + Engbring Kabelvertriebs GmbH Im Taubental 9 .... 3 30 31
Höhn Kabel GmbH Normannen-6 . . 9 15-0

MPO
Elektrik GmbH
Büttger Str. 48
41460 Neuss 27 60 01
Telefax (0 21 31) 27 89 34
Siemens AG Forum-12 .... 3 19-0

Sind keine Informationen über mögliche Lieferer gespeichert, greift man auf **externe Informationsquellen** zurück.

Dazu gehören v. a.:

- Branchenadressbücher wie „Das Deutsche Firmen-Alphabet“, „ABC der Deutschen Wirtschaft“, „Wer liefert was?“, „Einkaufs-1x1 der Deutschen Industrie“, „Gelbe Seiten“ (Branchentelefonbuch),
- Datenbanksysteme der IHKs,
- Recherchensysteme (mit Suchmaschinen) im Internet.

Durch Anfragen bei den Lieferern erhält man genauere Kenntnisse über die lieferbaren Materialien und über die Leistungsfähigkeit der Lieferer. Die erzielten Daten werden in die Materialbeschaffungsdatenbank und in die Liefererdatenbank aufgenommen.

Anfrage

Per Anfrage bittet man um die Abgabe von Angeboten.

Die Anfrage sollte unbedingt enthalten:

- die möglichst genaue Warenbezeichnung (sofern nötig, Zeichnungen oder Muster beilegen!),
- die voraussichtliche Bezugsmenge (wichtig für Lieferfähigkeit, Lieferzeit, Rabatte, Höhe von Transport- und Verpackungskosten; ist die Menge noch nicht eindeutig bestimmbar, so sind Staffelpreise zu erfragen),
- die gewünschten Liefer- und Zahlungsbedingungen.

Beispiel

Anfrage (Vidosonal AG)

20..-02-12

Anfrage

Sehr geehrte Damen und Herren,

wir benötigen dringend 10 000 m Kabel NYM 3 x 1,5 zur Lieferung innerhalb der nächsten 3 Wochen.

Bitte übermitteln Sie uns innerhalb von 3 Tagen kostenfrei Ihr Angebot für Lieferung frei Haus und Zahlung binnen 30 Tagen netto Kasse oder binnen 10 Tagen mit Skonto.

Mit freundlichen Grüßen
Vidosonal AG

Anfragen sind völlig unverbindlich. Sie begründen keinerlei Verpflichtung!

Angebotsvergleich

Eingehende Angebote müssen verglichen werden, um das günstigste Angebot herauszufinden. Wichtige Entscheidungskriterien beim Angebotsvergleich sind:

- Warenqualität
- Liefermenge
- Lieferzeit
- Zahlungsziel
- Einstandspreis
- Garantie
- Zuverlässigkeit des Lieferers: z. B. pünktliche Lieferung, konstante Qualität, Reklamationsverhalten, Servicequalität
- Kooperationsbereitschaft
- Warenrücknahme, Entsorgung
- Umweltfreundlichkeit

Vom Kunden als unerlässlich betrachtete Kriterien müssen erfüllt werden. Andernfalls scheidet der Anbieter von vornherein aus. Alle anderen Kriterien sind Zusatzkriterien. Um sie vergleichbar zu machen, versieht man sie gern mit einer Gewichtungszahl. Der Lieferer erhält Noten, die man mit der Gewichtungszahl multipliziert. Den Zuschlag erhält der Lieferer mit der höchsten gewichteten Notensumme. Wenn alle anderen Kriterien in gleichem Maß erfüllt werden oder vernachlässigt werden können, ist für den Zuschlag der Einstandspreis maßgebend.

Beispiel

Angebotsvergleich

Aufgrund der auf Seite 95 abgebildeten Bedarfsmeldung hat der Einkauf von drei Anbietern Angebote über Kabel NYM 3 x 1,5 eingeholt: von der Gabert OHG, der Mielenz GmbH & Co. KG und der Franz Weiler GmbH. Das Angebot der Gabert OHG scheidet aus, weil die Lieferzeit 6 Wochen beträgt.

Angebot Mielenz:

wir danken Ihnen für Ihre Anfrage und bieten Ihnen auf der Grundlage unserer umseitigen Allgemeinen Geschäftsbedingungen an:
Kabel NYM 3 x 1,5 zum Preis von 45,50 EUR/100 m zuzüglich Umsatzsteuer.
Mengen bis 10 000 m sind sofort lieferbar.
Bei Abnahme von mindestens 1 000 m erhalten Sie 15 % Rabatt.
Der Preis versteht sich frei Haus einschließlich Verpackung.
Zahlung: 30 Tage netto Kasse oder 10 Tage mit 3 % Skonto. Für Ihre Bestellung sichern wir Ihnen prompte Lieferung zu.

Mit freundlichen Grüßen
MIELENZ
Brocker

Allgemeine Geschäftsbedingungen

...

7. Mängel, die bei ordnungsgemäßer Untersuchung feststellbar sind, müssen uns binnen 8 Tagen nach der Ablieferung schriftlich gemeldet werden. Widrigenfalls übernehmen wir keine Mängelhaftung. Soweit unsere Mängelhaftung gegeben ist, genügen wir dieser nach unserer Wahl durch Preisnachlass oder kostenlose Ersatzlieferung. Für versteckte Mängel gewähren wir 1 Jahr Garantie, ebenfalls in Form kostenloser Ersatzlieferung.
8. Die Ware bleibt bis zur vollständigen Bezahlung unser Eigentum.

...

Angebot Weiler:

wir bieten Ihnen an:

Bezeichnung:	Kabel NYM 3 x 1,5
Preis:	44,20 EUR je 100 m 10 % Rabatt für Längen ab 1 000 m
Lieferungsbedingungen:	Lieferung frei Haus 2 Wochen nach Bestellungseingang. Für die Verpackung berechnen wir 40,00 EUR.
Zahlungsbedingungen:	30 Tage netto oder 10 Tage unter Abzug von 2 % Skonto

Dieses Angebot erfolgt auf der Basis unserer umseitigen Allgemeinen Lieferungsbedingungen.

Mit freundlichen Grüßen
Franz Weiler GmbH

Die AGB von Mielenz und Weiler stimmen überein; allerdings gibt Weiler für versteckte Mängel 2 Jahre Garantie.

Der Angebotsvergleich wird auf einem Formular vorgenommen.

Angebotsvergleich				
Artikel: Kabel NYM 3 x 1,5	Menge: 10 000 m			
Lieferer Unterlage	Franz Weiler GmbH Angebot vom 16. Feb. 20..		Mielenz GmbH & Co. KG Angebot vom 16. Feb. 20..	
		EUR		EUR
Mindestabnahme	——		——	
Listenpreis	100 m 44,20	4420,00	100 m 45,50	4555,00
Rabatt	ab 1000 m 10 %	442,00	ab 1000 m 15 %	682,50
Zieleinkaufspreis		3978,00		3867,50
Skonto	10 Tg./2 %	79,56	10 Tg./3 %	116,03
Bareinkaufspreis		3898,44		3751,47
Verpackungskosten		40,00		——
Transportkosten				
Einstandspreis		3938,44		3751,47

Gewichtung			**Note**	**Wert**		**Note**	**Wert**
Einstandspreis	10	3938,44	9	90	3751,47	10	100
Qualität	10	gleich			gleich		
Liefermenge	5	keine Beschränkung	10	50	keine Beschränkung	10	50
Lieferzeit	5	2 Wochen	7	35	sofort	10	50
Zahlungsziel	2	30 Tage	8	16	30 Tage	8	16
Garantie	4	2 Jahre	10	40	1 Jahr	6	24
weitere qualitive Kriterien	3	unbekannt			unbekannt		
Summe				231			240

Der Einstandspreis bei Mielenz ist günstiger, aber auch die gewichtete Notensumme ist größer. Die Bestellung ergeht deshalb an Mielenz.

Arbeitsaufträge

1. Der Einkaufsdisponent erhält von der Arbeitsvorbereitung eine Bedarfsmeldung betreffend Experimentiertrafos, Leistung 24 Watt VA, Spannungen 4, 6, 10, 14, 16, 20 V, für Wechselstrom, maximal 6 Amp. Die Geräte sollen in vier Wochen verfügbar sein.

   Wie wird der Einkaufsdisponent vorgehen, um geeignete Lieferer zu finden?

2. Der Einkaufssachbearbeiter erhält eine Bedarfsmeldung über Rillenkugellager 16002 – DIN 625. Er findet in der Materialbeschaffungsdatei und in der Liefererdatei die folgenden Angaben:

Rillenkugellager 16002 – DIN 625

Lieferer	Unterlagen	Preis EUR	je	Rabatt	Frachtkosten	Verpackung	Zahlungsbedingungen	Lieferzeit	Bemerkungen
Krüger & Sohn, Mainz	Angebot 18. Okt. 20..	25,00	Stck.	100 Stck. 10 %	frei Haus	einschl.	30 Tg. netto, 10 Tg. 2 %	sofort	Garantie 2 Jahre
Rollkugel GmbH, Münster	Preisliste 01. Dez. 20..	24,00	Stck.	200 Stck. 15 %	ab Werk (98,00 EUR)	einschl.	60 Tg. netto, 8 Tg. 1 %	sofort	Garantie 3 Jahre
Fritz Peters OHG, Frankfurt	Angebot 13. Jan. 20..	23,70	Stck.	200 Stck. 10 %	ab Werk (96,00 EUR)	ausschl. (40,00 EUR)	30 Tg. netto, 10 Tg. 2 %	sofort, ab 400 Stck. 14 Tg.	Garantie 4 Jahre

Entwerfen Sie ein geeignetes Formular für einen Angebotsvergleich der drei Lieferer und führen Sie den Vergleich durch.
Gewichtungszahlen: Einstandspreis 10, Zahlungsziel 2, Lieferzeit 5, Garantiedauer 5.
Gehen Sie bei der Benotung nach eigenem Ermessen vor.

D

Zahlungsverkehr

1 Zahlungsarten

Rechnung

Art.-Nr.	Bezeichnung	Menge	Einzelpreis	Gesamtpreis
6134	Winkelschleifer	3	160,00	480,00
			16 % MwSt.	76,80
				556,80

- **Man kann Schulden mit Bargeld (Banknoten oder Münzen) bezahlen.** Banknoten sind gesetzliches Zahlungsmittel. Nur sie müssen in jeder Höhe angenommen werden.

- **Man kann auch bargeldlos (mit Buchgeld) bezahlen.** Buchgeld sind Guthaben auf Konten bei Kreditinstituten. Auf Grund von Zahlungsaufträgen (z. B. Überweisungen) werden geschuldete Beträge vom Konto des Schuldners abgebucht und dem Konto des Gläubigers gutgeschrieben.

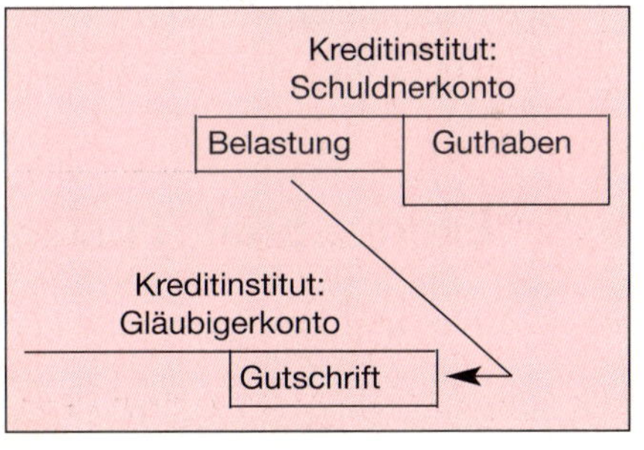

- **Bei halbbarer Zahlung** steht nur einer der beiden Parteien ein Konto zur Verfügung: Entweder zahlt der Schuldner Bargeld auf das Konto des Gläubigers ein oder dem Gläubiger wird Bargeld vom Konto des Schuldners ausgezahlt.

2 Bargeldzahlung

2.1 Risiko, Arbeitsaufwand, Quittung

Mit Bargeld zahlt man meist im Einzelhandel. Man übergibt das Geld persönlich an der Kasse. Es entstehen Risiken und hoher Arbeitsaufwand. Das Geld muss gezählt, geordnet, gebündelt werden; kann gefälscht sein; kann gestohlen/geraubt werden; muss verschlossen und sicher aufbewahrt werden; muss ausreichend und gestückelt vorhanden sein; muss ggf. zur Bank transportiert werden; bringt in der Kasse keine Zinsen.

Der Schuldner kann eine schriftliche Quittung (z. B. Quittungsvordruck, Kassenbon, quittierte Rechnung) verlangen (BGB § 368). Sie beweist die Zahlung, ist Buchungsbeleg und Nachweis für das Finanzamt. Der einfache Kassenbon genügt den Anforderungen des Finanzamts nur, wenn der Kaufgegenstand und die Mehrwertsteuer aufgeführt sind.

Beispiel

Merke:
Wer eine Quittung überbringt, gilt als berechtigt, die Zahlung entgegenzunehmen. (BGB § 370)

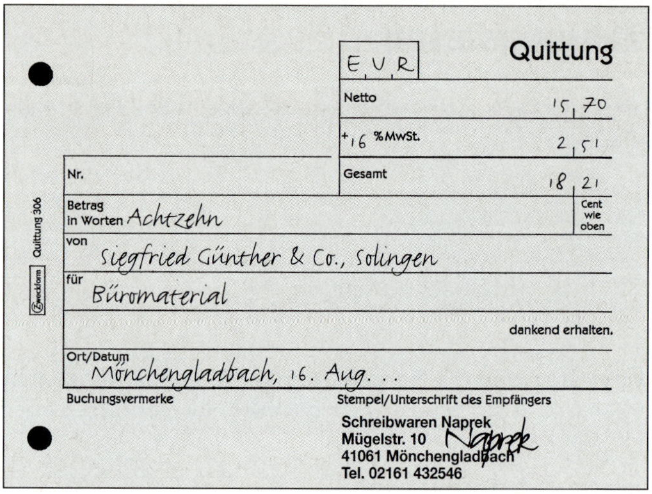

Quittung

EUR

Netto 15,70

+16 % MwSt. 2,51

Gesamt 18,21

Nr.

Betrag in Worten Achtzehn — Cent wie oben

von Siegfried Günther & Co., Solingen

für Büromaterial

dankend erhalten.

Ort/Datum Mönchengladbach, 16. Aug. ..

Buchungsvermerke

Stempel/Unterschrift des Empfängers

Schreibwaren Naprek
Mügelstr. 10
41061 Mönchengladbach
Tel. 02161 432546

Naprek

Quittung 306

2.2 Expressbrief, Postanweisung

Wenn Zahler und Zahlungsempfänger sich nicht am selben Ort befinden, muss der Zahler das Geld zuschicken. Dazu kann er einen **Expressbrief** benutzen. Der Brief wird in der Postfiliale gegen einen *Einlieferungsbeleg Express* aufgegeben und am nächsten Tag zugestellt. Zur Sicherung kann der Absender eine Transportversicherung bis zum Wert von wahlweise 2 556,46 EUR oder 25 564,59 EUR abschließen. Die Gebühren sind hoch (mindestens 6,39 EUR). Eigenhändige Zustellung (Auslieferung nur an den genannten Empfänger), Rückschein (Rücksendung einer Auslieferungsquittung), Zustellung gegen Unterschrift und Transportversicherung werden jeweils gesondert berechnet.

Beträge bis zu 1 533,88 EUR können auch bei der Postfiliale mit einer **Postanweisung** bar eingezahlt werden. Sie werden dem Empfänger durch den Postzusteller bar ausgezahlt. Auch hier fallen recht hohe Gebühren an.

Für eilige Bargeldsendungen ist die telegrafische Übermittlung der Postanweisung möglich. Hierfür sind besondere Vordrucke zu benutzen.

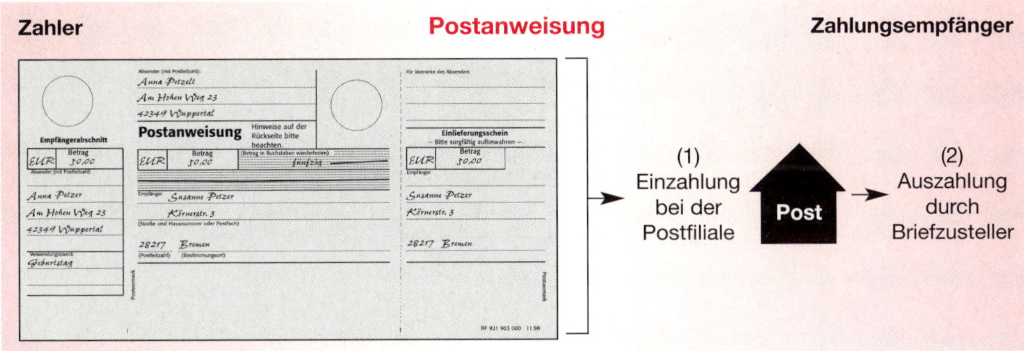

Expressbrief und Postanweisung sind umständlich und teuer. Sie kommen deshalb im geschäftlichen Zahlungsverkehr so gut wie nicht vor.

3 Girokonten und Girokreise

3.1 Girokonten

Girokonten[1] werden von Kreditinstituten für die Abwicklung des halbbaren und bargeldlosen Zahlungsverkehrs für natürliche und juristische Personen geführt. Auf diesen Konten werden Geldbeträge gebucht über die der Kontoinhaber jederzeit und ohne Einschränkung verfügen kann (Sichteinlagen).

Rechtlich ist ein Girokonto ein Kontokorrent (Konto in laufender Rechnung)[2], das in begrenztem Umfang und nach vorheriger Genehmigung überzogen, d. h. für kurzfristige Kredite benutzt werden kann. Der Kontovertrag verpflichtet den Kontoinhaber, für Deckung (Guthaben oder Kredit) auf dem Konto zu sorgen.

Über jede Veränderung auf dem Girokonto und den neuen Kontostand wird der Kontoinhaber durch einen Kontoauszug unterrichtet.

---

1 *ital.: giro = Kreis*
2 *ital.: conto corrente = laufende Rechnung*

Beispiel

Konto-Nr.	Wert		Text	Soll	Umsätze	Haben
987 654 321	06	04	UEB	273,50		

Kontoauszug

HERRN KLAUS KUNDE
BEETHOVENSTR. 27

90000 UEBERALL

Alter Saldo		
H	EUR	457,06

Neuer Saldo		
H	EUR	183,56

Buch.-Datum	Anlagen	Auszug	Blatt
15.04.	0	20	1

H = Guthaben
S = Schuld

Die Gutschrift von Einzugspapieren erfolgt unter Vorbehalt des Einganges. Unstimmigkeiten bitten wir umgehend zu melden.

3.2 Girokreise

Die kontoführenden Kreditinstitute haben sich zu Girokreisen (Gironetzen, Überweisungsnetzen) zusammengeschlossen. Wichtige Gironetze sind:

1. **Gironetz der Sparkassen (Spargironetz)**
   Jede Sparkasse unterhält ein Konto bei ihrer regionalen Zentrale, der Girozentrale. Die Girozentralen führen ihrerseits gegenseitig Konten.
2. **Gironetz der Genossenschaftsbanken (Deutscher Genossenschaftsring)**
   Die Genossenschaftsbanken unterhalten wie die Sparkassen regionale Zentralen.
3. **Gironetze der Großbanken**
   Die Banken (z. B. die Deutsche Bank, Dresdner Bank, Commerzbank, HypoVereinsbank) benutzen ihre jeweilige Zentrale als Abrechnungsstelle.
4. **Gironetz der Deutschen Postbank AG**
   Die Niederlassungen der Postbank führen gegenseitig Konten.
5. **Gironetz der Deutschen Bundesbank**
   Die Landeszentralbanken sind die Hauptverwaltungen der Deutschen Bundesbank in den Bundesländern. Sie führen gegenseitig Konten. Außerdem muss jedes Kreditinstitut ein Konto bei seiner Landeszentralbank (LZB) unterhalten.

Auf diese Weise entsteht für den innerdeutschen Zahlungsverkehr ein geschlossenes System, welches Zahlungen von jedem beliebigen Girokonto auf jedes andere Girokonto ermöglicht.

Für Zahlungen innerhalb der EU steht das EU-weite Zahlungssystem TARGET[1] zur Verfügung. Es verknüpft die 15 nationalen Zahlungssysteme der EU-Staaten und den Zahlungsverkehrsmechanismus der Europäischen Zentralbank.

---

[1] *Trans-European Automated Real-time Gross settlement Express Transfer system*

4 Halbbare Zahlung

Halbbare Zahlungen erfolgen durch Zahlschein und Barscheck. Der Postbankgiroverkehr kennt außerdem die Zahlungsanweisung und die Zahlungsanweisung zur Verrechnung.

4.1 Zahlschein

Mit dem Zahlschein können am Bank- oder Postschalter Bareinzahlungen auf das Konto eines Empfängers bei einem beliebigen Kreditinstitut getätigt werden.

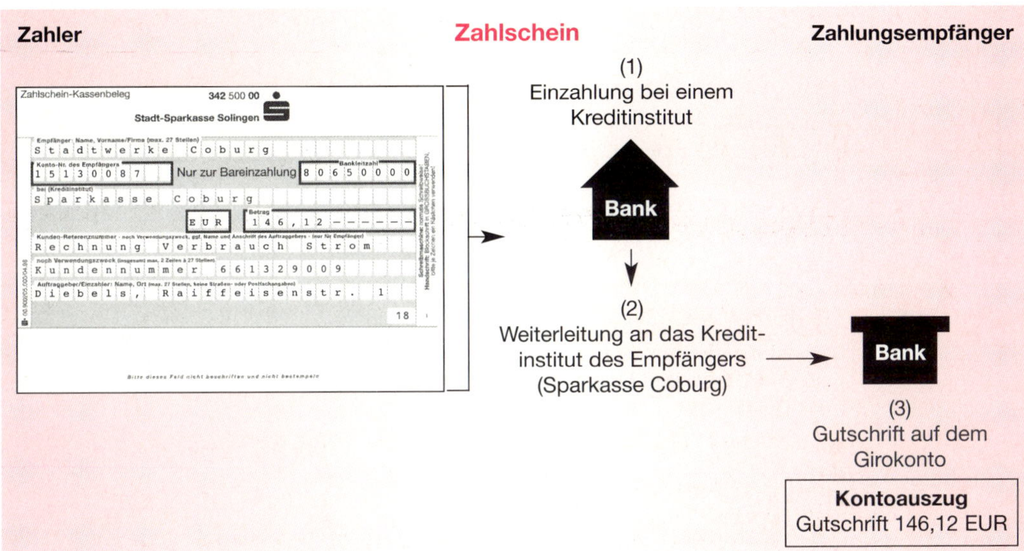

Das Geld wird über die Gironetze dem Kreditinstitut des Empfängers zugeleitet. Die beauftragten Kreditinstitute berechnen dem Einzahler unterschiedliche, aber immer verhältnismäßig hohe Preise.

Zahlscheine werden häufig von Außendienstmitarbeitern mit Inkassovollmacht benutzt. Diese können damit die kassierten Beträge sofort auf das Firmenkonto einzahlen.

Der Zahlschein ist auch beteiligt, wenn eine bestellte Ware durch Brief oder Paket per **Nachnahme** versandt wird. Der Warenversender beauftragt dann die Post, die Sendung dem Empfänger nur gegen Barzahlung des Nachnahmebetrags (Kaufpreis, Beförderungs- und Zahlungskosten) auszuliefern. Die Post zahlt den vereinnahmten Betrag mit einem beigefügten Zahlschein auf das Konto des Warenversenders ein.

Neben dem oben abgebildeten Zahlschein gibt es Formulare „Überweisung/Zahlschein“. Der Zahler kann hier zusätzlich seine Bank und Kontonummer eintragen. Tut er dies, so wird das Papier als Überweisung gehand-

habt. Viele Firmen fügen ihren Rechnungen an Privatkunden solche Formulare bei. Sie haben bereits den Namen des Kunden, ihre Bankverbindung, den Rechnungsbetrag und die Rechnungsnummer eingedruckt.

4.2 Barscheck

Mit Hilfe des Barschecks kann der Zahlungsempfänger Bargeld vom Konto des Zahlers abheben. Das Vorgehen wird auf Seite 113 f. beschrieben.

5 Bargeldlose Zahlung

5.1 Bankleitzahl

Bargeldlose Zahlungen erfolgen durch Überweisung, Lastschrift und Verrechnungsscheck.

Von besonderer Bedeutung ist dabei die **Bankleitzahl.**

Beispiel

Aufbau der Bankleitzahl

Kennzahl der zuständigen Landeszentralbank (Ortskennnummer) → 3 0 5

Kontonummer des Kreditinstituts bei der zuständigen Landeszentralbank (5 = Nummer der Bankengruppe) → 5 0 0

interne Nummerierung der Bank (z. B. für Filialen) → 0 0

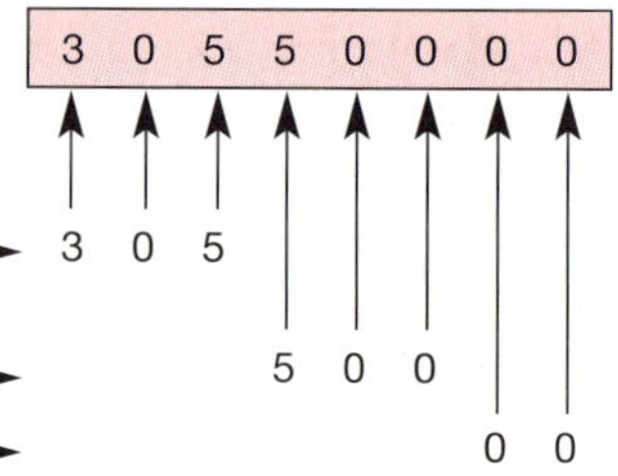

Die Bankleitzahl legt durch Ortskennnummer und Bankengruppe die „Adresse" des Kreditinstituts fest. Damit ist sie die Grundlage für die Bestimmung des Überweisungsweges.

5.2 Überweisung

Durch die Überweisung überträgt der Zahler bargeldlos (durch bloße Umbuchung) einen Geldbetrag von seinem Girokonto auf das Girokonto des Zahlungsempfängers.

Der Überweisungsauftrag an die Bank kann eine **Einzelüberweisung** beinhalten, wie sie in der Grafik auf der folgenden Seite dargestellt ist. Er kann auch eine **Sammelüberweisung** sein. In diesem Fall werden auf Grund eines Auftrags beliebig viele Überweisungen an unterschiedliche Empfänger ausgeführt. Für jeden Empfänger wird ein Überweisungsträger erstellt. Ein Sammelauftrag über die Gesamtsumme wird beigefügt. Nur er wird unterschrieben (Arbeitsersparnis!). Die Bank berechnet nur die Kosten für eine Überweisung (Kostenersparnis!).

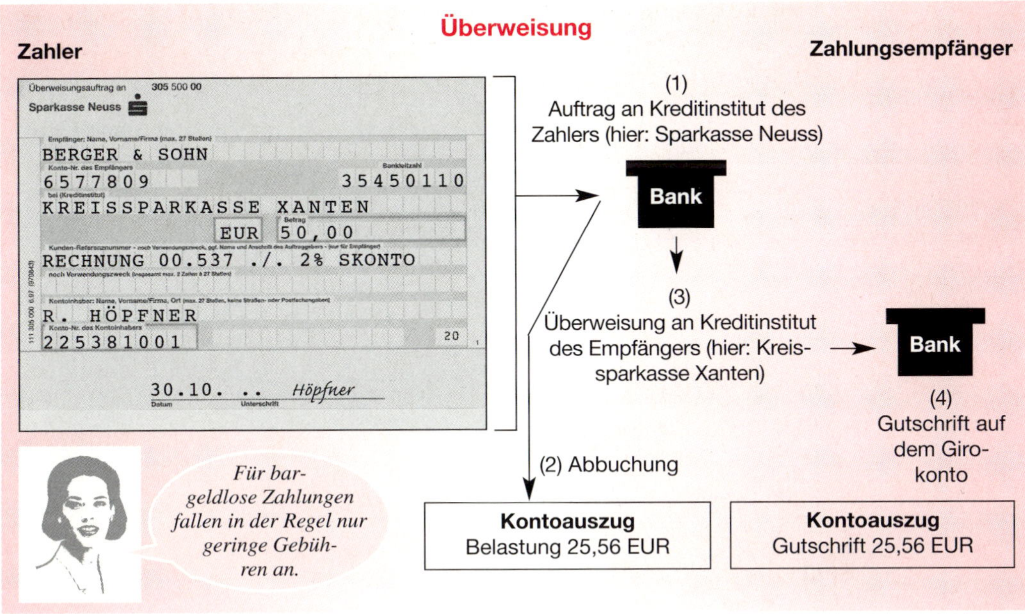

Eilüberweisung

Die Banken leiten die Überweisungen auf elektronischem Weg über ihre eigenen Gironetze und die LZB weiter. Bis zur Gutschrift auf dem Empfängerkonto können 2–3 Tage vergehen. Schneller geht es, wenn das beauftragte Institut die Gutschrift per Telefon oder Telefax direkt zur Empfängerbank schickt. Die Verrechnung erfolgt anschließend über die Zentralen und die LZBs.

Dauerüberweisung (Dauerauftrag)

Der Kunde weist mit einem Dauerauftrag sein Kreditinstitut an, **Zahlungen in gleich bleibender Höhe** und **regelmäßigen Zeitabständen** auszuführen. Daueraufträge sind, z. B. sinnvoll für Mietzahlungen, Versicherungsprämien, Beiträge oder Überträge auf Sparkonten. Das Kreditinstitut speichert den Auftrag und führt die Zahlung zu den gewünschten Terminen aus. Der Kunde hat dadurch eine wesentliche Arbeitserleichterung.

5.3 Lastschrifteinzugsverfahren

Beim Lastschrifteinzugsverfahren lässt der Zahlungsempfänger durch Vermittlung seines Kreditinstitutes den ihm zustehenden Betrag vom Konto des Schuldners abbuchen.

Dazu erhält der Zahlungsempfänger vom Zahlungspflichtigen eine widerrufliche Einzugsermächtigung. Diese Vollmacht wird vom Kreditinstitut nicht nachgeprüft, sie ist aber bei Unstimmigkeiten vorzulegen, damit der Zahlungsempfänger nachweisen kann, dass er das Lastschriftverfahren nicht missbraucht.

Der Gläubiger füllt das Lastschriftformular mit den Daten des Zahlungspflichtigen aus. Das mit dem Einzug beauftragte Kreditinstitut schreibt ihm den

Lastschriftbetrag gut und belastet über den Verrechnungsweg das Konto des Schuldners.

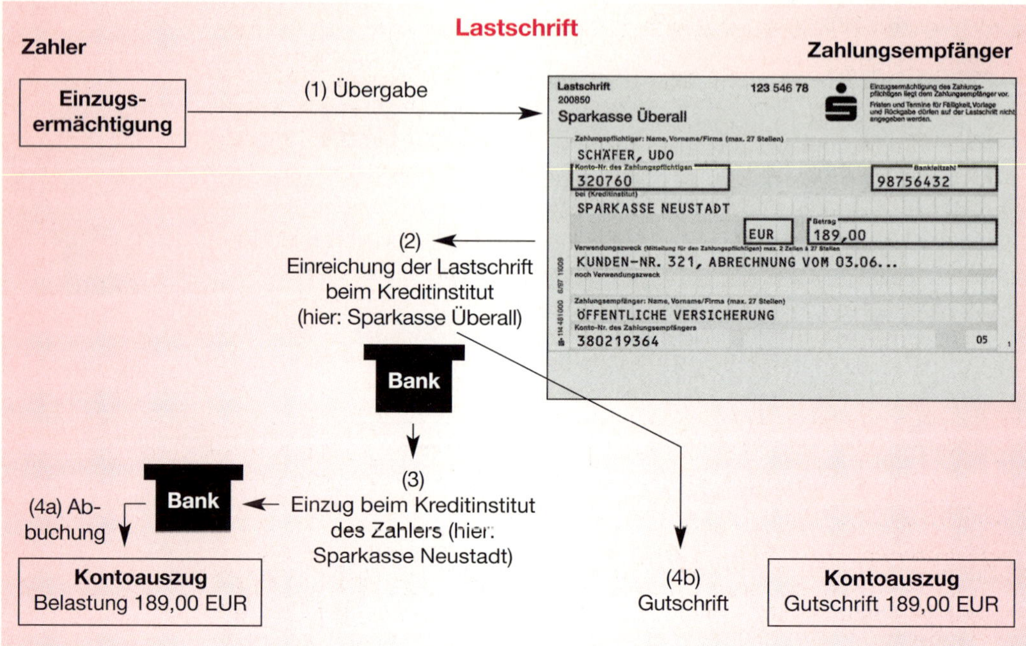

Das Kreditinstitut muss die Abbuchung selbst dann rückgängig machen, wenn der Betrag tatsächlich geschuldet wird.

Der Schuldner kann der Abbuchung binnen 6 Wochen widersprechen. Der Betrag wird ihm dann zinsneutral wieder gutgeschrieben und dem Zahlungsempfänger rückbelastet. Dieses Widerspruchsrecht soll einen Missbrauch des Verfahrens durch den Gläubiger verhindern. Bestand gar keine Einzugsermächtigung, so gilt die 6-Wochen-Frist nicht.

Die Lastschrift wird im Gegensatz zur Dauerüberweisung benutzt, wenn die Beträge sich ändern und die Zahlungstermine unterschiedlich sind. Das Lastschriftverfahren wird aber häufig auch bei gleich bleibenden Zahlungen angewendet, weil es die Kontrolle des Zahlungseinganges beim Zahlungsempfänger wesentlich vereinfacht. Nicht bezahlte Lastschriften können sofort beim Schuldner reklamiert werden.

Eine Variante des Lastschriftverfahrens ist der **Dauerabbuchungsauftrag.** Dabei wird nicht der Gläubiger zum Einzug ermächtigt, sondern der Schuldner beauftragt sein Kreditinstitut, die von namentlich genannten Gläubigern eingehenden Lastschriften einzulösen. Vor der Einlösung prüft das Kreditinstitut den Kontostand und das Vorliegen eines Dauerabbuchungsauftrags. Einer Abbuchung kann hier nicht widersprochen werden.

5.4 Belegloser Zahlungsverkehr

Die Kunden der Kreditinstitute können Aufträge beleglos – ohne Formular – erteilen. An die Stelle des Fomulars tritt ein Datensatz, den der Auftraggeber dem Kreditinstitut übermittelt. Das Kreditinstitut leitet den Datensatz auf elektronischem Weg an das Empfängerinstitut weiter.

5.4.1 Datenträgeraustausch (DTA)

Besitzer eines Computers können Einzel- oder Sammelaufträge (Überweisungen und Lastschriften) auf **Magnetbändern, Magnetbandkassetten** oder **Disketten** einliefern. Zusätzlich zu dem Datenträger muss ein Begleitzettel erstellt werden. Er wird unterschrieben und stellt zusammen mit dem Datenträger den rechtsverbindlichen Auftrag an das Geldinstitut dar.

Umgekehrt können die Kunden ihre Zahlungseingänge zur automatischen Verarbeitung auf magnetischen Datenträgern anfordern. Die Kreditinstitute stellen ihnen hierzu eigene Datenerfassungsprogramme zur Verfügung.

5.4.2 Datenfernübertragung (DFÜ)

Bei Datenfernübertragung erfolgt die Einlieferung der Zahlungsverkehrsaufträge **online,** d. h. ohne Datenträger, unmittelbar zwischen den Computern von Kunden und Kreditinstituten über öffentliche Kommunikationsnetze (Fernsprechnetz, ISDN, T-DSL) der Deutschen Telekom AG.

ISDN (Integrated Services Digital Network) ist ein digitales Kommunikationsnetz, über das mehrere Dienste gleichzeitig abgewickelt werden können (z. B. Telefax, Datenübertragung und Telefonieren). Dieses Netz weist eine relativ hohe Übertragungsgeschwindigkeit von 64 000 bits pro Sekunde auf.

ADSL (Asymmetric Digital Subscriber Line) wird von der Telekom als **T**(elekom)DSL vermarktet. Die Daten werden über das normale Kupferkabel der Telefonleitung übertragen, 12-mal schneller als bei ISDN. Voraussetzung ist ein spezielles Kabelmodem.

5.4.3 Homebanking, Telebanking

Beim Homebanking[1] wickelt der Bankkunde seinen Zahlungsverkehr von seinem Computer aus ab. Voraussetzung ist ein von der Bank hierfür freigegebenes Konto.

Der Kunde wählt über Online-Dienste (T-Online der Deutschen Telekom oder das Internet) die Adresse seiner Bank an.

Damit nur der Kontoinhaber seinen Kontostand abrufen kann, erhält er eine geheime **persönliche Identifikationsnummer (PIN).** Diese gibt er zusammen mit der Kontonummer ein.

Für Überweisungen benötigt der Kunde zusätzlich geheime **Transaktionsnummern (TAN).** Sie stellen seine „elektronische Unterschrift“ dar. Der Kunde erhält meist 100 Nummern in verschlossenem Umschlag. Für jede Überweisung („Transaktion“) muss er eine Nummer eingeben. Der Computer des Kreditinstituts prüft die Eingabe. Nach drei Fehleingaben sperrt er normalerweise den Zugang zum Konto. Dann muss der Kunde persönlich vorsprechen

---

[1] *engl.: home = (zu) Haus; engl.: banking = Bankgeschäfte abwickeln*

und die Freigabe beantragen. Die Kreditinstitute begrenzen aus Gründen der Sicherheit die Höhe der Überweisungsbeträge.

5.4.4 Telefonbanking (Direkt-Banking)

Bei Direkt-Banking erteilt der Kunde der Bank seine Aufträge telefonisch. Teilweise unterhalten diese Banken überhaupt keine Geschäftsstellen. Für seinen Auftrag nennt der Kunde seine Kontonummer und identifiziert sich durch die Angabe eines individuell vereinbarten geheimen Kennwortes.

5.4.5 SB-Terminal

Viele Banken haben in ihren Geschäftsstellen Selbstbedienungs-Terminals. Dort kann der Kunde über eine Tastatur seine Auftragsdaten manuell eingeben. Er identifiziert sich durch Eingabe seiner PIN.

5.5 Verrechnungsscheck

Mit Hilfe des Verrechnungsschecks kann der Zahlungsempfänger Geld vom Konto des Zahlers seinem eigenen Konto gutschreiben lassen. Das Vorgehen wird auf Seite 114 beschrieben.

5.6 Kreditkarte

Kreditkarten werden von Kreditkartenorganisationen Firmen und anderen kreditwürdigen Personen mit einem bestimmten Mindestjahreseinkommen gegen Entrichtung einer Jahresgebühr angeboten. Mit der Karte kann der Inhaber weltweit bargeldlos Rechnungen bei Vertragsunternehmen der Kreditkartenorganisation begleichen. Insbesondere Geschäftsreisende zahlen häufig mit Kreditkarte.

Eurocard, Visa, American Express und Diners Club sind in der Bundesrepublik Deutschland und in Europa die bekanntesten Kreditkarten.

Beispiele

Die Zahlung mit Kreditkarte vollzieht sich wie folgt:

- Der Karteninhaber legt dem Vertragsunternehmen die Kreditkarte vor und unterschreibt einen Leistungsbeleg.
- Der Vertragsunternehmer reicht der Kreditkartenorganisation den Beleg ein und erhält eine Gutschrift auf seinem Konto. Eine Provision wird ihm einbehalten.
- Die Kreditkartenorganisation schickt dem Karteninhaber monatlich eine detaillierte Sammelrechnung über die fälligen Zahlungen und bucht den Gesamtbetrag im Wege des Lastschrifteinzugsverfahrens von seinem Konto ab.

Die Kreditkarten bieten darüber hinaus **Zusatzleistungen,** zum Beispiel:

- Erlass der sonst üblichen Kaution für Mietwagen,
- automatischen Einschluss einer Reiseunfallversicherung.

Außerdem kann man sich bei den meisten Kreditinstituten gegen Vorlage der Kreditkarte **Bargeld auszahlen** lassen oder Bargeld am Geldautomaten abheben. Am Automaten identifiziert sich der Karteninhaber durch Eingabe einer ihm allein bekannten Geheimnummer.

Den Kreditkarten verwandt sind **Kundenkarten,** die Einzelhandelsunternehmen (z. B. Hertie, Quelle, Ikea), Großhandelsunternehmen (z. B. Metro) und andere Unternehmen (z. B. Lufthansa, interRent) ausgeben. Sie ermöglichen ihrem Inhaber bargeldlose Einkäufe, über die er später eine Abrechnung erhält. Die Karten sollen den Kunden an das Unternehmen binden.

5.7 E-Payment (Electronic Payment)

Der Ein- und Verkauf über das Internet (Electronic Commerce; E-Commerce) gewinnt zunehmend an Bedeutung. Der Anbieter richtet einen **Online-Shop** ein, einen Katalog im Internet. Dort werden die Artikel präsentiert, begutachtet, per Mausklick ausgewählt, in einen virtuellen (computersimulierten) Warenkorb gelegt und online bestellt. Für die Zahlung werden meist mehrere Möglichkeiten angeboten, vor allem Zahlung auf Rechnung, per Nachnahme und per Kreditkarte oder Kundenkarte.

E-Payment liegt bei der Kreditkartenzahlung vor, denn diese erfolgt – wie der Kauf – über das Internet. Die Banken haben dafür Zahlungssysteme geschaffen (z. B. Commerzbank und Dresdner Bank: POSH-System; Sparkassen: SET-System). Für die Nutzung eines Systems schließt der Internet-Verkäufer einen Nutzungsvertrag mit einer Bank ab.

Abwicklung der Zahlung

Der Online-Käufer gibt beim Online-Shop als Zahlungsmittel seine Kreditkarte oder seine Kundenkarte an. Er gibt die Kartendaten und die verlangten Geheimkennungen (z. B. PIN, Passwort) in das Bestellformular ein.

↓

Die Daten werden verschlüsselt online an das System übertragen. Das System prüft die Zahlungsfähigkeit des Kunden (Bankkonto). Ist sie ausreichend, erhält der Verkäufer sofort eine Zahlungsgarantie.

↓

Der Zahlungsbetrag wird eingezogen, wie dies bei Kredit-/Kundenkarte üblich ist.

Der Verkäufer ist für jede im Online-Shop akzeptierte Kreditkartenart Vertragspartner der entsprechenden Kreditkartenorganisation.

5.8 M-Payment (Mobile Payment)

Auch das Handy kann für Zahlungen benutzt werden. Dazu schließt der Handy-Benutzer einen Vertrag mit einem Anbieter für Zahlungstransaktionen (z. B. Paybox AG). Er erhält eine Geheimnummer (PIN).

Abwicklung der Zahlung

Der Handybesitzer als Käufer teilt dem Verkäufer seine Handy-Nummer mit. Der Verkäufer übermittelt an den Transaktionsanbieter: die Handy-Nr., den Zahlungsbetrag, die eigenen Kontodaten.

↓

Der Transaktionsanbieter ruft den Käufer auf dem Handy an und nennt die Kenndaten der Zahlung. Der Käufer bestätigt mit seiner PIN.

↓

Der Zahlungsbetrag wird durch Lastschrift eingezogen.

Der Transaktionsanbieter prüft bei Vertragsabschluss die Zahlungsfähigkeit des Handy-Benutzers, gibt dem Verkäufer aber keine Zahlungsgarantie.

Arbeitsaufträge

1. Zahlungen können bar, halbbar oder bargeldlos erfolgen.
   a) Warum zahlen die meisten Leute in Einzelhandelsgeschäften mit Bargeld?
   b) Einige wenige Einzelhandelsgeschäfte nehmen grundsätzlich nur Bargeld. (Dazu zählt einer der größten deutschen Lebensmittel-Discounter.) Welche Gründe könnten hierfür maßgebend sein?
   c) Welche Zahlungsformen werden im Einzelhandel außerdem häufig angewendet?

2. Bei der Bargeldzahlung werden – anders als bei der halbbaren oder der bargeldlosen Zahlung – oft Quittungen ausgestellt.
Wie lässt sich dieses unterschiedliche Vorgehen erklären?

3. Die Gebühren der Kreditinstitute sind für die einzelnen Zahlungsformen ganz unterschiedlich hoch. Erkundigen Sie sich nach den Gebühren für
   a) Express-Briefe
   b) Postanweisungen
   c) Zahlscheine
   d) Überweisungen
und begründen Sie die unterschiedlichen Gebühren.

4. Die folgenden Zahlungen sollen getätigt werden. Der Zahler besitzt ein Girokonto bei der örtlichen Sparkasse und ein Postbankgirokonto.
   (1) Monatliche Zahlung der Wohnungsmiete (stets 400,00 EUR)
   (2) Zahlung der monatlichen Telefonrechnung (unterschiedliche Beträge)
   (3) Zahlung von 1 000,00 EUR auf ein Konto bei einem anderen Kreditinstitut
   (4) Zahlung von 50,00 EUR auf ein Konto bei demselben Kreditinstitut
   (5) Begleichung einer Liefererrechnung (Wareneinkäufe für 4 000,00 EUR)
   (6) Bezahlung eines Mantels im Bekleidungsgeschäft (300,00 EUR)
   (7) Bezahlung einer Tube Zahnpasta im Drogeriemarkt (1,00 EUR)
   (8) Einzahlung von 4 000,00 EUR Tageseinnahmen von unterwegs auf das Bankkonto durch einen Reisenden mit Inkassovollmacht
   (9) Bezahlung einer Liefererrechnung (900,00 EUR) an einen Reisenden mit Inkassovollmacht
   (10) Übersendung von 1 000,00 EUR an einen Verwandten im Urlaub
   (11) Abhebung vom eigenen Konto (500,00 EUR)
   (12) Rückvergütung von Versicherungsprämien an 120 Kunden, deren Kontoverbindungen nicht bekannt sind.

(13) Zusendung von 30 000,00 EUR an einen Gläubiger. Dabei soll kein vom Finanzamt nachprüfbarer Beleg entstehen.

(14) Inkasso des Rechnungsbetrages für eine Postsendung bei Übergabe der Sendung an den Empfänger

a) Nennen Sie vorteilhafte Zahlungsformen, ggf. mit Alternativen.

b) Welche der von Ihnen genannten Zahlungsformen existieren nur im Bankverkehr, welche nur im Postbankgiroverkehr?

c) Beschaffen Sie sich die Formulare für die von Ihnen genannten Zahlungsformen und füllen Sie sie aus.

5. Betrachten Sie den abgebildeten Beleg.

KONTOAUSZUG

Konto 204371 — SPARKASSE NEUSS – BLZ 305 500 00 – — Auszug 20 Blatt 3

BITTE RÜCKSEITE BEACHTEN!

Buch.-Tag	Wert	PN	Erläuterung/Verwendungszweck	Umsätze
1105	1305	4833	SCHECKEINZUG 002	31.660,00
1205	1205	6904	GEBR. MÜLLER, RE.NR. 5612/97	891,40 S
1205	1205	0939	GRUBER IMMOBILIEN VERWALTUNG GESCHÄFTSMIETE MAI 00	4.800,00 S
1205	1205	0945	BUCHUNGSSTELLE TELEKOM DSSD 218200522938 04.00 TELEKOM	834,14 S
1205	1205	4612	KERBER GMBH, RECHN. 3111/00	78.600,00
1305	1305	0940	FA GREVENBROICH, STEUERNR. 114/0160/0110 UMSATZST. APR.97 10.05.00 28.510,00 LOHNST. APR.97 10.05.00 22.645,13	51.155,13 S

BS	Letzter Auszug	Auszugdatum	Alter Kontostand	Neuer Kontostand
269	10.05. . .	13.05. . .	EUR 8.417,18	EUR 16.798,54

GUENTHER NORDEN

Endl. 5024

a) Welchem Zweck dient der Beleg?

b) Erläutern Sie die einzelnen Zahlungsvorgänge.

c) Welchen Buchungen könnte eine für den Kontoinhaber besonders bequeme Abwicklung des Zahlungsverkehrs zugrunde liegen? Erläutern Sie die Zusammenhänge. In welchen Fällen kann der Kontoinhaber vorgenommenen Buchungen widersprechen, und warum wird ihm diese Möglichkeit eingeräumt?

d) Bei mehreren Buchungen lassen die Eintragungen auf eine beleglose Abwicklung des Zahlungsverkehrs schließen. Um welche Buchungen handelt es sich, und wie könnten die Zahlungen getätigt worden sein?

6. Bestimmte Zahlungsformulare können unterschiedlich verwendet werden.
Nennen Sie diese Formulare und die verschiedenen Verwendungsarten.

7. „Plastikgeld" – z. B. die Kreditkarte – wird immer beliebter.

a) Kann jeder Inhaber eines Kontos eine Kreditkarte erwerben?

b) Für welche Zahlungen eignet sich die Kreditkarte?

c) Wie wird eine Zahlung per Kreditkarte abgewickelt?

d) Erkundigen Sie sich bei einer Bank, welche Leistungen eine Kreditkarte insgesamt umfassen kann.

e) Der Baustoffgroßhandel Küppers GmbH akzeptiert Kreditkarten. Trotzdem würde es keinem seiner gewerblichen Kunden einfallen mit der Karte zu bezahlen. Erklären Sie den Grund.

f) Im Einzelhandel „drohen" Kunden bisweilen dem Verkäufer mit Kreditkarte zu bezahlen, wenn sie keinen Preisnachlass erhalten. Erläutern Sie den Hintergrund.

6 Halbbare und bargeldlose Zahlung durch Scheck

Brief der Werkzeuggroßhandlung Franz Wagner:

Werkzeugfabrik
Hubert Schnell KG
Postfach 37 48

50935 Köln

Köln, 20..-05-14

Rechnungausgleich

Zum Ausgleich Ihrer Rechnung Nr. 3122 vom 20..-05-09 überreiche ich Ihnen einen Verrechnungsscheck über 2000,00 EUR.

Mit freundlichen Grüßen

Franz Wagner

Anlage
1 Verrechnungsscheck

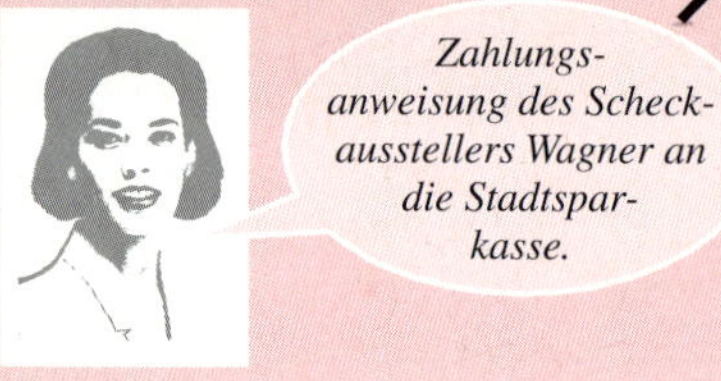

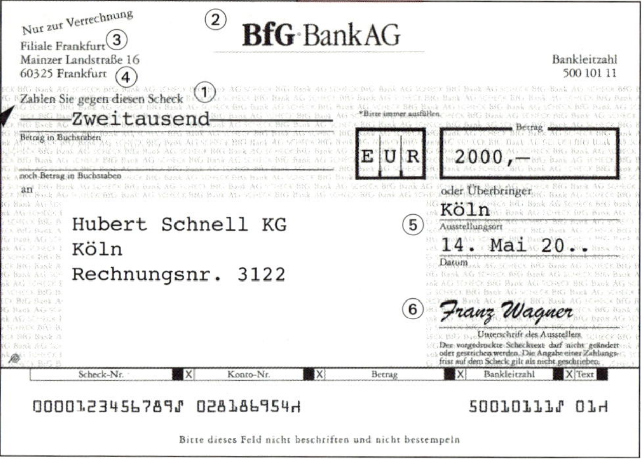
Nur zur Verrechnung ②
BfG·Bank AG
Filiale Frankfurt ③
Mainzer Landstraße 16
60325 Frankfurt ④
Bankleitzahl 500 101 11
Zahlen Sie gegen diesen Scheck ①
Zweitausend
Betrag in Buchstaben
*Bitte immer ausfüllen.
Betrag
EUR 2000,–
noch Betrag in Buchstaben
an
oder Überbringer
Hubert Schnell KG
Köln
Rechnungsnr. 3122
⑤ Köln
Ausstellungsort
14. Mai 20..
Datum
⑥ Franz Wagner
Unterschrift des Ausstellers
Der vorgedruckte Schecktext darf nicht geändert oder gestrichen werden. Die Angabe einer Zahlungsfrist auf dem Scheck gilt als nicht geschrieben.
Scheck-Nr. | X | Konto-Nr. | X | Betrag | X | Bankleitzahl | X | Text
00001234567891 0281869541 50010111 01
Bitte dieses Feld nicht beschriften und nicht bestempeln

6.1 Scheckverkehr; Bar- und Verrechnungsscheck

Der Scheck ist eine Anweisung des Kontoinhabers an sein Kreditinstitut, „bei Sicht" (d. h. bei Vorlage) eine bestimmte Geldsumme zu zahlen.

Mit dem Scheck verfügt der Kontoinhaber (Scheckaussteller) über sein Kontoguthaben. Dabei wendet er sich nicht selbst an das Kreditinstitut, sondern er gibt den Scheck **zahlungshalber** an seinen Gläubiger (Schecknehmer). Dieser bekommt den Scheckbetrag ausbezahlt, sobald er ihn dem angegebenen (= bezogenen) Kreditinstitut vorlegt. Der Betrag wird dem Konto des Ausstellers belastet.

Voraussetzung für die Zahlung mit Schecks ist, dass bei einem Kreditinstitut (Bank, Sparkasse, Postbank) ein Girokonto eingerichtet wurde, dass hierauf ein Guthaben besteht bzw. ein Kredit eingeräumt wurde (dann ist der Scheck „gedeckt") und dass der Aussteller die Scheckformulare des Kreditinstituts benutzt.

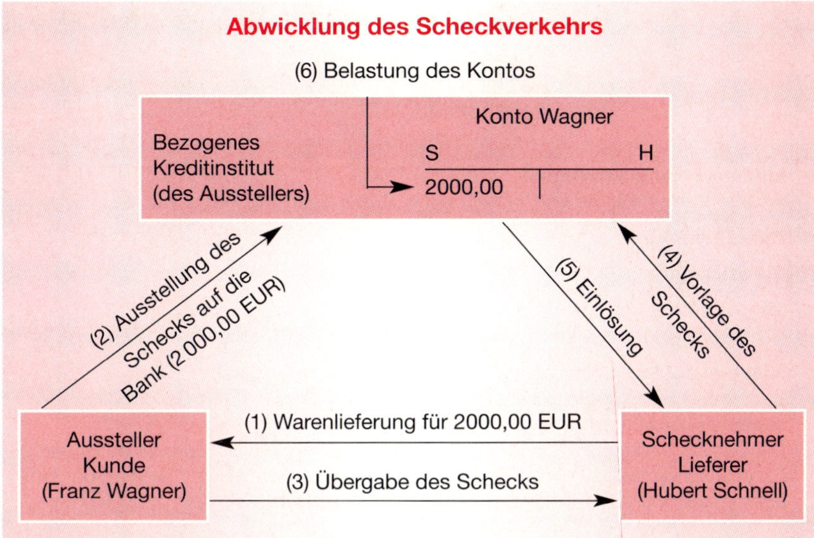

Grundsätzlich ist der in Deutschland gebräuchliche Scheck ein **Barscheck:** Er wird dem Einreicher bar an der Kasse des Kreditinstituts ausgezahlt. Somit dient er dem halbbaren Zahlungsverkehr. Er kann auch für Barabhebungen vom eigenen Konto benutzt werden (Text: „Zahlen Sie ... an mich selbst ...“).

Barschecks werden aufgrund des Vermerks „Zahlen Sie ... an ... oder Überbringer“[1] an jeden Überbringer – auch an einen unredlichen Finder – bar ausgezahlt. Der Aussteller kann die Barauszahlung durch den Vermerk **„Nur zur Verrechnung“** auf dem Scheck verhindern. Ein solcher **Verrechnungsscheck** wird stets dem Konto des Einreichers gutgeschrieben. Auf diese Weise bleibt der Einreicher nicht anonym. Beim Verrechnungsscheck fließt kein Bargeld. Er gehört deshalb zum bargeldlosen Zahlungsverkehr.

Der Scheckinhaber muss sich übrigens weder beim Barscheck noch beim Verrechnungsscheck zum Kreditinstitut des Ausstellers begeben, um den Scheck einlösen zu lassen. Er kann ihn vielmehr seinem eigenen Kreditinstitut übergeben. Dieses zieht den Scheck für ihn ein und schreibt den Wert seinem Girokonto gut.

6.2 Gesetzliche Bestandteile des Schecks

Das Scheckgesetz vom 14. August 1933 schreibt zwingend vor, welche Bestandteile ein gültiger Scheck enthalten muss[1]:

① **Wort „Scheck“ im Text** in der Sprache, in der der Scheck ausgestellt ist.
② **Bezogenes Kreditinstitut** (das Kreditinstitut, das den Scheckbetrag auszahlen soll).
③ **Zahlungsort** (der Sitz des Kreditinstitutes).
④ **Unbedingte Anweisung,** eine bestimmte Geldsumme zu zahlen. Die Anweisung muss also ohne jede zusätzliche Bedingung erfolgen.
⑤ **Ort und Tag der Ausstellung des Schecks**
⑥ **Unterschrift des Ausstellers** (Aussteller eines Schecks kann nur der Kontoinhaber sein oder jemand, den er dazu bevollmächtigt hat und dessen Unterschriftsprobe bei dem Kreditinstitut hinterlegt ist.)

---

[1] Vgl. den Scheck auf S. 113.

6.3 „Kaufmännische" Bestandteile des Schecks

Die Scheckvordrucke enthalten außerdem weitere Bestandteile, die nicht vorgeschrieben sind.

- **Laufende Schecknummer**
  Sie dient der Kontrolle und Sicherheit, z. B. bei Sperrung von abhanden gekommenen Schecks.
- **Kontonummer**
- **Bankleitzahl**
- **Schecksumme in Ziffern**
  Die Wiederholung in Ziffern ermöglicht eine schnelle Erfassung der Summe.
- **Name des Zahlungsempfängers und Überbringerklausel**
  Das Kreditinstitut kann vom Scheckinhaber vor der Auszahlung des Betrages verlangen, dass er sich ausweist. Es ist dazu aber nicht verpflichtet.
  Die Scheckvordrucke enthalten gewöhnlich den Vermerk „... oder Überbringer" (Überbringerklausel). Diese Klausel besagt, dass das Kreditinstitut an jeden Vorleger auszahlen darf. Sie darf nicht gestrichen werden.

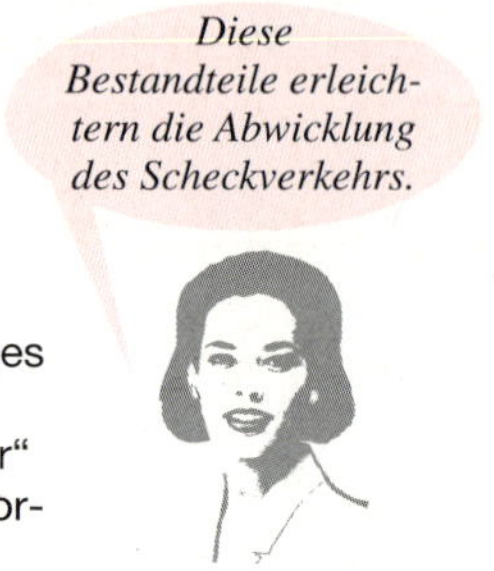

6.4 Order- und Inhaberscheck

6.4.1 Der Scheck: ein Wertpapier

Als Wertpapier wird eine Urkunde über Rechte bezeichnet, deren Ausübung an den Besitz der Urkunde gebunden ist.[1] Der aus einem Wertpapier Verpflichtete muss Leistungen nur gegen Vorlage und Übergabe des Papiers erbringen.

Beispiel

Scheck
Der Scheck verbrieft das Recht auf Auszahlung der Schecksumme. Dazu muss der Scheckinhaber aber unbedingt im Besitz des Schecks sein, ihn der Bank vorlegen und übergeben. Ohne Übergabe keine Zahlung! Der Scheck ist ein Wertpapier.

Die Rechte an und aus Wertpapieren können übertragen werden. So kann der Schecknehmer sein Recht am Scheck und auf Zahlung auf einen Dritten übertragen. Je nachdem, ob es sich um einen Orderscheck oder einen Inhaberscheck handelt, muss er dabei unterschiedlich vorgehen.

---

[1] *Urkunden sind grundsätzlich schriftliche Gedankenäußerungen. Das Strafrecht definiert schärfer: Urkunde ist „jeder Gegenstand, der eine Gedankenerklärung enthält, die geeignet und bestimmt ist, im Rechtsverkehr Beweis zu erbringen, und die einen Aussteller erkennen lässt" (Creifelds, Rechtswörterbuch, München 2000). Beispiele: Brief, Ausweis, Fahrkarte.*

6.4.2 Orderscheck (Namensscheck)

Der Scheck ist nach dem Scheckrecht grundsätzlich ein Orderscheck. Sein Text lautet: „Zahlen Sie ... an XY“ ohne den Zusatz „oder Überbringer“. In Deutschland ist außerdem auf einem roten Randstreifen das Wort „Orderscheck“ eingedruckt.

Der Orderscheck gehört zur Wertpapiergruppe der **Orderpapiere.** Für diese gilt: Das Recht am Papier (Eigentumsrecht) und aus dem Papier (beim Scheck: Zahlungsanspruch) ist einer im Papier genannten Person, nämlich dem Schecknehmer, zugesagt. Dieser kann es durch ein **Indossament**[1] (Übertragungsvermerk auf der Rückseite) auf einen Dritten übertragen. Der Dritte kann das Gleiche tun usw. Der Aussteller haftet so beim Scheck jedem neuen Scheckeigentümer für die Zahlung. Diese kann er nur bei direkten und fälligen Gegenansprüchen verweigern. Man nennt deshalb den Orderscheck eine **„abstrakte“**[1] **Zahlungsanweisung.** Sie ist losgelöst von dem ursprünglichen Warenkauf (oder einem anderen Basisgeschäft).

Beispiel

Indossament

Orderklausel; hebt das fortgesetzte Übertragungsrecht hervor.

Orderklausel kann entfallen.
Indossatar; kann entfallen.
Ort, Datum; kann entfallen.
Die Unterschrift des Indossanten stellt bereits ein gültiges Indossament dar (Blankoindossament)

Für uns an die Order der
Braun GmbH, Köln

Köln, 20..-05-15

Hubert Schnell KG
ppa. *Bertram*

Wirkungen eines Indossaments:

1. **Übertragung des Eigentums** am Scheck;
2. Inhaber kann sich als Eigentümer **ausweisen;**
3. Wer indossiert, **haftet** den Nachleuten für die Scheckeinlösung.

Auch die Weitergabe des Orderschecks an ein Kreditinstitut zum Einzug erfordert ein Indossament. Dieses spezielle Inkassoindossament kann den Zusatz „zum Einzug“ erhalten. Es überträgt dann nur den Scheckbesitz, nicht das Eigentum am Scheck.

In der Praxis ist es nicht üblich, Schecks zahlungshalber an Dritte weiterzugeben. Jedoch müssen die Kreditinstitute bei Orderschecks prüfen, ob die Kette der Indossamente lückenlos und der Einreicher als Scheckeigentümer legitimiert ist.

Orderschecks kommen in Deutschland im Scheckverkehr mit dem Ausland vor (vor allem als im Ausland ausgestellte Schecks). Bisweilen verlangen Unternehmen von ihrer Bank für bestimmte Zwecke Orderscheckformulare (z. B. Versicherungen für ihre Schadenersatzzahlungen).

---

1 *ital.: in dosso = auf dem Rücken*
2 *lat.: abstractus = weggezogen, losgelöst*

6.4.3 Inhaberscheck

Die in Deutschland gebräuchlichen Schecks gehören zur Wertpapiergruppe der Inhaberpapiere. Das Recht am und aus dem Papier ist dabei jedem (berechtigten) Inhaber zugesagt, der es – ohne Indossament – durch einfache Einigung und Übergabe auf Dritte übertragen kann. Der Scheck wird durch die eingedruckte Überbringerklausel zum Inhaberscheck. Sie berechtigt das bezogene Kreditinstitut zur Auszahlung des Scheckbetrages an jeden Einreicher ohne Legitimationsprüfung. Die Bank **darf** aber die Legitimation prüfen. Bei erkennbar unberechtigter Vorlage und gefälschter Unterschrift darf sie nicht auszahlen.

Auch der Inhaberscheck ist eine abstrakte Zahlungsanweisung.

6.5 Vorlegungsfristen

Vorlegungsfristen für Schecks (Scheckgesetz Art. 29)
Inlandsschecks
8 Tage. Inlandsschecks sind in der Bundesrepublik Deutschland ausgestellt.
Auslandsschecks
20 Tage, wenn Ausstellungsort und Zahlungsort sich in Europa befinden; Mittelmeeranrainerländer gelten dabei als europäische Länder.
70 Tage, wenn Ausstellungsort und Zahlungsort sich außerhalb Europas befinden.

Nach Ablauf der Vorlegungsfristen ist das bezogene Kreditinstitut nicht mehr verpflichtet den Scheck einzulösen. Es kann ihn aber noch einlösen, wenn der Aussteller ihn nicht inzwischen widerrufen hat.

Vordatierte Schecks dürfen sofort, also schon vor dem angegebenen Ausstellungstag, vorgelegt werden und sind dann sofort zahlbar.

6.6 Scheckrückgriff

Wird der Scheck innerhalb der Vorlegungsfrist dem bezogenen Kreditinstitut vorgelegt, aber nicht eingelöst (z. B. wegen mangelnder Deckung, Formmängeln, Sperrung durch den Aussteller), kann sich der Scheckinhaber die Nichteinlösung durch den Vermerk „Vorgelegt am ... und nicht bezahlt“ auf dem Scheck bescheinigen lassen[1].

Der Scheckinhaber muss sodann, falls der Scheck durch Indossament auf ihn übertragen wurde, seinen Vormann innerhalb von 4 Tagen von der Nichteinlösung benachrichtigen. (Die Benachrichtigung des Ausstellers erfolgt automatisch durch das Kreditinstitut.)

[1] *Es ist zu beachten, dass die Kreditinstitute sich in ihren AGB das Recht einräumen, bereits erfolgte Belastungen des Kontoinhabers wieder zu stornieren, insbesondere, wenn das Konto nicht gedeckt ist. Der Scheck gilt deshalb erst dann als eingelöst, wenn die Belastung des Ausstellerkontos nicht spätestens am 2. Buchungstag nach der Belastungsbuchung storniert wird.*

Brief der BfG-Bank AG vom 20. Mai 20.. an Firma Franz Wagner:

Beispiel

Nicht eingelöste Schecks

Wir benachrichtigen Sie hierdurch, dass Ihr(e) auf uns gezogener/gezogenen Scheck(s)

Nummer	über EUR
028186954	2 000,00

heute zur Zahlung vorgelegt wurde(n), aber nicht eingelöst werden konnte(n), da Ihr Konto zurzeit keine ausreichende Deckung aufweist. Den/Die Scheck(s) haben wir unserer Verpflichtung gemäß mit Vorlegungsvermerk an den/die Empfänger zurückgegeben.

Wir nehmen an, dass Ihnen in dem vorliegenden Fall ein Irrtum in Ihren Dispositionen unterlaufen ist, müssen Sie jedoch bitten, in Zukunft unbedingt dafür zu sorgen, dass uns keine auf Ihr Konto gezogenen deckungslosen Schecks präsentiert werden.

Diese Benachrichtigung nehmen wir für den/die letzten Inhaber des/der Schecks gemäß Artikel 42 des Scheckgesetzes vor. Für die Scheckrückgabe haben wir Ihr Konto mit einem Kostenersatz in Höhe von EUR

5,00 belastet.

Hochachtungsvoll

i. V. *Melium* i. V. *Mark*

Der Scheckinhaber hat dann gegenüber dem Aussteller und den Vorleuten ein **Rückgriffsrecht.** Er kann von ihnen verlangen:

- Schecksumme,
- Zinsen (2 % über dem Basiszinssatz[1], mindestens 6 % seit dem Tag der Vorlegung),
- 1/3 % Provision aus dem Scheckbetrag,
- Ersatz der entstandenen Kosten.

Verweigern Aussteller oder Vormann die Zahlung, so kann der Scheckinhaber mit Scheckmahnbescheid oder Scheckklage vorgehen. Sie entsprechen Wechselmahnbescheid und Wechselklage[2].

6.7 Verlust eines Schecks

Geht ein Scheck verloren, so muss man damit rechnen, dass ein unredlicher Finder ihn sofort bei dem bezogenen Kreditinstitut vorlegt, das ihm den Scheckbetrag ohne weiteres auszahlt bzw. auf seinem Konto gutschreibt.

Beim Verlust eines Schecks sollte der Aussteller daher das bezogene Kreditinstitut umgehend benachrichtigen und den Scheck sperren lassen. Das Kreditinstitut muss dieser Aufforderung nachkommen, sogar innerhalb der Vorlegungsfrist.

---

[1] *Ein von der Deutschen Bundesbank vierteljährlich festgesetzter Zinssatz*

[2] *Vgl. S. 125.*

Der Aussteller kann ferner beim Amtsgericht des Zahlungsortes das Aufgebotsverfahren (Amortisation) beantragen, das nach Ablauf einer Aufgebotsfrist zur Kraftloserklärung des Schecks führt.

Grundsätzlich lehnen die Kreditinstitute in ihren „Allgemeinen Geschäftsbedingungen" jede Haftung ab, wenn Schecks durch Nachlässigkeit des Kunden missbräuchlich verwendet werden. Alle Folgen des Verlustes, der missbräuchlichen Verwendung, der Fälschung und Verfälschung von Schecks trägt demnach der Kunde.

Arbeitsauftrag

Aus einem Brief der Erna Fink OHG an die August Sperber KG:
„Zum Ausgleich ihrer Rechnung Nr. 1112/93 senden wir Ihnen als Anlage einen Scheck über 1 679,88 EUR auf die X-Bank Y-Hausen ..."

a) Um welche der folgenden Scheckarten wird es sich in diesem Fall wahrscheinlich handeln?
   (1) Orderscheck (Namensscheck), Inhaberscheck
   (2) Barscheck, Verrechnungsscheck
   Erläutern Sie Ihre Ansicht und erklären Sie die wesentlichen Unterschiede zwischen den angeführten Scheckarten.
b) Besorgen Sie sich ein Scheckformular und stellen Sie den Scheck aus.
c) Welche Eintragungen müssen Sie unbedingt vornehmen? Welche sind nicht vorgeschrieben, aber nützlich?
d) Auf welchem Weg wird die August Sperber KG in den Besitz des Scheckbetrages gelangen?
e) Unter welchen Bedingungen wird die X-Bank den Scheck nicht einlösen?
f) Auf dem Scheckformular finden Sie eine Bankleitzahl aufgedruckt. Was bedeutet diese Zahl und wozu dient sie?
g) Um das Risiko im Falle des Scheckverlusts zu verringern streichen Sie auf dem Scheck die Wörter „oder Überbringer" durch. Erzielen Sie die gewünschte Wirkung?
h) Der Scheck wird am 24. Mai bei der X-Bank zur Einlösung vorgelegt. Da die Erna Fink OHG sich zurzeit in Zahlungsschwierigkeiten befindet, hat sie in der Zwischenzeit den Scheck sperren lassen.
   - Was bewirkt die Sperrung des Schecks?
   - Muss die X-Bank die verlangte Schecksperrung befolgen?
   - Welche Maßnahmen wird die Walter Fink OHG ergreifen?

7 Zahlung mit der Bankkarte

Der Kontoinhaber erhält von seinem Kreditinstitut eine Bankkarte. Diese enthält auf der Rückseite einen Magnetstreifen, auf dem u. a. die Kontonummer und die Bankleitzahlt gespeichert sind. Durch ihn entsteht eine **automatenfähige Mulitfunktionskarte**.

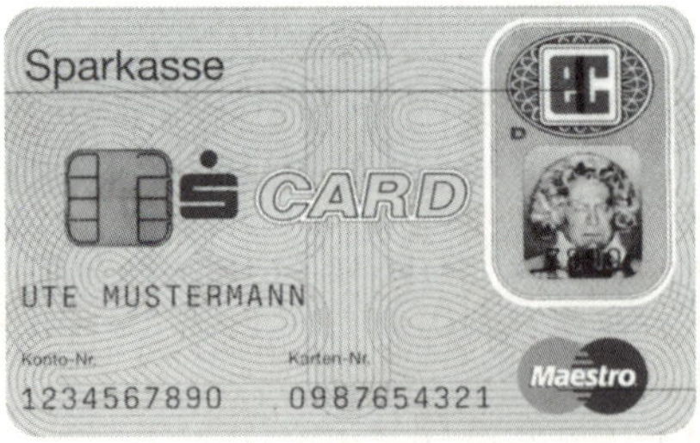

Karte (Vorderseite)

Karte (Rückseite)

Um sich am Bargeldautomaten und am SB-Terminal auszuweisen, führt der Kontoinhaber seine Bankkarte ein und tippt seine PIN ein. Dann kann er

- **am Automaten seiner Bank**
  - **Kontoauszüge ausdrucken,**
  - **Überweisungen tätigen,**
  - **Daueraufträge einrichten, ändern oder löschen,**
- **am Bargeldautomaten bei jeder beliebigen Bank Bargeld zu Lasten seines Kontos abheben.**

Die Bankkarte kann auch mit einem Chip ausgestattet sein. Dieser ermöglicht es, die Karte an einem Ladeterminal des Kreditinstituts zu Lasten des Girokontos mit einer Geldsumme aufzuladen. Dadurch entsteht eine **Geldkarte**, sozusagen eine elektronische Geldbörse. An Geldkarten-Terminals in Geschäften, Behörden und anderen Zahlstellen kann der Karteninhaber damit Zahlungen tätigen. Das Terminal bucht den Betrag von der Karte ab und schreibt ihn dem Konto des Zahlungsempfängers gut.

Die Bankkarte gestattet auch die Zahlung im Wege des **Electronic Cash** an elektronischen Datenkassen. Zahlreiche Einzelhandelsgeschäfte und Tankstellen sind heute damit ausgestattet.

- Die Kasse ermittelt den Rechnungsbetrag.
- Der Kassierer führt die Karte in den Kartenleser ein.
- Der Kunde gibt seine PIN in ein Identifikations-Terminal ein.
- Die Kasse schaltet eine Verbindung zur Bank, fragt den verfügbaren Betrag auf dem Konto des Kunden ab und vergleicht ihn mit dem Rechnungsbetrag.
- Die Kasse bucht den Rechnungsbetrag vom Kundenkonto ab. (Zur Verhinderung von Spitzenbelastungen geschieht dies i. d. R. zu einem späteren Zeitpunkt).

Vorteile von Electronic Cash für den Verkäufer:

- Weniger Zeitaufwand für Bargelddisposition und Kassenabschluss, reduzierter Wechselgeldbestand,
- Rationalisierung der Buchhaltung,
- Fortfall zeitaufwendiger Einreichungsformulare,
- rasche Gutschrift der Tageseinnahmen,
- weniger Risiken (Kassenrisiko, Bargeldtransport, automatische Bonitätsprüfung),
- kürzere Wartezeiten an der Kasse.

Alternativ oder ergänzend zu Electronic Cash wird von vielen Geschäften in Deutschland das **elektronische Lastschriftverfahren** angeboten. Dabei wird auf die Eingabe der PIN verzichtet. Stattdessen unterschreibt der Kunde einen Lastschnftbeleg. Der Zahlungsbetrag wird ebenfalls vom Konto abgebucht.

Bargeld kann man weltweit an allen Automaten mit dem Maestro-Zeichen abheben.

Das Maestro-Zeichen zeigt auch weltweit die Akzeptanz-Stellen für Electronic Cash an.

An diesen Zeichen kann man erkennen, wo die Geldkarte akzeptiert wird:
Inland: Europa:

Kartenleser

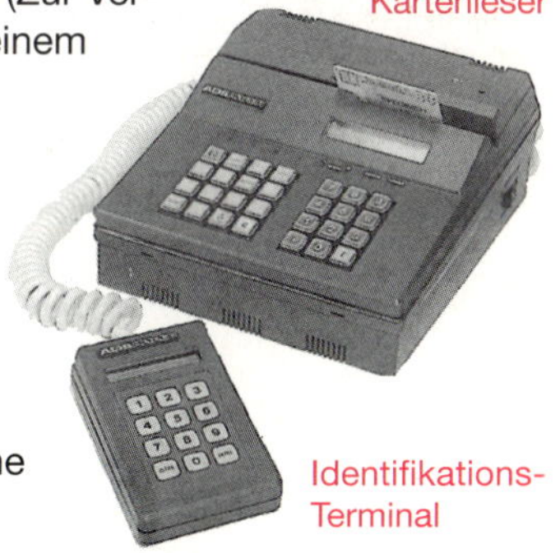

Identifikations-Terminal

Arbeitsauftrag

Frau Schwarz ist auf dem Land zu Haus. Heute ist sie 25 km weit in die Großstadt gefahren. Dort will sie ihren Wagen voll tanken und im Verbrauchermarkt einkaufen. Vor dem Tanken bemerkt sie, dass sie nur noch 3,75 EUR Bargeld in der Tasche hat. Gott sei Dank hat sie aber ihre ec-Karte nicht vergessen. Auch ihr Handy hat sie dabei

Welche unterschiedlichen Möglichkeiten hat Frau Schwarz, um ihre Kaufabsichten in die Tat umzusetzen? Beschreiben Sie so detailliert wie möglich, wie sie dabei vorgehen muss.

8 Zahlung durch Wechsel

8.1 Kreislauf des Wechsels

Die Großhandlung Huth & Söhne bestellt bei der Spirituosenfabrik Walter Diekers KG Spirituosen für 6 000,00 EUR. Die Zahlung ist fällig am 31. Aug. 20.. Wegen der sommerlichen Absatzflaute hat die Firma Huth nicht genügend Barmittel, weiß aber aus Erfahrung, dass die bestellten Waren spätestens nach drei Monaten verkauft sein werden. Sie möchte deshalb ein Zahlungsziel von drei Monaten.

Die Firma Diekers dagegen sieht lieber Bargeld. Sie will zwar das Geschäft abschließen, hat aber selbst Verbindlichkeiten gegenüber der Dausenauer Glas AG für einen Flaschenkauf über 8 000,00 EUR. Durch einen Wechsel kann beiden Partnern geholfen werden: Diekers ist bereit einen Wechsel von Huth in Zahlung zu nehmen. Dausenauer Glas hat sich seinerseits bereit erklärt, von Diekers Wechsel anzunehmen.

Die Firma Diekers stellt den Wechsel aus. Der Wechseltext enthält eine Anweisung an Huth & Söhne, am 30. November an Dausenauer Glas AG die Summe von 6 000,00 EUR zu zahlen. Man sagt: Diekers zieht den Wechsel auf Huth. Ein solcher Wechsel heißt deshalb **gezogener Wechsel** oder **Tratte**[1].

Die Firma Huth & Söhne heißt **Bezogener** (oder Akzeptant).

Beispiel

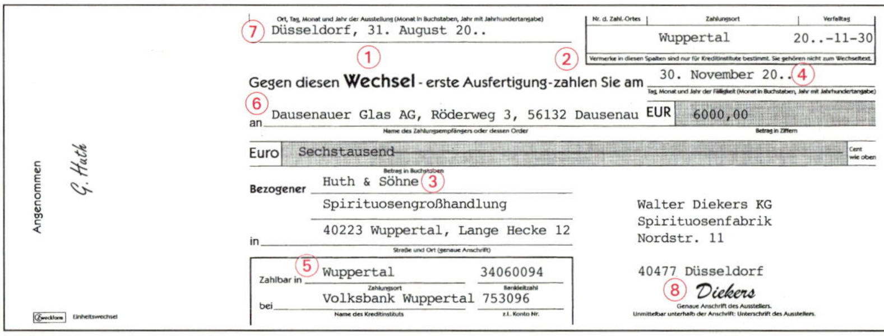
Angenommen G. Huth

Ort, Tag, Monat und Jahr der Ausstellung (Monat in Buchstaben, Jahr mit Jahrhundertangabe)
(7) Düsseldorf, 31. August 20..

Nr. d. Zahl.-Ortes	Zahlungsort	Verfalltag
	Wuppertal	20..-11-30

Vermerke in diesen Spalten sind nur für Kreditinstitute bestimmt. Sie gehören nicht zum Wechseltext.

(1) (2)

Gegen diesen **Wechsel** - erste Ausfertigung - zahlen Sie am 30. November 20.. (4)
Tag, Monat und Jahr der Fälligkeit (Monat in Buchstaben, Jahr mit Jahrhundertangabe)

(6) an Dausenauer Glas AG, Röderweg 3, 56132 Dausenau EUR 6000,00
Name des Zahlungsempfängers oder dessen Order — Betrag in Ziffern

Euro Sechstausend — Cent wie oben
Betrag in Buchstaben

Bezogener Huth & Söhne (3)
Spirituosengroßhandlung
in 40223 Wuppertal, Lange Hecke 12
Straße und Ort (genaue Anschrift)

Zahlbar in (5) Wuppertal 34060094
Zahlungsort — Bankleitzahl
bei Volksbank Wuppertal 753096
Name des Kreditinstituts — z.l. Konto Nr.

Walter Diekers KG
Spirituosenfabrik
Nordstr. 11

40477 Düsseldorf
(8) Diekers
Genaue Anschrift des Ausstellers.
Unmittelbar unterhalb der Anschrift: Unterschrift des Ausstellers.

Zweckform Einheitswechsel

Huth unterschreibt diese Tratte am linken Rand und akzeptiert durch dieses **Querschreiben** verbindlich die Anweisung von Diekers. Den akzeptierten Wechsel nennt man ebenso wie die Unterschrift **Akzept**[2].

Durch den Annahmevermerk haftet der Bezogene nach den Bestimmungen des Wechselgesetzes für die Einlösung des Wechsels am Verfalltag.

Diekers erhält das Akzept zurück und gibt es an die Dausenauer Glas AG zur Zahlung weiter. Die Dausenauer Glas AG heißt deshalb **Wechselnehmer** oder **Remittent**[3], der weitergegebene Wechsel trägt den Namen **Rimesse.**

Am 30. November legt die Dausenauer Glas AG den Wechsel dem Bezogenen zur Einlösung vor.

---

[1] *von lat. trahere = ziehen*

[2] *von lat. acceptare = annehmen*

[3] *von lat. remittere = zurückschicken, übergeben*

Der gezogene Wechsel ist eine Anweisung des Ausstellers an den Bezogenen, eine bestimmte Summe an einem bestimmten Termin an den Wechselnehmer zu zahlen. Die Zahlungsanweisung darf nicht an eine Bedingung geknüpft sein. Ein Schuldgrund darf nicht angegeben werden.

Kreislauf des Wechsels (Grundschema)

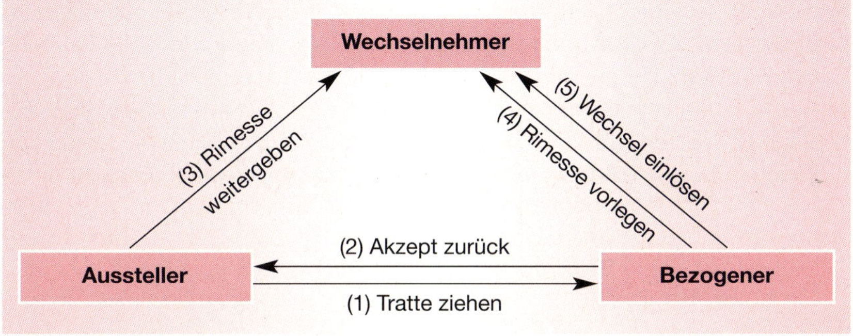

Es ist in der Praxis eigentlich die Ausnahme, dass der Aussteller bereits bei der Wechselziehung einen Wechselnehmer kennt. Er setzt sich deshalb oft selbst als Wechselnehmer ein: „... zahlen Sie ... an mich“ oder „... zahlen Sie ... an eigene Order“. Er kann den Wechsel durch ein Indossament weitergeben („beordern“). Der Wechsel ist nämlich rechtlich wie der Scheck ein Wertpapier, und zwar ein Orderpapier. Die Ausführungen über die Weitergabe von Orderschecks gelten deshalb sinngemäß auch für den Wechsel.

8.2 Gesetzliche Bestandteile des Wechsels

Das Wechselgesetz schreibt mehrere Bestandteile verbindlich vor:

① **Bezeichnung als Wechsel im Text der Urkunde**

② **Unbedingte Anweisung, eine bestimmte Summe zu zahlen**

③ **Name des Bezogenen**

④ **Angabe der Verfallzeit**

⑤ **Angabe des Zahlungsortes**
Der Wechsel kann an einem beliebigen Ort zahlbar gestellt werden. Fehlt die Angabe, so gilt der beim Namen des Bezogenen angegebene Ort als Zahlungsort. Um die Einlösung zu erleichtern, wird meist die Bank des Bezogenen als Zahlungsort angegeben (sog. Zahlstellenvermerk).

⑥ **Angabe des Wechselnehmers**
Der Wechsel kann, wie schon gesagt, an eigene oder fremde Order ausgestellt werden.

⑦ **Ort und Tag der Ausstellung**

⑧ **Eigenhändige Unterschrift des Ausstellers**
Durch seine Unterschrift haftet der Aussteller für die Akzeptierung und Einlösung des Wechsels.

8.3 Verwendung des Wechsels

- Der Aussteller kann den Wechsel bis zum Verfalltag **aufbewahren.** Er gewährt so seinem Kunden bis zum Verfalltag einen Kredit. Der Wechsel dient als **Kreditmittel.**
- Der Aussteller kann den Wechsel zahlungshalber an einen Lieferer **weitergeben.** Er dient dann als **Zahlungsmittel.** Der Lieferer kann ihn wiederum an einen „Nachmann" weitergeben. Jede Weitergabe erfolgt mit einem Indossament. Der Bezogene schuldet jedem Nachmann die volle Leistung am Verfalltag.
- Der jeweilige Wechselinhaber kann den Wechsel vor dem Verfalltag an eine Bank **verkaufen,** die ihn diskontiert, d. h. den Gegenwert unter Abzug von Zinsen (Diskont) bis zum Verfalltag auszahlt. Die Banken können sich durch Kreditaufnahme bei der Landeszentralbank (LZB) refinanzieren. Zu den hierfür notwendigen Sicherheiten gehören auch Handelswechsel. Die LZB beleiht sie mit einem Beleihungswert von 98 %. Die LZB übernimmt auch den Einzug der hereingenommenen Wechsel am Zahlungstag beim Bezogenen.
- Der Wechselinhaber kann den Wechsel vor dem Verfalltag seiner Bank gegen Berechnung einer Provision **zum Einzug einreichen.**
- Der Wechselinhaber muss den Wechsel am Zahlungstag oder einem der beiden folgenden Werktage dem Bezogenen am Zahlungsort innerhalb der ortsüblichen Geschäftszeit auf seine Kosten (Holschuld!) zur Einlösung präsentieren, die Zahlung quittieren und den Wechsel aushändigen.

  Der Zahlungstag ist der Verfalltag. Wenn dieser auf einen Samstag, Sonntag oder gesetzlichen Feiertag fällt, so ist der nächste Werktag Zahlungstag.

8.4 Notleidender Wechsel

Der Wechsel ist eine durch die besondere Strenge des Wechselgesetzes geschützte Urkunde. Die Wechselstrenge zeigt sich deutlich, wenn der Bezogene den Wechsel nicht einlöst.

- Der Wechselinhaber muss dann am 1. oder 2. Werktag nach dem Zahlungstag **„Protest erheben",** d. h. sich die Nichteinlösung auf dem Wechsel amtlich bestätigen lassen. Die Protesturkunde kann durch den Gerichtsvollzieher oder durch den Notar ausgestellt werden. Sie wird an den Wechsel geklebt.
- Der Wechselinhaber muss seinen Vormann und den Aussteller binnen 4 Tagen benachrichtigen, jeder Vormann den eigenen Vormann binnen 2 Tagen **(Notifikationspflicht).**
- Der Wechselinhaber kann nun auf beliebige Vorleute oder auf den Aussteller **Rückgriff** (Regress) nehmen, d. h. sofortige Zahlung verlangen.
  Er kann verlangen: Wechselsumme, Protestkosten, Auslagen, Zinsen seit dem Verfalltag (2 % über dem Basiszinssatz, mindestens 6 %), $^{1}/_{3}$ % Provision aus der Wechselsumme.
- Der beanspruchte Vormann kann entsprechend vorgehen. Der Wechsel landet so letztlich beim Aussteller.

- Wird ein Wechselinhaber beim Rückgriff nicht befriedigt, so kann er gegen seine Vorleute, den Aussteller und den Bezogenen bei einem einzigen Gericht gleichzeitig vorgehen, indem er einen **Wechselmahnbescheid** erwirkt oder eine **Wechselklage** einreicht. Dabei kommt dem Wechselinhaber zugute:
  - Als Beweismittel sind nur die Wechselurkunde selbst, die Protesturkunde und die Aussagen der Parteien zulässig, nicht etwa andere Schriftstücke oder Zeugenaussagen (Urkundenprozess).
  - Der Beklagte kann nur Einwendungen gegen die Wechselurkunde selbst (Fälschung, Formmangel, Unterlassung des Protestes) oder direkte Gegenansprüche gegen den Kläger geltend machen (Stundung, Mängelrüge, Aufrechnung). Man nennt den Wechsel deshalb ein „abstraktes Zahlungsversprechen". Er ist losgelöst von dem ursprünglichen Warengeschäft.

Beispiel

In unserem Eingangsbeispiel könnten etwa Huth & Söhne gegenüber der Dausenauer Glas AG nicht die Zahlung verweigern, weil sie eine Mängelrüge gegenüber dem Aussteller anzubringen haben. Diese Einrede können sie nur anbringen, wenn Diekers klagt. Jeder spätere Wechselinhaber muss sich auf die Einlösung des Wechsels verlassen können, gleich welche Ansprüche zwischen Aussteller und Bezogenem bestehen.

  - Das Urteil (bzw. der Mahnbescheid nach Fristablauf) wird sofort für vollstreckbar erklärt. Der Schuldner kann gepfändet werden.
- Wirtschaftlich bedeutet ein zu Protest gegangener Wechsel für den Bezogenen den **Verlust der Glaubwürdigkeit und der Kreditwürdigkeit.** Er wird in Zukunft nur sehr schwer Kredite mit – und erst recht ohne – Wechsel bekommen können. Die Kreditinstitute halten die Namen der „schwarzen Schafe" in einer „Protestliste" fest.

Arbeitsaufträge

1. Aus einem Schreiben der Walter Diekers KG an die Dausenauer Glas AG:
„Zum Ausgleich Ihrer Rechnung Nr. 421 vom 20..-01-20 senden wir Ihnen – wie vereinbart – als Anlage unser Akzept über 11 000,00 EUR, zahlbar an eigene Order und fällig am 20..-04-22 bei Deutsche Bank, Düsseldorf, Konto 543 123. Wir bitten um Gutschrift und Empfangsbestätigung."

a) Fertigen Sie den gezogenen und akzeptierten Wechsel auf einem Wechselformular aus.
b) Aus welchem Grund wurde die Wechselziehung höchstwahrscheinlich vereinbart? Darf dieser Grund auf dem Wechsel angegeben werden?
c) Welche Kosten entstehen für Diekers?
d) Wie werden die an diesem Wechselgeschäft Beteiligten bezeichnet? Welche weiteren Beteiligten können auftreten?
e) Warum wurde der Wechsel höchstwahrscheinlich „an eigene Order" ausgestellt? Erläutern Sie den Unterschied gegenüber der „fremden Order".
f) Wie kann Dausenauer Glas den Wechsel verwenden? Welche Bedeutung hat dabei das Indossament?
g) Zu welchen Vorgängen wird es kommen, falls der Wechsel bei Fälligkeit nicht eingelöst werden sollte?
h) Aus welchen Gründen ist Diekers außerordentlich an der pünktlichen Einlösung des Wechsels interessiert?

2. Der Scheck ist Zahlungsmittel, der Wechsel in erster Linie Kreditmittel.
Nennen Sie zwei Punkte, durch die dieser Unterschied deutlich zum Ausdruck kommt.

3. Man spricht von einer besonderen gesetzlichen „Wechselstrenge".
Geben Sie alle Regelungen an, in denen sich diese Strenge äußert.

4. Der Wechsel wird als „abstraktes Zahlungsversprechen" bezeichnet.
Erläutern Sie, was damit gemeint ist.

E Rechtliche Rahmenordnung für betriebliche Entscheidungsträger und Entscheidungen

1 Rechtsordnung

- Bei Juwelier Reichel ist nachts eingebrochen worden. Die Polizei fahndet nach dem Einbrecher. Nach zwei Wochen wird ein Tatverdächtiger gefasst, der einen Teil der Beute im Pfandhaus absetzen wollte. Der Staatsanwalt erhebt Anklage. Durch Gerichtsurteil und Bestrafung des Täters soll das gebrochene Recht wiederhergestellt werden.
- Herr Kolb hat bei der Kfz-Werkstatt Sattler die fehlerhaften Bremsen seines Wagens reparieren lassen. Unmittelbar nach dem Verlassen der Werkstatt versagen die Bremsen von neuem. Herr Kolb verlangt kostenlose Nachbesserung. Sattler dagegen will nur gegen erneute Bezahlung reparieren. Herr Kolb besteht auf seinem Recht: Er lässt den Wagen in einer anderen Werkstatt reparieren und verklagt Sattler auf Erstattung der Kosten.

Wir leben in einer staatlichen Ordnung. Rechtsvorschriften regeln unser Leben. Sie verleihen Rechte und erlegen Pflichten auf.

Rechtsvorschriften (Rechtsnormen[1]) sind Anforderungen, die dem Menschen ein äußeres Verhalten vorschreiben: ein Tun, Unterlassen oder Dulden. Der Staat kann ihre Einhaltung ggf. mit Zwangsmitteln durchsetzen.

Die Gesamtheit aller rechtlichen Regelungen ist die Rechtsordnung – der Jurist sagt: das objektive Recht. Sie besteht aus den Teilbereichen öffentliches Recht und privates Recht.

1.1 Öffentliches Recht

Das öffentliche Recht regelt die Rechtsbeziehungen des Einzelnen zu den Trägern staatlicher Gewalt sowie das Verhältnis dieser Träger zueinander. Es wird vom Grundsatz der **Über- und Unterordnung** beherrscht:

- Der Staat kann den Bürgern durch Gebote einseitig Pflichten auferlegen und ihre Rechte durch Verbote unabänderlich beschränken. Öffentliches Recht ist **zwingendes Recht.**

---

[1] *Normen sind Verhaltensregeln. Sie sollen dafür sorgen, dass man sich entsprechend herrschenden Wertvorstellungen verhält. (Wertvorstellungen zeigen an, was man für wünschenswert oder nicht wünschenswert, für gut oder schlecht hält.)*

- Verstöße gegen Gebote und Verbote verfolgt der Staat durch seine Gerichte, ggf. verhängt er Strafen.

Das öffentliche Recht umfasst vor allem: Staats-, Verwaltungs-, Straf-, Prozess-, Kirchen-, Völker-, Steuer-, Sozial- und Sozialversicherungs-, Wettbewerbsrecht sowie Teile des Arbeitsrechts (Arbeitsschutz- und Mitbestimmungsrecht).

1.2 Privatrecht

Das Privatrecht regelt die Rechtsbeziehungen der Bürger untereinander. Es wird vom Grundsatz der **Gleichordnung** beherrscht:

- Die Beteiligten stehen sich gleichberechtigt gegenüber und können ihre Beziehungen abweichend von den gesetzlichen Regelungen vielfach frei gestalten: Privates Recht ist weitgehend nachgiebiges Recht.
  Das Gesetz bestimmt z. B., dass der Käufer die Transportkosten für zugesendete Waren tragen muss. In der Praxis übernimmt der Verkäufer häufig diese Kosten.

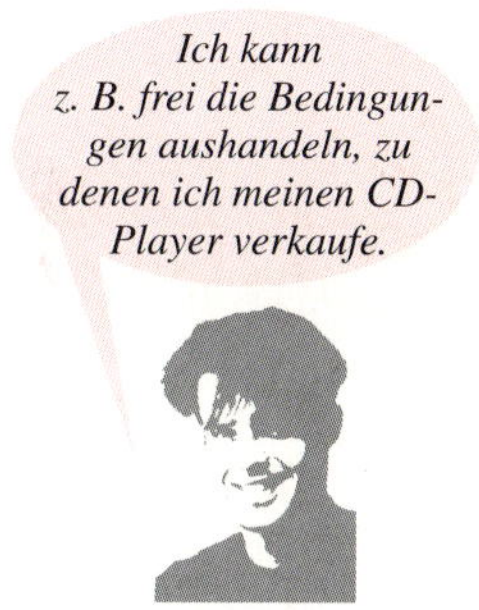

- Privatrechtliche Verhältnisse zielen nicht auf Strafen ab, sondern auf die Erfüllung von Verträgen, die Unterlassung schädigender Handlungen und Schadenersatz für angerichtete Schäden. Bei der Durchsetzung dieser Ansprüche können die Gerichte in Anspruch genommen werden.

Das Privatrecht umfasst vor allem:

- **Bürgerliches Recht:** die Vorschriften des Bürgerlichen Gesetzbuchs (BGB), die die privatrechtlichen Beziehungen grundlegend regeln
- **Handelsrecht:** die Vorschriften des Handelsgesetzbuchs (HGB), die die Rechtsbeziehungen der Kaufleute regeln, sowie das Gesellschafts-, Wechsel-, Scheck- und Wertpapierrecht
- **Urheberrecht:** begründet Ansprüche an Geisteswerken
- **Patentrecht:** begründet Ansprüche aus Erfindungen
- **Privatversicherungsrecht**

Rechtsordnung	
öffentliches Recht	**privates Recht**
• Über-, Unterordnung • zwingendes Recht (Gebote, Verbote, Strafen)	• Gleichordnung • nachgiebiges Recht (freie, individuelle Gestaltung, Vertragserfüllung, Schadenersatz)

Arbeitsaufträge

1. In den folgenden Texten werden Aussagen über bestimmte Rechtsnormen gemacht.

   > Das Gewerbesteuergesetz ist ein Bundesgesetz über die Gewerbesteuer, die von Gewerbebetrieben zu zahlen ist. Die Gewerbesteuerdurchführungsverordnung regelt die Einzelheiten der Gewerbesteuererhebung bis hin zum sog. Steuermessbetrag. Dieser stellt sozusagen einen Grundbetrag für die Steuer dar. Die Gemeinden, denen die Steuer zufließt, legen den Hebesatz fest. Dieser gibt an, wie viel Prozent des Steuermessbetrags als Gewerbesteuer erhoben wird (z. B. 400 %).

   > In § 346 HGB wird ausdrücklich bestimmt, dass unter Kaufleuten auf die Handelsbräuche Rücksicht zu nehmen ist. So besteht unter Kaufleuten abweichend vom sonstigen Recht in bestimmtem Umfang ein Brauch, wonach Schweigen auf ein erhaltenes Schreiben als Zustimmung zu dem in dem Schreiben Gesagten gilt.

   a) Was versteht man unter Rechtsnormen?
   b) Welche Arten von Rechtsnormen werden in den beiden Texten angesprochen?
   c) Welche der Rechtsnormen wurde vom Parlament verabschiedet, welche von der Regierung erlassen?

2. Die beiden Einführungsbeispiele auf Seite 126 (Einbruch, Reparatur) betreffen einmal das öffentliche Recht, zum andern das Privatrecht.

   Erläutern Sie wesentliche Merkmale des öffentlichen und des privaten Rechts anhand dieser Beispiele.

3. Rechtsbedeutsame Vorgänge und Tatbestände sind entweder dem Bereich des öffentlichen Rechts oder dem Bereich des Privatrechts zuzuordnen.
   Ordnen Sie die folgenden Sachverhalte richtig zu.
   a) Die Bundesrepublik Deutschland schließt mit der Volksrepublik China einen Vertrag über gegenseitigen Kulturaustausch.
   b) (1) Frau Schröder errichtet ein Testament, in dem sie den Hamsterzuchtverein Kleckshausen als Alleinerben einsetzt.
      (2) Frau Schröders Sohn Werner ficht nach dem Tod seiner Mutter das Testament an.
   c) Lebensmittelgroßhändler Mümmel benötigt eine ausgebildete Bürokauffrau. Er schließt einen unbefristeten Arbeitsvertrag mit Elke Geistreich.
   d) Herr Schmalhans erhält vom Finanzamt seinen Einkommensteuerbescheid mit der Aufforderung eine verbleibende Steuerschuld von 3 500,00 EUR nachzuzahlen.
   e) Ein Tourist wird bei der Einreise beim Kokainschmuggel gefasst und später zu einer Freiheitsstrafe verurteilt.

2 Rechtssubjekte

Rechtsvorschriften können sich nicht an Tiere und Sachen, sondern nur an Personen richten. **Personen sind Rechtssubjekte, Träger von Rechten und Pflichten.** Das Recht unterscheidet natürliche und juristische Personen.

2.1 Natürliche Personen

Natürliche Personen sind Menschen. Sie sind rechtsfähig und – unter genau bestimmten Umständen – geschäftsfähig.

- **Rechtsfähigkeit** ist die Fähigkeit Träger von Rechten (sog. subjektiven Rechten) und Pflichten zu sein.
- **Geschäftsfähigkeit** ist die Fähigkeit rechtsgültige Willenserklärungen abzugeben und Rechtsgeschäfte zu tätigen.

Die Rechts- und Geschäftsfähigkeit von Menschen hängt grundsätzlich von ihrem Alter ab.

Einfluss des Alters auf Rechts- und Geschäftsfähigkeit

Vollendung der Geburt

Alle Menschen sind mit Vollendung der Geburt rechtsfähig (BGB § 1).
Beispiel: Ein neugeborenes Kind kann Eigentümer eines Mietshauses sein.

unter 7 Jahren

Menschen unter 7 Jahren sind **geschäftsunfähig** (BGB § 104).
Beispiel: *Das Kind kann sein Haus nicht verkaufen.*

zwischen 7 und 18 Jahren

Menschen zwischen 7 und 18 Jahren sind **beschränkt geschäftsfähig.** Ihre Handlungen sind nur mit Zustimmung des gesetzlichen Vertreters rechtswirksam. Die vorherige Zustimmung heißt Einwilligung, die nachträgliche Genehmigung (BGB §§ 106–108).

Beispiele:
- *Ein Zwölfjähriger kauft mit der Erlaubnis seines Vaters ein Fahrrad.*
- *Ein Sechzehnjähriger kauft ein Mofa. Sein Vater, der davon nichts wusste, erklärt nachträglich sein Einverständnis (ausdrücklich oder durch Schweigen).*

ab 18 Jahren

Menschen ab 18 Jahren sind voll **geschäftsfähig.**
Beispiel: *Ein Achtzehnjähriger nimmt bei einer Bank einen Kredit über 5 000,00 EUR auf.*

Rechtsgeschäfte von Personen zwischen 7 und 18 Jahren sind voll wirksam, wenn

- das Rechtsgeschäft mit Mitteln erfüllt wird, die dem Minderjährigen von seinem gesetzlichen Vertreter oder mit dessen Zustimmung von einem Dritten zur freien Verfügung oder eigens für den betreffenden Zweck überlassen wurden **(„Taschengeldparagraph",** BGB § 110);
- das Rechtsgeschäft dem Minderjährigen **nur rechtliche Vorteile** bringt (wie z. B. bei Geschenken ohne Belastungen) (BGB § 107).

Minderjährige können mit Zustimmung des gesetzlichen Vertreters ein **Arbeits-, Dienst- oder Ausbildungsverhältnis** eingehen. Für alle Rechtsgeschäfte aus einem Arbeits- oder Dienstverhältnis (nicht aber aus einem Ausbildungsverhältnis) gelten sie als voll geschäftsfähig. Sie können z. B. selbstständig ein Bankkonto einrichten, ja sogar ihr Dienstverhältnis kündigen und ein ähnliches eingehen (BGB § 113).

Das Gleiche gilt für alle Rechtsgeschäfte aus dem selbstständigen **Betrieb eines Erwerbsgeschäftes,** das der Minderjährige mit Ermächtigung des gesetzlichen Vertreters und der Genehmigung des Vormundschaftsgerichts betreibt (BGB § 112).

Beispiel *Ein Vater überträgt wegen Krankheit sein Geschäft auf seinen minderjährigen Sohn.*

Kann ein Volljähriger aufgrund einer psychischen Krankheit oder einer körperlichen, geistigen oder seelischen Behinderung seine Angelegenheiten ganz oder teilweise nicht besorgen, kommt die Bestellung eines **Betreuers** durch das Vormundschaftsgericht in Betracht. Die Geschäftsfähigkeit des Betroffenen wird dadurch nicht aufgehoben. Im Einzelfall kann das Gericht aber die Teilnahme des Betreuten am Rechtsverkehr einschränken (§§ 1896 ff. BGB). Dauernd Geisteskranke hingegen sind geschäftsunfähig (BGB § 104).

2.2 Juristische Personen

Bestimmte rechtliche Gebilde werden vom Recht ähnlich wie Menschen behandelt. Sie können wie Menschen Eigentum erwerben sowie klagen und verklagt werden. Sie sind also ebenfalls **rechts- und geschäftsfähig.** Ihre Rechte werden von ihren zuständigen **Organen** wahrgenommen. Diese Gebilde heißen juristische Personen (BGB §§ 21–89).

Juristische Personen

Körperschaften	Anstalten	Stiftungen
dauernde, organisierte, vom Mitgliederbestand unabhängige **Vereinigungen** von Personen zur Erreichung eines gemeinsamen Zweckes (z. B. Vereine, Aktiengesellschaften)	**Einrichtungen,** die Sachmittel und persönliche Leistungen zusammenfassen (z. B. Universitäten, Rundfunkanstalten)	**Vermögensmassen,** deren Verwendungszweck in einem Stiftungsgeschäft angegeben worden ist (z. B. die Stiftung Warentest)
Die Körperschaft hat **Mitglieder.**	Die Anstalt hat **Benutzer.**	Die Stiftung hat **Nutznießer.**

- **Juristische Personen des öffentlichen Rechts** sind z. B. Gemeinden, Kirchen, Rundfunkanstalten und Ortskrankenkassen. Sie erfüllen öffentliche Aufgaben.
- **Juristische Personen des Privatrechts** sind privatrechtliche Stiftungen und Körperschaften des privaten Rechts (rechtsfähige Vereine). Sie verfolgen private Zwecke.

Arbeitsaufträge

1. Am Stammtisch wird über Rechtsfragen philosophiert. Walter Säusel krakeelt, sein Schwager sei eine juristische Person. Er sei nämlich Richter am Landgericht und als solcher – im Gegensatz zu „normalen" Menschen – rechtsfähig. Er dürfe aber keine Unternehmung gründen, sei also leider – wieder im Gegensatz zu „normalen" Menschen – nicht geschäftsfähig.
Walters Stammtischbruder Pitt Kluge schüttelt nur noch den Kopf über solchen Unsinn. Dann stellt er die Fehler richtig. Geben Sie seine Argumentation wieder.

2. Bei der Eröffnung des Testaments des verstorbenen Herrn Selig ergibt sich, dass er seine sechsjährige Nichte Klara zur Alleinerbin eingesetzt hat. Das Erbe besteht aus 6 500,00 EUR Bargeld, Wertpapieren mit einem Kurswert von 7 600,00 EUR und einem bebauten Grundstück mit einem geschätzten Marktwert von 310 000,00 EUR, belastet mit einer Hypothek von 60 000,00 EUR.

a) Ist Klara als Sechsjährige überhaupt erbfähig?
b) Klara erklärt, dass sie die Erbschaft annehmen will. Ist diese Erklärung rechtswirksam?
c) Wie muss sich die Annahme der Erbschaft vollziehen, wenn sie rechtswirksam sein soll?
d) Klaras Eltern als ihre gesetzlichen Vertreter legen mit Einverständnis des Vormundschaftsgerichts das Bargeld auf einem Sparkonto an. Die Zinsen aus dem Sparkonto und den Wertpapieren verwenden sie für den Schuldendienst des Hypothekendarlehens. Einen Zinsüberschuss belassen sie auf dem Sparkonto. Als Klara 15 Jahre alt wird, beträgt das Restdarlehen noch 44 000,00 EUR. Klara beschließt, das Restdarlehen sofort vollständig zu tilgen. Klaras Eltern sind dagegen. Kann Klara ihren Willen durchsetzen?

3. Gegeben seien die folgenden Fälle:

(1) Ein Sechsjähriger will am Kiosk für 20 Cent Bonbons kaufen.
(2) Ein Siebenjähriger hat das Gleiche vor.
(3) Ein Siebzehnjähriger will im Reisebüro eine Flugreise nach Las Vegas für 4 700,00 EUR buchen.
(4) Ein Geisteskranker will ein Fahrrad kaufen.
(5) Ein Dreizehnjähriger will zwei Geschenke annehmen: 800,00 EUR Bargeld und einen Dackel.
(6) Ein Sechzehnjähriger will seinen Arbeitsvertrag kündigen.
(7) Ein siebzehnjähriger Auszubildender will bei der Sparkasse ein Girokonto eröffnen.
(8) Ein siebzehnjähriger Auszubildender will sein Ausbildungsverhältnis kündigen.
(9) Ein Achtzehnjähriger will selbstständig einen Kredit über 75 000,00 EUR zum Kauf einer Jacht aufnehmen.
(10) Der Vorstand eines eingetragenen Vereins will ein Vereinslokal kaufen.

Die jeweiligen Geschäftspartner kennen die genannten Personen persönlich und sind über ihre Verhältnisse (z. B. ihr Alter) informiert.
Sind die oben dargestellten Willenserklärungen unter diesen Umständen rechtswirksam? (In dem einen oder anderen Fall ist die Rechtswirksamkeit von bestimmten Voraussetzungen abhängig, die Sie näher erläutern müssen.)

3 Rechtsobjekte

3.1 Sachen und Rechte

Objektives Recht = Rechtsordnung; subjektives Recht = Befugnis, die ein Berechtigter hat oder erwirbt.

Rechtsobjekte sind die Gegenstände des Rechtsverkehrs. Es handelt sich dabei um Sachen und Rechte.
Sachen und Rechte sind der Rechtsmacht der Rechtssubjekte (Personen) unterworfen. Die Rechte von Personen werden deshalb genauer auch als subjektive Rechte bezeichnet.

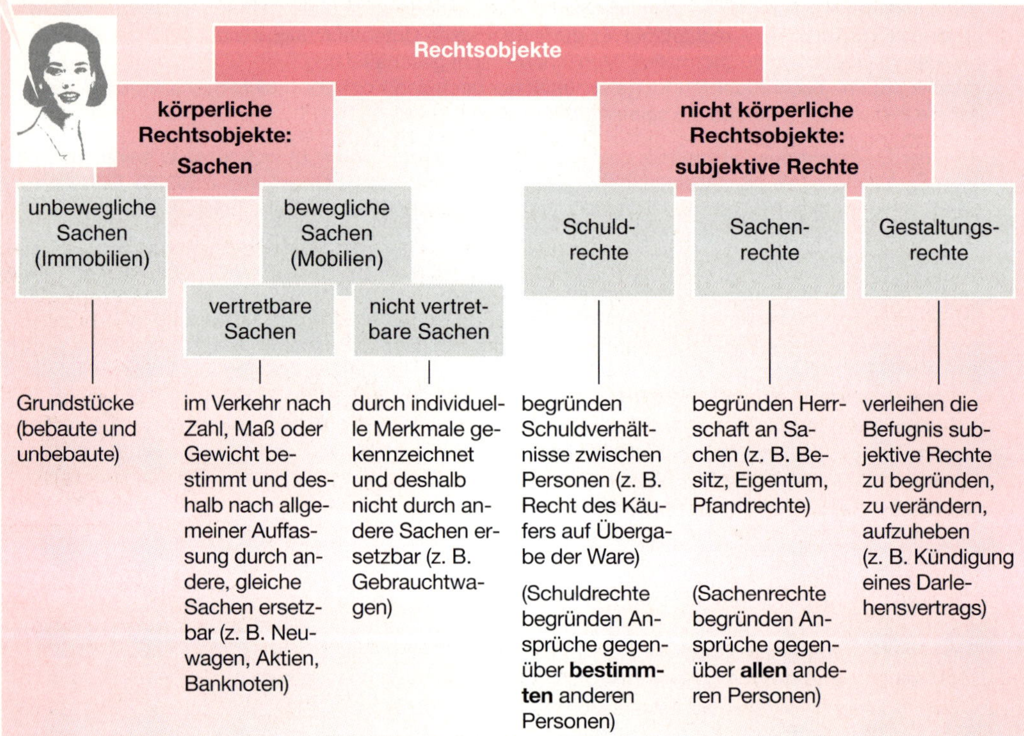

3.2 Eigentum und Besitz

Die wichtigsten und in der Praxis am häufigsten vorkommenden Rechte an Sachen sind Eigentum und Besitz.

- **Eigentum (BGB §§ 903 ff.) ist die rechtliche Herrschaft über eine Sache.**
- **Besitz (BGB §§ 854 ff.) ist die tatsächliche Herrschaft über eine Sache.**

Beispiel

Herr Pratz ist Eigentümer eines Hauses mit Einliegerwohnung. Am 1. Febr. 20.. vermietet er die Wohnung an Herrn Lehmann. Eigentümer ist nach wie vor Herr Pratz, Besitzer hingegen ist nun Herr Lehmann: Er hat die tatsächliche Herrschaft über die Wohnung.

Der Eigentümer kann folgende **Besitzverhältnisse** zu seiner Sache haben:

- Der Eigentümer hat die Sache: Er ist **unmittelbarer Besitzer.**
- Der Eigentümer hat die Sache verliehen, vermietet, verpachtet usw. (freiwillige Besitzübertragung): Er ist nur noch **mittelbarer Besitzer.** Der Mieter usw. ist **unmittelbarer Besitzer.** Er darf nur im Umfang der Abmachungen mit dem Eigentümer über die Sache verfügen (z. B. eine zum Gebrauch gemietete Wohnung nicht weitervermieten).
- Dem Eigentümer ist die Sache abhanden gekommen (Verlust, Diebstahl usw. = unfreiwillige Besitzaufgabe): Er ist **nicht Besitzer.** Ein Dieb oder Finder, der die Sache nicht abliefert, ist **bösgläubiger Besitzer;** er kann nicht Eigentümer werden. Der Eigentümer verliert sein Recht nämlich nur bei freiwilliger Aufgabe.
- Der Eigentümer lässt seine Herrschaft über die Sache durch einen anderen in abhängiger Stellung ausüben (z. B. Lkw: Fahrer): Er bleibt **unmittelbarer Besitzer.** Der andere heißt **Besitzdiener.**

Der rechtmäßige Besitzer kann sich gegen jeden mit Gewalt wehren, der ihm den Besitz unberechtigt entziehen will. Dies ist sein **Selbsthilferecht.** Gegen jede Störung oder Verletzung seines Besitzes kann er klagen.
Der Eigentümer kann mit seiner Sache tun, was er will.

Beispiel

Herr Meier hat einen Autoverleih.

- *Schutz des Eigentums:* Er darf seine Autos verkaufen, verleihen, vermieten, verschenken.
- *Verletzung der Rechte Dritter:* Er darf nicht ohne Erlaubnis das Nachbargrundstück befahren.
- *Verletzung der Rechte Dritter (Recht des Mieters auf Besitz):* Er darf einen Wagen, der für eine Woche vermietet wurde, nicht nach zwei Tagen zurückholen.
- *Verstoß gegen gesetzliche Bestimmungen:* Er darf seine Autos nicht unversichert verleihen.
- *Recht auf Besitz:* Er kann nach Ablauf der Mietzeit seinen Wagen zurückverlangen.
- *Selbsthilferecht:* Er kann sich gegen einen Dieb mit Gewalt wehren.

Die Übertragung von Eigentum und Besitz wird auf Seite 157 f. behandelt.

Arbeitsaufträge

1. In einem Aufsatz lesen Sie unter anderem folgende Sätze:

(1) Rechtssubjekte und Rechtsobjekte sind Träger von Rechten und Pflichten.
(2) Häuser sind bewegliche Sachen, da man sie auf- und wieder abbauen kann.
(3) Nagelneue 100-EUR-Scheine sind vertretbare Sachen, gebrauchte dagegen nicht.
(4) Da ein Buch eine Sache ist, ist das Recht auf Rückgabe eines verliehenen Buches ein Sachenrecht.
(5) Wenn Herr Jansen von Frau Schöne ein Moped kauft, so schuldet Frau Schöne ihm die Übergabe, durch die er Besitzer des Fahrzeugs wird. Das Besitzrecht ist folglich ein Schuldrecht.

Nehmen Sie Stellung zum Inhalt dieser Sätze, und korrigieren Sie die Fehler.

2. Herr Decker nimmt bei der Bank einen Kredit auf und übergibt zur Sicherheit ein wertvolles Schmuckstück als Pfand, welches die Bank im Fall ausbleibender Zinszahlung und Tilgung versteigern lassen kann.
Handelt es sich um ein Schuldrecht oder ein Sachenrecht
a) bei dem Pfandrecht der Bank an dem Schmuckstück,
b) bei der Darlehens- und Zinsforderung der Bank?

3. Gegeben sind die folgenden Tatbestände:
(1) Herr Schöne hat ein Haus geerbt, das er seit zwei Jahren bewohnt.
(2) Herr Schöne vermietet sein Haus an Familie Bender.
(3) Frau Fies findet eine Geldbörse mit 600,00 EUR und dem Ausweis von Frau Bölle. Zunächst legt sie die Börse zu Haus in die Schublade. Nach einer Woche stellt sie fest, dass sie knapp bei Kasse ist, und verbraucht das Geld.
(4) Herr Herborn lässt seine Ferienwohnung durch die Agentur Zaster verwalten.
Kennzeichnen Sie die aufgeführten Personen durch die Begriffe unmittelbarer Besitzer, mittelbarer Besitzer, nicht Besitzer, bösgläubiger Besitzer, Besitzdiener.

4. Frau Weber trägt eine Uhr am Handgelenk. Frau Tücke sieht sie und behauptet, sie gehöre ihr. Wer muss im Prozessfall den Nachweis über das Eigentumsrecht führen?

4 Willenserklärungen

4.1 Rechtsgeschäfte

Geschäftsfähige Personen nehmen durch Willenserklärungen am Rechtsleben teil. Durch Willenserklärungen entstehen Rechtsgeschäfte. Diese ziehen gewollte Rechtswirkungen nach sich.

Beispiel

Fall ...

Otto Krüger will seinem Prokuristen, Herrn Sause, einen Geschäftswagen stellen. Er schließt deshalb mit der Autohandlung Schröder einen Kaufvertrag ab. Der Wagen soll binnen 10 Tagen ausgehändigt werden. Inzwischen verunglückt Herr Sause bei einem Unfall tödlich. Krüger ist nun an dem Wagen nicht mehr interessiert. Er will ihn nicht abnehmen und auch den Kaufpreis nicht bezahlen. Er beruft sich darauf, dass er sich beim Abschluss des Kaufvertrages geirrt habe. Der Verkäufer erkennt dies nicht an und verklagt ihn auf Abnahme und Zahlung.

... und Beurteilung

Schröder und Krüger sind ein Rechtsgeschäft eingegangen. Darin haben beide rechtsverbindlich ihren Willen erklärt: Es soll ein Wagen geliefert und der Kaufpreis dafür bezahlt werden. Die Rechtssubjekte Schröder und Krüger treten durch ihre Erklärungen in bestimmte verbindliche Rechtsbeziehungen zueinander und zu den betroffenen Rechtsobjekten. So kann Krüger nicht die Lieferung ablehnen, weil sein ursprünglicher Beweggrund entfällt. Andererseits hat er ein Recht darauf, dass Schröder ihm vertragsgemäß das Eigentum an dem Wagen verschafft.

Die Willenserklärungen können **empfangsbedürftig** oder **nicht empfangsbedürftig** sein.

Beispiele

- *Ein Testament gilt auch dann, wenn die eingesetzten Erben keine Kenntnis davon haben. Das Testament ist eine nicht empfangsbedürftige Willenserklärung.*
- *Eine Kündigung gilt erst dann, wenn sie dem Vertragspartner zugegangen ist. Die Kündigung ist eine empfangsbedürftige Willenserklärung.*

Empfangsbedürftig sind Willenserklärungen, die an andere Personen gerichtet sind.

4.2 Einseitige und mehrseitige Rechtsgeschäfte

Man unterscheidet **einseitige** und **mehrseitige Rechtsgeschäfte.**

Rechtsgeschäfte

Einseitige Rechtsgeschäfte

Für die Rechtswirksamkeit genügt die Willenserklärung einer Person.
z. B.:
- Testamentserrichtung
- Mahnung
- Kündigung

Mehrseitige Rechtsgeschäfte (Verträge)

Für die Rechtswirksamkeit sind die übereinstimmenden, zielgerichteten Willenserklärungen zweier bzw. mehrerer Personen nötig.

einseitig verpflichtend

Nur ein Vertragspartner verpflichtet sich zu einer Leistung.
z. B.:
- Abtretung einer Forderung
- Übernahme einer Bürgschaft
- Schenkungsversprechen

mehrseitig verpflichtend

Alle Vertragspartner verpflichten sich zu einer Leistung.
z. B.:
- Kaufvertrag
- Leihvertrag
- Mietvertrag
- Arbeitsvertrag
- Werkvertrag
- Kreditvertrag

Wir bieten Ihnen an: Stahlblech ⇄ Wir bestellen: Stahlblech

Wer einen gültigen Vertrag geschlossen hat, ist verpflichtet, seine Leistungen genau entsprechend den getroffenen Vereinbarungen zu erbringen. Verträge heißen deshalb **Verpflichtungsgeschäfte.** Durch sie entsteht ein Schuldverhältnis.

Wer sein Fahrrad verkauft, bleibt noch so lange Eigentümer, bis er dem Käufer das Rad übergibt und so seine Verpflichtung erfüllt. Die Erfüllung stellt ein eigenes Rechtsgeschäft dar: das **Erfüllungsgeschäft.** Mit der Erfüllung erlischt das Schuldverhältnis und werden die Rechte an den betroffenen Sachen verändert.

Mehrseitige Rechtsgeschäfte

Verpflichtungsgeschäfte	Erfüllungsgeschäfte
• begründen ein Schuldverhältnis • gehören folglich zum Schuldrecht	• verändern Rechte an Sachen • gehören folglich zum Sachenrecht

Beispiel

Herr Krelle gibt bei Maler Pinzel ein Bild in Auftrag. Herr Pinzel verpflichtet sich zur Anfertigung des Bildes, Herr Krelle zur Bezahlung (Verpflichtungsgeschäft). Nach Fertigstellung übergibt Herr Pinzel das Bild, Herr Krelle den Kaufpreis (Erfüllungsgeschäft). Erst mit der Übergabe gehen Eigentum und Besitz am Bild auf Herrn Krelle, Eigentum und Besitz am Geld auf Herrn Pinzel über.

4.3 Bürgerliche Rechtsgeschäfte; Handelsgeschäfte

Die Rechtsgeschäfte von **Nichtkaufleuten** sind **bürgerliche Rechtsgeschäfte.** Für sie gelten die Vorschriften des BGB.

Alle Geschäfte eines **Kaufmanns,** die zum Betrieb seines Handelsgewerbes gehören sind dagegen **Handelsgeschäfte** (HGB § 343). Für sie gelten die Vorschriften des HGB (Spezialrecht für Kaufleute). Nur wenn der Sachverhalt nicht im HGB geregelt ist, sind die BGB-Vorschriften heranzuziehen. Das HGB regelt die Rechtsgeschäfte teilweise anders als das BGB. Es trägt damit der Tatsache Rechnung, dass der Handelsverkehr eine größere Flexibilität als der bürgerliche Rechtsverkehr erfordert, dass man andererseits vom Kaufmann aber auch eine größere Sorgfaltspflicht erwarten darf.

Beispiele

BGB	HGB
• Bürgschaften können nur schriftlich gegeben werden. • Unangemessen hohe Vertragsstrafen können durch Gerichtsbeschluss herabgesetzt werden.	• Bürgschaften können mündlich gegeben werden. • Unangemessen hohe Vertragsstrafen können durch Gerichtsbeschluss nicht herabgesetzt werden.

Weitere wichtige Unterschiede betreffen z. B. erweiterte Rechte und Pflichten des Kaufmanns im Fall von Störungen bei der Erfüllung von Verträgen.

Rechtsgeschäfte zwischen zwei Kaufleuten heißen **zweiseitige Handelsgeschäfte,** Rechtsgeschäfte zwischen einem Kaufmann und einem Nichtkaufmann **einseitige Handelsgeschäfte.** Letztere sind für den Kaufmann ein Handelsgeschäft, für den Nichtkaufmann ein bürgerliches Rechtsgeschäft. In diesem Fall gelten für beide Seiten die Vorschriften des HGB, wenn im HGB nicht ausdrücklich Ausnahmen davon bestimmt sind (HGB § 345). Solche Ausnahmen beziehen sich z. B. auf höhere Verzugszinsen und kürzere Rügefristen für Warenmängel, die lediglich für zweiseitige Rechtsgeschäfte gelten.

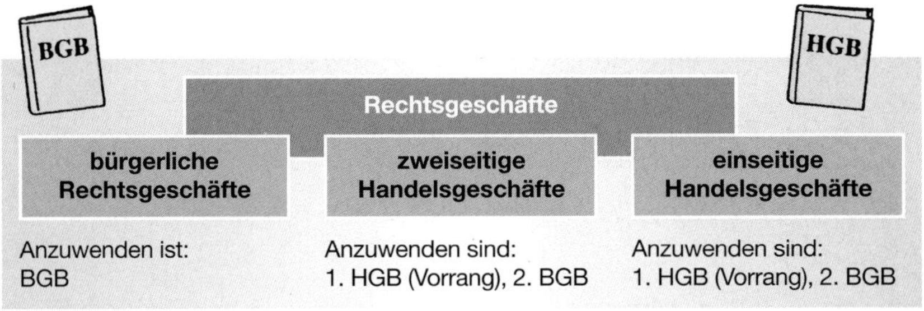

Arbeitsaufträge

1. Gegeben sind die folgenden Begriffe:

(1) einseitiges Rechtsgeschäft mit empfangsbedürftiger Willenserklärung
(2) einseitiges Rechtsgeschäft mit nicht empfangsbedürftiger Willenserklärung
(3) mehrseitiges Rechtsgeschäft, einseitig verpflichtend
(4) mehrseitiges Rechtsgeschäft, mehrseitig verpflichtend
(5) bürgerliches Rechtsgeschäft
(6) einseitiges Handelsgeschäft
(7) zweiseitiges Handelsgeschäft
(8) Verpflichtungsgeschäft
(9) Erfüllungsgeschäft

Geben Sie an, welche dieser Begriffe auf die folgenden Rechtsgeschäfte zutreffen.

a) Frau Umsicht setzt ihr Testament auf.
b) Herr Pfeiffer legt Einspruch gegen seinen Einkommensteuerbescheid ein.
c) Der Verkäufer übergibt dem Käufer eines Lkws Fahrzeugbrief, Fahrzeugschein, Fahrzeug und Schlüssel.
d) Spediteur Sause schließt mit der Handel GmbH einen Mietvertrag über die Anmietung einer Lagerhalle.
e) Ein Großhändler kauft fünf Büroschränke, davon vier beim Kaufhaus und einen gebrauchten bei seiner Ehefrau.
f) Die genannte Ehefrau verkauft ihren privaten Pkw an einen Angestellten ihres Mannes.
g) Wohnungseigentümer Leenen zahlt seinem ehemaligen Mieter Franzen per Banküberweisung die geleistete Mietkaution zurück.
h) Der als Bürokaufmann eingestellte Werner Breit kündigt seinen Arbeitsvertrag.

2. Für bestimmte Rechtsgeschäfte sind vorrangig die Vorschriften des HGB (vor denen des BGB) anzuwenden.

Geben Sie an, welche Rechtsvorschriften vorrangig für folgende Geschäfte gelten.

a) Elektrogroßhändler Blitz verkauft Kabel an Elektroeinzelhändler Stromer.
b) Elektroeinzelhändler Stromer verkauft Steckdosen an Hausmann Werker.
c) Da in Fall (b) Herr Werker nicht in der vereinbarten Frist zahlt, schickt Herr Stromer ihm eine Mahnung und berechnet darin Zinsen für die Verspätung (Verzugszinsen).
d) Hausmann Werker verkauft seinen Pkw an Gebrauchtwagenhändler Rostig.
e) Gebrauchtwagenhändler Rostig kauft bei einem Stadtbummel bei Elektroeinzelhändler Stromer eine Lampe für sein Wohnzimmer.
f) Elektroeinzelhändler Stromer verkauft seinen Privatwagen an Herrn Schlupp.

4.4 Form der Willenserklärungen

Willenserklärungen können im Allgemeinen in beliebiger Form abgegeben werden **(Formfreiheit).**

Grundlegende Formen für Willenserklärungen

Schriftliche (auch fernschriftliche) Willenserklärung
Werden solche Willenserklärungen mit dem Computer über das Internet als E-Mail (elektronische Post) versandt, erfolgt die Unterschrift durch eine sog. „qualifizierte digitale Signatur". Diese ist eine mit Hilfe einer mathematischen Funktion eindeutig verschlüsselte, fälschungssichere Datei.

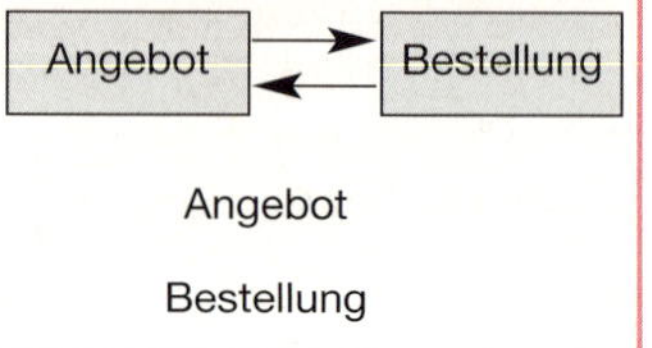

Mündliche (auch fernmündliche) Willenserklärung

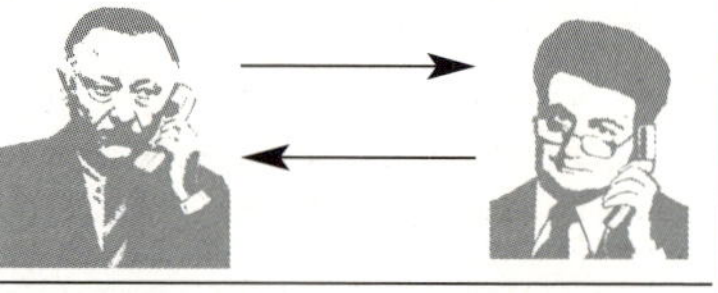

Stillschweigende Willenserklärung = schlüssige (konkludente) Handlung (z. B.: Lieferer sendet bestellte Ware)

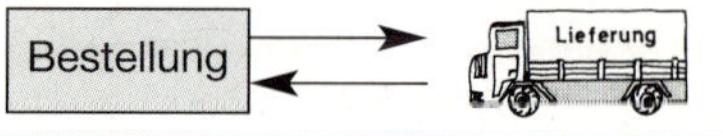

Für eine Anzahl von Willenserklärungen ist die Einhaltung einer bestimmten Form vorgeschrieben **(Formzwang).**

Vorgeschriebene Formen für Willenserklärungen

Schriftform mit handschriftlicher Unterschrift

z. B. Bürgschaftserklärungen von Nichtkaufleuten; Mietverträge über Wohnungen oder Grundstücke mit einer Dauer von über 1 Jahr; Abzahlungsgeschäfte; Verbraucherkredite; Schuldversprechen und -anerkenntnisse; Forderungsabtretungen. Die digitale Signatur ist nicht durchgehend zulässig (z. B. nicht für Bürgschaftserklärungen).

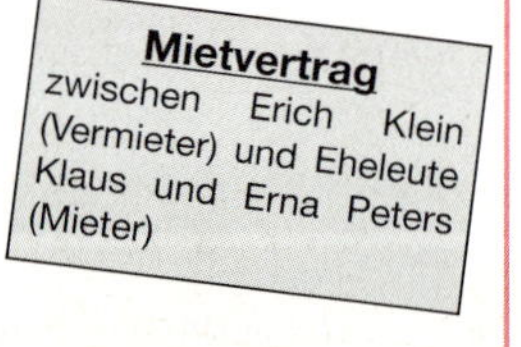

Öffentliche Beglaubigung

Die Echtheit der Unterschrift (nicht die Richtigkeit des Inhalts) unter einem Schriftstück wird von einem Notar beglaubigt,
z. B. bei Anmeldungen und Anträgen zu öffentlichen Verzeichnissen (Handels-, Genossenschaftsregister, Grundbuch)

Öffentliche Beurkundung

Der Notar errichtet selbst eine Urkunde und bestätigt Inhalt und Unterschriften, z. B. bei Grundstückskaufverträgen, Schenkungsversprechen, Veräußerung von Erbschaften oder Erbteilen, Verträgen von Eheleuten über die Regelung ihrer vermögensrechtlichen Verhältnisse

4.5 Nichtigkeit

Wird die gesetzlich vorgeschriebene Form nicht eingehalten, so ist das **Rechtsgeschäft nichtig,** d. h. von Anfang an unwirksam (BGB § 125).

Weitere Nichtigkeitsgründe

Verstoß gegen ein gesetzliches Verbot (BGB § 134), z. B. Rauschgifthandel, Schwarzarbeit

Verstoß gegen die guten Sitten (BGB § 138), z. B. Wucherzinsen, Ausnutzung von Notlagen, Unerfahrenheit, Leichtsinn

Abgabe der Willenserklärung durch Geschäftsunfähige (BGB § 104),
bei Bewusstlosigkeit (BGB § 105),
zum Scherz oder Schein (BGB §§ 117, 118)

In diesen Fällen fehlt der für die Gültigkeit des Rechtsgeschäfts notwendige Wille.

Zustimmungspflichtige Rechtsgeschäfte von beschränkt Geschäftsfähigen sind schwebend unwirksam, können aber durch die nachträgliche Genehmigung des gesetzlichen Vertreters wirksam werden.

4.6 Anfechtung

Willenserklärungen können angefochten werden, wenn sie nicht dem Willen des Abgebers entsprechen. Sie sind bis zur Anfechtung gültig, werden aber **durch die Anfechtung rückwirkend unwirksam** (BGB § 142).

Anfechtungsgründe

Arglistige Täuschung (BGB § 123)

Ein Mechaniker wird z. B. auf Grund gefälschter Zeugnisse eingestellt.

Widerrechtliche Drohung (BGB § 123)

Ein Angestellter droht z. B. seinem Chef mit einer Anzeige wegen gesetzeswidriger Chemikalienbeseitigung, wenn sein Gehalt nicht erhöht wird.

Anfechtungsfrist: 1 Jahr seit Kenntnis der Täuschung bzw. Aufhören der Zwangslage, längstens 10 Jahre (BGB § 124)

Hat der Getäuschte oder Bedrohte einen Schaden erlitten, so ist der Partner schadenersatzpflichtig (BGB § 823).

Irrtum

- **in der Erklärung** (BGB § 119): Man schreibt z. B. irrtümlich 12,00 EUR statt 120,00 EUR ins Angebot.
- **in der Übermittlung** (BGB § 120): Das durch die Telekom zugestellte Fax nennt z. B. einen anderen als den eingegebenen Preis.
- **in wesentlichen Eigenschaften der Person oder Sache** (BGB § 119): Der neu eingestellte, angeblich gut ausgebildete Kfz-Mechaniker ist seiner Aufgabe nicht im Geringsten gewachsen.

Anfechtungsfrist: unverzüglich (ohne schuldhafte Verzögerung) nach Entdeckung des Irrtums, längstens 30 Jahre (BGB § 121)

Wenn der Partner den Anfechtungsgrund nicht kennt oder kennen muss, so muss der Anfechtende ihm den Schaden ersetzen, den er im Vertrauen auf die Gültigkeit des Rechtsgeschäfts erleidet (BGB § 122). Das Gleiche gilt für die Nichtigkeit von Scherzgeschäften.

Unachtsamkeit, Nachlässigkeit und Irrtümer im Beweggrund bewirken **keine Anfechtbarkeit.**

Beispiele

- *Der Kunde liest die Allgemeinen Geschäftsbedingungen des Lieferers auf der Rückseite eines Angebots nicht genau durch, obwohl im Angebotstext darauf hingewiesen wird.*
- *In der Hoffnung auf einen Kursanstieg kauft Herr Huber Aktien. Die Kurse fallen jedoch.*
- *Ein Betrieb gibt auf Grund eines Kalkulationsfehlers ein Angebot ab, das die Kosten nicht deckt.*

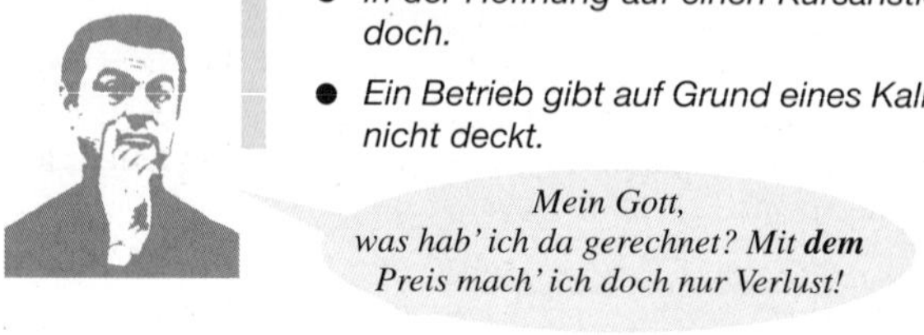

Angebot: 1 Schrank: 850,00 EUR

Arbeitsaufträge

1. Gegeben sind die folgenden Rechtsgeschäfte:

a) Herr Leichtfuß verbürgt sich gegenüber der Haushaltskreditbank für die Bankschulden seiner Tochter.
b) Frau Sesshaft kauft von Herrn Leichtfuß ein Mietshaus.
c) Frau Sesshaft lässt eine Hypothek auf das Mietshaus ins Grundbuch eintragen.
d) Herr Leichtfuß kauft die gesamte Ernte des Weinguts Klaus Zuckerwasser auf.
e) Herr Flachkopf kauft beim Möbelgeschäft Holzstich seine Wohnungseinrichtung und vereinbart Zahlung in 48 Monatsraten.

Geben Sie an, in welcher Form diese Rechtsgeschäfte abgeschlossen werden müssen.

2. Gegeben sind die folgenden Vorgänge:

(1) Hersteller Hastig hat dem Großhändler Rührig ein Angebot zu 3 300,00 EUR gemacht. Anschließend stellt er fest, dass er sich bei der Preisberechnung zu seinen Ungunsten um 980,00 EUR verkalkuliert hat. Rührig hat inzwischen das Angebot angenommen und sofort die Ware für 4 800,00 EUR weiterverkauft, was für ihn einen Gewinn von 1 200,00 EUR bedeutet.
(2) Der Dealer Graumann verkauft an den Süchtigen Janker 200 Gramm Kokain für 10 000,00 EUR. Der Preis erscheint Janker im Nachhinein doch reichlich überhöht.
(3) Der Getränkehändler Weinseel verkauft einem Kunden eine Flasche Bordeaux zum Preis von 13,00 EUR. Da er durch die Frage einer Verkäuferin abgelenkt wird, packt er dem Kunden eine daneben stehende Flasche alten Burgunder zu 26,00 EUR ein. Als der Kunde im Begriff ist, den Laden zu verlassen, bemerkt Weinseel seinen Irrtum.
(4) Peter Sause sitzt seit drei Stunden mit seinen Freunden Eberhard Durstig und Alex Fusel in der Kneipe. Nach einigen Körnchen und Bierchen ist er allmählich „sternhagelvoll". Seine Zunge wird immer lockerer. Als Freund Eberhard seine goldene Uhr bewundert, die 380,00 EUR gekostet hat, meint er: „Die gebe ich dir für'n Appel un'n Ei." Am nächsten Abend – Sause ist wieder bei Verstand – erscheint Durstig, legt einen Apfel und ein Ei auf den Tisch und will die Uhr abholen. Sause erinnert sich an nichts, aber Fusel bezeugt seine Worte.
(5) Irma Laduße kauft von Eddi Windig einen Gebrauchtwagen der Marke Fauweh Paßa für 9 000,00 EUR. Sie hat sich schriftlich bestätigen lassen, dass der Wagen unfallfrei ist. Am nächsten Tag erfährt sie nach dem Volltanken von ihrem Tankwart, dass dieser vor drei Wochen das eingedrückte Heck des Wagens repariert hat.

a) Welche der genannten Rechtsgeschäfte sind nichtig, welche anfechtbar? Begründen Sie jeweils die Nichtigkeit bzw. Anfechtbarkeit.
b) Geben Sie bei den anfechtbaren Geschäften an, binnen welcher Frist die Anfechtung erfolgen muss.
c) Nehmen Sie gegebenenfalls zur Problematik des Schadenersatzes Stellung.

4.7 Überblick über wichtige Vertragsarten

Vertragsarten	Inhalt	Partner	Gesetz
	Überlassungsverträge		
Mietvertrag	Gebrauchsüberlassung einer Sache gegen Entgelt	Mieter und Vermieter	BGB §§ 535–580 a
Darlehensvertrag	entgeltliche oder unentgeltliche Kreditgewährung auf Zeit mit Rückzahlungsverpflichtung	Darlehensgeber u. -nehmer	BGB §§ 488–498
Leihvertrag	Überlassung von Sachen zum Gebrauch ohne Entgelt	Verleiher und Leiher	BGB §§ 598–606
Pachtvertrag	entgeltliche Überlassung von Sachen und Rechten zum Gebrauch und Genuss der Früchte	Verpächter, Pächter	BGB §§ 581–597
	Betätigungsverträge		
Berufsausbildungsvertrag	Berufsausbildung mit Vergütung	Ausbildender, Auszubildender	Berufsbildungsgesetz
Dienstvertrag	Leistung von Diensten gegen Entgelt	Dienstberechtigter, Dienstverpflichteter	BGB §§ 611–630
speziell: **Arbeitsvertrag**	Leistung von Diensten als Arbeitnehmer	Arbeitgeber, Arbeitnehmer	BGB §§ 611–630 HGB §§ 59 ff. GewO §§ 105 ff.
Werkvertrag	Herstellung eines Werkes oder sonstigen Erfolgs gegen Entgelt	Unternehmer, Besteller	BGB §§ 631–650
Werklieferungsvertrag	Herstellung eines Werkes, zu dem der Unternehmer den Stoff stellt	Unternehmer, Besteller	BGB § 651
Gesellschaftsvertrag	vertragliche Vereinigung von Personen zur Erfüllung eines gemeinsamen Zwecks	Gesellschafter	BGB §§ 705–740 HGB §§ 105–237
Kontovertrag	entgeltliche Kontoführung	Kreditinstitut, Kunde	BGB § 675
	Veräußerungsverträge		
Kaufvertrag	Veräußerung von Sachen oder Rechten gegen Entgelt	Verkäufer, Käufer	BGB §§ 433–480 HGB §§ 373–382
Schenkung	unentgeltliche Veräußerung von Sachen oder Rechten	Schenker, Beschenker	BGB §§ 516–534
	Weitere Verträge		
Versicherungsvertrag	Ersatz eines Vermögensschadens (Schadensversicherung) bzw. Zahlung eines vereinbarten Kapitals oder einer Rente nach Eintritt des Versicherungsfalls gegen vorherige Prämienzahlung	Versicherer, Versicherungsnehmer	Gesetz über den Versicherungsvertrag § 1

5 Vertragsrecht am Beispiel des Kaufvertrags

5.1 Abschluss des Kaufvertrags

5.1.1 Übereinstimmende Willenserklärungen

Die Spirituosenfabrik Walter Diekers KG benötigt Flaschen. Deshalb werden Anfragen an verschiedene Lieferer mit der Bitte um Abgabe eines Angebots geschickt. Die eingehenden Angebote werden verglichen. An den günstigsten Lieferer, die Dausenauer Glas AG, ergeht eine Bestellung.

Dausenauer Glas Aktiengesellschaft

GLASHÜTTE

Dausenauer Glas, Postfach 5, 56132 Dausenau

Walter Diekers KG
Spirituosenfabrik
Nordstraße 11

40477 Düsseldorf

Ihr Zeichen, Ihre Nachricht	Unser Zeichen	Telefon, Name	Datum
wd-se 20..-06-10	li-th	02603 899-256	20..-06-18

Angebot

Sehr geehrter Herr Diekers,

für Ihre Anfrage danken wir Ihnen.

Wir sind in der Lage, Flaschen nach dem uns eingesandten Muster zu fertigen, und bieten Ihnen an:

Flaschen (nach Muster)
bei einer Mindestabnahme von 20 000 Stück pro Jahr zu 0,45 EUR je Stück zuzüglich Mehrwertsteuer.

Bei einer Jahresabnahme von 40 000 Stück erhalten Sie einen Bonus von 10 %, bei mehr als 50 000 Stück 15 % Bonus.

Der Preis gilt ab Werk und Lager Dausenau. Die Lieferung erfolgt per Lkw durch eine Spedition. Verpackungskosten sind im Preis enthalten.

Unsere Rechnungen sind 30 Tage nach Lieferungseingang netto Kasse oder nach 10 Tagen mit 2 % Skonto zu begleichen.

Erfüllungsort ist Dausenau, Gerichtsstand ist Koblenz.

Unser Angebot gilt bis zum Jahresende.

Wir freuen uns, schon bald von Ihnen zu hören.

Mit freundlicher Empfehlung

Dausenauer Glas AG

ppa. Petersen
Petersen

i. V. Liebig
Liebig

Dausenauer Glas AG
Röderweg 3
56132 Dausenau

Amtsgericht Bad Ems
HRB 623
Vorstand: Klaus Hahn (Vorsitz)
Erwin Müller, Dr. Bernd Sohl
Aufsichtsratsvorsitzender
Günter Vogel

Tel. 02603 899-0
Fax 02603 899 41
E-Mail:
dausenauglas@t-online.de

Bank:
Deutsche Bank,
Bad Ems
Konto-Nr. 1 500 478
BLZ 570 700 01

Walter Diekers KG
Spirituosenfabrik

W D KG

W. Diekers KG · Nordstr. 11 · 40477 Düsseldorf

Dausenauer Glas AG
Glashütte
Postfach 5

56132 Dausenau

Ihr Zeichen, Ihre Nachricht	Unser Zeichen	Telefon, Name	Datum
li-th 20..-06-18	wd-se	0211 2030-20	20..-06-30

Auftrag Nr. 53/7156

20 000 Flaschen (nach Muster)
je Stück 0,45 EUR zuzüglich Mehrwertsteuer.

Lieferung: je 5 000 Stück in der 32., 37., 42. und 47. Woche.

Der Kaufvertrag ist ein zweiseitiges Rechtsgeschäft. Er beinhaltet die Veräußerung von beweglichen Sachen (Waren), unbeweglichen Sachen (Immobilien) oder Rechten (z. B. Lizenzen) gegen Entgelt (Gegensatz: Schenkung, d. h. unentgeltliche Veräußerung).
Grundlegende Regelung: BGB §§ 433–480.

Jeder Vertrag kommt durch mindestens zwei übereinstimmende Willenserklärungen zustande. Sie heißen Antrag und Annahme.

Der Käufer kann auch ohne vorausgehendes Angebot eine Bestellung (Auftrag) an den Verkäufer richten. Der Verkäufer nimmt dann die Bestellung durch eine Bestellungsannahme (Auftragsbestätigung) an.

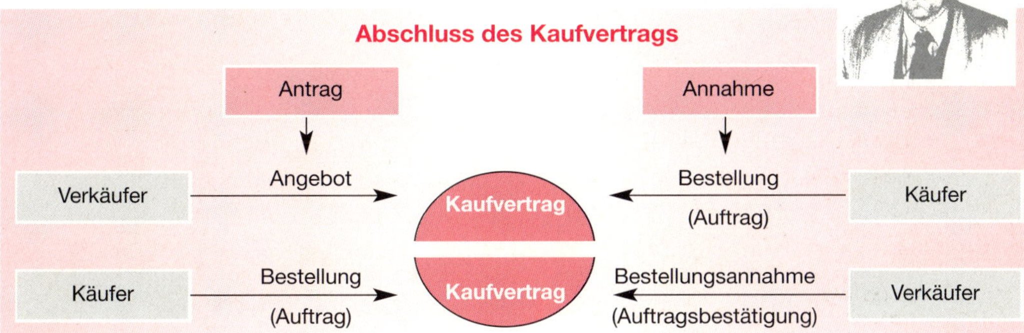

Bei Kaufverträgen über Waren sind diese Willenserklärungen nicht an eine bestimmte Form gebunden. Sie können z. B. mündlich, fernmündlich, brieflich, durch E-Mail oder Fernkopie (Telefax) abgegeben werden.

5.1.2 Antrag zum Kaufvertrag

Ein Angebot wird oft auf Grund einer Anfrage des Kunden abgegeben. Eine **Anfrage** ist kein Antrag zu einem Kaufvertrag, sondern eine völlig **unverbindliche Erkundigung** oder eine Aufforderung zur Abgabe eines Angebots.

Ein Antrag gilt nur als solcher, wenn er an eine bestimmte Person gerichtet ist.

Anpreisungen von Waren, die an die Allgemeinheit gerichtet sind, gelten deshalb nicht als Anträge (z. B. Werbebriefe, Schaufensterauslagen, Zeitungsanzeigen, Prospekte, Kataloge, Warenauslagen in Selbstbedienungsgeschäften). Sie stellen ebenfalls Anforderungen zur Abgabe eines Antrags dar und verpflichten nicht.

Angebot, Bestellung und Bestellungsannahme hingegen sind bindende Willenserklärungen (BGB § 145).

Die Willenserklärungen sind **empfangsbedürftig.** Ein Angebot z. B. bindet den Verkäufer erst, wenn es beim Käufer eingeht. Es kann deshalb rechtzeitig widerrufen werden. Das ist der Fall, wenn der **Widerruf** spätestens mit dem Angebot selbst eintrifft. Mit dem Widerruf erlischt das Angebot. Das Gleiche gilt für Bestellung und Bestellungsannahme (BGB § 130).

Der Verkäufer kann sein Angebot (oder Teile davon) auch unverbindlich machen. Dazu fügt er so genannte **Freizeichnungsklauseln** ein.

Beispiel

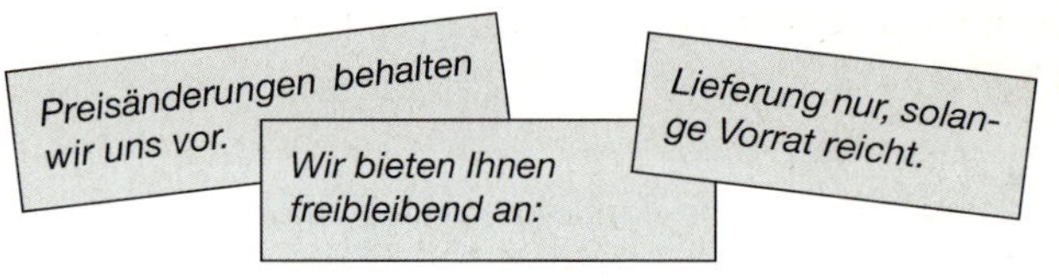

Ein Antrag zum Kaufvertrag ist auch die **Zusendung unbestellter** Waren. Wenn der Empfänger nicht Kaufmann, sondern „Privatmann" ist, stellt sie allerdings unlauteren Wettbewerb dar.

5.1.3 Annahme des Antrags

Ein Antrag unter Anwesenden muss sofort angenommen werden. Sonst erlischt die Bindung des Antragstellers. Dies gilt auch für einen Antrag per Telefon (BGB § 147 Abs. 1).
Ein Antrag an einen Abwesenden kann nur bis zu dem Zeitpunkt angenommen werden, in welchem man den Eingang der Antwort unter regelmäßigen Umständen erwarten darf (BGB § 147 Abs. 2).

„Unter regelmäßigen Umständen" bedeutet:

Der Antragende muss seinem Partner die Zeit für die Übermittlung des Antrages, eine angemessene Bearbeitungs- und Überlegungsfrist und die Zeit für die Übermittlung der Annahme zugestehen. Er kann dabei davon ausgehen, dass der Partner für seine Antwort ein mindestens gleich schnelles Kommunikationsmittel benutzt.

Beispiel

Antrag: *Telefax*
Annahme: *Telefon, Telefax, E-Mail*

Im Hinblick auf die Bearbeitungszeit muss der Antragende gegebenenfalls saisonbedingt vermehrten Arbeitsanfall, Urlaub, Einholen notwendiger Auskünfte, Beschlussfassung durch das zuständige Organ im Betrieb des Empfängers berücksichtigen. Bei brieflichen Anträgen ist eine Frist von einer Woche angemessen.

Geht die Annahme des Antrags verspätet ein, so gilt diese als neuer Antrag (BGB § 150). Musste der Antragsteller erkennen, dass die Annahme rechtzeitig abgeschickt wurde und die Verspätung durch Transportverzögerung entstand (z. B. Fehlleitung durch die Post), so muss der Antragende seine Ablehnung dem Geschäftspartner unverzüglich nach Eingang der verspäteten Annahme mitteilen. Sonst gilt die Annahme als nicht verspätet (BGB § 149).

Bei einem **befristeten Antrag** ist der Antragsteller bis zum Ablauf der Frist gebunden. Danach erlischt der Antrag (BGB § 148).

Die **rechtzeitige Annahme** des Antrags ist Grundvoraussetzung für das Zustandekommen eines Vertrags. Außerdem muss der Antrag **unverändert angenommen** werden:

Eine Annahme unter Erweiterungen, Einschränkungen oder sonstigen Änderungen gilt als Ablehnung, verbunden mit einem neuen Antrag (BGB § 150 Abs. 2).

Wenn allerdings Käufer und Verkäufer in ihren Erklärungen jeweils auf ihre voneinander abweichenden Allgemeinen Einkaufs- bzw. Verkaufsbedingungen hinweisen, so bleibt der Vertrag wirksam und richtet sich in den sich widersprechenden Punkten nur nach dem Gesetz (BGB § 306).

Eine förmliche Annahme kann auch durch **schlüssige Handlung** ersetzt werden. (Der Kunde bestellt, der Verkäufer sendet die Ware zu[1].)

Schweigen auf einen Antrag bedeutet grundsätzlich Ablehnung des Antrags. Ein Sonderfall liegt vor, wenn eine Annahmeerklärung nach der Verkehrssitte nicht zu erwarten ist oder der Antragende auf sie verzichtet hat (BGB § 151). Dies kann z. B. der Fall sein, wenn in Vorverhandlungen bereits Einigkeit erzielt wurde. Dann bedeutet Schweigen Annahme.

Wer unbestellte Waren erhält und daraufhin schweigt (z. B. nicht zahlt), lehnt ebenfalls die Sendung ab. Er muss sie lediglich eine angemessene Zeit aufbewahren. Das Schweigen bedeutet nur dann Annahme, wenn der Empfänger Kaufmann ist und mit dem Absender in ständiger Geschäftsverbindung steht.

Eine **Bestellungsannahme** ist nur dann unerlässlich,

- wenn der Kunde ohne vorausgehendes Angebot bestellt,
- wenn das vorausgehende Angebot freibleibend war.

---

[1] *Vgl. S. 138*

Sie kann jedoch durch sofortige Lieferung der Ware ersetzt werden. Trotzdem verwendet der Lieferer auch sonst gern die Bestellungsannahme, um

- Missverständnissen vorzubeugen,
- seinen Dank auszudrücken,
- sie zugleich als Rechnung und/oder Versandanzeige zu verwenden,
- seine allgemeinen Lieferungsbedingungen anzubringen.

Schiebt der Lieferer durch die Bestellungsannahme Vertragspunkte nach, die in Antrag und Annahme noch nicht geregelt waren, so muss der Käufer unverzüglich widersprechen, wenn er nicht einverstanden ist. Ohne Widerspruch besteht die Rechtsvermutung der Richtigkeit und Vollständigkeit.

Arbeitsaufträge

1. Schneider & Co. erhalten von Nadeler & Söhne folgendes briefliches Angebot vom 16. Nov., welches am 18. Nov. eintrifft:
„Gabardine-Stoff gemäß beigefügtem Musterkatalog. Preis gemäß Preisliste. Angebot freibleibend."
Schneider & Co. bestellen am 19. Nov. 20 Ballen gemäß Musterkatalog und Preisliste mit 15 % Rabatt. Der Brief geht am selben Tag zur Post und kommt am 21. Nov. an.
a) Erläutern Sie die Bindung der Parteien an ihre Willenserklärungen.
b) Erläutern Sie die Möglichkeit eines Widerrufs durch Schneider & Co.
c) Begründen Sie, warum durch die beiden Willenserklärungen kein Kaufvertrag zustande kommt.
d) Erläutern Sie ausführlich, wie Nadeler & Söhne vorgehen müssten, damit doch noch ein Kaufvertrag zustande kommt.

2. Untersuchen Sie die Schriftstücke auf Seite 142 und 143.
a) Beurteilen Sie, ob ein rechtsgültiger Kaufvertrag geschlossen wird.
b) Bis wann müsste das Angebot spätestens angenommen werden?
c) Bis wann könnte das Angebot noch widerrufen werden?
d) Enthält das Angebot Freizeichnungsklauseln?
e) Begründen Sie, ob für das Zustandekommen eines Kaufvertrags noch eine Bestellungsannahme erforderlich ist.
f) Auch wenn keine Bestellungsannahme erforderlich sein sollte, kann sie doch von Nutzen sein. Erläutern Sie dies und fertigen Sie ein entsprechendes Schreiben an.

5.2 Inhalt des Kaufvertrags

Die Rechte und Pflichten von Verkäufer und Käufer ergeben sich aus dem Inhalt des Kaufvertrags. Deshalb legt man in der Praxis – besonders bei hohen Warenwerten – folgende Punkte oft bis ins Einzelne in Angebot und Bestellung fest:

- Art, Beschaffenheit, Qualität der Ware,
- Warenmenge,
- Warenpreis und Preisnachlässe,
- Erfüllungsort,
- Gerichtsstand,
- Beförderungskosten,
- Verpackungskosten,
- Lieferzeit,
- Zahlungstermin,
- Eigentumsübergang,
- Regelung der Liefer-, Annahme- und Zahlungsstörungen sowie mangelhafte Lieferung.

Für Sachverhalte, die nicht in Angebot und Bestellung selbst aufgeführt sind, verweisen gewerbliche Vertragspartner in der Regel auf die Gültigkeit ihrer Allgemeinen Geschäftsbedingungen (AGB). Wird ein Sachverhalt auch in den AGB nicht geregelt, so gelten die gesetzlichen Bestimmungen. Für Punkte, in denen die AGB des Verkäufers und des Käufers einander widersprechen, gelten ebenfalls die gesetzlichen Bestimmungen.

5.2.1 Art, Beschaffenheit, Qualität der Ware

Die **Art der Ware** ergibt sich aus ihrem Namen. **Beschaffenheit und Qualität** können z. B. durch genaue Bezeichnung, Beschreibung, Abbildungen, Modelle, Muster, Proben, Marken, Güteklassen festgelegt werden. Wenn nötig, sind Zeichnungen, Modelle, Muster, Qualitätsbezeichnungen, Fabrikate mit Bestellnummern anzugeben.

Je nach Festlegung von Warenart und -beschaffenheit unterscheidet man auch verschiedene Arten des Kaufvertrags:

Kaufvertragsarten nach Festlegung von Warenart und -beschaffenheit

Stückkauf (Spezieskauf)

Die Vertragspartner haben die Kaufsache konkret bestimmt (z. B. ein bestimmter Pkw Renault Twingo). Sie kann vertretbar sein (bestimmter Neuwagen) oder nicht vertretbar (bestimmter Gebrauchtwagen).

Gattungskauf (BGB § 243, HGB § 360)

Die Vertragspartner haben die Kaufsache nur der Gattung nach bestimmt (d. h. anhand von ihnen festgelegter Merkmale, z. B. Typ, Sorte, Qualität). Der Verkäufer kann jede Sache liefern, die diese Merkmale aufweist. Meist sind die Sachen vertretbar (z. B. alle Neuwagen Typ Renault Twingo Liberty), bisweilen auch nicht (z. B. Gebrauchtwagen Renault Twingo Liberty, Baujahr 2000). Wenn die Sachen nicht wegen industrieller Produktion ohnehin völlig gleichartig sind, sind Sachen mittlerer Art und Güte zu liefern.

Wichtig:

Hat der Verkäufer die geschuldete Gattungssache bereitgestellt, so wird sie zur Stückschuld und er muss nur noch sie liefern.

Bestimmungskauf (Spezifikationskauf) (HGB § 375)

Gattungskauf, bei dem der Käufer das Recht hat, Einzelheiten der Kaufsache (z. B. Länge, Farbe) erst später zu bestimmen (zu spezifizieren). Versäumt er den Termin, so kann der Verkäufer eine angemessene Nachfrist setzen und nach ihrem Ablauf selbst die Spezifikation vornehmen.

Kauf nach Besicht

Der Käufer besichtigt/prüft die Kaufsache vor Vertragsabschluss um etwaige Mängel festzustellen und kauft sie dann „wie besehen“. Der Verkäufer haftet nicht für später festgestellte Mängel.

Kauf zur Probe

Der Käufer kauft fest eine Probemenge. Bei Zufriedenheit stellt er ggf. weitere Käufe in Aussicht.

Kauf nach Probe (nach Muster)

Der Käufer kauft eine Sache, die einer Probe/einem Muster oder einer früheren Lieferung entsprechen muss.

Kauf auf Probe (zur Ansicht) (BGB § 454)

Kauf mit Rückgaberecht innerhalb einer vereinbarten Frist nach Lieferung.

5.2.2 Warenmenge

Die Menge wird in der Regel in einer gebräuchlichen Maßeinheit (z. B. in Stück, m, m^2, m^3, kg, l) angegeben. Ohne Mengenangabe im Angebot ist der Lieferer verpflichtet jede handelsübliche Menge zu liefern.

Wird die Menge gewichtsmäßig angegeben, so gilt:

Bruttogewicht – Verpackungsgewicht (Tara) = Nettogewicht.

5.2.3 Warenpreis

Der Preis ist in der vereinbarten Art und Menge zu zahlen. So kann z. B. die Zahlung in inländischer, aber auch in ausländischer Währung vereinbart werden (BGB § 244).

Die Angabe kann als Gesamtpreis oder als Preis pro Einheit (z. B. pro Stück, Paar, Dutzend, Liter, 100 kg) erfolgen.

Ist der Preis auf das Gewicht bezogen, so gilt:

Ohne besondere Vereinbarung bezieht sich der Preis der Ware auf das Nettogewicht. Vom Bruttogewicht ist also das Verpackungsgewicht für die Preisberechnung abzuziehen. Die Preisstellung lautet: „Preis netto“.
Der Vertrag oder der Handelsbrauch des Erfüllungsortes können bestimmen, dass der Kaufpreis sich auf das Bruttogewicht bezieht (HGB § 380). Die Preisstellung lautet: „Preis brutto“.

Durch **Preisnachlässe (Rabatte)** und **Preiszuschläge** werden an sich einheitliche Angebotspreise gegenüber den Kunden differenziert. Einzelheiten dazu finden Sie auf Seite 52 f.

5.2.4 Erfüllungsort (Leistungsort)

Der Erfüllungsort ist der Ort, an dem der Schuldner die geschuldete Leistung auf seine Kosten und Gefahr vertragsgemäß bereitstellen muss. Dadurch wird er von seiner Verpflichtung frei. Die späteren Kosten und Gefahren muss der Vertragspartner tragen. Warenschuldner ist der Verkäufer, Geldschuldner der Käufer.

An **Kosten** können z. B. auftreten: Verpackungs-, Wiege-, Prüf-, Versicherungs-, Transport-, Umschlagskosten.
Das Tragen der **Gefahr** wird auch als **Gefährdungshaftung**[1] bezeichnet: Der Schuldner muss bis zur Übergabe am Erfüllungsort für einen zufälligen (d. h. unverschuldeten) Untergang und eine zufällige Verschlechterung der Leistung einstehen. Übergibt er die Leistung an einem anderen Ort, so trägt er ebenfalls die Gefährdungshaftung bis zur Übergabe (BGB § 446).

[1] *Haftung ist die Pflicht, für verursachte Schäden und Mängel einzustehen. Verschuldenshaftung setzt ein schuldhaftes Herbeiführen des Schadens voraus, Gefährdungshaftung nicht.*

Für ein Verschulden haftet der Schuldner natürlich in jedem Fall (sog. Verschuldenshaftung). Ein Verschulden liegt vor, wenn der Schuldner vorsätzlich handelt (d. h. den Schaden willentlich herbeiführt) oder fahrlässig handelt (d. h. die erforderliche Sorgfalt außer Acht lässt). Grobe Fahrlässigkeit bedeutet ein in besonderem Maße unsorgfältiges Verhalten.

Der Verkäufer muss z. B. sorgfältig sein in der Auswahl der Verpackung, des Spediteurs bzw. Frachtführers, des Transportweges und des Transportmittels. Er darf auch nicht ohne dringenden Grund von besonderen Anweisungen des Käufers über die Art der Versendung (z. B. Spezialverpackung, gewünschter Spediteur) abweichen (BGB § 447 Abs. 2).

Arten des Erfüllungsortes

vertraglicher Erfüllungsort	**natürlicher Erfüllungsort**	**gesetzlicher Erfüllungsort**
Durch vertragliche Vereinbarung festgelegter Erfüllungsort. (Diese Vereinbarung kann auch stillschweigend erfolgen. So gilt bei den Zuschickungskäufen des täglichen Lebens oft die Wohnung des Käufers stillschweigend als Erfüllungsort für die Warenschuld vereinbart.)	Erfüllungsort, der sich aus den Umständen, insbesondere der Natur des Schuldverhältnisses ergibt. So gilt bei der Lieferung von Baumaterial die Baustelle, bei der Lieferung von Heizöl an den Endverbraucher der Ort des Heizkessels als natürlicher Erfüllungsort.	Für alle anderen Fälle ist in BGB §§ 269, 270 der Erfüllungsort gesetzlich festgelegt: Es ist der Wohnsitz (bei Gewerbetreibenden der Geschäftssitz) des jeweiligen Schuldners. Beim Platzgeschäft (Kauf mit Zusendung der Leistung innerhalb der politischen Gemeinde) ist es seine Adresse.

Ist einem Geschäft der gesetzliche Erfüllungsort zu Grunde zu legen, so gilt Folgendes für Warenschuld und Geldschuld:

Warenschuld	**Geldschuld**
• Erfüllungsort ist der Ort des Verkäufers. Der Käufer muss die hier vertragsgemäß bereitgestellte Ware auf seine Kosten und Gefahr abholen (sog. Holschuld). • Versendet der Verkäufer auf Verlangen des Käufers die Ware nach einem anderen Ort als dem Erfüllungsort (sog. Versendungskauf), so muss der Verkäufer die Ware zwar abschicken; Kosten und Gefahr des Versands liegen aber ab Übergabe der Ware an den Spediteur, Frachtführer oder sonstigen Beförderer beim Käufer (BGB § 446, sog. Schickschuld). Dies gilt auch, wenn der Verkäufer den Transport selbst ausführt oder durch eigenes Personal ausführen lässt. Jedoch haf-tet er dann nach herrschender Meinung für durch ihn oder sein Personal verschuldete Schäden[1].	• Erfüllungsort ist der Ort des Käufers. Hier muss er das Geld am Fälligkeitstag abschicken, z. B. überweisen (sog. Schickschuld). Im Unterschied zur Warenschuld als Schickschuld beim Versendungskauf besteht allerdings eine Besonderheit: Der Käufer muss die Kosten der Übermittlung (z. B. Überweisungskosten) und die Verlustgefahr tragen. *Merke: Warenschulden sind* ***grundsätzlich*** *Holschulden, Geldschulden sind Schickschulden.* 

[1] *Vgl. Palandt, Bürgerliches Gesetzbuch, 55. Auflage, S. 506 f.*

Die stärkere Vertragspartei (z. B. ein Alleinanbieter, ein Großabnehmer) kann oft ihre Allgemeinen Geschäftsbedingungen durchsetzen und ihren eigenen Sitz als Erfüllungsort für beide Parteien erzwingen. Die andere Partei muss ihre Leistung dann vertragsgemäß (kostenfrei, pünktlich, fehlerfrei) an diesen Ort bringen. Dafür haftet sie. Ihre Schuld wird zu einer sog. **Bringschuld.**

Beispiel

Verkäufer:	Elektro GmbH, Essen	Über den Erfüllungsort ist keine Vereinbarung getroffen. Der Käufer hat Versand durch die Spedition Erler, Essen und Nürnberg, vorgeschrieben.
Käufer:	Haushaltscenter, Nürnberg	
Ware:	40 Kühlschränke	
Preis:	3 900,00 EUR, zahlbar am 10. Aug. 20..	

Erfüllungsort des Verkäufers ist Essen. Er muss die Ware transportsicher verpacken und ordnungsgemäß dem Spediteur Erler übergeben. Handelt er fahrlässig, so dass die Ware z. B. auf dem Transport wegen mangelhafter Verpackung beschädigt wird, so haftet er dem Käufer. Das Risiko für zufälligen Verlust, Beschädigung oder Untergang auf dem Transport trägt dagegen das Haushaltscenter als Käufer. Es muss auch Ersatzansprüche gegen den Spediteur geltend machen, wenn dieser einen Schaden verursacht.

Erfüllungsort des Käufers ist Nürnberg. Von dort muss er pünktlich am 10. Aug. 20.. den Kaufpreis überweisen. Verzögert sich die Überweisung, so haftet er nicht. Andererseits muss er die Überweisungskosten tragen. Geht der Überweisungsbetrag verloren, so muss der Käufer noch einmal zahlen. Wegen Schadenersatzes kann er sich gegebenenfalls an sein Kreditinstitut halten.

5.2.5 Gerichtsstand

Der Gerichtsstand ist der Ort des für Rechtsstreitigkeiten zuständigen Gerichts.

Für Streitigkeiten aus einem Vertragsverhältnis gilt: Der Gegner ist an dem Ort zu verklagen, an dem er die streitige Verpflichtung erfüllen muss. Das ist grundsätzlich der natürliche Erfüllungsort, in Ermangelung dessen der gesetzliche Erfüllungsort. Nur bei Kaufleuten[1] ist ein vertraglicher Erfüllungsort auch zugleich Gerichtsstand (ZPO § 29).

Kaufleute können untereinander auch einen anderen Gerichtsstand vereinbaren, unabhängig vom Erfüllungsort (ZPO § 38). Dabei wird jeder versuchen den eigenen Ort als Gerichtsstand durchzusetzen.

5.2.6 Beförderungskosten

An Beförderungskosten treten im Wesentlichen auf: Rollgeld (Hausfracht) für An- und Abfuhr, Lade- und Entladegebühren, Fracht.

Der Verkäufer muss die Ware auf seine Kosten am Erfüllungsort bereitstellen. Alle weiteren Beförderungskosten trägt der Käufer. Im Kaufvertrag wird die Übernahme der Beförderungskosten aber häufig gesondert geregelt.

Man beachte: Eine solche Regelung für sich allein verändert keinesfalls den Erfüllungsort!

---

[1] *Vgl. S. 233 ff.*

Einige gängige vertragliche Regelungen hinsichtlich der Beförderungskosten

Verkäufer — Versandstation — Empfangsstation — Käufer

Abmachungen	Rollgeld Hausfracht	Ladegebühr	Fracht	Entladegebühr	Rollgeld Hausfracht
„ab Werk"	Käufer trägt alle Kosten				
„unfrei" „frei Bahnhof hier" „ab Versandstation"	Verkäufer	Käufer			
„frei Waggon" „frei Schiff"	Verkäufer		Käufer		
„frei", „franko" „frei Bahnhof dort" „frei Empfangsstation"	Verkäufer			Käufer	
„frei Haus"	Verkäufer trägt alle Kosten				

Es gibt darüber hinaus im Innen- und Außenhandel eine große Zahl weiterer möglicher Vereinbarungen.

5.2.7 Verpackungskosten

Der Verkäufer trägt nach BGB die Kosten der Aufmachungsverpackung (z. B. Papiertüten). Sie sind Kosten der Übergabe.
Der Käufer trägt die Kosten der Schutz- und Versandverpackung (z. B. Kartons, Kisten) nach einem anderen Ort als dem Erfüllungsort. Sie sind Kosten der Abnahme (BGB § 448 Abs. 1). Die entsprechende Klausel heißt: „Preis ausschließlich Verpackung".

Übernimmt der Verkäufer vertraglich die Kosten der Versandverpackung, so lautet die Klausel: **„Preis einschließlich Verpackung".**

Häufig wird vereinbart, dass der Kunde teures Verpackungsmaterial frachtfrei gegen Gutschrift der Kosten oder eines Teils der Kosten zurücksenden kann.

5.2.8 Lieferzeit

Wenn nichts anderes vereinbart oder aus den Umständen zu entnehmen ist, kann der Gläubiger die Leistung sofort verlangen, der Schuldner sie sofort bewirken. Ist eine Zeit festgelegt, so darf im Zweifel[1] der Schuldner schon vorher leisten (BGB § 271).

Diese Vorschrift gilt sowohl für die Lieferung als auch für die Zahlung.

Ist sofort zu liefern, so liegt ein **Sofortkauf** vor, ist später zu liefern, ein **Terminkauf.**

---

[1] *„Im Zweifel" bedeutet: wenn nichts anderes vereinbart oder aus den Umständen zu entnehmen ist.*

Eine wichtige Besonderheit stellt der **Fixkauf** dar:

Beim Fixkauf ist vereinbart, dass die Lieferung zu einem genau bestimmten Zeitpunkt oder innerhalb einer fest bestimmten Frist erfolgen muss (BGB § 323 (2) 2.).

Der Kaufvertrag steht und fällt mit der Einhaltung des Termins bzw. der Frist. Dazu ist erforderlich, dass man den diesbezüglichen Willen der Vertragspartner an einer eindeutigen **Fixklausel** erkennen muss.

Beispiel

- *„Lieferung am 20. Oktober 20.. fest" („fix", „exakt", „genau", „präzis", „prompt", „spätestens")*
- *„Lieferung bis 20. Oktober 20.., spätestens bis 18:00 Uhr"*

5.2.9 Zahlungstermin

Ohne anderweitige Vereinbarung kann der Lieferer sofortige Zahlung bei Übergabe der Ware verlangen (BGB § 271): Barkauf mit Zahlung „Zug um Zug". Gebräuchliche Formel: „Zahlung netto" oder „netto Kasse".

Beim Versendungskauf erfolgt die Barzahlung oft als Nachnahme: Der Überbringer (Post, Frachtführer, Spediteur) darf die Ware dem Käufer nur gegen Zahlung herausgeben.

Häufige Zahlungsvereinbarungen
Vorauszahlung, Anzahlung
Üblich bei Großaufträgen (z. B.: „10 % bei Produktionsaufnahme, 30 % bei Montagebeginn, 40 % bei Übergabe, 20 % drei Monate nach Übergabe). Der Käufer trägt einseitig das Risiko des Leistungsausfalls.
Zahlung mit festgelegter Frist nach der Lieferung (Zielkauf)
Hier trägt der Lieferer einseitig das Risiko des Leistungsausfalls. Er prüft deshalb die Kreditwürdigkeit des Kunden und sichert den Zahlungseingang, etwa durch Eigentumsvorbehalt oder Wechselziehung. Den Zinsverlust durch die Kreditgewährung kalkuliert er in den Kaufpreis ein und gestattet bei vorzeitiger Zahlung den Abzug von Skonto. Eine Sonderform des Zielkaufs ist der Ratenkauf. Der Käufer leistet dabei den Kaufpreis in mindestens zwei Raten (Teilzahlungen).

5.2.10 Weitere Vertragsinhalte; Allgemeine Geschäftsbedingungen

Die Vertragspunkte Eigentumsübertragung, Gewährleistung für Mängel sowie Regelungen für Liefer-, Annahme- und Zahlungsstörungen sind meist Bestandteile der **Allgemeinen Geschäftsbedingungen (AGB).** Sie sind auf den Geschäftspapieren abgedruckt, gegebenenfalls auch in den Geschäftsräumen ausgehängt. Wenn der Vertragspartner den AGB nicht widerspricht, unterwirft er sich ihnen und sie werden für das betreffende Geschäft gültig.

Das BGB schreibt vor:

- Überraschende Klauseln werden nicht Vertragsbestandteil (§ 305 c (1)). Überraschende Klauseln sind so ungewöhnlich, dass man nicht damit rechnen muss (z. B.: Gebr. Müller kaufen eine Werkzeugmaschine und verpflichten sich auf Grund der AGB des Herstellers zur monatlichen Wartung der Maschine durch den Hersteller mindestens für 10 Jahre.)
- Individuelle Abreden gehen vor AGB (§ 305 b).
- Auslegungszweifel gehen zu Lasten des Verwenders der AGB (§ 305 c (2)).
- Widersprechen sich die AGB zweier Vertragspartner, so bleibt der Vertrag gültig und richtet sich in den widersprüchlichen Punkten nach dem Gesetz (§ 306 (2)).
- AGB-Bestimmungen sind unwirksam, wenn sie den Vertragspartner entgegen Treu und Glauben[1] unangemessen benachteiligen (wenn z. B. durch die Einschränkungen der Vertragszweck gefährdet wird oder wesentliche Grundgedanken der gesetzlichen Regelung nicht damit vereinbar sind) (§ 307).

Beispiel

Allgemeine Geschäftsbedingungen aus der Elektroindustrie:

1. ***Angebote***

   Unsere Angebote sind grundsätzlich freibleibend (Preise, Lieferfristen und Liefermöglichkeiten).

2. ***Aufträge***

   Mündliche oder telefonische Vereinbarungen, Absprachen oder Zusagen sowie schriftliche Vereinbarungen mit den Vertretern sind für uns erst nach schriftlicher Bestätigung durch uns rechtsverbindlich. Durch die Erteilung des Auftrages anerkennt der Besteller unsere Verkaufsbedingungen. Einkaufsbedingungen des Bestellers sind auch ohne unseren ausdrücklichen Widerspruch für uns nicht verbindlich, wenn sie im Widerspruch zu unseren Verkaufsbedingungen stehen. Verstöße gegen unsere Lieferbedingungen oder den Vertragsinhalt berechtigen uns, alle Lieferungen sofort einzustellen, auch soweit es sich um von uns bereits bestätigte Bestellungen handelt.

3. ***Preise und Zahlung***

   Unsere Preise verstehen sich ab Werk ausschließlich Verpackung. Sie sind freibleibend, sofern nicht ausdrücklich eine andere Vereinbarung getroffen worden ist. Wir berechnen in der Regel die am Liefertag gültigen Preise.

   Tritt bis zum Liefertag bzw. vor Bezahlung des Rechnungsbetrages eine Erhöhung der Rohstoffpreise oder anderer Kalkulationsgrundlagen ein, so sind wir berechtigt, den sich daraus ergebenden jeweiligen Tagespreis zu errechnen.

4. ***Beanstandungen und Gewährleistung***

   Reklamationen irgendwelcher Art anerkennen wir nur innerhalb von 7 Tagen nach Erhalt der Ware.

   Für nachweisbar durch unser Verschulden entstandene Mängel infolge von Material- oder Fertigungsfehlern leisten wir Gewähr für die Dauer von 12 Monaten bei normalem Gebrauch innerhalb des Haushaltes, bzw. 6 Monaten bei gewerblichem Einsatz zum Beispiel in Pensionen, Kantinen, Hotels u. ä.

   Die Garantieleistung erstreckt sich auf eine kostenlose Instandsetzung bzw. nach unserer Wahl auf die Lieferung eines einwandfreien Austausch-Gerätes bei frachtfreier Rückgabe des fehlerhaften Stückes. Darüber hinausgehende Ansprüche können nicht gestellt werden.

[1] *Ausdruck, der so viel bedeutet wie: Ehrlichkeit, Rechtschaffenheit, Fairness.*

5.2.11 Vertragsfreiheit und AGB

Der **Grundsatz der Vertragsfreiheit** besagt:

- **Jeder kann frei darüber entscheiden, ob er einen ihm angebotenen Vertrag abschließen will oder nicht.**
- **Die Parteien können den Inhalt der Verträge frei bestimmen ohne an die gesetzlichen Vertragstypen gebunden zu sein.**

Theoretisch gibt die Vertragsfreiheit jedem die Möglichkeit frei von Zwang diejenigen Rechtsgeschäfte abzuschließen, die ihm den größten Nutzen bringen. In der Praxis setzt sich jedoch meist der wirtschaftlich stärkere Partner durch. Ein wesentliches Instrument dieses Durchsetzungsvermögens sind die **Allgemeinen Geschäftsbedingungen.**

Wer seine Allgemeinen Geschäftsbedingungen (AGB) durchsetzen kann, ist im Vorteil. Er kann den Vertrag zu seinen Gunsten regeln. Dem Endverbraucher ist eine Ablehnung oder Abänderung nur selten möglich. Er kann meist auch nicht auf andere Geschäftspartner ausweichen, weil oft ganze Branchen gleich lautende AGB benutzen.

Das BGB will den schwächeren Vertragspartner vor knebelnden AGB schützen. Neben Bestimmungen, die für alle Rechtsgeschäfte gelten[1], enthält es deshalb für Geschäfte des AGB-Verwenders mit Verbrauchern[2] unter anderem die folgenden zwingenden Beschränkungen:

„... gute Frau, hier steht doch ganz klar und deutlich ..."

- AGB können nur Vertragsbestandteil werden, wenn ihr Verwender bei Vertragsabschluss ausdrücklich darauf hinweist. Der Vertragspartner muss von ihnen Kenntnis nehmen können (z. B. Aushang im Geschäft; ausreichend große und deutliche Schrift) und mit ihrer Anwendung einverstanden sein (§ 305 (2)).
- Der Verwender darf sich keine unangemessen lange Zeit zur Annahme des Vertrages bzw. zur Lieferung vorbehalten (§ 308, 1.).
- Klauseln über Preiserhöhungen sind nur erlaubt, wenn die Lieferung später als nach 4 Monaten erfolgt (§ 309, 1.).
- Der Verwender darf die zugesagte Leistung nicht ändern, wenn dies für den Vertragspartner nicht zumutbar ist (§ 308, 4.).
- Das Leistungsverweigerungs- oder Zurückbehaltungsrecht darf nicht eingeschränkt werden (§ 309, 2.).
- Es darf keine Vertragsstrafe vereinbart werden (§ 309, 6.).
- Der Verwender darf das Recht des Vertragspartners nicht einschränken, sich bei schuldhaften Pflichtverletzungen des Verwenders, die keine Mängel der Sache sind, vom Vertrag zu lösen (§ 309, 8. a).
- Der Verwender darf die gesetzlichen Mangelhaftungsansprüche des Vertragspartners nicht völlig ausschließen. Letzterem steht zumindest ein Recht auf Nacherfüllung zu. Alle damit zusammenhängenden Kosten muss der Verwender tragen. Er muss in den AGB den Vertragspartner darauf hinweisen, dass ihm bei Nichtgelingen der Nacherfüllung wahlweise das Recht auf Preisminderung oder Vertragsrücktritt zusteht (§ 309, 8. b).

---

[1] *siehe S. 153*

[2] *Verbraucher ist, wer den Vertrag zu einem Zweck abschließt, der weder einer gewerblichen noch einer selbstständigen beruflichen Tätigkeit zugeordnet werden kann.*

Arbeitsaufträge

1. Die Maschinenfabrik Klemm GmbH in Köln erhält das folgende Angebot.

Pelzer GmbH & Co. KG **PB** ***Betriebseinrichtung***

Pelzer GmbH & Co. KG · Berliner Str. 2 · 47138 Duisburg

Maschinenfabrik
Klemm GmbH
Nordstraße 11

51149 Köln

Ihr Zeichen, Ihre Nachricht	Unsere Zeichen/Unsere Nachricht vom	Datum
pd-se	pr-ge	20. .-06-12

Angebot

Sehr geehrte Damen und Herren,

wir danken Ihnen für Ihre Anfrage und senden Ihnen unseren Katalog. Von dem auf Seite 110 abgebildeten Scheren-Hubtisch können wir Ihnen sofort bis zu 10 Stück liefern. Für größere Stückzahlen müssen wir einen Termin vereinbaren.
Für Bestellungen ab 15 000,00 EUR gewähren wir Ihnen 5 % Rabatt. Ansonsten gelten unsere umseitig abgedruckten Geschäftsbedingungen.

Auszug aus dem Katalog:

Kleine Plattform, Doppelschere		**fahrbar**
Plattform-Länge x Breite		**800 x 600 mm**
Traglast		**300 kg**
Bauhöhe		350 mm
Nutzhub		800 mm
Hubzeit		24 sek.
Gewicht ca.		135 kg
Wechselstrom-Motor 220 V	**Bestell-Nr.** **Preis EUR**	112928 H **3 495,00**
Drehstrom-Motor 380 V	**Bestell-Nr.** **Preis EUR**	112986 H **3 620,00**

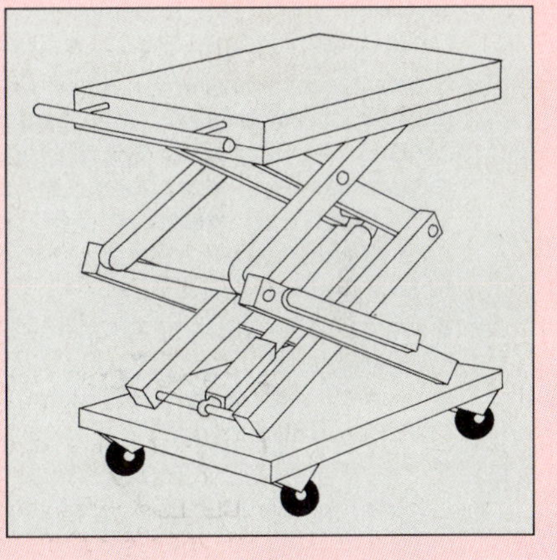

Geschäftsbedingungen (Auszug)

1. Für unsere Verkäufe gelten mangels abweichender schriftlicher Vereinbarung die nachstehenden Bedingungen.

...

3. Angaben über die Lieferzeit führen zum Fixkauf nur bei ausdrücklicher schriftlicher Bestätigung. Für Überschreitung der Lieferzeit haften wir darüber hinaus nicht.

...

5. Für alle Lieferungen, auch für solche innerhalb des Erfüllungsorts oder mit unseren Fahrzeugen oder den Fahrzeugen unserer Werke, richtet sich die Gefahrtragung nach den für Versendungskäufe maßgebenden gesetzlichen Bestimmungen.
6. Die Preise verstehen sich ab Werk oder Lager (sofern nicht anders vermerkt), ausschließlich Montage, zuzüglich der Verpackung, die nicht zurückgenommen wird. In den Preisen ist die Mehrwertsteuer nicht enthalten.

7. Unsere Rechnungen sind 10 Tage nach Lieferung unter Abzug von 2 % Skonto oder nach 30 Tagen netto zur Zahlung fällig. Ein Skontoabzug ist nur vom Warenwert möglich. Barvorlagen unsererseits für Montage und Fracht sind immer sofort ohne jeden Abzug zur Zahlung fällig. Hiervon abweichende Vereinbarungen sind schriftlich zu treffen.

...

9. Erfüllungsort und Gerichtsstand – soweit gesetzlich zulässig auch für Ansprüche aus Wechseln oder Schecks – ist Duisburg.

Bestellung 14. Juni 20. .

Sehr geehrte Damen und Herren,

wir bestätigen Ihnen unsere telefonische Bestellung von heute morgen, betreffend 5 Scheren-Hubtische, Best.-Nr. 112928H, zur sofortigen Lieferung abzüglich 5 % Rabatt.

a) ● Zählen Sie die wichtigen Vertragsbedingungen auf, die in den Willenserklärungen von Käufer und Verkäufer enthalten sein sollten.
   ● Warum werden diese Vertragsbedingungen im Text des vorliegenden Angebots und der nachfolgenden Bestellung nicht sämtlich erwähnt?

b) Wie sind die Art, die Beschaffenheit und die Menge der Ware festgelegt?

c) ● Welchen Preis muss Klemm zahlen
   – 30 Tage nach Rechnungsdatum,
   – 10 Tage nach Rechnungsdatum?
   ● Entsprechen die Vereinbarungen über den Zahlungstermin den gesetzlichen Bestimmungen?

d) Stellen Sie sich einmal vor, Klemm verfügte erst 30 Tage nach Rechnungsdatum über genügend Geld zur Bezahlung der Rechnung. Für Zahlung binnen 10 Tagen müsste das Bankkonto überzogen werden. Dies würde 15 % Jahreszins kosten. Stellen Sie durch eine geeignete Rechnung fest, ob die Zahlung binnen 10 Tagen trotzdem günstiger wäre.

So wird gerechnet:

Listenpreis	*... EUR*
– Rabatt (... % vom Listenrpreis...	*EUR*
= Zielpreis	*... EUR*
– Skonto (... % vom Zielpreis)	*... EUR*
= Barpreis	*... EUR*

e) ● Wo befinden sich die Erfüllungsorte für die Warenschuld und für die Geldschuld?
   ● Handelt es sich dabei um den gesetzlichen, natürlichen oder vertraglichen Erfüllungsort?
   ● Liegen insofern Hol-, Schick- oder Bringschulden vor?

f) Gesetzt den Fall, die Hubtische würden auf dem Transport zum Kunden beschädigt. Wer trägt dann den Schaden, und müsste Klemm die Waren trotzdem bezahlen?

g) An welchem Ort müssten Klemm und Pelzer wegen ihrer Ansprüche gegen den Vertragspartner jeweils klagen?

h) Wer trägt die Kosten für den Transport der Ware und für die Verpackung?

i) Fertigen Sie eine schriftliche Bestellungsannahme für den vorliegenden Fall an. Kündigen Sie darin zugleich den Warenversand mit den nach Ihrer Meinung notwendigen Angaben an (sog. Versandanzeige).

2. Gegeben sind folgende Kaufvertragsarten:

(1) Kauf auf Probe	(3) Kauf zur Probe	(5) Fixkauf	(7) Stückkauf
(2) Kauf nach Probe	(4) Kauf auf Abruf	(6) Gattungskauf	(8) Spezifikationskauf

Welche dieser Kaufvertragsarten werden durch die folgenden Aussagen beschrieben?

a) Der Vertragsgegenstand ist durch gemeinsame, von den Vertragspartnern festgelegte Merkmale bestimmt.

b) Mit der Einhaltung des Liefertermins steht und fällt der Kaufvertrag.
c) Der Lieferzeitpunkt kann vom Käufer bestimmt werden.
d) Der Vertragsgegenstand muss genau einem Muster entsprechen.
e) Es wird eine bestimmte Menge gekauft; der Käufer kann später noch Merkmale wie Maße, Formen, Farben selbst bestimmen.
f) Der Käufer kann den Kaufgegenstand zurückgeben, wenn er nicht seinen Erwartungen entspricht.

3. Schneider & Co. erhalten von Gebr. Faden das folgende briefliche Angebot vom 16. April: „Jeans-Stoff zu 6,50 EUR je Meter. Lieferung als Frachtgut ab Bahnhof hier."
Schneider & Co. bestellen am 19. April 20 Ballen zu 6,00 EUR je Meter bei Lieferung frei Haus fest bis spätestens zum 30. April im Werk eingehend. Gebr. Faden liefern daraufhin am 24. April ohne besondere Bestellungsannahme.

a) Um was für einen Kauf handelt es sich hier hinsichtlich der Lieferzeit?
b) Welcher Preis ist der Lieferung zugrunde zu legen?
c) Wer muss die Transportkosten tragen?
d) Wer muss die Kosten für die Versandverpackung tragen?
e) Wann ist die Zahlung fällig?

4. Auf Seite 153 sind Allgemeine Geschäftsbedingungen aus der Elektroindustrie abgedruckt.

a) Stellen Sie fest, welche Rechte der Verkäufer sich über die gesetzlichen Rechte hinaus einräumt und welche Rechte des Käufers eingeschränkt werden.
b) Welche Bestimmungen sind nach dem AGB-Gesetz nicht wirksam?

5.3 Erfüllung des Kaufvertrags

5.3.1 Erfüllungsgeschäft

Im Kaufvertrag legen Verkäufer und Käufer ihre Pflichten fest. Sie begründen auf die Weise Schuldverhältnisse. Der Kaufvertrag ist folglich ein Verpflichtungsgeschäft. Die Vertragspartner verpflichten sich darin ihre Leistungen entsprechend ihren Vereinbarungen zu erbringen.

Das BGB und das HGB enthalten hierzu eine Reihe von Vorschriften. Im Rahmen dieser Vorschriften gilt:

Der Schuldner ist verpflichtet, die Leistung so zu bewirken, wie Treu und Glauben mit Rücksicht auf die Verkehrssitte es erfordern (BGB § 242).

Dies bedeutet so viel wie ein ehrbares, rechtschaffenes, faires Verhalten unter Berücksichtigung der herrschenden, gegebenenfalls örtlich unterschiedlichen Gepflogenheiten.

In der Erfüllung der eingegangenen Verpflichtungen besteht das Erfüllungsgeschäft. Es verändert die Rechte an den betroffenen Sachen und bringt das Schuldverhältnis zum Erlöschen (BGB § 362).

Verkäufer **Käufer**

Bestandteile des Erfüllungsgeschäftes (BGB § 929): Einigung und Übergabe

Einigung

Käufer und Verkäufer müssen sich darüber einig sein, dass das Eigentum auf den Käufer übergehen soll. Der Käufer darf folglich eine gekaufte Sache auch nach Ablauf der Lieferfrist nicht eigenmächtig gegen den Willen des Verkäufers an sich nehmen. Dies wäre verbotene Eigenmacht. Er kann aber auf Herausgabe klagen.

Übergabe

Mit der Übergabe verschafft der Verkäufer dem Käufer das Eigentum, d. h. die rechtliche Verfügungsgewalt, und den Besitz, d. h. die tatsächliche Verfügungsgewalt.

Beispiel

- ***Verpflichtungsgeschäft:***
  Ein Kunde kauft in der Baustoffhandlung 50 m² Fliesen.
- ***Erfüllungsgeschäft:***
  - ***Einigung:*** *Der Verkäufer gibt dem Kunden einen Auslieferungsschein für das Lager.*
  - ***Übergabe:*** *Der Lagerarbeiter übergibt dem Kunden die Ware nach Vorzeigen des Auslieferungsscheins.*

Die Übergabe kann auch durch die Vereinbarung ersetzt werden, dass das Eigentum auf den Käufer übergeht, der Besitz aber beim Verkäufer bleiben soll (**Besitzkonstitut;** BGB § 930).

Grundstücke kann man einem Erwerber nicht wie bewegliche Güter übergeben. Deshalb wird die Übergabe durch die **Eintragung** in das Grundbuch durch den Grundbuchbeamten ersetzt. Die Einigung trägt hier die Bezeichnung **Auflassung.** Sie muss wegen der Bedeutung dieses Rechtsgeschäftes durch einen Notar beurkundet werden.

Der Besitz an einer unbeweglichen Sache wird erworben, indem der alte Besitzer dem neuen die Sache zum Gebrauch überlässt (BGB § 854).

5.3.2 Eigentumsvorbehalt

Die Einigung über den Eigentumsübergang fehlt beim Eigentumsvorbehalt.

Die Waren bleiben bis zur vollständigen Bezahlung Eigentum des Verkäufers.

Bei einem solchen Vermerk im Angebot oder in der Bestellungsannahme (nicht erst in der Rechnung!) wird der Käufer bei der Übergabe der Sache nur ihr Besitzer. Der Verkäufer bleibt Eigentümer! Der Eigentumsvorbehalt gibt ihm das Recht, dem mit der Zahlung säumigen Käufer eine angemessene Nachfrist zu setzen und nach deren Ablauf vom Vertrag zurückzutreten und die Rückgabe der Kaufsache zu verlangen (BGB § 449).

Bei Pfändung der Sache durch Dritte kann der Verkäufer durch eine Widerspruchsklage ihre Freigabe erlangen. Im Insolvenzverfahren des Käufers hat er das Aussonderungsrecht: Er kann sein Eigentum aus der Insolvenzmasse herausnehmen (Insolvenzordnung § 47).

Allerdings nützt der Eigentumsvorbehalt dem Verkäufer nicht immer:

Der Eigentumsvorbehalt erlischt, wenn die Sache ...	Beispiele:
• ... untergeht →	Totalschaden eines Rades durch Unfall
• ... mit einem Grundstück fest verbunden wird (BGB § 946) →	Einbauschrank
• ... mit beweglichen Sachen zu einer Einheit verbunden oder vermischt wird (BGB §§ 947, 948) →	Einbau eines Sportlenkrads ins Auto
• ... verarbeitet wird (BGB § 950) →	Verarbeitung von Blech zu Kühlschränken
• ... von einem gutgläubigen Dritten erworben wird (BGB § 932) →	Kauf eines Fernsehers durch einen Kunden, dem die Lieferung unter Eigentumsvorbehalt nicht bekannt ist

Übrigens: Muss der Verkäufer erkennen, dass der Käufer eine Person ist, die die Sache zum Zweck des Weiterverkaufs erwirbt, so gibt der Verkäufer trotz Eigentumsvorbehalts die Einwilligung zum Verkauf. Die Einwilligung kann allerdings vertraglich ausgeschlossen oder auch widerrufen werden.

Der Verkäufer kann versuchen, sich besser abzusichern, indem er den Eigentumsvorbehalt erweitert. Die einzelnen Formen des erweiterten Eigentumsvorbehalts können auch miteinander kombiniert werden.

Erweiterter Eigentumsvorbehalt[1]

Weitergeleiteter Eigentumsvorbehalt

Der Käufer darf die Sache nur in der Weise weiterveräußern, dass der Verkäufer Vorbehaltseigentümer bleibt. (In der Praxis ungebräuchlich geworden.)

Nachgeschalteter Eigentumsvorbehalt

Der Käufer darf die Sache nur unter seinem eigenen Eigentumsvorbehalt weiterveräußern. Dies ist im Zwischenhandel üblich.

Verlängerter Eigentumsvorbehalt

Der Käufer darf die Sache verarbeiten oder weiterverkaufen. Als Ersatz für den untergegangenen Eigentumsvorbehalt soll der Verkäufer sicherheitshalber das Eigentum an dem hergestellten Gegenstand oder an der Forderung aus dem Weiterverkauf erhalten.

Kontokorrentvorbehalt

Der Eigentumsvorbehalt erlischt erst, wenn der Käufer alle oder einen bestimmten Teil der Forderungen aus der Geschäftsverbindung beglichen hat.

Der so genannte **nachträgliche Eigentumsvorbehalt,** der erst im Lieferschein oder in der Rechnung angebracht wird, ist vertragswidrig. Er gilt trotzdem, wenn diese Papiere spätestens mit der Sache eintreffen, weil er die fehlende Einigung über die Eigentumsübertragung ausdrückt. Da er nicht Vertragsinhalt ist, kann der Käufer ihm widersprechen und Eigentumsübertragung verlangen.

---

[1] *Begriffe und Einteilung nach Palandt, Bürgerliches Gesetzbuch, 55. Aufl., München 1996, S. 511*

Arbeitsaufträge

1. Betrachten Sie das Angebot auf Seite 142 und die Bestellung auf Seite 143.
   Erläutern Sie, wie die ordnungsgemäße Erfüllung des Kaufvertrags vonstatten gehen muss.
2. Herr Berger hat Herrn Müller in einem schriftlichen Kaufvertrag die Lieferung eines Mopeds für den 5. Mai zugesagt, hält aber den Termin nicht ein und verweigert am 6. Mai die Herausgabe, als Herr Müller bitterböse bei ihm erscheint.
   Beurteilen Sie, ob Herr Müller sich das Moped, das bei Herrn Berger im Hof steht, einfach wegnehmen darf.
3. In den Allgemeinen Geschäftsbedingungen einer Aktiengesellschaft steht:
   „Der Liefergegenstand bleibt bis zur Bezahlung unserer sämtlicher, auch der künftig entstehenden Forderungen gegen den Besteller unser Eigentum. Der Besteller tritt bereits jetzt seine Forderungen aus einem Weiterverkauf der Vorbehaltsware in Höhe des Lieferpreises zuzüglich 10 % Inkassozuschlag zur Sicherheit an uns ab, wenn er vor der Zahlung des Lieferpreises die Ware veräußert."
   a) Welche Sicherung liegt hier vor?
   b) Welche Rechte hat der Verkäufer bei ausbleibender Zahlung des Käufers?
   c) Nennen Sie Fälle, in denen der Lieferer durch die obigen Klauseln nicht abgesichert ist.

5.4 Erfüllungsstörungen

Wenn die Vertragspartner ihre Leistungen nicht vertragsgemäß erbringen, ist die Erfüllung gestört.

Die Erfüllungsstörung
kann ausgehen vom

Verkäufer	**Käufer**
• Nichteinhaltung des Liefertermins • mangelhafte Lieferung	• Nichtannahme der Kaufsache • Nichteinhaltung des Zahlungstermins

5.4.1 Nichteinhaltung des Liefertermins

Wird bei Fälligkeit nicht geliefert, können dem Käufer Schäden entstehen: Produktionsausfall, teurer Ersatzkauf, Kundenverlust, Schadenersatzforderungen von Kunden. Deshalb sollte der Käufer den Verkäufer umgehend durch eine Mahnung zur Lieferung auffordern.

Durch die Mahnung kommt der Verkäufer in Lieferungsverzug (BGB § 286). Der Verzug beginnt mit dem Zustellungstag der Mahnung.

„Verzug" ist ein juristischer Begriff. Wer im Verzug ist, hat eine Reihe von Nachteilen zu tragen.

Auch ohne Mahnung kommt der Verkäufer u. a. in Verzug, wenn

- der Liefertermin nach dem Kalender bestimmt ist, → Lieferung der Spinde bis Ende Mai.
- der Verkäufer die Leistung ernsthaft und endgültig verweigert.

Der Verkäufer kommt allerdings nicht Verzug, solange die Leistung infolge eines Umstandes unterbleibt, den er nicht verschuldet hat.

Die Haftung des Lieferers erweitert sich während des Verzugs auf den Zufall, d. h. unverschuldete Verschlechterung und unverschuldeten Untergang (Verlust) der Kaufsache (BGB § 287).

Bei rechtzeitiger Lieferung hätter der Zufall ja nicht wirksam werden können.

Rechte des Käufers bei Nichteinhaltung des Liefertermins

bei Lieferungsverzug (Liefererverschulden vorausgesetzt)	**auch ohne Lieferungsverzug** (kein Liefererverschulden vorausgesetzt)
● **Schadensersatz wegen Verzögerung der Lieferung verlangen** (BGB § 280), z. B. wegen Produktionsausfalls oder Schadensersatzforderungen eigener Kunden, und bis zur Lieferung die **Zahlung verweigern** oder: ● **angemessene Nachfrist setzen. Nach erfolglosem Ablauf: Schadensersatz statt der Lieferung verlangen** (BGB § 281), z. B. wegen Produktionsausfalls, Mehrkosten für einen Ersatzkauf (sog. Deckungskauf), Gewinnentgang, Schadensersatzforderungen eigener Kunden. Fristsetzung entbehrlich, wenn – der Verkäufer die Lieferung ernsthaft und endgültig verweigert, – besondere Umstände die sofortige Geltendmachung des Schadensersatzes rechtfertigen (auch dies ist v. a. beim Zweckkauf der Fall), – ein Fixhandelskauf vorliegt (HGB § 376)	● **angemessene Nachfrist setzen. Nach erfolglosem Ablauf: vom Vertrag zurücktreten** (BGB § 233). Fristsetzung entbehrlich, wenn – der Verkäufer die Lieferung ernsthaft und endgültig verweigert, – ein Fixkauf vorliegt, – besondere Umstände den sofortigen Rücktritt rechtfertigen.

Eine Nachfrist ist angemessen, wenn der Verkäufer die Sache liefern kann, ohne sie erst zu beschaffen oder anzufertigen.

Beispiele:

1. Zweckkauf (Brautkleid nicht rechtzeitig zur Hochzeit, Osterartikel nicht rechtzeitig vor Ostern)
2. Unmögliche Lieferung (Als unfallfrei zugesicherter Gebrauchtwagen erleidet Unfall vor Lieferung)

Auf Erfüllung kann der Käufer hier nur bestehen, wenn er dies dem Verkäufer sofort nach Fristablauf anzeigt.

Hinsichtlich des Schadensersatzes spricht man von

- „konkreter" Schadensberechnung, wenn die Höhe des Schadens genau nachgewiesen wird (z. B. als Preisunterschied beim Deckungskauf),
- „abstrakter" Schadensberechnung, wenn ein genauer Nachweis nicht möglich ist (z. B. Ansatz eines entgangenen Gewinns auf Grund vermuteten Kundenausfalls).

Um Streitigkeiten bei der Berechnung des Schadenersatzes zu vermeiden, vereinbart man im Kaufvertrag häufig die Zahlung einer **Konventionalstrafe (Vertragsstrafe).** Sie ist auch dann in voller Höhe zu zahlen, wenn kein Schaden eingetreten ist.

Beispiel

„Erfolgt die Lieferung nicht spätestens am 20..-05-30, so ist für jeden Tag der Verspätung eine Vertragsstrafe von 500,00 EUR zu zahlen."

Arbeitsaufträge

1. Am 18. Juni 20.. schreibt die Gebr. Reinhards OHG an ihren Lieferer:

In Ihrer Auftragsbestätigung vom 20..-05-16 sagten Sie uns verbindlich zu unsere Bestellung innerhalb eines Monats ab Datum der Bestellung auszuführen. Die Ware ist bisher nicht bei uns eingetroffen. Anlässlich unserer telefonischen Anfrage vom 20..-06-15 teilten Sie uns mit, dass Sie auf Grund unerwartet zahlreicher Auftragseingänge zurzeit generell nicht in der Lage seien, pünktlich zu liefern.
Wir können diese Erklärung nicht akzeptieren und setzen Ihnen mit dieser Mahnung eine Nachfrist bis spätestens zum 20..-06-23. Eine Aufstellung über unsere Schäden aus der verspäteten Lieferung lassen wir Ihnen noch zugehen.
Nach Ablauf der Nachfrist sind wir leider gezwungen die Annahme der Ware abzulehnen. Wir behalten uns für diesen Fall alle weitergehenden Rechte vor.

Beurteilen Sie, ob Gebr. Reinhards rechtlich einwandfrei vorgehen.

2. Das Chemiewerk Elegius GmbH hat aufgrund eines Angebots der Peter Pfister OHG 32 Schutzanzüge bestellt.

Ihr Angebot vom 20..-08-20 | Ihr Zeichen We/k. | München 20..-08-22

Bestellung Nr.: 3245

Lfd. Nr.	Menge	Gegenstand	Größe	Einheit	Preis je Einheit	Zu liefern bis
1	je 4	Schutzanzüge	44, 46	Stück	56,00 EUR	14 Tage
		Katalog-Nr. 36	52, 54		59,00 EUR	nach Eingang
2	je 8		48, 50	Stück	56,00 EUR	der Bestellung

Zahlungsbedingungen:
10 % Rabatt; Zahlung 30 Tage nach Lieferung netto Kasse oder binnen 10 Tagen mit 2 % Skonto

Lieferungsbedingungen:
Unfrei einschließlich Verpackung

Am 15. September ist die Ware noch nicht eingetroffen.

a) Welche Schritte wird Elegius nun unternehmen?
b) Von welchem Tag an befindet sich der Lieferer in Lieferungsverzug?
c) Muss den Lieferer in diesem Fall ein Verschulden treffen, damit er in Lieferungsverzug gerät?
d) Schreiben Sie einen Brief von Elegius an den Lieferer sowie das Antwortschreiben auf diesen Brief.
e) Nachdem die Pfister OHG in Lieferungsverzug versetzt wurde, schickt sie die bestellten Waren ab. Diese werden jedoch auf dem Bahntransport teilweise beschädigt.
   - Kann der Lieferer trotzdem den vollen Kaufpreis vom Käufer verlangen?
   - Wer muss Ersatzansprüche bei der Bahn geltend machen: der Verkäufer oder der Käufer?

3. Stellen Sie sich vor, es handle sich bei dem Geschäft zwischen Elegius und der Pfister OHG um einen Fixkauf, bei dem „Lieferung fix am 13. September" vereinbart wurde.
In welchen Punkten unterscheiden sich nun die Rechte und Pflichten des Käufers gegenüber dem „normalen" Kauf?

5.4.2 Mangelhafte Lieferung

Mängelarten

Der Verkäufer muss dem Käufer die Kaufsache (Ware) frei von Mängeln übergeben. Grundsätzlich lassen sich folgende Mängelarten unterscheiden:

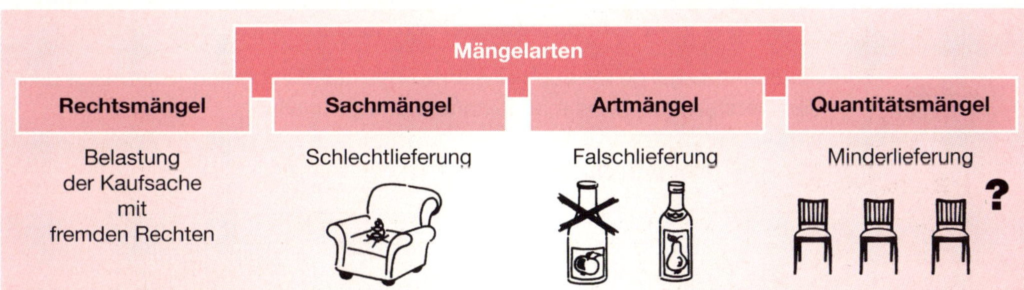

Rechtsmängel

Die Sache ist frei von Rechtsmängeln, wenn Dritte in Bezug auf die Sache keine Rechte gegen den Käufer geltend machen können, die nicht im Kaufvertrag vereinbart sind (BGB § 435).

Solche fremden Rechte sind z. B. fremdes Eigentum, fremde Besitzrechte, fremde Pfandrechte, fremde Nutzungsrechte.

Beispiele

- *Die verkaufte Sache ist verliehen. Der Besitzer gibt sie nicht heraus.*
- *Die verkaufte Sache ist an einen Kreditgeber verpfändet. Dieser gibt sie nicht heraus.*
- *Die verkaufte Sache ist zur Sicherheit an einen Kreditgeber übereignet. Dieser gibt sein Recht nicht auf.*

Sachmängel

Verkäufer und Käufer können Vereinbarungen über die Beschaffenheit der Kaufsache treffen. Dann begründet jede Abweichung von diesen Vereinbarungen einen Mangel:

Die Sache ist frei von Sachmängeln, wenn sie bei Gefahrübergang die vereinbarte Beschaffenheit hat (BGB § 434 Abs. 1).

Beispiele

Vereinbarungen über die Beschaffenheit:

- *Die Sache muss genau einer Probe oder einem Muster oder einer früheren*
- *Lieferung entsprechen (Kauf nach Probe/Muster).*
- *Der gekaufte Gebrauchtwagen muss unfallfrei sein.*
- *Die gekaufte Wandfarbe ist schadstofffrei.*

In der Praxis trifft man im Kaufvertrag oft keine besonderen Vereinbarungen über die Beschaffenheit der Kaufsache. Vielmehr werden die meisten Sachen so gekauft, wie der Hersteller oder Händler sie im Geschäft oder Katalog oder Internetshop anbietet. Dann gilt:

Die Sache ist frei von Sachmängeln,

- **wenn sie sich für die vertraglich vorausgesetzte Verwendung eignet, sonst**
- **wenn sie sich für die gewöhnliche Verwendung eignet und so beschaffen ist, wie dies bei gleichartigen Sachen üblich ist und der Käufer es nach Art der Sache erwarten kann (BGB § 434 Abs. 1).**

Beispiele

- *Neue Sachen dürfen keine Fehler haben, verdorben oder beschädigt sein.*
- *Gebrauchte Sachen müssen die für derartige Sachen übliche Beschaffen haben. (Von einem Jahreswagen z. B. kann der Käufer erwarten, dass er bis auf leichte Gebrauchsspuren fehlerfrei ist).*
- *Hersteller und Verkäufer müssen auch für die Eigenschaften einstehen, die sie in ihrer Werbung, in Produktbeschreibungen und Gebrauchsanweisungen hervorheben.*

Als Sachmängel gelten auch eine unsachgemäß durchgeführte Montage durch den Hersteller und eine mangelhafte Montageanleitung.

Artmängel und Quantitätsmängel

Artmängel liegen bei Falschlieferungen vor: Beim Stückkauf wird nicht das bestellte Stück, beim Gattungskauf eine andere Gattung geliefert.

Beispiele

- ***Stückkauf:*** *Statt des ausgesuchten Weihnachtsbaums wird ein anderer geliefert.*
- ***Gattungskauf:*** *Statt eines Fernsehers der Marke* Grundig *wird ein Fernseher der Marke* Philips *geliefert.*

Quantitätsmängel liegen bei Minderlieferungen vor: Eine Lieferung kann weniger Stücke oder eine geringere Menge als vereinbart enthalten. Eine Sache kann zu kleine Abmessungen haben.

Beispiele

- Statt 40 bestellter Stühle werden 35 geliefert.
- Statt eines Stahlstabs von 3,90 m Länge wird ein Stab von 3,81 m geliefert.

Das BGB stellt Art- und Quantitätsmängel den Sachmängeln gleich:

Einem Sachmangel steht es gleich, wenn der Verkäufer eine andere Sache oder eine zu geringe Menge liefert (BGB § 434 Abs. 3).

Rechte des Käufers

Bisweilen – z. B. bei Stückkäufen – ist weder eine Reparatur noch eine Ersatzlieferung für die mangelhafte Kaufsache möglich (**Unmöglichkeit der Leistung**, BGB § 275). Dann kann der Verkäufer nicht liefern und der Käufer hat die bekannten Rechte[1]): **Rücktritt vom Kaufvertrag** und ggf. – bei Verschulden des Verkäufers – Anspruch auf **Schadensersatz**.

Ansonsten – und das sind die weitaus meisten Fälle – hat der Verkäufer ein **Recht zur zweiten Andienung**: Der Käufer hat zunächst nur Anspruch auf **Nacherfüllung**. Erst nachrangig kommen in Frage: Vertragsrücktritt, Kaufpreisminderung, Schadensersatz (BGB § 437).

§ 442: Die Rechte des Käufers sind ausgeschlossen, wenn er den Mangel bei Vertragsschluss kennt!

Rechte des Käufers bei Mängeln

Nacherfüllung (§ 439), wahlweise:

(1) Mängelbeseitigung →
- Der Verkäufer muss die dazu notwendigen Aufwendungen tragen, insbesondere Transport-, Wege-, Arbeits-, Materialkosten.

(2) Ersatzlieferung →
- Nur bei Gattungssache möglich! Dabei kann der Verkäufer die Rückgabe der mangelhaften Sache verlangen.

Der Verkäufer kann eine unmögliche (§ 275 Abs. 1) oder nur mit unverhältnismäßigen Kosten mögliche Nacherfüllungsart (§ 439 Abs. 3) verweigern und den Käufer auf die andere Art verweisen verweisen.

Nach Setzung einer angemessenen Frist zur Nacherfüllung und deren erfolglosem Ablauf: ↓

Die Nachfrist kann v. a. entfallen (§ 440), wenn
- der Verkäufer beide Arten der Nacherfüllung verweigert,
- wenn die dem Käufer zustehende Art der Nacherfüllung fehlgeschlagen ist – i. d. R. nach dem zweiten erfolglosen Versuch! – oder ihm unzumutbar ist.

(3) Vertragsrücktitt (§ 323) →
- Aber: kein Rücktritt, wenn der Mangel unerheblich ist (§ 323 Abs. 5).

oder

(4) Kaufpreisminderung (§ 441) →
- Herabsetzung des Kaufpreises gemäß dem Umfang der Wertminderung. Auch bei unerheblichen Mängeln möglich. Soweit erforderlich, ist die Wertminderung zu schätzen.

Zusätzlich:

(5) Schadensersatz

bei Verschulden des Verkäufers nach § 280 → Schadensersatz anstelle der Leistung und Schadensersatz für Folgeschäden (zusätzlich aufgewendete Kosten, Vermögensnachteile, Körperschäden).
Das Verschulden des Verkäufers wird vermutet. Es liegt an ihm, das Gegenteil zu beweisen.

ohne Verschulden des Verkäufers nach § 276 → Wenn der Verkäufer eine Garantie übernommen hat. (Das ist u. a. eine feste Zusage hinsichtlich bestimmter Eigenschaften, z. B. Zusicherung der Unfallfreiheit eines Gebrauchtwagens.)

---

[1] *Vgl. S. 161*

Die gesetzlichen Käuferrechte können vertraglich abgeändert werden. Im Allgemeinen schränkt der gewerbliche Verkäufer die Rechte des Käufers durch seine **Allgemeinen Geschäftsbedingungen** stark ein.

Ausnahme: Beim Verbrauchsgüterkauf (Kauf beweglicher Sachen durch einen Verbraucher bei einem Unternehmer) sind vor einer Mängelmitteilung getroffene Vereinbarungen zum Nachteil des Verbrauchers unwirksam (BGB § 475 (1)).

Bei **arglistig verschwiegenen Mängeln** sind vertraglich vereinbarte Haftungsausschlüsse nichtig (BGB § 444).

Für zweiseitige Handelsgeschäfte gilt weiterhin:

- Die mangelhafte Ware darf beim Platzkauf (Kauf mit Zusendung innerhalb desselben Ortes) zurückgeschickt werden. Ansonsten muss der Käufer für ihre einstweilige Aufbewahrung sorgen, bis der Verkäufer Verfügungen trifft (HGB § 379). Dies soll dem Verkäufer unnötige Kosten ersparen. Verderbliche Waren darf der Käufer, wenn Gefahr im Verzug ist, unter den gleichen Bedingungen wie beim Annahmeverzug[1] versteigern lassen (HGB § 373, § 379).
- Ist nur der Käufer Kaufmann, so lässt sich aus dem Grundsatz von Treu und Glauben (BGB § 242) schließen, dass für ihn die gleichen Pflichten gelten.

Unternehmerrückgriff

Der Unternehmer, der eine neu hergestellte mangelhafte Sache von einem Verbraucher zurücknehmen oder eine Preisminderung erfahren musste, kann die Rechte nach BGB § 437 gegen seinen eigenen Lieferer geltend machen. Dabei muss er keine Nachfrist setzen. Er kann auch Ersatz der Aufwendungen für eine Nacherfüllung verlangen (BGB § 478).

Voraussetzung: Der Mangel muss schon bei Übergang der Gefahr auf den Unternehmer bestanden haben.

Entsprechendes gilt für die anderen Lieferer in der Lieferkette.

Verjährungsfristen

Wenn der Käufer Mängel vor dem Gefahrenübergang entdeckt, kann er die Lieferung ablehnen. Ansonsten muss er die Mängel dem Verkäufer innerhalb der Verjährungsfrist mitteilen und genau beschreiben **(Mängelrüge)**. Allgemeine Angaben („Der Fernseher ist beschädigt") reichen nicht. Oft ruft man an und bestätigt anschließend zur Beweissicherung die Mängelrüge schriftlich.

Grundsätzlich muss nach erfolgter Lieferung der Käufer beweisen, dass ein Mangel schon bei Gefahrübergang vorhanden war.

Ausnahme: Umkehrung der Beweislast beim Verbrauchsgüterkauf: Es gilt die (widerlegbare) Vermutung, dass ein binnen sechs Monaten seit Gefahrübergang auftretender Sachmangel schon bei Gefahrübergang bestand (BGB § 476).

---

[1] *Vgl. S. 169*

Verjährungsfristen			
	**bei offenen Mängeln** (bei Prüfung erkennbar, z. B. Bruch)	**bei versteckten Mängeln** (nicht ohne weiteres erkennbar, z. B. Materialfehler)	**bei arglistig verschwiegenen Mängeln** (versteckte Mängel, die der Lieferer kannte und absichtlich verheimlichte)
nach BGB § 477 (bürgerlicher Kauf; einseitiger Handelskauf)	Die Mängel sind binnen 2 Jahren nach Ablieferung der Sache zu rügen.		Die Mängel sind binnen 3 Jahren zu rügen.
nach HGB § 377 (zweiseitiger Handelskauf)	Die Mängel sind unverzüglich nach Prüfung der Ware zu rügen.	Die Mängel sind unverzüglich nach Entdeckung des Mangels, jedoch binnen 2 Jahren nach Ablieferung zu rügen.	Die Mängel sind binnen 3 Jahren zu rügen.

Für die Einhaltung der Fristen genügt die rechtzeitige Absendung der Mängelrüge. Die Fristen können vertraglich vereinbart werden (BGB § 202). Da sich mit dem Zeitablauf die Schadensursache zunehmend schwerer ermitteln lässt, findet man in der Praxis häufig Verkürzungen. Eine Verkürzung auf weniger als 2 Jahre (bei gebrauchten Sachen 1 Jahr) ist beim Verbrauchsgüterkauf unwirksam (BGB § 475 (2)).

Verjährung der Rückgriffsansprüche der Unternehmer:

- Aufwendungsersatz: 2 Jahre nach Ablieferung der Sache;
- Aufwendungsersatz und restliche Ansprüche:
  - frühestens 2 Monate nach Erfüllung der Verbraucheransprüche;
  - spätestens 5 Jahre nach Ablieferung der Sache durch den Lieferer an den Unternehmer

Garantie und Kulanz

Die gesetzliche Mangelhaftung darf nicht mit der Garantie verwechselt werden, die gegebenenfalls der Hersteller (bisweilen auch der Händler) auf Waren gewährt. Die Garantie beruht auf freiwilliger Basis und beschränkt sich meist auf den Austausch von Teilen. Der Garantiezeitraum ist aber häufig länger als 6 Monate.

Sofern die Garantieleistungen einen geringeren Umfang haben als die gesetzliche Mangelhaftung, sollte der Kunde sie erst nach dem Ablauf der Verjährungsfrist in Anspruch nehmen.

Beispiel

> Auf Fabrikations- und Materialfehler leisten wir 1 Jahr Garantie ab Kaufdatum. Die Garantie beschränkt sich auf Reparatur oder Austausch der fehlerhaften Teile nach unserer Wahl. Ein Umtausch ist ausgeschlossen.

In der Praxis wird der Verkäufer oft auch auf die Forderungen des Kunden eingehen, wenn er gesetzlich oder vertraglich nicht dazu verpflichtet ist. Man spricht dann von **Kulanz.**

Kulanz ist vor allem angebracht, wenn die Forderung des Kunden sachlich gerechtfertigt erscheint, bisweilen sogar bei ungerechtfertigten Ansprüchen. So wird man einen Kunden mit hohem Umsatz wegen einer Reklamationsforderung von wenigen hundert Euro nicht verärgern wollen. Man könnte ihn verlieren!

Arbeitsaufträge

1. Am 23. Nov. 20.. schreibt die Spirituosenhandlung Kamm + Huber an die Spirituosenfabrik Diekers KG:

> Ihre Lieferung vom 20..-11-19
> Mängelrüge
>
> Sehr geehrte Damen und Herren,
>
> mit Ihrer letzten Lieferung sind wir nicht zufrieden. Wir bestellten 30 Flaschen Doppelkorn.
>
> 1. Zwei Flaschen waren zerbrochen.
> 2. Alle Flaschen sind nur zu etwa drei Viertel gefüllt.
>
> Wir bitten um Ersatzlieferung bis 20..-11-30. Die Lieferung vom 20..-11-19 halten wir für die Abholung bereit.
>
> Mit freundlichen Grüßen
>
> *Kamm*
>
> Kamm + Huber

a) Liegen hier Sachmängel, Artmängel oder Quantitätsmängel vor?
b) Handelt es sich um offene, versteckte oder arglistig verschwiegene Mängel?
c) Innerhalb welcher Fristen muss der Käufer auf Grund der gesetzlichen Vorschriften die Waren prüfen und die Mängel rügen?
d) Kommen in der Praxis die gesetzlichen Vorschriften stets zur Anwendung?

2. Die Druckerei hat der Spirituosenfabrik Diekers KG Etiketten mit einem Druckfehler geliefert.
a) Um welche Mängel handelt es sich?
b) Innerhalb welches Zeitraums muss die Spirituosenfabrik rügen?
c) Welche Rechte kann die Spirituosenfabrik geltend machen?
d) Fertigen Sie eine unterschriftsreife Mängelrüge an.
e) Schreiben Sie die Antwort des Lieferers.

3. Marion Mann erhält am 17.02.02 von der Autohandlung Brumm GmbH einen fabrikneuen Pkw Marke Bulli XL geliefert. Am 19.03.03 stellt sie fest, dass bei Regen Wasser in den Kofferraum eindringt.
a) Welche Mängelart liegt vor?
b) Kann Frau Mann den Mangel so spät nach Lieferdatum noch rügen und Rechte geltend machen? Nennen Sie den äußersten Termin.
c) Welche Rechte kann und wird Frau Mann geltend machen?
d) Der Händler unternimmt die Reparatur des Schadens. Er weist darauf hin, dass er die Materialkosten, nicht aber die Arbeitskosten trägt. Nehmen Sie hierzu Stellung.
e) Trotz Reparatur dringt weiter Wasser ein. Auch ein zuätzlicher Reparaturversuch bleibt erfolglos. Wie viele Reparaturversuche muss Frau Mann noch zugestehen? Raten Sie Ihr, wie sie sinnvollerweise vorgehen sollte.
f) Der Händler will nicht auf den entstandenen Kosten sitzen bleiben, denn er hat den fehlerhaften Wagen nicht produziert. Was kann er diesbezüglich unternehmen?

4. Die AGB eines Betriebes der Elektroindustrie enthalten hinsichtlich von Mängeln die folgenden Sätze. Weitere Bestimmungen sind nicht enthalten.

> **Beanstandungen und Gewährleistung**
> Reklamationen irgendwelcher Art anerkennen wir nur innerhalb von 7 Tagen nach Erhalt der Ware. Für nachweisbar durch unser Verschulden entstandene Mängel infolge von Material- oder Fertigungsfehlern leisten wir Gewähr für die Dauer von 12 Monaten bei normalem Gebrauch innerhalb des Haushaltes bzw. von 6 Monaten bei gewerblichem Einsatz zum Beispiel in Pensionen, Kantinen, Hotels u. Ä.
> Die Garantieleistung erstreckt sich auf eine kostenlose Instandsetzung bzw. nach unserer Wahl auf die Lieferung eines einwandfreien Austausch-Gerätes bei frachtfreier Rückgabe des fehlerhaften Stückes. Darüber hinausgehende Ansprüche können nicht gestellt werden.

a) Nennen Sie die hier vorgenommenen Gewährleistungsbeschränkungen.
b) Sind diese Beschränkungen
- gegenüber anderen Unternehmen,
- gegenüber Verbrauchern

wirksam?

5.4.3 Nichtannahme der Kaufsache

Wenn der Käufer die tatsächlich angebotene und fällige Leistung des Verkäufers nicht annimmt, gerät er in Annahmeverzug (BGB §§ 293, 294).

Ein wörtliches Angebot der Leistung genügt,

- wenn der Käufer erklärt hat, er werde die Leistung nicht annehmen (BGB § 295);
- bei Holschulden (BGB § 295).
  Ist der Abholtermin kalendermäßig bestimmt, ist ein Angebot der Leistung überflüssig (BGB § 296).

Bei Zug-um-Zug-Geschäften gerät der Käufer auch in Annahmeverzug, wenn er zwar annahmebereit ist, aber die Zahlung ablehnt (BGB § 298).

Darf der Verkäufer nach BGB § 271 auch schon vor dem vertraglich festgelegten Leistungstermin leisten und nimmt der Käufer nicht an, so gerät er in Annahmeverzug. Allerdings muss er nicht ständig annahmebereit sein. Ist er vorübergehend an der Annahme verhindert, so gerät er nur in Verzug, wenn der Verkäufer die Leistung eine angemessene Zeit vorher angekündigt hat (BGB § 299).

Ein Verschulden des Käufers ist nicht erforderlich. Die Gefahr geht auf ihn über. Der Verkäufer haftet nur noch für Vorsatz und grobe Fahrlässigkeit (Nichtbeachten der Sorgfaltspflicht). Dies bewirkt, dass der Käufer auch dann den vollen Kaufpreis bezahlen muss, wenn er auf Grund eines Zufalls (nicht vom Lieferer zu vertreten) oder auf Grund leicht fahrlässigen Handelns des Lieferers die Sache nicht oder beschädigt erhält. Hätte er sich nicht in Annahmeverzug gebracht, so hätte der Zufall bzw. die Fahrlässigkeit des Lieferers ja nicht wirksam werden können (BGB § 300).

Rechte des Verkäufers bei Annahmeverzug

entweder ← → oder

entweder:

- Auf Erfüllung bestehen (BGB § 433) – ggf. durch Klage vor Gericht (vor allem dann, wenn er die Ware anderweitig nicht oder nur ungünstiger absetzen kann).
- Ersatz aller Mehraufwendungen für das erfolglose Angebot (z. B. Transportkosten) und die Aufbewahrung (z. B. Lagergeld) und Erhaltung der Ware (z. B. Warenpflege) verlangen (BGB § 304).
- Als Kaufmann kann er die Ware an jedem geeigneten Ort sicher auf Kosten und Gefahr des Käufers hinterlegen (einlagern) (HGB § 373).

oder:

- sich durch **Selbsthilfeverkauf** von der Lieferpflicht befreien (BGB § 383).
  Dazu lässt er die Ware am Erfüllungsort (als Kaufmann: an einem beliebigen Ort) auf Kosten des Käufers **durch den Gerichtsvollzieher öffentlich versteigern** (BGB § 383), verrechnet den Erlös mit der Forderung, wenn diese fällig ist (BGB § 387), und hinterlegt ggf. einen Rest beim Amtsgericht (BGB § 383).
  Die Versteigerung ist dem Käufer anzudrohen. Sie ist öffentlich bekannt zu machen. Der Termin ist dem Käufer unverzüglich mitzuteilen (BGB §§ 383, 384).
  Ist bei verderblichen Gütern Gefahr im Verzug, so kann die Androhung unterbleiben **(Notverkauf,** BGB § 384).
- Bei Waren mit einem Börsen- oder Marktpreis[1] kann der Verkäufer den Selbsthilfeverkauf „freihändig" durch einen öffentlich ermächtigten Handelsmakler durchführen lassen (BGB § 385).

---

[1] *Börsen sind organisierte Märkte für vertretbare Güter, die nach Maß, Zahl oder Gewicht gehandelt werden und beim Verkauf nicht anwesend sein müssen. Man unterscheidet Wertpapier- (Effekten-), Devisen- und Warenbörsen. Ein Börsen- oder Marktpreis ist gegeben, wenn für Sachen der geschuldeten Art am Verkaufsort aus einer größeren Anzahl von Verkäufen ein Durchschnittspreis ermittelt werden kann. Der erzielte Erlös muss mindestens dem Durchschnittspreis entsprechen.*

Arbeitsaufträge

1. Am 26. März schreibt die Gebr. Reinhards OHG an ihren Kunden (Fritz Müller Nachf., Haushaltswarengroßhandel, Postfach 26 02 16, 50973 Köln):

> Annahmeverzug
>
> Wie uns die Spedition Schenkel & Co. mitteilte, haben Sie unsere gestern angelieferten Waren – 50 Kartons emaillierte Töpfe, auf Paletten verpackt und in Folien verschweißt – nicht angenommen. Auf unsere telefonische Anfrage teilte uns Ihre Sekretärin, Frau Klein, lediglich und ohne Angabe von weiteren Gründen mit, es handele sich um eine ausdrückliche Anweisung Ihres Einkaufsleiters, Herrn Bungert.
>
> Wir haben kein Verständnis für dieses unbegründete Vorgehen. Leider können wir die Ware nicht zurücknehmen, da unser Lagerraum voll beansprucht ist. Es ist uns auch nicht möglich, die Ware kurzfristig an einen anderen Käufer zu veräußern.
>
> Wir haben deshalb die Spedition Schenkel & Co. beauftragt, die Waren vorerst in ihren Räumen in Köln, Oberstr. 126, einzulagern und gegen Übernahme der entsprechenden Kosten für Sie zur Verfügung zu halten.
>
> Wir bitten Sie nunmehr um umgehende Vertragserfüllung und um Abholung der Paletten. Andernfalls würden wir einen Selbsthilfeverkauf vornehmen und Ihnen rechtzeitig Ort und Zeit hierfür angeben.

a) Erläutern Sie den inhaltlichen Aufbau des Briefes.
b) Sind die Voraussetzungen für einen Annahmeverzug gegeben?
c) Verhält sich der Lieferer korrekt gegenüber dem Käufer?
d) Erläutern Sie, wie der angeführte Selbsthilfeverkauf abgewickelt würde.
e) Verfassen Sie ein Antwortschreiben des Käufers.
f) Könnte der Verkäufer vom Käufer auch dann den vollen Kaufpreis verlangen, wenn die Ware während der Einlagerung beim Spediteur beschädigt würde?
g) Welche anderen als die im Brief beschriebenen Maßnahmen könnte der Verkäufer auch ergreifen? Vergleichen Sie das Für und Wider der unterschiedlichen Vorgehensweisen.

2. Die Firma Weber & Co. liefert auf Grund eines Kaufvertrages (Abmachung über den Lieferzeitpunkt: „Lieferung am 16. Juni per Lkw frei Haus“) mit eigenem Lastzug 500 Sack Erbsen von Dortmund an die Konservenfabrik Gustav Reimer OHG in Berlin. Auf der Autobahn steht der Lastzug wegen eines Unfalls acht Stunden in einem Stau. Er kommt deshalb nicht schon am 16. Juni gegen Abend, sondern erst am Morgen des folgenden Tages beim Kunden an. Dort wird dem Fahrer ohne Angabe von Gründen die Annahme verweigert. Nach einem Anruf bei seiner Firma lagert er die Waren in einem Lagerhaus ein und nimmt Rückfracht mit. Im anschließenden Schriftwechsel stellt sich heraus, dass der Kunde die Lieferung mit der Begründung ablehnt, es handele sich um einen Fixkauf und der Lieferer habe sich im Liefererverzug befunden. (Was er nicht mitteilt, ist, dass er inzwischen eine preisgünstigere Einkaufsmöglichkeit herausgefunden hat.) Die Gustav Reimer OHG verweigert auch die Zahlung, die laut Abmachung „netto Kasse ohne Abzug“ erfolgen müsste. Weber & Co. behaupten dagegen, der Kunde befinde sich im Annahme- und Zahlungsverzug.

a) Beurteilen Sie den Fall unter Darlegung der notwendigen Begründungen.
b) Fertigen Sie den angedeuteten Schriftwechsel an.

5.4.4 Nichteinhaltung des Zahlungstermins

Kontoauszug/Mahnung

Folgende Posten sind zur Zahlung fällig: (bei Zahlung bitte Auftrags- und Rechnungs-Nr. angeben!)

	Nr.	vom	Soll in EUR	Haben in EUR	Fällig am	
Rechnung	2679	31.05. ..	3 141,56		12.06. ..	
Zahlung	63700	27.06. ..		2 300,00		
Fällige Forderung			841,56			

Bitte zahlen Sie den Betrag innerhalb von 5 Tagen.

Üblich ist beim Mahnverfahren folgendes Vorgehen:

- Erste Mahnung (evtl. „Erinnerung")
- Zweite Mahnung (Zahlungsfrist angeben!)
- Dritte Mahnung (als Einschreiben versenden!)
- Einzug der Forderung (durch ein Inkassoinstitut oder Postnachnahme)

Mit Hilfe der EDV kann täglich eine Liste der fälligen Rechnungen ausgedruckt werden. Die Zahlungseingänge müssen überwacht werden, damit der Betrieb selbst zahlungsbereit bleibt, nicht unnötig Kredit aufnehmen muss und nicht durch Verjährung oder Kundeninsolvenz Verlust erleidet. Man wird einen säumigen Schuldner zunächst an die fällige Zahlung „erinnern" (z. B. durch einen Kontoauszug) und sehr höflich dabei vorgehen: Zwar will man sein Geld haben, aber man will nicht den Kunden verlieren. Rechtlich ist diese Zahlungsaufforderung eine Mahnung.

Spätestens in der **dritten Mahnung** droht man den Einzug der Forderung an. Gewerbliche Auskunfteien („Creditreform", „Schimmelpfeng", „Bürgel" usw.) unterhalten z. B. Inkassoinstitute. Sie sind gefürchtet, weil durch sie die schlechte Zahlungsmoral des Schuldners bekannt werden könnte, wenn sie auch die Zahlung nicht erzwingen können.

Wenn die Zahlung fällig ist, der Käufer nicht zahlt und der Verkäufer die Zahlung angemahnt hat, kommt der Käufer mit dem Erhalt der Mahnung in Zahlungsverzug (BGB § 286).

Der Verzug tritt auch ohne Mahnung ein, wenn

- der Zahlungstag nach dem Kalender bestimmt ist,
- der Käufer die Zahlung ernsthaft und endgültig verweigert,
- der Käufer eine Rechnung oder gleichwertige Zahlungsaufstellung erhalten hat und dann nicht binnen 30 Tagen zahlt.
  Ist der Zeitpunkt des Zugangs der Rechnung unsicher, tritt der Verzug bei Nicht-Verbrauchern 30 Tage nach Fälligkeit und Empfang der Gegenleistung (Kaufsache) ein.

Für Verbraucher gilt dies nur, wenn sie in der Rechnung auf diese Folge hingewiesen wurden.

Der Käufer kommt allerdings nicht in Verzug, solange die Zahlung infolge eines Umstandes unterbleibt, den er nicht verschuldet hat.

Rechte des Verkäufers bei Nichteinhaltung des Zahlungstermins

bei Zahlungsverzug
(Käuferverschulden vorausgesetzt)

- **Schadensersatz wegen Verzögerung der Zahlung verlangen** (BGB § 280), z. B. Mahnkosten, eigene Kreditzinsen, Verzugszinsen für die Dauer des Zahlungsverzugs, und (wenn Vorauszahlung vereinbart war) bis zur Zahlung die **Lieferung der Kaufsache verweigern**

auch ohne Zahlungsverzug
(kein Käuferverschulden vorausgesetzt)

- **angemessene Nachfrist setzen; nach erfolglosem Ablauf: vom Vertrag zurücktreten** (BGB § 233)
  Fristsetzung entbehrlich, wenn
  - der Käufer die Zahlung ernsthaft und endgültig verweigert,
  - besondere Umstände den sofortigen Rücktritt rechtfertigen

Der Basiszinssatz ist ein Bezugszinssatz für bürgerliche Rechtsgeschäfte. Er wird von der Deutschen Bundesbank festgelegt.

Die Höhe der Verzugszinsen kann vereinbart werden. Ohne Vereinbarung beträgt sie 5 Prozentpunkte über dem Basiszinssatz (wenn kein Verbraucher am Geschäft beteiligt ist: 8 Prozentpunkte).

Beispiele

Mahnungen

Erinnerung 20..-10-23

Sehr geehrter Herr Dorn,

über Ihren Auftrag haben wir uns sehr gefreut. Sicherlich waren Sie mit unserer Lieferung zufrieden.

Dürfen wir Sie daran erinnern, nunmehr die fällige

Rechnung Nr. 5756 vom 20..-08-13 2 390,00 EUR

zu begleichen?

Mit freundlicher Empfehlung
Dausenauer Glas AG

---

2. Mahnung 20..-11-18

Sehr geehrter Herr Dorn,

mit unserem Schreiben vom 20..-10-23 haben wir Sie an unsere offen stehende Rechnung Nr. 5756 vom 20..-08-13 erinnert. Bisher ist Ihre Zahlung jedoch nicht bei uns eingegangen.

Bitte bedenken Sie, dass auch wir unseren Verpflichtungen pünktlich nachkommen müssen.

Wir bitten Sie, den Betrag von 2 390,00 EUR bis zum 20..-12-08 zu überweisen.

Mit freundlichen Grüßen
Dausenauer Glas AG

Dritte und letzte Mahnung 20..-12-10

Trotz eines Erinnerungsschreibens und zweiter Mahnung haben Sie bis heute unsere

Rechnung Nr. 5756 vom 20..-08-13

nicht beglichen.
Wir können nicht weiterhin auf Ihre Zahlung warten.
Sollten Sie bis zum 20..-12-21 nicht den Rechnungsbetrag

in Höhe von 2 390,00 EUR
und die Mahnkosten 30,00 EUR

gezahlt haben, werden wir einen Mahnbescheid beantragen oder aber Klage einreichen.

Die fälligen Verzugszinsen geben wir Ihnen noch bekannt.
Dausenauer Glas AG

5.4.5 Gerichtliches Mahnverfahren

Zahlt der Käufer trotz Mahnungen nicht, so kann der Gläubiger den Schuldner durch das Gericht mahnen lassen. Das gerichtliche Mahnverfahren erfolgt mit einem Mahnbescheid. Der notwendige Formularsatz ist im Handel erhältlich. Der Gläubiger füllt ihn aus und richtet ihn an das im jeweiligen Bundesland für das Mahnverfahren zuständige zentrale Amtsgericht (in Nordrhein-Westfalen das Amtsgericht Hagen).

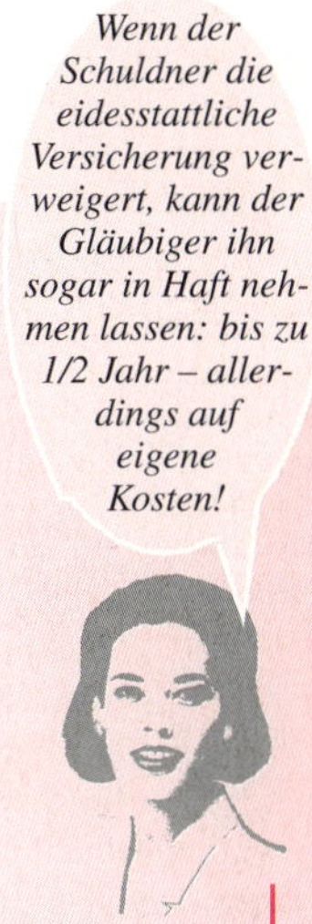

Ablauf des gerichtlichen Mahnverfahrens (ZPO §§ 688 ff.)

Gericht stellt Mahnbescheid zu
- ① → Schuldner zahlt
- ② → Schuldner legt Widerspruch ein (Frist: 2 Wochen) → Gläubiger kann Gerichtsverhandlung*) beantragen → **Gerichtsurteil oder gerichtlicher Vergleich**
- ③ → Schuldner reagiert nicht → **Gläubiger beantragt Vollstreckungsbescheid (Frist: 6 Monate)**
  - ① → Schuldner zahlt
  - ② → Schuldner legt Einspruch**) ein (Frist: 2 Wochen) → Gerichtsverhandlung*) → **Gerichtsurteil oder gerichtlicher Vergleich**
  - ③ → Schuldner reagiert nicht → Gläubiger beantragt Zwangsvollstreckung (Pfändung) durch Gerichtsvollzieher

Gerichtsurteil oder gerichtlicher Vergleich
- → Schuldner zahlt
- → Schuldner zahlt nicht → Gläubiger beantragt Zwangsvollstreckung (Pfändung) durch Gerichtsvollzieher

Gläubiger beantragt Zwangsvollstreckung (Pfändung) durch Gerichtsvollzieher
- → Pfändung erfolgreich: ggf. Zwangsversteigerung → Erlös an Gläubiger
- → Pfändung erfolglos: Gläubiger kann Vermögensverzeichnis des Gläubigers mit eidesstattlicher Versicherung der Richtigkeit verlangen. Schuldner wird in ein öffentliches Schuldnerverzeichnis eingetragen → Forderung verjährt nach 30 Jahren

*) Bis zu einem Streitwert von 5 000,00 EUR ist das Amtsgericht, darüber hinaus das Landgericht zuständig (GVG § 23).

**) Der Vollstreckungsbescheid ist vorläufig vollstreckbar. Der Schuldner kann gegen Sicherheitsleistung mit dem Einspruch die Aussetzung bis zur Entscheidung über den Einspruch beantragen.

Der Gerichtsvollzieher nimmt bei der **Zwangsvollstreckung** (ZPO §§ 704 ff., 803 ff.) Geld, Schmuck und Kostbarkeiten als Faustpfand in Besitz. Andere Gegenstände beschlagnahmt er durch Aufkleben von Pfandsiegelmarken. (Persönliche und dem Haushalt und der Erwerbstätigkeit dienende Gegenstände sind nicht pfändbar, z. B. Kleidung, Betten, Küchengeräte, Handwerkszeug). Die gepfändeten Gegenstände werden versteigert.

Auch Forderungen (z. B. Lohn-, Gehalts-, Mietforderungen) werden gepfändet. Sie dürfen dann nicht an den Schuldner ausgezahlt werden, sondern sind dem Gläubiger zu überweisen. Auch hier sind bestimmte Beträge unpfändbar.

Bei Grundstücken erfolgt die Zwangsvollstreckung durch Zwangsversteigerung, Zwangsverwaltung oder Eintragung einer Sicherungshypothek ins Grundbuch.

5.4.6 Klageverfahren

Der Gläubiger kann den säumigen Schuldner auch im Zivilprozess auf Zahlung verklagen. Bei Klagen bis 5 000,00 EUR Streitwert ist das Amtsgericht, darüber hinaus das Landgericht zuständig (GVG § 23)[1]. Bis 767,00 EUR Streitwert muss vorher eine außergerichtliche Schlichtung durch einen gerichtlich vereidigten Schlichter versucht werden.

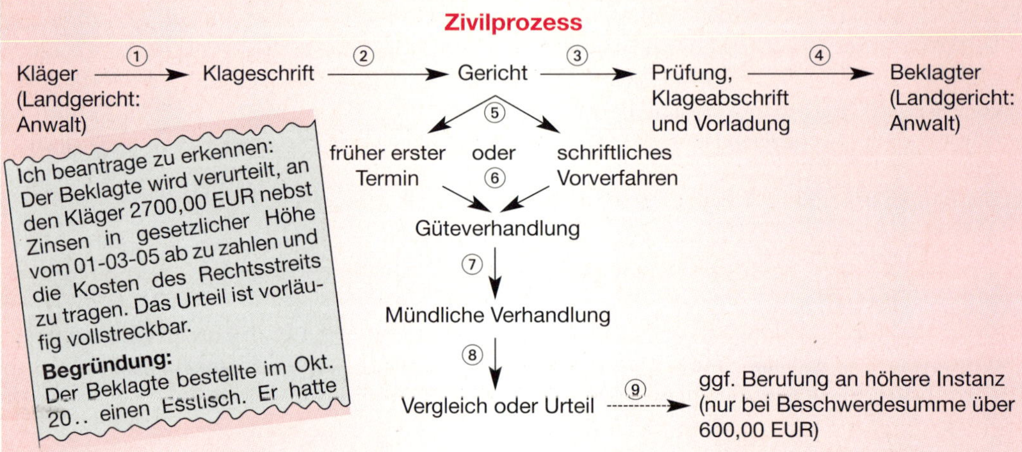

Zur vorbereitenden Klärung der Verhältnisse setzt der Richter einen frühen ersten Termin an oder veranlasst ein schriftliches Vorverfahren. In der Güteverhandlung lotet er die Möglichkeit einer gütlichen Einigung aus. Ist dieser Versuch erfolglos, kommt es zur Hauptverhandlung. Diese soll den Sachverhalt klären durch

- das Vortragen der Standpunkte,
- Beweismittel (Zeugenaussagen, Gutachten, Urkunden, Augenschein).

Die Parteien können einen Vergleich schließen oder der Richter spricht ein streitiges Urteil. Erscheint der Beklagte nicht zum Termin, verurteilt das Gericht ihn auf Antrag des Klägers (Versäumnisurteil). Erscheint der Kläger nicht, weist das Gericht auf Antrag des Beklagten die Klage ab.
Prozesse sind risikobehaftet und können teuer werden. Die unterlegene Partei muss alle Kosten tragen (Prozess-, Beweisaufnahme-, Urteils-, Sachverständigen-, Anwaltsgebühren, Zeugen- und Sachverständigenauslagen). Kann der Beklagte nicht zahlen, hält sich das Gericht an den Kläger. Deshalb ist oft eine außergerichtliche Einigung vernünftiger.

Arbeitsaufträge

1. Die Spirituosenfabrik Walter Diekers KG, Nordstr. 11, 40477 Düsseldorf, kaufte 30 Bürostühle: Einzelpreis 110,00 EUR, 20 % Rabatt.
   - Schreiben Sie eine Rechnung an die Spirituosenfabrik: Datum 20..-02-06; Zahlung 30 Tage nach Lieferung/10 Tage 2 % Skonto.
   - Die Spirituosenfabrik hat die Rechnung noch nicht bezahlt, obschon das vereinbarte Zahlungsziel bereits überschritten ist.

   a) Ist die Spirituosenfabrik bereits in Zahlungsverzug? Begründen Sie Ihre Antwort.
   b) Fertigen Sie eine unterschriftsreife Mahnung an.
   c) Die Spirituosenfabrik hat trotz zweier Mahnungen immer noch nicht bezahlt. Fertigen Sie eine unterschriftsreife „letzte Mahnung“ an.

[1] Zum Gerichtsstand siehe S. 150

2. Betrachten Sie den Geschäftsfall in Aufgabe 1 auf Seite 155. Die Pelzer GmbH & Co. hat die bestellten 5 Hubtische am 18. Juni an die Maschinenfabrik Klemm GmbH ausgeliefert. Rechnungsdatum ist der 18. Juni. Am 25. Juli ist die Zahlung noch nicht bei Pelzer eingegangen.

a) Wann hätte die Zahlung eingehen müssen?
b) Ist Klemm am 25. Juli bereits in Zahlungsverzug?
c) Fertigen Sie eine unterschriftsreife 1. Mahnung („Erinnerung") an.
d) Klemm zahlt trotz zweier Mahnungen nicht. Fertigen Sie eine unterschriftsreife „letzte Mahnung" an.
e) Bei welchem Gericht muss Pelzer Klemm auf Zahlung verklagen?
f) Wie wird Pelzer vor Gericht die Forderung beweisen?
g) Schildern Sie den Ablauf des Klageverfahrens Pelzer GmbH & Co. gegen Maschinenfabrik Klemm GmbH.

3. Betrachten Sie den abgebildeten Antrag auf Erlass eines Mahnbescheids.

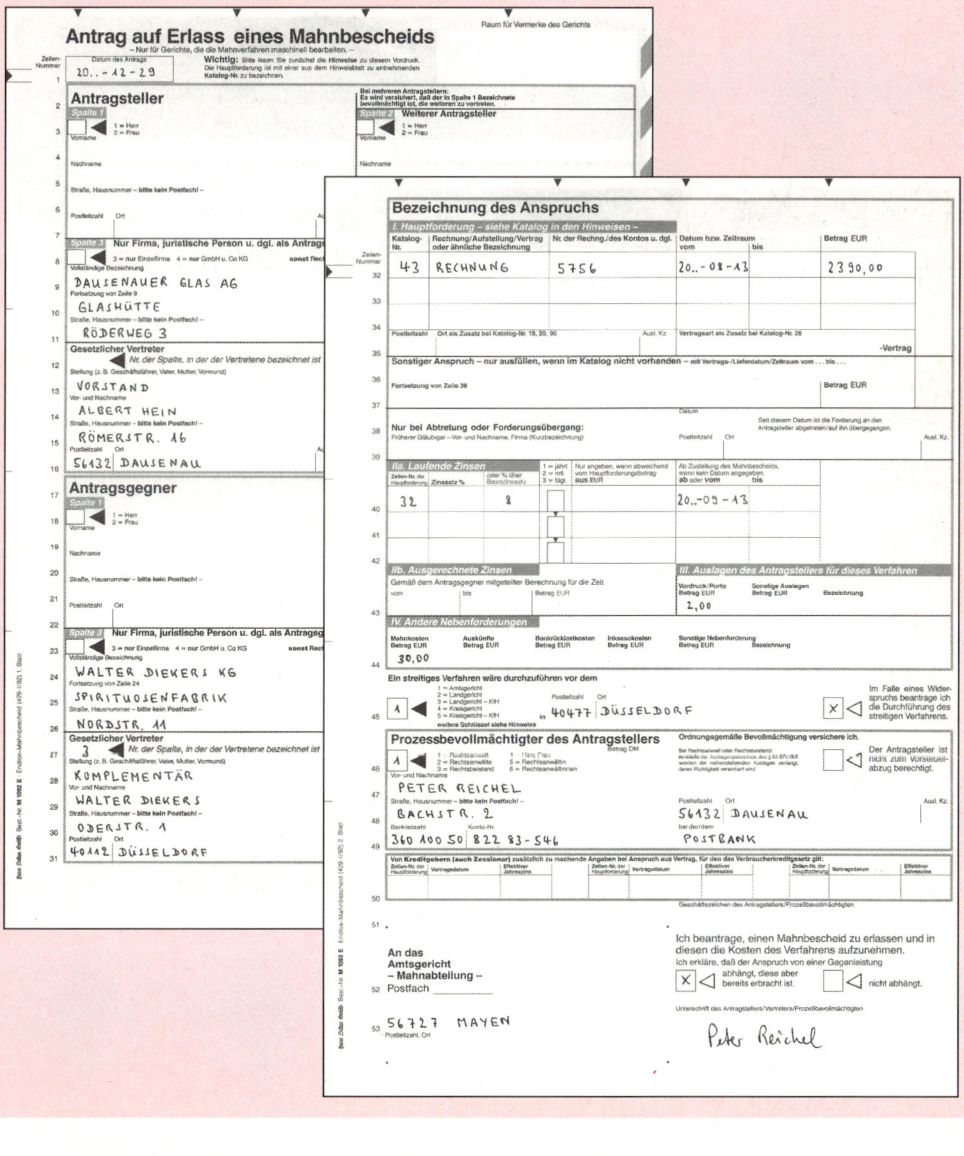

a) Auf wessen Antrag ergeht der Mahnbescheid?
b) Gegen wen ist der Mahnbescheid gerichtet?
c) Welche Forderungen werden geltend gemacht?
d) Welches Gericht ist für den Mahnbescheid zuständig?
e) Auf welche Arten kann der Schuldner auf den Mahnbescheid reagieren? Erläutern Sie, wie das Verfahren dann jeweils fortgesetzt werden kann.
f) Welches Gericht wäre bei einem Widerspruch gegen den Mahnbescheid (bzw. bei einem Einspruch auf den Vollstreckungsbescheid) zuständig?
g) Welche Möglichkeit verbleibt dem Gläubiger noch im Fall einer erfolglosen Pfändung des Schuldners?

4. Betrachten Sie noch einmal die Bestellung der Elegius GmbH auf Seite 162. Elegius hat bis zum 15. Okt. noch nicht bezahlt. Er zahlt auch trotz mehrerer Mahnungen nicht.
Besorgen Sie sich das Formular eines Mahnbescheides und füllen Sie diesen aus.

5.5 Verjährung von Forderungen

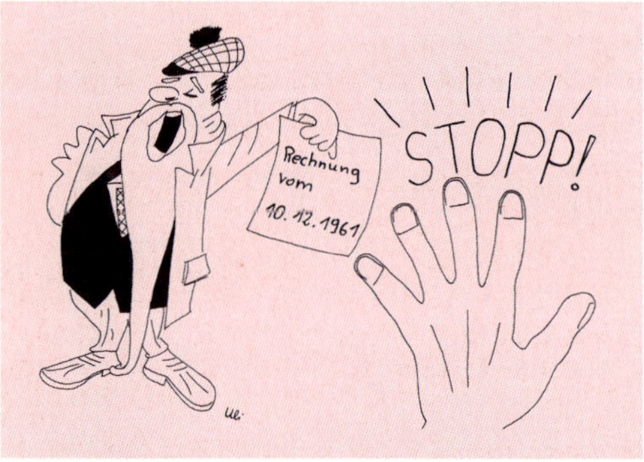

Wer Forderungen hat, muss sich darum kümmern. Die Gerichte gewähren ihre Hilfe nur eine bestimmte Zeit. Danach verjährt die Forderung. Das bedeutet: Die Forderung besteht weiter, jedoch hat der Schuldner ein Leistungsverweigerungsrecht (BGB § 214). Der Gläubiger kann den Schuldner nach Ablauf der Verjährungsfrist nicht gerichtlich zur Leistung zwingen. Trotz Verjährung erbrachte Leistungen kann der Schuldner aber nicht zurückfordern.

Ein Pfand kann der Gläubiger auch nach der Verjährung noch durch Versteigerung verwerten.

Verjährungsfristen nach BGB

Regelmäßige Verjährungsfrist (§ 195)

3 Jahre

Alle Ansprüche für die keine anderen Fristen besonders festgelegt sind; u. a. die Ansprüche auf Lieferung, Zahlung, Annahme aus dem Kaufvertrag (und anderen Verträgen), die Schadensersatzansprüche aus Vertragsverletzungen sowie aus unerlaubter Handlung und Gefährdungshaftung.
Ausnahmen: 10 Jahre und 30 Jahre.

Fristbeginn

§ 199: Schluss des Jahres, in dem
1. der Anspruch fällig ist und
2. der Gläubiger von den den Anspruch begründeten Umständen **Kenntnis** erlangt oder ohne grobe Fahrlässigkeit erlangen müsste.

Verkürzte Verjährungsfristen (BGB § 197, 199)

10 Jahre Schadensersatzansprüche ohne die Kenntnis nach § 199

30 Jahre
- Nicht fällige Schadensersatzansprüche ohne die Kenntnis nach § 199
- Herausgabeansprüche aus Eigentum und anderen dinglichen Rechten
- familien- und erbrechtliche Ansprüche
- rechtskräftig festgestellte Ansprüche (z. B. auf Grund und von Vollstreckungsbescheid, Urteil, gerichtlichem Vergleich)

§ 200: Fälligkeit des Anspruchs

(§§ 438, 634 a)

2 Jahre Ansprüche aus Mängeln an Kaufsachen und Werken aus Werkverträgen
Ausnahmen:

5 Jahre a) Wenn die Sache/das Werk für ein Bauwerk verwendet wird und dessen Mangelhaftigkeit verursacht

b) Für arglistig verschwiegene Mängel gilt die regelmäßige Verjährungsfrist (bei Verwendung für ein Bauwerk aber 5 Jahre)

§ 438: Ablieferung der Sache,

§ 634 a: Abnahme des Werkes

Daneben gibt es weitere spezielle Verjährungsfristen (z. B. Steuerschulden 5 Jahre, Steuerbetrug 10 Jahre).

Vertragspartner können die Verjährungsfristen auch vertraglich vereinbaren[1], aber nicht über 30 Jahre hinaus verlängern (BGB § 202).

Die Verjährung wird durch **Neubeginn** und **Hemmung** hinausgeschoben.

Neubeginn und Hemmung der Verjährung

Neubeginn der Verjährung (BGB § 212)

Die Verjährung beginnt erneut, wenn

1. der Schuldner den Anspruch durch Abschlagszahlung, Zinszahlung, Sicherheitsleistung oder in anderer Weise anerkennt oder
2. eine gerichtliche oder behördliche Vollstreckungshandlung vorgenommen oder beantragt wird.

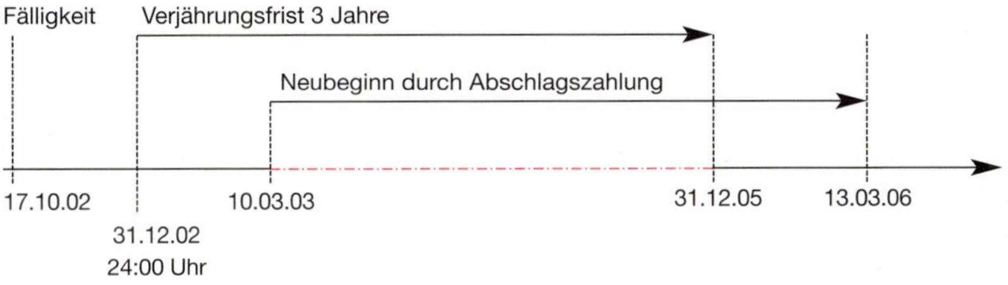

Hemmung der Verjährung

1. solange, wie Schuldner und Gläubiger über den Anspruch verhandeln, bis eine Partei die Verhandlungen verweigert. Die Verjährung tritt frühestens drei Monate nach dem Ende der Hemmung ein (BGB § 203).
2. während der Zeit der Rechtsverfolgung, z. B. durch Klageerhebung, Zustellung des Mahnbescheids, Anspruchsanmeldung im Insolvenzverfahren (BGB § 204). Die Hemmung endet sechs Monate nach der rechtskräftigen Entscheidung oder – bei Stillstand des Verfahrens – der letzten Verfahrenshandlung.
3. solange der Schuldner aufgrund einer Vereinbarung mit dem Gläubiger vorübergehend die Leistung verweigern darf (BGB § 205).
4. solange der Gläubiger innerhalb der letzten sechs Monate der Verjährungsfrist durch höhere Gewalt an der Rechtsverfolgung gehindert ist (BGB § 206).

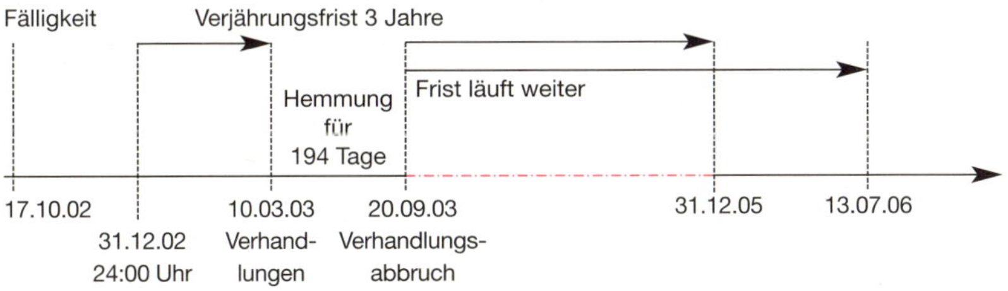

Vorteile der Verjährung:

- Quittungen müssen nur begrenzte Zeit aufbewahrt werden.
- Der Gläubiger wird zur Ordnung und Überwachung der Forderungen gezwungen.
- Die Rechtssicherheit wird erhöht.

[1] *Vgl. auch S. 167*

Arbeitsaufträge

1. Wann verjähren folgende Forderungen?

a) – Forderung auf Lieferung aus dem Kauf eines Neuwagens; vereinbarter Liefertermin 15.01.02.
– Forderung auf Zahlung des Kaufpreises; vereinbarter Zahlungstermin = Liefertermin.
– Schadensersatzforderung wegen Lieferungsverzugs; tatsächliche Lieferung am 30.03.02.
– Alternativ: Forderung auf den Ersatz von Mehraufwendungen wegen Annahmeverzugs (Dauer 30 Tage).
– Alternativ: Schadensersatzforderung wegen Zahlungsverzugs; tatsächlicher Zahlungstermin 07.09.02
– Forderung auf Beseitigung von Mängeln am gelieferten Computer; Lieferung 30.03.02.
– Forderung auf Schadensersatz wegen dieser Mängel.
– Forderung auf Zahlung des Kaufpreises und Schadensersatz gemäß Gerichtsurteil, rechtskräftig am 18.02.03.
– Forderung auf Schadensersatz wegen Aufbruchs und Diebstahls des Wagens am 18.06.02. Der Dieb wird am 25.06.02 gefasst. (Alternative: Der Dieb wird nicht gefasst.)

b) Forderung auf Neulieferung und Schadensersatz für verzogene Fenster; Vertragsabschluss 06.02.02, Lieferung 15.03.02

c) Forderung auf Schadensersatz wegen eines vom Verkäufer verschwiegenen Unfallschadens eines Gebrauchtwagens; Vertragsabschluss 06.02.02, Lieferung 10.02.02.

2. Die Peter Marx KG kaufte am 25.11.02 von Otto Zweck e. K. einen Bürocomputer. Die Zahlung sollte binnen 30 Tagen nach Lieferung (Liefertermin 29.11.) erfolgen. Sie wurde nicht geleistet.

a) Wann verjährt der Anspruch auf Zahlung?

b) Nach der zweiten Mahnung bittet Marx am 04.03.03 um Stundung für zwei Monate. Zweck gewährt die Stundung am 10.03. Wann verjährt nun der Anspruch auf Zahlung?

c) Die unerledigte Rechnung bleibt bei Zweck wegen Organisationsmängeln im Mahnwesen lange vergessen. Am 17.02.06 wird sie entdeckt. Marx verweigert die Zahlung. Zweck erhebt Klage. Am 25.07.06 wird Marx rechtskräftig zur Zahlung verurteilt. Wann verjährt nun der Anspruch auf Zahlung?

6 Vertragsrecht am Beispiel des Arbeitsvertrags

6.1 Dienstvertrag

- Herr Werner beauftragt einen Gärtner, das Grab seiner verstorbenen Mutter zu pflegen.
- Eltern beauftragen einen Studenten mit Nachhilfe für ihren Sohn.
- Frau Taler beauftragt Rechtsanwalt Pfeiffer, sie wegen einer Schadenersatzforderung vor Gericht zu vertreten.
- Großhändler Stahlmann stellt Herrn Buchwald als Verkäufer ein.

In allen genannten Fällen werden **Dienstverträge** abgeschlossen:

Der *Dienstvertrag* ist ein Vertrag zwischen einem Dienstherrn und einem Verpflichteten. Er hat die Leistung von Diensten jeder Art gegen Entgelt zum Gegenstand und ist nicht an eine bestimmte Form gebunden.

Der Dienstvertrag ist in BGB §§ 611 ff. geregelt. Diese Vorschriften stellen weitgehend **nachgiebiges Recht** dar, können also einzelvertraglich abgeändert werden.

Pflichten des Dienstverpflichteten	Pflichten des Dienstherrn
• den Weisungen des Dienstherrn gehorchen; • die Interessen des Dienstherrn wahrnehmen (Bemühungs- und Sorgfaltspflicht, Treue, Verschwiegenheit). Aber: **keine Haftung, wenn der gewünschte Erfolg nicht eintritt;** • mangels anderer Vereinbarung den Dienst persönlich erbringen.	• das vereinbarte Entgelt zahlen (nach geleistetem Dienst!); • nötige Schutzmaßnahmen am Arbeitsplatz treffen; • bei Beendigung des Dienstverhältnisses auf Verlangen ein Zeugnis ausstellen.

Auf unbestimmte Zeit eingegangene Dienstverhältnisse können durch übereinstimmende Willenserklärung der Vertragspartner (Aufhebungsvertrag) oder durch einseitige Erklärung (Kündigung) gelöst werden. So genannte „Dienstverhältnisse höherer Art“ (z. B. mit Rechtsanwalt, Steuerberater, Arzt) können jederzeit beendet werden.

6.2 Arbeitgeber und Arbeitnehmer

Ein <u>Arbeitsverhältnis</u> ist ein Dienstverhältnis zwischen einem Arbeitgeber und einem Arbeitnehmer, das durch den Arbeitsvertrag geregelt ist.

Arbeitgeber sind Unternehmer (natürliche oder juristische Personen), die Arbeitnehmer gegen Entgelt beschäftigen.

Arbeitnehmer sind unselbstständig Beschäftigte (Arbeiter, Angestellte und Auszubildende), die dem Arbeitgeber gegenüber weisungsgebunden und von ihm wirtschaftlich abhängig sind.

Einteilung der Arbeitnehmer nach arbeitsrechtlicher Stellung

Angestellte

Angestellte sind Arbeitnehmer, die vorwiegend geistige Arbeit leisten. Da dieses Kriterium im Einzelfall wenig aufschlussreich ist, wird in der Regel Bezug auf die beispielhafte Aufzählung in § 1 Angestelltenversicherungsgesetz genommen. Danach sind Angestellte z. B. Arbeitnehmer mit gehobenen (Meister) und höheren Stellungen (Ingenieur) im technischen Bereich, alle Arbeitnehmer im kaufmännischen Bereich und die mit Bürotätigkeiten (soweit es sich nicht nur um Botengänge, Reinigung, Aufräumen handelt) beschäftigten Arbeitnehmer.

Arbeiter

Arbeiter sind Arbeitnehmer, die vorwiegend körperliche Arbeit leisten; genauer: alle Arbeitnehmer, die nicht Angestellte sind. Im technischen Bereich sind es die Mitarbeiter mit rein ausführender Tätigkeit, im Bürobereich mit Botengängen, Reinigung, Aufräumen und ähnlichen Dingen beschäftigte Mitarbeiter.

Auszubildende

Auszubildende sind Arbeitnehmer, die eingestellt werden, um in einem staatlich anerkannten Ausbildungsberuf die notwendigen Kenntnisse und Fertigkeiten zu erwerben. Je nach Art der Tätigkeit sind sie den Angestellten oder Arbeitern zuzurechnen. (Aber: Der Ausbildungsvertrag ist *kein Dienstvertrag,* sondern ein Vertrag besonderer Art.)

Die Unterscheidung zwischen Angestellten und Arbeitern hat Bedeutung für Tarifverträge und für die Sozialversicherung.
Besonders zu erwähnen sind:

- **Leitende Angestellte**

  Nach Betriebsverfassungsgesetz § 5 gilt als leitender Angestellter,
  - wer selbstständig Arbeitnehmer einstellen oder entlassen darf oder
  - wer Generalvollmacht oder Prokura hat oder
  - wer für den Bestand und die Entwicklung eines Unternehmens oder Betriebes Entscheidungen „im Wesentlichen frei von Weisungen trifft oder sie maßgeblich beeinflusst".

  Leitender Angestellter ist im Zweifel auch,
  - wer bereits bei der letzten Betriebsratswahl als solcher galt oder
  - wer einer Leitungsebene angehört, auf der überwiegend leitende Angestellte vertreten sind, oder
  - wer ein für leitende Angestellte in seinem Unternehmen übliches Gehalt bezieht (im Zweifel mehr als das Dreifache des Durchschnittsverdienstes der Rentenversicherten).

  Leitende Angestellte sind arbeitsrechtlich Arbeitnehmer, es gelten aber Sondervorschriften für sie. So gilt das Arbeitszeitgesetz nicht für Prokuristen, Gesamtbevollmächtigte und Angestellte, die Vorgesetzte von mindestens 20 Arbeitnehmern sind. Das Kündigungsschutzgesetz gilt nicht für Geschäftsführer, Betriebsleiter und ähnliche leitende Personen, soweit sie selbstständig Arbeitnehmer einstellen und entlassen können. Für alle bisher Genannten gilt auch das Betriebsverfassungsgesetz nicht.

- **Freie Mitarbeiter**

  Freie Mitarbeiter sind rechtlich Selbstständige, die durch einen Dienstvertrag an die Unternehmung gebunden sind. Sie sind nicht persönlich weisungsgebunden wie Arbeitnehmer. Sie können wirtschaftlich unabhängig sein, wenn sie für mehrere Unternehmen tätig sind, oder wirtschaftlich abhängig, wenn sie für ein Unternehmen tätig sind. Im letzteren Fall haben sie eine **arbeitnehmerähnliche Stellung** und sind im Arbeitsrecht Arbeitnehmern gleichgestellt. Grafiker, Ingenieure, Unternehmensberater, Designer, Journalisten, Fotomodelle und andere arbeiten häufig als freie Mitarbeiter.

6.3 Arbeitsrecht

Der Arbeitsvertrag ist grundsätzlich ein Dienstvertrag nach BGB (BGB §§ 611 ff.). Hinzu treten arbeitsrechtliche Bestimmungen des HGB für kaufmännische Arbeitnehmer (HGB §§ 59 ff.) und der Gewerbeordnung für gewerbliche Arbeitnehmer (GewO §§ 105 ff.). Des Weiteren sind folgende **Gesetze für die Gestaltung des Arbeitsverhältnisses** von großer Bedeutung:

- Nachweisgesetz,
- Arbeitszeitgesetz,
- Bundesurlaubsgesetz,
- Tarifvertragsgesetz,
- Schwerbehindertengesetz,
- Kündigungsschutzgesetz,
- Betriebsverfassungsgesetz,
- Berufsbildungsgesetz,
- Jugendarbeitsschutzgesetz,
- Mutterschutzgesetz,
- Arbeitsgerichtsgesetz,
- Arbeitsplatzschutzgesetz,
- Bundeserziehungsgeldgesetz,
- Teilzeit- und Befristungsgesetz.

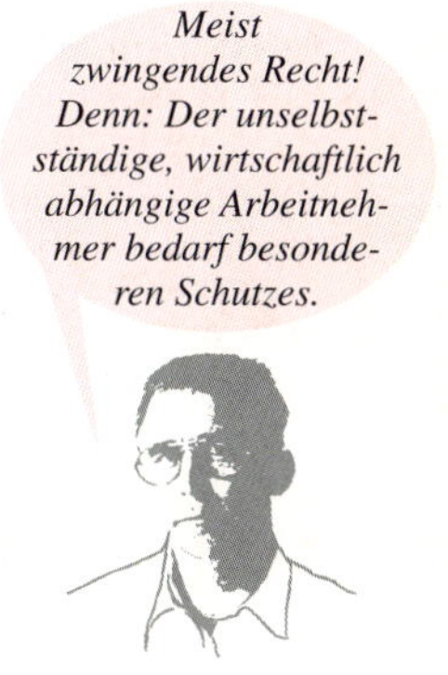

Außer durch diese gesetzlichen Vorschriften wird das Arbeitsverhältnis bestimmt durch

- **Tarifverträge** zwischen Gewerkschaften und Arbeitgebern bzw. Arbeitgeberverbänden,
- **Betriebsvereinbarungen** zwischen Arbeitgeber und Betriebsrat.

Die genannten Rechtsnormen regeln teils das individuelle Arbeitsverhältnis (**Individualarbeitsrecht;** z. B. Arbeitsvertragsrecht), teils richten sie sich auf die einheitliche Gestaltung von Arbeitsbedingungen (**Kollektivarbeitsrecht;** z. B. Tarifvertragsrecht, Betriebsverfassungsrecht).

6.4 Einzelarbeitsvertrag

Ihre Bewerbung

Sehr geehrter Herr Kühne,

wir bestätigen Ihnen hiermit Ihr heutiges Vorstellungsgespräch mit unserem Personalleiter, Herrn Hansen, demzufolge wir Sie zum 1. April 20.. als Einkäufer einstellen.

Ihr Bruttogehalt beträgt monatlich 2 120,00 EUR, zahlbar am Letzten jedes Monats. Außerdem zahlen wir Ihnen vom gesetzlichen Rentenalter an 15 % Ihres Endgehaltes als Betriebsrente, bei vorzeitiger Invalidität einen Ihrer Dienstzeit entsprechenden, nach versicherungsmathematischen Grundsätzen zu errechnenden Betrag.

Ihr Dienst regelt sich nach den Vorschriften unserer Betriebsordnung und nach der Stellenbeschreibung, die wir beifügen. Wir erwarten sorgfältige und gewissenhafte Erledigung der Ihnen übertragenen Aufgaben und den Einsatz Ihrer ganzen Arbeitskraft. Für die Kündigung gelten die gesetzlichen Bestimmungen.

Wir nehmen an, dass Sie Ihren Dienst am 1. April 20.. antreten werden, und bitten Sie um Ihre Bestätigung.

Beim Abschluss eines unbefristeten Arbeitsvertrages herrscht Formfreiheit. Minderjährige benötigen die Zustimmung des gesetzlichen Vertreters. Häufig kommt der Vertrag zustande, indem der Arbeitnehmer seine Papiere – Lohnsteuerkarte, Versicherungsheft, Sozialversicherungsausweis – dem Arbeitgeber aushändigt[1]. Der Vertragsinhalt kann frei vereinbart werden. Jedoch dürfen gültige Bestimmungen nicht unterschritten werden:

- Gesetze (z. B. Kündigungsschutzgesetz, Jugendarbeitsschutzgesetz)
- Tarifverträge,
- Betriebsvereinbarungen.

Der Arbeitgeber muss dem Arbeitnehmer binnen einem Monat nach dem vereinbarten Beginn des Arbeitsverhältnisses ein Schriftstück über den Inhalt des Arbeitsverhältnisses/Arbeitsvertrages aushändigen. Auch wer bereits in einem Arbeitsverhältnis steht, kann nachträglich ein solches Schriftstück binnen einem Monat fordern (Gesetz über den Nachweis der für ein Arbeitsverhältnis geltenden wesentlichen Bedingungen, kurz: Nachweisgesetz).

Mindestinhalt des Schriftstücks nach dem Nachweisgesetz

- Name und Anschrift von Arbeitgeber und Arbeitnehmer
- Beginn des Arbeitsverhältnisses; ggf. dessen Befristung
- Arbeitsort
- Bezeichnung/Beschreibung der Arbeit
- Dauer des Erholungsurlaubs
- Kündigungsfristen
- Höhe und Zusammensetzung des Arbeitsentgelts – einschließlich Zuschläge, Zulagen, Prämien, Sonderzahlungen –, ferner deren Fälligkeit
- die regelmäßige wöchentliche (oder tägliche) Arbeitszeit
- die anzuwendenden Tarifverträge/Betriebsvereinbarungen

Da der Arbeitgeber mit dem Vertrag erheblich gebunden wird, hat er das Recht, sich über den Arbeitnehmer vor der Einstellung ausgiebig zu erkundigen. So muss dieser alle Fragen bezüglich seiner Ausbildung, früherer Arbeitsverhältnisse oder seiner Gesundheit und Fähigkeiten wahrheitsgetreu beantworten[2]. Als Gegenleistung erwartet der Arbeitnehmer volle Aufklärung über die auf ihn zukommenden Pflichten und Rechte.

Pflichten des Arbeitnehmers (= Rechte des Arbeitgebers)

Pflicht zur Arbeitsleistung

(BGB § 611)

Der Arbeitnehmer muss die Arbeiten verrichten, die seinem Arbeitsvertrag entsprechen (ein Einkäufer darf z. B. nicht ständig als Buchhalter eingesetzt werden). Die Arbeit ist im Zweifelsfall persönlich und nach bestem Wissen und Gewissen zu leisten. Die Verletzung der Arbeitspflicht durch Nichtleistung oder Schlechtleistung macht den Arbeitnehmer schadenersatzpflichtig, wenn er vorsätzlich oder grob fahrlässig gehandelt hat. Bei „normaler" Fahrlässigkeit ist der Schaden zwischen Arbeitgeber und Arbeitnehmer „quotal" zu verteilen.

---

[1] *Der Sozialversicherungsausweis ist nur zur Einsichtnahme vorzulegen.*

[2] *Sittenwidrige Fragen (z. B. nach einer bestehenden Schwangerschaft, nach Gewerkschaftszugehörigkeit, nach gefährlichen Sportarten) kann der Bewerber ohne negative Rechtsfolgen für sein Arbeitsverhältnis falsch beantworten!*

Gehorsamspflicht

Der Arbeitnehmer muss bei seiner Tätigkeit die Weisungen des Arbeitgebers befolgen.

Treuepflicht, Verschwiegenheitspflicht, Schmiergeldverbot

Der Arbeitnehmer muss die Interessen seines Arbeitgebers und des Betriebes wahrnehmen. Insbesondere darf er Geschäfts- und Betriebsgeheimnisse nicht weitergeben (z. B. Konstruktionsunterlagen, Kalkulationsgrundlagen) und darf keine Schmiergelder zu seinem eigenen Vorteil annehmen. Pflichtverletzungen können zu Schadenersatzforderungen, fristloser Entlassung und strafrechtlicher Verfolgung führen.

Pflicht zur Unterlassung von Wettbewerb (HGB § 60, § 61; GewO § 133 f.)

Ohne Einwilligung des Arbeitgebers darf der Arbeitnehmer nicht im Geschäftszweig des Arbeitgebers Geschäfte für eigene oder fremde Rechnung machen. Kaufmännische Angestellte dürfen auch kein eigenes Geschäft in einem beliebigen Geschäftszweig betreiben.

Das Wettbewerbsverbot kann durch eine „Konkurrenzklausel" im Arbeitsvertrag auch für eine gewisse Zeit nach dem Ausscheiden aus der Firma bestehen bleiben (bei kaufmännischen Angestellten z. B. maximal zwei Jahre). Der Arbeitgeber muss dem Arbeitnehmer eine Entschädigung zahlen (für jedes Jahr mindestens die Hälfte der zuletzt bezogenen vertraglichen Leistungen).

Pflichtverletzungen können ebenfalls zu Schadenersatzforderungen und fristloser Entlassung führen. Bei Geschäften auf eigene Rechnung hat der Arbeitgeber auch das „Selbsteintrittsrecht" (d. h. er kann das Geschäft selbst ausführen), bei Geschäften auf fremde Rechnung das Recht auf Herausgabe der Vergütung.

Pflichten des Arbeitgebers (= Rechte des Arbeitnehmers)

Vergütungspflicht (BGB § 611, § 614, § 616)

Der Arbeitgeber muss pünktlich den Lohn oder das Gehalt zahlen (bei Angestellten z. B. am Ende des Monats). Voraussetzung ist, dass die Arbeitsleistung auch tatsächlich erbracht wurde. Ausnahme: bei unverschuldetem Unglück (z. B. Lohnfortzahlung im Krankheitsfall für 6 Wochen) oder relativ kurzer Verhinderung (z. B. Ladung als Zeuge vor Gericht). Die Entlohnung muss in Geld erfolgen.

Fürsorgepflicht (BGB § 618)

Der Arbeitgeber muss die Unfallverhütungs- und Arbeitsgesetze beachten und Sorge dafür tragen, dass Gesundheit und Anstandsgefühl des Arbeitnehmers nicht beeinträchtigt werden. Die Sozialversicherungsbeiträge sind ordnungsgemäß abzuführen.

Urlaub

Der Arbeitnehmer hat Anspruch auf bezahlten Urlaub. Jugendarbeitsschutzgesetz: bis 16 Jahre 30, bis 17 Jahre 27, bis 18 Jahre 25 Werktage. Bundesurlaubsgesetz: über 18 Jahre 24 Werktage, wenn der Arbeitnehmer dem Betrieb mindestens 6 Monate angehört.

Ab sechs Monaten Betriebszugehörigkeit können Arbeitnehmer in Betrieben mit mehr als 15 Arbeitnehmern (ohne Auszubildende) verlangen, dass sie in Teilzeit beschäftigt werden.

6.5 Beendigung des Arbeitsverhältnisses

6.5.1 Fristablauf

Ist ein Arbeitsverhältnis für eine bestimmte Zeit eingegangen worden, so endet es mit Ablauf der vereinbarten Frist.

Grundsätzlich sind solche Befristungen nur bei Vorliegen sachlicher Gründe gestattet (z. B. momentaner Engpass, Saisonarbeit). Allerdings können seit Oktober 1996 zum Zweck der Beschäftigungsförderung alle Arbeitsverträge bis zur Dauer von zwei Jahren auch ohne sachlichen Grund befristet und innerhalb dieser Zeit bis zu dreimal verlängert werden. Voraussetzung: Der Arbeitnehmer war niemals zuvor – außer zur Ausbildung – in dem betreffenden Unternehmen beschäftigt.

Befristete Arbeitsverträge erfordern die Schriftform mit eigenhändiger Unterschrift!

6.5.2 Aufhebungsvertrag

Auf unbestimmte Zeit eingegangene Arbeitsverhältnisse können durch übereinstimmende Willenserklärungen beider Vertragspartner (Aufhebungsvertrag) zu einem beliebigen Zeitpunkt gelöst werden.

Vorsicht! Liegt kein wichtiger Grund vor, so wird bei anschließender Arbeitslosigkeit das Arbeitslosengeld für mindestens ein Viertel der Gesamtanspruchsdauer gesperrt. (Ein wichtiger Grund könnte z. B. sein, dass bei drastischem Personalabbau die verbleibenden Arbeitsplätze gesichert werden sollen.) Gezahlte Abfindungen lassen die Arbeitslosengeldzahlung eine Zeit lang ruhen, weil zunächst die Abfindung für den Lebensunterhalt eingesetzt werden soll.

Aufhebungsverträge erfordern die Schriftform mit eigenhändiger Unterschrift!

6.5.3 Ordentliche Kündigung

Ein unbefristetes Arbeitsverhältnis kann auch durch Kündigung gelöst werden. Die Kündigung muss schriftlich erfolgen und eigenhändig unterschrieben werden.

Die Kündigung ist die Erklärung eines Vertragspartners, dass er den Arbeitsvertrag lösen will. Sie wird wirksam, wenn sie dem anderen Vertragspartner zugegangen ist.

Die ordentliche Kündigung ist stets an eine Kündigungsfrist gebunden. Das BGB nennt folgende Kündigungsfristen (BGB § 622):

Kündigungsfristen			
Frist während der Probezeit (bis 6 Monate)	2 Wochen		
Grundfrist	4 Wochen zum 15. des Monats oder zum Monatsende		
verlängerte Fristen (gültig bei Kündigung durch den Arbeitgeber)	Betriebszugehörigkeit	Frist	
Bei der Berechnung der Betriebszugehörigkeit werden Zeiten vor der Vollendung des 25. Lebensjahres des Arbeitnehmers nicht mitgerechnet.	2 Jahre	1 Monat	jeweils zum Monatsende
	5 Jahre	2 Monate	
	8 Jahre	3 Monate	
	10 Jahre	4 Monate	
	12 Jahre	5 Monate	
	15 Jahre	6 Monate	
	20 Jahre	7 Monate	

Durch den Tarifvertrag können längere oder kürzere Fristen vereinbart werden. Diese gelten für nicht tarifgebundene Arbeitgeber und Arbeitnehmer nur, wenn ihre Anwendung einzelvertraglich vereinbart ist.

Einzelvertraglich ist eine Verkürzung der Grundkündigungsfrist nur zulässig

- bei Aushilfe bis zu 3 Monaten,
- in Betrieben mit nicht mehr als 20 Arbeitnehmern (ohne Auszubildende), wenn die Kündigungsfrist 4 Wochen nicht unterschreitet.

Für die Kündigung durch den Arbeitnehmer darf keine längere Frist vereinbart werden als für die Kündigung durch den Arbeitgeber.

Der Arbeitnehmer hat das Recht, sich während der Arbeitszeit um einen neuen Arbeitsplatz zu bemühen (BGB § 629). Wenn im Arbeitsvertrag nichts anderes vereinbart ist, wird die Vergütung für die Fehlzeit weitergezahlt.

6.5.4 Außerordentliche Kündigung

Die außerordentliche Kündigung (BGB § 626) ist stets eine fristlose Kündigung **aus wichtigem Grund.** Das bedeutet, dass die Fortsetzung des Arbeitsverhältnisses dem Arbeitnehmer bzw. dem Arbeitgeber nicht zugemutet werden kann (z. B. bei Straftaten im Betrieb, Tätlichkeiten, Arbeitsverweigerung, grober Beleidigung, Verletzung der Arbeitsschutzbestimmungen, Nichtzahlung der Vergütung). Wer eine fristlose Kündigung verursacht, schuldet dem Vertragspartner Schadenersatz. Die Kündigung muss binnen zwei Wochen ausgesprochen werden, nachdem der Kündigungsgrund bekannt wurde.

6.5.5 Arbeitszeugnis

BGB § 630 schreibt vor, dass der Arbeitgeber dem Arbeitnehmer bei Ausscheiden aus dem Arbeitsverhältnis ein Zeugnis ausstellen muss. Es muss Art und Dauer der Beschäftigung enthalten **(einfaches Zeugnis).** Auf Wunsch des Arbeitnehmers sind auch Angaben über Führung und Leistung aufzunehmen **(qualifiziertes Zeugnis).**

Das Zeugnis muss wahrheitsgemäß abgefasst sein (bei falschen Angaben haftet der alte Arbeitgeber dem neuen wegen vorsätzlicher sittenwidriger Schädigung (BGB § 826). Es muss aber wohlwollend sein: Gute Leistungen sind zu erwähnen, schlechte nur, wenn sie wesentlich und schwerwiegend sind. Für schuldhaft unrichtige Aussagen haftet der Arbeitgeber dem Arbeitnehmer wegen Verletzung des Arbeitsvertrags. Der Arbeitnehmer kann vor dem Arbeitsgericht auf Berichtigung klagen.

Arbeitsaufträge

1. Werner Schuhmacher hat sich bei der Nutzfahrzeugbau AG als Angestellter im Einkauf beworben. Im Vorstellungsgespräch wurde Einigung über das Arbeitsverhältnis erzielt. Die Stelle soll am 1. Juni angetreten werden. Besondere Vereinbarungen wurden weder mündlich noch schriftlich getroffen. Herr Schuhmacher gibt am 1. Juni in der Personalabteilung seine Arbeitspapiere ab.
   a) Ist es zulässig, ein Arbeitsverhältnis ohne schriftlichen Vertrag einzugehen?
   b) Nach welchen Rechtsvorschriften richtet sich das Arbeitsverhältnis von Herrn Schuhmacher?
   c) Welche Arbeitspapiere übergibt Herr Schuhmacher?
   d) Die Personalabteilung fordert Herrn Schuhmacher auf, seiner Krankenkasse die Arbeitsaufnahme zu melden, damit die Sozialversicherungsbeiträge ordnungsgemäß überwiesen werden können. Verhält sich die Personalabteilung richtig?
   e) Ist es Herrn Schuhmacher erlaubt, einer Nebentätigkeit als Versicherungsvertreter nachzugehen?
   f) Darf Herr Schuhmacher während des Urlaubs eines Kollegen vertretungsweise auch mit Ablagetätigkeiten beauftragt werden?

g) Kann Herr Schuhmacher, wenn er wichtige Privatangelegenheiten zu besorgen hat, sich von seinem Freund Pitt Herberts vertreten lassen, der den gleichen Beruf hat?
h) Berichten Sie kurz über die Rechte und Pflichten, die Herr Schuhmacher aus dem Arbeitsvertrag hat.
i) 2 Monate nach Arbeitsaufnahme erhält Herr Schuhmacher die fristlose Kündigung. Begründung: In der Nutzfahrzeugbau AG sei eine dreimonatige Probezeit üblich, in der von beiden Seiten ohne Angabe von Gründen gekündigt werden könne. Ist das Vorgehen des Arbeitgebers zulässig?

2. In verschiedenen Arbeitsverträgen seien die folgenden Vereinbarungen zu finden.
a) Die Probezeit beträgt 3 Monate. Innerhalb der Probezeit ist jederzeit eine Kündigung ohne Angabe von Gründen möglich.
b) Als Arbeitslohn erhält der Arbeitnehmer jeden Monat 10 % der von ihm hergestellten Werkzeuge.
c) Der Arbeitnehmer darf nicht auf eigene Rechnung im Geschäftszweig des Arbeitgebers tätig werden. Bei Zuwiderhandlung kann der Arbeitgeber selbst in das Geschäft eintreten. Dieses Wettbewerbsverbot gilt noch bis zu 3 Jahren nach Ausscheiden des Arbeitnehmers.
d) Der Jahresurlaub beträgt im Jahr der Einstellung für jeden Monat Betriebszugehörigkeit einen Werktag, anschließend 16 Werktage jährlich.
e) Während des Jahresurlaubs erhält der Arbeitnehmer kein Arbeitsentgelt. Der Betrieb zahlt ihm jedoch freiwillig für jeden Werktag einen Betrag von 20,00 EUR.

Sind diese Vereinbarungen zulässig?
Begründen Sie Ihre Antwort.

3. Ein für unbestimmte Zeit eingegangenes Arbeitsverhältnis kann durch Aufhebungsvertrag oder durch Kündigung gelöst werden.
a) Erläutern Sie den Unterschied zwischen Aufhebungsvertrag und Kündigung.
b) Warum kann ein Aufhebungsvertrag für den Arbeitnehmer ungünstig werden, der noch keine neue Arbeit gefunden hat?

4. Frau Klein, 46 Jahre, seit 2 Jahren (10 Jahren) im Betrieb beschäftigt, erhält am 2. Sept. die Kündigung zum 30. Sept.
Ist die Kündigungsfrist eingehalten?

6.6 Tarifverträge

Arbeitgeber und Arbeitnehmer haben das Recht, sich in Organisationen zusammenzuschließen. Dies garantiert Art. 9 (3) des Grundgesetzes. Dieses Recht heißt **Koalitionsfreiheit.** Die Arbeitgeber gleicher Wirtschaftszweige organisieren sich in **Fachverbänden.** Ihr Dachverband ist die Bundesvereinigung der Deutschen Arbeitgeberverbände (BDA).

Die Arbeitnehmer organisieren sich ihrerseits in **Gewerkschaften.**

Das Tarifvertragsgesetz gesteht den Gewerkschaften einerseits und den einzelnen Arbeitgebern sowie den Arbeitgeberverbänden andererseits das Recht zu, **Tarifverträge** abzuschließen.

Tarifverträge sind kollektive (für alle angeschlossenen Mitglieder verbindliche) Arbeitsverträge. Sie enthalten Abmachungen über Löhne, Gehälter und andere arbeitsrechtliche Regelungen.

Der Tarifvertrag regelt neben dem Einzelarbeitsvertrag die Arbeitsverhältnisse. Er ist geltendes Recht. Solange der Tarifvertrag gilt, ist der Arbeitsfrieden gesichert. Für alle besteht eine Friedenspflicht, die es verbietet, Arbeitskämpfe zu führen. Der Tarifvertrag erhält jedoch nur Mindestbedingungen. Zugunsten der Arbeitnehmer kann der Arbeitgeber jeweils anderes vereinbaren.

Das Tarifvertragsgesetz gibt den Tarifvertragsparteien die **Tarifautonomie.** Darunter versteht man das Recht, Tarifverträge frei von staatlichen Eingriffen abzuschließen. Der Staat darf nicht einmal dann in Tarifverhandlungen eingreifen, wenn abzusehen ist, dass die Ergebnisse schädliche Auswirkungen auf die Wirtschaftslage haben können (z. B. auf die Geldwertstabilität). Er soll nur dafür sorgen, dass die Spielregeln für beide Parteien gleich sind. Lohnstopp, Preisstopp oder die Beseitigung des privaten Eigentums würden die Tarifautonomie zerstören.

Häufig lassen sich die Ergebnisse von Tarifverhandlungen nur schwer in einem einzelnen Vertrag zusammenfassen. So sind z. B. für bestimmte Vereinbarungen unterschiedliche Laufzeiten anzutreffen. Lohnvereinbarungen haben kürzere Laufzeiten als Urlaubsregelungen.

Arten von Tarifverträgen	
Lohntarifvertrag (Gehaltstarifvertrag)[1]	**Manteltarifvertrag**
regelt: – Löhne und Gehälter, – Lohngruppen, Zulagen, Zuschläge – Lohnfortzahlung – Akkordlohn – Erfolgsbeteiligung	regelt: – Vermögenswirksame Leistungen – Urlaubsregelungen – Arbeitszeit – Rationalisierungsschutz – Arbeitsschutz

Lohn-/Gehaltstarifverträge enthalten nur Regelungen über Vergütungen, während **Manteltarifverträge** als Rahmentarife Einzelfragen wie Sonderzuschläge und vermögenswirksame Leistungen regeln. Solche Vereinbarungen haben meistens einen größeren Geltungsbereich und eine längere Geltungsdauer. Ein gemeinsamer Vertrag würde neue Verhandlungen verlängern, da dann über alle Fragen gleichzeitig verhandelt werden müsste.

---

[1] *In der chemischen Industrie wurde 1988 zum ersten Mal ein einheitlicher „Entgelttarifvertrag" für Arbeiter und Angestellte geschlossen.*

Gültigkeit der Tarifverträge

Persönlicher Geltungsbereich

Ein Tarifvertrag gilt nur für die Arbeitnehmer, die der tarifschließenden Gewerkschaft angehören und die bei einem Arbeitgeber des tarifschließenden Verbandes beschäftigt sind. So sind nur 40 % der Arbeitnehmer tarifgebunden. Nichtorganisierte haben demnach keinen Anspruch auf die Anwendung des Tarifvertrages! Sie können aber in ihren Arbeitsverträgen Bezug auf die Tarifverträge nehmen. So können sie auch ohne Mitgliedschaft die Vorteile wahrnehmen. Die Arbeitgeber werden dazu bereit sein, um ihre Arbeitnehmer nicht in die Gewerkschaft zu drängen. In der Praxis werden über 90 % aller Arbeitsverträge durch tarifvertragliche Regelungen gestaltet. Tarifverträge dürfen nach der geltenden Rechtsprechung keine „Außenseiterklauseln" enthalten, die eine Ungleichbehandlung von nicht organisierten Arbeitnehmern vorsehen.

Eine Allgemeinverbindlichkeitserklärung auch für nicht organisierte Betriebe und Arbeitnehmer ist durch den Bundesarbeitsminister möglich, wenn die tarifgebundenen Arbeitgeber mindestens 50 % der unter diesen Tarifabschluss fallenden Arbeitnehmer beschäftigen und wenn die Allgemeinverbindlichkeitserklärung im öffentlichen Interesse liegt.

Fachlicher Geltungsbereich

Tarifverträge gelten nur für einzelne Industriezweige oder Betriebe. Gewerkschaften sind an möglichst vielen Tarifbereichen interessiert, da sich so eher Verbesserungen durchsetzen lassen.

Räumlicher Geltungsbereich

Ein Tarifvertrag kann außer der fachlichen Begrenzung auch räumlich eingeschränkt sein.
Man unterscheidet Bundestarifverträge, Regionaltarifverträge, Bezirkstarifverträge und Firmentarifverträge.
In zeitlicher Hinsicht tendiert man immer mehr zu kurzen Laufzeiten.

Arbeitsaufträge

1. Tarifverträge werden als kollektive Arbeitsverträge bezeichnet.

a) Was ist unter einem **kollektiven** Arbeitsvertrag (im Gegensatz zum Einzelarbeitsvertrag) zu verstehen?

b) Wer kann Vertragspartner bei diesen Verträgen sein?

c) Diese Vertragspartner werden oft als Sozialpartner, manchmal auch als Sozialparteien bezeichnet. Was soll mit diesen Bezeichnungen ausgedrückt werden, und welche würden Sie als die zutreffendere ansehen?

d) Den Tarifvertragsparteien ist gesetzlich Tarifautonomie zugesagt. Was ist darunter zu verstehen?

e) Der Geltungsbereich von Tarifverträgen ist auf dreifache Weise eingeschränkt. Erläutern Sie dies.

2. Man unterscheidet nach dem Vertragsinhalt zwei Tarifvertragsarten.

a) Welcher Tarifvertragsart sind die folgenden Auszüge jeweils entnommen?

Tariflöhne in EUR

		Tariflohngruppe								
Altersklassen		2	3	4	5	6	7	8	9	10
unter 17 Jahren:	60 %	4,13	4,23	4,43	4,63	4,83	–	–	–	–
im Alter von:										
17 Jahren	70 %	4,82	4,94	5,17	5,40	5,64	6,71	–	–	–
18 Jahren	80 %	5,50	5,64	5,90	6,18	6,44	7,55	–	–	–
19 Jahren	90 %	6,19	6,35	6,64	6,95	7,25	7,97	–	–	–
20 Jahren	95 %	6,54	6,70	7,01	7,33	7,65	8,39	–	–	–
über 21 Jahren	100 %	6,88	7,05	7,38	7,72	8,05	8,39	9,06	9,90	11,16
Lohnschlüssel in	%	82	84	88	92	96	100	108	118	133

Inhaltsverzeichnis

b) Aus welchem Grund bringt man die tarifvertraglichen Vereinbarungen in zwei unterschiedlichen Verträgen unter?

3. Bernd Klein ist als Zerspanungsmechaniker bei Rosteisen & Co. beschäftigt. Er ist nicht gewerkschaftlich organisiert. Nach dem Inkrafttreten eines neuen Tarifvertrags vermisst er bei der nächsten Lohnzahlung die tarifvertraglich festgesetzte Lohnerhöhung von 5,6 %. Bei seiner Nachfrage in der Lohnbuchhaltung wird ihm gesagt, der Betrieb müsse sparen, und die Erhöhung werde nur bezahlt, wenn eine vertragliche Verpflichtung für den Betrieb bestehe.

a) Besteht tatsächlich keine Verpflichtung des Betriebes zur Zahlung der Lohnerhöhung?
b) Ist auch der Fall möglich, dass ein Betrieb keine Lohnerhöhung zahlen muss, obwohl die Beschäftigten Gewerkschaftsmitglieder sind?
c) Ist es andererseits möglich, dass ein nicht im Arbeitgeberverband organisierter Betrieb die Bestimmungen eines Tarifvertrages auf alle seine Arbeitnehmer anwenden muss?
d) In der Regel gelangen auch die Nicht-Gewerkschaftsmitglieder in den Genuss von Tariferhöhungen. Wie ist diese Erfahrungstatsache zu begründen?

6.7 Betriebsrat und Betriebsvereinbarungen

6.7.1 Betriebsrat

Das Betriebsverfassungsgesetz in der Fassung von 2001 will durch eine Erweiterung der Arbeitnehmerrechte einen gerechten Interessenausgleich und eine vertrauensvolle Zusammenarbeit zwischen Arbeitgebern und Arbeitnehmern bewirken. Zu diesem Zweck können Betriebsräte gewählt werden. Die Wahlen finden alle vier Jahre zwischen dem 1. März und dem 31. Mai statt.

Voraussetzungen:

- Mindestens 5 wahlberechtigte Arbeitnehmer
  (Mindestalter 18 Jahre; keine leitenden Angestellten und arbeitgeberähnlichen Personen wie Geschäftsführer und Vorstand; wahlberechtigt sind auch Leiharbeitnehmer[1], die länger als drei Monate im Betrieb eingesetzt werden.)
- Mindestens 3 wählbare Arbeitnehmer
  (alle Wahlberechtigten mit mindestens 6 Monaten Betriebszugehörigkeit)

[1] Personalleasing-Firmen beschäftigen Arbeitnehmer, die sie auf Grund eines Personalüberlassungsvertrags kurzfristig an andere Firmen „verleihen“ (sog. Zeitpersonal), z. B. bei Urlaub oder Erkrankung von Stammpersonal.

Anzahl der Betriebsratsmitglieder			
Wahlberechtigte	**Mitglieder**	**Wahlberechtigte**	**Mitglieder**
5 – 20	1 (Betriebsobmann)	2 001 – 2 500	19
21 – 50	3	2 501 – 3 000	21
51 – 100	5	3 001 – 3 500	23
101 – 200	7	3 501 – 4 000	25
201 – 400	9	4 001 – 4 500	27
401 – 700	11	4 501 – 5 000	29
701 – 1 000	13	5 001 – 6 000	31
1 001 – 1 500	15	6 001 – 7 000	33
1 501 – 2 000	17	7 001 – 9 000	35
Bei mehr als 9 000 Arbeitnehmern kommen je angefangene 3 000 Arbeitnehmer 2 Betriebsratsmitglieder hinzu. Ab 9 Mitgliedern bildet der Betriebsrat einen **Betriebsausschuss.** Dieser führt die laufenden Geschäfte des Betriebsrats. Er kann 3 bis 12 Mitglieder haben.			

Das Geschlecht, das im Betrieb in der Minderheit ist, muss ab drei Betriebsratsmitgliedern mindestens entsprechend seinem Anteil an der Belegschaft im Betriebsrat vertreten sein. Ab 200 Arbeitnehmer ist mindestens ein Betriebsratsmitglied von der Arbeit freizustellen; bei mehr Arbeitnehmern steigen die Freistellungen gemäß BetrVG § 38.

Der Betriebsrat tagt in nichtöffentlicher Sitzung, die in der Regel während der Arbeitszeit stattfindet. Der Betriebsrat muss einmal im Kalendervierteljahr eine **Betriebsversammlung** einberufen und einen Tätigkeitsbericht erstatten. Der Arbeitgeber ist einzuladen und hat Rederecht.

6.7.2 Wirtschaftsausschuss

Ab 100 Beschäftigten bestimmt der Betriebsrat einen Wirtschaftsausschuss. Er setzt sich aus mindestens drei und höchstens sieben sachverständigen Personen zusammen, von denen mindestens eine ein Betriebsratsmitglied sein muss. Der Ausschuss berät wirtschaftliche Angelegenheiten mit dem Unternehmer (z. B. Finanzlage, Investitionsprogramm, Rationalisierungen, Arbeitsmethoden, Stilllegungen, Zusammenschlüsse usw.) und unterrichtet den Betriebsrat. Der Unternehmer hat zusammen mit dem Wirtschaftsausschuss der Belegschaft mindestens einmal im Vierteljahr einen wirtschaftlichen Lagebericht zu geben.

6.7.3 Allgemeine Aufgaben des Betriebsrats

Der Betriebsrat hat folgende allgemeine Aufgaben:

- Überwachung der Einhaltung von Betriebsvereinbarungen, Tarifverträgen und Gesetzen;
- Beantragung von Maßnahmen im Interesse von Betrieb und Arbeitnehmern bei der Geschäftsleitung;
- Annahme, Beratung, Vertretung von Anregungen der Arbeitnehmer und der Jugend- und Auszubildendenvertretung;
- Förderung schutzbedürftiger Gruppen (Behinderte, Ausländer, Jugendliche, ältere Arbeitnehmer); Bekämpfung von Rassismus und Fremdenfeindlichkeit;
- Förderung der Gleichstellung von Frauen und Männern;
- Förderung und Sicherung der Beschäftigung;
- Förderung von Arbeits- und Umweltschutzmaßnahmen;

6.7.4 Betriebsrat als Mitbestimmungsorgan

Als Mitbestimmungsorgan hat der Betriebsrat abgestufte Rechte.

Mitbestimmungs- und Mitwirkungsrechte des Betriebsrats (BetrVG)

Mitentscheidungsrecht

Soziale Angelegenheiten (§ 87):
- Betriebsordnung
- Lage der Arbeitszeit und der Pausen
- Urlaubsplan
- Unfallverhütung
- betriebliche Berufsbildung
- betriebliche Sozialeinrichtungen
- Zeit, Ort, Art der Entgeltszahlung
- Einführung von technischen Einrichtungen zur Verhaltens- und Leistungsüberwachung
- Entlohnungsgrundsätze und -methoden
- Akkord- und Prämiensätze
- Vorschlagswesen
- Grundsätze über Durchführung von Gruppenarbeit
- Richtlinien über die personelle Auswahl bei Einstellungen, Versetzungen, Umgruppierungen, Kündigungen (§ 95)

Sozialplan bei Betriebsänderung und Insolvenz (§ 111)
Maßnahmen der betrieblichen Berufsbildung (§ 98)

↓

Eine Entscheidung kommt nur mit Zustimmung des Betriebsrats zustande.

Widerspruchsrecht

Personelle Einzelmaßnahmen (§ 99):
- Einstellungen
- Ein- und Umgruppierungen
- Versetzungen

Kündigungen (§ 102)

↓

Der Betriebsrat kann aus schwerwiegenden Gründen Entscheidungen der Geschäftsleitung widersprechen.

Informations- und Beratungsrecht

Wirtschaftliche Angelegenheiten (§ 106):
z. B. wirtschaftliche und finanzielle Lage
Produktions- und Absatzlage
Investitions- und Produktionsprogramm
neue Arbeitsmethoden,
Stilllegung von Betriebsteilen, Zusammenschluss von Betrieben, Änderung der Betriebsorganisation oder des Betriebszwecks
Rationalisierungsvorhaben (Informationen durch den vom Betriebsrat bestimmten Wirtschaftsrat)

Planung der Arbeitsplätze (§ 90):
- Neu-, Um-, Erweiterungsbauten
- technische Anlagen
- Arbeitsverfahren

Personalplanung (§ 92)

Förderung der Berufsbildung (§§ 96, 97)

↓

Die Geschäftsleitung muss den Betriebsrat über anstehende Entscheidungen unterrichten[1] **und sich mit ihm beraten. Ein Widerspruch ist jedoch wirkungslos.**

[1] Dies muss so rechtzeitig erfolgen, dass die Vorschläge des Betriebsrats berücksichtigt werden können.

Erfolgt in den Fragen von § 87 zwischen Betriebsrat und Arbeitgeber keine Einigung über eine Maßnahme, so ist bei Bedarf eine **Einigungsstelle** zu bilden. Arbeitgeber und Betriebsrat bestellen hierzu eine gleiche Anzahl von Beisitzern und einigen sich auf einen neutralen Vorsitzenden.

Betriebsvereinbarungen können eine ständige Einigungsstelle vorsehen (BetrVG § 76). Außerdem verbleibt die Möglichkeit einer Klage vor dem Arbeitsgericht. In einer Reihe von Fällen ersetzt der Spruch der

Die Stellung der Betriebsräte ist zu ihrem eigenen sozialen Schutz und zur wirksamen Interessenvertretung wesentlich stärker als die der übrigen Arbeitnehmer:

- Betriebsratsmitglieder sind bis ein Jahr nach Beendigung ihrer in der Regel vierjährigen Tätigkeit nur außerordentlich kündbar unter der Bedingung, dass der Betriebsrat oder das Arbeitsgericht zustimmen.
- Während der Interessenvertretung läuft das Arbeitsentgelt weiter.

Einigungsstelle die fehlende Einigung zwischen Arbeitgeber und Betriebsrat. Hierzu gehören z. B. die sozialen Angelegenheiten nach § 87 BetrVG. In jedem Fall kann aber das Arbeitsgericht angerufen werden.

- Jedes Betriebsratsmitglied hat das Recht auf einen dreiwöchigen bezahlten Bildungsurlaub.
- Die Kosten des Betriebsrates trägt der Arbeitgeber (bei großen Kapitalgesellschaften können das über 500 000,00 EUR sein).

6.7.5 Betriebsvereinbarungen

Betriebsvereinbarungen sind Verträge zwischen Arbeitgeber und Betriebsrat.

Betriebsvereinbarungen regeln Fragen der Arbeitsbedingungen (z. B. Urlaubsplan, Beginn und Ende der Arbeitszeit, Betriebsordnung), der Mitbestimmung, der Verhütung von Arbeitsunfällen und Gesundheitsschädigungen, der Errichtung von Sozialeinrichtungen und der Förderung der Vermögensbildung. Hat ein Tarifvertrag die Fragen schon geregelt, so können sie nicht Gegenstand von Betriebsvereinbarungen werden, es sei denn, der Tarifvertrag lässt den Abschluss ergänzender Betriebsvereinbarungen ausdrücklich zu (BetrVG § 77, III). Betriebsvereinbarungen gelten unmittelbar und zwingend. Sie sind mit einer Frist von 3 Monaten kündbar.

Beispiel

Auf Seite 219 befindet sich ein weiteres Beispiel.

1. Mit Wirkung vom **1. Januar 20..** wird für die Arbeiter und Angestellten die gleitende Arbeitszeit eingeführt. Im Rahmen der folgenden Betriebsvereinbarung können die Arbeiter und Angestellten ihren Arbeitsbeginn und das Arbeitsende frei wählen.
2. Die **Gesamtarbeitszeit** umfasst den Zeitraum von 07:00 bis 19:00 Uhr. Die **Stammarbeitszeit** umfasst den Zeitraum von 09:00 bis 15:30 Uhr. Während der Stammarbeitszeit müssen die Arbeitnehmer an ihrem Arbeitsplatz sein. Während der **Gleitzeit** (von 07:00 bis 09:00 und 15:30 bis 19:00 Uhr) können die Arbeitnehmer ihre Arbeitszeit nach eigenen Bedürfnissen einrichten. Als **Normalarbeitszeit** wird der Zeitraum von 08:00 bis 16:30 Uhr angesehen.
   Eine Arbeitsleistung von mehr als 10 Stunden pro Tag ist nicht zulässig.
3. Im Monat ist die im Tarifvertrag vereinbarte Arbeitszeit zu leisten. Überschreitungen oder Unterschreitungen der tariflichen Arbeitszeit bis zu 10 Stunden pro Monat sind möglich.
   Sie werden im folgenden Monat ausgeglichen.
4. Jeder Arbeitnehmer führt eine Zeiterfassung durch.
5. Abwesenheit von der Arbeit wird bei der Zeitsummenrechnung wie folgt behandelt:
   (1) Überschreitungen der Soll-Arbeitszeit im vorhergehenden Abrechnungszeitraum sind als Zeitvortrag auf der Zeiterfassungskarte vermerkt. Sie vermindern die Soll-Arbeitszeit im gleichen Umfang.
   (2) Dienstliche Abwesenheit, Urlaub, Kuraufenthalte, Arbeitsunfähigkeit und Schonzeiten im Sinne der §§ 2 und 6 des MuSchG vermindern die Soll-Arbeitszeit.
   (3) Dienstverhinderungen infolge eines unverschuldeten Unglücks vermindern die Soll-Arbeitszeit und werden in der Zeiterfassungskarte nachträglich vermerkt.
   (4) Beurlaubungen aus besonderen Anlässen („Sonderurlaub“) nach Maßgabe des bestehenden Tarifvertrags vermindern die Soll-Arbeitszeit und werden in der Zeiterfassungskarte nachträglich vermerkt.
   (5) Unbezahlte Abwesenheit („unbezahlter Urlaub“) muss im Einzelfall vereinbart werden ...
6. Arbeitsgruppen, bei denen die gemeinsame Anwesenheit der Arbeitnehmer wegen der Natur der Arbeit notwendig ist, stimmen über die gemeinsame Arbeitszeit ab. Die Mehrheitsentscheidung der Arbeitsgruppe ist für alle Arbeitnehmer dieser Gruppe verbindlich.

Arbeitsaufträge

1. Bei der Technoflex GmbH, einer Industrieunternehmung mit 789 Beschäftigten, läuft die Amtszeit des Betriebsrates im kommenden Jahr ab.
   a) Wie lange dauerte die Amtszeit des Betriebsrates?
   b) Für welchen Termin können die Betriebsratswahlen angesetzt werden?
   c) Wie viele Betriebsratsmitglieder sind zu wählen?
   d) Sind die folgenden Arbeitnehmer wahlberechtigt?
      (1) der 35-jährige Prokurist Jannings, 12 Jahre beschäftigt
      (2) der 28-jährige ausländische Arbeitnehmer Ahmet Ataer, 10 Monate beschäftigt
      (3) die 17-jährige Auszubildende Anja Pick, 13 Monate beschäftigt
      (4) der 24-jährige Auszubildende Werner Grunwald, 1 Monat beschäftigt
      (5) die 40-jährige Angestellte Anne Netzer, 20 Jahre beschäftigt
      (6) der 30-jährige Hilfsarbeiter Udo Besen, 4 Jahre beschäftigt
   e) Welche der genannten Personen sind wählbar?
   f) Das Betriebsratsmitglied Eberhard Warnke will nicht mehr kandidieren. Da Warnke bisher die Interessen der Belegschaft gegenüber der Geschäftsführung sehr engagiert vertreten hat, befürchtet er für den Fall seines Ausscheidens seine Kündigung. Ist diese Furcht gerechtfertigt?

2. Der Betriebsrat hat abgestufte Mitbestimmungsrechte.
   Untersuchen Sie, in welchem Umfang der Betriebsrat in folgenden Fällen zu beteiligen ist.
   a) Die Geschäftsführung will die gleitende Arbeitszeit einführen.
   b) Die Geschäftsführung will einen Werkstattmeister einstellen.
   c) Die Geschäftsführung will die Fertigung auf flexible Fertigungssysteme umstellen.
   d) Die Geschäftsführung will eine außerordentliche Kündigung aussprechen.
   e) Die Geschäftsführung will den Urlaubsplan für das kommende Jahr beschließen.

3. Geschäftsführung und Betriebsrat können sich nicht über die Einführung der gleitenden Arbeitszeit einigen.
   a) Auf welche Weise kann trotzdem die notwendige Entscheidung erzielt werden?
   b) Es wird schließlich doch ein Kompromiss gefunden und in einer Betriebsvereinbarung festgehalten. Wie sind die Beschäftigten von dieser Vereinbarung betroffen?

4. In einem Unternehmen der Metall verarbeitenden Industrie betrug der Gesamtaufwand für die Betriebsratsarbeit durch Lohnausfallentschädigung und Sachaufwand (ohne Aufwand der Betriebsversammlung) über 500 000,00 EUR.
   Angesichts dieser Zahl bot ein Unternehmen der gleichen Branche seiner Belegschaft 50 000,00 EUR für den Verzicht auf die Wahl eines Betriebsrates an.
   Diskutieren Sie pro und contra.

6.8 Arbeitsschutz

6.8.1 Kündigungsschutz

■ Sozial ungerechtfertigte Kündigungen

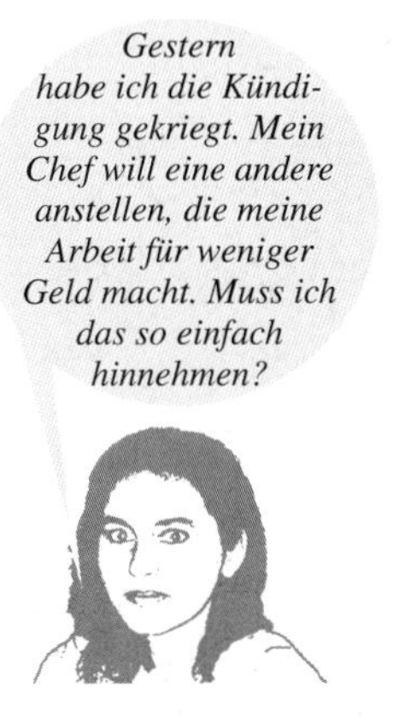

Der Arbeitgeber muss eine fristgerechte Kündigung durch den Arbeitnehmer hinnehmen. Umgekehrt ist der Arbeitnehmer aber durch das **Kündigungsschutzgesetz** gegen eine **sozial ungerechtfertigte Kündigung** geschützt. Voraussetzungen: Der Arbeitnehmer ist mindestens sechs Monate ununterbrochen im Betrieb beschäftigt und der Betrieb hat mehr als 5 Beschäftigte (ohne Auszubildende).

Eine Kündigung ist in folgenden Fällen sozial ungerechtfertigt:	
• **Sie ist nicht in der Person des Arbeitnehmers begründet.**	**Beispiele** („Person"): fehlende Eignung, ansteckende Krankheiten, fehlende Arbeitserlaubnis
• **Sie ist nicht im Verhalten des Arbeitnehmers begründet.**	**Beispiele** („Verhalten"): Pflichtverletzung, mangelnde Arbeitsleistung, dauernde Unpünktlichkeit
• **Sie beruht nicht auf dringenden betrieblichen Erfordernissen.** (Auch wenn solche Erfordernisse vorliegen, muss der Arbeitgeber bei der Auswahl der zu Kündigungen ausreichend soziale Gesichtspunkte berücksichtigen. Dies wird nur ausgeschlossen, wenn die Weiterbeschäftigung eines Arbeitnehmers wegen seiner Kenntnisse, Fähigkeiten und Leistungen oder zur Sicherung einer ausgewogenen Personalstruktur im berechtigten betrieblichen Interesse liegt.)	**Beispiele** („Erfordernisse"): Produktionseinschränkung, Stilllegung einzelner Abteilungen, dauernder Arbeitsmangel Soziale Gesichtspunkte sind z. B.: – die Dauer der Betriebszugehörigkeit, – das Lebensalter, – die Unterhaltspflichten des Arbeitnehmers.

Der Arbeitgeber muss das Vorliegen eines Kündigungsgrundes nachweisen. Ausnahme: Der Arbeitnehmer muss die Nichtberücksichtigung sozialer Gesichtspunkte bei einer Kündigung aus betrieblichen Erfordernissen nachweisen. Hält der Arbeitnehmer die Kündigung für sozial ungerechtfertigt, so kann er binnen einer Woche nach der Kündigung Einspruch beim Betriebsrat einlegen.

Hält der Betriebsrat diesen für begründet, so hat er zu versuchen, eine Verständigung mit dem Arbeitgeber herbeizuführen.

Mitbestimmung des Betriebsrats

Nach § 102 Betriebsverfassungsgesetz ist der Betriebsrat vor jeder Kündigung unter Angabe der Kündigungsgründe zu hören. Geschieht dies nicht, so ist die Kündigung unwirksam. Der Betriebsrat kann dem Arbeitgeber – nach Anhörung des Arbeitnehmers – seine begründeten Bedenken schriftlich mitteilen:

- bei einer außerordentlichen Kündigung unverzüglich, spätestens binnen 3 Tagen;
- bei einer ordentlichen Kündigung innerhalb einer Woche.

Einer ordentlichen Kündigung kann der Betriebsrat nach § 102 BetrVG binnen der Wochenfrist widersprechen, wenn

1. der Arbeitgeber bei der Auswahl des zu kündigenden Arbeitnehmers soziale Gesichtspunkte nicht oder nicht ausreichend berücksichtigt hat,
2. die Kündigung gegen eine Richtlinie nach § 95 BetrVG verstößt[1],
3. der zu kündigende Arbeitnehmer an einem anderen Arbeitsplatz im selben Betrieb oder in einem anderen Betrieb des Unternehmens weiterbeschäftigt werden kann,

---

[1] *Betrifft Richtlinien über die personelle Auswahl bei Einstellungen, Versetzungen, Umgruppierungen, Kündigungen; der Betriebsrat muss solchen Richtlinien zustimmen.*

4. die Weiterbeschäftigung des Arbeitnehmers nach zumutbaren Umschulungs- oder Fortbildungsmaßnahmen möglich ist oder
5. eine Weiterbeschäftigung des Arbeitnehmers unter geänderten Vertragsbedingungen möglich ist und der Arbeitnehmer sein Einverständnis hiermit erklärt hat.

Kündigt der Arbeitgeber, obwohl der Betriebsrat nach Absatz 3 der Kündigung widersprochen hat, so hat er dem Arbeitnehmer mit der Kündigung eine Abschrift der Stellungnahme des Betriebsrats zuzuleiten.

Der Arbeitnehmer kann beim Arbeitsgericht gegen die Kündigung klagen. Handelt es sich dabei um eine ordentliche Kündigung, der der Betriebsrat frist- und ordnungsgemäß widersprochen hat, so kann der Arbeitnehmer verlangen, dass er bis zum rechtskräftigen Abschluss des Rechtsstreits bei unveränderten Arbeitsbedingungen weiterbeschäftigt wird.

Es kommt vor, dass der Arbeitgeber kündigt, dem Arbeitnehmer aber die Fortsetzung des Arbeitsverhältnisses zu geänderten Bedingungen anbietet (sog. **Änderungskündigung**). Der Arbeitnehmer kann ein solches Angebot unter dem Vorbehalt annehmen, dass die Änderung der Arbeitsbedingungen nicht sozial ungerechtfertigt ist. Er muss den Vorbehalt spätestens binnen 3 Wochen nach Zugang der Kündigung erklären. (§ 2 KSchG)

Massenentlassungen müssen zunächst mit dem Betriebsrat beraten werden. Sie sind beim Arbeitsamt anzumelden (KSchG § 17). Die Kündigungen werden vor Ablauf eines Monats nach Eingang der Anzeige nur wirksam, wenn das Landesarbeitsamt zustimmt (KSchG § 18). Massenentlassungen liegen unter folgenden Bedingungen vor:

Gesamtzahl der Arbeitnehmer	Zahl der Entlassungen binnen 30 Tagen
mehr als 20 und weniger als 60	mehr als 5
60 bis 499	10 % oder mehr als 25
mindestens 500	mindestens 30

Klage vor dem Arbeitsgericht

Die Klage des Arbeitnehmers muss binnen drei Wochen nach Zustellung der Kündigung beim Arbeitsgericht eingehen.

Die Kündigung ist wirksam,	Die Kündigung ist unwirksam,
• wenn der Arbeitnehmer die Klagefrist versäumt, • wenn das Gericht die Kündigung bestätigt.	• wenn das Gericht feststellt, dass die Kündigung sozial ungerechtfertigt ist. Dann muss der Arbeitnehmer weiterbeschäftigt werden.

Ist dem Arbeitnehmer eine Weiterbeschäftigung nicht zuzumuten, so löst das Gericht auf seinen Antrag das Arbeitsverhältnis auf. Es verurteilt den Arbeitgeber zu einer Abfindung. Diese beträgt höchstens 12 Monatsverdienste. Für ältere Arbeitnehmer (55 Jahre; 20 Beschäftigungsjahre) beträgt sie höchstens 18 Monatsverdienste. Das Gleiche geschieht auf Antrag des Arbeitgebers bei Gründen, die eine zweckdienliche weitere Zusammenarbeit nicht erwarten lassen.

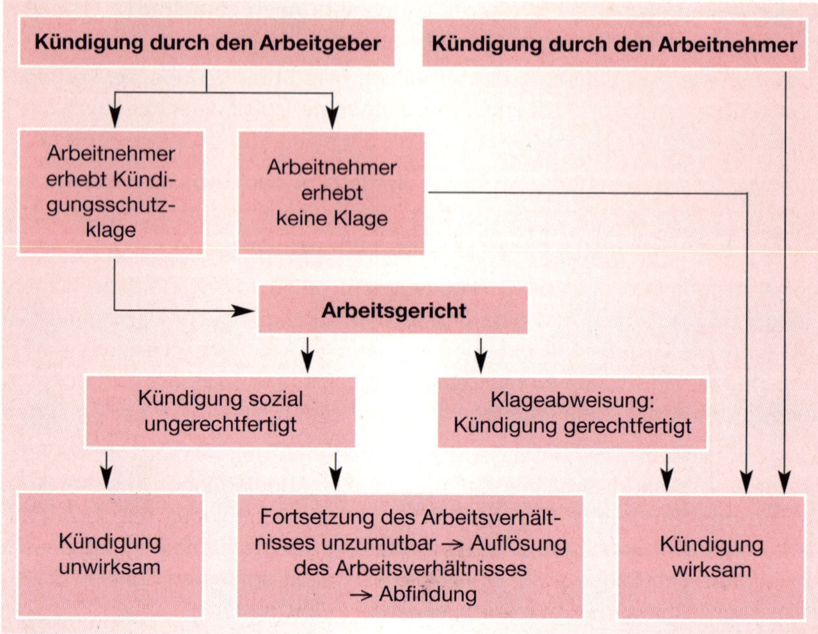

Besonderer Kündigungsschutz

Arbeitnehmergruppen mit besonderem Kündigungsschutz

Mitglieder des Betriebsrats und der Jugend- und Auszubildendenvertretung

Sie können gemäß **Kündigungsschutzgesetz § 15** nur aus wichtigem Grund gekündigt werden. Die Kündigung bedarf der Zustimmung des Betriebsrats.

Schwerbehinderte

Die Kündigung eines Schwerbehinderten bedarf gemäß **Schwerbehindertengesetz § 12** der Zustimmung durch die Hauptfürsorgestelle.

Frauen

Frauen darf während der Schwangerschaft, bis zu 6 Monaten nach der Entbindung und während des Erziehungsurlaubs nicht gekündigt werden **(§ 9 Mutterschutzgesetz).** Siehe auch Elternzeit[1].

Wehrpflichtige, Ersatzdienstleistende

Wehrpflichtige und Ersatzdienstleistende sind während des Grundwehrdienstes, einer Wehrübung und des Ersatzdienstes unkündbar **(Arbeitsplatzschutzgesetz § 1, Zivildienstgesetz § 78).**

Auszubildende

Auszubildende können während der Probezeit ohne Angabe von Gründen, anschließend nur aus wichtigem Grund gekündigt werden **(Berufsbildungsgesetz § 15).**

[1] *S. 200*

Arbeitsaufträge

1. Widerspruch des Betriebsrats an die Personalabteilung.

Körner GmbH, Betriebsrat

Herrn Dr. Bruchner
im Hause

20..-05-16

Ordentliche Kündigung des AN Erich Koller

Sehr geehrter Herr Dr. Bruchner,

der Betriebsrat hat in seiner Sitzung am 15. Mai 20.., 15:30 Uhr die Kündigung des AN Erich Koller erörtert. Er hat beschlossen, der Kündigung zu widersprechen.

Wir sind der Ansicht, dass bei der Auswahl des zu kündigenden AN soziale Gesichtspunkte nicht ausreichend berücksichtigt wurden. Herr Koller ist Vater von vier minderjährigen Kindern, seine Ehefrau ist nicht berufstätig.

Außerdem hat Herr Koller sich bereit erklärt, an Fortbildungs- und Umschulungsmaßnahmen teilzunehmen. Er könnte dann an einer CNC-Maschine weiterbeschäftigt werden. Er wäre auch bereit, in unserem Ratinger Werk zu arbeiten.

a) Prüfen Sie, ob die Ausführungen des Betriebsrats den gesetzlichen Bestimmungen entsprechen und einen Widerspruch rechtfertigen.
b) Könnte der Betriebsrat auch einer außerordentlichen Kündigung widersprechen?
c) Der Arbeitgeber hält an der Kündigung des Herrn Koller fest. Welche Rechte hat dieser und wie kann er weiter vorgehen?

2. Herr Merkstein, der bei der Bundeswehr seinen Wehrdienst ableistet, erhält überraschend Post von seiner Firma. Darin wird ihm mitgeteilt, dass er sich doch nach einer neuen Stelle umsehen möge, da er nach Beendigung der Dienstzeit nicht mehr weiterbeschäftigt werden könne.

a) Muss Herr Merkstein die Kündigung akzeptieren?
b) Wie kann Herr Merkstein wirksam gegen die Kündigung vorgehen?

6.8.2 Arbeitszeitschutz

Die Arbeitszeit ist die Zeit vom Beginn bis zum Ende der Arbeit an einem Arbeitstag. Ruhepausen gehören nicht zur Arbeitszeit.

Die Arbeitszeit wird grundlegend durch das Arbeitszeitgesetz geregelt.

Arbeitszeitgesetz
Tägliche Arbeitszeit
Grundsätzlich höchstens 8 Stunden. Ausnahme: Bis 10 Stunden pro Tag, wenn in einem Zeitraum von 6 Monaten eine durchschnittliche tägliche Arbeitszeit von höchstens 8 Stunden erreicht wird. (Mit dieser Ausnahme ermöglicht das Gesetz eine flexible Verteilung der Arbeitszeit[1] über die Woche je nach den Erfordernissen des Betriebes sowie eine Verlängerung der Maschinenlaufzeiten.)

[1] *Die Produktionsanlagen werden immer leistungsfähiger, aber auch immer teurer. Ihr Einsatz rechnet sich nur bei einer möglichst vollständigen zeitlichen Auslastung. Die Arbeitszeiten hingegen sind auf unter 40 Wochenstunden gesunken. Eine bessere Maschinenauslastung ist durch Überstunden möglich, aber bei den hohen deutschen Lohnkosten im scharfen internationalen Wettbewerb zu teuer. Es stellt sich deshalb das Problem, Arbeitszeit und Betriebszeit zu entkoppeln. Arbeitszeitflexibilisierung (Veränderungen der üblichen Lage und Dauer der Arbeitszeiten) ist gefragt.*

Sonn- und Feiertagsarbeit

Grundsätzlich verboten.
16 gesetzliche Ausnahmen, insbesondere in folgenden Fällen:

- Technische Erfordernisse machen eine ununterbrochene Produktion nötig, um das Verderben von Rohstoffen, das Misslingen von Arbeitsergebnissen oder die Zerstörung von Produktionseinrichtungen zu verhindern.
- In einer internationalen Konkurrenzsituation können nachweislich nur durch Sonn-/Feiertagsarbeit Arbeitsplätze gesichert werden.
- Ausnahmen bestehen auch für Gewerbe wie Hotels, Gaststätten, Krankenhäuser, Verkehrsbetriebe.

Ein Ersatzruhetag in der Woche ist vorgeschrieben. Ein Sonntag im Monat muss für jeden Arbeitnehmer beschäftigungsfrei bleiben.

Das **Bundesurlaubsgesetz** schreibt einen bezahlten Erholungsurlaub von mindestens 24 Wochentagen pro Jahr vor. Spezielle Regelungen hinsichtlich der Arbeitszeit mit Bedeutung für die Industrie finden sich im **Jugendarbeitsschutzgesetz** (für Jugendliche unter 18 Jahren), im **Berufsbildungsgesetz** (für Auszubildende) und im **Mutterschutzgesetz** (für Frauen vor und nach der Geburt eines Kindes).

Da es sich in allen Fällen um Gesetze zum Schutz des Arbeitnehmers handelt, können Tarifverträge, Betriebsvereinbarungen und Einzelarbeitsverträge nur für den Arbeitnehmer günstigere Vereinbarungen vorsehen.

Soweit nicht schon eine Regelung in Tarifverträgen getroffen ist, hat der Betriebsrat ein Mitbestimmungsrecht:

Mitbestimmung des Betriebsrats (BetrVG § 87) betrifft

- Beginn und Ende der täglichen Arbeitszeit einschließlich der Pausen
- die Verteilung der Arbeitszeit auf die einzelnen Wochentage
- eine vorübergehende Verkürzung oder Verlängerung der betriebsüblichen Arbeitszeit

So werden Schichtpläne, Teilzeitarbeit, Überstunden und Kurzarbeit, Gleitzeiten und andere Arbeitszeitmodelle durch Betriebsvereinbarungen zwischen Unternehmer und Betriebsrat geregelt.

Arbeitsaufträge

1. Das Arbeitszeitgesetz will – neben anderen Zielsetzungen – eine flexible Gestaltung der Arbeitszeit ermöglichen.
   a) Was ist unter flexibler Arbeitszeit zu verstehen?
   b) Warum werden flexible Arbeitszeiten heutzutage als enorm wichtig angesehen?
   c) Wie trägt das Arbeitszeitgesetz flexiblen Arbeitszeiten Rechnung?
2. Ein Industrieschreiner erzählt, er arbeite sehr oft 12 Stunden am Tag.
   Verstoßen er und sein Arbeitgeber damit gegen geltendes Recht?
3. Laut Arbeitszeitgesetz können Industriezweige wie die Textilindustrie und die Automobilzulieferer auch an Sonn- und Feiertagen arbeiten.
   Wie lässt sich diese Möglichkeit begründen?

6.8.3 Jugendarbeitsschutz

Der Jugendliche besitzt nur eine begrenzte Leistungsfähigkeit, weil seine körperliche und geistig-seelische Entwicklung noch nicht abgeschlossen ist. Deshalb schützt das Jugendarbeitsschutzgesetz alle, die noch keine 18 Jahre alt sind und einer Beschäftigung als Arbeitnehmer (auch als Auszubildender) nachgehen.

Das Mindestalter für eine Beschäftigung beträgt 15 Jahre. Wer nicht mehr der Vollzeitschulpflicht unterliegt, aber noch nicht 15 Jahre als ist, darf nur 7 Stunden am Tag und 35 Stunden in der Woche oder als Auszubildende(r) beschäftigt werden.

Die Einhaltung des Gesetzes wird je nach Bundesland vom Gewerbeaufsichtsamt oder vom Staatlichen Amt für Arbeitsschutz überwacht.

Schutzbestimmungen des Jugendarbeitsschutzgesetzes

Arbeitszeit

- täglich höchstens 8 Stunden, wöchentlich 40 Stunden
  Ausnahme: 8,5 Stunden täglich, wenn an anderen Tagen der Woche weniger als 8 Stunden gearbeitet wird. Tarifverträge können auch in anderen Fällen längere Arbeitszeiten vereinbaren, wenn in einem Zeitraum von 2 Monaten ein Ausgleich dafür erfolgt.
- am Samstag und Sonntag: Beschäftigungsverbot. Ausnahmen: eine Reihe von Betrieben mit Samstags-/Sonntagsarbeit. Dafür Freistellung an einem berufsschulfreien Werktag. 2 Samstage im Monat sollen, 2 Sonntage müssen beschäftigungsfrei bleiben.

Ruhepausen

- bei 4 $^1/_2$ bis 6 Arbeitsstunden mindestens 30 Minuten
- bei mehr als 6 Arbeitsstunden mindestens 60 Minuten
- erste Pause spätestens nach 4 $^1/_2$ Stunden
- Mindestdauer einer Pause 15 Minuten

Freizeit, Arbeitsbeginn, Arbeitsende

- täglich mindestens 12 Stunden Freizeit; keine Beschäftigung zwischen 20:00 und 6:00 Uhr
  Ausnahmen: Jugendliche über 16 Jahre im Hotel- und Gaststättengewerbe, in Bäckereien, in der Landwirtschaft, in der Binnenfischerei, in Betrieben mit Schichtarbeit

Bezahlter Urlaub

Jugendliche, deren Alter zu Beginn des Kalenderjahres unter 16 (17) ((18)) Jahre liegt: 30 (27) ((25)) Werktage

Beschäftigungsverbot

- Arbeiten, die die Leistungsfähigkeit übersteigen (z. B. Akkord- und Fließbandarbeit mit vorgeschriebenem Arbeitstempo)
- gefährliche Arbeiten (Ausnahmen bei Jugendlichen über 16 Jahre zu Ausbildungszwecken)

Berufsschulbesuch

- Der Berufsschulbesuch wird auf die Ausbildungs- bzw. Arbeitszeit angerechnet und vergütet.
- Der Jugendliche muss für den Berufsschulunterricht freigestellt werden.
- Beschäftigungsverbot:
  - vor einem vor 9:00 Uhr beginnenden Unterricht,
  - an einem (nicht zwei!) Berufsschultag in der Woche mit mehr als 5 Unterrichtsstunden,
  - in Berufsschulwochen mit planmäßigem Blockunterricht von mindestens 25 Stunden an mindestens 5 Tagen.

Ärztliche Untersuchung

- erste Untersuchung: vor Beginn der Beschäftigung (frühestens 14 Monate)
- Nachuntersuchung: in den letzten 3 Monaten des ersten Jahres

6.8.4 Mutterschutz

Für Frauen während der Schwangerschaft und für die Zeit nach der Geburt eines Kindes gelten besondere Schutzvorschriften. Sie haben ihre Grundlage in Art. 6 des Grundgesetzes. Danach hat jede Mutter Anspruch auf Schutz und Fürsorge der Gemeinschaft. Dem tragen das **Mutterschutzgesetz** und das **Bundeserziehungsgeldgesetz** Rechnung:

Mutterschutzgesetz

Kündigungsschutz

Während der Schwangerschaft und bis zu sechs Monaten nach der Entbindung kann eine Mutter nicht gekündigt werden; sie bleibt beitragsfrei in der Sozialversicherung.

Beschäftigungsverbot

Werdende Mütter dürfen nicht beschäftigt werden, wenn nach ärztlichem Zeugnis Leben oder Gesundheit von Mutter oder Kind bei Fortdauer der Arbeit gefährdet sind. Ein gesetzliches Beschäftigungsverbot besteht für die letzten 6 Wochen vor der Niederkunft und für 8 Wochen nach der Geburt (Schutzfrist).

Gefahrenschutz

Werdende Mütter dürfen nicht mit Arbeiten beschäftigt werden, die ihre Gesundheit oder die ihres Kindes gefährden.
Insbesondere dürfen sie nicht mit schweren körperlichen Arbeiten (etwa Heben und Tragen von Lasten mit einer Masse von mehr als 10 kg) oder mit Akkordarbeit betraut werden. Verboten sind alle Arbeiten, bei denen sie gesundheitsgefährdenden Stoffen oder Strahlen, Staub, Gasen oder Dämpfen sowie Hitze, Kälte, Nässe oder Erschütterungen bzw. Lärm ausgesetzt sind sowie Mehrarbeit, Nacht-, Sonn- und Feiertagsarbeit.

Mutterschaftshilfe

Hierzu zählen insbesondere die ärztliche Betreuung während der Schwangerschaft, Hebammenhilfe und Mutterschaftsgeld.
Das Mutterschaftsgeld wird während der Schutzfrist in Höhe des bisherigen Nettoarbeitseinkommens gezahlt.

Bundeserziehungsgeldgesetz

Das Bundeserziehungsgeldgesetz gewährt selbsterziehenden Müttern oder Vätern (anstelle der Mutter) für einen Zeitraum von 24 Monaten nach der Endbindung ein Erziehungsgeld von 307,00 EUR monatlich. Das Erziehungsgeld ist allerdings an Einkommensgrenzen gekoppelt. Berufstätige Mütter oder Väter können für drei Jahre nach der Endbindung Elternzeit nehmen (sich von der Arbeit freistellen lassen oder in Teilzeit – bis 20 Stunden wöchentlich – arbeiten).

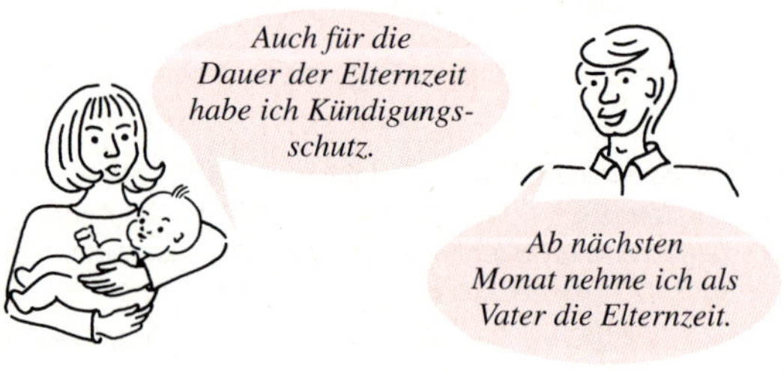

Das **staatliche Erziehungsgeld** soll es Eltern erleichtern, ganz oder teilweise auf **Berufstätigkeit** zu verzichten, um sich der **Kindererziehung** widmen zu können.

Der Mutterschutz ist zwingendes Recht, welches weder durch Vertrag noch durch tarifliche Vereinbarungen abgeändert werden kann. Sonst könnte ein Arbeitgeber eine Mutter leicht veranlassen, auf den Mutterschutz zu verzichten. Der Wortlaut des Gesetzes soll in den Betrieben aushängen.

Arbeitsaufträge

1. Das Jugendarbeitsschutzgesetz gewährt Jugendlichen unter 18 Jahren einen besonderen Schutz im Arbeitsleben.

a) Versuchen Sie einige durch die körperliche Entwicklung bedingte Eigenschaften von Jugendlichen anzugeben, die besondere Arbeitsschutzvorschriften notwendig machen.
b) Nennen Sie Vorschriften des Jugendarbeitsschutzgesetzes, die für Sie persönlich von Bedeutung sind.

2. Peter Harbert ist 17 Jahre, Erika Köhnen 19 Jahre, Franz Schumann 24 Jahre alt. Alle sind Auszubildende im 2. Ausbildungsjahr.
Beurteilen Sie, ob die folgenden Aussagen hinsichtlich des Jugendarbeitsschutzgesetzes richtig sind.

a) Peter Harbert muss 25 Arbeitstage Urlaub erhalten.
b) Erika Köhnen unterliegt nicht mehr den Bestimmungen des Jugendarbeitsschutzgesetzes.
c) Franz Schumann hat dienstags 6 Stunden Berufsschulunterricht. Er ist an diesem Tag von der Arbeit freizustellen.
d) Erika Köhnen darf, wenn der gültige Tarifvertrag dies zulässt, auch samstags beschäftigt werden.
e) Peter Harbert soll heute bis 21:00 Uhr arbeiten. Im Ausnahmefall ist dies erlaubt.
f) Für Erika Köhnen beginnt der Berufsschulunterricht donnerstags um 9:30 Uhr. Der Weg von der Ausbildungsstätte zur Schule beträgt etwa 15 Minuten. Der Ausbildende kann verlangen, dass Erika Köhnen bis 9:10 Uhr im Betrieb arbeitet.
g) Die einzige Pause im Ausbildungsbetrieb ist die Mittagspause von 45 Minuten Dauer. Diese Zeitspanne ist für alle drei Auszubildenden ausreichend.

3. Karl wird am 1. März 17 Jahre alt.

a) Wie viele Tage Urlaub stehen ihm für das laufende Jahr zu?
b) Kann er seine Einkünfte durch Überstunden aufbessern?

4. Die 16-jährige Gabriele besucht mittwochs von 9:00 bis 15:00 Uhr die Berufsschule. Wegen Personalmangels muss sie anschließend bis 19:00 Uhr in den Betrieb.
Beurteilen Sie diesen Fall.

5. Bei der Hielscher KG wurden im Jahr 20.. 50 Arbeitnehmer wegen der guten Auftragslage 70 Tage mit jeweils 11 Stunden pro Tag beschäftigt und weitere 40 Tage mit jeweils 9 Stunden.
Ist dies zulässig?

6. Frau Schneider hat ihre Stelle seit 2 Monaten inne. Sie teilt ihrem Arbeitgeber mit, dass der Arzt soeben bei ihr eine Schwangerschaft festgestellt habe. Darauf erhält sie wegen „Täuschung des Arbeitgebers bei der Einstellung" die fristlose Kündigung.

a) Nehmen Sie Stellung.
b) Warum benötigen werdende Mütter einen besonderen Schutz?
c) Nennen Sie einige wichtige Vorschriften des Mutterschutzgesetzes.

F

Personalwirtschaft

1 Aufgaben der Personalwirtschaft

In der BWL heißen diese Einsatzmittel die „betriebswirtschaftlichen Produktionsfaktoren".

Für die betriebliche Leistungserstellung werden die Einsatzmittel Arbeitskräfte, Betriebsmittel und Materialien benötigt[1]. Mit den Arbeitskräften ist insbesondere die betriebliche Personalwirtschaft befasst.

Alle Probleme im Zusammenhang mit der Führung und Behandlung, der Bereitstellung, dem Einsatz, der Entwicklung und dem Ausscheiden von Arbeitskräften fallen in den Aufgabenbereich der Personalwirtschaft. Ihre wichtigsten Ziele sind die Deckung des Personalbedarfs und die Maximierung der Arbeitsleistung.

Die betriebliche Aufgabenerfüllung ist ein Führungsprozess. Mit dieser Erkenntnis ist die Bedeutung des Personalbereichs gewachsen. Fragen der Motivation, der sozialen Bezüge, der Arbeitshumanisierung, der Planung und Kontrolle des Personaleinsatzes traten nach vorn. So wurde die Personalwirtschaft zu einem eigenständigen Wirtschaftsbereich. Ihr organisatorischer Aufbau ist in der Praxis sehr unterschiedlich. Ihre Einzelaufgaben spiegeln sich bei größeren Unternehmen häufig in einer Gliederung in die Teilbereiche Personalwesen und Sozialwesen.

---

[1] *Vgl. S. 11*

Personalwirtschaft

Personalwesen
(Probleme des Arbeitseinsatzes)

Personalorganisation
- Personalbedarfsermittlung
- Personalbeschaffung
- Personaleinsatz
- Personalfreisetzung
- Arbeitsbewertung und Entlohnung

Personalpolitik
- Personalführung
- Personalbeurteilung
- Personalentwicklung
- Personalinformationssystem

Sozialwesen
(soziale Einrichtungen und Maßnahmen)
- Krankenkasse
- Betriebsärzte
- Beihilfen
- Altersversorgung
- Unfallverhütung
- Unfallhilfe
- Sonderurlaub
- Kantine
- Kindergärten
- Erholungsheime
- Sporteinrichtungen
- Werkswohnungen u. a.

Wie alle betrieblichen Teilaufgaben, so sind auch die Aufgaben der Personalwirtschaft möglichst genau zu planen. Dies gilt insbesondere für die Bereiche, die die Bereitstellung ausreichenden Personals für die Leistungserstellung sichern sollen. Wesentliche **Teile der Personalplanung** sind deshalb die Planung

- des Personalbedarfs,
- der Personalbeschaffung,
- des Personaleinsatzes,
- der Personalfreisetzung und
- der Personalentwicklung.

2 Personalplanung

2.1 Planung des Personalbedarfs

Die Motoren- und Getriebebau GmbH (MGG) hat zurzeit genau 1 014 Beschäftigte. Die Personalabteilung hat ermittelt, dass in den nächsten 5 Jahren jährlich etwa 17 bis 20 Mitarbeiter aus Altersgründen ausscheiden werden. Erfahrungsgemäß kündigen jährlich etwa 10 bis 20 Mitarbeiter. Deshalb werden seit langem jedes Jahr zwischen 25 und 30 Auszubildende eingestellt, die später zumindest einen Teil der Lücken füllen sollen. Sie werden allerdings kaum genau die frei werdenden Stellen besetzen. Diese werden nämlich zunächst innerbetrieblich ausgeschrieben. Jeder Mitarbeiter kann sich bewerben. Nur wenn sich intern keine geeigneten Bewerber finden, nimmt man eine externe Beschaffung vor. Die Personalabteilung wählt nach Eignung aus und stellt Maßnahmen zur Einarbeitung und Fortbildung bereit.

2.1.1 Personalbedarf

Der Personalbedarf muss geplant werden

- nach der Quantität
- nach der Qualität
- nach der Zeit
- nach dem Ort

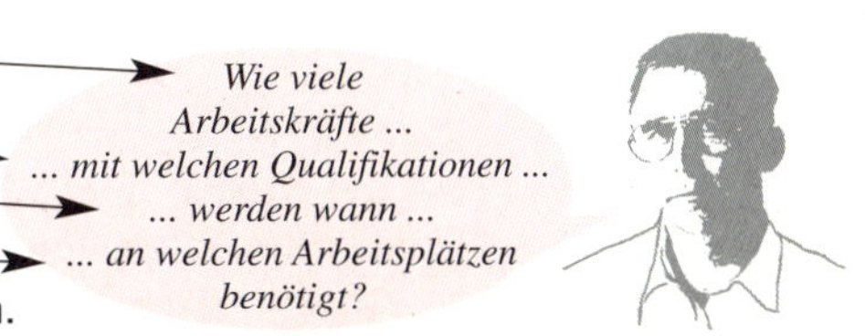

Er wird im Stellenplan des Betriebes festgeschrieben.

Neubedarf

bei Schaffung zusätzlicher Stellen (Betriebsgründung, Betriebserweiterung, Umorganisation)

Ersatzbedarf

bei Personalabgängen (Wiederbesetzung frei gewordener Stellen)

Zusatzbedarf

- bei Spitzenbelastungen
- bei befristeten Personalausfällen (z. B. Urlaub, Krankheit, Wehr-/Zivildienst, Fortbildung, Mutterschutz-/Erziehungsurlaub)

Personalfreisetzungen werden erforderlich bei Betriebsschließungen, Rationalisierungsmaßnahmen, Kapazitätsabbau.
§ 92 Betriebsverfassungsgesetz schreibt vor:
Der Betriebsrat ist über die Personalplanung, insbesondere über den Personalbedarf, rechtzeitig und umfassend anhand von Unterlagen zu informieren. Er hat ein Beratungsrecht und kann selbst Vorschläge machen.

2.1.2 Quantitative Bedarfsplanung

Bruttobedarfsermittlung (Kennzahlenmethode)

Die Zahl der benötigten Mitarbeiter orientiert sich am geplanten Arbeitsanfall. Dieser lässt sich oft anhand von Kennzahlen messen. Die Bearbeitungsmenge kann z. B. eine solche Kennzahl sein.

Beispiel

Betriebsgründung

Geplante monatliche Bearbeitungsmenge	*= 1 800 Stück*
Arbeitszeit/Stück	*= 3 Stunden*
Durchschnittliche Arbeitszeit/Monat	*= 160 Stunden*

$$\text{Bruttopersonalbedarf} = \frac{\text{monatliche Bearbeitungsmenge} \cdot \text{Arbeitszeit/Stück}}{\text{durchschnittliche monatliche Arbeitszeit}}$$

$$\text{Bruttopersonalbedarf} = \frac{1\,800 \cdot 3}{160} = 33{,}75 \rightarrow 34 \text{ Mitarbeiter}$$

Nach einer bestimmten Zeit plant man eine Kapazitätsausweitung von 20 %. Man nimmt an, dass der Personalbedarf im gleichen Umfang steigt.

Neubedarf (Bruttobedarf)	$= 33{,}75 \cdot 0{,}2 = 6{,}75$	*Mitarbeiter*
geplanter Bestand	$= 33{,}75 + 6{,}75 = 40{,}5$	$\rightarrow$ *41 Mitarbeiter*

Andere Kennzahlen können z. B. sein:

- Fertigung: Ausbringungsmenge
- Absatz: Umsatz, Absatzmenge, Absatzgebiet
- Materialwirtschaft: Zahl der Material-/Teilearten, Lagerkapazität
- Verwaltung: Zahl der Bearbeitungsvorgänge

Bruttobedarfsermittlung (Stellenmethode)

Bei der **Stellenmethode** geht man vom aktuellen Personalbestand im Stellenplan der Abteilungen aus und untersucht, wie betriebliche Veränderungen den Personalbedarf beeinflussen.

Beispiel

Abteilung: Einkauf	Abteilungs-leiter	Einkäufer	Einkaufs-assistent	Hilfskraft (Ablage)
aktueller Stellenbestand (1. Jan.)	1	11	2	1
Umorganisation (Einkaufsteams)		− 2	− 2	
Erzeugnisanlauf Biodieselmotor		+ 3		+ 1
Erzeugnisanlauf XA-Getriebe		+ 2		
geplanter Stellenbestand (1. Juni)	1	14	0	2
Bruttopersonalbedarf (Planstellen)		+ 3		+ 1

Nettobedarfsermittlung

Unter Berücksichtigung etwaiger Personalbewegungen erhält man den Nettopersonalbedarf.

Beispiel

	geplanter Stellenbestand (Einkäufer)	14
–	aktueller Stellenbestand	– 11
	Bruttobedarf (Planstellen)	3
+	Ersatzbedarf:	
	derzeit unbesetzte Stellen (Tod)	+ 1
+	erfolgte Kündigungen:	+ 2
+	Abgänge in Ruhestand	
–	zu erwartende Zugänge:	
	Übernahmen aus Ausbildungsverhältnis	– 2
–	Rückkehr aus Elternzeit	– 1
–	Rückkehr vom Wehr-/Zivildienst	– 1
	Nettobedarf	+ 2

2.1.3 Qualitative Bedarfsplanung

Stellenbeschreibungen werden oft auch als Arbeitsplatzbeschreibungen, Jobdescriptions, Pflichtenvorgaben oder Tätigkeitsbeschreibungen bezeichnet.

Jede Stelle stellt bestimmte Anforderungen an den möglichen Stelleninhaber. Um das Anforderungsniveau und die Art der Anforderungen einer zu besetzenden Stelle genau zu erfassen, ist es zweckmäßig, **Stellenbeschreibungen** herauszugeben.

Diese enthalten vor allem die **Stellenbezeichnung,** die **Stellenaufgaben** und das **Anforderungsprofil** (die Voraussetzungen, die der Stelleninhaber erfüllen muss). Auf diese Weise lassen sich sofort die erforderlichen Qualifikationen ablesen. Die Unterlagen können bei der Stellenausschreibung verwendet werden.

Beispiel

Auszug aus einer Stellenbeschreibung

Positionsbezeichnung:
Sachbearbeiter Einkauf/Produktionsmaterial

Hauptaufgabe:
Führt alle Beschaffungsaufgaben für Produktionsmaterial durch, überwacht die Lagerbestände, führt Preisverhandlungen zusammen mit dem Abteilungsleiter, beobachtet die Marktlage.

Einzelaufgaben:
1. Beobachtung der Bestände an Roh-, Hilfs- und Betriebsstoffen,
2. Prüfung der Bedarfsanforderungen und Ermittlung des Bedarfs,
3. Ermittlung von Bezugsquellen,
4. Prüfung und Bearbeitung der Angebote,
5. Empfang von Vertretern,

6. Führung von Verhandlungen mit Lieferanten über Preise und Bezugsbedingungen (gemeinsam mit dem Abteilungsleiter),
7. Aufgabe von Bestellungen,
8. Terminkontrolle der Lieferungen,
9. Wareneingangskontrolle und -prüfung,
10. Prüfung der Lieferantenrechnungen,
11. Anweisung der Lieferantenrechnungen,
12. Bearbeitung von Reklamationen und Gutschriften,
13. Bewertung von Beständen an Roh-, Hilfs- und Betriebsstoffen,
14. Kontrolle der Bestandsentwicklung der Produktionsmaterialläger.

Weitere Aufgaben:
Mitwirkung an der Beschaffungsplanung

Anforderungsprofil

a) Schulbildung:
Mittlere Reife oder Abitur

b) Berufsausbildung:
Abgeschlossene Ausbildung als Industriekaufmann

c) Berufserfahrung:
3–5 Jahre kaufmännische Tätigkeit nach Ausbildungsabschluss, davon 2 Jahre Einkaufstätigkeit

d) Spezialkenntnisse:
- ein Jahr Branchenerfahrung
- Grundkenntnisse der EDV
- Lesen technischer Zeichnungen

e) Fertigkeiten/Eigenschaften:
- Verhandlungsgeschick
- Kontaktfähigkeit
- gute Umgangsformen
- analytisches Denkvermögen

2.1.4 Zeitpunkt des Personalbedarfs

Um Hektik bei der Personalbeschaffung zu vermeiden, sollte der Bedarfszeitpunkt hinreichend früh und genau geplant werden. Dies ermöglicht auch, durch eine gezielte Personalentwicklung Nachwuchs auf bestimmte Stellen hin innerbetrieblich aufzubauen.

Arbeitsaufträge

1. Die Abteilung Personal umfasst die Stellen Personalleiter, Personalassistent, Sekretariat, Personalverwaltung, Ausbildungswesen, die mit je einem Stelleninhaber besetzt sind.
Es gibt folgende Veränderungen: Der Assistent erhält eine neu zu bildende Stelle REFA. Die Sekretärin scheidet wegen Heirat aus. Der Personalleiter geht in den Ruhestand. Es wird eine neue Stelle Sozialwesen gebildet.
Erstellen Sie ein Planungsschema für den Personalbedarf.

2. Ein Unternehmen plant eine Ausbringungsmenge von 10 000 Stück monatlich. Die Bearbeitungszeit pro Einheit beträgt 20 Minuten, die durchschnittliche monatliche Arbeitszeit 156 Stunden.

a) Berechnen Sie den Bruttopersonalbedarf für die Anlagen.

b) Zu Beginn des Jahres ergibt sich aus der Personalstatistik eine Fluktuationsquote von 12 %. Zwei Mitarbeiter werden binnen kurzem zum Wehrdienst eingezogen. Berechnen Sie den Nettopersonalbedarf.

3. Stellenbeschreibungen sind geeignete Hilfsmittel für die qualitative Personalplanung. Sie sollten folgende Elemente enthalten: Bereich, Abteilung, Arbeitsort, Sachgebiet, Stellenbezeichnung, Aufgaben, Verantwortung für ..., Vollmachten, Überordnung, Unterordnung, aktive und passive Stellvertretung, Anforderungsprofil.

a) Welche dieser Elemente sind für die qualitative Personalplanung von Bedeutung?

b) Fertigen Sie eine Stellenbeschreibung für einen Handlungsreisenden an.

2.2 Planung der Personalbeschaffung

Bei Personalbedarf wird der Leiter des anfordernden Bereichs tätig. Er richtet auf einem Formular eine Personalanforderung an die Personalabteilung.

Die Personalabteilung kann nun eine interne oder eine externe Personalbeschaffung vornehmen.

Inhalt der Personalanforderung:
- anfordernde Abteilung
- Bezeichnung der Stelle
- Stellenanforderungen
- Lohn-/Gehaltsgruppe
- Arbeitsort
- Arbeitszeit
- Bedarfszeitpunkt

(Bei **Neubedarf** außerdem: Bedarf begründen, Stellenbeschreibung beifügen, Personalkosten und Dauer der Besetzung angeben!)

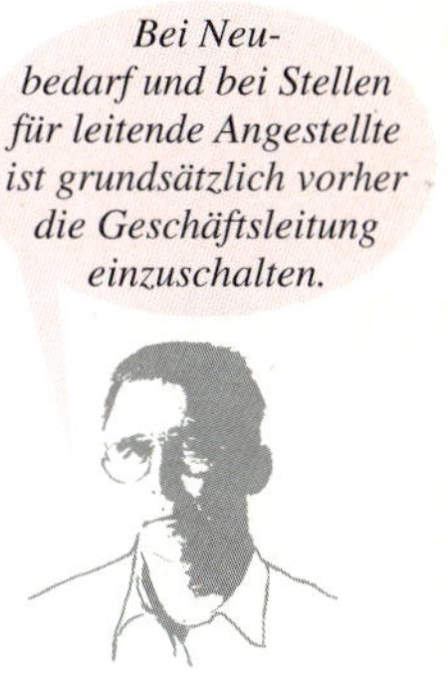

Viele Betriebe schreiben freie Arbeitsplätze innerbetrieblich aus. Der Betriebsrat kann laut Betriebsverfassungsgesetz eine solche Ausschreibung sogar verlangen (BetrVG § 93. Ausnahme: Positionen für leitende Angestellte gemäß BetrVG § 5). Das Ausschreibungsverfahren wird oft in Betriebsvereinbarungen zwischen Arbeitgeber und Betriebsrat schriftlich festgelegt. Interne Bewerber haben jedoch keinen Vorrang vor externen Bewerbern.

Interne Stellenausschreibung

Beispiel

MGG – Abt. Personal- und Sozialwesen

In unserem Zentrallager ist zum 1. März 20.. die Stelle eines

Lageristen

zu besetzen. Die Stelle umfasst alle Tätigkeiten bei Ein- und Auslagerung, Materialpflege, Bestandsüberwachung und Inventur. Sie erfordert gute Materialkenntnisse sowie Kenntnisse der Lagerbestandsführung und Lagerlogistik. Bewerbungen sind an die Abteilung Personal- und Sozialwesen zu richten.

In Betrieben mit in der Regel mehr als 20 wahlberechtigten Arbeitnehmern muss der Arbeitgeber den Betriebsrat vor jeder Einstellung, Eingruppierung, Umgruppierung und Versetzung unterrichten und ihm Auskunft geben. Der Betriebsrat kann vor allem seine Zustimmung verweigern, wenn gesetzliche oder tarifliche Bestimmungen verletzt werden, beschäftigte Arbeitnehmer ungerechtfertigt gekündigt werden oder sonstige Nachteile erleiden, der betroffene Arbeitnehmer ungerechtfertigt benachteiligt wird oder die nach § 93 erforderliche Ausschreibung unterblieben ist (BetrVG § 99).

Neben der **internen Personalanwerbung** über die innerbetriebliche Stellenausschreibung kann der Betrieb eine **externe Personalanwerbung** vornehmen:

- Anfrage beim Arbeitsamt oder einem gewerblichen Arbeitsvermittler,
- Aufgabe einer Zeitungsanzeige,
- Ausschreibung der Stelle im Internet,
- Anfrage bei einer Unternehmung für Zeitarbeit.

Die Personalauswahl erfolgt oft auf der Grundlage einer schriftlichen Bewerbung. Jedoch wird bei weni-

Die Bewerbung soll umfassen:
- Bewerbungsschreiben
- Bewerberfoto
- Lebenslauf
- Schulzeugnisse
- Arbeitszeugnisse

Zusätzlich können verlangt werden:
- Personalfragebogen
- Referenzen (Angabe von Personen, die Auskünfte geben können)
- Arbeitsproben (z. B. Entwürfe, Texte, Bilder, Konstruktionen)

ger qualifizierten Tätigkeiten der Bewerber auch unmittelbar zur Vorstellung aufgefordert.

Beispiel

Bewerbung maschinengeschrieben

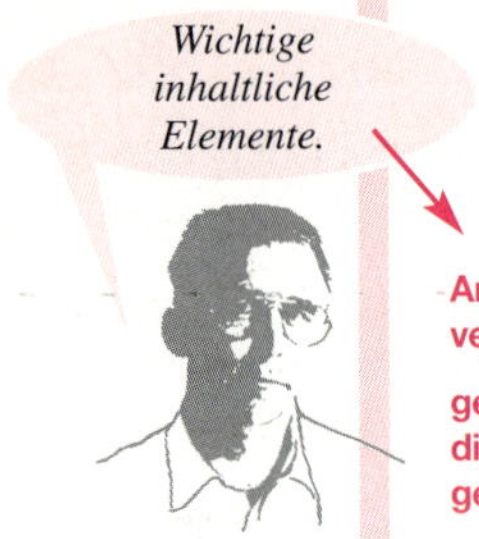

Arbeitsverhältnis – gekündigt/ungekündigt – Grund der Bewerbung – Tätigkeit, Fähigkeiten – Einkommen, Einkommenserwartungen, Verfügbarkeit

Ralf Schneider
Bornstr. 11
45127 Essen
Tel.: 0201/123678

Essen, 2. Juni 20..

Ebert GmbH & Co. KG
Personalabteilung
Postfach 10 01 64

50441 Köln

Bewerbung um eine Stelle als Fertigungssteuerer

Sehr geehrte Damen und Herren,

ich habe Ihre Anzeige in der RP gelesen und bewerbe mich um die ausgeschriebene Stelle. Ich bin seit drei Jahren ungekündigt in einer entsprechenden Stellung bei der Motoren- und Getriebebau GmbH, Essen, tätig. Aus familiären Gründen möchte ich nach Köln umziehen und suche deshalb dort eine neue Stelle.

Ich bearbeite Kunden- und Betriebsaufträge komplett von der Erstellung bis zur Abrechnung. Die Arbeit mit modernen PPS-Systemen ist mir bestens vertraut.

Meine Gehaltsvorstellung liegt bei 2 400,00 EUR. Zurzeit beziehe ich 2 340,00 EUR. Ich könnte meinen Arbeitsplatz zum 1. September 20.. wechseln.

Über einen Termin für ein Vorstellungsgespräch würde ich mich sehr freuen.

Mit freundlichen Grüßen

R. Schneider

Anlagen

Lebenslauf mit Lichtbild
2 Zeugniskopien
2 Beurteilungen

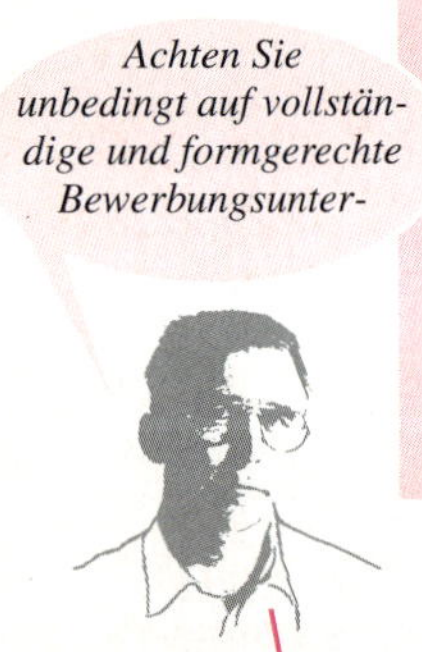

Das Verfahren der Personalauswahl kann folgende Instrumente umfassen:

Instrumente der Personalwahl

Analyse der Bewerbungsunterlagen

- zwingende Anforderungen des Anforderungsprofils nicht erfüllt → Bewerber ungeeignet: Absage
- Unterlagen nicht formgerecht → schwerwiegend: Absage
- Unterlagen nicht vollständig → Bitte um Vervollständigung
- Unterlagen uneingeschränkt in Ordnung → Einladung zum Vorstellungsgespräch

Vorstellungsgespräch

- **freies Gespräch:** Inhalt nicht vorgegeben; Auswertung oft schwierig
- **strukturiertes Gespräch:** Rahmen mit unbedingt zu klärenden Fragen vorgegeben
- **standardisiertes Gespräch:** Inhalt und Ablauf genau vorgegeben; starr, aber Auswertung leicht

Auswertung bezieht sich auf

- das Verhalten des Bewerbers: Aufschlüsse z. B. über sein Wesen, Mimik, Gestik, Sprechweise, Reaktionsfähigkeit, Verhandlungsgeschick, Ausdrucksfähigkeit

- die Motive des Bewerbers: Begründung des schulischen, beruflichen, privaten Werdegangs
- das äußere Erscheinungsbild des Bewerbers

Zweck des Vorstellungsgesprächs: Abklärung, ob die Erwartungen von Arbeitgeber und Bewerber übereinstimmen. Der Arbeitgeber sollte sich über den Bewerber und seine Fähigkeiten informieren, der Bewerber über den Betrieb, seine Eigenarten und Leistungen sowie über die zu besetzende Stelle (Stellenbeschreibung!). Der Inhalt des Arbeitsvertrags ist ebenfalls abzuklären.

Tests und andere geeignete Überprüfungen

- **Eignungstests**
  - *Leistungstests*
  - *Intelligenztests*
  - *Spezielle Begabungstests*
  - *Persönlichkeitstests*
- **Gruppendiskussionen**
- **Assessment-Centers:** Ein- bis zweitägige Beurteilungsseminare; enthalten eine Vielzahl von Übungen in möglichst praxisgerechten Situationen.

Ärztliche Untersuchung

Zweck: Feststellung, ob der Bewerber körperlich gesund ist und die Belastungen des Berufs ertragen kann. Vorgeschrieben für Jugendliche unter 18 Jahren (Jugendarbeitsschutzgesetz § 45).

Bei der Entscheidung über den geeignetsten Bewerber muss das Anforderungsprofil der Stelle den Qualifikationsprofilen der Bewerber gegenübergestellt werden. Am geeignetsten ist der Bewerber, der dem Anforderungsprofil am besten entspricht.

Vergleichen Sie hierzu Aufgabe 2 auf Seite 228.

Arbeitsaufträge

1. Bei Personalbedarf werden vielfach Personalanforderungen auf einem Formular vom anfordernden Bereich an die Personalabteilung gerichtet.

   Erstellen Sie eine Personalanforderung (z. B. für die Stelle eines Lageristen).

2. Bei der Techno GmbH ist die Stelle eines Betriebselektrikers zu besetzen. Die Personalabteilung setzt eine Anzeige in die Zeitung. Darauf erhebt der Betriebsrat Einspruch.

   a) Worauf gründet sich der Einspruch des Betriebsrats höchstwahrscheinlich?
   b) Welche Rechte hat der Betriebsrat bei Personalplanung und Stellenbesetzung?
   c) Welche Vorteile haben innerbetriebliche Stellenausschreibungen für Betrieb und Mitarbeiter?

3. Eine Stellenanzeige (Stellenangebot) enthält grundsätzlich die folgenden Punkte (in der Praxis findet man natürlich vielfach Abweichungen).

   Wir sind (Unternehmen): z. B. Firmenname, -zeichen, Branche, Standort, Unternehmensgröße, Mitarbeiterzahl, Führungsstil.
   Wir haben (freie Stelle): z. B. Ausschreibungsgrund, Aufgabenbeschreibung, Verantwortungsumfang, Vertretungsmacht, Entwicklungschancen.
   Wir suchen (Anforderungsmerkmale): z. B. Berufsbezeichnung, Vorbildung, Ausbildung, Kenntnisse, Fähigkeiten, Berufserfahrung, persönliche Eigenschaften, Alter.
   Wir bieten (Leistungen): z. B. Lohn-/Gehaltshöhe, Wohnungshilfe, Fahrgeld(zuschuss), Sozialleistungen, Gleitzeit.
   Wir bitten (Bewerbung): z. B. schriftliche Bewerbung, Anruf, persönliche Vorstellung, Kontaktperson/-abteilung.

   Auf Seite 208 finden Sie die Bewerbung des Herrn Schneider. Formulieren Sie eine Stellenanzeige, auf die Herr Schneider geantwortet hat.

4. In der Zeitung finden Sie die folgende Stellenanzeige (Stellenangebot):

> **Bezirksleiter(in) gesucht**
>
> (Alter 25–35 Jahre)
>
> Sind Sie bereit, sich im Direktverkauf und in der Anwerbung und Führung von Mitarbeitern zu bewähren, so werden Sie bei uns schnell Karriere machen. Wir bieten Festanstellung, hohe Erfolgsbeteiligung und Spesen.
>
> Ihre Bewerbung richten Sie an:
>
> Hakawerk
> Waldenbuch
> Telefon 07157/4031

a) Bewerben Sie sich schriftlich um die ausgeschriebene Stelle.

Hinweis: In die Bewerbungsmappe gehören (individuell gestaltet, mit Maschine geschrieben):

- das Bewerbungsschreiben, kurz gefasst, ggf. mit Bitte um diskrete Behandlung der Bewerbung;
- Lebenslauf, tabellarisch aufgebaut, mit Lichtbild oben rechts, mit allen Ausbildungs- und Tätigkeitsdaten und mit Beschreibung der jeweiligen Stelle und des Verantwortungs- und Erfahrungsbereichs in Stichworten;
- Zeugniskopien in zeitlicher Reihenfolge;
- ggf. Arbeitsproben;

Referenzangaben und Referenzschreiben nur bei ausdrücklicher Aufforderung beilegen!

b) Beschreiben Sie das Verfahren der Personalauswahl, das üblicherweise auf die Bewerbung folgt.
c) Notieren Sie 5 Fragen, die Sie im Vorstellungsgespräch dem Bewerber stellen würden.
d) Notieren Sie 5 Fragen, die Sie Ihrerseits als Bewerber stellen würden.

5. Ein Vorstellungsgespräch hat folgende Phasen:
Vertragsverhandlung, berufliche Entwicklung, Information über das Unternehmen, Gesprächsabschluss, persönliche Situation des Bewerbers, schulischer Werdegang, Begrüßung.

a) Bringen Sie diese ungeordneten Phasen in eine sinnvolle Reihenfolge.
b) Nennen Sie Punkte, die in den einzelnen Phasen angesprochen werden sollen/können.
c) Führen Sie zu der Bewerbung in Aufgabe 4 das Vorstellungsgespräch.

2.3 Planung des Personaleinsatzes

2.3.1 Aufgabe der Personaleinsatzplanung

Die betrieblichen Aufgaben müssen mit dem vorhandenen Personalbestand erfüllt werden. Jedem Mitarbeiter müssen folglich Aufgaben zugeordnet werden.

Die Zuordnung von Mitarbeitern und betrieblichen Aufgaben ist die Aufgabe der Personaleinsatzplanung.

Der Personaleinsatz soll gewährleisten, dass die betrieblichen Aufgaben in optimaler Qualität erfüllt werden. Dies ist nicht einfach:

- Je nach Betriebsart, Sparte (Produktgruppe) und Abteilung stellt sich die Planungsaufgabe anders;
- gesetzliche Bestimmungen (v. a. das Arbeitszeitgesetz) sind zu berücksichtigen;
- die Mitarbeiter sollen zufrieden sein und motiviert werden.

2.3.2 Qualitativer Personaleinsatz

Die Arbeitsaufgaben sind im Betrieb auf Stellen verteilt.

Stellen sind begrenzte Arbeitsgebiete; sie sollen dem durchschnittlichen Leistungsvermögen eines gedachten Aufgabenträgers entsprechen.

Stellenbeschreibungen[1] nennen detailliert die Stellenaufgaben, die Anforderungen an den Stelleninhaber, den Zeitrahmen (z. B. volle Stelle, halbe Stelle), den Arbeitsort, die Abgrenzung gegenüber anderen Stellen.

Merke:

1. Stelle ist nicht gleich Arbeitsplatz: Die Stelle kann mehrere Arbeitsplätze umfassen (z. B. beim Reisenden); auch können mehrere Stelleninhaber einen Arbeitsplatz gemeinsam haben (z. B. bei Schichtarbeit).
2. Eine Stelle ist nicht auf eine existierende Person, sondern auf einen gedachten Aufgabenträger zugeschnitten. Deshalb bleibt die Stelle, auch wenn der Stelleninhaber wechselt.

Die Stellen sollen mit qualifiziertem (geeignetem) Personal besetzt werden. Seine Qualifikation muss den Stellenanforderungen entsprechen. Dies bedeutet: Der Mitarbeiter muss die geforderte Tätigkeitsart und die geforderte Arbeitsmenge bewältigen können. Hier liegt die Aufgabe der qualitativen Einsatzplanung.

Qualifikation wird heutzutage als Fähigkeit zu problemgerechtem Handeln (Handlungskompetenz) verstanden. Sie umfasst vier Teilkompetenzen:

Fachkompetenz

Fähigkeit, sich fachlich selbstständig einzuarbeiten, systematisch und in Zusammenhängen zu denken

Sozialkompetenz

Fähigkeit, in vielfältiger Form mit anderen zusammenzuarbeiten (u. a. Teamfähigkeit)

Qualifiziert sein heißt: Problemgerecht handeln können!
Notwendig ist:
Handlungskompetenz

Methodenkompetenz

Fähigkeit zum Problemlösen bei sich ändernden Bedingungen

Lernkompetenz

Fähigkeit zur Anwendung von Lerntechniken und Erschließung von Informationen

[1] Vgl. S. 205

Qualitative Aspekte sind nicht nur bei der Stellenbesetzung, sondern auch bei der Arbeitszuweisung im Ablauf des Betriebsgeschehens zu berücksichtigen.

Beispiele

- *Während der Garantiezeit muss bei einem Kunden eine komplizierte Anlage repariert werden. Man wird dafür unter den vorhandenen Technikern denjenigen mit den besten Spezialkenntnissen auswählen.*
- *Der Leiter des Projektes „Umweltbilanz" sucht Mitarbeiter. Er wird solche berücksichtigen, die außer der benötigten Qualifikation auch eine starke Motivation für Umweltfragen mitbringen.*

2.3.3 Quantitativer Personaleinsatz

Probleme bei der Steiger GmbH:

„Das Arbeitszeitgesetz schreibt uns Höchstarbeitszeiten vor. Tarifverträge, Betriebsvereinbarungen und Einzelarbeitsverträge enthalten einschränkende Bestimmungen über Arbeitszeiten, Pausen, Überstunden, Urlaub. Arbeitskräfte können wegen Krankheit, Kuren, Wehrdienst, Schwangerschaft, Erziehungsurlaub, Fortbildungsmaßnahmen ausfallen.

Auf der anderen Seite: Für unsere Produkte haben wir vielfach feste Liefertermine. Die Auftragseingänge sind aber unregelmäßig, so dass wir sehr unterschiedlich ausgelastet sind. Sie können sich vorstellen, dass wir schon aus Kostengründen größten Wert auf eine optimale Planung des Personaleinsatzes legen müssen."

Die quantitative Personaleinsatzplanung soll gewährleisten, dass die benötigte Anzahl Mitarbeiter zur richtigen Einsatzzeit am Einsatzort verfügbar ist.

Vor allem müssen gesichert werden:

- die **Betriebsbereitschaft** (bei Handelsbetrieben die Öffnungszeiten, bei Industriebetrieben der Fertigungsprozess),
- die **Sicherheit des Betriebsablaufs** (z. B. die Durchführung notwendiger Kontroll- und Wartungsarbeiten).

In vielen Betrieben (ggf. auch nur in bestimmten Abteilungen) werden deshalb Einsatzpläne aufgestellt, die jeden Mitarbeiter sowie Vertretungen und Bereitschaftsdienste umfassen.

Beispiel

Tag	1.	2.	3.	4.	5.	6.	7.	8.	9.
Frühschicht	Baum (Klein)	Baum (Klein)	Baum (Klein)	Baum (Klein)	Baum (Klein)	Alt (Sack)	Alt (Sack)	Alt (Sack)	Alt (Sack)
Spätschicht	Eger (Groß)	Eger (Groß)	Eger (Groß)	Eger (Groß)	Eger (Groß)	Groß (Klein)	Groß (Klein)	Baum (Diehl)	Baum (Diehl)
Nachtschicht	Alt (Jäger)	Alt (Jäger)	Alt (Jäger)	Jäger (Lars)	Jäger (Lars)	Jäger (Lars)	Jäger (Lars)	Eger (Klein)	Eger (Klein)

2.3.4 Arbeitszeitmodelle

In manchen Betrieben arbeiten noch heute alle Arbeitskräfte zur gleichen Zeit täglich acht Stunden. Mit dem Ende der Arbeitszeit werden die Maschinen abgestellt. Mit diesem Grundmodell *Arbeitszeit = Betriebszeit* kommen immer weniger Betriebe zurecht:

- Die Produktionsanlagen werden immer leistungsfähiger, aber auch immer teurer. Ihr Einsatz rechnet sich nur bei einer möglichst vollständigen zeitlichen Auslastung. Die Arbeitszeiten hingegen sind auf unter 40 Wochenstunden gesunken. Eine bessere Maschinenauslastung ist durch Überstunden möglich, aber bei den hohen deutschen Lohnkosten im scharfen internationalen Wettbewerb zu teuer.
- Andererseits gewinnt mit dem Bedürfnis qualifizierter Mitarbeiter nach Selbstverwirklichung und eigenverantwortlicher Arbeit auch der Wunsch nach flexibler Gestaltung der Arbeitszeit an Gewicht.

Es stellt sich deshalb das Problem, Arbeitszeit und Betriebszeit zu entkoppeln. **Arbeitszeitflexibilisierung** (Veränderungen der üblichen Lage und Dauer der Arbeitszeiten) ist gefragt. Bekannte Arbeitszeitmodelle betreffen z. B. die Schichtarbeit, die gleitende Arbeitszeit, das Jobsharing sowie Arbeitszeitkonten.

Schichtarbeit

Bei Schichtarbeit übernehmen verschiedene Arbeitnehmer nacheinander einen Arbeitsplatz, weil die Betriebszeit ihre persönliche Arbeitszeit überschreitet.

Schichtarbeit

Wechselschicht

- nicht kontinuierliches Zwei-Schicht-System: Frühschicht (z. B. von 6:00 bis 14:00) und Spätschicht (z. B. von 14:00 bis 22:00)
- teilkontinuierliches Drei-Schicht-System: zusätzlich: Nachtschicht (z. B. von 22:00 bis 6:00), aber ohne Wochenende
- vollkontinuierliches Drei-Schicht-System: zusätzlich durchgehend am Wochenende

Gemeinsames Merkmal: Jeder Mitarbeiter wechselt die Schichten: z. B. 5 Tage Früh-, 5 Tage Spät-, 3 Tage Nachtschicht.

Dauerschicht

Der einzelne Mitarbeiter ist ausschließlich in der gleichen Schicht beschäftigt (z. B. Spätschicht).

Teilschicht

System, bei dem die Arbeitszeit für mehrere Stunden unterbrochen wird (z. B. über Mittag).

Bei der Aufstellung der Schichtpläne hat der Betriebsrat volles Mitbestimmungsrecht.

Gleitende Arbeitszeit

Bei Gleitzeit muss der Arbeitnehmer eine für längere Perioden (Woche, Monat, Vierteljahr) festgelegte Stundenzahl leisten. Er kann jedoch in Grenzen jeden Tag Arbeitsbeginn und -ende festlegen. Innerhalb der festgelegten längeren Periode sind die entstehenden Differenzen auszugleichen.

Beispiel

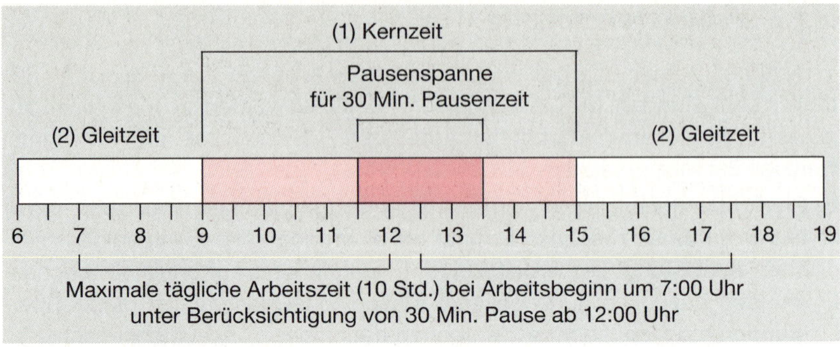

(1) tägliche Mindestarbeitszeit (Anwesenheitspflicht!)
(2) Innerhalb der Gleitzeit kann der Mitarbeiter über seine Anwesenheit entscheiden. (Aber: maximale tägliche Arbeitszeit nach Arbeitszeitgesetz beachten!)

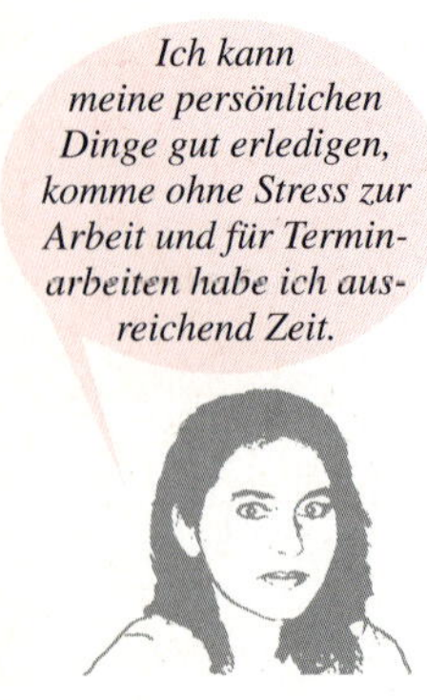

Gleitzeitregelungen

- erhöhen den persönlichen Gestaltungsspielraum beträchtlich,
- entlasten die Spitzenverkehrszeiten,
- verhindern Unpünktlichkeit,
- lassen Raum für dringende Arbeiten,
- erhöhen so die Motivation und
- steigern ggf. die Leistung.

Bei der Einführung und Änderung von Gleitzeitmodellen hat der Betriebsrat volles Mitbestimmungsrecht.

Jobsharing (Arbeitsplatzteilung)

Jobsharing liegt vor, wenn zwei oder mehrere Arbeitnehmer sich laut ihrem Arbeitsvertrag die Arbeit an einem Vollzeitarbeitsplatz teilen (Beschäftigungsförderungsgesetz § 5).

Beispiel

Der Arbeitsplatz eines Unternehmensjuristen mit den Schwerpunkten Arbeitsrecht und Wettbewerbsrecht wird auf zwei Jobsharer aufgeteilt. Jeder übernimmt grundsätzlich ein Gebiet und betreut nur im Vertretungsfall das andere mit.

Jobsharing eignet sich grundsätzlich nur für Verwaltungs- und Dienstleistungstätigkeiten, nicht für die Produktion. Der Vorteil für den Arbeitgeber besteht darin, dass der Vollzeitarbeitsplatz stets besetzt ist.

Verteilung der Arbeitszeit

Alle Flexibilisierungsmaßnahmen laufen darauf hinaus, das Angebot an Arbeit den Kapazitätsschwankungen anzupassen. Dies gilt auch für „Arbeitszeitkonten", auf denen in Zeiten hoher Beschäftigung „Stundenguthaben" angesammelt werden, die in Zeiten niedriger Beschäftigung verbraucht werden.

Beispiele

Monatskonto

Ein Hersteller von Gelenkwellen stellt fest: In der Lohn- und Gehaltsabteilung und im Rechnungswesen ist der Arbeitsanfall in der ersten und vierten Woche des Monats niedrig; in der zweiten und dritten Woche fallen regelmäßig Überstunden an. Man will die teuren Überstunden abbauen.

In einer Betriebsvereinbarung wird festgelegt, dass die Arbeitszeit für die betroffenen Mitarbeiter in der zweiten und dritten Woche auf bis zu maximal 10 Stunden pro Tag erhöht, in den schwächeren Phasen gesenkt wird. Nach Gruppenabsprache sind auch freie Tage möglich. Die Überstunden werden so abgebaut, Aushilfskräfte entfallen, Leerzeiten werden überbrückt. Die gewonnene Freizeit wirkt in den Belastungsphasen motivierend.

Jahreskonto

Bei einem Hersteller von Elektrowärmegeräten liegt in den Wintermonaten von Oktober bis März ein Hochbedarf an Kundendienstleistungen vor. Diese Leistungen werden durch hochqualifizierte Service-Monteure erbracht. Über die Normalarbeitszeit von 37,5 Wochenstunden hinaus fallen viele teure Überstunden an. Im Sommer sind fast nur Wartungsarbeiten zu erledigen. Der Leerlauf wird durch Urlaub und Beschäftigung des hochqualifizierten Personals am Fließband überbrückt. Dies ist der Motivation sehr abträglich. Als Lösung ergibt sich in Zusammenarbeit mit dem Betriebsrat das folgende Modell:

Arbeitszeit von Oktober bis März:	*43 Stunden/Woche*
Arbeitszeit von April bis September:	*32 Stunden/Woche*

Mehrarbeit über 43 Stunden hinaus wird durch freie Tage im Sommer ausgeglichen. Dabei werden über das ganze Jahr stetig 37,5 Wochenstunden bezahlt.

Arbeitsaufträge

1. Betrachten Sie die auf Seite 192 abgedruckte Betriebsvereinbarung.
   a) Was ist eine Betriebsvereinbarung?
   b) Könnte die dargestellte Maßnahme auch ohne Betriebsvereinbarung einseitig durch den Arbeitgeber eingeführt werden?
   c) Stellen Sie die vorliegende Gleitzeitregelung anschaulich durch eine Zeichnung dar.
   d) Die gleitende Arbeitszeit ist geeignet, sowohl die Leistungsdisposition als auch die Leistungsmotivation positiv zu beeinflussen. Erläutern Sie dies anhand des vorliegenden Modells.
   e) In welchen Betriebsbereichen trifft die Einführung der Gleitzeit auf Schwierigkeiten?

2. Eine Unternehmung verfügt über drei gleichartige Maschinenarbeitsplätze.

Tarifvertraglich festgelegte Arbeitszeit:	37 Stunden pro Woche
Gesamtarbeitszeit in 4 Wochen:	148 Stunden
Gesamtarbeitszeit für 3 Arbeitsplätze:	444 Stunden

   Um die Maschinenkapazitäten besser auszulasten, soll die Arbeitsmenge von 4 Wochen auf 3 Wochen verteilt werden. Die anfallende Mehrarbeit soll durch Freizeit ausgeglichen werden. Eine Arbeitskraft soll zusätzlich eingestellt werden.

   Entwickeln Sie ein Arbeitszeitmodell, das diesen Anforderungen entspricht.

2.4 Planung von Personalfreisetzungen

Am 13. Januar 20.. schreibt die Miesner GmbH an das Arbeitsamt Dortmund:

Gemäß § 17 Kündigungsschutzgesetz teilen wir Ihnen mit, dass wir zum 31. März 20.. 5 Teilzeitkräfte und 40 Vollzeitkräfte von augenblicklich 410 Vollzeit- und 42 Teilzeitbeschäftigten entlassen müssen.
Ein Umsatzrückgang von fast 20 % und Veränderungen im Einzelhandel haben uns zu einer Neustrukturierung unserer Organisation gezwungen. Da die Konzentration im Handel ständig zunimmt, sehen wir auch keine Möglichkeit, unsere Verluste aus dem Umsatzrückgang durch Preisänderungen auszugleichen. Wir können deshalb die Entlassungen nicht vermeiden.
Als Anlage finden Sie eine Stellungnahme des Betriebsrats.
Mit freundlichen Grüßen
MIESNER GMBH

2.4.1 Notwendigkeit von Personalfreisetzungen

Die Freisetzung von Mitarbeitern kann in deren **Person** oder **Verhalten** begründet sein,[1] sie kann aber auch auf dringenden **betrieblichen Erfordernissen** beruhen. Dazu gehören vor allem:

- Produktionseinschränkungen,
- Stilllegung einzelner Abteilungen,
- dauernder Auftragsmangel,
- Rationalisierungsmaßnahmen.

Da derartige Ereignisse eine längere Zeitspanne beanspruchen und große Bedeutung für den Betrieb haben, bedingen sie eine eingehende Planung. Diese betrifft auch die damit verbundenen Personalfreisetzungen.

Die Geschäftsleitung wird zunächst untersuchen, ob der Personalbestand verkleinert werden kann durch

- **Versetzung** zu anderen Konzernfirmen,
- **Abbau von Überstunden,**
- **Nichtersetzen von Mitarbeitern,** die das Rentenalter erreichen, selbst kündigen oder in gegenseitigem Einvernehmen ausscheiden,
- **Aufhebungsverträge,** ggf. mit Ausgleichszahlungen an die Mitarbeiter,
- **Kurzarbeit** (Verringerung der täglichen Arbeitszeit. Das Arbeitsamt zahlt als Ausgleich für den Lohnausfall Kurzarbeitergeld.).

Soweit diese Maßnahmen nicht ausreichen, müssen fristgerechte Kündigungen vorbereitet werden.

2.4.2 Wichtige Rechtsvorschriften für Betriebsänderungen und umfangreiche Entlassungen

Solche Betriebsänderungen sind: Einschränkung, Stilllegung, Verlegung von Betrieb/Betriebsteilen; Betriebszusammenschlüsse/-spaltungen; grundlegende Änderungen von Organisation, Betriebszweck, Betriebsanlagen; grundlegend neue Arbeitsmethoden/Fertigungsverfahren.

Bekanntlich ist der Betriebsrat vor Kündigungen zu hören; er kann ihnen widersprechen. Bei Betriebsänderungen und umfangreichen Entlassungen (oft „Massenentlassungen“ genannt) hat er zusätzlich ein weitgehendes Informations- und Beratungsrecht:

Betriebsverfassungsgesetz:

§ 111. Betriebsänderungen. In Unternehmen mit … mehr als zwanzig wahlberechtigten Arbeitnehmern hat der Unternehmer den Betriebsrat über geplante Betriebsänderungen, die wesentliche Nachteile für die Belegschaft … haben können, … zu unterrichten und die geplanten Betriebsänderungen mit dem Betriebsrat zu beraten …

§ 112. Interessenausgleich über die Betriebsänderung, Sozialplan.
(1) Kommt zwischen Unternehmer und Betriebsrat ein Interessenausgleich über die geplante Betriebsänderung zustande, so ist dieser schriftlich niederzulegen … Das Gleiche gilt für eine Einigung über den Ausgleich oder die Milderung der wirtschaftlichen Nachteile, die den Arbeitnehmern … entstehen (Sozialplan). Der Sozialplan hat die Wirkung einer Betriebsvereinbarung …

---

[1] *Vgl. S. 194*

Kündigungsschutzgesetz:

§ 17. Anzeigepflicht. (1) Der Arbeitgeber ist verpflichtet, dem Arbeitsamt Anzeige zu erstatten, bevor er
1. in Betrieben mit ... mehr als 20 und weniger als 60 Arbeitnehmern mehr als 5 Arbeitnehmer,
2. in Betrieben mit ... mindestens 60 und weniger als 500 Arbeitnehmern 10 vom Hundert ... oder aber mehr als 25 Arbeitnehmer,
3. in Betrieben mit ... mindestens 500 Arbeitnehmern mindestens 30 Arbeitnehmer innerhalb von 30 Kalendertagen entlässt ...

(2) ... der Unternehmer ... hat ... dem Betriebsrat ... Auskünfte zu erteilen und ihn schriftlich insbesondere zu unterrichten über
1. die Gründe für die geplanten Entlassungen,
2. die Zahl und die Berufsgruppen der zu entlassenden Arbeitnehmer, ...
4. den Zeitraum, in dem die Entlassungen vorgenommen werden sollen,
5. die ... Kriterien für die Auswahl der zu entlassenden Arbeitnehmer,
6. die für die Berechnung etwaiger Abfindungen vorgesehenen Kriterien.

Arbeitgeber und Betriebsrat haben insbesondere die Möglichkeiten zu beraten, Entlassungen zu vermeiden oder einzuschränken und ihre Folgen zu mildern.

2.4.3 Vorgehen bei umfangreicheren Personalfreisetzungen

Unter Berücksichtigung der angeführten gesetzlichen Bestimmungen ergibt sich bei größeren Personalfreisetzungen folgendes Vorgehen:

- Die **Geschäftsleitung plant** die notwendigen Umstrukturierungen und errechnet, wie viele Mitarbeiter freigesetzt werden müssen.
- Es werden **Personallisten** erstellt, die bei Kündigungen als Grundlage für die soziale Auswahl nach dem Kündigungsschutzgesetz dienen. Wichtige **soziale Gesichtspunkte** sind vor allem: Alter, Betriebszugehörigkeit, Familienstand, Unterhaltspflicht und Anzahl der Kinder, Einkommen des Ehegatten, Chancen auf dem Arbeitsmarkt, gesundheitliche Schäden durch einen Betriebsunfall.
- Der **Betriebsrat** wird über die Ursachen und Folgen der Umstrukturierung informiert.
- Der **Wirtschaftsausschuss** wird informiert, berät mit der Geschäftsleitung und informiert seinerseits den Betriebsrat.
- Der Betriebsrat beruft eine **Betriebsversammlung** ein. Die Geschäftsleitung berichtet über die geplanten Maßnahmen. Der Betriebsrat nimmt dazu Stellung.
- Der **Betriebsrat verhandelt** mit der Geschäftsleitung und macht Vorschläge zur Abwendung von Entlassungen. Er verhandelt auch über einen Interessenausgleich und einen Sozialplan.
- Der Personalleiter verhandelt mit anderen Konzernunternehmen über **die Übernahme von Arbeitnehmern,** macht diesen entsprechende Vorschläge und bereitet die Übernahme vor. Mit Personen, die entlassen werden

sollen, führt er Gespräche über **Aufhebungsverträge**[1] und sagt ihnen die Teilnahme am Sozialplan zu. (Jede „Aufhebung" vermindert die Zahl der Arbeitnehmer, die unter die „soziale Auswahl" fallen und damit die Zahl der möglichen Kündigungsschutzklagen.

- Nach dem Ende der Verhandlungen mit dem Betriebsrat **werden Interessenausgleich und Sozialplan veröffentlicht.**
- Die **Kündigungen** werden fristgemäß ausgesprochen. Die Entlassungen werden dem zuständigen Arbeitsamt angezeigt.

Der **Interessenausgleich** ist eine Einigung zwischen Arbeitgeber und Betriebsrat über

- die vorgesehenen wirtschaftlichen Maßnahmen,
- die Art und Weise ihrer Durchführung,
- die Zeitplanung.

Der **Sozialplan** ist eine Betriebsvereinbarung, in der den ausscheidenden Arbeitnehmern Abfindungen zugesagt werden. Diese sollen die wirtschaftlichen Nachteile der Entlassung ausgleichen oder mildern.

Arbeitsaufträge

1. Personalabbau kann aus zahlreichen Gründen notwendig werden.
   a) Nennen Sie möglichst viele derartige Gründe.
   b) Nennen Sie Möglichkeiten des Personalabbaus, durch die Entlassungen verhindert werden sollen.
   c) Welche Rechte hat der Betriebsrat bei Personalabbaumaßnahmen?
   d) Warum ist die Geschäftsleitung an Aufhebungsverträgen interessiert?

2. Bei umfangreichen Personalfreisetzungen spielen Interessenausgleich und Sozialplan eine wichtige Rolle. Hier sehen Sie ein Beispiel:

Interessenausgleich (Auszug)

Zwischen Geschäftsleitung und Betriebsrat der MIESNER GmbH wird gemäß § 112 Betriebsverfassungsgesetz (BetrVG) folgender Interessenausgleich vereinbart:
Die Unterrichtung und die Beratung über die durchzuführende Betriebsänderung gemäß § 111 BetrVG sind zwischen Geschäftsleitung und Betriebsrat erfolgt.

1. Durch Straffung und Veränderung der Organisation werden bis zum 31. März 20.. im Außendienst, in der Technik und im kommerziellen Bereich insgesamt ca. 55 Arbeitsplätze eingespart.
2. Die durch die organisatorische Maßnahme notwendige Verringerung der Mitarbeiterzahl erfolgt durch
   - Versetzung zu anderen Konzernfirmen,
   - Vorpensionierung,
   - Nichtersetzen von Mitarbeitern, die selbst kündigen oder in gegenseitigem Einvernehmen ausscheiden.

   Soweit diese Maßnahmen nicht ausreichen, werden zum 31. März 20.. fristgemäße Kündigungen durch die Firma ausgesprochen. (...)
5. Der Betriebsrat stimmt unter den gegebenen Umständen der Betriebsänderung und den dadurch verursachten personellen Maßnahmen zu.
   Diese Zustimmung erfolgt unter der Voraussetzung, dass die Verhandlungen über den Sozialplan zu einem positiven Ergebnis führen.

---

[1] *Vgl. S. 184*

Sozialplan (Auszug)

5. **Abfindungen**

5.1. Eine Abfindung wird gezahlt, wenn das Arbeitsverhältnis wegen der Betriebsänderung
- durch MIESNER oder durch den Mitarbeiter fristgemäß gekündigt oder
- im gegenseitigen Einvernehmen aufgehoben wird
- und dem Mitarbeiter kein anderer zumutbarer Arbeitsplatz bei einer Firma des Konzerns vermittelt werden konnte oder er einen angebotenen Arbeitsplatz abgelehnt hat, weil er nicht die Voraussetzungen der Zumutbarkeit erfüllt. (...)

5.5 Die Abfindung beträgt für die ersten drei vollen Jahre der Betriebszugehörigkeit je 1 Bruttomonatsgehalt, für die über drei Jahre hinausgehende Betriebszugehörigkeit Bruttomonatsgehälter nach der Formel

$$\frac{\text{Lebensjahre} \cdot (\text{Dienstjahre} - 3)}{50}$$

Die Abfindung beträgt höchstens 12 Monatsgehälter, ab 50 Lebens- und 15 Dienstjahren 15 Monatsgehälter, ab 55 Lebens- und 20 Dienstjahren 18 Monatsgehälter. (...)

6. **Sonderzuwendungen**
Mitarbeiter, die beim Ausscheiden eine Betriebszugehörigkeit von mehr als 20 Jahren und Anspruch auf eine Abfindung haben, erhalten außerdem eine Sonderzuwendung von 1 000,00 EUR.

7. **Berechnungsgrundlagen und Auszahlungsmodalitäten**
Für die Höhe der Abfindung und der Sonderzuwendung sind das Lebensalter, die anerkannte Dauer der Betriebszugehörigkeit und das Bruttomonatsgehalt am letzten Tag des Arbeitsverhältnisses maßgebend.

a) Nennen Sie die gesetzlichen Grundlagen für die beiden Abmachungen.
b) Welche Aufgaben haben der vorliegende Interessenausgleich und Sozialplan?
c) Erläutern Sie, ob und wie weit tatsächlich soziale Gesichtspunkte Berücksichtigung finden.
d) Welchen Abfindungsbetrag erhält der Angestellte Schmunke, 41 Jahre, 11 Dienstjahre, Bruttomonatsgehalt 3 680,00 EUR?

3. Personalfreistellungen werden oft durch Fehler der Geschäftsleitung notwendig (z. B. wegen falscher Einschätzung der Marktlage, Vornahme von Fehlinvestitionen und Ähnlichem).

Kann die Geschäftsleitung vom Betriebsrat oder von den Gerichten für solches „Verschulden" zur Rechenschaft gezogen werden?

2.5 Planung der Personalentwicklung

Arbeitsplatz mit Aufstiegschancen.

BetrVG § 81 (4)

„... Sobald feststeht, dass sich die Tätigkeit des Arbeitnehmers ändern wird und seine beruflichen Kenntnisse und Fähigkeiten zur Erfüllung seiner Aufgaben nicht ausreichen, hat der Arbeitgeber mit dem Arbeitnehmer zu erörtern, wie dessen berufliche Kenntnisse und Fähigkeiten im Rahmen der betrieblichen Möglichkeiten den künftigen Anforderungen angepasst werden können ..."

2.5.1 Personalentwicklung: Begriff und Arten

Der Bedarf an qualifizierten Mitarbeitern ist der Auslöser für Personalentwicklungsmaßnahmen: Die Personalentwicklung gibt dem Betrieb die Möglichkeit, ihren Personalbedarf aus den eigenen Reihen zu decken.

Für die Mitarbeiter ist die Personalentwicklung zugleich ein wichtiges Motivationsmoment: Sie eröffnet ihnen die Chance auf einen qualifizierten Arbeitsplatz und auf beruflichen Aufstieg im eigenen Betrieb.

Unter Personalentwicklung versteht man alle betrieblichen Maßnahmen der Berufsbildung. Sie dient der Vermittlung beruflicher Qualifikationen und umfasst Berufsausbildung, Fortbildung und Umschulung.

Berufsbildung (Berufsbildungsgesetz § 1)

Berufsausbildung	**Fortbildung**	**Umschulung**
↓	↓	↓
vermittelt in einem geordneten Ausbildungsgang ● eine breit angelegte berufliche Bildung, ● die fachlichen Fertigkeiten und Kenntnisse, die für die Ausübung einer qualifizierten beruflichen Tätigkeit notwendig sind.	soll es ermöglichen, ● die beruflichen Kenntnisse und Fertigkeiten – zu erhalten: **Erhaltungsfortbildung** – zu erweitern: **Erweiterungsfortbildung** – der technischen Entwicklung anzupassen: **Anpassungsfortbildung** ● beruflich aufzusteigen: **Aufstiegsfortbildung**	soll zu einer anderen beruflichen Tätigkeit befähigen
↓	↓	↓
Deckung des Nachwuchsbedarfs	**Deckung von** ● Spezialbedarf ● Führungsbedarf	Erhaltung von Mitarbeitern bei strukturellen Änderungen (z. B. neuen Techniken, Fortfall von Berufen) und alters-, unfall-, krankheitsbedingten Änderungen

Unser Prinzip:
Interne Personalbedarfsdeckung vor externer Deckung! Denn: Die Entwicklung von unternehmensspezifischem Know-how bringt Wettbewerbsvorteile!

2.5.2 Entwicklungsmaßnahmen

Entwicklungsmaßnahmen können am Arbeitsplatz (on the job), in der Nähe des Arbeitsplatzes (near the job) oder außerhalb des Arbeitsplatzes (off the job) erfolgen. Die Artenvielfalt ist groß. Die folgende Tabelle zeigt deshalb die für die heutige Praxis wichtigsten Methoden.

Entwicklungsmaßnahmen

am Arbeitsplatz (Training on the job)	in der Nähe des Arbeitsplatzes (Training near the job)	außerhalb des Arbeitsplatzes (Training off the job)
• planmäßige Unterweisung • Arbeitsplatzwechsel • Anleitung und Beratung durch den Vorgesetzten (Coaching) • Übertragung begrenzter Verantwortung an Assistenten oder Stellvertreter • Übertragung von Sonderaufgaben	• Fachzeitschriften, Fachliteratur • programmierte Unterweisung • computergestützte Unterweisung • praktischer Anschauungsunterricht	• Lehrvortrag • Lehrgespräch/Lehrkonferenz/ Seminarunterricht • Fallstudie • Sachverständigenbefragung • Planspiel • Rollenspiel • Podiumsdiskussion • Kursangebote im Internet (Electronic Learning)
unternehmensinterne Fortbildung	**unternehmensinterne Fortbildung**	**unternehmensinterne oder -externe Fortbildung**

Die Off-the-job-Maßnahmen können unternehmensintern oder unternehmensextern erfolgen. Im letzteren Fall bieten z. B. Schulen, Akademien, Hochschulen, Berufsseminare und Kammern (IHK, Handwerkskammern) ihre Dienste an. Die Kosten werden i. d. R. vom Unternehmen getragen.

Wenn die Firma zahlt, mache ich auch gern Abend- oder Fernkurse.

Unter nebenstehenden Voraussetzungen führen wir die Entwicklungsmaßnahmen durch.

1. Der Lehrstoff/die Lernziele werden nicht unternehmensextern angeboten.
2. Die Qualität der externen Angebote ist schlecht.
3. Die Kosten sind bei eigener Schulung niedriger./Zu gleichen Kosten können wir mehr Mitarbeiter ausbilden.
4. An- und Rückreisezeit für die externen Maßnahmen sind zu lang.
5. Wir müssen unternehmensbezogene Lernziele vermitteln.

Planung der Entwicklungsmaßnahmen

Zunächst sind festzustellen: **Ziele jeder Maßnahme**

Abhängig von den Zielen werden festgelegt: **Inhalte der Maßnahme**

Nun sind zu bestimmen:

Methoden	Durchführungsart	Instruktoren	Ort	Dauer
• Training am Arbeitsplatz • Seminar • Planspiel • ...	• eigene Mitarbeiter • externe Einrichtungen (IHK, VHS, ...)	• hauptberufliche Ausbilder • andere Mitarbeiter • externe Spezialisten	• Betrieb • Schulungszentrum • Hotel • ...	

2.5.3 Rechte des Betriebsrats

Der Betriebsrat hat bei der betrieblichen Berufsbildung Mitbestimmungsrechte (BetrVG § 96–98).

Mitbestimmungsrechte des Betriebsrates

Beratungsrecht

Der Arbeitgeber muss mit dem Betriebsrat beraten:
- Fragen der Berufsbildung der Arbeitnehmer,
- über Errichtung und Ausstattung von Einrichtungen zur Berufsbildung,
- über die Einführung betrieblicher Berufsbildungsmaßnahmen,
- über die Teilnahme an außerbetrieblichen Berufsbildungsmaßnahmen.

Vorschlagsrecht

Der Betriebsrat kann Vorschläge machen:
- zu Fragen der Berufsbildung der Arbeitnehmer,
- für die Teilnahme von Arbeitnehmern oder Gruppen von Arbeitnehmern an Maßnahmen der beruflichen Bildung.

Mitbestimmungsrecht

- Der Betriebsrat hat bei der Durchführung von Maßnahmen der betrieblichen Berufsbildung mitzubestimmen.
- Der Betriebsrat kann der Bestellung einer mit der Durchführung der betrieblichen Berufsbildung beauftragten Person widersprechen oder ihre Abberufung verlangen, wenn sie nach dem Berufsbildungsgesetz ungeeignet ist.

Arbeitsaufträge

1. Die Inhalte der Berufsausbildung sind grundlegend und verbindlich in den staatlichen Ausbildungsrahmenplänen geregelt. Auf deren Basis erstellen die einzelnen Betriebe Ausbildungspläne. Der Gesamtausbildungsplan für *alle* Auszubildenden eines Ausbildungsberufs gibt die zu durchlaufenden Abteilungen und ggf. spezielle Veranstaltungen sowie die Verweildauer wieder. Hinzu kommen Einzelausbildungspläne für *jeden* Auszubildenden mit der speziell für ihn geltenden Reihenfolge und Verweildauer.

   Begründen Sie, ob diese Pläne als Entwicklungspläne bezeichnet werden können.

2. Für eine Fortbildungsmaßnahme besteht die Wahl zwischen unternehmensexterner und unternehmensinterner Fortbildung. Bei Fremdfortbildung entstehen für jeden Teilnehmer folgende Kosten: Kursgebühr 1 500,00 EUR, Fahrtkosten 100,00 EUR, Spesen 80,00 EUR pro Tag, Übernachtungskosten pro Nacht 100,00 EUR. Es sind 5 Mitarbeiter für 5 Arbeitstage freizustellen.
   Bei Eigenfortbildung fallen an: Dozentenhonorar für 4 Unterrichtstage à 1 200,00 EUR, Fahrtkosten Dozent 300,00 EUR, Tagesspesen und Übernachtungskosten Dozent wie oben.

   a) Entscheiden Sie sich für Fremd- oder Eigenfortbildung?
   b) Welche Vorteile bringt die Organisation als Eigenfortbildung, wenn man von den Kosten einmal absieht?

3 Personalpolitik

Die Personalpolitik umfasst alle Maßnahmen der Geschäftsleitung, die die Behandlung der Mitarbeiter betreffen.

Personalpolitische Maßnahmen sollen den Mitarbeitern Sicherheit und Vertrauen in die Geschäftsleitung geben, ihre Persönlichkeit würdigen und entwickeln und letztlich zu einer höheren Leistungsmotivation führen.

Zur **Personalpolitik** gehören deshalb Maßnahmen der Personalführung, der Personalbeurteilung und Personalentwicklung[1].

Eine wertvolle Hilfe ist ein funktionierendes **Personalinformationssystem.**

3.1 Entscheidungsträger und Führungsstile

Die Motoren- und Getriebebau GmbH (MGG) hat in einer allgemeinen Führungsanweisung die Führungsgrundsätze für das Unternehmen festgelegt. Dort ist unter anderem zu lesen: „Delegieren bedeutet Übertragen, d. h. jeder Mitarbeiter oder jede Gruppe erhält einen Aufgabenbereich mit bestimmten Befugnissen, innerhalb dessen er/die Gruppe selbstständig handeln und entscheiden muss. Der Mitarbeiter/die Gruppe wird also nicht durch Einzelaufträge geführt ... Jeder Mitarbeiter/jede Gruppe ist für die ihm/ihr übertragenen Aufgaben und Befugnisse verantwortlich ... Ziel ist es, die übergeordneten Instanzen zu entlasten und Vorgesetzten wie Mitarbeitern auf allen Stufen die Möglichkeit zur Entfaltung ihrer Fähigkeiten innerhalb eines bestimmten Aufgabenbereiches zu geben."

Der oberste Entscheidungsträger einer Unternehmung ist die **Geschäftsleitung.** Aber nur in der Kleinunternehmung ist sie in der Lage, alle wesentlichen Entscheidungen allein zu treffen. Mit der Größe der Unternehmung wächst die Notwendigkeit, **Entscheidungen** an untergeordnete Führungskräfte zu **delegieren.** Wie weit dies tatsächlich geschieht, hängt vom jeweiligen Führungsstil ab.

3.1.1 Arten von Führungsstilen

Unter einem Führungsstil versteht man die Art der Führungsmittel, die eingesetzt werden, um die Mitarbeiter zu einem bestimmten Handeln und Verhalten zu veranlassen.

Zwei entgegengesetzte Führungsstile sind der autoritäre und der kooperative Führungsstil.

---

[1] *Dieses Thema wurde bereits behandelt.*

Autoritärer Führungsstil	Kooperativer Führungsstil
• Der Führende entscheidet alles allein. • Die Geführten sind Befehlsempfänger. • Mitsprache, Anregungen, Widerspruch der Geführten werden nicht zugelassen. • Die Geführten sind direkt und vollständig vom Geführten abhängig.	• Der Führende handelt gemeinsam mit den Geführten. • Die Geführten haben in ihrem Bereich Entscheidungsspielraum. • Mitsprache, Anregungen, Widerspruch der Geführten sind erwünscht. • Die Geführten handeln weitgehend unabhängig.

In der betrieblichen Praxis sind diese Führungsstile nicht in reiner Form anzutreffen. Man findet dort Mischformen, die zu dem einen oder dem anderen Stil tendieren. So unterscheidet der amerikanische Führungsforscher R. Tannenbaum sieben Führungsstile. Sie unterscheiden sich nach dem Anteil, den Vorgesetzte und Mitarbeiter jeweils an der Willensbildung haben.

Führungsstile (nach Tannenbaum)

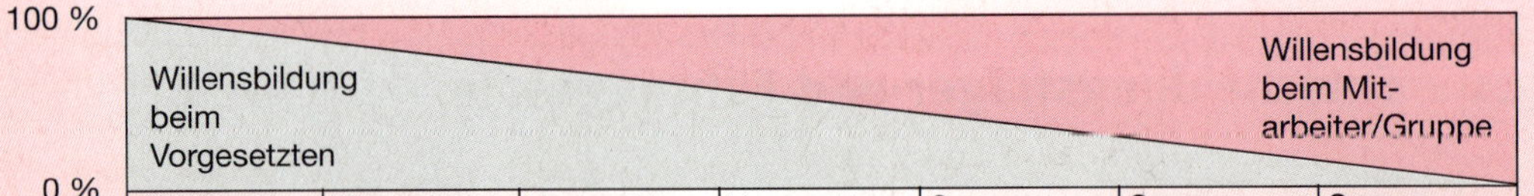

Vorgesetzter entscheidet, setzt durch; notfalls Zwang	Vorgesetzter entscheidet, setzt mit Manipulation durch	Vorgesetzter entscheidet, setzt mit Überzeugung durch	Vorgesetzter informiert, Meinungsäußerung der Beroffenen	Gruppe entwickelt Vorschläge, Vorgesetzter wählt aus	Gruppe entscheidet in vereinbartem Rahmen autonom	Gruppe entscheidet autonom, Vorgesetzter als Integrator, Koordinator
„autoritär“	„patriarchalisch“	„informierend“	„beratend“	„kooperativ“	„partizipativ“	„demokratisch“

autoritärer Führungsstil ⟷ demokratischer Führungsstil

3.1.2 Beurteilung der Führungsstile

Die Führungsstile kommen den Grundbedürfnissen des Menschen auf unterschiedliche Weise entgegen und motivieren ihn so zur Leistung.

- **Die mehr autoritären Führungsstile** richten sich vor allem an die unteren Bedürfnisschichten des arbeitenden Menschen. Die Motivation erfolgt lediglich über Lohnanreize, Gewährung von Sicherheit, Sozialleistungen.
- **Bei den mehr kooperativen Führungsstilen** werden die höheren Bedürfnisschichten angesprochen. Die Ausübung von Befehlsgewalt ist verpönt. An ihre Stelle tritt die Aufgabe des Vorgesetzten, seine Mitarbeiter zu überzeugen und zielgerichtet

zu motivieren. Zu diesem Zweck werden Entscheidungen von den Mitarbeitern dort gefällt, wo sie nötig sind.

Die Frage nach dem besten Führungsstil lässt sich nicht eindeutig beantworten. Vor allem ist der autoritäre Stil nicht ausschließlich zu verdammen und der kooperative Stil nicht ausschließlich positiv zu beurteilen.

Der autoritäre Stil kann erfolgreich sein, führt aber bei schlechtem Führer zu Misserfolgen. Die Entwicklung geht aus folgenden Gründen eindeutig in Richtung der kooperativen Führungsstile:

- Die ausführenden Arbeiten werden immer mehr durch automatische Maschinen erledigt. Die schöpferische Leistung, das Suchen und Finden von Problemlösungen gewinnt an Bedeutung. Dann lähmt ein autoritärer Stil Initiative und Selbstverantwortung.
- Die Komplizierung der Vorgänge macht die früher gängige Unternehmensleitung durch eine Person/wenige Personen illusorisch. Delegation von Entscheidungen ist notwendig.
- Die niedrigeren Bedürfnisebenen sind weitgehend abgedeckt. Eine möglichst vollständige Kräftemobilisierung der Mitarbeiter verlangt die Ansprache der höheren Ebenen.

Arbeitsaufträge

1. Führungsstil

> Der Vorgesetzte „von gestern" war ein Radfahrer: Nach oben buckeln und nach unten treten. Der Vorgesetzte von morgen, und zum Glück gibt es davon heute schon viele, ist seiner ganzen Struktur nach „andersherum". Er ist nach unten offen; er setzt seine größere berufliche Erfahrung dazu ein, die Ideen seiner jüngeren und meist weniger erfahrenen Untergebenen, die sich oft noch nicht so artikulieren können, zu erkennen. Er sieht einen wesentlichen Teil seiner Führungsaufgabe darin, beim Formulieren zu helfen und dann nach oben „zu treten", das heißt, nicht nur die Verantwortung, sondern auch dafür Sorge zu tragen, dass die Ideen nach oben durchgesetzt werden. Er agiert also wie ein „perverser Radfahrer" (lat. perversus = verdreht, verkehrt, schlecht).

a) Beschreiben Sie den Führungsstil des oben stehenden Artikels.
b) Nennen Sie drei Voraussetzungen des beschriebenen Führungsstils.
c) Beschreiben Sie, auf welchem Wege der Vorgesetzte Motivation schaffen kann.
d) Kooperative Führungsstile sind durchaus keine „weichen" Führungsstile. Es wird behauptet, dass auch sie inhumane Merkmale haben. Versuchen Sie dies zu begründen.
e) Welche Bedürfnisstufen werden stärker von autoritären, welche stärker von kooperativen Führungsstilen angesprochen?

2. Die Amerikaner Blake und Mouton haben zur Darstellung von Führungsstilen ein Verhaltensgitter entwickelt. Sie gehen von folgenden Fragen aus:
(1) Gelingt es dem Vorgesetzten seine Mitarbeiter zur Aufgabenerfüllung zu bewegen?
(2) Gelingt es dem Vorgesetzten die Bedürfnisse und Erwartungen seiner Mitarbeiter bei der Arbeit zu befriedigen?
Die Felder im Gitter auf der folgenden Seite zeigen an, in welchem Ausmaß der Vorgesetzte diese Probleme löst.

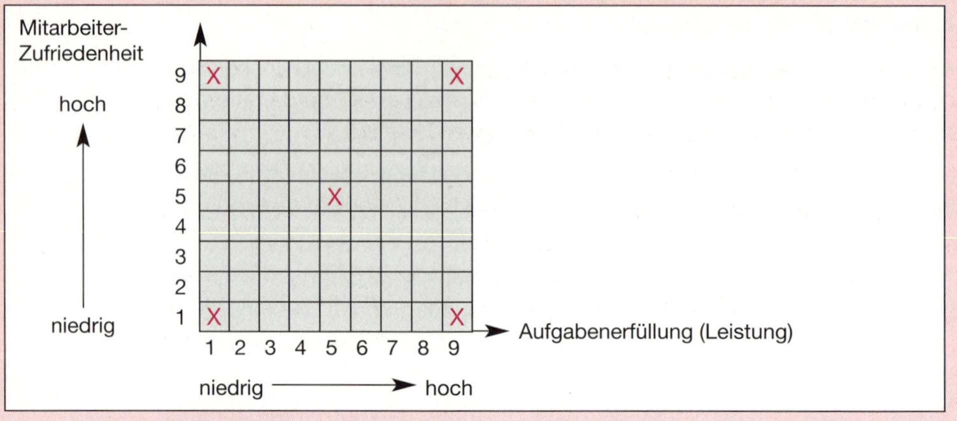

a) Die fünf markierten Felder werden bezeichnet als
- Middle of the Road Management – Schlecht-und-Recht-Führung,
- Team Management – Team-Führung,
- Task Management – Leistungs-Führung,
- Impoverished Management – Null-Führung,
- Country Club Management – Club-Führung.

Ordnen Sie diese Bezeichnungen sinnvoll zu und erläutern Sie den jeweiligen Führungsstil.

b) Befragungen von Führungskräften ergaben, dass Letztere den Führungsstil mit den Koordinaten 9.9 für den zweckmäßigsten und erfolgreichsten halten. Es kann aber schwierig sein, ihn bei einem gegebenen Mitarbeiterstamm einzuführen. Versuchen Sie hierfür Gründe anzugeben und benennen Sie Möglichkeiten zur Überwindung dieser Schwierigkeiten.

3.2 Personalinformationssystem

In der Motoren- und Getriebebau GmbH stehen zurzeit folgende Personalentscheidungen an:
- Kann Mitarbeiter X eine bestimmte Vollmacht erhalten?
- Welche Mitarbeiter sollen auf einen Lehrgang geschickt werden?
- Welche Mitarbeiter sind für selbstständige Aufgaben geeignet?
- Soll Mitarbeiter Y befördert werden?
- Soll Mitarbeiter Z eine Leistungszulage erhalten?
- Muss das Leistungsverhalten von Mitarbeiter A beanstandet werden?
- Welche Mitarbeiter sollen nach Rationalisierungsmaßnahmen entlassen werden?
- Ist ein Bewerber aus einer innerbetrieblichen Stellenausschreibung einem externen Bewerber vorzuziehen?
- Zu welchem Zeitpunkt kann Mitarbeiter X Urlaub erhalten?
- Wie kann die Arbeitsleistung der Mitarbeiter kontrolliert werden?
- Wie viele Mitarbeiter scheiden im nächsten Jahr aus?
- Wie viele sind einzustellen?

Führungskräfte benötigen für personenbezogene Entscheidungen möglichst umfassende Informationen über alle Mitarbeiter und alle Gegenstände der Personalwirtschaft. Diese Informationen werden in größeren Unternehmen von Personalinformationssystemen bereitgestellt.

Moderne **Personalinformationssysteme** sind nicht ohne den Einsatz von **Computern** denkbar.

Das computergestützte Personalinformationssystem übernimmt neben den klassischen Aufgaben des Personalwesens (Gehalts- und Lohnabrechnung, Personalstatistik) zusätzlich Informationen psychologischer, medizinischer, sozialer und persönlicher Art.

Das Personalinformationssystem besteht aus mehreren Datenbanken, in denen die Daten der Mitarbeiter zu bestimmten Merkmalsgruppen zusammengefasst werden. Eine **Methodenbank** stellt dabei Auswertungsprogramme zur Verfügung und verknüpft die Datenbanken untereinander. Außerdem stellt sie die Verbindung mit den anderen betrieblichen Informationssystemen her.

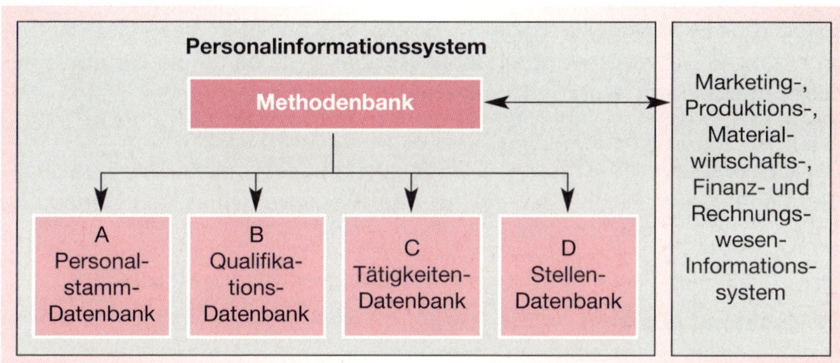

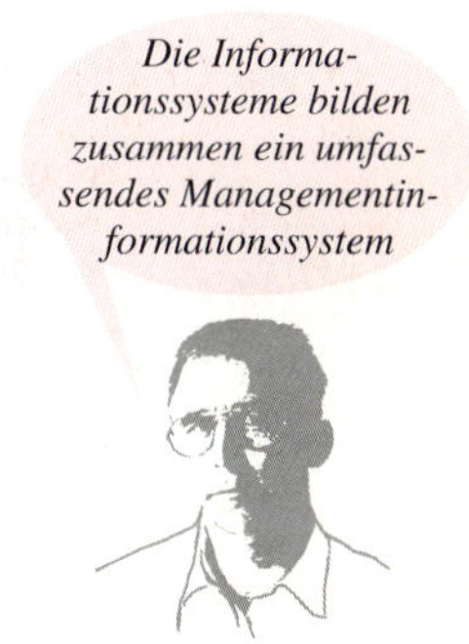

Die gespeicherten Informationen sind von Betrieb zu Betrieb unterschiedlich. Unter anderem können es sein:

Daten in Personalinformationssystemen
Personalstammdaten
z. B. Personalnummer, Name, Geschlecht, Geburtsdatum, Staatsangehörigkeit, Religionszugehörigkeit, Familienstand, Kinderzahl, Anschrift, Ein-/Austrittsdatum, Kündigungsgrund, Lohn-/Gehaltsgruppe, Gehalt, Bankleitzahl, Kontonummer, Lohnsteuerklasse, Lohnsteuerfreibetrag, Finanzamt, Rentenversicherungsnummer, Krankenkasse
Laufbahndaten
z. B. Schul-/Hochschulbesuch und Abschlüsse, Berufsausbildung, ausgeübte Berufe, Beförderungen, Fortbildung
Fähigkeitsdaten
z. B. Sprachkenntnisse, spezielle kaufmännische oder technische Kenntnisse
Arbeitszeitdaten
z. B. täglicher Arbeitsbeginn, Unterbrechungen, Arbeitsende, Fehlzeiten, Arbeitsdauer für Einzelaufgaben
Leistungsdaten
z. B. automatisch gemessene Leistungen, Ergebnisse von Beurteilungen
medizinische Daten
z. B. Routineuntersuchungen, Impfungen, Krankheiten, Krankheitsdauer

Durch Personalinformationssysteme soll die Arbeit im Personalbereich rationalisiert werden. Andererseits sollen die betrieblichen Arbeitsprozesse insgesamt rationell erfasst und kontrolliert werden. Einzelne **Teilaufgaben** sind:

- allgemeine Personalverwaltung,
- Personalaktenführung,
- Zeit- und Kostenkontrolle,
- Leistungsabrechnung,
- Urlaubsermittlung,
- Auswahl geeigneter Arbeitnehmer für den jeweiligen Arbeitsplatz,
- Erstellung von Anforderungs- und Leistungsprofilen,
- Leistungsbewertung und Leistungsbeurteilung,
- Lohn- und Gehaltsfindung,
- Ermittlung des Personalbedarfs,
- Personalstatistiken,
- Förderungsprogramme.

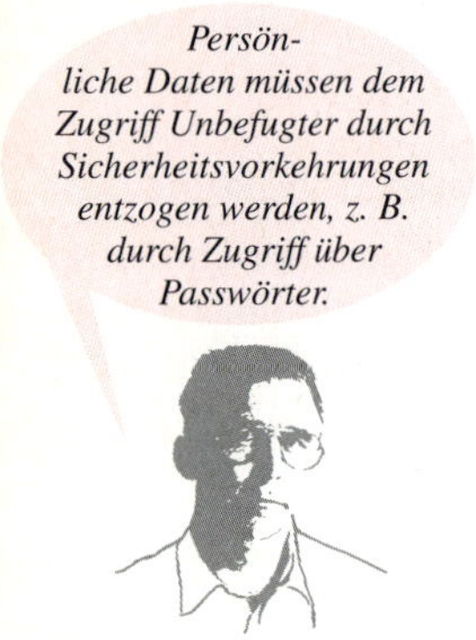

Ein allgemein akzeptiertes Personalinformationssystem darf das Persönlichkeitsbild eines Mitarbeiters nicht so umfassend abbilden, dass dies als Eingriff in die Privatsphäre empfunden wird oder dass damit die **Gefahr einer missbräuchlichen Nutzung/Weitergabe** personenbezogener Daten entsteht.

Das Bundesdatenschutzgesetz (BDSG) gestattet die Speicherung personenbezogener Daten nur, soweit sie für das Arbeitsverhältnis von Bedeutung sind.

Den erfassten Personen sind im Wesentlichen vier Rechte zugesichert:

(1) Recht auf Auskunft
- über die gespeicherten Daten,
- über den Zweck der Speicherung.

(2) Recht auf Berichtigung unrichtiger Daten.

(3) Recht auf Löschung
- von unzulässig gespeicherten Daten,
- von Daten, an deren Speicherung kein Interesse mehr besteht.

(4) Recht auf Sperrung von Daten,
- wenn gesetzliche oder andere Aufbewahrungsfristen eine Löschung nicht zulassen,
- wenn eine Löschung die Interessen des Betroffenen beeinträchtigt.

Arbeitsaufträge

1. Personalinformationssysteme dienen der Entscheidungsvorbereitung und Kontrolle.
   a) Beschreiben Sie den Aufbau eines Personalinformationssystems.
   b) Welche Informationen können in den Datenbanken eines Personalinformationssystems gespeichert werden?
   c) Welche rechtlichen Grundlagen müssen zum Schutz der Mitarbeiter bei der Nutzung eines Personalinformationssystems berücksichtigt werden?

2. In der Tönner GmbH ist die Stelle einer Sekretärin zu besetzen. Auf Grund einer innerbetrieblichen Stellenausschreibung hat sich Frau Bach beworben.
   a) Nennen Sie unter Benutzung der nachstehenden Profilanalyse die vom Personalinformationssystem bereitgestellten Daten und werten Sie diese aus.

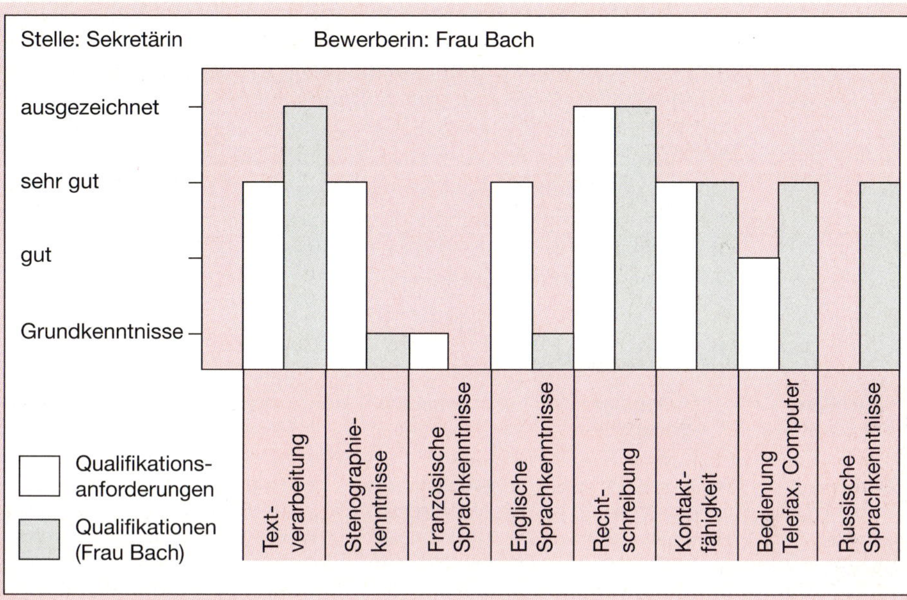

b) Welche Entscheidungen werden notwendig, wenn keine qualifiziertere Bewerberin zur Verfügung steht?

3.3 Personalbeurteilung

Mitarbeiter
„Ich erwarte eine objektive, faire Beurteilung meiner Stärken und Schwächen. Ich will eine Bestätigung meines bisherigen Verhaltens oder aber Ansatzpunkte für notwendige Verhaltensänderungen erfahren."

Vorgesetzte(r)
„Ich benötige die Personalbeurteilung ebenso, denn ich muss meine Mitarbeiter sachgerecht einsetzen, sie individuell fördern und motivieren und an Entscheidungen wie den oben genannten mitwirken."

Personalwesen
„Wir benötigen Beurteilungen als Entscheidungsbasis für Maßnahmen wie Beförderung, Versetzung, Fortbildung und andere mehr. Durch Beurteilungen erhalten wir Daten über die Leistungsstruktur der Mitarbeiter und Grundlagen für die Planung des Personaleinsatzes und der Personalentwicklung."

3.3.1 Beurteilungsanlässe

Bei Mitarbeiterbeurteilungen schätzen Vorgesetzte die betrieblichen Leistungen und das betriebsrelevante Verhalten ihrer Mitarbeiter ein.

Schon bei der Auswahl von externen Bewerbern für eine freie Stelle wird bekanntlich eine Beurteilung vorgenommen, um den geeignetsten Bewerber zu finden.
Weitere Beurteilungsanlässe sind z. B. Gehaltserhöhungen, Teilnahme an Entwicklungsmaßnahmen, Versetzungen, Beförderungen, Personalentlassungen, leistungsmäßige Einordnungen.
Weiterhin hat jeder Mitarbeiter beim Wechsel seines Arbeitsplatzes ein Recht auf schriftliche Bewertung seiner Tätigkeit.

3.3.2 Vorgehen bei der Beurteilung

Beurteilen darf nur, wer direkt und ständig mit dem zu Beurteilenden zusammengearbeitet hat (Vorgesetzter). Beurteilungen sollen objektiv sein, nur betrieblich relevante Sachverhalte erfassen und vergleichbar sein. Deshalb kann die Personalabteilung **Beurteilungsrichtlinien** erlassen. Diese können einen Katalog von **Beurteilungskriterien** vorgeben. Ein solcher Katalog muss auf die jeweilige Tätigkeit, auf den Arbeitsplatz und auf die Ranghöhe genau abgestimmt werden. So spielt etwa das Kriterium *Führungsverhalten* keine Rolle für rein ausführende Tätigkeiten.

Mögliche Beurteilungskriterien[1]

Fachliche Fähigkeiten	Geistige Fähigkeiten	Arbeitsweise	Verhalten in der Gruppe	Führungsverhalten
• Vorbildung • Berufliche Ausbildung • Fachkenntnisse • Fertigkeiten • Qualitäten als Dozent	• Improvisationsvermögen • Organisationsvermögen • Kreativität • Selbstständigkeit • Auftreten	• Arbeitsqualität • Arbeitstempo • Belastbarkeit • Einsatzbereitschaft • Pünktlichkeit • Bereitschaft zur Fortbildung	• Einordnung in die Gruppe • Umgangsformen • Bereitschaft zur Kommunikation • Verhalten zu Mitarbeitern u. Vorgesetzten	• Entscheidungsfähigkeit • Durchsetzungsfähigkeit • Motivationsfähigkeit • Delegationsfähigkeit

In der Praxis werden **Beurteilungsbögen** erstellt, die die maßgeblichen Beurteilungskriterien aufführen. Der Beurteilende kann sogar Vorgaben für die Formulierung erhalten. Dies hat den Vorteil, dass die Aussagen direkt mit anderen Beurteilungen vergleichbar sind.

Wenn keine Beurteilungskriterien vorgegeben sind, sollte der Vorgesetzte durch möglichst viele Einzelbeobachtungen das natürliche Verhalten des Mitarbeiters bei seiner Aufgabenerfüllung erfassen und schriftlich festhalten. Dem Gedächtnis sollte man nicht vertrauen. Der Beobachtete sollte keine Kenntnis vom Zeitpunkt der Beobachtung zum Zweck seiner Beurteilung haben.

3.3.3 Beurteilungsfehler

Vorurteile des Vorgesetzten können z. B. die Beurteilung färben. Deshalb sind messbare Beurteilungskriterien, Beurteilungsbögen und Kontrollbeurteilungen sehr sinnvoll. Bewusst falsche Beurteilungen liegen vor, wenn untüchtige Mitarbeiter weggelobt werden, während die Fähigen zu schlecht abschneiden. Dies führt zu Unzufriedenheit und Leistungsabfall. Der Vorgesetzte ist über sein Fehlverhalten aufzuklären. Der schwache Vorgesetzte will es allen recht machen. Seine Beurteilungen liegen immer in der Mitte, sind milde, unklar, nichtssagend und folglich wertlos. Er muss ebenfalls auf den Sinn von Beurteilungen aufmerksam gemacht werden.

Doch Probleme bleiben auch, wenn diese persönlichen Faktoren nicht zum Tragen kommen. Sie ergeben sich aus der Auswahl, der Gewichtung und der Interpretation der Beurteilungskriterien.

[1] *Quelle: Findeis/Kühlewein/Kühn/Sauter/Weiß, Spezielle Wirtschaftslehre für Büroberufe*

Sind alle Kriterien gerechtfertigt?	Sind z. B. Vor- und Ausbildung überhaupt beurteilungsrelevant?
Welche Gewichtung haben die Kriterien?	Hat z. B. das Auftreten gleich große Bedeutung wie die Arbeitsqualität?
Wird der Sinn der Kriterien richtig verstanden?	Versteht z. B. jeder Beurteilende unter Kreativität das Gleiche?

Im folgenden Beurteilungsbogen haben z. B. alle aufgeführten Kriterien die gleiche Gewichtung.

Muster eines Beurteilungsbogens

Beispiel

	Punkteskala				
	Übertrifft die Anforderungen in besonderem Umfang	Übertrifft die Anforderungen	Genügt den Anforderungen in vollem Umfang	Genügt den Anforderungen fast immer	Genügt den Anforderungen nicht immer
A) Persönlichkeitswerte und fachliche Leistungen	5	4	3	2	1
Fachkenntnisse		4			
Auffassungsgabe, Denkvermögen		4			
Aktivität, Einsatzbereitschaft			3		
Kontaktfähigkeit, Verhandlungsgeschick			3		
Sprache, Stil			3		
Äußere Erscheinung			3		
Zuverlässigkeit, Sorgfalt		4			
B) Führungsverhalten als Mitarbeiter und Vorgesetzter					
Selbstständigkeit in laufenden Entscheidungen	5				
Einhaltung des eigenen Delegationsbereichs	5				
Information und Beratung des Vorgesetzten		4			
Gewährleistung selbstständiger Entscheidungen der Mitarbeiter		4			
Einsatz der Mitarbeiter		4			
Information der Mitarbeiter		4			
Dienstaufsicht, Erfolgskontrolle			3		
Schulung und Förderung der Mitarbeiter	5				
C) **Erreichte Punktzahl** **58** **Erreichbare Punktzahl** **85**	**15**	**28**	**15**		

Übrigens:
Vor der abschließenden Formulierung der Beurteilung hat der Beurteilte nach BetrVG § 82 Abs. 2 Anspruch auf ein Beurteilungsgespräch. Er kann ein Mitglied des Betriebsrats hinzuziehen. Ist er mit der Beurteilung nicht einverstanden, kann er die Aufnahme einer Gegendarstellung verlangen. Das Beurteilungsgespräch sollte zugleich Fördergespräch sein. Es sollte auf Schwächen und Stärken eingehen, Ansatzpunkte für Verbesserungen aufzeigen, ermutigen und motivieren.

Arbeitsauftrag

Das folgende Formular dient speziell der Beurteilung von Auszubildenden.

Beurteilung

Der Auszubildende ____________________

war in der Zeit vom ____________ 20__________ bis ____________ 20__________ in

Abteilung ____________________ zur Ausbildung.

1. Führung Befolgung der Anordnungen, Zusammenarbeit	in allen Punkten der Führung vorbildlich		ordnet sich gut ein, sehr verträglich		verträglich und willig		im Allgemeinen verträglich und willig		vorlaut, befolgt Anordnungen nur unwillig, wenig verträglich		großschnäuzig, unwillig, unverträglich, unhöflich	
2. Fleiß Arbeitsbereitschaft	sehr fleißig, hat an allen Arbeiten sehr großes Interesse		Interesse und Fleiß überdurchschnittlich		fleißig und interessiert		mit Ausnahmen fleißig und interessiert		Fleiß und Interesse lassen sehr zu wünschen übrig		faul, vollkommen ohne Interesse	
3. Lernfähigkeit: Auffassungsgabe, Merk- und Denkfähigkeit, Regsamkeit	begreift sehr schnell, hervorragende Auffassungsgabe		begreift schnell, überdurchschnittliche Auffassungsgabe		Auffassungsgabe befriedigend, guter Durchschnitt		etwas langsam in der Auffassung, doch noch ausreichend		begreift erst nach mehrmaligem Erklären		auch bei wiederholter Erklärung nicht fähig das Erklärte richtig zu erfassen	
4. Ordnung	immer sehr ordentlich		aus eigenem Antrieb ordnungsliebend		ordentlich, auch ohne häufige Ermahnung		ordentlich, muss jedoch dazu angehalten werden		unordentlich, kein Ordnungswille		sehr unordentlich und liederlich	
5. Arbeitsgeräte Sauberkeit, Sorgfalt, Maßhaltigkeit	macht Arbeiten immer fehlerfrei, maßhaltig und winkelgerecht		macht sehr selten Fehler, arbeitet sauber und maßhaltig		macht gelegentlich Fehler, sonst saubere Ausführung		macht noch zu viele Fehler, gibt sich aber Mühe		macht sehr viele Fehler, Sauberkeit unzureichend		großer Schmierer, hält nie Maße und Winkel ein	
6. Arbeitstempo	sehr schnell		schnell		seine Zeit liegt schon über dem Durchschnitt		ausreichend, braucht jedoch manchmal noch zu viel Zeit		langsam		sehr langsam	
7. Berichtsheft: Ausführung, Darstellung, Sauberkeit	Führung des Berichtsheftes gibt nie zu Beanstandungen Anlass		richtige und saubere Führung des Berichtshefts		saubere Ausführung, nur selten Beanstandungen		im Allg. zufriedenstellend, jedoch nicht ohne Beanstandungen		Ausführung und Sauberkeit lassen zu wünschen übrig		Ausführung unvollständig, unsauber und sehr nachlässig	
Note		1		2		3		4		5		6
Wert der Leistung: 1 = sehr gut, 2 = gut, 3 = befriedigend, 4 = ausreichend, 5 = mangelhaft, 6 = ungenügend												
Bemerkungen												

a) Wann sollten Auszubildende nach Ihrer Ansicht beurteilt werden?
b) Wer sollte die Beurteilung vornehmen, wer nicht?
c) Erläutern Sie den Aufbau des Formulars.
d) Nennen Sie Vorteile eines solchen Formulars.
e) Wie ist zweckmäßigerweise vorzugehen, wenn keine Beurteilungsformulare benutzt werden?
f) Hat der Auszubildende das Recht, seine Beurteilung zu erfahren? Was kann er tun, wenn er anderer Ansicht als der Beurteilende ist?
g) Bei welchen Gelegenheiten werden Mitarbeiterbeurteilungen unerlässlich?

G

Kaufleute und Rechtsformen

1 Kaufmannseigenschaft und Firma

Handelsgeschäfte sind alle Geschäfte eines Kaufmanns, die zum Betriebes seines Handelsgewerbes gehören.

Diese Vorschrift des § 343 HGB ist Ihnen schon aus dem Vertragsrecht bekannt. Sie wissen auch, dass für Handelsgeschäfte – also Geschäfte von Kaufleuten für ihr Handelsgewerbe – die Vorschriften des HGB vorrangig anzuwenden sind. Für die Geschäfte der Nichtkaufleute, die bürgerlichen Rechtsgeschäfte, gelten hingegen die des BGB. Bisher ist jedoch noch nicht geklärt, wer eigentlich Kaufmann ist: Ist es etwa jeder, der Waren ein- und verkauft? Oder jeder, der die Prüfung zum „Industriekaufmann", „Großhandelskaufmann" usw. bestanden hat? Können ein Handwerker oder ein Landwirt Kaufmann sein? Ist Herr Meier, der zu Haus auf seinem PC kleine Computerprogramme erstellt und verkauft, Kaufmann oder muss sein Geschäft erst eine bestimmte Größe haben, damit er die Kaufmannseigenschaft erwirbt?

1.1 Handelsgewerbe, Istkaufmann

HGB § 1 legt fest:

(1) Kaufmann im Sinne dieses Gesetzbuchs ist, wer ein Handelsgewerbe betreibt.

(2) Handelsgewerbe ist jeder Gewerbebetrieb, es sei denn, dass das Unternehmen nach Art und Umfang einen in kaufmännischer Weise eingerichteten Geschäftsbetrieb nicht erfordert.

Jede selbstständige, auf Gewinn gerichtete Berufstätigkeit gilt grundsätzlich als Gewerbe. Voraussetzung: Sie ist nicht gesetzes- oder sittenwidrig. Ausnahmen sind nur die freien Berufe (wissenschaftliche und künstlerische Berufe wie Arzt, Anwalt, Architekt u. a.), die Urproduktion (insbesondere Land- und Forstwirtschaft), der Unterricht und die Kindererziehung gegen Entgelt (GewO § 6).

Jeder Gewerbebetrieb, der nach Art und Umfang einen in kaufmännischer Weise eingerichteten Ge-

- Alle Gewerbebetriebe sind der Gewerbeordnung (GewO) und einer Vielzahl anderer gewerberechtlicher Bestimmungen unterworfen.
- In GewO § 1 wird jedermann der Betrieb eines Gewerbes gestattet **(Gewerbefreiheit).** Zugleich werden Ausnahmen und Beschränkungen festgelegt.
- Der Beginn eines Gewerbes ist bei der zuständigen Ortsbehörde anzuzeigen (GewO § 14).
- Der Gewerbetreibende ist gewerbesteuerpflichtig.

schäftsbetrieb erfordert, ist laut HGB § 1 ein **Handelsgewerbe.** Sein Inhaber gilt als **Kaufmann.** Das HGB nennt ihn „Istkaufmann". Die Kaufmannseigenschaft hat weitreichende Konsequenzen für ihn:

- Er muss sein Unternehmen beim Amtsgericht in das Handelsregister eintragen lassen.
- Der eingetragene Kaufmann muss sein Unternehmen unter einer Firma (einem kaufmännischen Namen) nach den Vorschriften des HGB führen.
- Er kann Prokuristen ernennen.
- Er kann kaufmännisches Personal nach den Vorschriften des HGB beschäftigen.
- Er kann mit anderen Kaufleuten eine offene Handelsgesellschaft oder eine Kommanditgesellschaft gründen.
- Er ist zur Buchführung nach den Vorschriften des HGB verpflichtet.
- Für ihn gelten alle Vorschriften des HGB, insbesondere diejenigen über die Handelsgeschäfte.

1.2 Kleingewerbetreibende, Kannkaufleute

Wann genau ein Unternehmen nach Art und Umfang einen in kaufmännischer Weise eingerichteten Geschäftsbetrieb erfordert, lässt sich nicht schematisch beantworten. Nützliche Kriterien sind v. a. die Beschäftigung von kaufmännischen Angestellten, das Vorhandensein einer Lohn-/Gehaltsbuchhaltung oder einer Kontokorrentbuchhaltung sowie die Notwendigkeit komplizierter Abrechnungen (etwa bei einem Optiker).

Kleingewerbetreibende, die die Kaufmannseigenschaft für sich ablehnen, müssen im Zweifelsfall darlegen und beweisen, dass ihr Unternehmen nach Art und Umfang einen in kaufmännischer Weise eingerichteten Geschäftsbetrieb nicht erfordert. Für sie gilt – wie für Nicht-Gewerbetreibende – ausschließlich das BGB. Kleingewerbetreibende können sich jedoch, wenn es ihnen nützlich erscheint, ins Handelsregister eintragen lassen. Dann werden sie Kaufleute mit allen Rechten und Pflichten und können sich im Streitfall nicht mehr auf ihre Eigenschaft als Kleingewerbetreibende berufen. Das HGB nennt sie **„Kannkaufleute".** Eine spätere Löschung im Handelsregister ist möglich, wenn das Unternehmen nicht in der Zwischenzeit nach Art und Umfang einen in kaufmännischer Weise eingerichteten Geschäftsbetrieb erforderlich macht.

Auch **Land- und Forstwirte** können ihren Betrieb oder einen damit verbundenen Nebenbetrieb (z. B. ein Sägewerk) ins Handelsregister eintragen lassen. Sie werden dann ebenfalls **Kannkaufleute.** Eine spätere Löschung der Handelsregistereintragung ist nur für den Nebenbetrieb möglich, wenn er ein Kleingewerbe darstellt. (HGB § 3)

1.3 Handelsgesellschaften, Formkaufleute

HGB § 6 (1) sagt aus, dass auch alle **Handelsgesellschaften Kaufleute** sind. Dies betrifft die offene Handelsgesellschaft (OHG), die Kommanditgesellschaft (KG), die Aktiengesellschaft (AG), die Kommanditgesellschaft auf Aktien (KGaA) und die Gesellschaft mit beschränkter Haftung (GmbH).

Die **OHG und die KG** sind keine juristischen Personen. Jedoch gibt das Recht ihnen gewisse Eigenschaften einer juristischen Person. So können sie z. B. selbst klagen und verklagt werden. Sie selbst gelten als Kaufleute, darüber hinaus auch ihre vollhaftenden Gesellschafter. OHG und KG setzen immer das Bestehen eines Handelsgewerbes voraus.

Wenn ein von mindestens zwei Personen betriebenes Unternehmen nach Art und Umfang keinen kaufmännischen Geschäftsbetrieb erfordert, besteht ein Wahlrecht: Das Unternehmen kann als Gesellschaft bürgerlichen Rechts (GbR) geführt werden. Es kann aber auch als OHG oder KG ins Handelsregister eingetragen werden.

Beispiele:
- *Treuhand Wirtschaftsprüfungs-AG*
- *Knall & Fall Architektur GmbH*

AG, KGaA und GmbH sind juristische Personen. Insofern sind sie selbst Kaufleute, auch wenn ihre Gesellschafter diese Eigenschaft nicht besitzen. Das Gleiche gilt auch für die **eingetragene Genossenschaft**[1] (eG). Sie alle setzen nicht das Bestehen eines Handelsgewerbes voraus, sondern können zu jedem gesetzlich zugelassenen Zweck gegründet werden. Sie gelten als Kaufleute sozusagen auf Grund ihrer Rechtsform. Deswegen bezeichnet man sie als **Formkaufleute.**

Kaufleute

Istkaufleute	Kannkaufleute	Formkaufleute
• selbstständige Gewerbetreibende, deren Betrieb nach Art und Umfang einen in kaufmännischer Weise eingerichteten Geschäftsbetrieb erfordert • OHG und KG	• Kleingewerbetreibende bei freiwilliger Eintragung ins Handelsregister • Land- und Forstwirte bei freiwilliger Eintragung ins Handelsregister	Unternehmen in den Rechtsformen AG, KGaA, GmbH, eG

1.4 Firma des Kaufmanns

Der Kaufmann wird mit einer Firma ins Handelsregister eingetragen. Sie ist der Name, unter dem er seine Geschäfte betreibt und die Unterschrift abgibt. Unter seiner Firma kann er klagen und verklagt werden. (HGB § 17)

Die Firma darf nicht verwechselt werden mit einem Markennamen oder einer gebräuchlichen Bezeichnung des Unternehmens und sonstigen Geschäftsnamen, die zu Reklamezwecken oder von Kleingewerbetreibenden benutzt werden.

Beispiele

Firma:	*Volkswagenwerk AG*
gebräuchliche Unternehmensbezeichnung:	*Telekom*
Markenname:	*NIVEA*
Geschäftsname zu Reklamezwecken:	*Hotel zur Sonne*
Geschäftsname von Kleingewerbetreibenden:	*Reudenbachs fahrende Werkstatt*

[1] *Genossenschaften werden in das Genossenschaftsregister beim Amtsgericht eingetragen.*

Die Firma besteht aus dem **Firmenkern** (Hauptbestandteil) und eventuellen **Firmenzusätzen** zur Kennzeichnung von Zweigniederlassungen, zur Offenlegung der Rechtsform und zur Kennzeichnung des Gegenstands der Unternehmung.

Arten der Firma

Personenfirma	Sachfirma	Phantasiefirma
enthält mindestens einen Namen, der auf den oder die Inhaber hinweist	ist dem Gegenstand der Unternehmung entnommen	ist nicht dem Gegenstand der Unternehmung entnommen
Beispiele: Frederic Basten e. K. Adam Opel AG	Beispiele: Werkzeugbau OHG Metallbau e. K.	Beispiele: Pepsosprit GmbH Plitschplatsch KG

Die Unternehmung kann sich nach Belieben für eine Personen-, Sach- oder Phantasiefirma oder auch für eine Mischform entscheiden. Sie muss jedoch einen Zusatz enthalten, der ihre Rechtsform erkennen lässt und damit auch die Haftungsverhältnisse gegenüber Dritten darlegt.

Erlaubte Rechtsformenzusätze

- eingetragener Kaufmann, eingetragene Kauffrau (e. Kfm., e. Kfr., e. K.)
- offene Handelsgesellschaft (oHG, OHG)
- Kommanditgesellschaft (KG)
- Aktiengesellschaft (AG)
- Kommanditgesellschaft auf Aktien (KGaA)
- Gesellschaft mit beschränkter Haftung (GmbH)
- eingetragene Genossenschaft (eG)

Die Zusätze können ausgeschrieben sein oder die Form einer allgemein verständlichen Abkürzung haben.

1.5 Firmengrundsätze

Die meisten Notwendigkeiten und Möglichkeiten, die das HGB mit dem Begriff der Firma verbindet, lassen sich durch folgende Grundsätze ausdrücken:

Firmengrundsätze

Unterscheidungskraft/ Kennzeichnungswirkung	Firmeneinheit	Firmenöffentlichkeit	Firmenwahrheit	Firmenbeständigkeit

Unterscheidungskraft und Kennzeichnungswirkung

Die Firma muss zur Kennzeichnung des Kaufmanns geeignet sein und Unterscheidungskraft besitzen (HGB § 18). Jede neue Firma muss sich deshalb von allen an demselben Ort oder derselben Gemeinde bereits eingetragenen Firmen deutlich unterscheiden, ggf. durch einen Firmenzusatz (HGB § 30).

Einen umfassenderen Schutz gewährt das Gesetz gegen den unlauteren Wettbewerb, indem es alle Firmenbezeichnungen (und darüber hinaus auch die anderen geschäftlichen Namen und besonderen Bezeichnungen) im gesamten Bundesgebiet vor missbräuchlicher Verwendung schützt (UWG § 16). Geschädigte können auf Unterlassung und Schadenersatz klagen.

Firmeneinheit

Ein und dasselbe Unternehmen darf nur unter der einen, im Handelsregister eingetragenen Firma geführt werden.

Firmenöffentlichkeit

Der Kaufmann muss seine Firma und den Ort seines Geschäftes ins Handelsregister eintragen lassen (HGB § 29).

Firmenwahrheit

- Bei der Gründung der Unternehmung muss eine Personenfirma mit dem bürgerlichen Namen des Inhabers/der Gesellschafter übereinstimmen, eine Sachfirma den tatsächlichen Verhältnissen entsprechen.
- Die angegebenen Gesellschaftsverhältnisse müssen stimmen.
- Die Firma darf keine Angaben enthalten, die über die wesentlichen geschäftlichen Verhältnisse irreführen können.

Beispiel

Wer nur an Endverbraucher verkauft, darf nicht die Angabe „Großhandel" aufnehmen.

Firmenbeständigkeit

Der Erwerber oder Erbe einer Unternehmung kann mit Genehmigung des bisherigen Inhabers den alten Firmennamen fortführen, selbst wenn dieser eine Personenfirma darstellt. Mit dieser zulässigen „Firmenunwahrheit" berücksichtigt der Gesetzgeber, dass ein eingeführter Firmenname einen Wert darstellt und einen Kundenstamm verbürgt. Die Zustimmung zur Fortführung der Firma muss deshalb oft mit teurem Geld erkauft werden. Eine Veräußerung lediglich der Firma ohne das Unternehmen ist nicht zulässig. Die alte Firma kann auch mit einem Zusatz fortgeführt werden.

Beispiele

Peter Franken e. K. oder: Peter Franken Nachf. e. K. oder: Peter Franken, Inh. Erwin Ebert e. K.

Wer ein Unternehmen unter der alten Firma fortführt, haftet Dritten gegenüber für die Geschäftsschulden des früheren Inhabers. Ausnahme: Eine abweichende Vereinbarung wird ins Handelsregister eingetragen oder vom Erwerber oder Veräußerer dem Dritten mitgeteilt. Das Gleiche gilt für die neuen Gesellschafter, wenn eine Einzelunternehmung in eine OHG oder KG umgewandelt wird (sogar dann, wenn die Firma nicht fortgeführt wird!). Andererseits gehen die Geschäftsforderungen auf den Erwerber über. Der alte Inhaber selbst haftet seinen Gläubigern noch fünf Jahre für seine Schulden (HGB §§ 25–28).

Arbeitsaufträge

1. Gegeben seien die Unternehmen

(1) Ernst Mommser Chemiewerke KG
(2) Brennstoffhandel Angelika Arendt e. K.
(3) Bernd Schröder Bau- und Möbelschreinerei
(4) Bobby Schneller, Landwirtschaft und Milcherzeugung
(5) Deutsche Geländefahrzeugbau AG
(6) Getränkekiosk Schnelle Ecke
(7) Wohnungsbaugenossenschaft eG

a) Welche dieser Unternehmen sind gewerbliche Unternehmen?
b) Welche Unternehmen sind Handelsgewerbe?
c) Bei welchen Unternehmen haben
(1) nur die Inhaber, (2) nur die Unternehmung, (3) beide
die Kaufmannseigenschaft?
d) Welche der Nichtkaufleute können die Kaufmannseigenschaft erwerben? Wie ist dabei vorzugehen?
e) Welche Personen/Unternehmen sind Istkaufmann, welche Kannkaufmann, welche Formkaufmann?
f) Alle Unternehmen seien am 15. Mai gegründet worden, und bei allen erfolgt die Eintragung in das zuständige Register am 15. Juni. An welchem Tag wurde die jeweilige Kaufmannseigenschaft erworben?
g) Welches Register ist für die jeweiligen Unternehmen zuständig?
h) Nennen Sie Rechte und Pflichten, die die genannten Kaufleute, nicht aber die anderen Unternehmer (vor ihrer Eintragung ins Handelsregister) haben.

2. Die drei Kaufleute Gernot Haber, Erich Orloff und Rolf Schöne überlegen, ob sie eine Schraubenfabrik als OHG, KG oder GmbH gründen sollen.

a) Erfinden Sie für jede dieser Rechtsformen verschiedene mögliche Firmennamen.
b) Unterscheiden Sie bei den von Ihnen genannten Firmenbezeichnungen Firmenkern und Firmenzusätze.
c) Erläutern Sie anhand der genannten Firmenbezeichnungen die Grundsätze der Firmenwahrheit, der Firmeneinheit und der Firmenöffentlichkeit.
d) Die drei Herren einigen sich darauf, die Unternehmung unter der Firma Haber OHG zu führen. Bei der Anmeldung zum Handelsregister erfahren sie, dass bereits eine Unternehmung mit der gleichen Firma eingetragen ist.
- Welche Konsequenzen ergeben sich hieraus?
- Wie können die Firmengründer die Schwierigkeiten umgehen?

3. Die Firma „Eduard Fuhrmann e. K., Internationale Spedition“ ist eine alteingesessene Unternehmung mit gutem Ruf und einem beachtlichen Kundenstamm. Da Herr Fuhrmann keine Kinder hat, will er die Unternehmung verkaufen und sich zur Ruhe setzen.

a) Unter welchen Firmennamen könnte beispielsweise der Erwerber Oswald Schneller die Unternehmung fortführen, wenn Herr Fuhrmann mit der Fortführung seiner Firma einverstanden ist?
b) Unter welchen Bedingungen wird Herr Fuhrmann mit der Fortführung seiner Firma einverstanden sein?
c) Wer haftet bei Übernahme des alten Firmennamens für die bestehenden Schulden der Unternehmung?
Besteht diese Haftung in jedem Fall?
Wie ist die Rechtslage, wenn der alte Firmenname nicht übernommen wird?

2 Handelsregister und Genossenschaftsregister

2.1 Begriff des Registers; Eintragungen

Das Handelsregister ist ein amtliches Verzeichnis aller Vollkaufleute, das vom Amtsgericht für dessen Bezirk geführt wird (HGB § 8). Es hat zwei Abteilungen: Abteilung A für Einzelunternehmungen und Personengesellschaften, Abteilung B für Kapitalgesellschaften.

Für Genossenschaften wird ein Genossenschaftsregister geführt (GenG § 10).
Handelsregister und Genossenschaftsregister sind **öffentliche Verzeichnisse.** Dies bedeutet:

- Jedermann kann die Register (und die von den Kaufleuten eingereichten Schriftstücke) einsehen und – gegen Gebühr – Abschriften verlangen.
- Eintragungen werden im Bundesanzeiger und in einem weiteren Blatt (in der Regel in der örtlichen Tageszeitung) veröffentlicht.

In die Spalten der Abteilungen A und B des Handelsregisters werden folgende Tatbestände eingetragen (siehe Spaltenüberschriften in den Beispielen).

Beispiel

Amtsgericht Vilsendorf — **HR A** 7093

Nr. der Eintragung	a) Firma b) Ort der Niederlassung (Sitz der Gesellschaft) c) Gegenstand des Unternehmens (bei juristischen Personen	Geschäftsinhaber Persönlich haftende Gesellschafter Vorstand Abwickler	Prokura	Rechtsverhältnisse	a) Tag der Eintragung und Unterschrift b)Bemerkungen
1	2	3	4	5	6
1	a) Förder- und Lagertechnik GmbH & Co. Kommanditgesellschaft b) Vilsendorf	Förder- und Lagertechnik Gesellschaft mit beschränkter Haftung; Vilsendorf		Kommanditgesellschaft, die am 21. Mai 1999 begonnen hat. Kommanditisten sind: Jürgen Schuster, geb. 24.08.43, Bünde, mit einer Einlage von 5 000,- Euro Brigitte Schuster, geb. Keßler, geb. 17.05.52, Bünde, mit einer Einlage von 5 000,- Euro	a) 21. Mai 1997 Hansen

Amtsgericht Vilsendorf — **HR A** 3174

Nr. der Eintragung	a) Firma b) Sitz c) Gegenstand des Unternehmens	Grund- oder Stammkapital	Vorstand Persönlich haftende Gesellschafter Geschäftsführer Abwickler	Prokura	Rechtsverhältnisse	a) Tag der Eintragung und Unterschrift b) Bemerkungen
1	2	3	4	5	6	7
1	a) Förder- und Lagertechnik Gesellschaft mit beschränkter Haftung b) Vilsendorf c) Die Vermittlung, der Erwerb und Verkauf von Fördersystemen aller Art, insbesondere von Aufzügen, Förderbändern und Lagersystemen (Regale), sowie die Montage der vorstehenden Anlagen und Durchführung des Reperatur-Service. Die Gesellschaft ist berechtigt, Zweigniederlassungen zu errichten, andere Unternehmen gleicher oder ähnlicher Art zu übernehmen, zu vertreten oder sich an solchen Unternehmen zu beteiligen, sowie deren Geschäftsführung unter Übernahme der unbeschränkten Haftung zu übernehmen.	50 000,- Euro	Jürgen Schuster, geb. 10.10.61, Bünde		Gesellschaft mit beschränkter Haftung. Gesellschaftsvertrag vom 21. Dez. 1998. Ist nur ein Geschäftsführer vorhanden, so vertritt dieser die Gesellschaft allein. Sind mehrere Geschäftsführer vorhanden, so wird die Gesellschaft jeweils von zwei Geschäftsführern gemeinsam oder von einem Geschäftsführer in Gemeinschaft mit einem Prokuristen vertreten. Bei Vorhandensein mehrerer Geschäftsführer kann die Gesellschafterversammlung einem, mehreren oder jedem von ihnen Einzelvertretungsbefugnis erteilen.	a) 31. Jan. 1999 Hansen b) Ges. Vertrag Bl. 5 f

In die Spalte „Rechtsverhältnisse“ werden auch Insolvenzverfahren und Liquidation (Auflösung der Unternehmung) eingetragen.

Eintragungen erfolgen auf Grund von Anmeldungen beim Registergericht des Amtsgerichts am Sitz der Unternehmung. Die Anmeldung muss schrift-

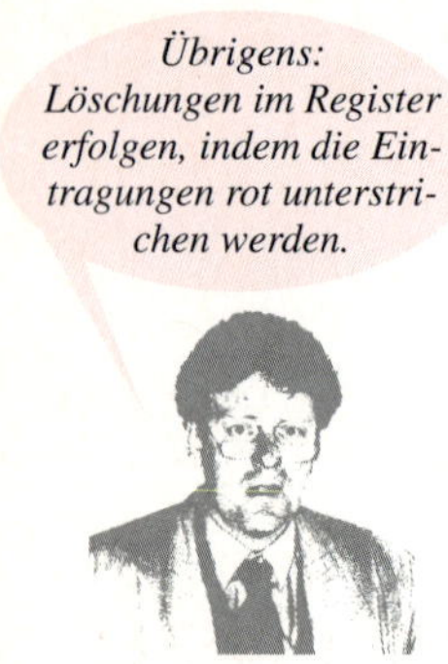

lich erfolgen und die Unterschrift notariell beglaubigt sein. Das Registergericht kann Ordnungsstrafen verhängen, um die Anmeldung einer eintragungspflichtigen Tatsache zu erzwingen. Eintragungspflichtig sind auch alle Änderungen der eingetragenen Tatsachen.

2.2 Bedeutung der Handelsregistereintragungen

Das Handelsregister soll jedem Interessierten, vor allem aber den Unternehmungen untereinander **Informationen** und damit eine gewisse **Rechtssicherheit** geben.

Handelsregistereintragungen

Rechtserzeugende (konstitutive) Eintragungen

Die eingetragenen Tatsachen werden erst durch die Eintragung selbst wirksam. Vorher hatten sie noch keine Gültigkeit. Dies gilt insbesondere
- für die Gültigkeit der Firma,
- für die Kaufmannseigenschaft der Kann- und Formkaufleute,
- für die Eintragung von Kleingewerbetreibenden als OHG oder KG.

Rechtsbekundende (deklaratorische) Eintragungen

Die Eintragung bezeugt nur einen Sachverhalt, der auch schon vor der Eintragung rechtsgültig war. Dies gilt insbesondere
- für die Kaufmannseigenschaft der Istkaufleute,
- für die Erteilung und Entziehung der Prokura.

Die Sicherheit, die das Handelsregister verleiht, besteht in folgenden Tatsachen (HGB § 15):
- Jedermann muss eine eingetragene und bekannt gemachte Tatsache gegen sich gelten lassen, selbst wenn er sie nicht kennt. Eine Ausnahme sind nur Rechtshandlungen, die innerhalb von 15 Tagen nach der Bekanntmachung vorgenommen wurden, sofern der Dritte beweist, dass er die Tatsache weder kannte noch kennen musste.
- Niemand kann einem Dritten eine eintragungspflichtige (löschungspflichtige) Tatsache, die er nicht eintragen (löschen) lässt, entgegenhalten. Ausnahme: Der Dritte kannte die Tatsache.

Auf die Aussage und das Schweigen des Handelsregisters kann vertraut werden, wenn man guten Glaubens ist, d. h. wenn man den von der Eintragung abweichenden Sachverhalt nicht kennt (sog. beschränkter öffentlicher Glauben des Handelsregisters).

Beispiel

Kaufmann Pelzer hat eine Geldforderung gegenüber Herrn Schröder. Pelzer übereignet am 15. April sein Geschäft mit allen Bilanzwerten an Herrn Lehmann. Damit tritt er auch seine Forderung an Lehmann ab. Die Übereignung wird am 18. April ins Handelsregister eingetragen.

Fall 1: Schröder zahlt am 17. April an Pelzer, da er von dem Geschäftsübergang nichts weiß. Am 25. April verlangt Lehmann seinerseits Zahlung. Schröder muss nicht zahlen, denn die eintragungspflichtige Tatsache des Geschäftsübergangs war am 17. April nicht eingetragen (Schweigen des Registers).

Fall 2: *Wie Fall 1, aber Schröder weiß durch Rundschreiben von dem Geschäftsübergang. Nun kann er bei einer Zahlung an Pelzer nicht mehr auf das Schweigen des Registers vertrauen. Lehmann kann ihm gegenüber auf Zahlung bestehen.*

Fall 3: *Schröder zahlt in Unkenntnis der Geschäftsübergabe am 20. April an Pelzer. Nun kann Lehmann seinerseits Zahlung verlangen, weil infolge der Handelsregistereintragung die Abtretung der Forderung als bekannt gilt (Aussage des Registers).*

Fall 4: *Schröder weist seine Bank am 14. April an, am 19. April an Pelzer zu zahlen. Er verreist anschließend für 10 Tage ins Ausland. Lehmann kann nicht seinerseits Zahlung verlangen, denn die Eintragung musste Schröder nicht bekannt sein.*

Arbeitsaufträge

1. Die Firma Esser KG ist eine renommierte Werkzeuggroßhandlung in Essen, die auch für verschiedene Werkzeughersteller als Handelsvertreter oder Kommissionär tätig ist. Vor wenigen Tagen ist der Geschäftsführer der Eisenbard GmbH in Bielefeld an sie herangetreten. Die Eisenbard GmbH stellt Präzisionsmessinstrumente her und sucht einen neuen Absatzmittler für das westliche Ruhrgebiet, weil ihr bisheriger Vertreter seinen Vertrag gekündigt hat. Die Esser KG zeigt Interesse. Zunächst ist beiden Unternehmen daran gelegen, sich über den möglichen Geschäftspartner zu informieren.

a) Ist das Handelsregister/Genossenschaftsregister geeignet, zur Informationsbeschaffung beizutragen?
b) Wo werden die zuständigen Register geführt?
c) In welchem Register (und ggf. in welcher Abteilung) befinden sich die gesuchten Eintragungen?
d) Welche Informationen können die Eisenbard GmbH und die Esser KG finden?
e) Können beide Unternehmen davon ausgehen, dass die gefundenen Informationen ihre Richtigkeit haben?

2. 4 Tage nach der Eröffnung eines Brennstoffhandels ließ Angelika Arendt ihre Firma ins Handelsregister eintragen. 3 Jahre später ließ sie ihren Angestellten Erwin Schneider als Prokuristen eintragen.

a) Haben die genannten Eintragungen konstitutive oder deklaratorische Bedeutung?
b) Erläutern Sie die Begriffe „konstitutiv" und „deklaratorisch".
c) Nennen Sie andere Eintragungen mit konstitutivem bzw. deklaratorischem Charakter.
d) Als Herr Schneider nach 6 Jahren aus der Unternehmung ausscheidet, lässt Frau Arendt die Prokura löschen. Wie kann sie dabei vorgehen?
e) Ein Geschäftspartner, der sich über die Firma von Frau Arendt erkundigen will, sieht, dass die Prokuraeintragung betreffend Herrn Schneider rot unterstrichen ist. Was schließt er hieraus?

3 Rechtsformen der Unternehmung

Unternehmungen können in verschiedenen Rechtsformen betrieben werden.

Die Rechtsform ist der gesetzlich beschriebene Rahmen, in dem sich die Unternehmung entfalten darf. Sie ist die rechtliche Verfassung der Unternehmung.

Man unterscheidet im Privatrecht die **Einzelunternehmung** und verschiedene Arten von **Gesellschaftsunternehmungen.** Die Einzelunternehmung wird von einer einzelnen natürlichen Person betrieben. Gesellschaftsunternehmungen entstehen i. d. R. durch den vertraglichen Zusammenschluss von mindestens zwei natürlichen oder juristischen Personen zur Erreichung eines gemeinsamen Zwecks. (Bei Kaufleuten ist dies z. B. der gemeinsame Betrieb eines Handelsgewerbes.) Ausnahmen stellen die „Ein-Mann-GmbH“ und die „Ein-Mann-AG“ dar[1].

Spezielle Rechtsformen öffentlich-rechtlicher Betriebe und Unternehmen werden in diesem Buch nicht behandelt.

3.1 Einzelunternehmung

Die Einzelunternehmung ist ein Unternehmen im Eigentum einer einzelnen natürlichen Person. Diese hat das Recht, die Geschäfte zu führen und die Unternehmung nach außen zu vertreten. Für die Unternehmensschulden haftet sie mit ihrem gesamten Vermögen.

Die Gründung der Einzelunternehmung ist nicht an eine bestimmte Form gebunden. Ein Mindestkapital ist nicht erforderlich. Liegt ein Handelsgewerbe vor, so sind die Eintragung ins Handelsregister und das Führen einer Firma vorgeschrieben.

Zahlenmäßig überwiegt die Einzelunternehmung gegenüber allen anderen Rechtsformen in Deutschland. Dabei handelt es sich überwiegend um Kleinbetriebe und mittelständische Betriebe mit weniger als fünf Beschäftigten.

Vor- und Nachteile der Einzelunternehmung

Vorteile

- Der Einzelunternehmer hat die alleinige Entscheidungsbefugnis. Dies ermöglicht schnelle Entscheidungen und rasche Reaktionen auf neue Gegebenheiten.
- Meinungsverschiedenheiten sind ausgeschlossen.
- Der Einzelunternehmer muss seinen Gewinn nicht teilen.

Nachteile

- Der Einzelunternehmer muss das Eigenkapital allein aufbringen (begrenzte Finanzierungsmöglichkeiten). Dies kann notwendige oder gewünschte Betriebserweiterungen verhindern.
- Der Einzelunternehmer trägt das Verlustrisiko allein.
- Der Einzelunternehmer haftet auch mit seinem gesamten Privatvermögen für die Unternehmensschulden.
- Die Gefahr von Fehlentscheidungen ist größer als bei Gesellschaftsunternehmen.

[1] Vgl. S. 253 und 260

3.2 Gründe für die Bildung von Gesellschaftsunternehmungen

Die Gründung von Gesellschaftsunternehmungen wird notwendig, wenn das Eigenkapital einer Person für die geplante Betriebsgröße nicht ausreicht oder wenn die unternehmerische Mitarbeit mehrerer Personen erforderlich ist.

Vielfach werden aus unterschiedlichen Gründen auch Einzelunternehmungen in Gesellschaftsunternehmungen umgewandelt:

- Notwendigkeit neuer Unternehmensleiter wegen Krankheit, Alter, Tod des Unternehmers;
- Notwendigkeit neuer Fachleute oder Führungskräfte;
- Aufnahme von Familienmitgliedern (Sohn, Tochter);
- Kapitalzuführung durch neue Gesellschafter;
- Vergrößerung der Kreditbasis durch Vergrößerung des haftenden Eigenkapitals;
- Risikoverteilung auf mehrere Gesellschafter;
- Beschränkung der Haftung auf das eingebrachte Kapital (bei GmbH und AG);
- Vergrößerung der Marktmacht durch Zusammenschluss mehrerer Unternehmen.

3.3 Grundmerkmale von Gesellschaftsunternehmungen

Die Gesellschaftsunternehmen sind zwei unterschiedlichen Gruppen zuzuordnen:

- den **Gesellschaften.** Diese sind nicht rechtsfähig. Ihr Grundtyp ist die Gesellschaft bürgerlichen Rechts (GbR). Davon abgeleitet wurden die Partnerschaft (für freie Berufe), die Partenreederei (für die Seeschifffahrt) sowie die OHG, KG und stille Gesellschaft (für Handelsgewerbe).
- den **Vereinen.** Diese sind juristische Personen und somit rechtsfähig. Grundtypen sind:
  - der nicht auf einen wirtschaftlichen Geschäftsbetrieb ausgerichtete **Idealverein** (BGB § 21). Er wird rechtsfähig durch Eintragung ins Vereinsregister beim Amtsgericht (eingetragener Verein, e. V.).
  - der auf einen wirtschaftlichen Geschäftsbetrieb ausgerichtete **wirtschaftliche Verein**[1] (BGB § 22). Er wird rechtsfähig durch staatliche Verleihung. Von ihm abgeleitet wurden die handelsrechtlichen Personalvereine (eG und VVaG) und Kapitalvereine (AG, KGaA und GmbH).

Merke:
Die Kapitalvereine AG, KGaA und GmbH werden – eigentlich unkorrekt – meist als ***Kapitalgesellschaften*** *bezeichnet. Darum stellt man ihnen zur deutlicheren Unterscheidung die eigentlichen Gesellschaften unter dem Begriff* ***Personengesellschaften*** *gegenüber.*

[1] *Er ist äußerst selten. Er wird nur zugelassen, wenn im konkreten Fall die Organisation der Unternehmung als AG, KGaA oder GmbH unzumutbar ist oder bundesgesetzliche Sonderregelungen die Rechtsform zulassen.*

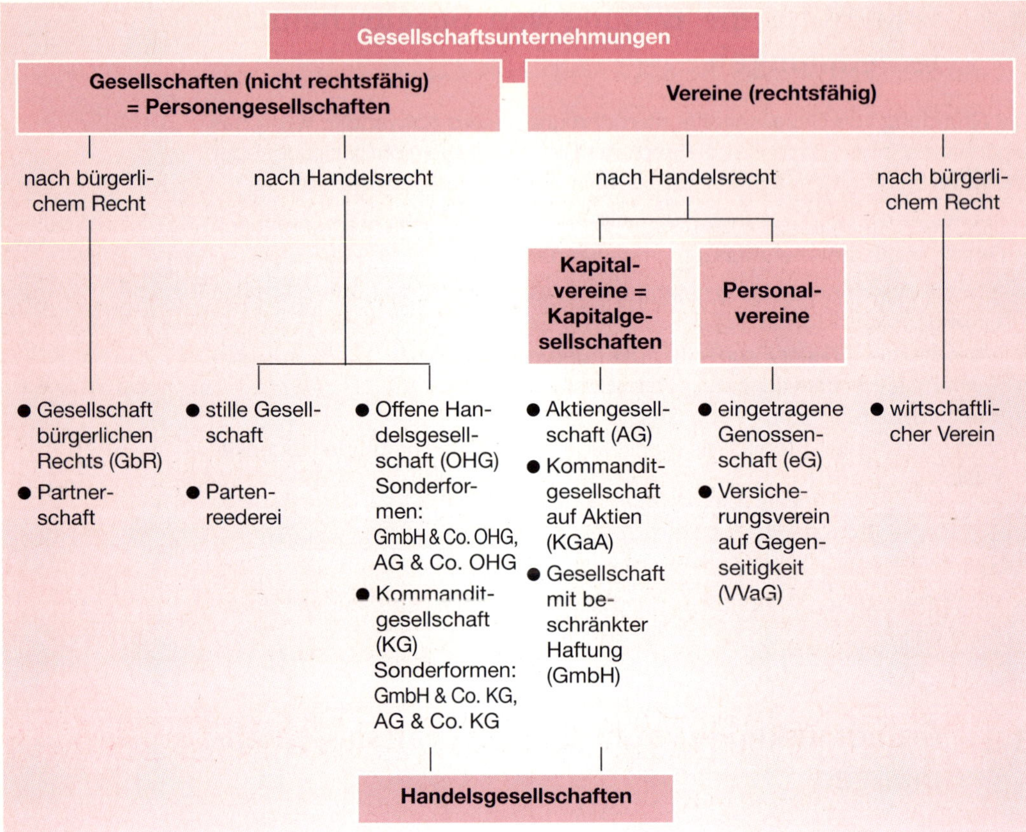

Eigenschaften von Gesellschaften und Vereinen	
Gesellschaften	**Vereine**
● Nicht die Gesellschaft, sondern die **Gesellschafter** sind **rechtsfähig.**	● Der **Verein selbst** ist juristische Person und damit **rechtsfähig.** Das aufgebrachte Vermögen ist „verselbstständigt“.
● Die Gesellschaft ist **nicht** von vornherein **auf wechselnden Mitgliederbestand** ausgerichtet.	● Der Verein ist von vornherein auf **wechselnden Mitgliederbestand** ausgerichtet.
● Die **Gesellschafter** selbst nehmen die nötigen **Handlungen** für die Gesellschaft vor.	● Der Verein handelt nicht durch seine Mitglieder, sondern er hat eine „abstrakte Organisation“, d. h. er **handelt durch** selbstständige **Organe.**

Bei der Gründung einer Gesellschaftsunternehmung regeln die Gesellschafter ihre Rechte und Pflichten in einem **Gesellschaftsvertrag.** Darin sollten zumindest Abmachungen enthalten sein über

- die Höhe der Kapitalbeteiligung (Einlagen),
- die Verteilung von Gewinn und Verlust,
- die Berechtigung zur Geschäftsführung und zur Vertretung der Gesellschaft,

- die Haftung der Gesellschafter,
- die Dauer der Gesellschaft bzw. die Auflösung und Kündigung.

Der Gesellschaftsvertrag einer Kapitalgesellschaft heißt **„Satzung“,** der einer Genossenschaft **„Statut“.**

Soweit die Gesetze nicht zwingende Vorschriften enthalten, sind die Gesellschafter in ihren Vereinbarungen frei. Solche zwingenden Vorschriften beziehen sich vor allem auf die Haftung und auf das Recht zur Geschäftsführung und Vertretung der Gesellschaft.

Geschäftsführung und Vertretungsbefugnis	
Geschäftsführung	**Vertretungsbefugnis**
Sie betrifft das **Innenverhältnis** der Unternehmung: Wer die Geschäfte führt, ist den anderen Gesellschaftern gegenüber zur Vornahme aller Handlungen berechtigt, die der gewöhnliche Betrieb des Handelsgewerbes mit sich bringt.	Sie betrifft das **Außenverhältnis** der Unternehmung: Wer die Vertretungsmacht hat, ist berechtigt, Dritten gegenüber rechtswirksame Willenserklärungen abzugeben, durch die die Unternehmung berechtigt oder verpflichtet wird.

Grundsätzlich gilt: Nur wer für die Schulden der Unternehmung voll – mit seiner Einlage und mit seinem privaten Vermögen – haftet, ist auch automatisch berechtigt, die Geschäfte zu führen und die Gesellschaft zu vertreten. Dies zeigt sich deutlich bei der Unterscheidung zwischen Personen- und Kapitalgesellschaften.

Personen- und Kapitalgesellschaften

Personengesellschaften

Nicht die Gesellschaft ist rechtsfähig, sondern nur die Gesellschafter sind es.

Folge:
Die Gesellschafter haften als natürliche Personen für die Schulden der Gesellschaft. Mindestens ein Gesellschafter muss mit seinem gesamten Vermögen haften.

Folge:
Nur voll haftende Gesellschafter führen die Geschäfte und vertreten die Unternehmung. Dies bedingt ein enges persönliches Verhältnis zwischen den Gesellschaftern.

Kapitalgesellschaften

Die Gesellschaft selbst ist rechtsfähig. Sie ist eine juristische Person. (Das aufgebrachte Vermögen ist „verselbstständigt“.)

Folge:
Die Gesellschaft haftet nur mit ihrem eigenen Vermögen, also mit den Einlagen der Gesellschafter, für ihre Schulden. Es gibt keine voll haftenden Gesellschafter (Ausnahme: KGaA).

Folge:
Nicht die Gesellschafter, sondern ein eigens hierfür gebildetes Organ führt die Geschäfte und vertritt die Unternehmung. Nicht die persönliche Arbeitsteilung, sondern die Kapitalbeteiligung steht im Vordergrund.

Man erkennt, dass die Wahl der Rechtsform von großer Bedeutung ist für die **Haftung** der Gesellschafter, die **Geschäftsführung,** die **Vertretung** der Gesellschaft.

Darüber hinaus hat die gewählte Rechtsform Einfluss auf

- die Möglichkeit der **Beschaffung von Eigen- und Fremdkapital**[1],

[1] *Dieser Sachverhalt wird im Oberstufenband behandelt.*

- die **Verteilung von Gewinn und Verlust,**
- die **Besteuerung** der Unternehmung und der Gesellschafter[1],
- die **Publizitätspflicht** (Pflicht zur Veröffentlichung des Jahresabschlusses[2],
- die **Anzahl der Gesellschafter,**
- die **Mitbestimmung** der Arbeitnehmer.

Arbeitsaufträge

1. Folgende Vereinigungen sind gegeben:
GbR, stille Gesellschaft, OHG, KG, AG, GmbH, KGaA, eG, e. V.

a) Was bedeuten die Abkürzungen?
b) Welche dieser Vereinigungen sind juristische Personen?
c) Welche dieser Vereinigungen haben selbst die Kaufmannseigenschaft (Formkaufleute)?
d) Welche dieser Vereinigungen unterliegen dem Handelsrecht?
e) Welche dieser Vereinigungen sind Personengesellschaften?
f) Welche dieser Vereinigungen sind Kapitalgesellschaften?
g) Welche dieser Vereinigungen sind Handelsgesellschaften?

2. Das Amtsgericht in Köln erhält am 13. Mai 20.. folgendes Schreiben (Auszug):

> Umwandlung
>
> Durch Aufnahme von Herrn Franz Schneider, geb. 17. Sept. 1965, Kaufmann, Poststraße 8, 51143 Köln, als vollhaftenden Gesellschafter wandeln wir mit Wirkung vom 15. Mai 20.. die Einzelunternehmung Emil Schneider – bisheriger Inhaber: Emil Schneider, Kaufmann, Immermannstr. 19, 51143 Köln – in eine Offene Handelsgesellschaft mit der Firma **Emil Schneider & Co. OHG** um.
>
> Der Sitz der Gesellschaft bleibt in 51143 Köln, Immermannstraße 19, Geschäftsgegenstand ist weiterhin die Fertigung von Maschinenschrauben.
>
> Wir beantragen die Eintragung ins Handelsregister.

a) Welche Gründe könnten den Inhaber veranlasst haben, seine Einzelunternehmung in eine Gesellschaftsunternehmung umzuwandeln?
b) Welche Vorteile könnte er erzielen, welche Nachteile müsste er gegebenenfalls in Kauf nehmen?
c) Wandelt er seine Unternehmung in eine Personengesellschaft oder in eine Kapitalgesellschaft um?
d) Was bedeutet dies im Hinblick auf die Haftung, die Geschäftsführungsbefugnis und die Vertretungsbefugnis?
e) In welcher Form genau muss der Antrag an das Amtsgericht gestellt werden?

---

[1] Einzelunternehmer und Gesellschafter von Personengesellschaften zahlen Einkommensteuer. Kapitalgesellschaften und Genossenschaften unterliegen als juristische Personen einer eigenen Einkommensteuer, der Körperschaftsteuer.

[2] Kapitalgesellschaften und Genossenschaften müssen ihren Jahresabschluss stets offen legen. Einzelunternehmer und Personengesellschaften müssen dies laut Publizitätsgesetz nur, wenn die Unternehmung zwei der drei folgenden Merkmale aufweist: Bilanzsumme > 65 Mio. EUR, Umsatzerlöse > 130 Mio. EUR, Zahl der Arbeitnehmer > 5 000.

3.4 Offene Handelsgesellschaft (OHG)

HGB §§ 105–160

Obwohl keine bestimmte Form vorgeschrieben ist, wird der OHG-Vertrag in der Praxis natürlich stets schriftlich geschlossen.

Gesellschaftsvertrag

zwischen Emil Schuster, Kaufmann, Hermesstr. 16, 40233 Düsseldorf
und Ernst Obermann, Kaufmann, Grabengasse 37, 40213 Düsseldorf.

Es wird vereinbart:

1. Wir errichten unter der Firma
   „Schuster & Obermann – Schraubenfabrikation OHG"
   eine Offene Handelsgesellschaft mit Sitz in Düsseldorf, Stahlstr. 2–5.
2. Der Zweck der Gesellschaft ist die Fabrikation von Maschinenschrauben.
3. Die Gesellschaft beginnt am 1. April 20..
4. Herr Schuster bringt eine Einlage von 2 865 000,00 EUR gemäß beiliegendem Inventarverzeichnis ein.

   Herr Obermann bringt eine Einlage von 754 000,00 EUR gemäß beiliegendem Inventarverzeichnis ein. Er leistet außerdem bis zum 1. Juni 20.. eine Bareinlage von 700 000,00 EUR auf das Konto 471 112 bei der Stadtsparkasse Düsseldorf.
5. Zur Geschäftsführung und Vertretung sind die Gesellschafter einzeln ermächtigt.
6. Vom Jahresgewinn werden 50 % im Verhältnis der zum jeweiligen Zeitpunkt bestehenden Kapitaleinlagen verteilt. Der Rest wird zur Hälfte aufgeteilt. Die gleiche Regelung gilt für einen Verlust.
7. Jeder Gesellschafter darf monatlich einen Betrag von 5 000,00 EUR als Vorschuss auf seinen Gewinnanteil entnehmen. Weitere Gewinnentnahmen sind zulässig, wenn die Gesamtentnahme 50 % des Gewinnanteils nicht übersteigt.
8. Kündigt ein Gesellschafter, so kann der andere Gesellschafter das Geschäft mit allen Aktiva und Passiva übernehmen. Er muss dem ausscheidenden Gesellschafter den Kapitalanteil auszahlen, der sich aus der Auseinandersetzungsbilanz zum Tag der Auflösung ergibt. Von diesem Betrag sind 20 % sofort und anschließend nach jedem weiteren Jahr 20 % zuzüglich 5 % Zinsen fällig.

Düsseldorf, den 15. März 20..

Emil Schuster	*Ernst Obermann*
(Emil Schuster)	(Ernst Obermann)

Die OHG ist eine Unternehmung, die von mindestens zwei Gesellschaftern durch Vertrag gegründet wird. Die Gesellschafter betreiben ein Handelsgewerbe unter einer gemeinsamen Firma. Jeder von ihnen haftet für die Schulden der Gesellschaft mit seinem betrieblichen und seinem privaten Vermögen.

Merkmale der OHG

Gründung, Firma

Es sind **mindestens zwei Gesellschafter** erforderlich. Diese können natürliche Personen, juristische Personen und Handelsgesellschaften sein.

Die Gründung erfolgt durch einen **Gesellschaftsvertrag,** in dem die besonderen Rechte und Pflichten der einzelnen Gesellschafter festgelegt werden. Für den Vertrag ist keine Form vorgeschrieben; üblich ist jedoch der schriftliche Vertrag.

Die OHG beginnt mit der Geschäftsaufnahme, bei Kleingewerbetreibenden und Vermögensverwaltungsgesellschaften mit der Eintragung ins Handelsregister. Die Eintragung einer Unternehmung in der Rechtsform der OHG ist zwingend vorgeschrieben.

Die OHG führt eine Firma (Personen-, Sach- oder Phantasiefirma) mit dem Zusatz „offene Handelsgesellschaft" oder „OHG".

Kapitaleinlage

Jeder Gesellschafter ist verpflichtet, die vereinbarte, ansonsten eine gleich hohe Kapitaleinlage zu erbringen. Diese Einlage kann erfolgen in bar, in Sachwerten (z. B. Grundstücke, Gebäude, Maschinen, Fahrzeuge) oder in Rechtswerten (z. B. Patente). Die Einlagen werden zwar auf getrennten Kapitalkonten verbucht, werden aber gemeinsames Vermögen („Vermögen zur gesamten Hand").

Rechte und Pflichten der Gesellschafter

Die besonderen Rechte und Pflichten ergeben sich aus dem Gesellschaftsvertrag. Ohne besondere Vereinbarung gelten die Vorschriften des HGB:

- Recht auf Geschäftsführung und Vertretung der Gesellschaft (Beschränkung auf bestimmte Gesellschafter möglich),
- Recht auf Gewinnanteil und Privatentnahmen,
- Recht auf Kündigung und Anteil am Liquidationserlös,
- Pflicht zur Erbringung der Einlage,
- Pflicht zur Geschäftsführung,
- Haftpflicht,
- Pflicht zum Tragen des Verlustanteils,
- Konkurrenzverbot.

Geschäftsführung

Jeder Gesellschafter ist allein zur Geschäftsführung innerhalb der Gesellschaft berechtigt **(Einzelgeschäftsführungsbefugnis).** Dies gilt allerdings nur für Handlungen, die der Betrieb gewöhnlich mit sich bringt (z. B. Einkauf, Warenverkauf, Zahlungsverkehr, Personaleinstellungen und -entlassungen) und wenn kein anderer geschäftsführender Gesellschafter widerspricht.

Außergewöhnliche Handlungen (z. B. Grundstückskauf, Einrichtung einer Filiale, Bestellung eines Prokuristen) bedürfen der Zustimmung aller Gesellschafter.

Jeder Gesellschafter ist zur Geschäftsführung nicht nur berechtigt, er ist dazu verpflichtet. Das Gesetz sieht also vor, dass jeder Gesellschafter in der OHG seine Arbeitskraft zur Verfügung stellt. Vertraglich können aber Gesellschafter von der Geschäftsführung ausgeschlossen werden.

Vertretung

Jeder Gesellschafter ist allein zur Vertretung der OHG (nach außen) berechtigt **(Einzelvertretungsbefugnis).** Hier gibt es also keine Unterscheidung von gewöhnlichen und außergewöhnlichen Handlungen. Verträge, die ein einzelner Gesellschafter für die OHG abschließt, sind also bindend, es sei denn, im Handelsregister sind abweichende Regelungen der Vertretungsbefugnis vermerkt. Mögliche Regelungen sind:

- Die Gesellschafter dürfen die Firma nur gemeinsam vertreten.
- Einzelne Gesellschafter sind von der Vertretungsmacht ausgeschlossen.
- Ein Gesellschafter mit Einzelvertretungsbefugnis kann nur zusammen mit einem Prokuristen die Firma vertreten.

Aus wichtigem Grund (grobe Pflichtverletzung, Unfähigkeit zur ordentlichen Geschäftsführung bzw. Vertretung) können die Geschäftsführungsbefugnis und/oder die Vertretungsbefugnis einem Gesellschafter auf Antrag der übrigen Gesellschafter durch Gerichtsbeschluss entzogen werden.

Gewinnanteil und Privatentnahmen

Jeder Gesellschafter hat das Recht auf Anteil am erwirtschafteten Gewinn. Bei ausreichendem Gewinn erhält jeder Gesellschafter zunächst 4 % auf seinen **Kapitalanteil.** Der Gewinnrest wird **nach Köpfen** aufgeteilt. Die Gesellschaftsverträge sehen oft andere Regelungen vor.

Beispiel *Jahresgewinn: 79 000,00 EUR (= 19,75 % vom Gesamtkapital)*

Gesellschafter	Kapital (EUR)	4 % vom Kapital (EUR)	Rest nach Köpfen (EUR)	Gewinnanteil (EUR)
A	100 000,00	4 000,00	21 000,00	25 000,00
B	80 000,00	3 200,00	21 000,00	24 200,00
C	220 000,00	8 800,00	21 000,00	29 800,00
Summe	400 000,00	16 000,00	63 000,00	79 000,00

Der Gewinnanteil wird jedem Gesellschafter auf dessen Kapitalkonto gutgeschrieben. Der Gewinn erhöht also den Kapitalanteil eines Gesellschafters.

Privatentnahmen sind während des Geschäftsjahres jederzeit bis zu 4 % des Kapitalanteils möglich. Dies gilt auch, wenn die OHG einen Jahresverlust gemacht hat. Der die 4 % übersteigende Gewinnanteil kann ebenfalls entnommen werden.

Verlustanteil

Macht die OHG in einem Geschäftsjahr Verlust, so wird der Verlust (im Gegensatz zur Gewinnaufteilung) nach Köpfen aufgeteilt. Der Verlustanteil wird dem Kapitalkonto des jeweiligen Gesellschafters belastet. Die Gesellschaftsverträge sehen oft andere Regelungen vor.

Haftung

Jeder der Gesellschafter haftet mit seinem betrieblichen und seinem privaten Vermögen (Vollhafter) als Gesamtschuldner. Auch wenn im Gesellschaftsvertrag etwas anderes festgelegt wurde, ist dies gegenüber Dritten (also den Gläubigern) unwirksam.

Die Haftung eines Gesellschafters ist deshalb

- **unbeschränkt:** Er haftet mit seinem ganzen Vermögen.
- **unmittelbar (direkt, persönlich):** Jeder Gläubiger kann seine Forderungen gegen die Gesellschaft oder unmittelbar gegen einen oder mehrere Gesellschafter richten.
- **solidarisch (gesamtschuldnerisch):** Jeder Gesellschafter haftet auch allein für die gesamten Schulden der Gesellschaft. Er haftet für die anderen Gesellschafter mit. Richtet ein Gläubiger gegen einen der Gesellschafter seine Forderungen, so hat dieser gegenüber den anderen Gesellschaftern einen Ausgleichsanspruch.

Tritt ein Gesellschafter in eine bestehende OHG ein, so haftet die Gesellschaft gegenüber Dritten auch für schon bestehende Gesellschaftsschulden.[1]

Kündigung und Auflösung

Die OHG wird aufgelöst durch Zeitablauf, Gesellschafterbeschluss, Liquidation im Insolvenzverfahren oder gerichtliche Entscheidung auf Antrag eines Gesellschafters (wenn ein wichtiger Grund vorliegt, v. a. vorsätzliche oder grob fahrlässige Pflichtverletzung eines anderen Gesellschafters). Das Gesellschaftsvermögen wird in Geld umgesetzt; die Schulden werden bezahlt; ein verbleibender Erlös wird im Verhältnis der Kapitalanteile aufgeteilt.

Tod und Kündigung eines Gesellschafters (Kündigungsfrist: 6 Monate zum Ende des Geschäftsjahres) lösen die OHG nicht auf. Der Gesellschafter oder seine Erben sind mit den Anteilen abzufinden, die sie bei Auflösung der OHG erhalten würden.

Konkurrenzverbot (Wettbewerbsverbot)

Kein Gesellschafter darf ohne Einwilligung der anderen Gesellschafter in **derselben Branche eigene Geschäfte** machen oder sich als persönlich haftender Gesellschafter beteiligen. Geschieht dies doch, so haben die übrigen Gesellschafter ein Recht auf Schadenersatz. Sie können ihn aus der OHG ausschließen.

Die OHG ist eine Unternehmensform, die in der Regel den vollen Einsatz der Gesellschafter und ein großes Vertrauen untereinander fordert. Sie ist leicht zu gründen, da ein Mindestkapital nicht vorgeschrieben ist. Wegen der Vollhaftung der Gesellschafter ist sie im Allgemeinen sehr kreditwürdig. Sie ist aus diesen Gründen für kleinere und mittlere Betriebe besonders geeignet.

---

[1] *Vgl. S. 237*

3.5 Kommanditgesellschaft (KG)

(HGB §§ 161–177)

Der alte Einzelunternehmer Franz Weiß hat drei Kinder: Ein Sohn ist Prokurist im Geschäft, ein Sohn ist Arzt mit eigener Praxis, eine Tochter ist Geologin.
Herr Weiß möchte die Unternehmung an seine Kinder vererben. Die Umwandlung in eine OHG wäre jedoch ungünstig: Der Mediziner und die Tochter sind geschäftsunkundig und möchten auch nicht mit ihrem ganzen Vermögen für ein Geschäft haften, das sie nicht führen können. Hier bietet sich die Rechtsform der KG an.

Die KG ist wie die OHG eine Gesellschaft, in der die Gesellschafter unter gemeinsamer Firma ein Handelsgewerbe betreiben. Mindestens ein Gesellschafter ist Komplementär (Vollhafter), der mit seinem gesamten Vermögen haftet, und mindestens ein Gesellschafter ist Kommanditist (Teilhafter), der nur mit seiner Einlage haftet.

Merkmale der KG

Gründung, Firma

Gründung und Beginn der KG: wie bei der OHG. Die Firma muss den Zusatz „Kommanditgesellschaft“ oder „KG“ enthalten. Wenn sie eine Personenfirma ist, darf sie nur Namen von Vollhaftern enthalten.

Auch eine juristische Person – meist eine GmbH – kann Vollhafter sein. Dann entsteht eine GmbH & Co. KG.

Kapitaleinlage

Die Gesellschafter haben die **Einlagepflicht** nach Vertrag (wie bei der OHG). Jede Veränderung der Einlage von Kommanditisten ist zum Handelsregister anzumelden. Die Kommanditeinlagen gehen wie die Einlagen der Komplementäre in das Gesellschaftsvermögen über, werden aber getrennt verbucht.

Rechte und Pflichten der Komplementäre

Die Komplementäre haben im Wesentlichen die gleichen Rechte und Pflichten **wie die OHG-Gesellschafter** (Geschäftsführung, Vertretung, Privatentnahmen, Haftung, Konkurrenzverbot). Besonderheiten bestehen bei Gewinn und Verlustverteilung (siehe unten).

Rechte und Pflichten der Kommanditisten

Die Kommanditisten haben weder das Recht noch die Pflicht zur Geschäftsführung und Vertretung (zwingende Vorschrift). Sie können aber Prokuristen werden. Entgegen HGB § 52 kann ihnen die Prokura nur aus wichtigem Grund entzogen werden.
Die Kommanditisten sind nicht zur Mitarbeit im Betrieb verpflichtet und unterliegen nicht dem **Wettbewerbsverbot.** Sie dürfen aber nichts unternehmen, was die KG direkt schädigt (Treuepflicht).
Die Teilhafter haben das Recht auf **Gewinnanteil.** Sie erhalten wie die Vollhafter zunächst 4 % des Kapitalanteils. Ein Gewinnrest wird unter Voll- und Teilhafter in „angemessenem Verhältnis“ verteilt. Am **Verlust** sind die Teilhafter ebenfalls in angemessenem Verhältnis (bis zur Höhe ihrer Einlage) beteiligt. Um Streitigkeiten zu vermeiden, sollten im Gesellschaftsvertrag genaue Abmachungen erfolgen.
Nicht entnommene Gewinnanteile wachsen der Kommanditeinlage nicht zu, sondern sind Verbindlichkeiten der KG. Die Kommanditisten haben **kein Recht auf Privatentnahme.**
Die Kommanditisten haben ein **Informationsrecht:** Sie können am Schluss des Geschäftsjahres eine Abschrift der Bilanz verlangen und zur Prüfung die Bücher einsehen.
Die Kommanditisten haben ein **Recht auf Widerspruch** bei außergewöhnlichen Geschäften.
Die Kommanditisten haben das **Kündigungsrecht:** Jeder Teilhaber kann mit sechsmonatiger Frist zum Ende des Geschäftsjahres kündigen.

Kündigung, Auflösung

Kündigung und Auflösung vollziehen sich wie bei der OHG. Beim Tod eines Kommanditisten werden seine Erben an seiner Stelle Kommanditisten.

Den Vollhaftern ermöglicht die Aufnahme von Kommanditisten die Erhöhung des Eigenkapitals, ohne dem Geldgeber Einfluss auf die Leitung einzuräumen und ohne den Betrieb mit Zinsen zu belasten. Für den Kommanditisten kann es angenehm sein, sich an der Gesellschaft zu beteiligen, ohne Arbeitskraft einzusetzen und voll zu haften. Andererseits ist das Risiko ziemlich groß. Deshalb sind erhebliche Gewinnerwartungen notwendig, um Kommanditeinlagen zu erhalten.

Die KG eignet sich deshalb ihrer Struktur nach besonders für Familiengesellschaften, etwa indem ein Vater einen vollberechtigten Partner aufnimmt, während die übrigen Kinder Kommanditisten werden.

Arbeitsaufträge

1. Der Umsatz des Einzelunternehmers Axel Feist hat sich so vergrößert, dass der Inhaber es für zweckmäßig hält, den Betrieb zu erweitern. Sein technischer Mitarbeiter, Herr Düren, könnte ein geeignetes Grundstück einbringen und einen nennenswerten Barbetrag zur Verfügung stellen. Herr Feist bietet Herrn Düren die Aufnahme als Gesellschafter an.
Der Gesellschaftsvertrag sieht unter anderem folgende Bestimmungen vor:

I. Herr Feist nimmt Herrn Düren als Gesellschafter in sein Unternehmen auf. Die hierdurch entstandene OHG wird unter der Firmenbezeichnung „Axel Feist" weitergeführt.
II. Herr Feist bringt in die OHG seinen Betrieb ein, und zwar so, wie er bis zum 31. Dezember 01 geführt wurde. Der Einbringung wird die berichtigte Bilanz zum 31. Dezember 01 zugrunde gelegt. Das darin ausgewiesene Eigenkapital beträgt 480 000,00 EUR.
Herr Düren bringt sein Grundstück Jahnstr. 12 ein. Der Wert wird mit 178 000,00 EUR festgelegt. Außerdem leistet Herr Düren eine Bareinlage von 132 000,00 EUR. Er haftet nicht für die bisherigen Verbindlichkeiten der Firma „Axel Feist".
III. Die OHG beginnt am 1. Januar 02. Sie soll zunächst bis zum 31. Dezember 11 bestehen. Das Gesellschaftsverhältnis verlängert sich anschließend jeweils um 1 Jahr, wenn es nicht von einem der beiden Gesellschafter mit neunmonatiger Frist gekündigt wird.
IV. Kündigt ein Gesellschafter, so ist der andere berechtigt, das Unternehmen zu übernehmen und unter der bisherigen Firma weiterzuführen.
V. Für die Gewinn- und Verlustverteilung sowie für die Verzinsung der Privatentnahmen und ausstehenden Einlagen gelten die gesetzlichen Bestimmungen.

a) Ist die vorgesehene Firma der Gesellschaft zulässig?
b) Welche Form erfordert dieser Gesellschaftsvertrag? Welche Form ist auf jeden Fall zweckmäßig?
c) Hat die Eintragung ins Handelsregister hier deklaratorische oder konstitutive Bedeutung?
d) Herr Düren ist kaufmännisch nicht vorgebildet. Machen Sie ihm den Unterschied zwischen der beschränkten und der unbeschränkten Haftung klar.
e) Geben Sie weitere Erläuterungen zur Haftung der beiden Gesellschafter.
f) Kann Herr Düren im Gesellschaftsvertrag die Haftung für die bei seinem Eintritt in die Gesellschaft bestehenden Verbindlichkeiten ausschließen? Nehmen Sie hierzu Stellung.
g) Das eingebrachte Grundstück geht in das Gesellschaftsvermögen ein. Welche rechtlichen Konsequenzen ergeben sich daraus für Herrn Düren?
h) Warum soll das Geschäft beim Ausscheiden eines Gesellschafters von dem anderen übernommen werden?
i) Herr Düren, der von Buchführung nichts versteht, überlässt Herrn Feist die Aufstellung der Bilanz der OHG zum Ende des ersten Geschäftsjahrs. Haftet er trotzdem für die Richtigkeit der Bilanz?
j) Herr Düren kann wider Erwarten bis zum 1. Januar 02 nicht den vollen Betrag von 132 000,00 EUR flüssig machen. Die noch ausstehenden 45 000,00 EUR kann er der OHG erst zum 30. Sept. 02 zur Verfügung stellen. Im Jahre 02 werden folgende Privatentnahmen vorgenommen:
Herr Feist 1 500,00 EUR, Herr Düren 800,00 EUR, jeweils am Monatsende.
Der Jahresgewinn für das Jahr 02 beträgt laut Gewinn- und Verlustrechnung 105 000,00 EUR. Stellen Sie die Gewinnverteilungstabelle für das Jahr 02 auf.
k) Welche weiteren Punkte sollten nach Ihrer Ansicht noch im Gesellschaftsvertrag eingehend geregelt werden?

2. Sieben Jahre nach der Gründung der OHG verstirbt Herr Feist (siehe Aufgabe 1). Die Gesellschafter hatten im Gesellschaftsvertrag unter anderem festgelegt, dass beim Tode eines Gesellschafters dessen Erben Kommanditisten werden sollen. Bei Herrn Feist sind dies seine Ehefrau und seine beiden Söhne.

a) Erläutern Sie den Sinn der genannten Bestimmung.

b) Erläutern Sie, welche Änderungen sich durch den Tod von Herrn Feist ergeben
- in der Haftung für die Verbindlichkeiten der Unternehmung,
- im Recht auf Geschäftsführung und Vertretung,
- bei der Gewinnverteilung.

3. In einer Tageszeitung finden Sie folgende Anzeige:

> **Kommandit-Beteiligung**
>
> ab 50 000,00 EUR an bekanntem, ertragreichem Unternehmen der Autobranche, 9,5 % bankverbürgte Verzinsung vor Gewinnverteilung. Kapitalaufstockung erfolgt zur Übernahme von neuen Betriebsstätten.

a) Um welche Unternehmensform handelt es sich?

b) Welche Aussagen können Sie der Anzeige entnehmen?

c) Welche Informationen interessieren Sie darüber hinaus?

d) Schreiben Sie einen Brief (ohne Anschrift) auf die Anzeige. Finanzielle Mittel stehen Ihnen aus einer Erbschaft in ausreichendem Maße zur Verfügung.

3.6 Aktiengesellschaft (AG)

(Aktiengesetz, AktG)

Wollen Sie Miteigentümer bei Gerber werden? Dann geben Sie Ihrer Bank einen Kaufauftrag über Aktien. Sie wird diese an der Börse für Sie kaufen. Am nächsten Tag gehört Ihnen vielleicht schon ein kleiner Anteil an einem großen Unternehmen.

Allerdings: Diese Aktie mit einem Nennwert von 1,00 EUR wird zurzeit zu einem Kurs von 12,40 EUR gehandelt.

Die AG ist die wichtigste Rechtsform für **Großunternehmen.** Sie nahm ihren Aufschwung im 19. Jahrhundert, als in der Zeit der großen Industrialisierung wenige Personen das notwendige Kapital für die großen Schifffahrts-, Eisenbahn-, Industrieunternehmungen, Versicherungen usw. nicht mehr aufbringen konnten. Man sammelte deshalb über die Banken von vielen (oft zigtausend) Personen Kapital und gab ihnen dafür Anteilscheine **(Aktien)** an der zu gründenden Unternehmung. Jeder Aktionär (Aktieneigentümer) ist folglich Miteigentümer an seiner AG.

Bei der Gründung der AG ist das **Grundkapital** festzulegen. Es muss mindestens 50 000,00 EUR betragen. Jede Aktie ist Bruchteil des Grundkapitals.

Beispiel

Grundkapital = 200 000,00 EUR. Es werden 200 000 Aktien ausgegeben. Folglich stellt jede Aktie 1/200 000 des Grundkapitals dar.

In der Bilanz heißt das Grundkapital übrigens ***gezeichnetes Kapital.***

Eine Aktienausgabe „unter Nennbetrag" ist verboten, eine solche „über Nennbetrag" die Regel.

In diesem Beispiel errechnet sich der Bruchteilswert jeder Aktie als 1,00 EUR. Dies ist zugleich der niedrigste gesetzlich zulässige Bruchteilswert.

Der Bruchteilswert einer Aktie **kann** auch ausdrücklich in der Satzung der AG mit einem EUR-Betrag festgelegt werden. Ein solcher festgelegter Wert heißt **Nennbetrag** (oder Nennwert, Nominalwert). Er muss auf der Aktie aufgedruckt sein und muss mindestens 1,00 EUR betragen. Höhere Nennbeträge müssen auf volle EUR lauten.

Der niedrige Mindestnennbetrag/Mindestbruchteilswert macht den Aktienkauf für breite Schichten erschwinglich. So können AGs enorme Geldmittel von Kapitalanlegern sammeln.

Der Aktionär kann seine Aktie jederzeit verkaufen. Spezielle Märkte für den Aktienhandel sind die Effektenbörsen (Wertpapierbörsen). Die Aktien von etwa 670 der rund 2 200 deutschen AGs sind zum Handel an Börsen zugelassen (börsennotierte AGs). Der Inhaber börsennotierter Aktien kann sich so jederzeit Liquidität verschaffen. Auch aus diesem Grund sind sie eine beliebte Anlageform.

Der beim Aktienkauf erzielte Preis, der **Kurswert** der Aktie, weicht meist erheblich vom Nennwert/Bruchteilswert ab. Die Gründe: Der Aktionär ist nicht nur am Grundkapital beteiligt, sondern am gesamten zugewachsenen Vermögen der AG. Angebot und Nachfrage – und damit der Preis – werden außerdem von Gewinnerwartungen, Wachstumsaussichten und nicht zuletzt von der Spekulation der Anleger bestimmt.

Die AG ist eine Handelsgesellschaft, deren Grundkapital in Aktien zerlegt und von Aktionären aufgebracht ist. Sie ist eine eigene Rechtspersönlichkeit (juristische Person) und haftet gegenüber Dritten nur mit dem Gesellschaftsvermögen. Die Aktionäre haften nicht persönlich für die Schulden der AG.

Merkmale der AG

Gründung, Firma

1. Aufstellung einer notariell beurkundeten Satzung (Gesellschaftsvertrag) durch die Gründer (eine oder mehrere Personen). **Mindestinhalt der Satzung:**
   - Firma (mit dem Zusatz „Aktiengesellschaft" oder „AG") und Sitz der Gesellschaft
   - Gegenstand der Unternehmung
   - Höhe des Grundkapitals
   - Aktiennennwerte/-bruchteilswerte; Aktiengattungen (Stamm-, Vorzugsaktien); Zahl der Aktien jedes Nennwertes und jeder Gattung; Art der Aktien (Inhaber-, Namensaktien)
   - Zahl der Vorstandsmitglieder
   - Bestimmungen über die Form der Bekanntmachungen der AG (Sie erfolgen v. a. in den *Gesellschaftsblättern.* Pflichtblatt ist der Bundesanzeiger. Die Satzung kann weitere Blätter festlegen.)
2. Die Gründer übernehmen sämtliche Aktien und bestellen notariell beurkundet den ersten Aufsichtsrat und den Abschlussprüfer für das erste Geschäftsjahr. Außerdem ist eine genaue Gründungsprüfung vorgeschrieben. Der erste Aufsichtsrat bestellt den ersten Vorstand.

3. Alle Gründer, Vorstands- und Aufsichtsratsmitglieder melden die Gesellschaft zum Handelsregister an. Durch die Eintragung entsteht die AG als juristische Person und Kaufmann (konstitutive Wirkung). Die Eintragung wird bekannt gemacht, die Aktienurkunden werden ausgegeben.
Voraussetzung für die Anmeldung zum Handelsregister: Alle Sacheinlagen müssen voll, die Geldeinlagen zu mindestens einem Viertel jedes Aktiennennwertes geleistet sein. Rückständige Aktionäre können nach Ablauf einer Nachfrist ihrer Aktien und Einzahlungen für verlustig erklärt werden (Kaduzierung). Bei einer Aktienausgabe über dem Nennwert müssen die Aktionäre auch das Aufgeld (Agio) einzahlen. Dieses fließt in die Kapitalrücklage.

Kapital

Das **Eigenkapital** einer AG setzt sich zusammen aus:

- Gezeichnetem Kapital (= Grundkapital)
- Kapitalrücklage (besteht aus Zuzahlungen in das Eigenkapital, z. B. dem Agio)
- Gewinnrücklagen (gesetzliche Rücklage, Rücklage für eigene Anteile, satzungsmäßige Rücklagen, andere Gewinnrücklagen)
- Gewinn-/Verlustvortrag (Gewinnrest/Verlust, der in die Rechnung des folgenden Jahres übernommen wird)
- Jahresüberschuss/-fehlbetrag

Man unterscheidet folgende **Aktienarten:**

- *nach der Übertragbarkeit:*
  - **Inhaberaktien** können durch einfache Übergabe übertragen werden (z. B. Verkauf, Schenkung). Der jeweilige Eigentümer ist sodann Anteilseigner. Inhaberaktien sind Wertpapiere in der Form von Inhaberpapieren.
  - **Namensaktien** sind auf eine bestimmte Person ausgestellt und können nur durch Indossament übertragen werden. Der Aktiengesellschaft ist die Eigentumsübertragung zu melden. Die jeweiligen Aktionäre werden im Aktienbuch der Gesellschaft notiert. Namensaktien sind Wertpapiere in der Form von Orderpapieren. Es besteht heute eine Tendenz zur Ausgabe von Namensaktien. Diese erleichtern und verbilligen die Einladung zur Hauptversammlung[1].

  Die Satzung kann die Übertragung an die Zustimmung des Vorstands (oder auch an die des Aufsichtsrates oder der Hauptversammlung) binden **(vinkulierte**[2] oder **gebundene Namensaktien).**
- *nach den Rechten aus dem Aktienbesitz:*
  - **Stammaktien** sind die Aktien, die dem Aktionär die normalen Rechte (siehe unten) einräumen.
  - **Vorzugsaktien** räumen dem Aktionär besondere Rechte ein (z. B. Recht auf erhöhte Dividende (Gewinnanteil). Im Gegenzug ist es möglich, solche Aktien ohne Stimmrechte in der Hauptversammlung zu versehen. Aktien mit mehreren Stimmen in der Hauptversammlung sind dagegen gesetzlich nicht erlaubt.
- *nach dem Ausgabetermin der Aktien:*
  - **Alte Aktien** sind die Aktien, die vor einer Grundkapitalerhöhung vorhanden sind.
  - **Junge Aktien** werden anlässlich einer Grundkapitalerhöhung ausgegeben.

  Sie müssen zunächst den bisherigen Aktionären der AG zum Kauf angeboten werden. Ein Ausschluss dieses Bezugsrechts muss mit 3/4-Mehrheit in der Hauptversammlung der Aktionäre beschlossen werden. Er ist v. a. dann zulässig, wenn das Kapital um höchstens 10 % und gegen Bareinlage erhöht wird und der Ausgabepreis der jungen Aktien nicht wesentlich unter dem Börsenkurs der alten Aktien liegt.

Organe

Als juristische Person handelt die Aktiengesellschaft durch Organe.

Organe der AG

beschlussfassendes Organ	überwachendes Organ	leitendes und ausführendes Organ
Hauptversammlung	**Aufsichtsrat**	**Vorstand**

- Hauptversammlung → Wahl der Aktionärsvertreter → Aufsichtsrat
- Belegschaft → Wahl der Arbeitnehmervertreter (bei mehr als 500 Beschäftigten → Aufsichtsrat
- Aufsichtsrat → Berufung, Überwachung, Abberufung (aus wichtigem Grund) → Vorstand

[1] vgl. S. 256; [2] von lat.: vinculum = Fessel

Vorstand

Der Vorstand wird vom Aufsichtsrat für höchstens 5 Jahre bestellt. Eine erneute Bestellung ist möglich. Er besteht aus mindestens einer Person, bei AGs mit mehr als 1,5 Mio. EUR Grundkapital aus mindestens zwei Personen. Der Aufsichtsrat kann einen Vorstandsvorsitzenden ernennen.
Der **Vorstand leitet die AG.** Er führt die Geschäfte und vertritt die AG nach außen. Wenn die Satzung nichts Abweichendes bestimmt, sind sämtliche Vorstandsmitglieder nur gemeinschaftlich zur Geschäftsführung und Vertretung befugt. Die Vertretungsbefugnis ist unbeschränkbar. Hinsichtlich der Geschäftsführungsbefugnisse können die Satzung, der Aufsichtsrat, die Hauptversammlung und die Geschäftsordnungen des Vorstands und des Aufsichtsrats Beschränkungen vornehmen.

Weitere wichtige Aufgaben des Vorstands sind:

- vierteljährliche Berichterstattung an den Aufsichtsrat über den Gang der Geschäfte und die Lage der Gesellschaft sowie weitere Berichte aus wichtigen Anlässen
- Erstellung des Jahresabschlusses und Lageberichts
- Vorschlag über die Verwendung des Bilanzgewinns
- Einberufung der ordentlichen Hauptversammlung in den ersten acht Monaten des Geschäftsjahrs
- Beantragung des Insolvenzverfahrens

Die Vorstandsmitglieder sind Angestellte. Als Vergütung erhalten sie ein festes Gehalt und zusätzlich eine Gewinnbeteiligung (Tantieme), die sich nach der Satzung oder ihrem Anstellungsvertrag richtet.

Aufsichtsrat

Der Aufsichtsrat ist das oberste Kontrollorgan der AG. Er wird von der Hauptversammlung der Aktionäre für 4 Jahre gewählt. Bei mehr als 500 Beschäftigten wird er nach den Vorschriften von Betriebsverfassungsgesetz, Mitbestimmungsgesetz und Montanmitbestimmungsgesetz von Hauptversammlung und Belegschaft gewählt.

Zusammensetzung des Aufsichtsrats

gesetzliche Grundlage	Zahl der Mitglieder	Vertreter der Gesellschafter	Arbeitnehmervertreter
Betriebsverfassungsgesetz (gilt für Kapitalgesellschaften bis 2 000 Arbeitnehmer)	eine durch 3 teilbare Zahl	2/3 der Mitglieder	1/3 der Mitglieder
Mitbestimmungsgesetz (gilt für Kapitalgesellschaften mit mehr als 2 000 Arbeitnehmern)		**bis 10 000 Arbeitnehmer**	
	12	6	6 (1 leitender Angestellter, 3 Arbeitnehmer, 2 Gewerkschaftsvertreter)
		bis 20 000 Arbeitnehmer	
	16	8	8 (1 leitender Angestellter, 5 Arbeitnehmer, 2 Gewerkschaftsvertreter)
		über 20000 Arbeitnehmer	
	20	10	10 (1 leitender Angestellter, 6 Arbeitnehmer, 3 Gewerkschaftsvertreter)
	Bei Stimmengleichheit hat der Vorsitzende im 2. Wahlgang ein doppeltes Stimmrecht. Er ist stets ein Vertreter der Gesellschafter.		
Montanmitbestimmungsgesetz (gilt für Kapitalgesellschaften des Bergbaus und der Eisen- und Stahlerzeugung mit mehr als 1 000 Arbeitnehmern	11	4 und 1 weiteres Mitglied	4 und 1 weiteres Mitglied
		Hinzuwahl eines „neutralen Mitglieds" durch die übrigen Aufsichtsratsmitglieder	

Wichtige Aufgaben des Aufsichtsrats sind:

- Bestellung des Vorstands und Überwachung seiner Geschäftsführung
- ggf. Abbestellung des Vorstands (nur aus wichtigem Grund möglich)
- Prüfung des Jahresabschlusses, des Lageberichts und des Gewinnverteilungsvorschlags des Vorstands
- Berichterstattung an die Hauptversammlung über diese Prüfung
- Einberufung einer außerordentlichen Hauptversammlung, „wenn das Wohl der Gesellschaft es erfordert" (AktG § 111).

Satzung oder Hauptversammlung können dem Aufsichtsrat eine Vergütung für seine Tätigkeit (auch in Form einer Tantieme) gewähren.

Aufsichtsratsmitglieder sind keine Angestellte, sondern selbstständig tätig. Eine Person darf höchstens 10 Aufsichtsratsmandate ausüben.

Hauptversammlung

Die Hauptversammlung (HV) ist die **Versammlung der Aktionäre** und gilt als das beschließende Organ. Mindestens einmal jährlich hat eine ordentliche Hauptversammlung stattzufinden, zu deren Teilnahme die Aktionäre spätestens einen Monat vorher öffentlich durch Anzeigen in den Gesellschaftsblättern eingeladen werden.

Wenn alle Aktionäre namentlich bekannt sind (z. B. bei Namensaktien), genügt eine direkte Einladung durch eingeschriebenen Brief.

Die Aktionäre üben ihr Mitwirkungsrecht in der Hauptversammlung aus. Ihnen steht ein **Stimmrecht** nach Aktiennennbeträgen zu.

Ausübung des Stimmrechts

selbst	durch Vertreter
Die Aktionäre können selbst ihr Stimmrecht ausüben, indem sie sich über ihre Verwahrstelle für die Aktien eine Stimmrechtskarte besorgen lassen.	Depotstimmrecht Die Aktionäre können Banken beauftragen, ihr Stimmrecht wahrzunehmen. Dazu müssen sie eine Stimmrechtsermächtigung geben. Sie können die Banken verpflichten, nach ihren Weisungen zu stimmen.

Wichtige Aktienmehrheiten

- ***75 %** = qualifizierte Mehrheit (erforderlich für Grundlagenbeschlüsse, Satzungsänderungen)*
- ***50 % + 1 Aktie** = einfache Mehrheit (erforderlich für alle anderen Beschlüsse)*
- ***25 % + 1 Aktie** = Sperrminorität (erforderlich zur Verhinderung von unerwünschten Grundlagenbeschlüssen)*

Die Hauptversammlung ist **beschlussfähig,** soweit Anteilseigner vertreten sind. Für Satzungsänderungen wird eine qualifizierte Mehrheit von 75 % des bei der Hauptversammlung vertretenen Kapitals notwendig, ansonsten genügt die einfache Mehrheit.

Das Protokoll der Hauptversammlung von börsennotierten AGs muss notariell beurkundet und zum Handelsregister eingereicht werden. Für andere AGs gilt dies nur für Beschlüsse, die mit 3/4-Mehrheit getroffen werden müssen.

Rechte der Hauptversammlung (§ 119 AktG):

- Wahl der Mitglieder des Aufsichtsrates nach den Mitbestimmungsregeln,
- Beschlussfassung über die Verwendung des Bilanzgewinnes,
- Entlastung der Mitglieder des Vorstandes und Aufsichtsrates von ihrer Haftpflicht,
- Bestellung der Abschlussprüfer,
- Beschlussfassung über Satzungsänderungen (3/4-Mehrheit), dazu gehört auch die Beschlussfassung über Kapitalerhöhung oder Kapitalherabsetzung,
- Bestellung von Gründungsprüfern,
- Auflösung der Gesellschaft (3/4-Mehrheit!),
- Entscheidungen über Vorlagen des Vorstandes, wenn dieser es verlangt.

Außerdem kann jeder Aktionär in der Hauptversammlung vom Vorstand Auskünfte verlangen.

Rechte und Pflichten der Aktionäre

Rechte der Aktionäre

- Recht auf Teilnahme an der Hauptversammlung
- Stimmrecht und Recht auf Auskunft in der Hauptversammlung
- Anspruch auf Anteil am Bilanzgewinn (Dividende)
- Recht auf Bezug junger Aktien (Bezugsrecht)
- Recht auf Anteil am Liquidationserlös

Pflichten der Aktionäre

- Leistung der (bei Gründung) übernommenen Kapitaleinlage
- Haftung mit dem Wert der eigenen Aktien

Rechnungslegung, Jahresabschluss

Jahresabschluss

3 Monate nach Ablauf eines Geschäftsjahres muss der Vorstand den fertigen Jahresabschluss und Lagebericht vorlegen. (Der Jahresabschluss besteht aus Bilanz, Gewinn- und Verlustrechnung und Anhang.) Für kleine AGs gilt: 6 Monate; kein Lagebericht erforderlich.

- Wirtschaftsprüfer prüfen die Beachtung der Bewertungsvorschriften sowie anderer aktienrechtlicher Bestimmungen bei großen AGs. Bei mittelgroßen AGs genügt eine Prüfung durch vereidigte Buchprüfer.
- Der Aufsichtsrat erhält den Abschluss, den Prüfungsbericht und den Vorstandsvorschlag über die Verwendung des Bilanzgewinns zugestellt.
- Der Aufsichtsrat beschließt über die Billigung.
- Es besteht Publizitätspflicht, d. h. je nach Größe der AG müssen der Jahresabschluss oder Teile davon zum Handelsregister eingereicht und ggf. im Bundesanzeiger veröffentlicht werden. Dabei gilt nach HGB § 267 folgende Zuordnung, wenn an zwei aufeinander folgenden Bilanzstichtagen zwei der drei genannten Merkmale erfüllt sind:

Größenklasse / Merkmale	Kleine AG[1]	Mittelgroße AG[1]	Große AG[1]
Bilanzsumme	bis 3,438 Mio. EUR	bis 13,75 Mio. EUR	über 13,75 Mio. EUR
Umsatzerlöse	bis 6,875 Mio. EUR	bis 27,5 Mio. EUR	über 27,5 Mio. EUR
Arbeitnehmer	bis 50	bis 250	über 250
Offenlegung (Publizitätspflicht):			
Umfang	Bilanz und Anhang (verkürzt)	Bilanz, GuV-Rechnung (verkürzt), Anhang, Lagebericht	Bilanz, GuV-Rechnung, Anhang, Lagebericht
Form	Einreichung zum Handelsregister, Hinweis im Bundesanzeiger		Veröffentlichung im Bundesanzeiger, Einreichung zum Handelsregister
Frist	12 Monate		
Prüfung:			
Jahresabschluss und Lagebericht	nein	ja	

[1] *Große Kapitalgesellschaften sind auch alle AGs, deren Aktien an einer Börse zum amtlichen Handel oder zum geregelten Markt zugelassen sind.*

Gewinnverwendung

Das Aktiengesetz schreibt für die Gewinnverwendung das folgende Vorgehen vor:

Jahresüberschuss
– Einstellung in die gesetzlichen Rücklagen (5 % des um einen Verlustvortrag geminderten Jahresüberschusses, bis die gesetzliche Rücklage und die Kapitalrücklage zusammen 10 % des Grundkapitals betragen).
– Einstellung in andere Gewinnrücklagen durch den Vorstand (maximal 50 % des Restbetrages, wenn die Satzung keinen höheren oder niedrigeren Betrag bestimmt).

= Bilanzgewinn
– weitere Einstellungen in andere Gewinnrücklagen durch die Hauptversammlung
– Dividendenausschüttung

= Gewinnvortrag

Auflösung der AG

- durch Ablauf der in der Satzung festgelegten Vertragsdauer
- durch Beschluss der Hauptversammlung (3/4-Mehrheit)
- durch Liquidation im Insolvenzverfahren
- durch Ablehnung des Insolvenzantrags mangels Masse

Die AG ist nach wie vor die typische Rechtsform für Großunternehmen. Die kleine Stückelung der Aktie, das damit verbundene begrenzte Risiko und die Möglichkeit jederzeitigen Verkaufs sichern den großen AGs einen großen Anlegerkreis.

Darüber hinaus können Aktiengesellschaften Anleihen auflegen, so dass sie auch hier verhältnismäßig einfach und in größerem Umfang Fremdkapital erhalten können. Durch ihre eigene Unternehmungsgröße und durch Kapitalverflechtungen untereinander haben sie häufig die Möglichkeit, das Marktgeschehen entscheidend zu beeinflussen. Der Zwang zur Veröffentlichung der Jahresabschlüsse, die Kartellgesetzgebung und die Forderung nach paritätischer Mitbestimmung sind Hinweise dafür, dass die Ballung von Kapital und Macht der Kontrolle bedarf.

Eine kleine AG-Reform erfolgte 1994 durch das **Gesetz für kleine Aktiengesellschaft und zur Deregulierung des Aktienrechts.** Sie will die AG auch für mittelständische Unternehmen attraktiver machen, ihnen die direkte Eigenkapitalfinanzierung der AG bei Erhalt der Selbstständigkeit ermöglichen und sie unabhängiger von Krediten machen. Das Gesetz brachte z. B. folgende Erleichterungen:

- Zulassung der Gründung durch eine Person (bis dahin 5 Personen)
- Verzicht auf Hinterlegung des Gründungsprüferberichts bei der IHK
- Weniger Formalien bei der HV (Einberufung mittels Einschreiben, Beschränkung der notariellen Beurkundung auf Beschlüsse mit 3/4-Mehrheit)
- Ausschluss des Bezugsrechts bei Kapitalerhöhungen bis 10 %
- Freiheit von Mitbestimmung im Aufsichtsrat bei bis zu 500 Beschäftigten (vorher nur bei Familiengesellschaften)

3.7 Gesellschaft mit beschränkter Haftung (GmbH)

(GmbH-Gesetz)

Die Bäcker Anita Steiger und Karl Rosenthal und der Kaufmann Matthias Hansen wollen eine Großbäckerei für Vollkorn-Backwaren gründen. Eines der zu lösenden Probleme ist die Wahl der optimalen Rechtsform. Einerseits wollen alle drei die Geschäfte führen. Dies wäre bei der OHG möglich. Andererseits wollen sie aber nicht mit ihrem gesamten Vermögen für die Schulden der Gesellschaft haften. Denn dies könnte im Fall der Zahlungsfähigkeit ihre gesamte Existenz ruinieren. Sie denken deshalb an die Gründung einer GmbH, obwohl sie wissen, dass die eingeschränkte Haftung bei dieser Rechtsform mit zusätzlichen Kosten und Pflichten erkauft werden muss.

Die GmbH ist eine Handelsgesellschaft, deren Stammkapital in Stammeinlagen zerlegt ist. Sie ist eine eigene Rechtspersönlichkeit (juristische Person). Sie haftet gegenüber Dritten nur mit ihrem Vermögen. Die Gesellschafter haften nicht persönlich für die Schulden der GmbH.

Wie bei der AG ist die Haftung auf das Vermögen der juristischen Person beschränkt. Darüber hinaus bestehen weitere Ähnlichkeiten:

- Die GmbH hat eine **Satzung.**
- Die GmbH hat ähnliche **Organe** wie die AG. Ein Aufsichtsrat ist aber nur bei mehr als 500 Beschäftigten vorgeschrieben. Für seine Zusammensetzung gelten die bekannten Mitbestimmungsgesetze.

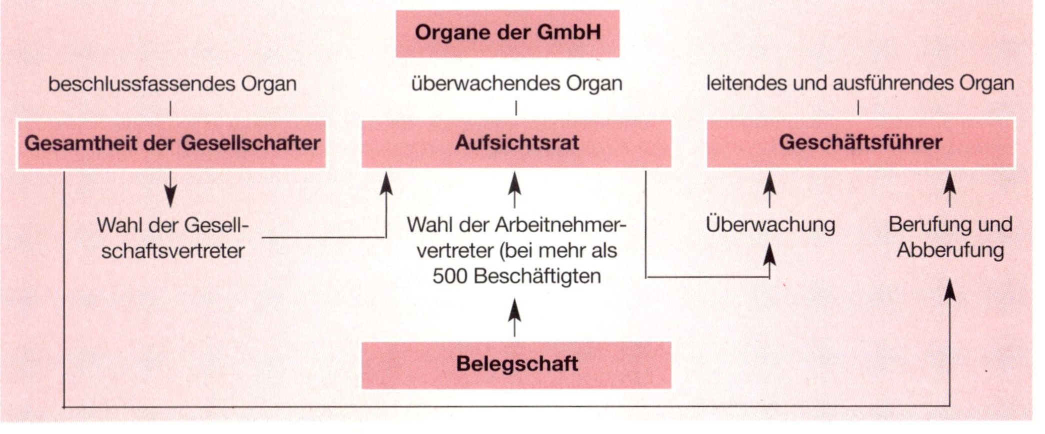

- Den Aktien entsprechen **Stammeinlagen** der Gesellschafter. Sie bestimmen den Umfang ihres Geschäftsanteils. Sie lauten aber nicht auf einen festen Nennbetrag, sondern ihre Höhe kann frei vereinbart werden. Sie müssen mindestens 100,00 EUR betragen und durch 50 teilbar sein. Die Stammeinlagen können in Urkunden verbrieft sein, veräußert und vererbt werden. Sie sind aber keine Wertpapiere und nicht börsenfähig. Die Veräußerung erfolgt durch Abtretung in notariell beurkundeter Form. Zur Erschwerung des Gesellschafterwechsels bindet die Satzung die Abtretung oft an die Genehmigung der GmbH.
- Die GmbH hat ebenfalls ein festes gezeichnetes Kapital. Es heißt **Stammkapital** und muss mindestens 25 000,00 EUR betragen.

Merkmale der GmbH

Gründung, Firma

1. Aufstellung einer notariell beurkundeten Satzung durch die Gründer (eine oder mehrere Personen).
   Mindestinhalt der Satzung:
   - Firma (mit dem Zusatz „Gesellschaft mit beschränkter Haftung" oder „GmbH") und Sitz der Gesellschaft
   - Gegenstand der Unternehmung
   - Höhe des Stammkapitals und Betrag der Stammeinlagen
2. Die Gründer übernehmen sämtliche Stammeinlagen und bestellen den/die Geschäftsführer. Durch die Übernahme der Einlagen entsteht eine Vorgesellschaft in Form einer GbR. Eine Gründungsprüfung findet nicht statt.
3. Alle Geschäftsführer melden die Gesellschaft zum Handelsregister an. Durch die Eintragung entsteht die GmbH als juristische Person und Kaufmann (konstitutive Wirkung).
   Voraussetzung für die Anmeldung zum Handelsregister: Jede Stammeinlage muss zu mindestens 25 % eingezahlt sein, soweit nicht Sacheinlagen vereinbart sind. Der Gesamtbetrag aller eingebrachten Stammeinlagen muss mindestens 12 500,00 EUR ausmachen. Bei einer Ein-Mann-Gründung muss für den nicht eingezahlten Teil der Geldeinlage eine Sicherung bestellt sein.

Kapital

Die Einbringung der Stammanteile wird nach Beschlussfassung durch die Gesellschafter von der Gesellschaft angefordert. Wenn die Satzung es vorsieht, fordert die Geschäftsführung die Einbringung an. Mit der Einzahlung rückständige Gesellschafter können nach Ablauf einer Nachfrist ihres Geschäftsanteils und geleisteter Teilzahlungen zugunsten der GmbH für verlustig erklärt werden (Kaduzierung).

Das gesamte **Eigenkapital** der GmbH setzt sich wie das der AG zusammen aus:

- Gezeichnetem Kapital (Stammkapital)
- Kapitalrücklage
- Gewinnrücklagen (Eine gesetzliche Rücklage ist im Gegensatz zur AG nicht vorgeschrieben!)
- Gewinn-/Verlustvortrag
- Jahresüberschuss/-fehlbetrag

Um eine spätere Kapitalbeschaffung zu erleichtern, kann die Satzung eine Nachzahlungspflicht **(Nachschusspflicht)** der Gesellschafter vorsehen. Sie kann auf einen bestimmten Betrag beschränkt oder unbeschränkt sein. (Vorsicht bei Eintritt in eine bereits bestehende GmbH!) Die Nachschüsse gehen in die Kapitalrücklage ein. Von der unbeschränkten Nachschusspflicht kann ein Gesellschafter sich nur befreien, indem er auf seinen Geschäftsanteil zugunsten der GmbH verzichtet **(Abandonrecht[1])**. Bei beschränkter Nachschusspflicht ist kein Abandon, aber Kaduzierung möglich.

Wie bei der AG kann das gezeichnete Kapital durch Kapitalerhöhung geändert werden. Dafür sind von den bisherigen oder neuen Gesellschaftern zusätzliche Stammeinlagen zu leisten.

Geschäftsführung

In kleineren Unternehmen bestellen sich die GmbH-Gesellschafter i. d. R. selbst zu Geschäftsführern (sog. Personal-GmbH). Damit sind sie einerseits selbstständige Unternehmer, andererseits Angestellte. Als solche beziehen sie ein Gehalt. Größere GmbHs befinden sich oft als „Tochterunternehmen" im Eigentum anderer Unternehmen oder diese sind zumindest an ihnen beteiligt. Die Muttergesellschaft setzt dann Nicht-Gesellschafter als Geschäftsführer ein (Kapital-GmbH). Die Geschäftsführer werden durch die Satzung oder Gesellschafterbeschluss bestellt. Sie können jederzeit abberufen werden. Sie leiten die GmbH, aber nicht wie der AG-Vorstand in eigener Verantwortung. Sie sind vielmehr im Rahmen von Recht und Satzung den Weisungen der Gesellschafter unterworfen. Es ist zweckmäßig, den Umfang ihrer Aufgaben im Dienstvertrag genau festzulegen.

[1] frz.: abendonner = weggeben, preisgeben

Wichtige Aufgaben sind:

- Leitung des laufenden Betriebsgeschehens
- Durchführung der Gesellschafterbeschlüsse
- Aufstellung des Jahresabschlusses und Erfüllung der Pflichten bei der Abschlussprüfung und Offenlegung des Jahresabschlusses
- Vertretung der GmbH nach außen

Ohne anderweitige Regelung vertreten die Geschäftsführer die GmbH gemeinsam. Ihre Vertretungsbefugnis kann gegenüber Dritten nicht beschränkt werden. Im Innenverhältnis sind sie jedoch verpflichtet, Beschränkungen auf Grund der Satzung oder auf Grund von Gesellschafterbeschlüssen einzuhalten.

Aufsichtsrat

Die Aufgaben des Aufsichtsrats in der GmbH können weitgehend in der Satzung festgelegt werden. Ist dies nicht der Fall, so hat er im Wesentlichen folgende Aufgaben:

- Der Aufsichtsrat kann sich jederzeit von der Geschäftsführung einen Bericht über die Angelegenheiten der Gesellschaft und die Beziehungen zu verbundenen Unternehmen vorlegen lassen.
- Er kann die Bücher prüfen.
- Er prüft den von den Geschäftsführern vorgelegten Jahresabschluss und Lagebericht.

Gesamtheit der Gesellschafter

GmbH-Gesellschafter haben eine wesentlich stärkere Stellung als Aktionäre. Sie können selbst ihre Aufgaben in der Satzung festlegen. Unterlassen sie dies, so nennt GmbHG § 46 insbesondere folgende Aufgaben:

- Feststellung des Jahresabschlusses und Verwendung des Ergebnisses
- Einforderung von Einzahlungen auf die Stammeinlagen
- Rückzahlung von Nachschüssen
- Teilung sowie Einziehung von Geschäftsanteilen
- Bestellung, Entlastung, Abberufung von Geschäftsführern
- Maßregeln zur Prüfung und Überwachung der Geschäftsführung
- Bestellung von Prokuristen und Gesamthandlungsbevollmächtigten
- Geltendmachung von Ersatzansprüchen gegen Geschäftsführer und Mitgesellschafter
- Vertretung der GmbH in Prozessen gegen die Geschäftsführer

Die Gesellschafter können weiterhin Nachschüsse einfordern und im Innenverhältnis die Vertretungsbefugnis der Geschäftsführer beschränken. Sie wählen die Gesellschaftsvertreter für den Aufsichtsrat und beschließen mit 3/4-Mehrheit über Satzungsänderungen (insbesondere Kapitalerhöhungen und -herabsetzungen) sowie die Auflösung der Gesellschaft.

Die Gesellschafter fassen ihre Beschlüsse in einer **Gesellschafterversammlung.** Die Einladung dazu ergeht durch die Geschäftsführer mittels eingeschriebenen Briefs mit Frist von einer Woche. Eine Versammlung ist nicht nötig, wenn sich alle Gesellschafter schriftlich mit der zu treffenden Bestimmung oder mit schriftlicher Stimmabgabe einverstanden erklären. Je 50,00 EUR Geschäftsanteil gewähren ein Stimmrecht. Die Beschlüsse werden mit der einfachen Mehrheit der abgegebenen Stimmen gefasst.

Grundlegende Rechte und Pflichten der Gesellschafter

Rechte:

- Teilnahme an der Gesellschafterversammlung und Stimmrecht
- Anteil am Bilanzgewinn
- Anteil am Liquidationserlös

Pflichten:

- Leistung der Stammeinlage
- Leistung beschlossener Nachschüsse
- Haftung mit dem Wert der Stammeinlage

Jahresabschluss

Der Jahresabschluss wird von den Geschäftsführern vorgelegt und von den Gesellschaftern festgestellt. Für Fristen, Prüfung und Offenlegung gelten die gleichen Vorschriften wie bei der AG. Es besteht keine Pflicht zur Bildung gesetzlicher Rücklagen.

Auflösung der GmbH

- durch Ablauf der vereinbarten Vertragsdauer
- durch Gesellschafterbeschluss (3/4-Mehrheit)
- durch Liquidation im Insolvenzverfahren
- durch Gerichtsurteil

Man trifft die GmbH häufig als Familiengesellschaft oder als Ein-Mann-GmbH. Aber auch sonst ist sie aus folgenden Gründen eine der häufigsten Rechtsformen für mittelständische Unternehmen:

- Die Gründung ist mit wenig Kapital möglich.
- Die Haftung ist auf das GmbH-Vermögen beschränkt.
- Die Gesellschafter haben sehr weitgehende Handlungsfreiheit.
- Die Gründungs- und Verwaltungskosten sind niedriger als bei der AG.

Die Haftungsbeschränkung kann allerdings für Gläubiger nachteilig sein. Deshalb ist die GmbH vergleichsweise wenig kreditwürdig. Die Banken z. B. sichern sich bei Krediten an eine GmbH regelmäßig ab, indem sie mit den Gesellschaftern zusätzlich deren persönliche Haftung vereinbaren.

Arbeitsaufträge

1. Auf Seite 252 ist eine Aktie der Gerber Motorenwerke AG abgebildet. Nehmen wir an, der Auszubildende Ulli Ullmann besitze 100 dieser Aktien.

a) Stellen diese Aktien Inhaber- oder Orderpapiere dar?

b) Wie kann Herr Ullmann das Eigentum an den Aktien auf eine andere Person übertragen?

c) Der Text der Aktie besagt, dass es sich um eine Stammaktie handelt. Erläutern Sie diesen Begriff sowie die Rechte, die Herr Ullmann auf Grund dieser Aktie hat. Gibt es Aktien, die diese Rechte nicht vermitteln?

d) Mit welchem Betrag ist Herr Ullmann an der Gerber Motorenwerke AG beteiligt? Kann man diesen Betrag in jedem Fall auf einer Aktie ablesen?

e) Mit welchem Fachausdruck wird der genannte „Beteiligungswert“ bezeichnet? Stellt die Summe dieser „Beteiligungswerte“ aller herausgegebenen Aktien das Eigenkapital der Gerber Motorenwerke AG dar?

f) Die Aktien der Gerber Motorenwerke AG sind an mehreren deutschen Börsen zum Börsenhandel zugelassen. An jeder Börse ergibt sich der Preis (der Kurs) der Aktie aus Angebot und Nachfrage. Er wird für jeden Börsentag in den Zeitungen veröffentlicht. Für welchen Preis hätte Herr Ullmann seine Aktien am 25. März (24. März) verkaufen können?

	25.03.	24.03.	52 Wo hoch	52 Wo tief
FBP Holding*	160,00 G	161,00 G	175,10	157,48
GarantSchuh VA°	70,50 b	71,20 b	74,00	68,45
Gerber*	12,40 b	12,35 b	13,29	12,10
Gesco*	17,55 G	17,50 G	24,08	16,00
Henkel St°	61,50 G	61,76 G	81,30	52,66

Erläuterungen: * Kurs in EUR f. Nennw. von 1,00 EUR/
° Kurs in EUR f. nennw.lose Aktie/
b bezahlt. Unlimitierte und zum festgestellten Kurs limitierte Kaufaufträge voll erfüllt./
G Geld. Nur Nachfrage, kein Umsatz

g) Nehmen Sie Stellung zu der Frage, ob ein Gläubiger der AG bei deren Zahlungsunfähigkeit seine Forderung bei den Aktionären, also z. B. bei Herrn Ullmann, eintreiben kann.

2. Frau Erika Zimmermann besitzt 10 Aktien der BASF[1], eines der größten deutschen Chemieunternehmen. In der Frankfurter Allgemeinen Zeitung, einem der Gesellschaftsblätter der AG, findet sie die folgende Einladung zur Hauptversammlung.

BASF Aktiengesellschaft
Ludwigshafen am Rhein

Wir berufen hiermit unsere diesjährige ordentliche Hauptversammlung ein auf Dienstag, den 2. Juli 20.., 10:00 Uhr, im BASF Feierabendhaus, Ludwigshafen am Rhein, Leuschnerstraße 47.

[1] *Abkürzung von Badische Anilin- und Sodafabrik*

Tagesordnung

1. Vorlage des Jahresabschlusses der BASF Aktiengesellschaft und des Konzernabschlusses für 20..; Vorlage des Lageberichts der BASF Aktiengesellschaft und des Konzernlageberichts für 20..; Vorlage des Berichts des Aufsichtsrates.
2. Beschlussfassung über die Gewinnverwendung
3. Entlastung des Aufsichtsrats
4. Entlastung des Vorstands
5. Neuwahl des Aufsichtsrats
6. Satzungsänderungen
7. Wahl des Abschlussprüfers für das Geschäftsjahr 20..

Die vollständige Tagesordnung mit Vorschlägen zur Beschlussfassung ist im Bundesanzeiger Nr. ... vom 16. Mai 20.. enthalten. Wir bitten, dieser Bekanntmachung Einzelheiten über die Tagesordnung und über die Hinterlegung von Aktien zur Teilnahme an der Hauptversammlung zu entnehmen. Letzter Hinterlegungstag ist Donnerstag, der 27. Juni 20..

Allen Kreditinstituten, die BASF-Aktien verwahren, haben wir die Kurzfassung unseres Geschäftsberichts für das Jahr 20.. mit der Bitte um Weiterleitung an jeden BASF-Aktionär übersandt. Wir bitten diejenigen Aktionäre, die ihre BASF-Aktien durch eine Bank verwahren lassen und von dieser wider Erwarten nicht bis Mitte Juni 20.. den Kurzbericht erhalten haben, ihn bei ihrer Bank anzufordern.

Ludwigshafen am Rhein, den 17. Mai 20..

BASF Aktiengesellschaft
Der Vorstand

a) Was bedeutet das Wort „Gesellschaftsblätter“?
b) Welches Organ der AG lädt zur Hauptversammlung ein?
c) Was muss Frau Zimmermann tun, um an der Hauptversammlung teilnehmen zu können?
d) Berichten Sie über die Rechte, die Frau Zimmermann in der Hauptversammlung hat.
e) Wie kann Frau Zimmermann vorgehen, wenn sie sich zwar an der Beschlussfassung durch die Hauptversammlung beteiligen, aber nicht persönlich an der Hauptversammlung teilnehmen will?
f) Wenn die Satzung nichts anderes vorsieht, leitet der Vorsitzende des Aufsichtsrats (und nicht etwa der Vorstandsvorsitzende) die Hauptversammlung. Begründen Sie dies, und gehen Sie dabei genauer auf die Aufgaben von Vorstand und Aufsichtsrat allgemein ein. Erläutern Sie in diesem Zusammenhang auch die Bedeutung der Tagesordnungspunkte 1, 3 und 4.
g) Gemäß Tagesordnungspunkt 2 beschließt die Hauptversammlung über die Gewinnverwendung. Bedeutet dies, dass die Hauptversammlung über die Verwendung des gesamten Jahresüberschusses verfügen kann? Nehmen Sie hierzu genauer Stellung.
h) In welchem Umfang unterliegt der der Hauptversammlung vorgelegte Jahresabschluss der Publizitätspflicht?

3. Thomas Münzer ist Einzelunternehmer. Er hat einen EDV-Handel mit 4 Angestellten. Die Auftragslage ist gut. Herr Münzer kann mit seinem Verdienst zufrieden sein. Er überlegt jedoch, ob er seine Einzelunternehmung in eine GmbH umwandeln soll.

a) Welche Gründe könnten Herrn Münzer veranlassen, die Rechtsform der GmbH der Rechtsform der OHG bzw. KG vorzuziehen?
b) Warum wird Herr Münzer die Rechtsformen der AG von vornherein für sein Unternehmen ausschließen? Nehmen Sie in diesem Zusammenhang auch Stellung zu der Aussage: „Die GmbH ist die AG des kleinen Mannes.“
c) Wie müsste Herr Münzer bei der Umwandlung in eine GmbH im Einzelnen vorgehen?

4. Die Computerexperten Beate Pink (Stammeinlage 180 000,00 EUR), Adam Riese (300 000,00 EUR), Albert Hahn (240 000,00 EUR) sowie die Datex AG (750 000,00 EUR) sind die Gesellschafter der Riese Computer-Vertrieb GmbH. Die Stammeinlagen sind voll eingebracht. Die GmbH beschäftigt 480 Mitarbeiter. Die Bilanzsumme beträgt 5 900 000,00 EUR. Die Umsatzerlöse belaufen sich auf 52 Mio. EUR. Die Satzung bestimmt unter anderem:
Pink, Riese und Hahn sind ausschließlich Geschäftsführer der GmbH. Nachschüsse können mit einer 3/4-Mehrheit der Stimmen der Gesellschafter eingefordert werden. Die Veräußerung von Geschäftsanteilen sowie die Aufnahme neuer Gesellschafter erfordert eine 3/4-Mehrheit der Stimmen der Gesellschafter.

a) Es liegt eine verhältnismäßig große Unternehmung vor. Stellen Sie begründete Überlegungen darüber an, welcher Anlass zur Gründung der GmbH geführt haben könnte und warum die Unternehmung nicht als AG gegründet wurde.
b) Erläutern Sie die Möglichkeiten der GmbH, zusätzliches Eigenkapital zu beschaffen.
c) Kann die Datex AG als Mehrheitsgesellschafter einen Geschäftsführer abberufen oder einen neuen Geschäftsführer bestellen?
d) Wie wird ein Gewinn von 2 100 000,00 EUR auf die Gesellschafter aufgeteilt?
e) In welchem Umfang ist die GmbH publizitätspflichtig?

5. Die folgende Abbildung zeigt die Zusammensetzung des Aufsichtsrates in bestimmten Kapitalgesellschaften.

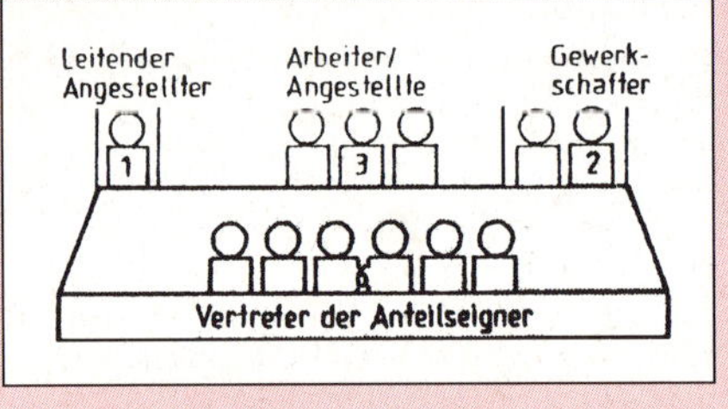

a) Erläutern Sie die Zusammensetzung des Aufsichtsrates.
b) In welchen Unternehmen sind die Aufsichtsräte nach dem dargestellten Modell zu bilden?
c) Wie wird bei Stimmengleichheit eine Entscheidung gefunden?
d) Die Gewerkschaften verlangen seit jeher eine paritätische (gleichberechtigte) Mitbestimmung der Arbeitnehmer im Aufsichtsrat. Versuchen Sie, diesen Anspruch zu begründen, und geben Sie an, in welchen der Ihnen bekannten Aufsichtsratsmodelle die paritätische Mitbestimmung verwirklicht ist.

Teil: II

Rechnungswesen

A Grundlegung

1 Aufgaben und Teilgebiete des betrieblichen Rechnungswesens

Das Rechnungswesen hat eine zentrale Stellung im Unternehmen. Es hat wichtige Aufgaben zu erfüllen.

Hauptaufgaben des betrieblichen Rechnungswesens

- Erfassung aller Geschäftsfälle
- Ermittlung des Vermögens, der Schulden und des Erfolgs der Unternehmung in bestimmten Zeitabständen
- Ermittlung der Kosten und Leistungen
- Kontrolle der Wirtschaftlichkeit aller betrieblichen Vorgänge
- Erstellung von Unterlagen für die Planung und Steuerung des Unternehmens

Der Erfüllung dieser Aufgaben dienen die vier Teilgebiete des Rechnungswesens.

Teilgebiete des betrieblichen Rechnungswesens

Teilgebiet	Aufgaben
Buchführung	• Systematische Aufzeichnung aller Geschäftsfälle • Ermittlung des Vermögens, der Schulden und des Erfolgs der Unternehmung in bestimmten Zeitabständen • Bereitstellung des Zahlenmaterials, das in den übrigen Teilgebieten des Rechnungswesens benötigt wird
Kosten- und Leistungsrechnung	• Ermittlung der Selbstkosten der betrieblichen Leistungen • Kontrolle der Kostenentwicklung in den einzelnen Betriebsbereichen
Statistik	• Aufbereitung des aus Buchführung, Kosten- und Leistungsrechnung und anderen Quellen stammenden Zahlenmaterials in Form von Tabellen und grafischen Darstellungen (z. B. Lager-, Produktions- und Umsatzstatistiken) • Erstellung von Vergleichsrechnungen zur Kontrolle des Betriebsgeschehens und zur Gewinnung von Unterlagen für die Unternehmensplanung
Planungsrechnung	• Erstellung von Plänen für die zukünftige Entwicklung des Unternehmens (z. B. Beschaffungsplan, Produktionsplan, Absatzplan, Kostenplan, Finanzplan)

Das betriebliche Rechnungswesen ist ein in sich geschlossenes Dokumentations-, Kontroll- und Steuerungssystem. Es umfasst dieTeilgebiete Buchführung, Kosten- und Leistungsrechnung, Statistik und Planungsrechnung.

2 Notwendigkeit und Aufgaben der Buchführung

In jedem Unternehmen kommt es ständig zu Vorgängen, die mengen- und wertmäßige Änderungen des Vermögens[1] und der Schulden verursachen. In Fertigungsunternehmen werden Maschinen, Werkzeuge, Rohstoffe und andere Güter gekauft, gelagert, verbraucht; neue Güter werden produziert und verkauft. Die Unternehmung nimmt Dienstleistungen in Anspruch, sie hat Einnahmen und Ausgaben. Es findet ein ständiger **Wertefluss** statt.[2]

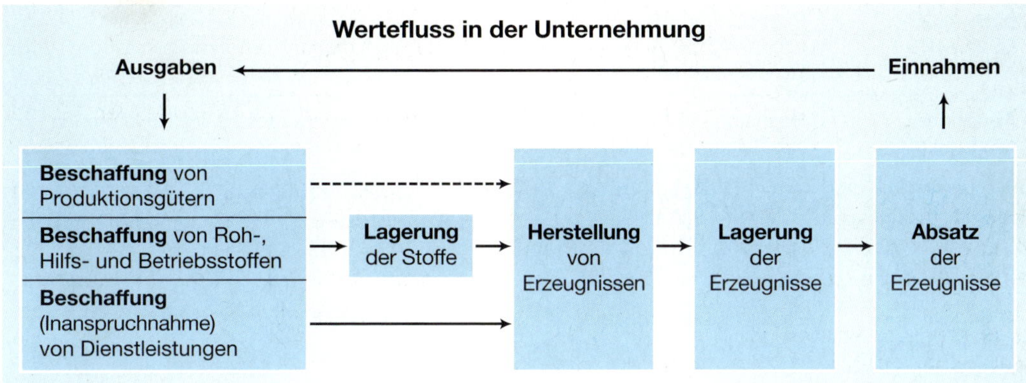

Vorgänge, die Änderungen des Vermögens oder der Schulden und den Erfolg (Gewinn oder Verlust) verursachen, nennt man **Geschäftsfälle.** Die Vielfalt der Geschäftsfälle und deren Auswirkungen bleiben nur überschaubar, wenn sie **lückenlos und systematisch** aufgezeichnet werden. Dies geschieht mit Hilfe der **Buchführung.**

Geschäftsfälle sind Vorgänge, die Änderungen des Vermögens oder der Schulden und den Erfolg verursachen.
Buchführung ist die systematische und lückenlose Aufzeichnung der Geschäftsfälle.

Die Buchführung hat **innerbetriebliche** (interne) und **außerbetriebliche** (externe) Aufgaben.

Aufgaben der Buchführung	
Interne Aufgaben	**Externe Aufgaben**
• Ermittlung des Vermögens, der Schulden, des Eigenkapitals • Erfassen der Veränderungen des Vermögens und der Schulden • Ermittlung des Unternehmenserfolgs (Gewinn oder Verlust) aus Aufwand und Ertrag • Bereitstellung von Zahlen für die Kosten- und Leistungsrechnung, Statistik und Planung • Bereitstellung von Informationen für unternehmerische Entscheidungen	• Rechenschaftslegung gegenüber Aktionären, Kreditgebern und Mitarbeitern durch Veröffentlichung des Jahresabschlusses (z. B. bei Aktiengesellschaften) • Information von Behörden und Öffentlichkeit • Ermittlung der Grundlagen für die Besteuerung • Bereitstellung von Beweismitteln bei Rechtsstreitigkeiten (z. B. mit Finanzbehörden oder mit Geschäftspartnern)

[1] *Begrifferklärung s. S. 275 f.*
[2] *Vgl. auch S. 11*

3 Rechtsgrundlagen der Buchführung

Die Buchführung hat nicht nur die Aufgabe, den Unternehmer selbst über das Betriebsgeschehen zu informieren. Sie hat auch Außenstehende mit Informationen zu versorgen, z. B. Aktionäre, Behörden, Gerichte, Gläubiger. Die Buchführung ist deshalb handelsrechtlich wie auch steuerrechtlich ausführlich gesetzlich geregelt.

Rechtsgrundlagen	
Handelsgesetzbuch (HGB) §§ 238–339	Ausführliche Regelung der Buchführungspflicht und der Anforderungen an die Buchführung für Kaufleute mit ergänzenden Bestimmungen für Kapitalgesellschaften (z. B. Aktiengesellschaften, Gesellschaften mit beschränkter Haftung) und Genossenschaften.
Abgabenordnung (AO)	Regelung der Buchführungspflicht und der Anforderungen an die Buchführung für steuerliche Zwecke bei Kaufleuten und Gewerbetreibenden. Für Gewerbetreibende besteht Buchführungspflicht nur, wenn der Jahresumsatz, der Wert des Betriebsvermögens oder der Jahresgewinn eine bestimmte Grenze übersteigt.
Umsatzsteuergesetz (UStG)	Regelung der Umsatzsteuerpflicht, der Umsatzsteuerermittlung und der Abführung an das Finanzamt
Einkommensteuergesetz (EStG) und Einkommensteuer-Richtlinien (EStR)	Ergänzende Regelungen, z. B. für die Gewinnermittlung und für Inventurverfahren

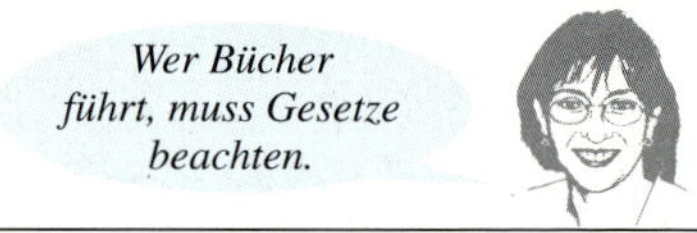

Wichtige gesetzliche Bestimmungen für die Buchführung	
Jeder Kaufmann ist **zur** ordnungsmäßigen **Buchführung verpflichtet.**	§ 238 HGB
Die Buchführung muss so beschaffen sein, dass sie einem **sachverständigen Dritten innerhalb einer angemessenen Zeit** einen **Überblick** über die Geschäftsfälle und die Vermögenslage des Unternehmens vermitteln kann.	§ 238 HGB § 146 AO
Die **Buchungen** sind **vollständig, richtig, zeitgerecht** und **geordnet** vorzunehmen.	§ 239 HGB § 146 AO
Die Bücher sind in einer **lebenden Sprache** zu führen. **Abkürzungen** und **Symbole** müssen **eindeutig** festliegen.	§ 239 HGB § 146 AO
Buchungen dürfen **nicht** in einer Weise **verändert werden,** dass der ursprüngliche Inhalt nicht mehr feststellbar ist.	§ 239 HGB § 146 AO
Für jede Buchung muss ein **Beleg** vorliegen **(Buchungsbeleg).**	§§ 238, 257 HGB
Handelsbücher und sonstige Aufzeichnungen können auch auf **Datenträgern** geführt werden, die während der Dauer der Aufbewahrungsfrist **verfügbar** und innerhalb angemessener Frist **lesbar** gemacht werden können.	§ 239 HGB § 147 AO
Kasseneinnahmen und **-ausgaben** sind **täglich** aufzuzeichnen.	§ 146 AO
Der Kaufmann hat für den Schluss eines jeden Geschäftsjahres einen **Jahresabschluss (Bilanz und Gewinn- und Verlustrechnung)** aufzustellen; es besteht also die **Verpflichtung** zur **doppelten Buchführung.**	§ 242 HGB
Posten der Aktivseite dürfen nicht mit Posten der Passivseite, Aufwendungen nicht mit Erträgen verrechnet werden **(Verrechnungsverbot).**	§ 246 HGB

Der **Jahresabschluss** ist vom Kaufmann unter Angabe des Datums zu **unterzeichnen.**	§ 245 HGB
Der **Jahresabschluss** ist in **deutscher Sprache** und in **EUR** aufzustellen.	§ 244 HGB
Bücher, Jahresabschlüsse, Inventare, Handelsbriefe und Buchungsbelege sind **geordnet aufzubewahren.**	§ 257 HGB § 147 AO
Aufbewahrungsfristen: Handelsbücher, Inventare, Jahresabschlüsse, Lageberichte, Belege **10 Jahre** Handelsbriefe **6 Jahre**	§ 257 HGB § 147 AO

Arbeitsaufträge

1. Nennen Sie Aufgaben der Buchführung und unterscheiden Sie nach internen und externen Aufgaben.
2. a) In welchen Gesetzen sind Buchführung und Rechnungslegung grundlegend geregelt?
   b) Warum sind Buchführungspflicht und andere Vorschriften für die Buchführung gesetzlich geregelt?

4 Grundsätze ordnungsmäßiger Buchführung

Kaufleute sind gemäß § 238 (1) HGB verpflichtet, ihre Handelsgeschäfte und die Vermögenslage nach den **Grundsätzen ordnungsmäßiger Buchführung (GoB)** ersichtlich zu machen. Die GoB ergeben sich aus den handelsrechtlichen und steuerrechtlichen Bestimmungen, aus den Anforderungen der Praxis, aus den Erkenntnissen der Wissenschaft, aus Gerichtsurteilen sowie aus Gutachten und Empfehlungen von **Finanzbehörden** und Fachverbänden.

Die GoB gelten für die Aufzeichnung (Buchung) der Geschäftsfälle, den Jahresabschluss und die Aufbewahrung der Geschäftsunterlagen.

Wichtige Grundsätze sind:

Klarheit und Übersichtlichkeit

- sachgerechte und übersichtliche Organisation der Buchführung
- sachlich geordnete Erfassung aller Geschäftsfälle
- Buchungen dürfen nicht unleserlich gemacht werden
- keine gegenseitige Verrechnung von Vermögenswerten und Schulden, Aufwendungen und Erträgen
- übersichtliche Gliederung des Jahresabschlusses

Vollständigkeit und Richtigkeit

Die Geschäftsfälle sind lückenlos und sachlich richtig zu erfassen.

Nachprüfbarkeit

- keine Buchung ohne Beleg
- geordnete Aufbewahrung aller Buchungsbelege, Bücher, Konten, Inventare und Jahresabschlüsse
- Beachtung der Aufbewahrungsfristen

Da sich die in der Buchführung verwendeten Organisationsformen und technischen Hilfsmittel, z. B. die EDV-Einrichtungen, ständig verändern, unterliegen auch die GoB einer stetigen Weiterentwicklung.

Grundsätze ordnungsmäßiger EDV-Buchführung

- **Grundsätze ordnungsmäßiger Speicherbuchführung (GoS),** veröffentlicht vom Bundesfinanzministerium im Jahre 1978
- **Grundsätze ordnungsmäßiger Buchführung bei computergestützten Verfahren und deren Prüfung,** veröffentlicht vom Fachausschuss für moderne Abrechnungssysteme im Jahre 1988

Sie verlangen insbesondere

- die Nachvollziehbarkeit des einzelnen Geschäftsfalls von seinem Ursprung bis zur endgültigen Darstellung (vom Beleg über das Journal bis zum Konto)
- die Nachvollziehbarkeit des Verarbeitungsverfahrens (Dokumentation über den Inhalt der Verarbeitungsprozesse)
- die Angemessenheit und Wirksamkeit des internen Kontrollsystems (Fehler im gesamten Bereich eines EDV-Buchführungssystems sollen verhindert und selbsttätig aufgedeckt werden).

Die Beachtung der Grundsätze ordnungsmäßiger Buchführung ist eine wesentliche Voraussetzung für die **Beweiskraft der Buchführung.** Von besonderer Bedeutung ist die Beweiskraft der Buchführung gegenüber den Finanzbehörden, weil durch die Buchführung die Grundlagen für die Besteuerung ermittelt werden.

Verstößße gegen die Ordnungsmäßigkeit der Buchführung können sich für den Buchführungspflichtigen nachteilig auswirken. Im Zuge eines Insolvenzverfahrens z. B. können die Verstöße gegen die GoB als strafbare Handlungen verfolgt werden und sind mit Haft- und Geldstrafen bedroht. Wenn aus der Buchführung die Besteuerungsgrundlagen nicht ermittelt werden können, weil die GoB nicht beachtet wurden, können die Finanzbehörden eine Schätzung durchführen. Diese Schätzung kann zu einem für den Steuerpflichtigen ungünstigen Ergebnis führen. Außerdem können Geldbußen, Geldstrafen und Freiheitsstrafen verhängt werden, wenn infolge unzureichender Buchführung die Besteuerung gefährdet, Steuern gekürzt oder hinterzogen wurden.

B

Einführung in das System der Buchführung

1 Inventur, Inventar, Bilanz

1.1 Inventur

1.1.1 Begriff und Arten der Inventur

Kaufleute sind nach § 240 HGB verpflichtet, Vermögen und Schulden ihres Unternehmens festzustellen und genau aufzuzeichnen, und zwar

- zu Beginn des Handelsgewerbes,
- zum Schluss eines jeden Geschäftsjahres.

Die dazu erforderliche Tätigkeit wird als **Inventur** oder **Bestandsaufnahme** bezeichnet. Man unterscheidet folgende Arten:

Ein Geschäftsjahr ist ein Zeitraum von höchstens 12 Monaten. Andere Bezeichnungen: Wirtschaftsjahr, Abrechnungszeitraum, Rechnungsperiode. Das Geschäftsjahr stimmt meistens mit dem Kalenderjahr überein, es kann aber davon auch abweichen.

- **Körperliche Inventur:** Bestandsaufnahme von körperlichen Gegenständen, wie technischen Anlagen und Maschinen, Fahrzeugen, Betriebs- und Geschäftsausstattung, Roh-, Hilfs- und Betriebsstoffen[1], Erzeugnissen, Bargeld. Die Bestände werden mengenmäßig durch Zählen, Wiegen, Messen oder notfalls durch Schätzen ermittelt und anschließend in EUR bewertet.

  Die jährliche körperliche Inventur der **beweglichen Anlagegegenstände** (z. B. Maschinen, Geschäftsausstattung) kann nach R 31 der Einkommensteuerrichtlinien entfallen, wenn im Rahmen einer **Anlagenkartei/Anlagendatei** für jeden Anlagegegenstand eine besondere **Anlagenkarte/ein besonderer Datensatz** geführt wird, die/ der u. a. folgende Angaben enthält: Bezeichnung, Anschaffungstag, Anschaffungswert, Nutzungsdauer, jährliche Abschreibung, Tag des Ausscheidens (siehe auch Abschnitt 5.5.3 Nebenbücher).
- **Buchinventur:** wertmäßige Feststellung von nichtkörperlichen Gegenständen wie Forderungen, Bankguthaben und Verbindlichkeiten. Die Werte werden aus Büchern und Belegen (z. B. Kontoauszügen) ermittelt. In besonderen Fällen werden im Rahmen der Buchinventur Saldenbestätigungen bei Kunden bzw. Lieferanten angefordert.

Unter Inventur versteht man die Erfassung der in einem Unternehmen vorhandenen Vermögensteile und Schulden zu einem bestimmten Zeitpunkt. Man unterscheidet:

- **körperliche Inventur als mengen- und wertmäßige Bestandsaufnahme**
- **Buchinventur als wertmäßige Bestandsaufnahme aufgrund von Büchern und Belegen.**

---

[1] *Begriffsklärung s. S. 298*

1.1.2 Inventurverfahren

Stichtagsinventur

Bei der **Stichtagsinventur** werden Menge und Wert des Vermögens und die Höhe der Schulden **am Bilanzstichtag** festgestellt. Die Durchführung der Inventur am Bilanzstichtag bringt infolge des erheblichen Arbeitsanfalls eine Beeinträchtigung des Geschäftsbetriebs mit sich. In der Praxis ist es zudem nicht immer möglich, die Inventur an einem einzigen Tag durchzuführen. Deshalb gilt auch eine Inventur als Stichtagsinventur, wenn sie **zeitnah,** d. h. innerhalb einiger Tage vor oder nach dem Bilanzstichtag durchgeführt wird.

In R 30 Abs. 1 der Einkommensteuer-Richtlinien wird der Zeitraum für die Stichtagsinventur auf 10 Tage vor und 10 Tage nach dem Bilanzstichtag festgelegt. Die Veränderungen der Bestände, die in der Zeit zwischen Aufnahmetag und Bilanzstichtag eintreten, werden anhand von Belegen mengen- und wertmäßig erfasst und auf den Bilanzstichtag fortgeschrieben bzw. zurückgerechnet.

Die Stichtagsinventur wird zum Bilanzstichtag durchgeführt. Als Stichtagsinventur gilt auch jede zeitnahe Inventur (körperliche Bestandsaufnahme innerhalb von 10 Tagen vor oder nach dem Bilanzstichtag).

Inventurvereinfachungsverfahren

Damit die mit der Stichtagsinventur verbundenen Nachteile (hoher Arbeitsanfall am Ende des Geschäftsjahres, Störung des laufenden Geschäftsbetriebs) vermieden werden, sind Verfahren gesetzlich zugelassen, die eine Vereinfachung der Inventur ermöglichen. Der Unternehmer kann das für die besonderen Bedingungen seines Unternehmens **geeignete Verfahren auswählen** und damit eine übermäßige Beeinträchtigung des Geschäftsbetriebs zum Ende des Geschäftsjahres vermeiden. Diese **Inventurvereinfachungsverfahren** können **ausschließlich** für das **Vorratsvermögen** (z. B. Rohstoffe) angewendet werden.

Verlegte Inventur (§ 241 [3] HGB)

Die jährliche körperliche Bestandsaufnahme kann in die letzten drei Monate vor dem Bilanzstichtag **vorverlegt** oder in die ersten zwei Monate nach dem Bilanzstichtag **nachverlegt** werden **(verlegte Inventur).** Innerhalb dieses Zeitraums können die einzelnen Vermögensgegenstände zu beliebigen Zeitpunkten aufgenommen werden. Die vorhandenen Bestände sind nach Art und Menge in ein **besonderes Bestandsverzeichnis** einzutragen und zum **Inventurstichtag** (nicht zum Bilanzstichtag!) zu **bewerten.**

Um den Wert der Bestände am Bilanzstichtag zu ermitteln, müssen alle Veränderungen zwischen dem Inventurstichtag und dem Bilanzstichtag erfasst und fortgeschrieben bzw. zurückgerechnet werden. Die **Fortschreibung** bzw. **Rückrechnung** kann **allein dem Werte nach** vorgenommen werden, eine Erfassung der Veränderungen zusätzlich nach Art und Menge ist bei der verlegten Inventur nicht erforderlich.

Beispiele

Wertfortschreibung bei vorverlegter Inventur		
		EUR
	Wert am Inventurstichtag (16.10.2001)	8 000,00
+	Wert der Zugänge vom 16.10.2001–31.12.2001	3 000,00
–	Wert der Abgänge vom 16.10.2001–31.12.2001	5 000,00
=	Wert am Bilanzstichtag (31.12.2001)	6 000,00

Wertrückrechnung bei nachverlegter Inventur		
		EUR
	Wert am Inventurstichtag (17.02.2002)	4 500,00
–	Wert der Zugänge vom 01.01.2002–17.02.2002	2 500,00
+	Wert der Abgänge vom 01.01.2002–17.02.2002	4 000,00
=	Wert am Bilanzstichtag (31.12.2001)	6 000,00

Unzulässig ist dieses Inventurverfahren bei Beständen, bei denen infolge Schwund, Verdunsten oder Verderb unkontrollierbare Abgänge entstehen, sowie für besonders wertvolle Güter (R 30, Abs. 4 Einkommensteuer-Richtlinien).

Unter verlegter Inventur versteht man eine vorverlegte bzw. nachverlegte körperliche Bestandsaufnahme. Wertfortschreibung bzw. -rückrechnung ist erforderlich.

Permanente Inventur (§ 241 [2] HGB)

Bei der **permanenten Inventur** kann der Bestand des Vorratsvermögens zum Bilanzstichtag **ohne gleichzeitige körperliche Bestandsaufnahme** ermittelt werden: Die Bestände der einzelnen Artikel werden nach Art und Menge den **Lagerbüchern (Lagerkarteien/Lagerdateien)** entnommen, in das Bestandsverzeichnis übertragen und bewertet. Für dieses Verfahren sind folgende **Voraussetzungen** zu erfüllen:

- In den Lagerbüchern müssen **alle Zu- und Abgänge** nach Tag, Art und Menge anhand von Belegen eingetragen werden.
- In jedem Geschäftsjahr muss wenigstens **einmal** durch **körperliche Inventur** überprüft werden, ob die eingetragenen Bestände mit den vorhandenen Beständen übereinstimmen. Differenzen müssen berichtigt, der Tag der Überprüfung vermerkt werden. Die körperliche Inventur muss nicht für das gesamte Vermögen gleichzeitig durchgeführt werden, die einzelnen Vermögensgruppen können zu beliebigen Zeitpunkten während des gesamten Geschäftsjahres aufgenommen werden (Teilinventuren).
- Über die Durchführung und das Ergebnis der Inventur sind **Aufzeichnungen** anzufertigen, zu unterzeichnen und 10 Jahre lang aufzubewahren.

Bei permanenter Inventur kann der durch die Bestandsaufnahme entstehende Arbeitsanfall auf das ganze Jahr verteilt werden.

Unzulässig ist die permanente Inventur für Bestände, bei denen infolge Schwund, Verdunsten und Verderb unkontrollierbare Mengenschwankungen eintreten, und für besonders wertvolle Güter.

Unter permanenter Inventur versteht man die Bestandsermittlung anhand der Lagerbücher, in denen Zu- und Abgänge laufend zu erfassen sind. Eine körperliche Bestandsaufnahme muss einmal im Jahr erfolgen.

Stichprobeninventur (§ 241 [1] HGB)

Der Bestand der Vermögensgegenstände darf auch mit Hilfe anerkannter mathematisch-statistischer Methoden aufgrund von Stichproben ermittelt werden. Bei dieser Methode werden einzelne **repräsentative Lagerpositionen als Stichproben** ausgewählt, körperlich aufgenommen und bewertet. Aufgrund dieser Stichproben wird dann der gesamte Lagerbestand errechnet. Der Aussagewert des auf diese Weise ermittelten Bestandes muss dem Aussagewert eines Bestandes nach körperlicher Inventur gleichkommen.

Die Stichprobeninventur ist kein besonderes Inventurverfahren. Sie stellt nur eine **besondere Berechnungsmethode** dar und kann innerhalb der oben beschriebenen Inventurverfahren angewendet werden. Diese Methode hilft Zeit und Arbeit zu sparen, weil sich die aufwendige körperliche Bestandsaufnahme auf einen Teil der vorhandenen Bestände beschränken lässt.

<table>
<tr><th colspan="4">Inventurverfahren im Überblick</th></tr>
<tr><th>Verfahren</th><th>Zeitpunkt der körperlichen Bestandsaufnahme</th><th>Bestandsermittlung am Bilanzstichtag</th><th>Unzulässig für</th></tr>
<tr><td>Stichtagsinventur</td><td>innerhalb von zehn Tagen vor und nach dem Bilanzstichtag (zeitnahe Inventur)</td><td>erfolgt unter Berücksichtigung der belegmäßig erfassten Zu- und Abgänge in der Zeit zwischen Inventurstichtag und Bilanzstichtag (Mengen- und Wertfortschreibung bzw. Wertrückrechnung)</td><td>–</td></tr>
<tr><td>Verlegte Inventur</td><td>innerhalb von drei Monaten vor und zwei Monaten nach dem Bilanzstichtag zu beliebigen Zeitpunkten für die einzelnen Artikel</td><td>erfolgt durch wertmäßige Fortschreibung oder Rückrechnung der Bestände auf den Bilanzstichtag</td><td rowspan="2">Bestände, die unkontrollierbaren Abgängen unterliegen; besonders wertvolle Güter</td></tr>
<tr><td>Permanente Inventur</td><td>verschiedene Zeitpunkte während des Geschäftsjahres für die einzelnen Vermögensgruppen</td><td>Menge und Wert der Bestände am Bilanzstichtag werden den fortlaufend zu führenden Aufzeichnungen (Lagerbücher) entnommen</td></tr>
</table>

1.1.3 Durchführung der Inventur

Bei der Inventur sind Vermögen und Schulden vollständig und richtig aufzuzeichnen. Es muss daher sichergestellt sein, dass bei der Bestandsaufnahme nichts ausgelassen oder mehrfach aufgenommen wird. Während der Inventur sollte der Geschäftsbetrieb möglichst wenig beeinträchtigt werden. Aus diesen Gründen bereitet man die Inventur sorgfältig vor, indem man einen **Inventurplan** aufstellt.

Im Inventurplan werden u. a. festgelegt:

- das **Inventurverfahren**
- der **Inventurstichtag** (Tag der Aufnahme) und der **zeitliche Ablauf**
- die für die Leitung, Bestandsaufnahme, Kontrolle und Bewertung zuständigen **Personen**
- die **Hilfsmittel** (z. B. Inventurlisten, Diktiergeräte)

Zur körperlichen Bestandsaufnahme wird das Unternehmen in einzelne Aufnahmebereiche eingeteilt, die Aufnahmebereiche in einzelne Aufnahmestellen. Den für die Aufnahme vorgesehenen Personen teilt man genau abgegrenzte Aufnahmestellen zu und legt Zeitpunkt und Reihenfolge fest, nach welcher die Gegenstände aufzunehmen sind.

Am Tage der Inventur werden die vorhandenen Bestände festgestellt und nach Arten geordnet in **Inventurlisten mengenmäßig** erfasst. Im Anschluss daran werden die **Bestände bewertet.** Personen, die selbst nicht an der Aufnahme beteiligt sind, beaufsichtigen und überprüfen durch Stichproben den ordnungsmäßigen Verlauf der Inventur. Die Bestände an Forderungen und Verbindlichkeiten ermittelt man durch **Buchinventur** und fasst sie in **Saldenlisten** zusammen. Die Bestände auf dem Bank- bzw. Postbankkonto werden anhand der **Kontoauszüge** für den Bilanzstichtag festgestellt.

Die Vielzahl der Bestände wird schließlich nach Gruppen geordnet, zusammengefasst und in einem **Bestandsverzeichnis,** dem **Inventar,** aufgelistet.

1.2 Inventar

Beispiel

Inventar

der Schneidwarenfabrik Fritz Scharf e. K., Solingen, zum 31.12.20..

A.	***Vermögen***	
I.	***Anlagevermögen***	*EUR*
1.	*Grundstück und Fabrikgebäude lt. Grundbuchauszug*	*300 000,00*
2.	*Maschinen lt. Anlagenverzeichnis Nr. 1*	*250 000,00*
3.	*Werkzeuge lt. Anlagenverzeichnis Nr. 2*	*30 000,00*
4.	*Fahrzeuge lt. Anlagenverzeichnis Nr. 3*	*60 000,00*
5.	*Geschäftsausstattung lt. Anlagenverzeichnis Nr. 4*	*45 000,00*
II.	***Umlaufvermögen***	
1.	*Roh-, Hilfs- und Betriebsstoffe lt. Inventurliste Nr. 1*	*80 000,00*
2.	*Unfertige Erzeugnisse lt. Inventurliste Nr. 2*	*90 000,00*
3.	*Fertige Erzeugnisse lt. Inventurliste Nr. 3*	*130 000,00*
4.	*Forderungen lt. Saldenliste Nr. 1*	*75 000,00*
5.	*Kassenbestand lt. Aufnahmeprotokoll vom 31. Dezember 20..*	*10 000,00*
6.	*Bankguthaben lt. Kontoauszug vom 31. Dezember 20..*	*20 000,00*
Summe des Vermögens		*1 090 000,00*
B.	***Schulden***	
I.	***Langfristige Schulden*** *Hypothekendarlehen bei der Wirtschaftsbank lt. Kontoauszug 31. Dezember 20..*	*200 000,00*
II.	***Kurzfristige Schulden*** *Verbindlichkeiten aus Lieferungen und Leistungen lt. Saldenliste Nr. 2*	*160 000,00*
Summe der Schulden		*360 000,00*
C.	***Ermittlung des Reinvermögens***	
	Summe des Vermögens	*1 090 000,00*
	– Summe der Schulden	*360 000,00*
	= Reinvermögen (Eigenkapital)	*730 000,00*

Im **Inventar** werden alle zum Bilanzstichtag festgestellten Vermögensgegenstände und Schulden eines Unternehmens nach Art, Menge und Wert ausgewiesen. Es wird in folgender **Reihenfolge** aufgestellt:

- **A. Vermögen**
- **B. Schulden**
- **C. Ermittlung des Reinvermögens**

A. Vermögen

Das Vermögen wird in **Anlagevermögen** und **Umlaufvermögen** gegliedert. Zum **Anlagevermögen** zählen gemäß § 247 [2] HGB die Gegenstände, die dazu bestimmt sind, **langfristig** dem Geschäftsbetrieb zu dienen. Das sind z. B. Grundstücke, Gebäude, technische Anlagen und Maschinen, Betriebs- und Geschäftsausstattung, Fahrzeuge. Zum **Umlaufvermögen** zählen u. a. die Vorräte an Roh-, Hilfs-, Betriebsstoffen und Handelswaren, an fertigen und unfertigen Erzeugnissen, die Forderungen und Geldmittel (Bargeld, Bank- und Postbankguthaben). Das Umlaufvermögen unterliegt einem ständigen Umwandlungsprozess, es ändert seine Form **kurzfristig.** Rohstoffe werden zu Erzeugnissen verarbeitet, durch den Verkauf entstehen Forderungen, die von den Kunden mit Geld beglichen werden. Diese Geldmittel werden dann zum Teil wieder für die Beschaffung neuer Stoffe ausgegeben.

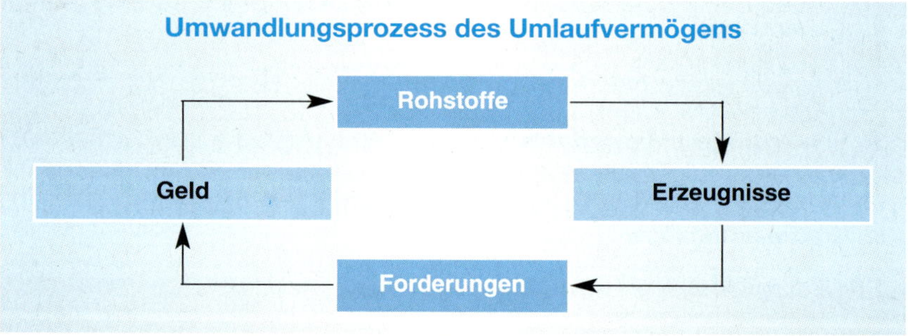

Ordnungsmerkmal für die **Vermögenspositionen** im Inventar ist die **Liquidität.** Das ist die Reihenfolge, nach welcher Vermögenswerte dazu bestimmt sind, im Zuge des Betriebsprozesses in Geld umgewandelt zu werden. Anlagevermögen ist also weniger liquide als Umlaufvermögen. Innerhalb des Umlaufvermögens sind z. B. Rohstoffe wenig liquide, weil sie bis zu ihrer Umwandlung in Geld noch mehrere Stufen des Betriebsprozesses durchlaufen. Die am wenigsten liquiden Vermögensteile werden im Inventar zuerst aufgeführt, das Anlagevermögen steht deshalb vor dem Umlaufvermögen.

B. Schulden

Die Schulden stellen das dem Unternehmen zur Verfügung stehende **Fremdkapital** dar. Ordnungsmerkmal für die **Schulden** ist die **Fälligkeit (Fristigkeit).** Langfristige Schulden (z. B. Hypothekendarlehen) stehen vor den kurzfristigen Schulden (Verbindlichkeiten aus Lieferungen und Leistungen, kurz: Verbindlichkeiten a. L. u. L.).

C. Ermittlung des Reinvermögens

Das Vermögen abzüglich der Schulden ergibt das Reinvermögen. Das **Reinvermögen** ist der Betrag, den der Unternehmer aus seinem Privatvermögen für sein Unternehmen bereitgestellt hat. Das Reinvermögen wird auch als **Eigenkapital** bezeichnet.

	Vermögen
–	**Schulden**
=	**Reinvermögen (Eigenkapital)**

Im Inventar sind die bei der Inventur ermittelten Einzelbestände im Allgemeinen zu Gruppen zusammengefasst. Die Unterlagen, in denen die Einzelbestände nach Art, Menge und Wert verzeichnet sind (z. B. Anlagenverzeichnisse und Inventurlisten) zählen zum Inventar und müssen mit diesem 10 Jahre lang aufbewahrt werden. Die Aufbewahrung kann auch auf einem Bildträger oder einem anderen Datenträger erfolgen. Dabei muss sichergestellt sein, dass die Daten innerhalb der Aufbewahrungsfrist jederzeit lesbar gemacht werden können (§ 239 [4] HGB).

Ein Inventar ist ein ausführliches Verzeichnis des Vermögens und der Schulden eines Unternehmers zu einem bestimmten Zeitpunkt. Es enthält auch die Ermittlung des Reinvermögens.
Das Vermögen wird in Anlage- und Umlaufvermögen gegliedert und nach der Liquidität geordnet.
Die Schulden werden in langfristige und kurzfristige Schulden eingeteilt und nach der Fälligkeit (Fristigkeit) geordnet.
Das Reinvermögen (Eigenkapital) ist der wertmäßige Anteil des Unternehmers am Unternehmensvermögen.
Inventare sind zehn Jahre lang aufzubewahren.

Arbeitsaufträge

1. Beantworten Sie folgende Fragen:
a) Welche Bestände werden durch die körperliche Inventur, welche durch die Buchinventur aufgenommen? Nennen Sie Beispiele.
b) Welche Vorteile bzw. Nachteile bringen Stichtags-, verlegte und permanente Inventur für die betriebliche Praxis?
c) Welche Vorbereitungen sind für eine ordnungsmäßige Inventur zu treffen?

2. Erstellen Sie anhand des obenstehenden Beispiels ein Gliederungsschema für das Inventar.

3. Ordnen Sie nach I Anlagevermögen
II Umlaufvermögen.

Gliedern Sie innerhalb des Anlagevermögens und des Umlaufvermögens nach ansteigender Liquidität.

1. Rohstoffe
2. Gebäude
3. Geschäftsausstattung
4. Forderungen an Kunden
5. Betriebsstoffe
6. Maschinen
7. Bankguthaben
8. Unbebaute Grundstücke
9. Fertigerzeugnisse
10. Kraftfahrzeuge

4. Ordnen Sie die angegebenen Inventarpositionen einer Möbelfabrik nach folgenden Gliederungsgesichtspunkten:

a) Anlagevermögen
b) Umlaufvermögen
c) langfristige Schulden
d) kurzfristige Schulden.

1. Bankguthaben
2. Verbindlichkeiten gegenüber Lieferanten
3 Sägen, Furnierpressen
4. Lieferwagen
5. Hergestellte Möbel
6. Büromöbel in der Verwaltung
7. Verwaltungsgebäude
8. Hypothekenschulden, Laufzeit der Hypothek 10 Jahre
9. Vorräte an Spanplatten und Schnittholz
10. Lagerhalle
11. Lacke, Leim
12. EDV-Anlage
13. Bargeld
14. Fabrikgebäude
15. Darlehensschulden, Laufzeit des Darlehens 7 Jahre
16. Schreibmaschinen
17. Forderungen an Kunden
18. Heizölvorräte
19. Baugrundstück

5./6. In der Schraubenfabrik Fritz Dreher e. K., Neuss, werden zum 31. Dezember 20.. folgende Inventurwerte ermittelt. Erstellen Sie das Inventar.

	5. EUR	6. EUR
Fabrikgebäude	400 000,00	380 000,00
Maschinen lt. Anlagenverzeichnis Nr. 1	390 000,00	430 000,00
Werkzeuge lt. Anlagenverzeichnis Nr. 2	14 000,00	31 000,00
Fahrzeuge lt. Anlagenverzeichnis Nr. 3	68 000,00	52 000,00
Geschäftsausstattung lt. Anlagenverzeichnis Nr. 4	55 000,00	43 000,00
Rohstoffe lt. Inventurliste Nr. 1	90 000,00	35 000,00
Hilfsstoffe lt. Inventurliste Nr. 2	15 000,00	21 000,00
Betriebsstoffe lt. Inventurliste Nr. 3	7 800,00	3 500,00
Unfertige Erzeugnisse lt. Inventurliste Nr. 4	35 000,00	60 000,00
Fertige Erzeugnisse lt. Inventurliste Nr. 5	80 000,00	73 000,00
Forderungen a. L. u. L. lt. Saldenliste Nr. 1	63 100,00	53 400,00
Kassenbestand	13 600,00	9 800,00
Postbankguthaben	22 400,00	18 000,00
Bankguthaben	56 100,00	31 300,00
Darlehensschulden	340 000,00	270 000,00
Verbindlichkeiten a. L. u. L. lt. Saldenliste Nr. 2	260 000,00	137 000,00

7./8. In der Möbelfabrik Kurt Hölzer e. K., Bielefeld, werden jeweils für den 31. Dezember in zwei aufeinander folgenden Jahren folgende Inventurwerte ermittelt:

	7. (1. Jahr) EUR	8. (2. Jahr) EUR
Fabrikgebäude	700 000,00	680 000,00
Bürogebäude	–	350 000,00
Maschinen lt. Anlagenverzeichnis Nr. 1	370 000,00	500 000,00
Fahrzeuge lt. Anlagenverzeichnis Nr. 2	35 000,00	20 000,00
Geschäftsausstattung lt. Anlagenverzeichnis Nr. 3	30 000,00	32 000,00
Roh-, Hilfs- und Betriebsstoffe lt. Inventurliste Nr. 1	110 000,00	80 000,00
Unfertige Erzeugnisse lt. Inventurliste Nr. 2	28 000,00	42 000,00
Fertige Erzeugnisse lt. Inventurliste Nr. 3	19 000,00	13 000,00
Forderungen a. L.u. L. lt. Saldenliste Nr. 1	53 000,00	59 000,00
Kassenbestand	7 000,00	4 000,00
Postbankguthaben	17 000,00	18 000,00
Bankguthaben	27 000,00	3 000,00
Hypothekenschulden	400 000,00	600 000,00
Darlehensschulden	–	250 000,00
Verbindlichkeiten a. L. u. L. lt. Saldenliste Nr. 2	260 000,00	140 000,00

a) Erstellen Sie die Inventare.
b) Vergleichen Sie die beiden Inventare und erklären Sie die Veränderungen der Inventarpositionen.

1.3 Bilanz

Der Kaufmann hat zu Beginn seines Handelsgewerbes und für den Schluss eines jeden Geschäftsjahres nicht nur ein Inventar, sondern gemäß § 242 HGB auch eine **Bilanz** aufzustellen. Die Bilanz wird auf der Grundlage des Inventars in der **Form eines Kontos** erstellt.

Beispiel

Bilanz
der Schneidwarenfabrik Fritz Scharf e. K., Solingen, zum 31.12...

Aktiva		Passiva	
I. Anlagevermögen		**I. Eigenkapital**	730 000,00
1. Grundstücke und Fabrikgebäude	300 000,00	**II. Schulden**	
2. Maschinen	250 000,00	1. Hypothekendarlehen	200 000,00
3. Werkzeuge	30 000,00	2. Verbindlichkeiten aus Lieferungen und Leistungen	160 000,00
4. Fahrzeuge	60 000,00		
5. Geschäftsausstattung	45 000,00		
II. Umlaufvermögen			
1. Roh-, Hilfs- und Betriebsstoffe	80 000,00		
2. Unfertige Erzeugnisse	90 000,00		
3. Fertige Erzeugnisse	130 000,00		
4. Forderungen	75 000,00		
5. Kassenbestand	10 000,00		
6. Bankguthaben	20 000,00		
	1 090 000,00		1 090 000,00

Inhalt der Bilanz

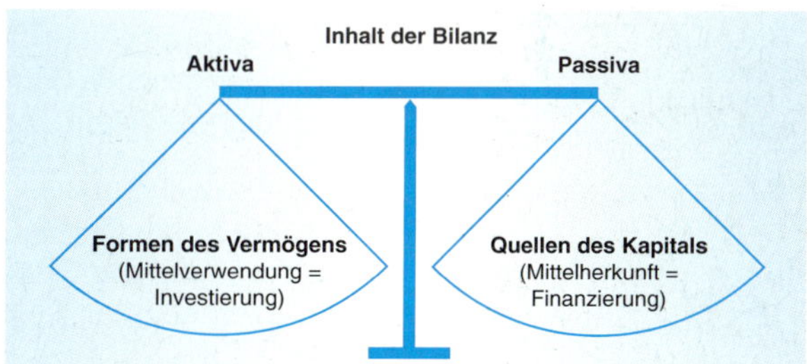

Die linke Seite der Bilanz bezeichnet man als **Aktivseite.** Hier wird das **Vermögen** in seinen unterschiedlichen Formen als **Anlagevermögen** und **Umlaufvermögen** dargestellt. Die Gesamtheit der Vermögensteile bezeichnet man als **Aktiva.**

Die rechte Seite der Bilanz bezeichnet man als **Passivseite,** sie enthält die **Passiva.** Zu den Passiva zählen das aus dem Privatvermögen des Unternehmers stammende **Eigenkapital** und die **Schulden.** Die Schulden werden auch **Fremdkapital** genannt, weil diese Mittel von fremden Kapitalgebern stammen. Eigenkapital und Fremdkapital zusammen stellen das **Gesamtkapital** dar.

Aus der Passivseite ist ersichtlich, mit welchen Mitteln das auf der Aktivseite aufgeführte Vermögen finanziert worden ist. Die Passivseite zeigt die **Kapitalquellen** (Quelle des Eigenkapitals: Eigentümer; Quelle des Fremdkapitals: Kreditgeber).

Der Wert des auf der Aktivseite aufgeführten Vermögens eines Unternehmens entspricht dem Wert des auf der Passivseite aufgeführten Gesamtkapitals. Beide Seiten halten sich also wertmäßig die Waage.

Bilanzgleichungen

Vermögen	=	**Kapital**
Vermögen	=	**Eigenkapital + Schulden (Fremdkapital)**
Eigenkapital	=	**Vermögen – Schulden (Fremdkapital)**
Fremdkapital	=	**Vermögen – Eigenkapital**

Die Bilanz vermittelt in kurzer Form einen Überblick über Vermögen, Eigenkapital und Schulden (Fremdkapital) eines Unternehmens. Sie bildet, neben anderen Unterlagen der Buchführung, eine Grundlage für die Beurteilung der Kreditwürdigkeit und die Besteuerung.

Gliederung der Bilanz

Das HGB schreibt für Einzelunternehmen und Personengesellschaften keine bestimmte Bilanzgliederung vor. Nach § 247 HGB sind in der Bilanz das Anlage- und das Umlaufvermögen, das Eigenkapital, die Schulden sowie die Rechnungsabgrenzungsposten (vgl. S. 371 ff.) gesondert auszuweisen und hinreichend aufzugliedern. Wie im Inventar, so gliedert man auch in der Bilanz die **Aktiva nach der Liquidität** und die **Passiva nach der Fälligkeit.** Die durch § 266 HGB für Kapitalgesellschaften und ihnen gleich gestellte Personengesellschaften[1] vorgeschriebene Gliederung der Bilanz wird im Abschnitt D 3.2 behandelt.

Eröffnungsbilanz – Schlussbilanz

Die zum Ende des Geschäftsjahres aufgestellte Bilanz nennt man **Schlussbilanz.** Das folgende Geschäftsjahr geht von den Werten dieser Schlussbilanz aus: Die Schlussbilanz wird also zur Eröffnungsbilanz des neuen Geschäftsjahres.

Die **Schlussbilanz** ist neben der GuV-Rechnung[2] **Teil des Jahresabschlusses** (§ 242 [3] HGB). Der gesamte Jahresabschluss ist vom Kaufmann mit Angabe des Datums zu unterzeichnen und 10 Jahre lang im Original aufzubewahren. Eine Aufbewahrung ausschließlich auf Datenträgern ist nicht zulässig.

Die Bilanz ist eine kurze Gegenüberstellung von Vermögen und Kapital in Kontoform. Sie wird auf der Grundlage des Inventars erstellt und muss hinreichend gegliedert sein.

1.4 Überblick Inventur, Inventar, Bilanz

Inventur ⟶	Inventar ⟶	Bilanz
Aufnahme der Bestände durch körperliche Inventur bzw. Buchinventur	• listenförmiges Verzeichnis von Vermögen, Schulden und Reinvermögen • ausführlich mit Mengen- und Wertangaben, ggf. mit Hinweisen • Aufbewahrung auf Datenträgern möglich • keine gesetzlichen Gliederungsvorschriften	• kontenförmige Gegenüberstellung von Vermögen, Schulden, Eigenkapital • kurzgefasst, nur Wertangaben • Aufbewahrung im Original vorgeschrieben • Gliederungsvorschriften nach HGB

[1] *Vgl. S. 388*
[2] *Vgl. S. 316 f.*

Arbeitsaufträge

1. Erstellen Sie anhand des Beispiels von Seite 279 ein Gliederungsschema für die Bilanz.

2./3. Stellen Sie nach den folgenden Inventurwerten die Bilanz der Schneidwarenfabrik Fritz Scharf e. K., Solingen, zum 31. Dezember 20.. auf.

	2. EUR	**3.** EUR
Grundstücke und Gebäude	350 000,00	410 000,00
Maschinen	200 000,00	320 000,00
Geschäftsausstattung	60 000,00	40 000,00
Roh-, Hilfs-, Betriebsstoffe	57 000,00	64 000,00
Forderungen a. L. u. L.	29 000,00	85 000,00
Bankguthaben	42 000,00	37 000,00
Kasse	13 000,00	10 000,00
Hypothekenschulden	240 000,00	270 000,00
Verbindlichkeiten a. L. u. L.	43 000,00	77 000,00

4./5. Erstellen Sie die Bilanz der Möbelfabrik Heinrich Schleif e. K., Detmold, zum 31. Dezember 20.. nach folgenden Angaben.

	4. EUR	**5.** EUR
Bebaute Grundstücke	160 000,00	210 000,00
Gebäude	420 000,00	308 000,00
Maschinen	360 000,00	291 000,00
Werkzeuge	47 000,00	32 000,00
Fahrzeuge	96 000,00	71 000,00
Geschäftsausstattung	78 000,00	64 000,00
Roh-, Hilfs-, Betriebsstoffe	124 000,00	119 000,00
Unfertige Erzeugnisse	210 000,00	86 000,00
Fertige Erzeugnisse	158 000,00	143 000,00
Forderungen a. L. u. L.	82 000,00	39 000,00
Kasse	15 000,00	21 000,00
Postbankguthaben	39 000,00	26 000,00
Bankguthaben	18 000,00	12 000,00
Hypothekenschulden	260 000,00	290 000,00
Darlehensschulden	240 000,00	380 000,00
Verbindlichkeiten a. L. u. L.	130 000,00	185 000,00

2 Wertänderungen in der Bilanz

Die Bilanz wird zu einem bestimmten Zeitpunkt, dem **Bilanzstichtag,** erstellt. Die Bilanz zu Beginn eines Abrechnungszeitraumes, z. B. eines Geschäftsjahres, bezeichnet man als **Eröffnungsbilanz.** Im Verlauf des Geschäftsjahres werden die Werte der Bilanzpositionen durch **Geschäftsfälle** verändert.

Jeder Geschäftsfall ändert mindestens zwei Bilanzpositionen um den gleichen Betrag. Es gibt insgesamt **vier Arten von Wertänderungen** in der Bilanz:

1. Aktivtausch	**3. Aktiv-Passiv-Mehrung**
2. Passivtausch	**4. Aktiv-Passiv-Minderung**

Beispiel

A	Eröffnungsbilanz		P
Maschinen	120 000,00	Eigenkapital	130 000,00
Geschäftsausstattung	45 000,00	Darlehensschulden	30 000,00
Bank	20 000,00	Verbindlichkeiten a. L. u. L.	25 000,00
	185 000,00		185 000,00

1. **Aktivtausch**

Wir kaufen einen Personalcomputer für 5 000,00 EUR und überweisen den Betrag gleich aus unserem Bankguthaben.

Bilanzänderung: ***Geschäftsausstattung*** ***+ 5 000,00***
Bank ***– 5 000,00***

A	Geänderte Bilanz		P
Maschinen	120 000,00	Eigenkapital	130 000,00
Geschäftsausstattung	**50 000,00**	Darlehensschulden	30 000,00
Bank	**15 000,00**	Verbindlichkeiten a. L. u. L.	25 000,00
	185 000,00		185 000,00

Aktivtausch: Mehrung eines Aktivpostens und Minderung eines anderen Aktivpostens

Beispiel

2. **Passivtausch**

Nach Vereinbarung mit einem Lieferanten wird eine kurzfristige Verbindlichkeit aus Lieferung und Leistung (a. L. u. L.) in Höhe von 10 000,00 EUR in eine langfristige Darlehensschuld umgewandelt.

Bilanzänderung: ***Darlehen*** ***+ 10 000,00***
Verbindlichkeiten a. L. u. L. ***– 10 000,00***

A	Geänderte Bilanz		P
Maschinen	120 000,00	Eigenkapital	130 000,00
Geschäftsausstattung	50 000,00	**Darlehensschulden**	**40 000,00**
Bank	15 000,00	**Verbindlichkeiten a. L. u. L.**	**15 000,00**
	185 000,00		185 000,00

Passivtausch: Mehrung eines Passivpostens und Minderung eines anderen Passivpostens

Beispiel

3. **Aktiv-Passiv-Mehrung**

Wir kaufen eine Schleifmaschine auf Ziel im Werte von 40 000,00 EUR. (Ein Zielkauf liegt vor, wenn der Kaufpreis nicht bei Lieferung, sondern erst nach einer vereinbarten Frist zu bezahlen ist.)

Bilanzänderung: ***Maschinen*** ***+ 40 000,00***
Verbindlichkeiten a. L. u. L. ***+ 40 000,00***

A	Geänderte Bilanz		P
Maschinen	**160 000,00**	Eigenkapital	130 000,00
Geschäftsausstattung	50 000,00	Darlehensschulden	40 000,00
Bank	15 000,00	**Verbindlichkeiten a. L. u. L.**	**55 000,00**
	225 000,00		225 000,00

Aktiv-Passiv-Mehrung: Mehrung eines Aktivpostens und Mehrung eines Passivpostens

4. **Aktiv-Passiv-Minderung**

Beispiel

Zum Ausgleich einer Verbindlichkeit a. L. u. L. überweisen wir an einen Lieferanten 4 000,00 EUR aus unserem Bankguthaben.

Bilanzänderung:	***Bank***	***– 4 000,00***
	Verbindlichkeiten a. L. u. L.	***– 4 000,00***

A	Geänderte Bilanz		P
Maschinen	160 000,00	Eigenkapital	130 000,00
Geschäftsausstattung	50 000,00	Darlehensschulden	40 000,00
Bank	**11 000,00**	**Verbindlichkeiten a. L. u. L.**	**51 000,00**
	221 000,00		221 000,00

Aktiv-Passiv-Minderung: Minderung eines Aktivpostens und Minderung eines Passivpostens

Die Werte in der Bilanz werden durch vier Arten von Geschäftsfällen verändert:

Aktivtausch:	**Umschichtung innerhalb der Aktivseite**
Passivtausch:	**Umschichtung innerhalb der Passivseite**
Aktiv-Passiv-Mehrung:	**Mehrung auf beiden Bilanzseiten**
Aktiv-Passiv-Minderung:	**Minderung auf beiden Bilanzseiten**

Arbeitsaufträge

1. Geben Sie bei folgenden Geschäftsfällen an, um welche Art von Bilanzänderung es sich handelt.
1. Wir heben Geld vom Bankkonto für die Geschäftskasse ab.
2. Wir kaufen eine Drehmaschine auf Ziel.
3. Wir verkaufen einen gebrauchten Computer aus unserem Betriebsvermögen gegen Barzahlung.
4. Fällige Liefererschulden werden in eine Hypothekenschuld umgewandelt.
5. Wir überweisen aus unserem Bankguthaben an unseren Hypothekengläubiger eine Tilgungsrate.
6. Wir kaufen einen Computer und bezahlen ihn mit einem Bankscheck.
7. Wir nehmen ein Darlehen auf. Der Betrag wird unserem Bankkonto gutgeschrieben.
8. Ein Kunde überweist einen Rechnungsbetrag auf unser Bankkonto.
9. Wir bezahlen eine Liefererrechnung durch Banküberweisung.

2. Beantworten Sie folgende Fragen:
1. a) Welche Vorteile können sich ergeben, wenn ein Unternehmen überwiegend mit Eigenkapital finanziert ist?
   b) Welche Nachteile können sich ergeben, wenn ein Unternehmen überwiegend mit Fremdkapital finanziert ist?
2. Welche Folgen ergeben sich für ein Unternehmen, das mit einem hohen Bestand an Anlagevermögen ausgestattet ist?
3. Warum sollte das für die Finanzierung von Anlagegütern aufgenommene Fremdkapital langfristig sein?

3. Inventurbestände

	EUR		EUR
Maschinen	150 000,00	Bankguthaben	20 000,00
Fuhrpark	70 000,00	Darlehensschulden	90 000,00
Geschäftsausstattung	30 000,00	Verbindlichkeiten a. L. u. L.	28 000,00
Forderungen a. L. u. L.	42 000,00		

a) Stellen Sie die Bilanz auf.

Geschäftsfälle	EUR
1. Ein Kunde begleicht unsere Rechnung durch Banküberweisung	3 000,00
2. Wir kaufen einen Pkw auf Ziel	35 000,00
3. Wir begleichen eine Lieferantenrechnung durch Banküberweisung	6 000,00
4. Wir kaufen ein Kopiergerät und bezahlen mit Bankscheck	2 000,00

b) Stellen sie nach jedem Geschäftsfall eine neue Bilanz auf.

Da habe ich noch eine Frage: Muss man denn nach jedem Geschäftsfall eine neue Bilanz aufstellen?

3 Grundlegende Buchungen auf Bestandskonten

3.1 Erfassung von Wertänderungen auf Konten

Einrichtung von Bestandskonten

Jeder Geschäftsfall hat eine Änderung von mindestens zwei Bilanzpositionen zur Folge. Um die Art und Höhe der Änderungen und den jeweiligen Stand des Vermögens und der Schulden festzustellen, kann nicht nach jedem Geschäftsfall eine neue Bilanz aufgestellt werden; diese Form der Buchführung wäre zu aufwändig. Man zerlegt deshalb die Bilanz in eine Vielzahl von Einzelrechnungen: die **Konten.** Auf den Konten erfasst man alle Geschäftsfälle, die zwischen den Bilanzstichtagen anfallen.

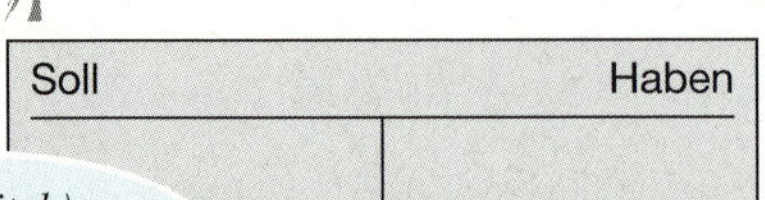

Jedes Konto hat zwei Seiten:
- Die linke Seite heißt **Sollseite,** kurz: **Soll.**
- Die rechte Seite heißt **Habenseite,** kurz: **Haben.**

Conto (ital.) heißt Rechnung.

Für jede Bilanzposition wird ein eigenes Konto eingerichtet. Die Konten für die Aktiva nennt man **Aktivkonten,** die für die Passiva **Passivkonten.** Auf diesen Konten werden die Bestände und ihre Änderungen erfaßt; deshalb bezeichnet man Aktiv- und Passivkonten als **Bestandskonten.**

Buchung der Anfangsbestände

Die **Aktiva,** die in der Bilanz links stehen, werden als Anfangsbestände auf die linke Seite **(Sollseite)** der Aktivkonten übertragen.

Die **Passiva,** die in der Bilanz rechts stehen, werden als Anfangsbestände auf die rechte Seite **(Habenseite)** der Passivkonten übertragen.

Buchung der Anfangsbestände

Eröffnungsbilanz

A			P
Maschinen	120 000,00	Eigenkapital	130 000,00
Geschäftsausstattung	45 000,00	Darlehensschulden	30 000,00
Bank	20 000,00	Verbindlichk. a. L. u. L.	25 000,00
	185 000,00		185 000,00

S	Maschinen	H	S	Eigenkapital	H
AB[1])	120 000,00			AB	130 000,00

S	Geschäftsausstattung	H	S	Darlehensschulden	H
AB	45 000,00			AB	30 000,00

S	Bank	H	S	Verbindlichkeiten	H
AB	20 000,00			AB	25 000,00

Beispiel

*Ist doch ganz einfach, die **Buchung der Anfangsbestände: Bilanz links – Konto links Bilanz rechts – Konto rechts***

*Die auf den Konten gebuchten Anfangsbestände werden noch auf einem besonderen Konto gegengebucht, dem **Eröffnungsbilanzkonto**. Aus Gründen der Vereinfachung unterbleibt dies hier.*

Für alle Bilanzpositionen werden Konten eingerichtet, für die Positionen der Aktivseite Aktivkonten, für die der Passivseite Passivkonten. Aktiv- und Passivkonten sind Bestandskonten.
Auf Aktivkonten werden die Anfangsbestände ins Soll übertragen, auf Passivkonten ins Haben.

3.2 Buchen von Geschäftsfällen auf Aktiv- und Passivkonten

Die aus der Eröffnungsbilanz übernommenen **Anfangsbestände** erscheinen auf den **Aktivkonten** im **Soll. Zugänge** erhöhen die Anfangsbestände und werden deshalb ebenfalls ins **Soll** gebucht. **Abgänge** mindern die Anfangsbestände und werden deshalb auf Aktivkonten im **Haben** gebucht.
Auf den **Passivkonten** erscheinen die aus der Eröffnungsbilanz übernommenen **Anfangsbestände** im **Haben.** Daher werden **Zugänge** auf diesen Konten im **Haben** gebucht, die die Bestände mindernden **Abgänge** dagegen im **Soll.**

S	Aktivkonto H	S	Passivkonto H
Anfangsbestand	Abgänge (Minderung)	Abgänge (Minderung)	Anfangsbestand
Zugänge (Mehrung)			Zugänge (Mehrung)

[1] AB = Anfangsbestand

Fragen vor der Buchung eines Geschäftsfalls	
1	Welche Konten werden berührt?
2	Handelt es sich um Aktiv- oder Passivkonten?
3	Liegt eine Mehrung oder Minderung des Bestandes vor?
4	Auf welcher Kontenseite ist demnach zu buchen?

Beispiele

① *Geschäftsfall:*

Wir kaufen einen Computer für 5 000,00 EUR und überweisen den Betrag gleich aus unserem Bankguthaben.

Lösung:

Frage	1. Konto	2. Konto
1	**Geschäftsausstattung**	**Bank**
2	Aktivkonto	Aktivkonto
3	Mehrung	Minderung
4	**Soll 5 000,00**	**Haben 5 000,00**

② *Geschäftsfall:*

Nach Vereinbarung mit einem Lieferanten wird eine Verbindlichkeit a. L. u. L. in Höhe von 10 000,00 EUR in eine Darlehensschuld umgewandelt.

Lösung:

Frage	1. Konto	2. Konto
1	**Verbindlichkeiten a. L. u. L.**	**Darlehensschulden**
2	Passivkonto	Passivkonto
3	Minderung	Mehrung
4	**Soll 10 000,00**	**Haben 10 000,00**

③ *Geschäftsfall:*

Wir kaufen eine Schleifmaschine auf Ziel im Werte von 40 000,00 EUR.

Lösung:

Frage	1. Konto	2. Konto
1	**Maschinen**	**Verbindlichkeiten a. L. u. L.**
2	Aktivkonto	Passivkonto
3	Mehrung	Mehrung
4	**Soll 40 000,00**	**Haben 40 000,00**

④ *Geschäftsfall:*

Zum Ausgleich einer Verbindlichkeit a. L. u. L. überweisen wir an einen Lieferanten 4 000,00 EUR aus unserem Bankguthaben.

Lösung:

Frage	1. Konto	2. Konto
1	**Verbindlichkeiten a. L. u. L.**	**Bank**
2	Passivkonto	Aktivkonto
3	Minderung	Minderung
4	**Soll 4 000,00**	**Haben 4 000,00**

Buchung der Geschäftsfälle auf Bestandskonten

Eröffnungsbilanz

A			P
Maschinen	120 000,00	Eigenkapital	130 000,00
Geschäftsausstattung	45 000,00	Darlehensschulden	30 000,00
Bank	20 000,00	Verbindlichkeiten a. L. u. L.	25 000,00
	185 000,00		185 000,00

Maschinen

S	H
AB 120 000,00	
③ Verb. 40 000,00	

Eigenkapital

S	H
	AB 130 000,00

Geschäftsausstattung

S	H
AB 45 000,00	
① Bank 5 000,00	

Darlehensschulden

S	H
	AB 30 000,00
	Verb. 10 000,00 ②

Bank

S	H
AB 20 000,00	Gesch. 5000,00 ①
	Verb. 4 000,00 ④

Verbindlichkeiten a. L. u. L.

S	H
② Darl. 10 000,00	AB 25 000,00
④ Bank 4 000,00	Ma. 40 000,00 ③

Jeder Geschäftsfall berührt mindestens zwei Konten, wobei immer eine Buchung im Soll, die Gegenbuchung im Haben erfolgt. Somit stimmt die Summe der im Soll gebuchten Beträge mit der Summe der im Haben gebuchten Beträge überein.

Um die Buchungen nachvollziehen zu können, vermerkt man vor jedem gebuchten Betrag das **Gegenkonto,** d. h. die Bezeichnung des Kontos, auf dem gegengebucht wird.

Zugänge (Mehrungen) werden auf Aktivkonten im Soll, auf Passivkonten im Haben gebucht.

Abgänge (Minderungen) werden auf Aktivkonten im Haben, auf Passivkonten im Soll gebucht.

3.3 Abschluss der Bestandskonten

Am Ende eines Abrechnungszeitraumes müssen die Endbestände auf den Bestandskonten ermittelt werden.

	Anfangsbestand
+	Zugänge (Mehrungen)
–	Abgänge (Minderungen)
=	**Endbestand**

Buchungstechnisch verfährt man folgendermaßen:

① Man addiert die wertmäßig größere Seite,
② überträgt die ermittelte Summe auf die wertmäßig kleinere Seite und
③ errechnet den **Endbestand** als Ausgleichsbetrag. Diesen Ausgleichsbetrag nennt man **Saldo.**

Beispiel

Saldo (ital.) heißt Ausgleich.

Prägen Sie sich dieses Bild gut ein! Es zeigt die Grundregeln der Buchführung.

Aktivkonto

S		H	
Anfangsbestand	100	Abgänge (Minderung)	150
Zugänge (Mehrung)	170	Saldo ③ = Endbestand	120
①	270		270

② Summe der Sollseite wird auf die Habenseite übertragen.

Passivkonto

S		H	
Abgänge (Minderung)	150	Anfangsbestand	100
Saldo ③ = Endbestand	120	Zugänge (Mehrung)	170
	270	①	270

Die Salden der Bestandskonten werden auf einem Sammelkonto zusammengeführt, auf dem **Schlussbilanzkonto (SBK).** Das Schlussbilanzkonto ist das Gegenkonto für die Endbestände (Salden) der Bestandskonten.

Beispiel

Abschluss der Bestandskonten

S	Maschinen		H
AB	120 000,00	SBK	160 000,00
Verb.	40 000,00		
	160 000,00		160 000,00

S	Eigenkapital		H
SBK	130 000,00	AB	130 000,00

S	Geschäftsausstattung		H
AB	45 000,00	SBK	50 000,00
Bank	5 000,00		
	50 000,00		50 000,00

S	Darlehensschulden		H
SBK	40 000,00	AB	30 000,00
		Verb.	10 000,00
	40 000,00		40 000,00

S	Bank		H
AB	20 000,00	Gesch.	5 000,00
		Verb.	4 000,00
		SBK	11 000,00
	20 000,00		20 000,00

S	Verbindlichkeiten a. L. u. L.		H
Darl.	10 000,00	AB	25 000,00
Bank	4 000,00	Masch.	40 000,00
SBK	51 000,00		
	65 000,00		65 000,00

S	Schlussbilanzkonto		H
Maschinen	160 000,00	Eigenkapital	130 000,00
Geschäftsausstattung	50 000,00	Darlehensschulden	40 000,00
Bank	11 000,00	Verbindlichkeiten a. L. u. L.	51 000,00
	221 000,00		221 000,00

Am Ende des Abrechnungszeitraumes werden die Endbestände (Salden) der Bestandskonten ermittelt und auf dem Schlussbilanzkonto zusammengeführt.
Die Salden der Aktivkonten stehen auf dem Schlussbilanzkonto im Soll, die Salden der Passivkonten im Haben.
Die Summe der Aktivbestände ist gleich der Summe der Passivbestände.

3.4 Von der Eröffnungsbilanz bis zum Schlussbilanzkonto

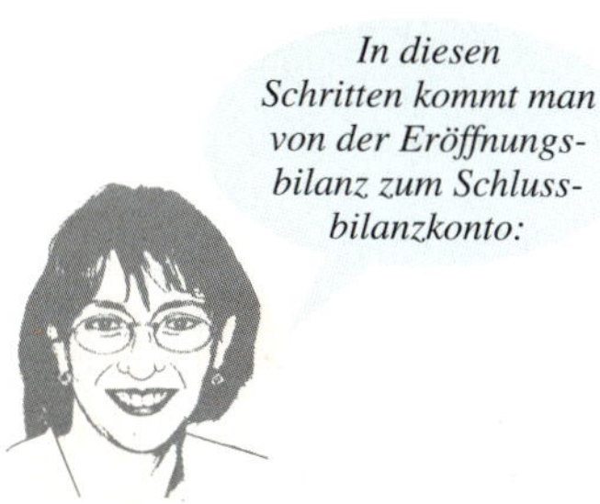

1. Auflösung der Eröffnungsbilanz in Konten
2. Buchen der Geschäftsfälle auf den Konten
3. Abschluss der Konten
4. Aufstellung des Schlussbilanzkontos

Beispiel

Eröffnungsbilanz

A		P	
Maschinen	**120 000,00**	**Eigenkapital**	**130 000,00**
Geschäftsausstattung	**45 000,00**	**Darlehensschulden**	**30 000,00**
Bank	**20 000,00**	**Verbindlichkeiten a. L. u. L.**	**25 000,00**
	185 000,00		**185 000,00**

Maschinen

S		H	
AB	120 000,00	SBK	160 000,00
Verb.	40 000,00		
	160 000,00		160 000,00

Eigenkapital

S		H	
SBK	130 000,00	AB	130 000,00

Geschäftsausstattung

S		H	
AB	45 000,00	SBK	50 000,00
Bank	5 000,00		
	50 000,00		50 000,00

Darlehensschulden

S		H	
SBK	40 000,00	AB	30 000,00
		Verb.	10 000,00
	40 000,00		40 000,00

Bank

S		H	
AB	20 000,00	Gesch.	5 000,00
		Verb.	4 000,00
		SBK	11 000,00
	20 000,00		20 000,00

Verbindlichkeiten a. L. u. L.

S		H	
Darl.	10 000,00	AB	25 000,00
Bank	4 000,00	Masch.	40 000,00
SBK	51 000,00		
	65 000,00		65 000,00

Schlussbilanzkonto

S		H	
Maschinen	**160 000,00**	**Eigenkapital**	**130 000,00**
Geschäftsausstattung	**50 000,00**	**Darlehensschulden**	**40 000,00**
Bank	**11 000,00**	**Verbindlichkeiten a. L. u. L.**	**51 000,00**
	221 000,00		**221 000,00**

Arbeitsaufträge

1. Stellen Sie die Eröffnungsbilanz auf.
2. Richten Sie die erforderlichen Konten ein.
3. Buchen Sie die Geschäftsfälle auf den Konten.
4. Schließen Sie die Konten ab.
5. Stellen Sie das Schlussbilanzkonto auf.

1./2. Anfangsbestände

	EUR		EUR
Maschinen	160 000,00	Eigenkapital	?
Fuhrpark	70 000,00	Darlehensschulden	125 000,00
Geschäftsausstattung	40 000,00	Verbindlichkeiten a. L. u. L.	75 000,00
Bankguthaben	20 000,00		

Geschäftsfälle

	1. EUR	2. EUR
1. Zielkauf eines Kopiergerätes	9 000,00	4 000,00
2. Ausgleich einer Lieferantenrechnung durch Banküberweisung	6 000,00	5 000,00
3. Zielkauf einer Schleifmaschine	35 000,00	45 000,00
4. Rückzahlung eines Darlehens durch Banküberweisung	8 000,00	6 000,00
5. Verkauf einer gebrauchten Werkzeugmaschine gegen Bankscheck	3 000,00	2 000,00

3./4. Anfangsbestände

	EUR		EUR
Maschinen	250 000,00	Kasse	15 000,00
Werkzeuge	60 000,00	Eigenkapital	?
Geschäftsausstattung	35 000,00	Darlehensschulden	120 000,00
Forderungen a. L. u. L.	43 000,00	Kurzfristige Bankschulden	25 000,00
		Verbindlichkeiten a. L. u. L.	55 000,00

Geschäftsfälle	**3.** EUR	**4.** EUR
1. Abhebung vom Bankkonto	7 000,00	11 000,00
2. Banküberweisung von Kunden	14 000,00	17 000,00
3. Zielkauf eines Computers	2 000,00	2 300,00
4. Barverkauf eines gebrauchten Computers	300,00	200,00
5. Wir nehmen ein Darlehen auf. Der Darlehensbetrag wird unserem Bankkonto gutgeschrieben	30 000,00	35 000,00
6. Ausgleich von Liefererschulden durch Banküberweisung	15 000,00	12 000,00
7. Zielkauf von Werkzeugen	13 000,00	19 000,00

5./6. Anfangsbestände

	EUR		EUR
Fabrikgebäude	270 000,00	Eigenkapital	?
Maschinen	210 000,00	Hypothekenschulden	210 000,00
Fuhrpark	45 000,00	Verbindlichkeiten a. L. u. L.	78 000,00
Forderungen a. L. u. L.	30 000,00		
Bank	19 000,00		
Postbank	23 000,00		

Geschäftsfälle	**5.** EUR	**6.** EUR
1. Postbanküberweisung von Kunden	7 000,00	5 000,00
2. Überweisung vom eigenen Bankkonto auf das Postbankkonto	3 000,00	4 000,00
3. Ein Teil unserer Liefererschulden wird in eine Hypothekenschuld umgewandelt	40 000,00	50 000,00
4. Rückzahlung einer Hypothekenschuld durch Postbanküberweisung	5 000,00	6 000,00
5. Postbanküberweisung an Lieferer	8 000,00	9 000,00

3.5 Zusammenhang von Schlussbilanzkonto und Schlussbilanz

Im Schlussbilanzkonto werden die Bestände zusammengeführt, die sich auf Grund von Änderungen durch Geschäftsfälle ergeben haben. Die Geschäftsfälle sind durch Belege nachgewiesen.
In der Praxis stimmen die auf den Konten ermittelten Bestände (Buchbestände) jedoch nicht immer mit den tatsächlich vorhandenen Beständen (Inventurbeständen) überein: Bruchschäden, Verderb, Diebstahl, Verdunstung u. a. führen zu **Abweichungen.** Diese Abweichungen werden erst durch die Inventur festgestellt, man bezeichnet sie als **Inventurdifferenzen.** Außerdem können Buchungsfehler die Ursache für Abweichungen von Buch- und Inventurbeständen sein. Alle diese Abweichungen werden vor Aufstellung des Schlussbilanzkontos durch Berichtigungsbuchungen bereinigt. Auf diese Weise kommt es zu einer **Übereinstimmung** der Bestände des **Schlussbilanzkontos** und der **Schlussbilanz**.

In den Übungsaufgaben dieses Buches wird in der Regel davon ausgegangen, dass die Bestände des Schlussbilanzkontos mit den Inventurwerten übereinstimmen.

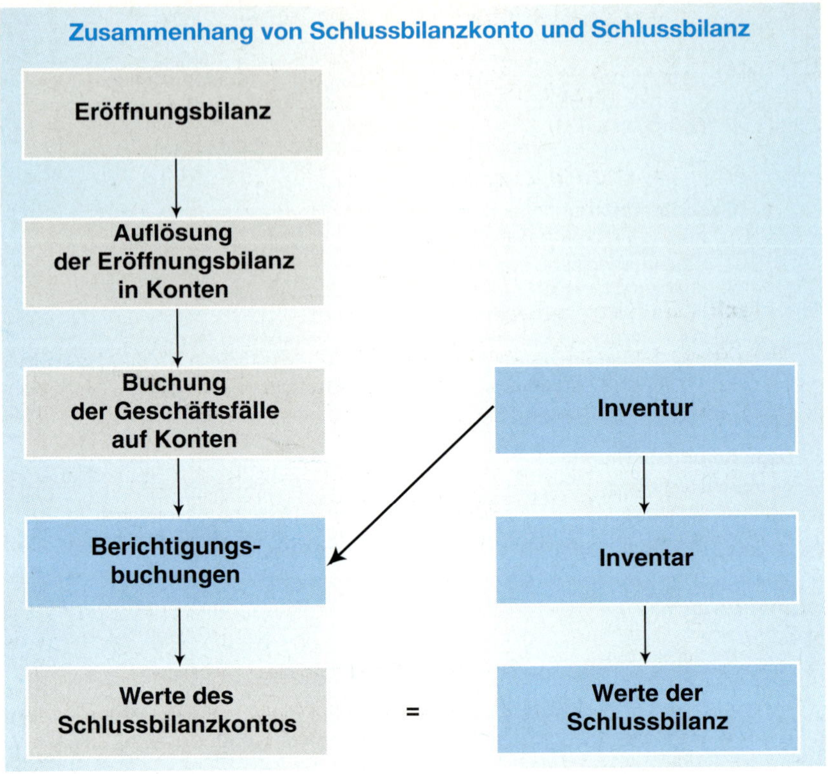

3.6 Buchen von Geschäftsfällen im Grund- und Hauptbuch

3.6.1 Buchungssatz

Die Informationen für die Buchung von Geschäftsfällen erhält man durch die Beantwortung folgender vier Fragen:

1. Welche Konten werden berührt?
2. Handelt es sich um Aktiv- oder Passivkonten?
3. Liegt eine Mehrung oder Minderung des Bestandes vor?
4. Auf welcher Kontenseite ist demnach zu buchen?

Die gewonnenen Informationen lassen sich in kurzer und eindeutiger Form im **Buchungssatz** zusammenfassen. **Der Buchungssatz** enthält neben den zu buchenden Beträgen die Konten, die vom Geschäftsfall berührt werden:

- An erster Stelle das **Konto, auf dem im Soll gebucht wird** (Sollbuchung),
- an zweiter Stelle das **Konto, auf dem im Haben gebucht wird** (Habenbuchung).
- **Dazwischen** steht das Wort **„an“.**

Beispiel

Verbindlichkeiten 812,00 an Bank 812,00

Das heißt: *Buchung auf* **Verbindlichkeiten** *im* ***Soll*** *812,00* — *Buchung auf* ***Bank*** *im* ***Haben*** *812,00*

Erst Sollbuchung .... dann .... Habenbuchung

Einfacher Buchungssatz

Werden bei einem Geschäftsfall nur zwei Konten berührt, ergibt sich ein einfacher Buchungssatz: Darin steht **einer Sollbuchung** nur **eine Habenbuchung** gegenüber.

Beispiel

Geschäftsfall: *Wir kaufen einen Computer für 2 000,00 EUR und überweisen den Betrag gleich aus unserem Bankguthaben.*

Buchungssatz: **Geschäftsausstattung 2 000,00 an Bank 5 000,00**

Arbeitsaufträge

Bilden Sie die Buchungssätze für folgende Geschäftsfälle.

		EUR
1.	Ein Kunde begleicht eine Rechnung durch Überweisung auf unser Bankkonto	4 000,00
2.	Wir kaufen einen Computer auf Ziel	2 500,00
3.	Wir überweisen von unserem Postbankkonto auf unser Bankkonto	10 000,00
4.	Eine kurzfristige Verbindlichkeit a. L. u. L. wird in ein längerfristiges Darlehen umgewandelt	15 000,00
5.	Banküberweisung an unseren Lieferanten	4 500,00
6.	Wir kaufen einen Geschäfts-Pkw und bezahlen den Kaufpreis durch Banküberweisung	24 000,00
7.	Ausgleich einer Liefererrechnung durch Banküberweisung	6 200,00
8.	Rückzahlung einer Darlehensschuld durch Postbanküberweisung	9 000,00
9.	Wir nehmen eine Hypothek auf. Der Betrag wird unserem Bankkonto gutgeschrieben	20 000,00

Zusammengesetzter Buchungssatz

Es gibt Geschäftsfälle, die mehr als zwei Konten berühren. Buchungssätze für solche Geschäftsfälle enthalten **mehrere Soll- bzw. Habenbuchungen.**

Beispiele

Geschäftsfall: *Zum Ausgleich einer Verbindlichkeit überweisen wir an einen Lieferanten 3 000,00 EUR, und zwar 1 000,00 EUR aus unserem Postbankguthaben und 2 000,00 EUR aus unserem Bankguthaben.*

Buchungssatz:

Verbindlichkeiten a. L. u. L.	**3 000,00**	**an**	**Postbank**	**1 000,00**
		an	**Bank**	**2 000,00**

Geschäftsfall: *Wir verkaufen eine gebrauchte Werkzeugmaschine. Der Käufer überweist 4 000,00 EUR auf unser Bankkonto und 2 000,00 EUR auf unser Postbankkonto.*

Buchungssatz:

Bank	**4 000,00**			
Postbank	**2 000,00**	**an**	**Techn. Anlagen und Maschinen**	**6 000,00**

Arbeitsaufträge

Bilden Sie die Buchungssätze für folgende Geschäftsfälle.

	EUR
1. Wir zahlen ein Darlehen zurück. Überweisung von	
unserem Bankkonto	6 700,00
von unserem Postbankkonto	3 300,00
2. Zielkauf einer Büroeinrichtung	4 800,00
und eines Lagerregals	1 200,00
3. Wir verkaufen einen gebrauchten Geschäfts-Pkw.	
Wir erhalten bar	1 000,00
der Rest wird auf unser Bankkonto überwiesen	3 900,00
4. Ein Kunde bezahlt unsere Rechnung. Er überweist	
auf unser Bankkonto	6 500,00
auf unser Postbankkonto	2 000,00
5. Wir kaufen einen Computer. Wir zahlen bar an	1 500,00
und überweisen aus dem Bankguthaben	3 200,00

3.6.2 Buchungen im Grund- und Hauptbuch

Buchungsbelege[1]

Alle Geschäftsfälle müssen durch Belege nachgewiesen werden. Belege bilden die Grundlage für die Buchungen. Sie ermöglichen es Buchungen nachzuvollziehen und auf ihre Vollständigkeit und Richtigkeit zu überprüfen. Buchungsbelege sind z. B. Eingangsrechnungen, Kontoauszüge der Bank, Kassenbelege, Kopien der Ausgangsrechnungen.

Vor dem Buchen werden Belege **kontiert,** indem auf ihnen der Buchungssatz vermerkt wird. Dazu kann ein **Buchungsstempel** verwendet werden.

[1] *Vgl. auch S. 395 ff.*

Die Schraubenfabrik Fritz Dreher e. K. erhält folgende Rechnung:

Beispiel

Computer-Center
Hermann Klein e. K.

Hermann Klein e. K., Stromstr. 14, 40221 Düsseldorf

Fritz Dreher e. K.
Schraubenfabrik
Industriestr. 200

41460 Neuss

Konto	Soll	Haben
Gesch.-Ausst. Verb. a.L.u.L.	2 000,00	2 000,00
Gebucht: ..-06-03 Bu.		

Rechnung

Kd.-Nr.	Beleg-Nr.	Datum
00245	99364	..-05-30

1 Computer PII
mit Tastatur, Monitor 19″, Laser-Drucker,
Scanner, integrierte Software — 2 000,00 EUR[1]

So kann ein Buchungsstempel aussehen.

Belege sind Nachweise über Geschäftsfälle, sie sind 10 Jahre aufzubewahren.

Nach dem Kontieren werden die Geschäftsfälle in zwei verschiedenen Büchern gebucht: im **Grundbuch** und im **Hauptbuch.**

Buchungen im Grundbuch

Bevor Geschäftsfälle auf Konten gebucht werden, erfasst man sie in **zeitlicher Reihenfolge** (chronologisch) im **Grundbuch** (Tagebuch, Journal, Primanota). Dort können neben dem Buchungssatz weitere Angaben vermerkt werden, z. B. das Buchungsdatum und die Belegkennzeichnung.

Beispiel

Geschäftsfälle

1. *Wir kaufen einen Personalcomputer für 2 000,00 EUR und überweisen den Betrag gleich aus unserem Bankguthaben.*
2. *Wir verkaufen einen gebrauchten Geschäfts-Pkw. Der Käufer zahlt 800,00 EUR bar, über 1 500,00 EUR gibt er einen Bankscheck.*

Grundbuch						
Datum	Beleg	Buchungssatz			Soll	Haben
8. April 20..	ER 157	Geschäfts-ausstattung	an	Bank	2 000,00	2 000,00
9. April 20..	AR 97	Kasse			800,00	
		Bank	an	Fuhrpark	1 500,00	2 300,00

[1] Umsatzsteuer wird zu einem späteren Zeitpunkt berücksichtigt.

Buchungen im Hauptbuch

Die chronologische Aufzeichnung der Geschäftsfälle im Grundbuch vermittelt noch keinen gesonderten Überblick über den Bestand und die Änderungen der einzelnen Bilanzpositionen. Um diesen Überblick zu erhalten, wird das **Hauptbuch** geführt. Im Hauptbuch sind für alle Bilanzpositionen **Sachkonten** eingerichtet, auf denen die Anfangsbestände und die Geschäftsfälle zu buchen sind sowie der Abschluss durchzuführen ist.

Beispiel

Hauptbuch

S	**Fuhrpark**		H
AB	80 000,00	Kasse/Bank	2 300,00

S	**Geschäftsausstattung**		H
Bank	2000,00		

S	**Kasse**		H
AB	1 300,00		
Fuhrpark	800,00		

S	**Bank**		H
AB	9 000,00	Gesch.	2 000,00
Fuhrpark	1 500,00		

Alle Geschäftsfälle sind durch Belege nachzuweisen.
Im Grundbuch werden die Geschäftsfälle eines Abrechnungszeitraumes listenförmig in zeitlicher Reihenfolge erfasst.
Im Hauptbuch werden die Geschäftsfälle sachlich geordnet auf Konten gebucht.

Arbeitsaufträge

1. Erstellen Sie ein Grundbuch für folgende Geschäftsfälle.
1. Wir kaufen eine Drehmaschine zum Preise von 35 000,00 EUR auf Ziel.
2. Wir verkaufen einen gebrauchten Computer für 300,00 EUR gegen Barzahlung.
3. Ein Kunde überweist auf unser Bankkonto 1 700,00 EUR zum Ausgleich einer Rechnung.
4. Wir zahlen aus der Geschäftskasse 2 000,00 EUR auf unser Bankkonto ein.
5. Wir nehmen eine Hypothek von 20 000,00 EUR auf. Der Betrag wird auf unserem Bankkonto gutgeschrieben.
6. Wir überweisen aus unserem Bankguthaben eine Rate von 600,00 EUR zur Tilgung des Hypothekendarlehens.
7. Zum Ausgleich einer Verbindlichkeit von 3 500,00 EUR überweisen wir aus unserem Postbankguthaben 1 000,00 EUR und aus unserem Bankguthaben 2 500,00 EUR.
8. Wir begleichen Liefererschulden: durch Barzahlung 700,00 EUR, durch Postbanküberweisung 2 300,00 EUR und durch Banküberweisung 4 700,00 EUR.

2. Erstellen Sie ein Grundbuch für folgende Geschäftsfälle:

		EUR
1.	Wir kaufen Werkzeuge auf Ziel	3 000,00
2.	Ein Kunde überweist auf unser Bankkonto	4 300,00
3.	Wir kaufen einen Lkw. Es wird uns ein längeres Zahlungsziel eingeräumt	54 000,00
4.	Abhebung vom Bankkonto für die Geschäftskasse	9 000,00
5.	Wir nehmen ein Darlehen auf. Der Betrag wird unserem Bankkonto gutgeschrieben	25 000,00
6.	Wir kaufen für die Buchhaltung eine neue Büroeinrichtung. Der Lieferer gewährt ein längeres Zahlungsziel	16 000,00
7.	Wir kaufen einen Computer und begleichen die Rechnung durch Bankscheck	2 300,00
8.	Wir zahlen ein Darlehen durch Banküberweisung zurück	7 000,00
9.	Wir begleichen Liefererrechnungen	
	durch Postbanküberweisungen	12 600,00
	durch Banküberweisungen	17 800,00

3. Welche Geschäftsfälle liegen folgenden Buchungssätzen zugrunde?

1. Bank	10 000,00	an	Postbank	10 000,00
2. Maschinen	30 000,00	an	Verb. a. L. u. L.	30 000,00
3. Bank	300,00	an	Geschäftsausstattung	300,00
4. Bank	4 000,00	an	Forderungen	4 000,00
5. Bank	20 000,00	an	Darlehen	20 000,00
6. Werkzeuge	19 000,00	an	Kasse	2 000,00
		an	Bank	7 000,00
		an	Verb. a. L. u. L.	10 000,00
7. Betriebs- u. Geschäftsausst.	8 000,00	an	Verb. a. L. u. L.	8 000,00
8. Hypothekenschulden	3 500,00	an	Bank	3 500,00
9. Verb. a. L. u. L.	8 000,00	an	Bank	5 000,00
		an	Postbank	3 000,00

4. Eröffnungsbilanz

A		P	
Maschinen	270 000,00	Eigenkapital	240 000,00
Geschäftsausstattung	90 000,00	Darlehensschulden	100 000,00
Forderungen a. L. u. L.	50 000,00	Kurzfristige Bankschulden	20 000,00
Kasse	10 000,00	Verbindlichkeiten a. L. u. L.	60 000,00
	420 000,00		420 000,00

Geschäftsfälle	EUR
1. Ein Kunde überweist auf unser Bankkonto	14 000,00
2. Zielverkauf einer gebrauchten Drehmaschine	9 000,00
3. Wir entnehmen der Geschäftskasse und zahlen aufs Bankkonto ein	6 000,00
4. Tilgung von Darlehensschulden durch Banküberweisung	4 000,00
5. Zielkauf eines Computers	8 000,00
6. Die Rechnung aus Fall 5 wird wie folgt beglichen:	
Der Lieferer nimmt einen gebrauchten Computer in Zahlung	3 000,00
Banküberweisung	5 000,00

a) Erstellen Sie ein Grundbuch
b) Buchen Sie im Hauptbuch und schließen Sie ab.

4 Grundlegende Buchungen auf Erfolgskonten

4.1 Auswirkungen von Aufwendungen und Erträgen auf das Eigenkapital

Wie entstehen eigentlich Gewinne oder Verluste?

Die bisher behandelten Geschäftsfälle änderten zahlreiche Bilanzpositionen, nicht jedoch das Eigenkapital. Es ereignen sich aber auch Geschäftsfälle, durch die

Eigenkapitaländerungen

eintreten. Diese Änderungen können zu einer Eigenkapitalmehrung oder Eigenkapitalminderung führen. Minderungen des Eigenkapitals werden durch Aufwendungen, Mehrungen des Eigenkapitals durch Erträge verursacht.

- **Aufwendungen** → **Eigenkapitalminderungen**
- **Erträge** → **Eigenkapitalmehrungen**

Aufwendungen entstehen z. B. durch den Einsatz von Material, Maschinen, Werkzeugen, Fremdkapital und Arbeitskräften. Das Material wird verbraucht, Maschinen und Werkzeuge nutzen ab, Löhne werden gezahlt, für Fremdkapital fallen Zinsen an. Es findet ein ständiger Werteverzehr durch den Verbrauch von Gütern und Diensten statt. Den gesamten **Werteverzehr** in einem Abrechnungszeitraum nennt man **Aufwand.** Er verursacht Vermögensminderungen und damit auch **Minderungen des Eigenkapitals.**

Beispiele

1. ***Stoffaufwendungen*** *entstehen durch den Verbrauch von Roh-, Hilfs- und Betriebsstoffen.*
   - ***Rohstoffe*** *sind Stoffe, die als* ***wesentlicher Bestandteil*** *in das Erzeugnis eingehen, z. B. Holz in der Möbelindustrie.*
   - ***Hilfsstoffe*** *sind Stoffe, die als* ***Nebenbestandteil*** *in das Erzeugnis eingehen, z. B. Lack, Leim, Nägel.*
   - ***Betriebsstoffe*** *sind Stoffe, die bei der Herstellung von Erzeugnissen verbraucht werden, jedoch* ***nicht in das Produkt eingehen,*** *z. B. Brennstoffe, Treibstoffe, Schmiermittel, Schleifmittel.*
2. ***Aufwendungen für Vorprodukte/Fremdbauteile,*** *z. B. Verbrauch der von Zulieferern bezogenen Instrumente, Batterien, Felgen, Reifen usw. im Automobilbau*
3. ***Aufwendungen für den Einsatz von Arbeitskräften:*** *Löhne und Gehälter, soziale Abgaben*
4. ***Aufwendungen für die Wertminderung der Anlagegüter:*** *Abschreibungen*
5. ***Aufwendungen für Miete, Verwaltung und Werbung***
6. ***Aufwendungen für den Einsatz von Fremdkapital:*** *Zinsen*

Erträge sind alle **Wertzugänge** eines Unternehmens. Sie führen zu einer Erhöhung des Vermögens, z. B. des Geldmittelbestandes oder der Forderungen, und damit auch zu einer **Erhöhung des Eigenkapitals.** Die Haupterträge eines Industrieunternehmens werden durch den Verkauf der Erzeugnisse am Markt erzielt. Diese beim Verkauf erzielten Einnahmen bezeichnet man als **Umsatzerlöse.** Mit den Umsatzerlösen versuchen die Unternehmen nicht nur die im Produktionsprozess entstandenen Aufwendungen abzudecken, sondern darüber hinaus auch einen Gewinn zu erzielen. Neben diesen Haupterträgen eines Industrieunternehmens können auch andere Erträge anfallen, z. B. Zinserträge, Mieterträge.

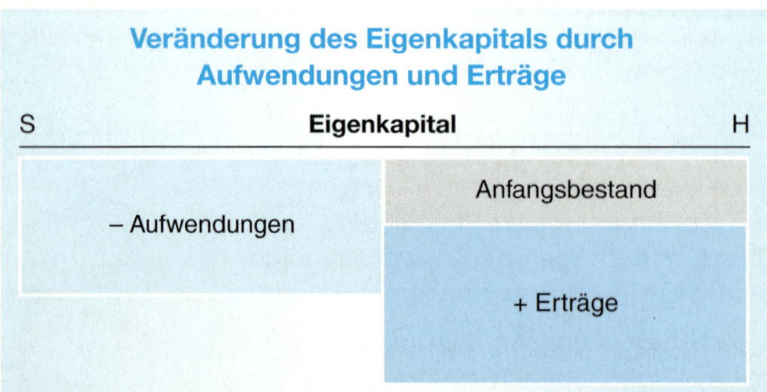

Aufwendungen stellen den gesamten Werteverzehr eines Unternehmens während einer Abrechnungsperiode dar. Aufwendungen mindern das Eigenkapital.
Erträge sind alle Wertzugänge eines Unternehmens während einer Abrechnungsperiode. Erträge mehren das Eigenkapital.

4.2 Erfassung von Aufwendungen und Erträgen auf Erfolgskonten

Geschäftsfälle, die den Erfolg beeinflussen, werden **Erfolgsvorgänge** genannt. Im Laufe eines Geschäftsjahres ist eine Vielzahl von Erfolgsvorgängen zu buchen. Durch die Buchung aller Erfolgsvorgänge unmittelbar auf dem Eigenkapitalkonto würde eine Übersicht über die einzelnen Arten der Eigenkapitalminderungen (Aufwendungen) und Eigenkapitalmehrungen (Erträge) erschwert; ihre Entwicklung wäre nur schwer zu kontrollieren. Deshalb richtet man **Unterkonten zum Eigenkapitalkonto** ein, die **Erfolgskonten.** Bei den Erfolgskonten unterscheidet man **Aufwandskonten** und **Ertragskonten.**

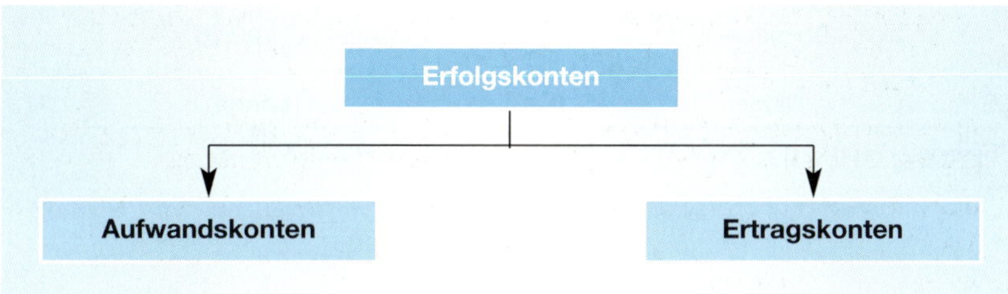

Auf Erfolgskonten wird so gebucht, wie bei unmittelbarer Erfolgserfassung auf dem übergeordneten Eigenkapitalkonto zu buchen wäre:

- **Aufwendungen im Soll,**
- **Erträge im Haben.**

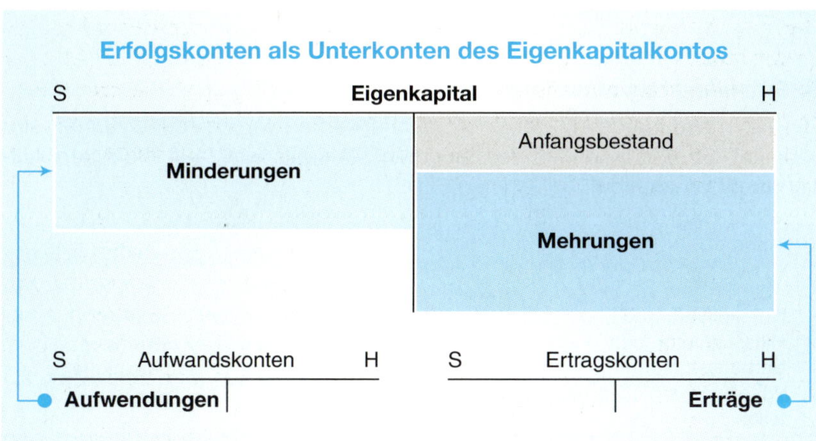

Erfolgskonten sind Unterkonten des Eigenkapitalkontos. Man unterscheidet Aufwandskonten und Ertragskonten.

4.2.1 Buchung der Aufwendungen

Aufwendungen werden als Minderungen des Eigenkapitals **im Soll** der Aufwandskonten gebucht. Die Gegenbuchung erfolgt im Haben der entsprechenden Aktivkonten, weil durch den Werteverzehr eine Minderung der jeweiligen Bestände eintritt.

Beispiel

Banküberweisung für:

- *Löhne .... 14 500,00 EUR*
- *Gehälter .... 10 000,00 EUR*
- *Miete .... 2 000,00 EUR*
- *Büromaterial .... 600,00 EUR*

Buchung:

Löhne	**14 500,00**			
Gehälter	**10 000,00**			
Mieten	**2 000,00**			
Büromaterial	**600,00**	**an**	**Bank**	**27 100,00**

S	Bank		H
Bestand	76 000,00	Versch. Ktn.	27 100,00

S	Löhne		H
Bank	14 500,00		

S	Gehälter		H
Bank	10 000,00		

S	Mieten		H
Bank	2 000,00		

S	Büromaterial		H
Bank	600,00		

Aufwendungen werden auf Aufwandskonten im Soll gebucht, weil sie das Eigenkapital mindern.

Erfassung des Materialverbrauchs

Für die Erfassung des Materialverbrauchs werden verschiedene Konten eingerichtet. Je nach Art des verbrauchten Materials wird auf folgenden Aufwandskonten gebucht:

Erfassung des Materialverbrauchs	
Art des Materialverbrauchs	**Konto**
– Rohstoffverbrauch	– Aufwendungen für Rohstoffe
– Hilfsstoffverbrauch	– Aufwendungen für Hilfsstoffe
– Betriebsstoffverbrauch	– Aufwendungen für Betriebsstoffe
– Verbrauch von bezogenen Fertigteilen	– Aufwendungen für Vorprodukte/Fremdbauteile

Zur Vermeidung von Lagerkosten werden Materialien heute meist so bestellt, dass sie erst zu dem Zeitpunkt angeliefert werden, zu dem sie in der Fertigung benötigt werden. Die angelieferten Materialien werden sofort für die Fertigung von Erzeugnissen verbraucht und unmittelbar als Aufwand erfasst.

Beispiel

Einkauf von

- *Rohstoffen für 30 000,00 EUR*
- *Hilfsstoffen für 14 000,00 EUR*
- *Betriebsstoffen für 5 000,00 EUR*

gegen Bankscheck.

Buchung:

Aufwendungen für Rohstoffe 30 000,00
Aufwendungen für Hilfsstoffe 14 000,00
Aufwendungen für Betriebsstoffe 5 000,00 an Bank 49 000,00

S	Bank		H
Bestand	60 000,00	Versch. Ktn.	49 000,00

S	Aufwendungen für Rohstoffe		H
Bank	30 000,00		

S	Aufwendungen für Hilfsstoffe		H
Bank	14 000,00		

S	Aufwendungen für Betriebsstoffe		H
Bank	5 000,00		

Der Einkauf von Materialien wird unmittelbar als Aufwand gebucht.

4.2.2 Buchung der Erträge

Erträge werden als Mehrungen des Eigenkapitals **im Haben** der Ertragskonten gebucht. Die Gegenbuchung erfolgt im Soll der entsprechenden Aktivkonten (z. B. Forderungen, Kasse, Bank, Postbank), weil die Erträge auch diese Bestände mehren.

Beispiele

1. *Verkauf der im Betrieb hergestellten Erzeugnisse:*
   - *gegen Barscheck für 30 000,00 EUR und*
   - *auf Ziel für 52 000,00 EUR*

Buchung: **Bank 30 000,00**
Forderungen 52 000,00 an Umsatzerlöse 82 000,00

S	Umsatzerlöse		H
		Bank, Ford.	82 000,00

S	Bank		H
Umsatzerl.	30 000,00		

S	Forderungen		H
Umsatzerl.	52 000,00		

2. *Die Bank schreibt uns Zinsen in Höhe von 250,00 EUR gut.*

Buchung: **Bank 250,00 an Zinserträge 250,00**

S	Zinserträge		H
		Bank	250,00

S	Bank		H
Zinserträge	250,00		

Erträge werden auf Ertragskonten im Haben gebucht, weil sie das Eigenkapital mehren.

Arbeitsaufträge

1. Erstellen Sie ein Grundbuch für folgende Geschäftsfälle.

		EUR
1.	Banküberweisung der Miete für angemietete Lagerräume	1600,00
2.	Zielverkauf von Erzeugnissen	8000,00
3.	Wir erhalten eine Provisionszahlung bar	450,00
4.	Banküberweisung von Löhnen	13 200,00
5.	Eine Eingangsrechnung für Wartungsarbeiten an einer Maschine wird durch Banküberweisung beglichen	1 200,00
6.	Mieteinnahmen werden unserem Bankkonto gutgeschrieben	2 300,00
7.	Banküberweisung von Gehältern	16 400,00
8.	Zieleinkauf von	
	Rohstoffen	16 500,00
	Hilfsstoffen	8 800,00
	Betriebsstoffen	1 100,00
9.	Zielverkauf von Erzeugnissen	12 000,00

2. Welche Geschäftsfälle liegen folgenden Buchungssätzen zugrunde?

		EUR			EUR
1.	Zinsaufwendungen	1 300,00	an	Bank	1 300,00
2.	Bank	12 000,00			
	Postbank	6 000,00			
	Kasse	4 000,00	an	Umsatzerlöse	22 000,00
3.	Miete	2 000,00	an	Bank	2 000,00
4.	Aufwendungen für				
	Rohstoffe	9 000,00	an	Verbindlichkeiten a. L. u. L.	9 000,00
5.	Löhne	11 000,00			
	Gehälter	14 000,00	an	Bank	25 000,00
6.	Bank	780,00	an	Zinserträge	780,00
7.	Fremdinstandsetzung	920,00	an	Postbank	920,00
8.	Aufwendungen für				
	Vorprodukte	1 600,00	an	Bank	1 600,00
9.	Postbank	700,00	an	Provisionserträge	700,00

4.2.3 Abschluss der Erfolgskonten zur Ermittlung des Unternehmenserfolges

Aufwendungen und Erträge bestimmen den Erfolg eines Unternehmens. Zur **Ermittlung des Erfolgs** werden

Aufwendungen und Erträge

gegenübergestellt. Aus dieser **Gegenüberstellung** ergibt sich, ob der Erfolg positiv oder negativ ist.

Erträge > Aufwendungen	→	**Gewinn**
Erträge < Aufwendungen	→	**Verlust**

Zur buchhalterischen Ermittlung des Erfolgs werden alle Aufwands- und Ertragskonten über das Konto

Gewinn und Verlust (GuV)

abgeschlossen. Die **Buchungen für den Abschluss der Erfolgskonten** lauten:

GuV an Aufwandskonten
Ertragskonten an GuV

Die Sollseite des GuV-Kontos weist alle Aufwendungen aus, die Habenseite alle Erträge. Als Saldo ergibt sich ein Gewinn oder Verlust.

Beispiele

Gewinn

S	Gewinn und Verlust		H
Aufwendungen	3 500 000,00	Erträge	4 000 000,00
Gewinn	500 000,00		
	4 000 000,00		4 000 000,00

*Ein **Gewinn** steht **im Soll** des GuV-Kontos, weil die im Haben gebuchten Erträge die im Soll gebuchten Aufwendungen überwiegen. Der Gewinn **mehrt das Eigenkapital,** deshalb lautet die Abschlussbuchung:*

GuV-Konto 500 000,00 an Eigenkapital 500 000,00

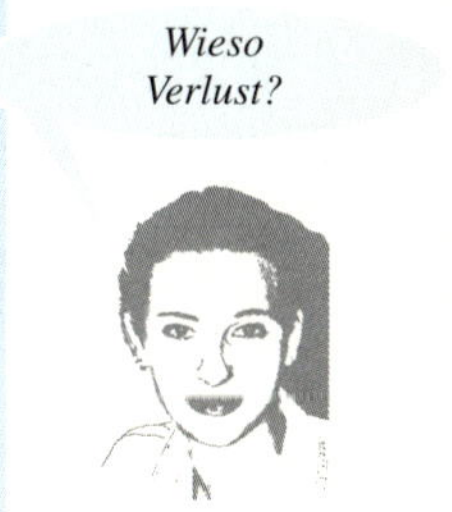

Verlust

S	Gewinn und Verlust		H
Aufwendungen	4 000 000,00	Erträge	3 800 000,00
		Verlust	200 000,00
	4 000 000,00		4 000 000,00

*Der **Verlust** steht **im Haben** des GuV-Kontos, weil die im Soll gebuchten Aufwendungen die im Haben gebuchten Erträge überwiegen. Der Verlust **mindert das Eigenkapital,** deshalb lautet die Abschlussbuchung:*

Eigenkapital 200 000,00 an GuV-Konto 200 000,00

Aufwands- und Ertragskonten werden über das Gewinn- und Verlustkonto abgeschlossen. Sind die Erträge größer als die Aufwendungen, ergibt sich ein Gewinn; sind die Erträge kleiner als die Aufwendungen, ergibt sich ein Verlust. Das Gewinn- und Verlustkonto wird über das Konto Eigenkapital abgeschlossen.

Beispiel

Abschluss der Erfolgskonten[1])

Aufwandskonten

S	Aufwendungen für Rohstoffe		H
Bank	30 000,00	GuV	30 000,00

S	Aufwendungen für Hilfsstoffe		H
Bank	14 000,00	GuV	14 000,00

S	Aufwendungen für Betriebsstoffe		H
Bank	5 000,00	GuV	5 000,00

S	Löhne		H
Bank	14 500,00	GuV	14 500,00

S	Gehälter		H
Bank	10 000,00	GuV	10 000,00

S	Mieten		H
Bank	2 000,00	GuV	2 000,00

S	Büromaterial		H
Bank	600,00	GuV	600,00

S	Gewinn und Verlust		H
Aufwend. für Rohstoffe	30 000,00	Umsatz-Erl.	82 000,00
Aufwend. für Hilfsstoffe	14 000,00	Zinserträge	250,00
Aufwend. für Betriebsstoffe	5 000,00		
Löhne	14 500,00		
Gehälter	10 000,00		
Mieten	2 000,00		
Büromaterial	600,00		
Gewinn	6 150,00		
	82 250,00		82 250,00

S	Eigenkapital		H
SB	108 150,00	AB	102 000,00
		Gewinn	6 150,00
	108 150,00		108 150,00

Ertragskonten

S	Umsatzerlöse		H
GuV	82 000,00	Bank, Ford.	82 000,00

S	Zinserträge		H
GuV	250,00	Bank	250,00

[1] Vgl. Beispiele S. 300 ff.

Arbeitsaufträge

1./2. a) Erstellen Sie auf Grund folgender Salden die Konten GuV und Eigenkapital.

	1. EUR	2. EUR
Eigenkapital	400 000,00	280 000,00
Aufwendungen für Rohstoffe	112 000,00	297 200,00
Aufwendungen für Hilfsstoffe	52 000,00	148 750,00
Aufwendungen für Betriebsstoffe	11 700,00	17 300,00
Löhne	184 000,00	113 400,00
Gehälter	76 460,00	68 700,00
Fremdinstandsetzung	4 780,00	5 300,00
Mieten	68 320,00	55 200,00
Umsatzerlöse	710 000,00	623 700,00
Mieterträge	5 500,00	6 400,00
Zinserträge	820,00	750,00

b) Ermitteln Sie den Erfolg.
c) Nennen Sie den Buchungssatz für den Abschluss des GuV-Kontos.
d) Erläutern Sie, wie sich der Erfolg auf das Eigenkapital auswirkt.

3./4. Anfangsbestände

	EUR		EUR
Rohstoffe	34 000,00	Bankguthaben	26 000,00
Hilfsstoffe	11 000,00	Kasse	13 000,00
Forderungen a. L. u. L.	23 000,00	Eigenkapital	107 000,00

Kontenplan
Rohstoffe, Hilfsstoffe, Forderungen a. L. u. L., Bank, Kasse, Eigenkapital, Umsatzerlöse, Aufwendungen für Rohstoffe, Aufwendungen für Hilfsstoffe, Löhne, Mieten, Telefonkosten, Werbung, Schlussbilanzkonto, GuV- Konto

Geschäftsfälle	3. EUR	4. EUR
1. Löhne werden durch Banküberweisung gezahlt	9 000,00	6 300,00
2. Rohstoffeinkauf gegen Bankscheck	12 000,00	14 500,00
3. Banküberweisung der Miete für von uns gemietete Geschäftsräume	7 200,00	9 600,00
4. Aus der Geschäftskasse werden entnommen und auf unser Bankkonto eingezahlt	8 200,00	4 100,00
5. Hilfsstoffeinkauf gegen Bankscheck	4 700,00	3 800,00
6. Banküberweisung der Telefonkosten	460,00	230,00
7. Banküberweisung für eine Werbeanzeige in einer Fachzeitschrift	300,00	450,00
8. Verkauf aller hergestellten Erzeugnisse auf Ziel	44 000,00	41 500,00

Abschlussangabe
Die Salden der Bestandskonten stimmen mit den Inventurwerten überein.

5./6. Anfangsbestände

	EUR		EUR
Techn. Anlagen u. Maschinen	100 000,00	Bankguthaben	32 000,00
Rohstoffe	24 000,00	Kasse	7 300,00
Vorprodukte/Fremdbauteile	5 300,00	Langfristige Bankverbindlichkeiten	70 000,00
Hilfsstoffe	19 000,00	Eigenkapital	136 600,00
Betriebsstoffe	14 000,00	Verbindlichkeiten a. L. u. L.	41 000,00
Forderungen a. L. u. L.	46 000,00		

Kontenplan
Technische Anlagen und Maschinen, Rohstoffe, Vorprodukte/Fremdbauteile, Hilfsstoffe, Betriebsstoffe, Forderungen a. L. u. L, Bank, Postbank, Kasse, Eigenkapital, Langfristige Bankverbindlichkeiten, Verbindlichkeiten a. L. u. L., Umsatzerlöse, Provisionserträge, Zinserträge, Aufwendungen für Rohstoffe, Aufwendungen für Vorprodukte/Fremdbauteile, Aufwendungen für Hilfsstoffe, Aufwendungen für Betriebsstoffe, Energie, Fremdinstandsetzung, Löhne, Gehälter, Mieten, Büromaterial, Telefonkosten, Werbung, Schlussbilanzkonto, GuV-Konto

Geschäftsfälle	5. EUR	6. EUR
1. Eröffnung eines Postbankkontos durch Banküberweisung	2 000,00	3100,00
2. Barkauf von Büromaterial	320,00	275,00
3. Banküberweisung für		
Geschäftsmiete	1 500,00	1 320,00
Strom	900,00	810,00
Telefonkosten	720,00	690,00
Werbeprospekte	490,00	430,00
Maschinenreparatur	610,00	740,00
4. Ausgleich einer Liefererrechnung durch Postbanküberweisung	1 200,00	1 630.00
5. Zieleinkauf von		
Rohstoffen	27 300,00	26 900,00
Hilfsstoffen	19 300,00	19 750,00
Betriebsstoffen	10 500,00	10 900,00
Vorprodukten/Fremdbauteilen	3 500,00	3 700,00
6. Verkauf von Erzeugnissen		
auf Ziel	21 800,00	24 900,00
gegen Bankscheck	14 200,00	15 350,00
7. Banküberweisung für		
Löhne	12 900,00	10 700,00
Gehälter	5 300,00	5 100,00
8. Banküberweisung von Kunden	23 000,00	21 300,00
9. Rückzahlung eines Darlehens durch Banküberweisung	20 000,00	25 000,00
10. Verkauf aller noch vorhandenen Erzeugnisse		
auf Ziel	26 000,00	27 300,00
gegen Postbanküberweisung	14 800,00	16 800,00
11. Bankgutschrift für Zinsen	1 420,00	970,00
12. Gutschrift von Provisionen auf dem Postbankkonto	7 370,00	4 150,00

Abschlussangabe

Die Salden der Bestandskonten stimmen mit den Inventurwerten überein.

7.
a) Warum steht der Gewinn im Soll des Kontos GuV?
b) Worauf führen Sie den Gewinn in Arbeitsauftrag 3 zurück?
c) Wie wirkt sich ein Gewinn auf das Eigenkapital aus?
d) Was bedeutet ein Saldo im Haben des Kontos GuV?
e) Wie wirkt sich ein Habensaldo des Kontos GuV auf das Eigenkapital aus?

4.2.4 Ermittlung des Unternehmenserfolges bei Bestandsveränderungen

Bestandsveränderungen im Materialbereich

Auch bei Just-in-time-Lieferungen kann es Materialbestände geben. Am Bilanzstichtag können noch Materialien vorhanden sein, die noch nicht für die Produktion verbraucht wurden; außerdem muss zur Aufrechterhaltung der Betriebsbereitschaft ein sog. eiserner Bestand gehalten werden. Weicht bei diesen Beständen der Inventurbestand vom Jahresanfangsbestand ab, muss dies bei der **Erfolgsermittlung** berücksichtigt werden.

Bestandsmehrung

Ist der Inventurbestand an Stoffen größer als der Jahresanfangsbestand, dann liegt eine Bestandsmehrung vor. Ein Teil der im Laufe des Rechnungsabschnitts eingekauften Stoffe ist noch nicht für die Herstellung von Erzeugnissen verbraucht worden und befindet sich noch auf Lager. Da aber alle Stoffeinkäufe als Aufwand gebucht wurden, **muss** die Erfolgsrechnung des Rechnungsabschnitts um den **Aufwand berichtigt werden,** der dem Mehrbestand entspricht. Es ist eine **Korrekturbuchung** vorzunehmen:

Materialbestandskonto an Materialaufwandskonto

Beispiel

Zu Beginn des Geschäftsjahres beträgt der Anfangsbestand an Rohstoffen 60 000,00 EUR. Der Inventurbestand zum Schluss des Geschäftsjahres beträgt 74 000,00 EUR.

S	Rohstoffe		H
AB	60 000,00	SB	74 000,00
Bestandsmehrung	14 000,00		

Berechnung der Bestandsmehrung

Schlussbestand lt. Inventur	*74 000,00 EUR*
– Anfangsbestand	*60 000,00 EUR*
***Bestandsmehrung** (Aufwandsminderung)*	***14 000,00 EUR***

SB > AB => Einkaufsmenge > Verbrauchsmenge => Bestandsmehrung

Eine Materialbestandsmehrung zeigt, dass ein zu hoher Aufwand gebucht wurde!

Buchung:

Rohstoffe 14 000,00 an Aufwendungen für Rohstoffe 14 000,00

S	Aufwendungen für Rohstoffe		H
VK	192 400,00	Rohst.	14 000,00

S	Rohstoffe		H
AB	60 000,00	SB	74 000,00
Aufw. f. Rohst.	14 000,00		

Eine Bestandsmehrung an Stoffen ist als Aufwandsminderung auf den entsprechenden Aufwandskonten für Stoffe zu buchen.

Bestandsminderung

Ist der Inventurbestand an Stoffen kleiner als der Jahresanfangsbestand, dann liegt eine Bestandsminderung vor. In der Fertigung ist mehr verbraucht worden als im laufenden Rechnungsabschnitt eingekauft wurde. Ein Teil der für die Herstellung von Erzeugnissen verbrauchten Stoffe ist also dem Anfangsbestand entnommen worden und muss in der Erfolgsrechnung des laufenden Rechnungsabschnitts zusätzlich als **Materialaufwand** erfasst werden.

Beispiel

Zu Beginn des Geschäftsjahres beträgt der Anfangsbestand an Rohstoffen 60 000,00 EUR. Der Inventurbestand zum Schluss des Geschäftsjahres beträgt 43 000,00 EUR.

S	Rohstoffe		H
AB	60 000,00	SB	43 000,00
		Bestandsminderung	17 000,00

Berechnung der Bestandsminderung

	Anfangsbestand	*60 000,00 EUR*
–	*Schlussbestand lt. Inventur*	*43 000,00 EUR*
Bestandsminderung *(Aufwandsmehrung)*		***17 000,00 EUR***

SB < AB => Verbrauchsmenge > Einkaufsmenge => Bestandsminderung

Buchung:

Aufwendungen für Rohstoffe 17 000,00 an Rohstoffe 17 000,00

S	Rohstoffe		H	S	Aufwendungen für Rohstoffe	H
AB	60 000,00	SB	43 000,00	VK	212 600,00	
		Aufw. f. Rohst.	17 000,00	Rohst.	17 000,00	

Eine Bestandsminderung an Stoffen stellt zusätzlichen Materialaufwand dar; sie ist auf den entsprechenden Aufwandskonten für Stoffe zu buchen.

Arbeitsaufträge

1. Richten Sie folgende Konten ein:

	EUR
Rohstoffe (Anfangsbestand)	12 000,00
Hilfsstoffe (Anfangsbestand)	9 000,00
Betriebsstoffe (Anfangsbestand)	6 400,00
Aufwendungen für Rohstoffe	217 600,00
Aufwendungen für Hilfsstoffe	31 200,00
Aufwendungen für Betriebsstoffe	17 900,00

Die **Inventurbestände** am Ende des Rechnungsabschnitts betragen:

Rohstoffe	9 500,00
Hilfsstoffe	17 000,00
Betriebsstoffe	7 300,00

Ermitteln und buchen Sie die Bestandsveränderungen.

2. Richten Sie folgende Konten ein:

	EUR
Rohstoffe (Anfangsbestand)	16 200,00
Vorprodukte/Fremdbauteile (Anfangsbestand)	8 400,00
Hilfsstoffe (Anfangsbestand)	7 900,00
Betriebsstoffe (Anfangsbestand)	5 300,00
Aufwendungen für Rohstoffe	327 300,00
Aufwendungen für Vorprodukte/Fremdbauteile	42 800,00
Aufwendungen für Hilfsstoffe	38 700,00
Aufwendungen für Betriebsstoffe	15 100,00

Die **Inventurbestände** am Ende des Rechnungsabschnitts betragen:

Rohstoffe	18 600,00
Vorprodukte/Fremdbauteile	7 200,00
Hilfsstoffe	6 100,00
Betriebsstoffe	5 700,00

a) Ermitteln und buchen Sie die Bestandsveränderungen.
b) Schließen Sie die Konten über das Gewinn- u. Verlust-Konto bzw. das Schlussbilanzkonto ab.

Bestandsveränderungen im Erzeugnisbereich

Bisher wurde unterstellt, dass alle in einem Rechnungsabschnitt hergestellten Erzeugnisse auch in diesem Rechnungsabschnitt verkauft wurden. Weder zu Beginn noch zum Ende des Geschäftsjahres lagen Bestände an fertigen oder unfertigen Erzeugnissen vor. In der Erfolgsrechnung (GuV-Konto) standen den Umsatzerlösen für die hergestellten und verkauften Erzeugnisse die darauf entfallenden Aufwendungen gegenüber.

S **Gewinn und Verlust**	H
Herstellungs**aufwand** des Rechnungsabschnitts	Umsatz**erlöse** des Rechnungsabschnitts
Gewinn	

In der Regel weicht jedoch die im Rechnungsabschnitt erzeugte Menge von der verkauften Menge ab. Diese Abweichungen nennt man **Bestandsveränderungen.** Sie können als

- **Bestandsmehrungen und**
- **Bestandsminderungen**

auftreten und müssen am Ende des Geschäftsjahres bei der **Erfolgsermittlung** berücksichtigt werden.

Bestandsmehrung

Ist die im Rechnungsabschnitt erzeugte Menge größer als die verkaufte Menge, dann liegt eine **Bestandsmehrung** vor. Ein Teil der im Rechnungsabschnitt hergestellten Erzeugnisse ist noch nicht umgesetzt, befindet sich also noch im Lager.

Beispiel

S	**Fertige Erzeugnisse**		H
AB	40 000,00	SB	60 000,00
Bestandsmehrung	20 000,00		

Berechnung der Bestandsmehrung

Schlussbestand lt. Inventur	*60 000,00 EUR*
– Anfangsbestand	*40 000,00 EUR*
Bestandsmehrung	***20 000,00 EUR***

SB > AB => Produktionsmenge > Verkaufsmenge => Bestandsmehrung

Eine Bestandsmehrung (Lagerbestandszunahme) stellt für das Unternehmen einen **Wertzugang** dar. Dieser Wertzugang muss bei der Erfolgsermittlung als Ertrag berücksichtigt werden. Auf dem Gewinn- und Verlustkonto ist eine Bestandsmehrung deshalb im Haben zu erfassen.

Auf der **Habenseite des Gewinn- und Verlustkontos** stehen also die
- **Umsatzerlöse** und die
- **Bestandsmehrungen** (Lagerbestandszunahme)

als **Erträge der Unternehmung.**

Diesen Erträgen stehen auf der **Sollseite** die gesamten **Aufwendungen** gegenüber:
- der **auf den Umsatz entfallende Herstellungsaufwand** und
- der **auf den Mehrbestand entfallende Herstellungsaufwand.**

Der Unterschiedsbetrag zwischen den gesamten Aufwendungen (Sollseite des GuV-Kontos) und den gesamten Erträgen (Habenseite des GuV-Kontos) stellt den Erfolg der Unternehmung dar.

Beispiel

S	**Gewinn und Verlust**		H
Auf den **Umsatz** entfallender **Herstellungsaufwand**	930 000,00	**Umsatzerlöse**	**1 000 000,00**
Auf den **Mehrbestand** entfallender **Herstellungsaufwand**	**150 000,00**	**Bestandsmehrung** (= Lagerbestandszunahme)	**150 000,00**
Gewinn	70 000,00		
	1 150 000,00		1 150 000,00

Aufwendungen < Umsatzerlöse + Bestandsmehrung => Gewinn

Eine Bestandsmehrung an unfertigen und/oder fertigen Erzeugnissen stellt einen Ertrag dar. Dieser Ertrag ist als Lagerbestandszunahme wie die Umsatzerlöse auf der Habenseite des Gewinn- und Verlustkontos zu erfassen.

Bestandsminderung

Ist die im Rechnungsabschnitt verkaufte Menge größer als die in diesem Zeitraum erzeugte Menge, dann stammt ein Teil der verkauften Erzeugnisse aus einem früheren Rechnungsabschnitt. Der aus dem Vorjahr übernommene Lagerbestand wurde gemindert. Es liegt also eine **Bestandsminderung** vor.

Beispiel

S	**Fertige Erzeugnisse**		H
AB	40 000,00	SB	30 000,00
		Bestandsminderung	10 000,00

Berechnung der Bestandsminderung

Anfangsbestand	*40 000,00 EUR*
– Schlussbestand lt. Inventur	*30 000,00 EUR*
Bestandsminderung	***10 000,00 EUR***

SB < AB => Produktionsmenge < Verkaufsmenge => Bestandsminderung

Wenn ein Teil der verkauften Erzeugnisse aus einem früheren Rechnungsabschnitt stammt, dann sind im laufenden Rechnungsabschnitt Erlöse aus dem Verkauf von Erzeugnissen erzielt worden, deren Herstellungsaufwand in einem vorausgegangenen Abrechnungszeitraum angefallen ist. Dieser **auf den Minderbestand entfallende Herstellungsaufwand** gehört als **Werteverzehr** jedoch zu den Aufwendungen des laufenden Geschäftsjahres. Er muss daher zusammen mit dem Herstellungsaufwand des Rechnungsabschnitts auf der Sollseite des Gewinn- und Verlustkontos erfasst werden.

Die gesamten **Aufwendungen** ergeben sich somit aus dem
- **Herstellungsaufwand des Rechnungsabschnitts** und dem
- **auf den Minderbestand entfallenden Herstellungsaufwand.**

Als **Erträge** stehen diesen Aufwendungen auf der **Habenseite** des Gewinn- und Verlustkontos die **Umsatzerlöse** gegenüber. Der Unterschiedsbetrag stellt den Erfolg der Unternehmung dar.

Beispiel

S	**Gewinn und Verlust**		H
Herstellungs**aufwand** des Abrechnungszeitraums	**800 000,00**	**Umsatzerlöse**	**1 000 000,00**
Auf den **Minderbestand** entfallender **Herstellungsaufwand**	**140 000,00**		
Gewinn	60 000,00		
	1 000 000,00		1 000 000,00

Herstellungsaufwand des Abrechnungszeitraums	+	**Auf den Minderbestand entfallender Herstellungsaufwand**	<	**Umsatzerlöse**	=>	**Gewinn**

Eine Bestandsminderung an unfertigen und/oder fertigen Erzeugnissen stellt Aufwand dar. Bestandsminderungen werden zusammen mit dem Herstellungsaufwand des Abrechnungszeitraums im Soll des Gewinn- und Verlustkontos erfasst.

Ermittlung des Unternehmenserfolges

Die Bestandsveränderungen im Erzeugnisbereich werden am Ende des Geschäftsjahres auf den Konten Unfertige Erzeugnisse (UE) und Fertige Erzeugnisse (FE) ermittelt. Der durch Inventur ermittelte Schlussbestand wird

dem Jahresanfangsbestand gegenübergestellt. Die ermittelten Bestandsveränderungen werden zunächst auf dem Konto

Bestandsveränderungen

gesammelt.

Dieses Konto erfasst **im Soll** die **Minderbestände** und **im Haben** die **Mehrbestände.**

Die Buchung der Bestandsveränderungen erfolgt im Rahmen der vorbereitenden Abschlussbuchungen (Umbuchungen).

Buchung bei Bestandsmehrungen:

Unfertige Erzeugnisse an Bestandsveränderungen
Fertige Erzeugnisse an Bestandsveränderungen

Buchung bei Bestandsminderungen:

Bestandsveränderungen an Unfertige Erzeugnisse
Bestandsveränderungen an Fertige Erzeugnisse

Das Konto **Bestandsveränderungen** wird im Rahmen der Abschlussbuchungen **über** das Konto **Gewinn und Verlust abgeschlossen.**

Abschlussbuchung bei Bestandsmehrung:

Bestandsveränderungen an Gewinn und Verlust

Abschlussbuchung bei Bestandsminderung:

Gewinn und Verlust an Bestandsveränderungen

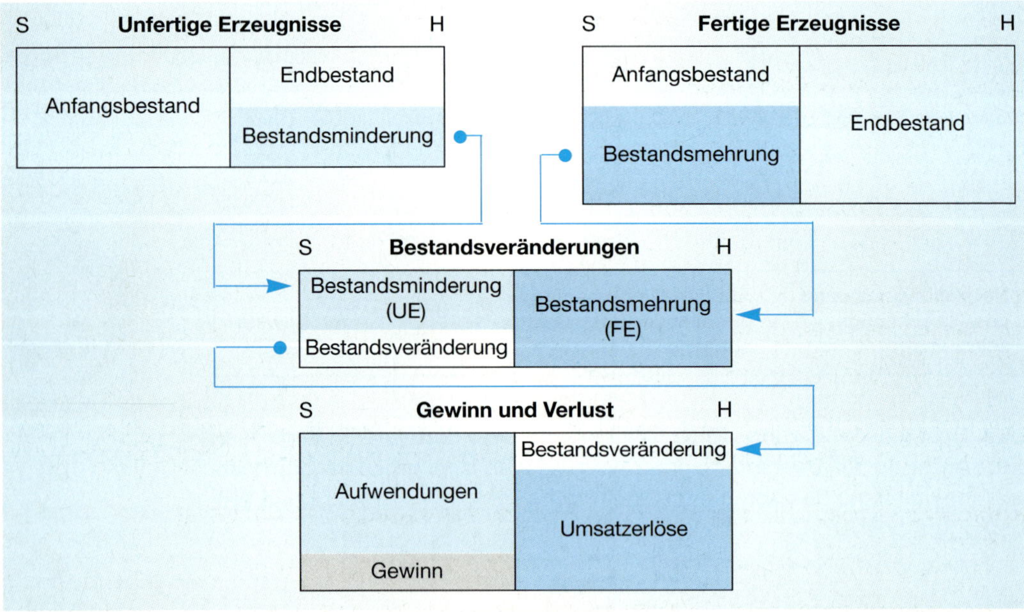

Die auf den Konten Unfertige Erzeugnisse und Fertige Erzeugnisse ermittelten Bestandsveränderungen werden auf dem Konto Bestandsveränderungen gesammelt. Das Konto Bestandsveränderungen wird über das Konto Gewinn und Verlust abgeschlossen.

Beispiel

Ein Industrieunternehmen weist zum Jahresbeginn als Anfangsbestand bei den

- *unfertigen Erzeugnissen* *60 000,00 EUR*
- *fertigen Erzeugnissen* *120 000,00 EUR*

aus.

Am Jahresende beträgt der Schlussbestand lt. Inventur bei den

- *unfertigen Erzeugnissen* *35 000,00 EUR*
- *fertigen Erzeugnissen* *160 000,00 EUR.*

Nach Buchung der Schlussbestände auf dem Schlussbilanzkonto ergibt sich folgender Abschluss der Konten:

S	**Unfertige Erzeugnisse**		H
AB	60 000,00	SB	35 000,00
		Best.-V.	25 000,00
	60 000,00		60 000,00

S	**Fertige Erzeugnisse**		H
AB	120 000,00	SB	160 000,00
Best.-V.	40 000,00		
	160 000,00		160 000,00

S	**Bestandsveränderungen**		H
UE	25 000,00	FE	40 000,00
GuV	15 000,00		
	40 000,00		40 000,00

S	**Gewinn und Verlust**		H
Aufw.	720 000,00	Bestandsmehr.	15 000,00
Gewinn	95 000,00	Umsatzerlöse	800 000,00
	815 000,00		815 000,00

Vorbereitende Abschlussbuchungen

1. Buchung der Bestandsminderung der unfertigen Erzeugnisse:

Bestandsveränderungen 25 000,00 an Unfertige Erzeugnisse 25 000,00

2. Buchung der Bestandsmehrung der fertigen Erzeugnisse:

Fertige Erzeugnisse 40 000,00 an Bestandsveränderungen 40 000,00

Abschlussbuchung

Abschluss des Kontos Bestandsveränderungen:

Bestandsveränderungen 15 000,00 an Gewinn und Verlust 15 000,00

Bestandsveränderungen

im Materialbereich

- **Bestandsmehrung = Aufwandsminderung**
  Buchung:
  Stoffekonto an Aufwandskonto für Stoffe
- **Bestandsminderung = Aufwandsmehrung**
  Buchung:
  Aufwandskonto für Stoffe an Stoffekonto
- **Bestandsveränderungen werden unmittelbar als Aufwandskorrekturen gebucht.**

im Erzeugnisbereich

- **Bestandsmehrung = Ertrag**
  Buchung:
  Erzeugniskonto an Bestandsveränderungen
- **Bestandsminderung = Herstellungsaufwand**
  Buchung:
  Bestandsveränderungen an Erzeugniskonto
- **Verrechnung der Bestandsveränderungen über das Konto Bestandsveränderungen.**

Arbeitsaufträge

1. Richten Sie die Konten Unfertige Erzeugnisse und Fertige Erzeugnisse, Bestandsveränderungen, Gewinn und Verlust und das Schlussbilanzkonto ein.

Tragen Sie die folgenden Zahlen in die entsprechenden Konten ein:	EUR
Unfertige Erzeugnisse (Anfangsbestand)	14 000,00
Fertige Erzeugnisse (Anfangsbestand)	18 600,00
Aufwendungen des Rechnungsabschnitts insgesamt	135 000,00
Umsatzerlöse des Rechnungsabschnitts insgesamt	158 000,00
Die **Inventurbestände** am Ende des Rechnungsabschnitts betragen:	
Unfertige Erzeugnisse	16 500,00
Fertige Erzeugnisse	21 000,00

a) Ermitteln und buchen Sie die Bestandsveränderungen.
b) Ermitteln Sie den Erfolg.
c) Beurteilen Sie die Auswirkung der Bestandsveränderung auf den Erfolg.

2. Richten Sie die Konten Unfertige Erzeugnisse, Fertige Erzeugnisse, Bestandsveränderungen, Gewinn und Verlust und das Schlussbilanzkonto ein.

Tragen Sie die folgenden Zahlen in die entsprechenden Konten ein:	EUR
Unfertige Erzeugnisse (Anfangsbestand)	9 700,00
Fertige Erzeugnisse (Anfangsbestand)	13 360,00
Aufwendungen des Rechnungsabschnitts insgesamt	116 400,00
Umsatzerlöse des Rechnungsabschnitts insgesamt	129 740,00
Die Inventurbestände am Ende des Rechnungsabschnitts betragen:	
Unfertige Erzeugnisse	10 930,00
Fertige Erzeugnisse	10 180,00

Ermitteln Sie den Erfolg, und schließen Sie die Bestandskonten ab.

3./4. Anfangsbestände

	EUR		EUR
Technische Anlagen und Maschinen	110 000,00	Fertige Erzeugnisse	26 500,00
Geschäftsausstattung	40 000,00	Forderungen a. L. u. L.	55 000,00
Fuhrpark	56 000,00	Bank	32 800,00
Rohstoffe	34 700,00	Kasse	12 100,00
Hilfsstoffe	17 600,00	Eigenkapital	284 100,00
Unfertige Erzeugnisse	11 400,00	Verbindlichkeiten a. L. u. L.	112 000,00

Kontenplan

Technische Anlagen und Maschinen, Betriebs- und Geschäftsausstattung, Fuhrpark, Rohstoffe, Hilfsstoffe, Unfertige Erzeugnisse, Fertige Erzeugnisse, Forderungen a. L. u. L., Bank, Kasse, Eigenkapital, Verbindlichkeiten a. L. u. L., Umsatzerlöse, Bestandsveränderungen, Zinserträge , Aufwendungen für Rohstoffe, Aufwendungen für Hilfsstoffe, Fremdinstandsetzung, Löhne, Gehälter, Mieten, Schlussbilanzkonto, GuV-Konto

Geschäftsfälle	**3.** EUR	**4.** EUR
1. Zieleinkauf von		
Rohstoffen	6 200,00	5 400,00
Hilfsstoffen	3 900,00	3 200,00
2. Barabhebung vom Bankkonto	2 500,00	2 150,00
3. Einkauf von		
Rohstoffen	15 000,00	13 500,00
Hilfsstoffen	8 000,00	6 500,00
gegen Bankscheck		
4. Banküberweisung der Geschäftsmiete	1 200,00	1 360,00
5. Banküberweisung von Fertigungslöhnen	6 300,00	7 140,00
6. Zielverkauf von Erzeugnissen	36 800,00	37 600,00
7. Banküberweisung für eine Maschinenreparatur	870,00	960,00

8. Banküberweisung der Gehälter	4 100,00	3 900,00
9. Banküberweisung von Kunden	9 400,00	8 200,00
10. Zielverkauf von Erzeugnissen	12 100,00	13 600,00
11. Ausgleich einer Liefererrechnung durch Banküberweisung	10 500,00	9 400,00
12. Gutschrift der Bank für Zinsen	420,00	390,00

Abschlussangaben	EUR	EUR
Inventurbestände		
Rohstoffe	12 100,00	10 300,00
Hilfsstoffe	6 400,00	19 100,00
Unfertige Erzeugnisse	8 000,00	9 500,00
Fertige Erzeugnisse	32 600,00	24 000,00

Die Salden der übrigen Bestandskonten stimmen mit den Inventurwerten überein.

5./6. Anfangsbestände

	EUR		EUR
Technische Anlagen und Maschinen	80 000,00	Forderungen a. L. u. L.	63 000,00
Geschäftsausstattung	35 000,00	Bank	27 400,00
Rohstoffe	28 500,00	Postbank	11 700,00
Hilfsstoffe	13 000,00	Kasse	10 600,00
Betriebsstoffe	9 700,00	Eigenkapital	194 500,00
Unfertige Erzeugnisse	24 000,00	Langfristige Bankverbindlichkeiten	68 000,00
Fertige Erzeugnisse	31 500,00	Verbindlichkeiten a. L. u. L.	71 900,00

Kontenplan

Technische Anlagen und Maschinen, Geschäftsausstattung, Rohstoffe, Hilfsstoffe, Betriebsstoffe, Unfertige Erzeugnisse, Fertige Erzeugnisse, Forderungen a. L. u. L., Bank, Postbank, Kasse, Eigenkapital, Langfristige Bankverbindlichkeiten, Verbindlichkeiten a. L. u. L., Umsatzerlöse, Bestandsveränderungen, Provisionserträge, Aufwendungen für Rohstoffe, Aufwendungen für Hilfsstoffe, Aufwendungen für Betriebsstoffe, Energie, Fremdinstandsetzung, Löhne, Gehälter, Mieten, Büromaterial, Telefonkosten, Werbung, Zinsaufwendungen, Schlussbilanzkonto, GuV.

Geschäftsfälle	5. EUR	6. EUR
1. Zielverkauf von Erzeugnissen	17 600,00	16 400,00
2. Banküberweisung für		
Fernsprechgebühren	190,00	170,00
Werbeprospekte	520,00	480,00
Strom und Wasser	1 100,00	900,00
Geschäftsmiete	2 400,00	2 100,00
Maschinenreparatur	1 380,00	1 170,00
3. Ausgleich einer Liefererrechnung durch Postbanküberweisung	4 400,00	5 100,00
4. Zieleinkauf von		
Rohstoffen	6 300,00	6 700,00
Hilfsstoffen	2 800,00	1 900,00
Betriebsstoffen	1 400,00	1 150,00
5. Banküberweisung von Kunden	8 700,00	9 650,00
6. Rückzahlung eines Darlehens durch Banküberweisung	12 000,00	10 000,00
7. Lastschrift der Bank für die Zahlung von		
Löhnen	8 600,00	7 800,00
Gehältern	6 800,00	6 400,00
8. Zielverkauf von Erzeugnissen	84 100,00	82 100,00
9. Postbanküberweisung von Kunden	12 000,00	11 200,00
10. Barkauf von Büromaterial	320,00	290,00
11. Provisionsgutschrift auf dem Postbankkonto	11 750,00	9 360,00
12. Banklastschrift für Zinsen	1 120,00	1 210,00

Abschlussangaben	EUR	EUR
Inventurbestände		
Rohstoffe	6 000,00	7 500,00
Hilfsstoffe	1 500,00	3 400,00
Betriebsstoffe	8 100,00	10 300,00
Unfertige Erzeugnisse	27 300,00	22 500,00
Fertige Erzeugnisse	40 500,00	30 400,00

Die Salden der übrigen Bestandskonten stimmen mit den Inventurwerten überein.

7. a) Warum sind Lagerbestandszunahmen im Erzeugnisbereich im Haben des Kontos Gewinn und Verlust auszuweisen?
b) Warum ist der auf den Minderbestand von Erzeugnissen entfallende Herstellungsaufwand im Soll des Kontos Gewinn und Verlust auszuweisen?
c) Woraus setzen sich im Wesentlichen die Erträge eines Rechnungsabschnitts zusammen?
d) Worauf kann die Entstehung von Lagerbestandszunahmen im Erzeugnisbereich zurückzuführen sein?
e) Beurteilen Sie hohe Lagerbestandszunahmen im Erzeugnisbereich aus betriebswirtschaftlicher Sicht.

8. Vervollständigen und erläutern Sie:

1. Herstellungsaufwand des Abrechnungszeitraums > Umsatzerlöse + Bestandsmehrung => ?
2. Herstellungsaufwand des Abrechnungszeitraums + Auf den Minderbestand entfallender Herstellungsaufwand > Umsatzerlöse => ?

4.2.5 Exkurs: Darstellung des Unternehmenserfolges im Rahmen des Jahresabschlusses

Jeder Kaufmann hat gem. § 242 HGB die Pflicht, zum Schluss eines Geschäftsjahres einen Abschluss zu erstellen. Dieser Jahresabschluss umfasst

- die Darstellung des Vermögens und der Schulden (Bilanz) und
- die Gegenüberstellung der Aufwendungen und Erträge (Gewinn- und Verlustrechnung).

Der Jahresabschluss ist gem. § 245 HGB vom Kaufmann unter Angabe des Datums zu unterzeichnen. Sind mehrere persönlich haftende Gesellschafter vorhanden, z. B. bei einer Offenen Handelsgesellschaft (OHG), so haben sie alle zu unterzeichnen.

Beispiel

Im Jahresabschluss werden Vermögen und Schulden sowie der Erfolg des Geschäftsjahres dargestellt.

Jahresabschluss
der Schneidwarenfabrik Fritz Scharf e. K., Solingen, zum 31. Dez. 20..

Bilanz

Aktiva	zum 31. Dezember 20..		Passiva
I. Anlagevermögen		**I. Eigenkapital**	730 000,00
1. Grundstücke und Fabrikgebäude	300 000,00	**II. Schulden**	
2. Maschinen	250 000,00	1. Hypothekendarlehen	200 000,00
3. Fahrzeuge	60 000,00	2. Verbindlichkeiten aus Lieferungen und Leistungen	160 000,00
4. Werkzeuge	30 000,00		
5. Geschäftsausstattung	45 000,00		
II. Umlaufvermögen			
1. Roh-, Hilfs- und Betriebsstoffe	80 000,00		
2. Unfertige Erzeugnisse	90 000,00		
3. Fertige Erzeugniss	130 000,00		
4. Forderungen a. L. u. L.	75 000,00		
5. Kassenbestand	10 000,00		
6. Bankguthaben	20 000,00		
	1 090 000,00		1 090 000,00

Gewinn- u. Verlustrechnung

Aufwendungen	für die Zeit vom 1. Januar bis 31. Dezember 20..		Erträge
1. Aufwendungen für Rohstoffe	280 000,00	1. Umsatzerlöse	728 000,00
2. Aufwendungen für Hilfsstoffe	25 000,00	2. Mieterträge	18 000,00
3. Aufwendungen für Betriebsstoffe	7 000,00	3. Provisionserträge	2 100,00
4. Löhne	207 000,00	4. Zinserträge	1 900,00
5. Gehälter	103 000,00		
6. Mieten	46 000,00		
7. Büromaterial	7 200,00		
8. Zinsaufwendungen	4 800,00		
Gewinn	70 000,00		
	750 000,00		750 000,00

20. Januar 20.. Fritz Scharf

Arbeitsauftrag

Erstellen Sie anhand der Zahlen der Arbeitsaufträge 5./6. (s. S. 315) einen formgerechten Jahresabschluss gem. § 242 HGB.

5 Organisation der Buchführung

5.1 Notwendigkeit einheitlicher Kontengliederung und Kontenbezeichnung

Die Buchführung soll die Grundlagen für unternehmerische Planungen und Entscheidungen bieten. Dazu ist eine betriebswirtschaftliche Auswertung des in der Buchführung erfassten Datenmaterials erforderlich. Um eine solche Auswertung zu ermöglichen, ist ein ausführlich gegliedertes und EDV-gerechtes **Ordnungssystem für die Buchführung** entwickelt worden, der **Kontenrahmen.** Kontenrahmen werden für die einzelnen Branchen von den jeweiligen Wirtschaftsverbänden herausgegeben, z. B. für Industriebetriebe, für den Groß- und Außenhandel, den Einzelhandel, für Banken und Versicherungen. Sie sind nicht verbindlich, sondern stellen **Empfehlungen für eine einheitliche Kontengliederung und Kontenbezeichnung** in den jeweiligen Branchen dar. Den einzelnen Unternehmen ist es freigestellt den Kontenrahmen in der veröffentlichten Originalfassung zu übernehmen oder in einer abgewandelten Form anzuwenden, wenn die besonderen Verhältnisse des Unternehmens dies erfordern.

Vorteile der Verwendung von Kontenrahmen mit einheitlicher Kontenbezeichnung und Kontengliederung

- Es können **Zeitvergleiche** durchgeführt werden, d. h. die wirtschaftliche Entwicklung kann durch mehrere Zeiträume hindurch verfolgt werden.
- Es können **zwischenbetriebliche Vergleiche** innerhalb desselben Wirtschaftszweigs durchgeführt werden, die Einblick in die eigene wirtschaftliche Situation geben und damit wichtige Grundlagen für unternehmerische Entscheidungen schaffen können.
- **Betriebsfremde Personen,** z. B. Wirtschaftsprüfer und Prüfer des Finanzamts, können sich in der Buchführung der verschiedenen Unternehmen besser zurechtfinden.
- **Die nationale und internationale Zusammenarbeit und Verflechtung von Unternehmen** wird erleichtert.
- Es können einheitliche **Buchführungsprogramme für die automatische Datenverarbeitung** entwickelt und eingesetzt werden.

Kontenrahmen werden von den einzelnen Wirtschaftsverbänden herausgegeben. Sie enthalten Empfehlungen für eine einheitliche Kontengliederung und Kontenbezeichnung und bieten die Möglichkeit, die Buchführung übersichtlich und EDV-gerecht zu organisieren und Zeitvergleiche sowie zwischenbetriebliche Vergleiche durchzuführen.

5.2 Gliederung und Inhalt des Schulkontenrahmens Nordrhein-Westfalen

Der Schulkontenrahmen Nordrhein-Westfalen (NW) wurde als einheitlicher Kontenrahmen für die Berufsfachschulen des Typs Wirtschaft auf der Grundlage **des Industriekontenrahmens (IKR)** entwickelt.

Zehnersystem

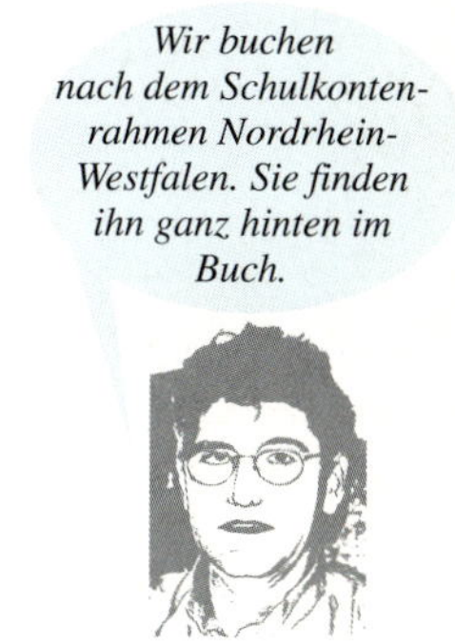

Der Schulkontenrahmen NW ist wie alle anderen Kontenrahmen nach dem **Zehnersystem** (der Dewey'schen Dezimalklassifikation) gegliedert. Alle Konten sind nach sachlichen Gesichtspunkten in **zehn Klassen** eingeteilt. Die einzelnen Klassen werden mit den Ziffern 0 bis 9 (einstellig) bezeichnet. Innerhalb der einzelnen Klassen werden bis zu **zehn Kontengruppen** (zweistellig) gebildet. Gekennzeichnet werden die Gruppen ebenfalls mit den Ziffern 0 bis 9. Damit jede Gruppe für sich eindeutig bestimmbar ist, wird vor die Bezeichnung der Kontengruppe stets die Bezeichnung der entsprechenden Kontenklasse gesetzt.

Beispiele

Kontenklassen	***Kontengruppen***
0 Immaterielle Vermögensgegenstände und Sachanlagen	*05 Grundstücke und Gebäude* *07 Technische Anlagen und Maschinen* *08 Betriebs- und Geschäftsausstattung*
6 Betriebliche Aufwendungen	*60 Aufwendungen für Roh-, Hilfs- und Betriebsstoffe und bezogene Waren* *62 Löhne* *63 Gehälter*

Alle **Kontennummern** des Schulkontenrahmens NW sind **vierstellig.** Die beiden ersten Stellen bezeichnen die Kontenklasse und die Kontengruppe. Die letzte Stelle der Kontonummer ist in der Regel eine 0. Nur bei Konten, die anderen Konten untergeordnet sind und über diese abgeschlossen werden, stehen fortlaufende Ziffern, jeweils mit 1 beginnend, an letzter Stelle, z. B. Konto Nr. 5001 Erlösberichtigungen (Unterkonto von 5000) oder Konto Nr. 6001 Bezugskosten (Unterkonto von 6000).

Beispiele

Konto Nr. ***0860 Geschäftsausstattung***

0 . . .	*Konten**klasse***	*Immaterielle Vermögensgegenstände und Sachanlagen*
0 8 . .	*Konten**gruppe***	*Betriebs- und Geschäftsausstattung*
0 8 6 0	*Konto**nummer***	*Geschäftsausstattung*

Konto Nr. ***6000 Aufwendungen für Rohstoffe***

6 . . .	*Konten**klasse***	*Betriebliche Aufwendungen*
6 0 . .	*Konten**gruppe***	*Aufwendungen für Roh-, Hilfs- und Betriebsstoffe und bezogene Waren*
6 0 0 0	*Konto**nummer***	*Aufwendungen für Rohstoffe*

Abschlussgliederungsprinzip

Ein wichtiges Ziel der Buchführung ist die Feststellung der Bestände und des Erfolgs eines Unternehmens und ihre Darstellung im Jahresabschluss (Schlussbilanz, GuV-Rechnung). Diesem Ziel dient auch der Aufbau des Schulkontenrahmens NW. Seine Gliederung in Kontenklassen, Kontengruppen sowie seine weitere Aufgliederung entsprechen der im Handelsgesetzbuch vorgeschriebenen Gliederung der Bilanz (§ 266 HGB) und der Gewinn- und Verlustrechnung (§ 275 HGB) für Kapitalgesellschaften; er ist also nach dem **Abschlussgliederungsprinzip** aufgebaut. Für die einzelnen im HGB festgelegten Positionen der Bilanz und der GuV-Rechnung sind jeweils bestimmte Konten eingerichtet, und die Reihenfolge der Konten innerhalb des Schulkontenrahmens NW stimmt mit der durch das HGB für Bilanz und GuV-Rechnung vorgeschriebenen Reihenfolge überein. Am Ende eines Rechnungsabschnitts lassen sich die Kontensalden daher unmittelbar zur Bestandsrechnung (Bilanz) bzw. Erfolgsrechnung (GuV-Rechnung) zusammenführen.

Rechnungskreise

Der Schulkontenrahmen NW weist zwei in sich geschlossene Rechnungskreise auf:

- **Rechnungskreis I** mit den Kontenklassen 0–8 für die **Finanzbuchhaltung**,
- **Rechnungskreis II** mit der Kontenklasse 9 für die **Kosten- und Leistungsrechnung.**

Im Bereich des **Rechnungskreises I** enthalten die **Kontenklassen 0–4** die **Bestandskonten;** diese werden über das Schlussbilanzkonto abgeschlossen (Bestandsrechnung). Die **Kontenklassen 5–7** sind für die **Erfolgskonten** bestimmt, die über das GuV-Konto abzuschließen sind (Erfolgsrechnung). Die **Kontenklasse 8** enthält Konten für die **Ergebnisrechnungen,** insbesondere das Schlussbilanzkonto (8010) und das GuV-Konto (8020).

Im **Rechnungskreis II (Kontenklasse 9)** kann innerhalb eines in sich geschlossenen Kontensystems die **Kosten- und Leistungsrechnung** buchhalterisch durchgeführt werden. In der Praxis wird sie jedoch im Allgemeinen statistisch-tabellarisch erstellt, deshalb ist die Kontenklasse 9 im Schulkontenrahmen NW nicht weiter aufgegliedert.

Der Schulkontenrahmen NW ist nach der Dezimalklassifikation gegliedert. Jedes Konto kann durch eine vierstellige Ziffer eindeutig gekennzeichnet werden. Die Konten des Schulkontenrahmens entsprechen nach Inhalt und Reihenfolge den im HGB festgelegten Positionen der Schlussbilanz und der GuV-Rechnung (Abschlussgliederungsprinzip). Der Schulkontenrahmen NW enthält zwei in sich geschlossene Rechnungskreise.

Gliederung des Schulkontenrahmens Nordrhein-Westfalen und Kontenabschluss										
Finanzbuchhaltung – Rechnungskreis I									←→ Abstimmung	**Betriebsbuchhaltung – Rechnungskreis II**
Bestandskonten					**Erfolgskonten**			**Ergebnisrechnung**		
Aktive Bestandskonten			**Passive Bestandskonten**		**Ertragskonten**	**Aufwandskonten**				
Konten des Anlagevermögens		Konten des Umlaufvermöges								
Kontenklasse 0	Kontenklasse 1	Kontenklasse 2	Kontenklasse 3	Kontenklasse 4	Kontenklasse 5	Kontenklasse 6	Kontenklasse 7	Kontenklasse 8		Kontenklasse 9
Immaterielle Vermögensgegenstände Sachanlagen	Finanzanlagen	Vorräte Forderungen Flüssige Mittel Aktive Rechnungsabgrenzung	Eigenkapital Rücklagen Wertberichtigungen Rückstellungen	Verbindlichkeiten Passive Rechnungsabgrenzung	Erlöse und andere Erträge	Materialaufwand Personalaufwand Abschreibungen Sonstige Aufwendungen	Steuern Zinsen	SBK GuV-Konto		Kosten- und Leistungsrechnung
S **8010 Schlussbilanzkonto** H **aktive Bestände Klassen 0, 1, 2** | **passive Bestände Klassen 3, 4**					S **8020 GuV** H **Aufwendungen Klassen 6, 7** | **Erträge Klasse 5**					
Bestandsrechnung					**Erfolgsrechnung**					

5.3 Kontenplan

Es gibt Unternehmungen, die nur einen Teil der im Kontenrahmen empfohlenen Kontengruppen und Kontenarten für ihre Buchführung benötigen. Andererseits gibt es Unternehmungen, die ihre Buchführung sehr vielfältig gliedern und darum eine größere Anzahl von Konten führen müssen. Jedes Unternehmen erstellt daher entsprechend seiner besonderen Struktur (Branche, Rechtsform und Größe) auf Grund des Kontenrahmens einen eigenen **Kontenplan,** in dem alle in diesem Unternehmen benötigten und geführten Konten enthalten sind.

- **Kontenrahmen = Empfehlung für die einheitliche Kontengliederung und Kontenbezeichnung aller Unternehmen eines bestimmten Wirtschaftszweiges**
- **Kontenplan = Plan der Kontengliederung und Kontenbezeichnungen eines bestimmten Unternehmens**

Der Kontenplan enthält alle in einem Unternehmen benötigten und geführten Konten. Er wird aus dem maßgeblichen Kontenrahmen des jeweiligen Wirtschaftszweiges entwickelt und berücksichtigt die besonderen Verhältnisse des Unternehmens.

5.4 Buchen nach dem Schulkontenrahmen Nordrhein-Westfalen

Die Verwendung von Kontennummern bringt eine Arbeitsvereinfachung mit sich. Außerdem ist sie eine wichtige Voraussetzung für den Einsatz der EDV. Bei der Aufzeichnung der Buchungssätze im Grundbuch sowie bei der Angabe von Gegenkonten im Hauptbuch können statt der ausführlichen Kontenbezeichnungen **Kontennummern** verwendet werden.

Beispiele

Geschäftsfall 1:
Ein Kunde bezahlt eine Rechnung über 3 680,00 EUR durch Postbanküberweisung.

Geschäftsfall 2:
Wir begleichen eine Lieferantenschuld in Höhe von 4 560,00 EUR, indem wir vom Bankkonto 3 000,00 EUR und vom Postbankkonto 1 560,00 EUR überweisen.

Kontenplan:
2400 Forderungen a. L. u. L., 2800 Bank, 2850 Postbank, 4400 Verbindlichkeiten a. L. u. L.

Grundbuch (vgl. auch S. 295)			
Fall Nr.	Buchungssatz	Soll	Haben
1	2850 an 2400	3 680,00	3 680,00
2	4400 an 2800	4 560,00	3 000,00
	an 2850		1 560,00

Hauptbuch *(vgl. auch S. 296)*

S	2400 Forderungen a. L. u. L.		H
AB	14 000,00	2850	3 680,00

S	2850 Postbank		H
AB	9 000,00	4400	1 560,00
2400	3 680,00		

S	2800 Bank		H
AB	11 700,00	4400	3 000,00

S	4400 Verbindlichkeiten a. L. u. L.		H
2800/2850	4 560,00	AB	27 000,00

Arbeitsaufträge

1. Erstellen Sie ein Grundbuch für folgende Geschäftsfälle.
Verwenden Sie statt der Kontenbezeichnungen die Kontennummern.

	EUR
1. Zielkauf einer Drehmaschine	50 000,00
2. Abbuchung der Telefonkosten vom Postbankkonto	450,00
3. Verkauf eines gebrauchten Computers gegen Barzahlung	200,00
4. Überweisung vom eigenen Postbankkonto aufs Bankkonto	12 000,00
5. Postbanküberweisung eines Kunden	5 500,00
6. Unsere Banküberweisungen	
Löhne	38 000,00
Gehälter	16 000,00
Rechtsanwaltsgebühren	2 700,00
Heizöl	3 800,00
Beiträge an die Industrie- und Handelskammer	600,00
Haftpflichtversicherung	400,00
Werbeanzeigen in einer Fachzeitschrift	7 000,00
7. Einkauf von Büromaterial auf Ziel	650,00
8. Verkauf eines gebrauchten Geschäfts-Pkw	
Wir erhalten bar	1 000,00
und einen Bankscheck über	2 000,00
9. Aufnahme eines Darlehens. Der Darlehensbetrag wird unserem Bankkonto gutgeschrieben	50 000,00
10. Abbuchung der Telefonrechnung vom Bankkonto	180,00
11. Banküberweisung für Verpackungsmaterial	320,00
12. Verkauf von Erzeugnissen auf Ziel	24 000,00
13. Die Bank belastet uns mit Zinsen	80,00

2. Erstellen Sie ein Grundbuch für folgende Geschäftsfälle.
Verwenden Sie statt der Kontenbezeichnungen die Kontennummern.

	EUR
1. Banküberweisung von Löhnen	23 000,00
2. Zieleinkauf von Rohstoffen	16 000,00
Hilfsstoffen	9 000,00
Betriebsstoffen	5 000,00
3. Kunden überweisen auf unser Bankkonto	33 000,00
4. Verkauf von Erzeugnissen auf Ziel	28 000,00
5. Abhebung vom Bankkonto für die Geschäftskasse	10 000,00
6. Unsere Banküberweisungen für	
Geschäftsmiete	3 200,00
Strom und Wasser	1 500,00
Gewerbeertragsteuer	2 800,00
Werbeprospekte	700,00
Maschinenreparatur	1 300,00
7. Ein Kunde überweist auf unser Postbankkonto	8 800,00
8. Verkauf einer gebrauchten Drehmaschine. Käufer zahlt mit Bankscheck	7 000,00
9. Kauf eines Lieferwagens. Die Rechnung wird mit Bankscheck beglichen	19 000,00
10. Kauf eines Computers auf Ziel	2 500,00
11. Rückzahlung von Hypothekenschulden durch Banküberweisung	3 000,00
12. Die Bank schreibt uns Zinsen gut	40,00
13. Banküberweisung an Lieferanten	7 000,00

3. Stellen Sie anhand des Kontenrahmens fest, welche Geschäftsfälle folgenden Kontierungen (Buchungssätzen) zu Grunde liegen.

1.	0860	an	4400	9.	4250	an	2800
2.	2880	an	5000	10.	2800	an	2400
		an	5100	11.	2880	an	0700
3.	6700	an	2800			an	0840
4.	6300	an	2800	12.	6800	an	2880
5.	6810	an	2880	13.	2880	an	5410
6.	6870	an	2800	14.	7510	an	2800
7.	2880	an	2800	15.	2400	an	5710
8.	0840	an	4400	16.	4400	an	2850

4./5.

Eröffnungsbilanz

A					P
0700	Technische Anlagen und Maschinen	100 000,00	3000	Eigenkapital	187 000,00
2000	Rohstoffe	30 000,00	4250	Langfristige Bankverbindlichkeiten	40 000,00
2100	Unfertige Erzeugnisse	50 000,00	4400	Verbindlichkeiten a. L. u. L.	60 000,00
2200	Fertige Erzeugnisse	35 000,00			
2400	Forderungen a. L. u. L.	45 000,00			
2800	Bank	27 000,00			
		287 000,00			287 000,00

Kontenplan

0700, 2000, 2100, 2200, 2400, 2800, 3000, 4250, 4400, 5000, 5200, 6000, 6160, 6200, 6700, 6830, 8010, 8020

Geschäftsfälle	**4.** EUR	**5.** EUR
1. Rohstoffeinkauf auf Ziel	7 500,00	4 000,00
2. Banküberweisungen für		
Telefongebühren	250,00	350,00
Miete	2 200,00	1 900,00
Maschinenreparatur	1 200,00	1 700,00
3. Ein Kunde begleicht unsere Rechnung durch Banküberweisung	2 000,00	3 400,00
4. Verkauf von Erzeugnissen auf Ziel	90 000,00	68 000,00
5. Aufnahme eines Darlehens. Der Betrag wird unserem Bankkonto gutgeschrieben	30 000,00	50 000,00
6. Lastschrift der Bank für die Überweisung von Löhnen	13 000,00	23 000,00
7. Verkauf einer gebrauchten Werkzeugmaschine gegen Bankscheck	10 000,00	15 000,00

Abschlussangaben

Inventurbestände		
Rohstoffe	24 700,00	14 300,00
Unfertige Erzeugnisse	30 000,00	65 000,00
Fertige Erzeugnisse	40 000,00	25 000,00

Die übrigen Endbestände stimmen mit den Inventurbeständen überein.

5.5 Bücher der Buchführung

Früher wurden die Bücher der Buchführung in Form von gebundenen Büchern, Karteien und losen Blättern geführt. Bei der heute weit verbreiteten computergestützten Buchführung können je nach der verwendeten Hardware und Software Magnetbänder, Plattenspeicher, Disketten und Mikrofilme die Funktion von Büchern übernehmen. Gemäß § 239 (4) HGB ist sicherzustellen, dass die gespeicherten Daten während der vorgeschriebenen Aufbewahrungsfrist verfügbar sind und innerhalb angemessener Frist lesbar gemacht werden können.

Nach der inhaltlichen Zielsetzung kann man folgende Bücher unterscheiden:

Bücher der Buchführung		
• **Grundbuch**	–	dient der **zeitlichen Ordnung** der Buchungen
• **Hauptbuch**	–	dient der **sachlichen Ordnung** der Buchungen
• **Nebenbücher**	–	**ergänzen** und **erläutern** die Buchungen des Hauptbuchs

5.5.1 Grundbuch[1]

Im **Grundbuch** werden die Geschäftsfälle in **zeitlicher (chronologischer) Reihenfolge** auf Grund der Belege erfasst. Man nennt das Grundbuch auch Journal, Tagebuch, Prima-Nota. Eingetragen werden in der Regel Buchungs- bzw. Belegdatum, Belegkennzeichen, Art des Geschäftsfalls sowie der Buchungssatz mit Angabe der Beträge.

Im Rahmen der chronologischen Ordnung der Grundbucheintragungen sind folgende vier **Gruppen von Buchungen** zu unterscheiden:

Gruppen von Buchungen

1. Eröffnungsbuchungen

Mit den Eröffnungsbuchungen überträgt man die Anfangsbestände der Eröffnungsbilanz auf die aktiven und passiven Bestandskonten.

2. Laufende Buchungen

Grundlage für die Buchung der laufenden Geschäftsfälle sind die geordneten und kontierten Belege

3. Vorbereitende Abschlussbuchungen

Zu den vorbereitenden Abschlussbuchungen zählen alle nach Erfassung der laufenden Geschäftsfälle am Ende eines Rechnungsabschnitts anfallenden Buchungen, die nicht das GuV-Konto oder das Schlussbilanzkonto berühren. Beispiele: Abschluss der Konten Privat, Vorsteuer (bzw. Umsatzsteuer), Buchung der Abschreibungen und Bestandsveränderungen.

4. Abschlussbuchungen

Im Rahmen der Abschlussbuchungen werden die Aufwands- und Ertragskonten über das GuV-Konto, das GuV-Konto über das Konto Eigenkapital sowie die aktiven und passiven Bestandskonten über das Schlussbilanzkonto abgeschlossen.

---

[1] *Vgl. S. 295, 322*

Beispiel

Grundbuch			Monat: Januar 20.. Seite 1			
			Buchungssatz			
			Konto		Betrag	
Tag	Beleg	Geschäftsfall	Soll	Haben	Soll	Haben
		1. Eröffnungsbuchungen				
2.	EB[1]	Eröffnung der Aktivkonten			580 000,00	
2.	EB	Eröffnung der Passivkonten				580 000,00
		2. Laufende Buchungen				
2.	AR 001	Zielverkauf an Spitz	2400	5000	8 000,00	8 000,00
2.	B 001	Bankabhebung	2880	2800	4 000,00	4 000,00
3.	ER 14	Zielkauf von Wolf	6000	4400	6 000,00	6 000,00
		3. Vorbereitende Abschlussbuchungen				
31.	UB 1[2]	Bestandsmehrung UE	2100	5200	4 000,00	4 000,00
31.	UB 2	Bestandsminderung FE	5200	2200	10 000,00	10 000,00
31.	UB 3	Bestandsmind. Rohstoffe	6000	2000	9 000,00	9 000,00
		...				
		4. Abschlussbuchungen				
		Abschluss d. Aufw.-Konten				
31.	UB 15	Rohstoffaufwendungen	8020	6000	13 000,00	13 000,00
		...				
		Abschluss d. Ertr.-Konten				
31.	UB 26	Umsatzerlöse	5000	8020	165 000,00	165 000,00

Das Grundbuch enthält alle Geschäftsfälle in zeitlicher Reihenfolge.

5.5.2 Hauptbuch

Die Aufzeichnung der Geschäftsfälle in zeitlicher Reihenfolge im Grundbuch vermittelt noch keinen Überblick über den Bestand und die Änderungen des Vermögens und des Kapitals. Um diesen Überblick zu erhalten, werden die Geschäftsfälle auf **Konten** erfasst, die – entsprechend dem Kontenrahmen – nach **sachlichen Gesichtspunkten** gegliedert sind. Man nennt diese Konten deshalb auch **Sachkonten.** So wird z. B. jeglicher Rohstoffverbrauch auf dem Konto 6000 Aufwendungen für Rohstoffe gebucht; alle auf dem Bankkonto ein- und ausgehenden Zahlungen werden auf dem Konto 2800 Bank erfasst.

Sachkonten werden im Hauptbuch[3] geführt. Aus den Eintragungen im Hauptbuch muss sich jederzeit der Geschäftsfall rekonstruieren und zum Beleg zurückverfolgen lassen. Deshalb werden auf den Hauptbuchkonten außer dem Betrag das Buchungsdatum, das Belegkennzeichen, die Journalseite, das Gegenkonto und der Buchungstext vermerkt. Auf Grund der Aufzeichnungen im Hauptbuch können jederzeit das Vermögen, die Schulden und der Erfolg des Unternehmens buchmäßig ermittelt werden.

---

[1] *EB = Eröffnungsbilanz*

[2] *UB = Umbuchungsbeleg*

[3] *Vgl. S. 296, 323*

Beispiel

Konto Nr. 2800				Bank		Seite 8
Buchungs-datum	Beleg	Journal-seite	Gegen-konto	Buchungstext	Soll	Haben
15. Mai ..	BA 82	8	4400	Überw. an Sturm		5 700,00
17. Mai ..	BA 83	9	2400	Scheck von Kühl	8 600,00	
17. Mai ..	BA 84	9	2400	Überw. von Schulz	3 450,00	

Im Hauptbuch werden alle Geschäftsfälle auf Konten nach sachlichen Gesichtspunkten erfasst.

Zusammenhang von Belegen, Grundbuch, Hauptbuch

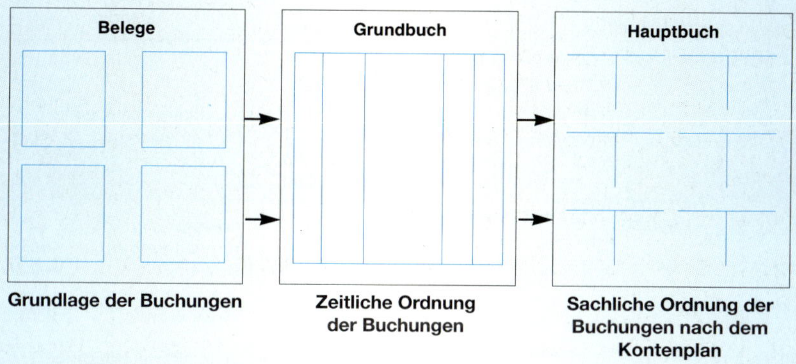

5.5.3 Nebenbücher

Aus den Konten des Hauptbuchs ist in vielen Fällen nicht ersichtlich, wie sich die Vermögens- und Schuldpositionen im Einzelnen zusammensetzen und entwickelt haben. Aus dem Sachkonto Forderungen sind z. B. in der Praxis nicht die Forderungen gegenüber einzelnen Kunden zu entnehmen. Einige Konten des Hauptbuchs müssen daher durch Nebenbücher aufgeschlüsselt werden. Zu den Nebenbüchern zählen:

- Kontokorrentbuch,
- Wechselbuch,
- Anlagenbuch,
- Lagerbuch,
- Lohn- und Gehaltsbuch,
- Kassenbuch.

6 Umsatzsteuersystem und Umsatzsteuerbuchungen

Darin enthalten: 80,00 EUR für „Vater Staat“.

6.1 System der Umsatzsteuer

Wertschöpfung (Mehrwert)

Jede betriebliche Tätigkeit verursacht Aufwendungen. Aufwendungen gehen in den Verkaufspreis der Erzeugnisse ein. Soweit es sich bei diesen Aufwendungen nicht um Vorleistungen anderer Unternehmen handelt, z. B. Aufwendungen für Roh-, Hilfs- und Betriebsstoffe, Aufwendungen für bezogene Leistungen, stellen sie für das Unternehmen eine **Wertschöpfung** dar. Zu den **Aufwendungen,** die in die Wertschöpfung eingehen, zählen z. B. Löhne, Gehälter, soziale Abgaben. Wird mit den Verkaufspreisen der Erzeugnisse ein Gewinn erzielt, dann ist auch der **Gewinn** Bestandteil der Wertschöpfung. Die Wertschöpfung, auch Mehrwert genannt, berechnet man wie folgt:

	Verkaufspreise
–	Anschaffungspreise der Vorleistungen
=	**Wertschöpfung (Mehrwert)**

Beispiel[1]

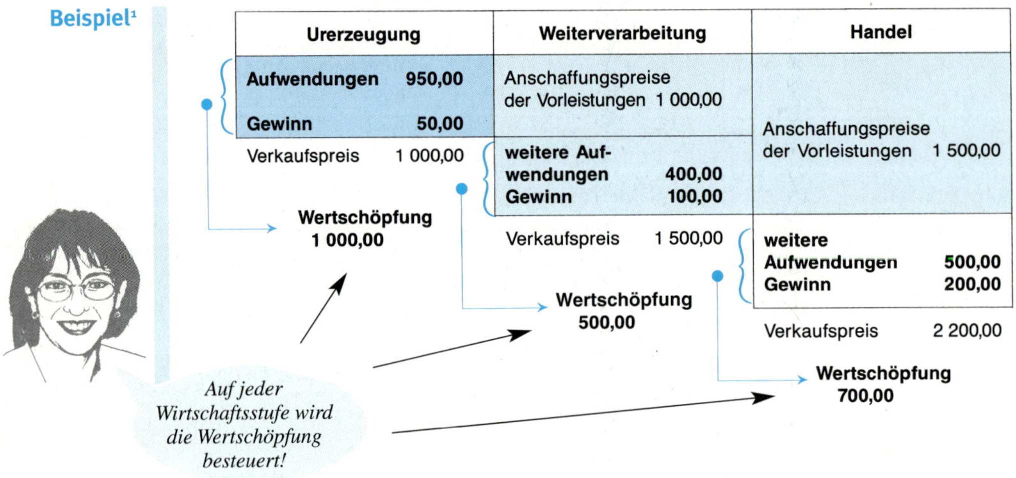

Besteuerung der Wertschöpfung

Der Wert eines Gutes erhöht sich auf jeder Wirtschaftsstufe um die Wertschöpfung. Von dieser Wertschöpfung erhebt der Staat Mehrwertsteuer bzw. Umsatzsteuer.[2] Der **allgemeine Steuersatz** beträgt 16 %. Für bestimmte Waren, z. B. Lebensmittel, Bücher, Zeitungen, ist ein **ermäßigter Steuersatz** von 7 % anzuwenden.

Auf jeder Wirtschaftsstufe entsteht eine Wertschöpfung (Mehrwert). Der Mehrwert ist der Unterschiedsbetrag zwischen den Verkaufspreisen der Erzeugnisse und den Anschaffungspreisen der Vorleistungen. Der Mehrwert unterliegt der Mehrwertsteuer (Umsatzsteuer). Der allgemeine Steuersatz beträgt 16 %, der ermäßigte Steuersatz 7 %.

Umsatzsteuer, Vorsteuer, Zahllast

Jeder Unternehmer stellt seinem Abnehmer neben dem reinen Warenwert (Nettopreis) die darauf entfallende **Umsatzsteuer gesondert in Rechnung.** Er muss diesen Betrag jedoch nicht in voller Höhe an das Finanzamt abführen, sondern kann davon die in der Rechnung seines Lieferers **(Eingangsrech-**

[1] *Zur Vereinfachung wird unterstellt:*
a) Auf der Stufe der Urerzeugung gibt es keine Vorleistungen anderer Unternehmen.
b) Auf jeder Wirtschaftsstufe ist jeweils nur ein Unternehmen mit einem Erzeugnis beteiligt.

[2] *Die Begriffe Mehrwertsteuer und Umsatzsteuer sind gleichbedeutend.*

nung) ausgewiesene Umsatzsteuer als **Vorsteuer** abziehen. Die beim Verkauf in der Rechnung **(Ausgangsrechnung)** ausgewiesene **Umsatzsteuer** stellt für den Unternehmer eine Verbindlichkeit gegenüber dem Finanzamt dar; die beim Einkauf entrichtete Umsatzsteuer **(Vorsteuer)** ist für ihn dagegen eine **Forderung** an das Finanzamt. Aus der Verrechnung von Umsatzsteuer und Vorsteuer ergibt sich die **Zahllast.** Hierdurch wird erreicht, dass nur die Wertschöpfung der jeweiligen Wirtschaftsstufe besteuert wird.

Beispiel

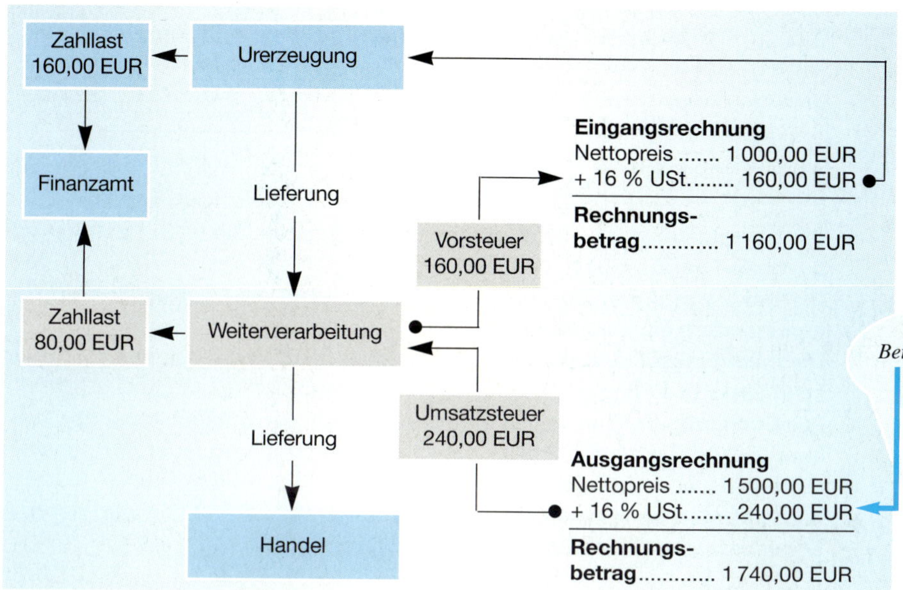

Ermittlung der Zahllast des weiterverarbeitenden Unternehmens

	Umsatzsteuer lt. Ausgangsrechnung	240,00 EUR
–	**Vorsteuer** lt. Eingangsrechnung	160,00 EUR
=	**Zahllast**	**80,00 EUR**

Die Umsatzsteuer muss nur in Rechnungen an Unternehmer gesondert ausgewiesen werden. Bei Kleinbetragsrechnungen bis 100,0 EUR genügt die Angabe des Steuersatzes.

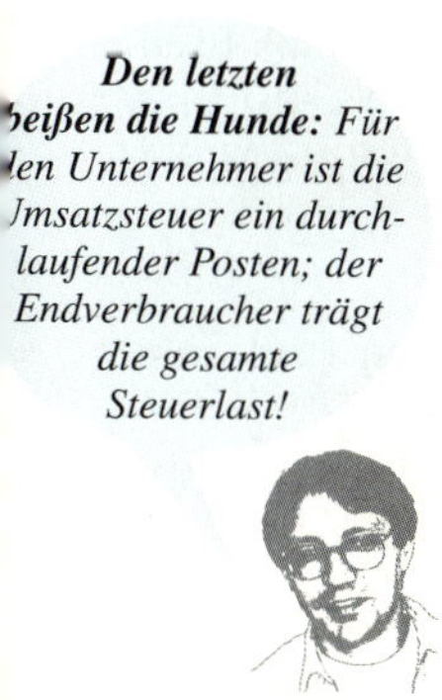

Steuerüberwälzung auf den Endverbraucher

Obwohl jeder Unternehmer der Wirtschaftskette seine Zahllast an das Finanzamt abführen muss, ist sie für ihn **kein Aufwand,** sie ist erfolgsneutral. Denn der Unternehmer stellt die an das Finanzamt abzuführende Zahllast zusammen mit der Vorsteuer dem Abnehmer in Rechnung. So wird die Umsatzsteuer von den am Umsatzprozess beteiligten Unternehmen Stufe für Stufe auf den Endverbraucher überwälzt. Träger der gesamten Umsatzsteuer ist der Endverbraucher, denn er hat keine Möglichkeit zum Vorsteuerabzug.

Beispiel

Die folgende Übersicht[1] zeigt, dass der letzte Unternehmer der Wirtschaftskette die Gesamtsteuerlast auf den Endverbraucher überwälzt.

Stufen der Wirtschaftskette	Verkaufspreis	– Anschaffungspreise der Vorleistungen	= Wertschöpfung (Mehrwert)	Umsatzsteuer	– Vorsteuer	= Zahllast
Urerzeugung	1000,00 EUR	–	1000,00 EUR	160,00 EUR	–	160,00 EUR
Weiterverarbeitung	1500,00 EUR	1000,00 EUR	500,00 EUR	240,00 EUR	160,00 EUR	80,00 EUR
Handel	2200,00 EUR	1500,00 EUR	700,00 EUR	352,00 EUR	240,00 EUR	112,00 EUR
Nettopreis für Endverbraucher			2200,00 EUR	752,00 EUR	400,00 EUR	352,00 EUR
+ Umsatzsteuer für Endverbraucher			352,00 EUR			
Kaufpreis für Endverbraucher			**2552,00 EUR**			

Die Umsatzsteuer ist vom Nettopreis zu berechnen. Sie ist in Rechnungen gesondert auszuweisen.
Die beim Verkauf anfallende Umsatzsteuer stellt eine Verbindlichkeit gegenüber dem Finanzamt dar.
Die beim Einkauf zu zahlende Umsatzsteuer heißt Vorsteuer. Die Vorsteuer stellt eine Forderung gegenüber dem Finanzamt dar.
Zur Ermittlung der Zahllast ist die Vorsteuer von der Umsatzsteuer abzuziehen. Die Zahllast entspricht der auf die Wertschöpfung jeder Wirtschaftsstufe entfallenden Umsatzsteuer.
Für die Unternehmen ist die Umsatzsteuer erfolgsneutral. Sie wird auf den Endverbraucher überwälzt (Steuerüberwälzung).

Steuergegenstand und Bemessungsgrundlage

Die rechtliche Grundlage für die Erhebung der Umsatzsteuer ist das **Umsatzsteuergesetz (UStG).** Gemäß **§ 1 UStG** gilt als Gegenstand der Besteuerung der **steuerbare Umsatz.**

Dazu gehören

- **Lieferungen und sonstige Leistungen,**
- **Einfuhr** von Gegenständen aus Nicht-EU-Staaten,
- **innergemeinschaftlicher Erwerb** von Gegenständen aus EU-Mitgliedsstaaten.

Für die Berechnung der Umsatzsteuer bei Lieferungen und sonstigen Leistungen gilt das **Entgelt** als Bemessungsgrundlage. Darunter versteht man den **Nettowert der Leistung.** Die vom Erwerber zu zahlende Umsatzsteuer zählt nicht zum Entgelt.

Umsatzsteuervoranmeldung, Umsatzsteuervorauszahlung und Jahressteuererklärung

Der Unternehmer hat dem Finanzamt bis zum 10. Tag nach Ablauf des Voranmeldezeitraums eine **Umsatzsteuervoranmeldung** auf einem amtlichen

[1] *Vgl. Fußnote S. 328*

Vordruck einzureichen. Als Voranmeldungszeitraum gilt in der Regel der Kalendermonat. Gleichzeitig ist die **Umsatzsteuerzahllast** des Kalendermonats als Vorauszahlung an das Finanzamt zu entrichten.
Für das abgelaufene Kalenderjahr hat der Unternehmer eine **Umsatzsteuererklärung** abzugeben. Stimmt die in den Voranmeldungen angemeldete und vorausgezahlte Umsatzsteuer nicht mit der Steuerschuld in der Steuererklärung überein, so ergibt sich entweder eine Steuernachzahlung oder eine Steuererstattung.

Die Umsatzsteuer wird vom Entgelt berechnet. Das Entgelt entspricht dem Nettowert der Leistung. Umsatzsteuervoranmeldung und Umsatzsteuervorauszahlung sind binnen 10 Tagen nach Ablauf des Voranmeldungszeitraums einzureichen bzw. zu entrichten. Der Unternehmer muss dem Finanzamt für das abgelaufene Kalenderjahr eine Jahressteuererklärung einreichen.

6.2 Umsatzsteuer bei Beschaffung und Absatz

6.2.1 Buchungen bei der Beschaffung

Bei der Beschaffung von Material, Maschinen, Werkzeugen etc. wird dem Unternehmer neben dem reinen Warenwert (Nettopreis) die Umsatzsteuer gesondert in Rechnung gestellt.

Beispiel

Im Beispiel auf Seite 329 erhält der Unternehmer der weiterverarbeitenden Wirtschaftsstufe folgende ***Eingangsrechnung*** *für den Bezug von Rohstoffen:*

Warenpreis, netto	*1 000,00 EUR*
+ 16 % Umsatzsteuer	*160,00 EUR*
Rechnungsbetrag	***1 160,00 EUR***

Dieser Betrag stellt ein Guthaben des Unternehmers gegenüber dem Finanzamt dar.

Die in der Eingangsrechnung ausgewiesene Umsatzsteuer stellt für den Unternehmer Vorsteuer dar, die er als Forderung gegenüber dem Finanzamt auf dem **Aktivkonto**

2600 Vorsteuer

bucht. Auf dem Konto Aufwendungen für Rohstoffe wird nur der Nettopreis der bezogenen Rohstoffe gebucht.

Beispiel

Buchung der Eingangsrechnung:

6000 Aufwend. f. Rohstoffe	1 000,00		
2600 Vorsteuer	160,00	an	4400 Verbindlichkeiten 1 160,00

S	6000 Aufwendungen f. Rohstoffe		H
4000	1 000,00		

S	4400 Verbindlichkeiten a. L. u. L.		H
		6000/2600	1 160,00

S	2600 Vorsteuer		H
4400	160,00		

Die in Eingangsrechnungen ausgewiesene Umsatzsteuer ist Vorsteuer.

Die Vorsteuer wird auf dem Aktivkonto 2600 Vorsteuer gebucht. Das Konto 2600 Vorsteuer enthält eine Forderung gegenüber dem Finanzamt.

6.2.2 Buchungen beim Absatz

Beim Absatz von Erzeugnissen stellt der Unternehmer seinem Kunden neben dem reinen Warenwert (Nettopreis) die Umsatzsteuer gesondert in Rechnung.

Beispiel

Im Beispiel auf Seite 329 erstellt der Unternehmer folgende ***Ausgangsrechnung:***

Warenpreis, netto	*1 500,00 EUR*
+ 16 % Umsatzsteuer	*240,00 EUR*
Rechnungsbetrag	***1 740,00 EUR***

Die in der Ausgangsrechnung ausgewiesene Umsatzsteuer stellt eine Verbindlichkeit gegenüber dem Finanzamt dar und wird auf dem **Passivkonto**

4800 Umsatzsteuer

gebucht. Das Konto 5000 Umsatzerlöse übernimmt im Haben den reinen Warenwert (Nettopreis).

Beispiel

Buchung der Ausgangsrechnung:

2400 Ford. a. L. u. L. 1 740,00 an 5000 Umsatzerlöse 1 500,00
an 4800 Umsatzsteuer 240,00

S 2400 Forderungen a. L. u. L.	H
5000/4800 1 740,00	

S 5000 Umsatzerlöse	H
	2400 1 500,00

S 4800 Umsatzsteuer	H
	2400 240,00

Die Umsatzsteuer wird auf dem Passivkonto 4800 Umsatzsteuer gebucht. Das Konto 4800 Umsatzsteuer enthält eine Verbindlichkeit gegenüber dem Finanzamt.

6.2.3 Ermittlung und Buchung der Zahllast

Beispiel

Auf Grund der in den vorhergehenden Beispielen dargestellten Geschäftsfälle hat sich für den Unternehmer der weiterverarbeitenden Wirtschaftsstufe eine Umsatzsteuerverbindlichkeit von 240,00 EUR und eine Umsatzsteuerforderung (Vorsteuer) von 160,00 EUR ergeben. Zur Ermittlung der Zahllast verrechnet er die Umsatzsteuerforderung mit seiner Umsatzsteuerschuld.

Berechnung der Zahllast

Umsatzsteuer lt. Ausgangsrechnung	*240,00 EUR*
– *Vorsteuer lt. Eingangsrechnung*	*160,00 EUR*
= ***Zahllast***	***80,00 EUR***

Buchhalterisch geschieht das in der Weise, dass der Saldo des Kontos 2600 Vorsteuer auf das Konto 4800 Umsatzsteuer übertragen wird.

Buchung zur ***Ermittlung der Zahllast:***

4800 Umsatzsteuer 160,00 an 2600 Vorsteuer 160,00

S	2600 Vorsteuer		H	S	4800 Umsatzsteuer		H
4400	160,00	Saldo	160,00 →	2600	160,00	2400	240,00
				Zahllast	80,00		

Beim Abschluss des Kontos 4800 Umsatzsteuer ergibt sich ein Saldo von 80,00 EUR als Zahllast. Am 10. des folgenden Monats ist die Zahllast an das Finanzamt abzuführen.

Bei der ***Überweisung der Zahllast*** *z. B. durch die Bank an das Finanzamt bucht man:*

4800 Umsatzsteuer 80,00 an 2800 Bank 80,00

Zur Ermittlung der Zahllast ist das Konto 2600 Vorsteuer über das Konto 4800 Umsatzsteuer abzuschließen.
Auf dem Konto 4800 Umsatzsteuer ergibt sich als Saldo die an das Finanzamt abzuführende Zahllast.

6.2.4 Bilanzierung der Zahllast bzw. des Vorsteuerüberhangs

In der Schlussbilanz ist die Zahllast auf der Passivseite auszuweisen, weil sie eine Verbindlichkeit gegenüber dem Finanzamt darstellt. Die Zahllast wird passiviert.

Buchung zur **Passivierung der Zahllast:**

4800 Umsatzsteuer 80,00 an 8010 Schlussbilanzkonto 80,00

In der Regel überwiegen die Umsatzsteuerverbindlichkeiten des Kontos 4800 Umsatzsteuer die Umsatzsteuerforderungen des Kontos 2600 Vorsteuer. In bestimmten Fällen, z. B. bei stark exportorientierten Unternehmen, kann die Vorsteuer größer sein als die Umsatzsteuerverbindlichkeit.

	Vorsteuer
–	Umsatzsteuerverbindlichkeiten
=	**Vorsteuerüberhang**

Ein Vorsteuerüberhang ist auf der Aktivseite der Bilanz auszuweisen, weil er eine Forderung gegenüber dem Finanzamt darstellt. Der Vorsteuerüberhang wird aktiviert.

Buchung zur **Aktivierung des Vorsteuerüberhanges:**

8010 Schlussbilanzkonto an 2600 Vorsteuer

Am Bilanzstichtag ist die Zahllast zu passivieren. Ein eventueller Vorsteuerüberhang ist zu aktivieren.

Arbeitsaufträge

1. Ein Industrieunternehmen hat in einem Monat

Rohstoffe im Nettowert von	80 000,00 EUR
+ 16 % USt.	12 800,00 EUR

eingekauft.

Im selben Monat wurden Erzeugnisse zum

Nettopreis von	120 000,00 EUR
+ 16 % USt.	19 200,00 EUR

verkauft.

a) Wie lauten die Buchungssätze für die Einkaufs- und Verkaufsvorgänge, wenn die Bezahlung durch Bankscheck erfolgte?
b) Richten Sie die Konten 2600 Vorsteuer und 4800 Umsatzsteuer ein und buchen Sie die Steuerbeträge auf diesen Konten.
c) Ermitteln Sie die Zahllast buchhalterisch.
d) Wie lautet der Buchungssatz, wenn die Zahllast
   1. durch Banküberweisung beglichen wird?
   2. passiviert werden soll?

2. Die Rohstoffeinkäufe eines Industrieunternehmens betragen im Monat Dezember 320 000,00 EUR netto und die Verkäufe von Erzeugnissen im gleichen Zeitraum 445 000,00 EUR netto. Umsatzsteuersatz 16 %.
a) Richten Sie die für die Buchung erforderlichen Konten ein, und buchen Sie auf diesen Konten.
b) Schließen Sie die Konten zum Bilanzstichtag (31. Dezember) ab.

3. Die Rohstoffeinkäufe eines Industrieunternehmens betragen im Monat Dezember 150 000,00 EUR netto und die Verkäufe an Erzeugnissen im gleichen Zeitraum 115 000,00 EUR netto. Umsatzsteuersatz 16 %.
a) Richten Sie die für die Buchung erforderlichen Konten ein, und buchen Sie auf diesen Konten.
b) Schließen Sie die Konten zum Bilanzstichtag (31. Dezember) ab.

4./5. Anfangsbestände

	EUR
0700 Technische Anlagen und Maschinen	160 000,00
0860 Geschäftsausstattung	50 000,00
2000 Rohstoffe	21 000,00
2020 Hilfsstoffe	23 000,00
2030 Betriebsstoffe	18 000,00
2100 Unfertige Erzeugnisse	20 000,00
2200 Fertige Erzeugnisse	25 000,00

	EUR
2400 Forderungen a. L. u. L.	57 000,00
2800 Bank	36 400,00
2880 Kasse	9 500,00
3000 Eigenkapital	294 500,00
4400 Verbindlichkeiten a. L. u. L.	125 400,00

Kontenplan
0700, 0860, 2000, 2020, 2030, 2100, 2200, 2400, 2600, 2800, 2880, 3000, 4400, 4800, 5000, 5200, 6000, 6020, 6030, 6200, 6300, 8010, 8020

Geschäftsfälle	**4.** EUR	**5.** EUR
1. Zieleinkauf von Rohstoffen lt. ER[1] 203		
Nettopreis	11 000,00	13 000,00
+ USt.	1 760,00	2 080,00
Rechnungsbetrag	12 760,00	15 080,00
2. Zieleinkauf von Betriebsstoffen lt. ER 204		
Nettopreis	1 400,00	1 500,00
+ USt.	224,00	240,00
Rechnungsbetrag	1 624,00	1 740,00
3. Zielverkauf von Erzeugnissen lt. AR[2] 405–410		
Nettopreis	35 000,00	44 000,00
+ USt.	5 600,00	7 040,00
Rechnungsbetrag	40 600,00	51 040,00

[1] *ER = Eingangsrechnung* [2] *AR = Ausgangsrechnung*

Geschäftsfälle	**4.** EUR	**5.** EUR
4. Banküberweisung an Lieferer	25 520,00	23 200,00
5. Kauf eines Computers auf Ziel		
Nettopreis	3 300,00	3 600,00
+ USt.	528,00	576,00
Rechnungsbetrag	3 828,00	4 176,00
6. Banküberweisung von Kunden	10 672,00	18 560,00
7. Banküberweisung der		
Löhne	12 000,00	11 500,00
Gehälter	9 000,00	8 200,00
8. Zielverkauf von Erzeugnissen lt. AR 411–419		
Nettopreis	60 000,00	62 000,00
+ USt.	9 600,00	9 920,00
Rechnungsbetrag	69 600,00	71 920,00

Abschlussangaben

Inventurbestände	EUR	EUR
2000 Rohstoffe	14 000,00	6 000,00
2020 Hilfsstoffe	7 000,00	6 000,00
2030 Betriebsstoffe	10 400,00	11 000,00
2100 Unfertige Erzeugnisse	24 000,00	23 500,00
2200 Fertige Erzeugnisse	30 500,00	28 000,00

Die Salden der übrigen Bestandskonten stimmen mit den Inventurwerten überein.

6.3 Umsatzsteuer bei weiteren Geschäftsfällen

Das Steuerrecht spricht hier von „sonstigen Leistungen“

Auch Eingangsrechnungen für Büromaterial, Instandhaltung, Beratungshonorare usw. enthalten Umsatzsteuer. Die in der Rechnung ausgewiesene Umsatzsteuer wird als Vorsteuer gebucht, der Nettobetrag der Rechnung ist dem entsprechenden Aufwandskonto zu belasten.

Beispiel

Eingangsrechnung des Steuerberaters, die sofort mit Verrechnungsscheck beglichen wird.

	Beratungskosten	*1 200,00 EUR*
+	*16 % Umsatzsteuer*	*192,00 EUR*
	Rechnungsbetrag	*1 392,00 EUR*

6770 Rechts- und Beratungskosten 1 200,00
2600 Vorsteuer 192,00 an 2800 Bank 1 392,00

Wichtige Ausnahme: Zinsen

Die von einem **Kreditinstitut** für die Inanspruchnahme von Krediten in Rechnung gestellten Zinsen sind als Umsatz im Geld- und Kreditverkehr (§ 4 Nr. 8 UStG) von der **Umsatzsteuer befreit.**

Beispiel

Lastschrift der Bank für Darlehenszinsen 400,00 EUR

7510 Zinsaufwendungen 400,00 an 2800 Bank 400,00

Bei Kredit- und Verzugszinsen fällt keine Umsatzsteuer an.

Verzugszinsen, die dem Unternehmen von einem **Lieferer** bzw. vom Unternehmen einem **Kunden** in Rechnung gestellt werden, gelten umsatzsteuerrechtlich als Schadenersatz und stellen deshalb keinen steuerbaren Umsatz dar.

Beispiele

Belastungsanzeige des Lieferers für Verzugszinsen 30,00 EUR

7510 Zinsaufwendungen 30,00 an 4400 Verbindlichkeiten a. L. u. L. 30,00

Belastungsanzeige an einen Kunden für Verzugszinsen 70,00 EUR

2400 Forderungen a. L. u. L. 70,00 an 5710 Zinserträge 70,00

Arbeitsaufträge

1./2. Anfangsbestände

Konto	Bezeichnung	EUR	Konto	Bezeichnung	EUR
0700	Technische Anlagen und Maschinen	90 000,00	2400	Forderungen a. L. u. L.	29 640,00
0860	Geschäftsausstattung	30 000,00	2800	Bank	41 400,00
2000	Rohstoffe	55 000,00	2880	Kasse	12 000,00
2020	Hilfsstoffe	18 000,00	3000	Eigenkapital	277 480,00
2100	Unfertige Erzeugnisse	12 000,00	4400	Verbindlichkeiten a. L. u. L.	21 660,00
2200	Fertige Erzeugnisse	14 500,00	4800	Umsatzsteuer	3 400,00

Kontenplan

0700, 0860, 2000, 2020, 2100, 2200, 2400, 2600, 2800, 2880, 3000, 4400, 4800, 5000, 5200, 6000, 6020, 6160, 6200, 6300, 6770, 6800, 6830, 8010, 8020

Geschäftsfälle	**1.** EUR	**2.** EUR
1. Zielkauf von Büromaterial, Nettopreis	700,00	750,00
+ USt.	112,00	120,00
2. Zielverkauf von Erzeugnissen lt. AR 217-231, netto	36 000,00	78 000,00
+ USt.	5 760,00	12 480,00
3. Abbuchung der Telefongebühren vom Bankkonto	190,00	150,00
+ USt.	30,40	24,00
4. Banküberweisung der Umsatzsteuer an das Finanzamt	3 400,00	3 400,00
5. Zielkauf von Rohstoffen lt. ER 128–132, netto	9 000,00	12 000,00
+ USt.	1 440,00	1 920,00
6. Banküberweisung an unseren Steuerberater Beratungskosten, netto	550,00	400,00
+ USt.	88,00	64,00
7. Eingangsrechnung für Maschinenreparatur, netto	800,00	700,00
+ USt.	128,00	112,00
8. Banküberweisung der Löhne	7 200,00	5 900,00
Gehälter	4 600,00	3 500,00
9. Banküberweisung von Kunden	13 224,00	12 180,00

Abschlussangaben

Inventurbestände	EUR	EUR
2000 Rohstoffe	29 000,00	34 500,00
2020 Hilfsstoffe	10 000,00	13 400,00
2100 Unfertige Erzeugnisse	9 500,00	15 500,00
2200 Fertige Erzeugnisse	16 000,00	17 000,00

Die Salden der übrigen Bestandskonten stimmen mit den Inventurwerten überein.

7 Exkurs: Privatkonto

7.1 Auswirkungen von Privatentnahmen und Privateinlagen auf das Eigenkapital

Im Vorgriff auf den Gewinn entnimmt der Unternehmer zur Bestreitung seines Lebensunterhaltes Bargeld und/oder Erzeugnisse aus dem Betrieb. Ferner werden Geldüberweisungen privater Natur, z. B. Einkommensteuerzahlungen, Mietzahlungen für die Privatwohnung, Zahlung von Bausparkassen- und/oder Lebensversicherungsbeiträgen manchmal über betriebliche Finanzkonten (Bank, Postbank) abgewickelt. Diese Entnahmen dürfen den gewerblichen Gewinn nicht schmälern, denn der Gewinn ist für die Bemessung der gewinnabhängigen Steuern (z. B. Einkommensteuer, Gewerbesteuer) ausschlaggebend. Deshalb muss jede Entnahme für private Zwecke als Minderung des Eigenkapitals erfasst werden. Diese Eigenkapitalminderungen werden zur besseren Übersicht als **Privatentnahmen** auf dem Konto

3001 Privat

gebucht. Das **Privatkonto** ist ein **Unterkonto des Eigenkapitalkontos.**

Auf dem Konto 3001 Privat sind jedoch nicht nur Privatentnahmen, sondern auch **Privateinlagen** zu buchen. Privateinlagen liegen vor, wenn der Unternehmer z. B. Geld- oder Sachwerte in sein Unternehmen einbringt. Sie mehren das Eigenkapital.

Privatentnahmen werden als Minderungen des Eigenkapitals **im Soll, Privateinlagen** als Mehrungen des Eigenkapitals **im Haben des Privatkontos** erfasst. Das Privatkonto wird über das Konto 3000 Eigenkapital abgeschlossen.

Beispiele

Für die private Lebensversicherung des Unternehmers werden vom betrieblichen Bankkonto 3 000,00 EUR überwiesen.

3001 Privat 3 000,00 an 2800 Bank 3 000,00

Der Unternehmer zahlt aus seinem Privatvermögen 20 000,00 EUR auf das betriebliche Bankkonto ein.

2800 Bank 20 000,00 an 3001 Privat 20 000,00

S 3001 Privat H

S		H	
Entnahme	3 000,00	Einlage	20 000,00
Saldo	17 000,00		
	20 000,00		20 000,00

S 8020 Gewinn u. Verlust H

S		H	
Aufwendungen	60 000,00	Erträge	90 000,00
Gewinn	30 000,00		
	90 000,00		90 000,00

S 3000 Eigenkapital H

S		H	
SB	97 000,00	AB	50 000,00
		Privat	17 000,00
		Gewinn	30 000,00
	97 000,00		97 000,00

Die gesonderte Erfassung der Privatentnahmen soll verhindern, dass Aufwendungen der privaten Lebensführung den gewerblichen Gewinn schmälern.
Privatentnahmen mindern das Eigenkapital und werden auf dem Konto 3001 Privat im Soll gebucht.
Privateinlagen mehren das Eigenkapital und werden auf dem Konto 3001 Privat im Haben gebucht.
Das Konto 3001 Privat wird über das Konto 3000 Eigenkapital abgeschlossen.

7.2 Erfassung und Besteuerung von Sachentnahmen

Während Geldentnahmen für private Zwecke des Unternehmers nicht der Umsatzsteuer unterliegen, sind **Sachentnahmen** für Privatzwecke (z. B. Entnahme von Fertigerzeugnissen, Anlagegegenständen) **umsatzsteuerpflichtig.** Unterlägen diese Sachentnahmen nicht der Umsatzsteuer, so würde der Unternehmer für aus seinem Unternehmen bezogene Leistungen keine Umsatzsteuer bezahlen. Er hätte gegenüber anderen Endverbrauchern einen nicht gerechtfertigten Steuervorteil.

Bemessungsgrundlage für die Besteuerung der Sachentnahmen sind bei Handelswaren die Wiederbeschaffungskosten (Einkaufspreis zuzüglich Nebenkosten) und bei selbst erstellten Erzeugnissen die Selbstkosten zum Zeitpunkt der Entnahme.

Sachentnahmen werden wie Geldentnahmen auf dem Konto 3001 Privat gebucht. Die Gegenbuchung erfolgt auf dem Ertragskonto

5420 Entnahme von Gegenständen

Beispiel

Der Unternehmer entnimmt seiner Unternehmung Fertigerzeugnisse für private Zwecke, Selbstkosten 1 000,00 EUR + 16 % Umsatzsteuer.

3001 Privat	**1 160,00**	**an**	**5420**	**Entnahme v. Gegenständen**	**1 000,00**
			4800	**Umsatzsteuer**	**160,00**

S	3001 Privat		H
5420/4800	1 160,00		

S	8020 Gewinn und Verlust		H
		5420	1 000,00

S	5420 Entnahme von Gegenständen		H
8020	1 000,00	3001	1 000,00

S	4800 Umsatzsteuer		H
		3001	160,00

Das Konto **5420 Entnahme von Gegenständen** wird als Ertragskonto über das **Gewinn- und Verlustkonto** abgeschlossen.

Buchung:

5420 Entnahme von Gegenständen an 8020 Gewinn und Verlust

Die Entnahme von Gegenständen des Betriebsvermögens für private Zwecke (Sachentnahmen) unterliegt wie Lieferungen der Umsatzsteuer.
Bemessungsgrundlage für Sachentnahmen sind die Wiederbeschaffungskosten bzw. Selbstkosten zum Zeitpunkt der Entnahme.
Sachentnahmen sind auf dem Konto 5420 Entnahme von Gegenständen zu buchen.
Das Konto Entnahme von Gegenständen wird über das Gewinn- und Verlustkonto abgeschlossen.

Arbeitsaufträge

1./2.

Vorläufige Saldenbilanz zum 30. Dezember

Konten	Soll/EUR	Haben/EUR
0700 Technische Anlagen und Maschinen	150 000,00	
0840 Fuhrpark	50 000,00	
0860 Geschäftsausstattung	70 000,00	
2000 Rohstoffe	180 600,00	
2020 Hilfsstoffe	48 200,00	
2100 Unfertige Erzeugnisse	19 000,00	
2200 Fertige Erzeugnisse	32 600,00	
2400 Forderungen a. L. u. L.	96 900,00	
2600 Vorsteuer	11 200,00	
2800 Bank	112 320,00	
2880 Kasse	31 150,00	
3000 Eigenkapital		400 870,00
3001 Privat	27 400,00	
4250 Langfristige Bankverbindlichkeiten		270 000,00
4400 Verbindlichkeiten a. L. u. L.		49 020,00
4800 Umsatzsteuer		18 430,00
5000 Umsatzerlöse		491 200,00
5200 Bestandsveränderungen		
5400 Mieterträge		16 300,00
5420 Entnahme von Gegenständen		6 800,00
5710 Zinserträge		1 100,00
6000 Aufwendungen für Rohstoffe	150 400,00	
6020 Aufwendungen für Hilfsstoffe	37 900,00	
6160 Fremdinstandsetzung	8 200,00	
6200 Löhne	110 200,00	
6300 Gehälter	80 800,00	
6700 Mieten	18 000,00	
6800 Büromaterial	1 230,00	
6820 Postgebühren	5 320,00	
7510 Zinsaufwendungen	12 300,00	
	1 253 720,00	1 253 720,00

Richten Sie noch die Konten 8010 und 8020 ein.

Vor dem Jahresabschluss sind noch folgende Geschäftsfälle zu berücksichtigen:

	1. EUR	2. EUR
1. Privatentnahme bar	1 500,00	1 700,00
2. Privatentnahme von Erzeugnissen, netto	1 600,00	1 700,00
+ USt.	256,00	272,00
3. Spende an das Rote Kreuz durch Banküberweisung	300,00	250,00
4. Barkauf von Schreibmaterial	250,00	350,00
+ USt.	40,00	56,00
5. Bankgutschrift der Mieteinnahmen aus der Vermietung von Werkswohnungen (umsatzsteuerfrei)	1 800,00	1 600,00
6. Belastungsanzeige an einen Kunden für Verzugszinsen	120,00	90,00
7. Unsere Banküberweisungen		
Miete für Geschäftsräume	2 400,00	1 900,00
Miete für die Privatwohnung	1 000,00	800,00
8. Banküberweisung von Kunden	12 540,00	10 260,00
9. Privatentnahme bar für Kegeltour	600,00	480,00
10. Zinslastschrift der Bank	400,00	360,00
11. Banküberweisung an Lieferer	14 820,00	13 110,00

Abschlussangaben

Inventurbestände

	1. EUR	2. EUR
2000 Rohstoffe	150 000,00	145 000,00
2020 Hilfsstoffe	40 100,00	39 000,00
2100 Unfertige Erzeugnisse	24 500,00	26 300,00
2200 Fertige Erzeugnisse	40 200,00	38 100,00

Die Salden der übrigen Bestandskonten stimmen mit den Inventurwerten überein.

3. a) Warum sind Privatentnahmen buchhalterisch besonders zu erfassen?
b) Nennen Sie die Bemessungsgrundlage für Sachentnahmen.
c) Mit welchem Buchungssatz wird das Konto 3001 Privat in den beiden folgenden Fällen abgeschlossen?
1. Entnahmen > Einlagen, 2. Entnahmen < Einlagen.

4. Erstellen Sie die Buchungssätze für die folgenden Geschäftsfälle:

	EUR
1. Banküberweisung der Prämie für die Lebensversicherung des Unternehmers	720,00
2. Der Unternehmer entnimmt der Geschäftskasse für eine Kegeltour	400,00
3. Lastschrift der Bank für die Überweisung der Miete	
für das Geschäft	4 200,00
für die Privatwohnung	900,00
5. Postbanküberweisungen der	
Umsatzsteuer	22 400,00
Einkommen- und Kirchensteuer des Inhabers	6 300,00
6. Einlage des Geschäftsinhabers auf das Bankkonto	15 000,00
7. Der Unternehmer entnimmt Erzeugnisse für den Haushalt, Nettowert	600,00
+ USt.	96,00
8. Banküberweisung einer Spende für das SOS-Kinderdorf	100,00
9. Der Unternehmer schenkt seiner Tochter einen gebrauchten Pkw, den er dem Betriebsvermögen entnimmt. Der Buchwert des Fahrzeugs beträgt zum Zeitpunkt der Entnahme 4 200,00 EUR. Die Wiederbeschaffungskosten betragen ...	5 800,00

5./6. Buchen Sie auf den Konten 3000, 3001 und 8020 und schließen Sie die Konten ab.

	5. EUR	6. EUR
Anfangsbestand des Eigenkapitals	200 000,00	300 000,00
Summe der Privatentnahmen	62 800,00	57 100,00
Summe der Privateinlagen	40 000,00	70 000,00
Summe aller Aufwendungen (Kontenklassen 6 u. 7)	610 000,00	750 000,00
Summe aller Erträge (Kontenklasse 5)	705 000,00	778 000,00

C

Differenzierte buchmäßige Erfassung betrieblicher Prozesse in den Funktionsbereichen

1 Materialbeschaffungsbereich

1.1 Bezugskosten

Bei der Materialbeschaffung fallen auch Nebenkosten an, insbesondere Rollgeld, Fracht, Transportversicherung und Einfuhrzoll. Diese Nebenkosten bezeichnet man als **Bezugskosten.**

Sie erinnern sich: Wir unterstellen bei der Materialbeschaffung Just-in-Time-Lieferung, buchen Materialeingänge also unmittelbar als Aufwand.

Bezugskosten sind **Bestandteil der Anschaffungskosten** und müssen neben dem Anschaffungspreis des Materials als Aufwand in die Erfolgsrechnung eingehen. Zur besseren Kontrolle können die Bezugskosten zunächst auf Unterkonten der Aufwandskonten für Material gebucht werden:

- **6001 Bezugskosten (für Rohstoffe),**
- **6011 Bezugskosten (für Vorprodukte/Fremdbauteile),**
- **6021 Bezugskosten (für Hilfsstoffe),**
- **6031 Bezugskosten (für Betriebsstoffe).**

Beispiel

1. *Zieleinkauf von Rohstoffen*

	Rechnungspreis netto	*1 000,00 EUR*
+	*16 % Umsatzsteuer*	*160,00 EUR*
	Rechnungsbetrag	***1 160,00 EUR***

2. *Die Fracht für die Sendung wird bar bezahlt*

	Nettofracht	*50,00 EUR*
+	*16 % Umsatzsteuer*	*8,00 EUR*
	Rechnungsbetrag	***58,00 EUR***

Buchungen:

1.	**6000 Aufw. f. Rohstoffe**	**1 000,00**				
	2600 Vorsteuer	**160,00**	**an**	**4400**	**Verbindlichk. a. L. u. L.**	**1 160,00**
2.	**6001 Bezugskosten**	**50,00**				
	2600 Vorsteuer	**8,00**	**an**	**2880**	**Kasse**	**58,00**

S	6000 Aufw. f. Rohstoffe	H
4400 1 000,00		

S	6001 Bezugskosten	H
2880 50,00		

Die auf ***Unterkonten*** *erfassten Bezugskosten werden am Ende des Rechnungsabschnitts im Rahmen der vorbereitenden Abschlussbuchungen auf die entsprechenden Aufwandskonten für Material* ***umgebucht:***

6000 Aufw. f. Rohstoffe 50,00 an 6001 Bezugskosten 50,00

S	6001 Bezugskosten	H
2880 50,00	6000 50,00	

S	6000 Aufw. f. Rohstoffe	H
4400 1 000,00		
6001 50,00		

Bezugskosten gehören wie der Anschaffungspreis zu den Aufwendungen für Material.
Die Buchung der Bezugskosten auf Unterkonten ermöglicht eine Kontrolle der Materialbeschaffungskosten.

Arbeitsauftrag

Erstellen Sie die Buchungssätze für die folgenden Geschäftsfälle und buchen Sie auf Konten.

		EUR
1.	Zieleinkauf von Rohstoffen ab Werk lt. ER 615–619	
	Rechnungspreis netto	38 000,00
	+ USt.	6 080,00
2.	Die Fracht für die Sendung wird durch Banküberweisung beglichen	
	Nettofracht	150,00
	+ USt.	24,00
3.	Zieleinkauf von Hilfsstoffen ab Werk lt. ER 644–649, Rechnungspreis netto	15 000,00
	+ USt.	2 400,00
4.	Eingangsfracht hierauf wird durch Verrechnungsscheck beglichen	
	Nettofracht	200,00
	+ USt.	32,00
5.	Zieleinkauf von Rohstoffen frei Werk lt. ER 667–703, Rechnungspreis netto	43 000,00
	+ USt.	6 880,00

Führen Sie erforderliche Umbuchungen durch.

1.2 Sofortrabatte

Die bei der Materialbeschaffung auf den Rechnungspreis **sofort gewährten Rabatte** werden buchhalterisch **nicht gesondert erfasst.** Gebucht wird nur der Nettopreis.

Beispiel

*Sofortrabatte gibt es z. B. als **Mengenrabatt** für die Abnahme größerer Mengen, als **Wiederverkäuferrabatt** für Händler, als **Sonderrabatt** bei Firmenjubiläen.*

Zieleinkauf von Rohstoffen

	Listenpreis	*2 500,00 EUR*
–	*20 % Rabatt*	*500,00 EUR*
	Rechnungspreis netto	*2 000,00 EUR*
+	*16 % Umsatzsteuer*	*320,00 EUR*
	Rechnungsbetrag	***2 320,00 EUR***

Buchung:

6000 Aufw. f. Rohstoffe	**2 000,00**			
2600 Vorsteuer	**320,00**	**an**	**4400 Verbindlichkeiten a. L. u. L.**	**2 320,00**

Sofort gewährte Einkaufsrabatte werden buchhalterisch nicht gesondert erfasst.

1.3 Rücksendungen an den Lieferer

Senden wir einem Lieferer Stoffe zurück, z. B. wegen einer Falschlieferung, so muss auf den Materialaufwandskonten 6000, 6010, 6020 bzw. 6030 eine **Berichtigungsbuchung** erfolgen. Die anteilige Vorsteuer ist zu berichtigen, weil jede Rücksendung das Entgelt mindert.

Beispiel

Rohstoffeinkauf auf Ziel, Nettowert 3 000,00 EUR + 16 % Umsatzsteuer.
Bei der Überprüfung der gelieferten Rohstoffe stellen wir fest, dass Rohstoffe im Wert von 500,00 EUR netto beschädigt sind. Gemäß Vereinbarung mit dem Lieferer schicken wir die beschädigten Rohstoffe zurück.

Buchung bei Eingang der Lieferantenrechnung:

6000 Aufw. f. Rohstoffe	**3 000,00**			
2600 Vorsteuer	**480,00**	**an**	**4400 Verbindlichkeiten a. L. u. L.**	**3 480,00**

Buchung bei Eingang der Gutschrift für die Rücksendung der beschädigten Rohstoffe:

4400 Verbindlichk. a. L. u. L.	**580,00**	**an**	**6000 Aufw. f. Rohstoffe**	**500,00**
		an	**2600 Vorsteuer**	**80,00**

S	**6000 Aufw. f. Rohstoffe**		H
4400	3 000,00	4400	500,00

S	**2600 Vorsteuer**		H
4400	480,00	4400	80,00

S	**4400 Verbindlichk. a. L. u. L.**		H
6000/2600	580,00	6000/2600	3 480,00

Rücksendungen an Lieferer mindern die Anschaffungspreise. Die Vorsteuer ist zu berichtigen.

1.4 Nachlässe von Lieferern

Lieferer können Nachlässe gewähren als

- **Preisminderungen auf Grund von Mängelrügen,**
- **Umsatzboni** (nachträglich gewährte Rabatte),
- **Skonti** bei vorzeitigem Rechnungsausgleich.

Nachlässe von Lieferern **mindern die Anschaffungspreise** der bezogenen Stoffe bzw. Vorprodukte/Fremdbauteile und damit die zu erfassenden Materialaufwendungen. Die anteilige **Vorsteuer** ist zu **berichtigen,** weil Nachlässe eine nachträgliche Minderung des Entgelts bewirken. Zur besseren Übersicht werden Nachlässe auf **Unterkonten** gebucht:

- **6002 Nachlässe (für Rohstoffe)**
- **6012 Nachlässe (für Vorprodukte/ Fremdbauteile)**
- **6022 Nachlässe (für Hilfsstoffe)**
- **6032 Nachlässe (für Betriebsstoffe)**

Diese **Unterkonten werden** am Ende des Rechnungsabschnitts **über die** entsprechenden **Materialaufwandskonten abgeschlossen.** Das jeweilige Aufwandskonto enthält dann die berichtigten Materialaufwendungen.

Die Buchung der Nachlässe von Lieferern erfolgt in der Praxis wegen des geringeren Buchungsaufwands i. d. R. nach dem **Bruttoverfahren mit nachträglicher Sammelberichtigung der Vorsteuer.** Bei diesem Verfahren wird der Bruttobetrag des Nachlasses berechnet und gebucht. Am Monatsende erfolgt dann die Berichtigung der in den Bruttobeträgen enthaltenen Vorsteuer durch eine **Sammelbuchung (Sammelberichtigung).**

Beispiel

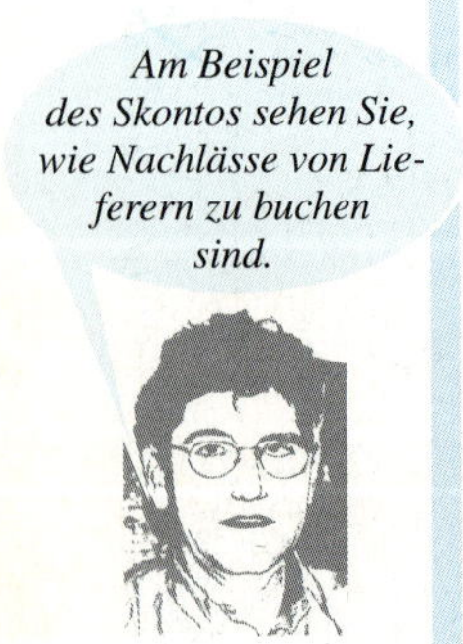

Wir begleichen eine Eingangsrechnung für bezogene Rohstoffe unter Abzug von 3 % Skonto durch Banküberweisung.

Nettopreis	*5 000,00 EUR*
+ 16 % Umsatzsteuer	*800,00 EUR*
Rechnungsbetrag	***5 800,00 EUR***
– 3 % Skonto	*174,00 EUR*
Banküberweisung	***5 626,00 EUR***

Buchung:

4400 Verbindlichk. a. L. u. L.	5 800,00	an	2800 Bank	5 626,00
		an	6002 Nachlässe	174,00

S 2800 Bank H

S		H	
AB	35 000,00	4400	5 626,00

S 4400 Verbindlichk. a. L. u. L. H

S		H	
VK	5 800,00	6000/2600	20 700,00

S 6002 Nachlässe H

S		H	
		4400	174,00

Auf dem Konto 6002 Nachlässe für Rohstoffe werden die Bruttobeträge aller Nachlässe von Lieferern (Bruttoskonti, Bruttoboni und die Bruttobeträge der Gutschriften aufgrund von Mängelrügen) gesammelt. Der **Betrag der Steuerberichtigung** kann folgendermaßen ermittelt werden:

116 % ≙ Bruttonachlass
16 % ≙ Steuerberichtigungsbetrag

$$\textbf{Steuerberichtigung} = \frac{\textbf{Bruttonachlass} \cdot \textbf{16}}{\textbf{116}}$$

Beispiel

Nachträgliche Sammelberichtigung der Umsatzsteuer

Auf dem Konto 6002 Nachlässe sind im letzten Monat 6 496,00 EUR brutto gebucht worden.
***Berechnung** des Steuerberichtigungsbetrages:*

$$116\,\% \triangleq 6\,496{,}00 \text{ EUR}$$
$$16\,\% \triangleq x \text{ EUR}$$
$$x = \frac{6\,496 \cdot 16}{116}$$

Steuerberichtigungsbetrag** = **896,00 EUR

***Buchung** der Sammelberichtigung:*

6002 Nachlässe 896,00 an 2600 Vorsteuer 896,00

S	2600 Vorsteuer		H
Div.	15 680,00	6002	896,00

S	6002 Nachlässe		H
2600	896,00	4400	812,00
		4400	2 668,00
		4400	1 102,00
		4400	1 914,00
			} 6 496,00

Nachlässe von Lieferern mindern die Anschaffungspreise und damit die zu erfassenden Materialaufwendungen. Sie werden i. d. R. brutto gebucht. Alle Nachlässe von Lieferern sind auf besonderen Unterkonten zu erfassen. Die Vorsteuer ist nachträglich zu berichtigen.

Arbeitsaufträge

1. Der Bruttowert der von einem langjährigen Lieferanten im I. Quartal bezogenen Betriebsstoffe beträgt 31 320,00 EUR einschließlich 16 % USt. Hierauf gewährt uns der Lieferant einen Bonus von 3 % und schickt uns eine entsprechende Gutschrift zu.
   Buchen Sie den Eingang der Gutschriftsanzeige nach dem Bruttoverfahren.

2. Erstellen Sie für die folgenden Geschäftsfälle die Buchungssätze. Buchen Sie Nachlässe nach dem Bruttoverfahren.

		EUR
1.	Rücksendung beschädigter Hilfsstoffe an Lieferer (ER 912), Nettowert	1 200,00
	+ Steuerberichtigung	192,00
2.	Preisnachlass des Lieferers für nicht einwandfrei gelieferte und von uns beanstandete Rohstoffe (ER 1411), Bruttowert	2 784,00
3.	Zieleinkauf von Rohstoffen lt. ER 1502	
	Listenpreis	10 000,00
	Gewährter Mengenrabatt 10 %	
	+ USt.	
4.	Die Fracht für diese Sendung (s. Geschäftsfall 3) wird durch Banküberweisung bezahlt. Nettofracht	250,00
	+ USt.	40,00
5.	Barkauf von Büromaterial, netto	550,00
	+ USt.	88,00
6.	Für Rohstoffeinkäufe (ER 501–722) gewährt der Lieferant einen Umsatzbonus, Bruttobetrag der Gutschrift	1 624,00

3. Wir begleichen eine Rechnung über 29 000,00 EUR für Rohstoffe unter Abzug von 3 % Skonto durch Banküberweisung.
a) Richten Sie folgende Konten ein:

6002 Nachlässe		
2600 Vorsteuer	Soll	2 400,00 EUR
2800 Bank	Soll	31 000,00 EUR
4400 Verbindlichkeiten a. L. u. L.	Haben	50 600,00 EUR

b) Buchen Sie den Geschäftsfall auf den angegebenen Konten nach dem Bruttoverfahren.

4. Auf dem Konto 6022 Nachlässe wurden im Januar Nachlässe von Lieferern auf Grund von Mängelrügen, Umsatzboni und Skonti in Höhe von 30 160,00 EUR einschließlich 16 % USt. gebucht. Wie lautet der Buchungssatz für die am Monatsende durchzuführende Sammelberichtigung?

2 Absatzbereich

2.1 Verkaufsrabatte

Die bei Rechnungserteilung unseren Kunden **sofort gewährten Rabatte,** z. B. Mengenrabatt, Wiederverkäuferrabatt, Sonderrabatt, werden wie die bei der Materialbeschaffung erhaltenen Sofortrabatte **buchhalterisch nicht gesondert erfasst.** Gebucht wird nur der Nettopreis.

Beispiel

Zieleinkauf von Fertigerzeugnissen

Listenpreis	*20 000,00 EUR*
– 20 % Rabatt	*4 000,00 EUR*
Rechnungspreis netto	*16 000,00 EUR*
+ 16 % Umsatzsteuer	*2 560,00 EUR*
Rechnungsbetrag	***18 560,00 EUR***

Buchung:

2400 Forderungen	**18 560,00**	**an**	**5000 Umsatzerlöse**	**16 000,00**
		an	**4800 Umsatzsteuer**	**2 560,00**

Sofort gewährte Verkaufsrabatte werden buchhalterisch nicht gesondert erfasst.

2.2 Rücksendungen von Kunden

Beanstandungen von Lieferungen können nicht nur im Beschaffungs-, sondern auch im Absatzbereich auftreten. Unsere Kunden können auf Grund von Mängelrügen z. B. Rücksendungen vornehmen.

Die **Rücksendung** beanstandeter Fertigerzeugnisse führt zu einer **Minderung der Umsatzerlöse** in Höhe des Nettowarenwerts der Rücksendung. Wegen der Minderung des Entgelts ist auch die Umsatzsteuer anteilig zu berichtigen. Unsere **Forderungen** gegenüber den Kunden **mindern sich** um den Bruttobetrag (Nettowarenwert + Umsatzsteuer).

Beispiel

Ein Kunde, dem wir Fertigerzeugnisse im Nettowert von 8 000,00 EUR geliefert haben, beanstandet einen Teil dieser Lieferung und sendet Erzeugnisse im Nettowert von 700,00 EUR zurück.

Buchung bei Lieferung:

2400 Forderungen	**9 280,00**	**an**	**5000 Umsatzerlöse**	**8 000,00**
		an	**4800 Umsatzsteuer**	**1 280,00**

Buchung bei Erteilung der Gutschrift für die vom Kunden zurückgesandten Erzeugnisse:

5000 Umsatzerlöse	**700,00**			
4800 Umsatzsteuer	**112,00**	**an**	**2400 Forderungen**	**812,00**

S	**2400 Forderungen**		H
500/4800	9 280,00	5000/4800	812,00

S	**5000 Umsatzerlöse**		H
2400	700,00	2400	8 000,00

S	**4800 Umsatzsteuer**		H
2400	112,00	2400	1 280,00

Rücksendungen von Kunden werden direkt auf dem Konto 5000 Umsatzerlöse gebucht. Die Umsatzsteuer ist zu berichtigen.

2.3 Nachlässe an Kunden

Nachlässe an Kunden können gewährt werden als

- **Preisminderungen auf Grund von Mängelrügen,**
- **Umsatzboni** (nachträglich gewährte Rabatte),
- **Skonti** bei vorzeitigem Rechnungsausgleich.

Ein Umsatzbonus ist eine nachträgliche Gutschrift. Sie wird Kunden erteilt, die einen bestimmten Gesamtumsatz erreicht haben.

Die unseren Kunden gewährten Nachlässe führen zu einer **Minderung** unserer **Umsatzerlöse.** Zur besseren Übersicht werden diese Minderungen zunächst auf dem Konto

5001 Erlösberichtigungen

erfasst. Dieses Konto ist ein **Unterkonto** des Kontos 5000 Umsatzerlöse. Es wird deshalb am Ende des Rechnungsabschnitts **über das Konto 5000 Umsatzerlöse abgeschlossen.**

Die Buchung der unseren Kunden gewährten Nachlässe erfolgt in der Praxis nach dem **Bruttoverfahren mit nachträglicher Sammelberichtigung der Umsatzsteuer.**

Beispiel

Am Beispiel des Skontos sehen Sie, wie Nachlässe an Kunden zu buchen sind.

Ein Kunde begleicht unsere Ausgangsrechnung über 2 900,00 EUR (brutto) unter Abzug von 2 % Skonto durch Banküberweisung.

	Nettopreis	*2 500,00 EUR*
+	*16 % Umsatzsteuer*	*400,00 EUR*
	Rechnungsbetrag	*2 900,00 EUR*
–	*2 % Skonto*	*58,00 EUR*
	Banküberweisung	***2842,00 EUR***

Buchung bei Zahlungseingang:

2800 Bank	**2 842,00**			
5001 Erlösberichtigungen	**58,00**	**an**	**2400 Forderungen a. L. u. L.**	**2 900,00**

Auf dem Konto 5001 Erlösberichtigungen werden die Bruttobeträge aller Nachlässe an Kunden (Bruttoskonti, Bruttoboni und die Bruttobeträge der Gutschriften auf Grund von Mängelrügen) gesammelt. Wegen der in den Bruttobeträgen enthaltenen Umsatzsteuer ist am Monatsende eine **Berichtigungsbuchung** erforderlich.

Beispiel

Nachträgliche Sammelberichtigung der Umsatzsteuer

Auf dem Konto 5001 Erlösberichtigungen sind im letzten Monat 8 584,00 EUR brutto gebucht worden.

***Berechnung** des Steuerberichtigungsbetrages:*

$$116\,\% \mathrel{\widehat{=}} 8\,584{,}00\text{ EUR}$$
$$16\,\% \mathrel{\widehat{=}} x\text{ EUR}$$
$$x = \frac{8\,584 \cdot 16}{116}$$

Steuerberichtigungsbetrag = ***1 184,00 EUR***

***Buchung** der Sammelberichtigung:*

4800 Umsatzsteuer 1 184,00 an 5001 Erlösberichtigungen 1 184,00

Nachlässe an Kunden mindern die Umsatzerlöse und sind auf dem Konto 5001 Erlösberichtigungen zu erfassen. Sie werden i. d. R. brutto gebucht. Die Umsatzsteuer ist nachträglich zu berichtigen.

Arbeitsaufträge

1. Ein Kunde begleicht unsere Ausgangsrechnung über 40 600,00 EUR unter Abzug von 2 % Skonto durch Banküberweisung.

a) Richten Sie folgende Konten ein

2400 Forderungen a. L. u. L.	Soll	106 720,00 EUR
2800 Bank	Soll	28 000,00 EUR
4800 Umsatzsteuer	Haben	7 600,00 EUR
5001 Erlösberichtigungen		

b) Buchen Sie den Geschäftsfall auf diesen Konten nach dem Bruttoverfahren mit nachträglicher Sammelberichtigung.

2. Der Bruttowert der an einen langjährigen Kunden im 3. Quartal gelieferten Erzeugnisse beträgt 92 800,00 EUR einschließlich 16 % Umsatzsteuer. Hierauf gewähren wir unserem Kunden einen Bonus von 2 %.
Buchen Sie die entsprechende Gutschriftanzeige an den Kunden nach dem Bruttoverfahren mit nachträglicher Sammelberichtigung.

3./4. Erstellen Sie die Buchungssätze für die folgenden Geschäftsfälle.

	3. EUR	**4.** EUR
1. Zielverkauf von Erzeugnissen lt. AR 231–238, Listenpreis	15 000,00	20 000,00
Gewährter Sonderrabatt 20 %		
+ USt.		
2. Zieleinkauf von Rohstoffen frei Lager lt. ER 162–178		
Rechnungspreis, netto	55 000,00	43 000,00
+ USt.	8 800,00	6 880,00
3. Zielverkauf von Erzeugnissen		
lt. AR 239–254, netto	73 000,00	62 000,00
+ USt.	11 680,00	9 920,00
4. Rücksendung beschädigter Erzeugnisse vom Kunden (AR 240),		
Nettowert	2 800,00	3 400,00
+ Steuerberichtigung	448,00	544,00
5. Für Rohstoffeinkäufe (ER 162–178) gewährt der Lieferant einen		
Umsatzbonus, Bruttobetrag	1 276,00	986,00
6. Kunde erhält Bonus, Bruttobetrag	406,00	464,00
7. Kunde erhält Preisnachlass auf Grund einer Mängelrüge (AR 248),		
Bruttobetrag	290,00	232,00

5. Auf dem Konto 5001 Erlösberichtigungen wurden im März Nachlässe an Kunden auf Grund von Mängelrügen, Umsatzboni und Skonti in Höhe von 20 880,00 EUR einschließlich 16 % USt. gebucht. Wie lautet der Buchungssatz für die am Monatsende durchzuführende Sammelberichtigung der Umsatzsteuer?

6.

Auszug aus der vorläufigen Summenbilanz eines Industriebetriebes		
	Soll/EUR	Haben/EUR
6002 Nachlässe	–	7 888,00
2600 Vorsteuer	42 294,00	28 798,00
4800 Umsatzsteuer	34 090,00	57 890,00
5001 Erlösberichtigungen	10 672,00	–

Die Nachlässe und Erlösberichtigungen wurden brutto gebucht.

a) Richten Sie die oben genannten Konten ein.

b) Führen Sie die am Monatsende notwendigen Sammelberichtigungen auf den Konten 6002 und 5001 durch.

c) Ermitteln Sie die Umsatzsteuerzahllast.

7. Welche Geschäftsfälle liegen folgenden Buchungssätzen zugrunde?

1.	4400 Verbindlichkeiten a. L. u. L.	an	6000 Aufw. f. Rohstoffe
		an	2600 Vorsteuer
2.	5001 Erlösberichtigungen	an	2400 Forderungen a. L. u. L.
3.	5000 Umsatzerlöse		
	4800 Umsatzsteuer	an	2400 Forderungen a. L. u. L.
4.	6020 Aufw. f. Hilfsstoffe	an	6021 Bezugskosten
5.	4400 Verbindlichkeiten a. L. u. L.	an	6030 Aufw. f. Betriebsstoffe
		an	2600 Vorsteuer
6.	6002 Nachlässe	an	2600 Vorsteuer
7.	4400 Verbindlichkeiten a. L. u. L.	an	2800 Bank
		an	6002 Nachlässe
8.	2800 Bank		
	5001 Erlösberichtigungen	an	2400 Forderungen a. L. u. L.

8. Wir begleichen eine Eingangsrechnung über 9 860,00 EUR für Rohstoffe unter Abzug von 2 % Skonto durch Banküberweisung. Eine Woche später erhalten wir von unserem Lieferer eine Lastschrift wegen unberechtigten Skontoabzugs. Nach Überprüfung des Sachverhalts stellen wir fest, dass der Skontoabzug tatsächlich nicht berechtigt war.
Buchen Sie die Lastschrift des Lieferers.

3 Personalbereich

3.1 Begriff der Personalaufwendungen

Zu den Personalaufwendungen zählen alle **Aufwendungen,** die **auf Grund von Dienstverhältnissen** mit Arbeitnehmern verursacht werden. Dazu gehören Löhne und Gehälter als Grundentgelt sowie Zulagen für Mehrarbeit und erschwerte Arbeit.

Neben diesen laufenden Zahlungen an die Arbeitnehmer entstehen noch Aufwendungen auf Grund betrieblicher oder tariflicher Vereinbarungen sowie gesetzlicher Bestimmungen, die **Lohnnebenkosten (Personalzusatzkosten).** Zu

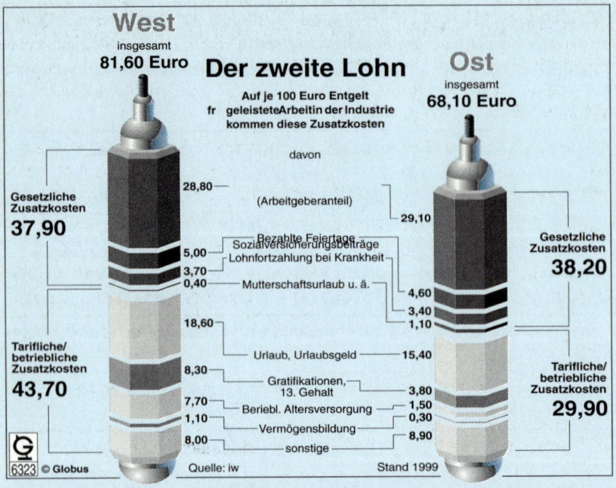

Das Gewicht der Lohnzusatzkosten hat sich in den letzten Jahren stetig erhöht. Sie sind längst ein zweiter Lohn neben dem direkt gezahlten Entgelt. Den größten Brocken innerhalb der Personalzusatzkosten bilden die Arbeitgeber-Anteile zu den Sozialversicherungsbeiträgen.

den betrieblich oder tariflich vereinbarten Lohnnebenkosten gehören Urlaubsgeld, Weihnachtsgeld, Zahlungen zur betrieblichen Altersversorgung und Vermögensbildung der Arbeitnehmer. Lohnnebenkosten auf Grund gesetzlicher Verpflichtung sind z. B. der Arbeitgeberanteil zur Sozialversicherung (vgl. S. 354), die Entgeltfortzahlung im Krankheitsfall und die Lohn-/ Gehaltszahlung an gesetzlichen Feiertagen.

Im Schulkontenrahmen NW werden folgende **Personalaufwendungen** unterschieden:

- **Kontengruppe 62 Löhne,**
- **Kontengruppe 63 Gehälter,**
- **Kontengruppe 64 Soziale Aufwendungen,**
- **Kontengruppe 66 Sonstige Personalaufwendungen.**

3.2 Abrechnung der Löhne und Gehälter

Lohnsteuer

Einnahmen aus einem Dienstverhältnis zählen gemäß Einkommensteuergesetz (EStG) zu den Einkünften aus nichtselbstständiger Arbeit. Sie unterliegen der Lohnsteuer. Nur bestimmte gesetzlich festgelegte Einnahmen sind teilweise oder ganz steuerfrei.

Auf Grund gesetzlicher Bestimmungen ist der **Arbeitgeber verpflichtet,** die auf die Einnahmen des Arbeitnehmers entfallende **Lohnsteuer einzubehalten** und an das Finanzamt **abzuführen.** Die Höhe der Lohnsteuer wird mit Hilfe einer **Abzugstabelle (Lohnsteuertabelle, s. S. 353)** ermittelt. Darin sind bestimmte zu berücksichtigende Freibeträge (z. B. Grundfreibetrag, Arbeitnehmerpauschbetrag, Sonderausgabenpauschbetrag, Vorsorgepauschale) eingearbeitet. Neben diesen **Tabellenfreibeträgen** sind ggf. **persönliche Freibeträge** zu berücksichtigen. Kinderfreibeträge spielen für die Ermittlung der Lohnsteuer nur dann eine Rolle, wenn sie zu einem finanziellen Vorteil gegenüber der staatlichen Kindergeldzahlung führen. Das wird erst bei der Einkommensteuererklärung nach Ende des Jahres festgestellt und ggf. berücksichtigt.

Die Berechnung der Lohnsteuer erfolgt nach **Steuerklassen.** Durch das System der Steuerklassen werden persönliche Verhältnisse der Steuerpflichtigen berücksichtigt, z. B. Familienstand des Arbeitnehmers und Berufstätigkeit seines Ehepartners.

Die Steuerklasse ist auf der **Lohnsteuerkarte** eingetragen. Jeder Arbeitnehmer hat seine Lohnsteuerkarte dem Arbeitgeber vorzulegen. Sie wird den Arbeitnehmern von der zuständigen Gemeindebehörde jährlich zugestellt.

Steuerklassen	
Steuerklasse I	Ledige und geschiedene Arbeitnehmer; verheiratete Arbeitnehmer, deren Ehegatte im Ausland wohnt oder die von ihrem Ehegatten dauernd getrennt leben; verwitwete Arbeitnehmer nach Ablauf des Todesjahres des Ehegatten und des darauffolgenden Kalenderjahres.
Steuerklasse II	Arbeitnehmer, für die die Merkmale der Steuerklasse I zutreffen, wenn ihnen der Haushaltsfreibetrag zusteht, weil in ihrer Wohnung im Inland mindestens ein Kind gemeldet ist, das auf ihrer Lohnsteuerkarte unter der Kinderfreibetragszahl zu berücksichtigen ist oder für das sie Kindergeld erhalten.
Steuerklasse III	Verheiratete Arbeitnehmer, wenn beide Ehegatten im Inland wohnen, nicht dauernd getrennt leben und der Ehegatte des Arbeitnehmers keinen Arbeitslohn bezieht oder Arbeitslohn bezieht und in die Steuerklasse V eingestuft ist; verwitwete Arbeitnehmer in dem Kalenderjahr, das dem Todesjahr des Ehegatten folgt, wenn beide am Todestag im Inland gewohnt und nicht dauernd getrennt gelebt haben.
Steuerklasse IV	Verheiratete Arbeitnehmer, wenn beide Ehegatten Arbeitsentgelt beziehen, nicht dauernd getrennt leben und im Inland wohnen.
Steuerklasse V	Arbeitnehmer mit den Merkmalen der Steuerklasse IV, wenn der Ehegatte auf gemeinsamen Antrag in die Steuerklasse III eingestuft wurde.
Steuerklasse VI	Sie wird auf der zweiten und jeder weiteren Lohnsteuerkarte von Arbeitnehmern eingetragen, die gleichzeitig von mehreren Arbeitgebern Arbeitsentgelt beziehen.

Solidaritätszuschlag

Zur Finanzierung der deutschen Einheit wird seit dem 1. Januar 1995 neben der Lohnsteuer ein Solidaritätszuschlag erhoben, den der **Arbeitgeber** vom Lohn/Gehalt **einzubehalten** und an das Finanzamt **abzuführen** hat. Der Solidaritätszuschlag beträgt **5,5 % der Lohnsteuer** (Stand 2002). Er wird jedoch erst erhoben, wenn die Lohnsteuer in der Steuerklasse III monatlich den Betrag von 162,00 EUR, in den übrigen Steuerklassen 81,00 EUR überschreitet. Kinderfreibeträge mindern die Höhe des Solidaritätszuschlags, sie sind in der Abzugstabelle berücksichtigt.

Kirchensteuer

Von Arbeitnehmern, die Mitglied einer steuererhebenden Religionsgemeinschaft sind (z. B. röm.-kath. Kirche, evang. Kirche), hat der **Arbeitgeber Kirchensteuer einzubehalten** und an das Finanzamt **abzuführen.** Die Höhe der Kirchensteuer beträgt

- **8 % der Lohnsteuer** in den Bundesländern Baden-Württemberg, Bayern,
- **9 % der Lohnsteuer** in den übrigen Bundesländern.

Kinderfreibeträge mindern die Höhe der Kirchensteuer, sie sind in der Abzugstabelle berücksichtigt. Die Zahl der Kinderfreibeträge ist auf der Lohnsteuerkarte vermerkt.

Beispiel

Der Angestellte Klaus Töler, evang., Steuerklasse III/0, bezieht ein Bruttogehalt von 2 000,00 EUR.

Ermittlung der Steuerabzüge nach der Abzugstabelle 2002:

Lohnsteuer	*65,83 EUR*
Solidaritätszuschlag	*0,00 EUR*
Kirchensteuer (9 %)	*5,92 EUR*
Summe der Steuerabzüge	***71,75 EUR***

Einnahmen aus Dienstverhältnissen sind grundsätzlich lohnsteuerpflichtig. Arbeitgeber sind verpflichtet, die anfallenden Steuern (Lohnsteuer, Solidaritätszuschlag, Kirchensteuer) einzubehalten und an das Finanzamt abzuführen. Die Höhe der Steuer wird anhand von Abzugstabellen ermittelt.

Auszug aus der Gesamtabzugstabelle/Monat

(Stand: 1. Januar 2002)

Abzüge an Krankenversicherung bei einem Beitragssatz (in %) von																			
11,2 13,1 15,0	11,3 13,2 15,1	11,4 13,3 15,2	11,5 13,4 15,3	11,6 13,5 15,4	11,7 13,6 15,5	11,8 13,7 15,6	11,9 13,8 15,7	12,0 13,9 15,8	Arbeits entgelt neue und alte BL in EUR	12,1 14,0 15,9	12,2 14,1 16,0	12,3 14,2 16,1	12,4 14,3 16,2	12,5 14,4 16,3	12,6 14,5 16,4	12,7 14,6 16,5	12,8 14,7 16,6	12,9 14,8 16,7	13,0 14,9 16,8
110,96	111,95	112,94	113,94	114,93	115,92	116,91	117,90	118,89		119,88	120,87	121,86	122,85	123,84	124,83	125,82	126,82	127,81	128,80
129,79	130,78	131,77	132,76	133,75	134,74	135,73	136,72	137,71	1 982,99	138,70	139,70	140,69	141,68	142,67	143,66	144,65	145,64	146,63	147,62
148,61	149,60	150,59	151,58	152,57	153,57	154,56	155,55	156,54		157,53	158,52	159,51	160,50	161,49	162,48	163,47	164,46	165,45	166,45
111,13	112,12	113,12	114,11	115,10	116,09	117,08	118,08	119,07		120,06	121,05	122,05	123,04	124,03	125,02	126,02	127,01	128,—	128,99
129,98	130,98	131,97	132,96	133,95	134,95	135,94	136,93	137,92	1 985,99	138,91	139,91	140,90	141,89	142,88	143,88	144,87	145,86	146,85	147,84
148,84	149,83	150,02	151,81	152,81	153,80	154,79	155,78	156,77		157,77	158,76	159,75	160,74	161,74	162,73	163,72	164,71	165,70	166,70
111,30	112,29	113,29	114,28	115,27	116,27	117,26	118,26	119,25		120,24	121,24	122,23	123,22	124,22	125,21	126,21	127,20	128,19	129,19
130,18	131,17	132,17	133,16	134,16	135,15	136,14	137,14	138,13	1 988,99	139,12	140,12	141,11	142,11	143,10	144,09	145,09	146,08	147,07	148,07
149,06	150,06	151,05	152,04	153,04	154,03	155,02	156,02	157,01		158,01	159,—	159,99	160,99	161,98	162,97	163,97	164,96	165,96	166,95
111,47	112,46	113,46	114,45	115,45	116,44	117,44	118,43	119,43		120,42	121,42	122,42	123,41	124,41	125,40	126,40	127,39	128,39	129,38
130,38	131,37	132,37	133,36	134,36	135,35	136,35	137,34	138,34	1 991,99	139,33	140,33	141,32	142,32	143,32	144,31	145,31	146,30	147,30	148,29
149,29	150,28	151,28	152,27	153,27	154,26	155,26	156,25	157,25		158,24	159,24	160,23	161,23	162,22	163,22	164,22	165,21	166,21	167,20
111,64	112,63	113,63	114,63	115,62	116,62	117,62	118,61	119,61		120,61	121,60	122,60	123,60	124,59	125,59	126,59	127,58	128,58	129,58
130,57	131,57	132,57	133,56	134,56	135,56	136,55	137,55	138,55	1 994,99	139,54	140,54	141,54	142,53	143,53	144,53	145,52	146,52	147,52	148,52
149,51	150,51	151,51	152,50	153,50	154,50	155,49	156,49	157,49		158,48	159,48	160,48	161,47	162,47	163,47	164,46	165,46	166,46	167,45
111,80	112,80	113,80	114,80	115,80	116,79	117,79	118,79	119,79		120,79	121,79	122,78	123,78	124,78	125,78	126,78	127,78	128,77	129,77
130,77	131,77	132,77	133,76	134,76	135,76	136,76	137,76	138,76	1 997,99	139,75	140,75	141,75	142,75	143,75	144,75	145,74	146,74	147,74	148,74
149,74	150,73	151,73	152,73	153,73	154,73	155,73	156,72	157,72		158,72	159,72	160,72	161,72	162,71	163,71	164,71	165,71	166,71	167,71
111,97	112,97	113,97	114,97	115,97	116,97	117,97	118,97	119,97		120,97	121,97	122,97	123,97	124,97	125,97	126,97	127,97	128,97	129,97
130,97	131,97	132,97	133,97	134,97	135,97	136,97	137,96	138,96	2 000,99	139,96	140,96	141,96	142,96	143,96	144,96	145,96	146,96	147,96	148,96
149,96	150,96	151,96	152,96	153,96	154,96	155,96	156,96	157,96		158,96	159,96	160,96	161,96	162,96	163,96	164,96	165,96	166,96	167,96
112,14	113,14	114,14	115,14	116,14	117,15	118,15	119,15	120,15		121,15	122,15	123,15	124,15	125,16	126,16	127,16	128,16	129,16	130,16
131,16	132,16	133,17	134,17	135,17	136,17	137,17	138,17	139,17	2 003,99	140,17	141,18	142,18	143,18	144,18	145,18	146,18	147,18	148,18	149,19
150,19	151,19	152,19	153,19	154,19	155,19	156,19	157,20	158,20		159,20	160,20	161,20	162,20	163,20	164,20	165,21	166,21	167,21	168,21
112,31	113,31	114,31	115,32	116,32	117,32	118,32	119,33	120,33		121,33	122,33	123,34	124,34	125,34	126,35	127,35	128,35	129,35	130,36
131,36	132,36	133,37	134,37	135,37	136,37	137,38	138,38	139,38	2 006,99	140,38	141,39	142,39	143,39	144,40	145,40	146,40	147,40	148,41	149,41
150,41	151,41	152,42	153,42	154,42	155,43	156,43	157,43	158,43		159,44	160,44	161,44	162,44	163,45	164,45	165,45	166,46	167,46	168,46
112,48	113,48	114,48	115,49	116,49	117,50	118,50	119,51	120,51		121,51	122,52	123,52	124,53	125,53	126,53	127,54	128,54	129,55	130,55
131,56	132,56	133,56	134,57	135,57	136,58	137,58	138,59	139,59	2 009,99	140,59	141,60	142,60	143,61	144,61	145,62	146,62	147,62	148,63	149,63
150,64	151,64	152,65	153,65	154,65	155,66	156,66	157,67	158,67		159,67	160,68	161,68	162,69	163,69	164,70	165,70	166,70	167,71	168,71
112,64	113,65	114,65	115,66	116,67	117,67	118,68	119,68	120,69		121,70	122,70	123,71	124,71	125,72	126,72	127,73	128,74	129,74	130,75
131,75	132,76	133,76	134,77	135,78	136,78	137,79	138,79	139,80	2 012,99	140,80	141,81	142,82	143,82	144,83	145,83	146,84	147,84	146,85	149,86
150,86	151,87	152,87	153,88	154,88	155,89	156,90	157,90	158,91		159,91	160,92	161,92	162,93	163,94	164,94	165,95	166,95	167,96	168,97
112,81	113,82	114,83	115,83	116,84	117,85	118,85	119,86	120,87		121,88	122,88	123,89	124,90	125,91	126,91	127,92	128,93	129,93	130,94
131,95	132,96	133,96	134,97	135,98	136,99	137,99	139,—	140,01	2 015,99	141,01	142,02	143,03	144,04	145,04	146,05	147,06	146,07	149,07	150,08
151,09	152,09	153,10	154,11	155,12	156,12	157,13	158,14	159,14		160,15	161,16	162,17	163,17	164,18	165,19	166,20	167,20	168,21	169,22

Sozial-Vers. Gruppe RV[1] AV PV neue u. alte BL	Lohn/Gehalt Versorgungs-Bezug bis EUR	Abzüge an Lohnsteuer, Solidaritätszuschlag (SolZ) und Kirchensteuer (8 %, 9 %) in den Steuerklassen I–VI					I, II, III, IV		mit Zahl der Kinderfreibeträge ... 0,5			1			1,5			2		
			LSt	ohne Kinderfreibeträge SolZ	8 %	9 %		LSt	SolZ	8 %	9 %	SolZ	8 %	9 %	SolZ	8 %	9 %	SolZ	8 %	9 %
		I, IV	287,16	15,79	**22,97**	25,84	I	287,16	11,97	**17,41**	19,58	8,36	**12,16**	13,68	2,05	**7,30**	8,21	–	**2,68**	3,02
189,23	**1 982,99**	II	231,08	12,70	**18,48**	20,79	II	231,08	9,06	**13,18**	14,82	4,26	**8,18**	9,20	–	**3,57**	4,01	–	**–**	–
64,40		III	61,66	–	**4,93**	5,54	III	61,66	–	**0,81**	0,91	–	**–**	–	–	**–**	–	–	**–**	–
16,84	2 238,99	V	578,50	31,81	**46,28**	52,06	IV	287,16	13,83	**20,12**	22,63	11,97	**17,41**	19,58	10,16	**14,78**	16,62	8,36	**12,16**	13,68
		VI	616,66	33,91	**49,33**	55,49														
		I, IV	288,–	15,84	**23,04**	25,92	I	288,–	12,01	**17,48**	19,66	8,41	**12,23**	13,76	2,20	**7,36**	8,28	–	**2,74**	3,08
189,52	**1 985,99**	II	231,91	12,75	**18,55**	20,87	II	231,91	9,10	**13,24**	14,89	4,41	**8,24**	9,27	–	**3,62**	4,07	–	**–**	–
64,50		III	63,16	–	**5,05**	5,68	III	63,16	–	**0,81**	0,91	–	**–**	–	–	**–**	–	–	**–**	–
16,87	2 241,99	V	579,66	31,88	**46,37**	52,16	IV	288,–	13,87	**20,18**	22,70	12,01	**17,46**	19,66	10,20	**14,84**	16,70	8,41	**12,23**	13,76
		VI	617,83	33,98	**49,42**	55,60														
		I, IV	288,91	15,89	**23,11**	26,–	I	288,91	12,06	**17,54**	19,73	8,45	**12,29**	13,82	2,35	**7,42**	8,34	–	**2,80**	3,15
189,81	**1 988,99**	II	232,75	12,80	**18,62**	20,94	II	232,75	9,14	**13,30**	14,96	4,56	**8,30**	9,34	–	**3,68**	4,14	–	**–**	–
64,59		III	63,16	–	**5,05**	5,68	III	63,16	–	**0,90**	1,01	–	**–**	–	–	**–**	–	–	**–**	–
16,89	2 244,99	V	581,16	31,96	**46,49**	52,30	IV	288,91	13,92	**20,25**	22,78	12,06	**17,54**	19,73	10,25	**14,91**	16,77	8,45	**12,29**	13,82
		VI	619,33	34,06	**49,54**	55,73														
		I, IV	289,75	15,93	**23,18**	26,07	I	289,75	12,10	**17,61**	19,81	8,49	**12,35**	13,89	2,48	**7,47**	8,40	–	**2,85**	3,20
190,09	**1 991,99**	II	233,58	12,84	**18,68**	21,02	II	233,58	9,18	**13,36**	15,03	4,71	**8,36**	9,41	–	**3,74**	4,20	–	**–**	–
64,69		III	64,50	–	**5,16**	5,80	III	64,50	–	**0,90**	1,01	–	**–**	–	–	**–**	–	–	**–**	–
16,92	2 247,99	V	582,33	32,02	**46,58**	52,40	IV	289,75	13,97	**20,32**	22,86	12,10	**17,61**	19,81	10,29	**14,98**	16,85	8,49	**12,35**	13,89
		VI	620,50	34,12	**49,64**	55,84														
		I, IV	290,66	15,98	**23,25**	26,15	I	290,66	12,15	**17,68**	19,89	8,53	**12,42**	13,97	2,63	**7,53**	8,47	–	**2,90**	3,26
190,38	**1 994,99**	II	234,41	12,89	**18,75**	21,09	II	234,41	9,23	**13,43**	15,11	4,86	**8,42**	9,47	–	**3,79**	4,26	–	**–**	–
64,79		III	64,50	–	**5,16**	5,80	III	64,50	–	**1,01**	1,13	–	**–**	–	–	**–**	–	–	**–**	–
16,94	2 250,99	V	583,66	32,10	**46,69**	52,52	IV	290,66	14,02	**20,39**	22,94	12,15	**17,68**	19,89	10,34	**15,04**	16,92	8,53	**12,42**	13,97
		VI	621,83	34,20	**49,74**	55,96														
		I, IV	291,58	16,03	**23,32**	26,24	I	291,58	12,20	**17,74**	19,96	8,58	**12,48**	14,04	2,78	**7,59**	8,54	–	**2,96**	3,33
190,66	**1 997,99**	II	235,25	12,93	**18,82**	21,17	II	235,25	9,28	**13,50**	15,18	5,01	**8,48**	9,54	–	**3,85**	4,33	–	**–**	–
64,89		III	64,50	–	**5,16**	5,80	III	64,50	–	**1,01**	1,13	–	**–**	–	–	**–**	–	–	**–**	–
16,97	2 253,99	V	585,–	32,17	**46,80**	52,65	IV	291,58	14,06	**20,46**	23,01	12,20	**17,74**	19,96	10,38	**15,10**	16,99	8,58	**12,48**	14,04
		VI	623,16	34,27	**49,85**	56,08														
		I, IV	292,41	16,08	**23,39**	26,31	I	292,41	12,24	**17,81**	20,03	8,62	**12,54**	14,11	2,93	**7,65**	8,60	–	**3,01**	3,38
190,95	**2 000,99**	II	236,16	12,98	**18,89**	21,25	II	236,16	9,32	**13,56**	15,25	5,16	**8,54**	9,61	–	**3,90**	4,39	–	**–**	–
64,98		III	65,83	–	**5,26**	5,92	III	65,83	–	**1,01**	1,13	–	**–**	–	–	**–**	–	–	**–**	–
17,–	2 256,99	V	586,16	32,23	**46,89**	52,75	IV	292,41	14,11	**20,52**	23,09	12,24	**17,81**	20,03	10,43	**15,17**	17,06	8,62	**12,54**	14,11
		VI	624,50	34,34	**49,96**	56,20														
		I, IV	293,33	16,13	**23,46**	26,39	I	293,33	12,29	**17,88**	20,11	8,66	**12,60**	14,18	3,08	**7,71**	8,67	–	**3,07**	3,45
191,24	**2 003,99**	II	237,–	13,03	**18,96**	21,33	II	237,–	9,36	**13,62**	15,32	5,31	**8,60**	9,68	–	**3,96**	4,45	–	**–**	–
65,08		III	65,83	–	**5,26**	5,92	III	65,83	–	**1,10**	1,24	–	**–**	–	–	**–**	–	–	**–**	–
17,02	2 259,99	V	587,66	32,32	**47,01**	52,88	IV	293,33	14,16	**20,60**	23,17	12,29	**17,88**	20,11	10,47	**15,24**	17,14	8,66	**12,60**	14,18
		VI	625,83	34,42	**50,06**	56,32														
		I, IV	294,25	16,18	**23,54**	26,48	I	294,25	12,33	**17,94**	20,18	8,71	**12,67**	14,25	3,23	**7,77**	8,74	–	**3,12**	3,51
191,52	**2 006,99**	II	237,83	13,08	**19,02**	21,40	II	237,83	9,40	**13,68**	15,39	5,46	**8,66**	9,74	–	**4,02**	4,52	–	**–**	–
65,18		III	67,16	–	**5,37**	6,04	III	67,16	–	**1,10**	1,24	–	**–**	–	–	**–**	–	–	**–**	–
17,05	2 262,99	V	588,83	32,38	**47,10**	52,99	IV	294,25	14,20	**20,66**	23,24	12,33	**17,04**	20,18	10,51	**15,30**	17,21	8,71	**12,67**	14,25
		VI	627,16	34,49	**50,17**	56,44														
		I, IV	295,08	16,22	**23,60**	26,55	I	295,08	12,38	**18,01**	20,26	8,75	**12,73**	14,32	3,38	**7,83**	8,81	–	**3,18**	3,57
191,81	**2 009,99**	II	238,66	13,12	**19,09**	21,47	II	238,66	9,45	**13,75**	15,47	5,61	**8,72**	9,81	–	**4,07**	4,58	–	**–**	–
65,28		III	67,16	–	**5,37**	6,04	III	67,16	–	**1,21**	1,36	–	**–**	–	–	**–**	–	–	**–**	–
17,07	2 265,99	V	590,16	32,45	**47,21**	53,11	IV	295,08	14,25	**20,73**	23,32	12,38	**18,01**	20,26	10,56	**15,36**	17,28	8,75	**12,73**	14,32
		VI	628,66	34,57	**50,29**	56,57														
		I, IV	296,–	16,28	**23,68**	26,64	I	296,–	12,43	**18,08**	20,34	8,80	**12,80**	14,40	3,53	**7,89**	8,87	–	**3,23**	3,63
192,10	**2 012,99**	II	239,50	13,17	**19,16**	21,55	II	239,50	9,49	**13,81**	15,53	5,76	**8,78**	9,88	–	**4,13**	4,64	–	**–**	–
65,37		III	67,16	–	**5,37**	6,04	III	67,16	–	**1,21**	1,36	–	**–**	–	–	**–**	–	–	**–**	–
17,10	2 268,99	V	591,33	32,52	**47,30**	53,21	IV	296,–	14,30	**20,80**	23,40	12,43	**18,08**	20,34	10,61	**15,43**	17,36	8,80	**12,80**	14,40
		VI	629,83	34,64	**50,38**	56,68														
		I, IV	296,91	16,33	**23,75**	26,72	I	296,91	12,47	**18,14**	20,41	8,84	**12,86**	14,46	3,68	**7,95**	8,94	–	**3,29**	3,70
192,38	**2 015,99**	II	240,33	13,21	**19,22**	21,62	II	240,33	9,54	**13,88**	15,61	5,91	**8,84**	9,95	–	**4,18**	4,70	–	**–**	–
65,47		III	68,50	–	**5,48**	6,16	III	68,50	–	**1,21**	1,36	–	**–**	–	–	**–**	–	–	**–**	–
17,12	2 271,99	V	592,83	32,60	**47,42**	53,35	IV	296,91	14,35	**20,87**	23,48	12,47	**18,14**	20,41	10,65	**15,50**	17,43	8,84	**12,86**	14,46
		VI	631,33	34,72	**50,50**	56,81														

[1] *Erläuterungen: RV = Rentenversicherung; AV = Arbeitslosenversicherung*
PV = Pflegeversicherung

Arbeitsauftrag

Ermitteln Sie anhand der Abzugstabelle (S. 353) die einzubehaltende Lohnsteuer, den Solidaritätszuschlag und die Kirchensteuer (9 %) für folgende Lohn-/Gehaltsempfänger:

Name	Steuerklasse	Zu versteuernde Bezüge
Becker	III/0	1 983,00 EUR
Ernst	I	1 990,00 EUR
Huber	II/0, 5	1 996,00 EUR
König	V	2 005,00 EUR
Pauls	III/2	2 015,00 EUR
Rödel	IV/1	2 010,00 EUR

Sozialversicherung

Neben den Steuern hat der **Arbeitgeber** die **Beiträge zur Sozialversicherung einzubehalten** und an die Krankenkasse **abzuführen,** bei der der Arbeitnehmer versichert ist. Die Höhe der Beiträge wird anhand von Abzugstabellen (s. S. 352) vom **Bruttolohn** ermittelt. Dabei sind **Beitragsbemessungsgrenzen** als Höchstgrenzen zu berücksichtigen. Die Bemessungsgrenzen für die Kranken-, Pflege-, Renten- und Arbeitslosenversicherung werden jährlich neu festgelegt. Familienstand und Kinderfreibeträge sind ohne Auswirkung auf die Höhe der Beiträge zur Sozialversicherung.

Sozialversicherung (Stand 1. Januar 2002)

Versicherungszweig	Beitragsanteil	Beitragssätze	Beitragsbemessungsgrenze (monatlich)
Krankenversicherung	Arbeitgeber und Arbeitnehmer je 50 %	11 %–15 % je nach Krankenkasse	Alte und neue Bundesländer: 3 375,00 EUR
Pflegeversicherung		1,7 %	
Rentenversicherung		19,1 %	Alte Bundesl.: 4 500,00 EUR Neue Bundesl.: 3 750,00 EUR
Arbeitslosen-versicherung		6,5 %	
Unfallversicherung	Arbeitgeber 100 %	nach Gefahrenklassen	–

Beispiel

Der Angestellte Klaus Töler bezieht ein Bruttogehalt von 2 000,00 EUR. Folgende Sozialversicherungsbeiträge sind zu entrichten:

	Gesamtbeitrag EUR	Arbeitnehmeranteil EUR	Arbeitgeberanteil EUR
Krankenversicherung (14 %)	279,92	139,96	139,96
Pflegeversicherung	34,00	17,00	17,00
Rentenversicherung	381,90	190,95	190,95
Arbeitslosenversicherung	129,96	64,98	64,98
Sozialversicherungsbeitrag	**825,78**	**412,89**	**412,89**

Die Beiträge zur Unfallversicherung trägt der Arbeitgeber allein, die Beiträge zu den übrigen Sozialversicherungszweigen tragen Arbeitgeber und Arbeitnehmer je zur Hälfte. Der Arbeitgeber hat den Beitragsanteil des Arbeitnehmers einzubehalten und zusammen mit seinem Beitragsanteil an die Krankenkasse des Arbeitnehmers abzuführen.

Arbeitsauftrag

Ermitteln Sie für die auf S. 354 aufgeführten Lohn-/Gehaltsempfänger anhand der Abzugstabelle die Beiträge zur Sozialversicherung (Arbeitnehmeranteil und Arbeitgeberanteil). Der Beitrag zur Krankenversicherung beträgt 14,2 %.

Ermittlung des Nettoentgelts

Das dem Arbeitnehmer auszuzahlende bzw. zu überweisende **Nettoentgelt** wird ermittelt, indem man vom **Bruttoentgelt** die vom Arbeitnehmer zu tragenden **Abzüge subtrahiert.**

Mit den Abzügen zahle ich Steuern und Beiträge für meine soziale Sicherung.

Beispiel

Gehaltsabrechnung des Angestellten Klaus Töler, evang., Steuerklasse III/0

Bruttogehalt		***2 000,00 EUR***
Abzüge		
Lohnsteuer	*65,83 EUR*	
Solidaritätszuschlag	*0,00 EUR*	
Kirchensteuer	*5,92 EUR*	
Sozialversicherung	*412,89 EUR*	***484,64 EUR***
Nettogehalt (Auszahlung)		***1 515,36 EUR***

Arbeitgeberanteil zur Sozialversicherung: 412,89 EUR.

Bruttogehalt
– Abzüge
= Nettogehalt

Arbeitsaufträge

1. Ein Industriebetrieb errechnet für den Monat August folgende Bruttolöhne:

Kusch	1 987,00 EUR, Steuerklasse I
Michels	2 010,00 EUR, Steuerklasse IV/0
Müller	2 014,00 EUR, Steuerklasse III/1

   Ermitteln Sie für jeden Lohnempfänger
   a) die Abzüge für Lohnsteuer, Solidaritätszuschlag, Kirchensteuer (9 %),
   b) den Sozialversicherungsanteil (Krankenkassenbeitrag 13,8 %),
   c) das Nettoentgelt,
   d) den Arbeitgeberanteil.

2. Ein Reisender, Steuerklasse II/0,5, erhält ein monatliches Fixum von 1 200,00 EUR. Weiterhin erhält er eine Provision von 1,5 % für Umsätze bis 25 000 EUR und von 1,8 % für die Umsätze, die über 25 000,00 EUR hinausgehen. Im Monat April hat der Reisende einen Umsatz von 48 500,00 EUR erzielt.
   a) Berechnen Sie die Provision.
   b) Berechnen Sie das Bruttogehalt.
   c) Berechnen Sie das Nettogehalt, wenn keine Kirchensteuer anfällt und der Beitragssatz für die Krankenversicherung 14,2 % beträgt.

3.3 Buchung der Löhne und Gehälter

Bruttolohn wird auf dem Aufwandskonto

6200 Löhne

Bruttogehalt auf dem Aufwandskonto

6300 Gehälter

gebucht. Der **Nettolohn** bzw. das **Nettogehalt** wird dem Arbeitnehmer bar ausgezahlt oder auf sein Konto überwiesen; dieser Betrag ist vom entsprechenden Finanzkonto abzubuchen.

Die **einbehaltenen Abzüge** (Steuern, Arbeitnehmeranteil zur Sozialversicherung) stellen so lange eine Verbindlichkeit dar, bis sie an das Finanzamt bzw. an die Krankenkasse überwiesen sind. Sie werden deshalb in der Kontengruppe 48 Sonstige Verbindlichkeiten auf das Konto

4810 Noch abzuführende Abgaben[1])

gebucht.

Der Arbeitgeberanteil zur Sozialversicherung ist Bestandteil des Personalaufwands und wird auf dem Konto

6400 Arbeitgeberanteil zur Sozialversicherung

erfasst. Auch er stellt bis zur Überweisung an die zuständige Krankenkasse eine Verbindlichkeit dar, die auf dem Konto

4810 Noch abzuführende Abgaben

zu buchen ist.

Die Überweisung der einbehaltenen Abzüge und des Arbeitgeberanteils zur Sozialversicherung muss spätestens bis zum 15. des folgenden Monats erfolgen.

Beispiel

Gehaltsabrechnung des Angestellten Klaus Töler, Steuerklasse III/0 (Auszug aus der Gehaltsliste)

Brutto-gehalt	Abzüge					Summe Abzüge	Auszahlung
	LSt	SolZ	KiSt	Summe Steuern	Soz.-Vers.		
2 000,00	65,83	0,00	5,92	71,75	412,89	484,64	1 515,36

Arbeitgeberanteil zur Sozialversicherung: 412,89 EUR.

Buchung der Gehaltsabrechnung:

6300 Gehälter	**2 000,00**	**an**	**2800 Bank**	**1 515,36**
		an	**4810 Noch abzuf. Abgaben**	**484,64**
6400 Arbeitgeberanteil zur Sozialversicherung	**412,89**	**an**	**4810 Noch abzuf. Abgaben**	**412,89**

[1] *Die Buchung der abzuführenden Steuern kann auch auf dem Konto **4830 Sonstige Verbindlichkeiten gegenüber Finanzbehörden** erfolgen, die Buchung der abzuführenden Sozialversicherungsbeiträge auf dem Konto **4840 Verbindlichkeiten gegenüber Sozialversicherungsträgern.***

Überweisung *der einbehaltenen Lohn- und Kirchensteuer* ***an das Finanzamt:***

4810 Noch abzuführende Abgaben 71,75 an 2800 Bank 71,75

Überweisung *der Sozialversicherungsbeiträge (Arbeitnehmeranteil + Arbeitgeberanteil)* ***an die*** *zuständige* ***Krankenkasse:***

4810 Noch abzuführende Abgaben 825,78 an 2800 Bank 825,78

S	6300 Gehälter		H
2800/4810	2 000,00		

S	2800 Bank		H
AB	30 000,00	6300	1 515,36
		4810	71,75
		4810	825,78

S	6400 Arbeitgeberanteil z. Sozialvers.		H
4810	412,89		

S	4810 Noch abzuführende Abgaben		H
2800	71,75	6300	484,64
2800	825,78	6400	412,89

Am Bilanzstichtag noch nicht abgeführte Lohnsteuer, Kirchensteuer und Sozialversicherungsbeiträge sind zu passivieren:

4810 Noch abzuführende Abgaben an 8010 Schlussbilanzkonto

Löhne, Gehälter und Arbeitgeberanteile zur Sozialversicherung werden als Aufwand gebucht. Die einbehaltenen Abzüge und der Arbeitgeberanteil stellen bis zur Überweisung Verbindlichkeiten dar. Sie sind spätestens bis zum 15. des folgenden Monats zu begleichen. Am Bilanzstichtag noch abzuführende Steuern und Sozialversicherungsbeiträge sind zu passivieren.

3.4 Lohn- und Gehaltsbuch

Die Abrechnung der Löhne und Gehälter erfolgt in einer **Nebenbuchführung,** der **Personalbuchführung.** Die Personalbuchführung erfüllt u. a. folgende **Aufgaben:**

- Ermittlung der Bruttolöhne (Zeit-, Akkord-, Prämienlohn, Zulagen),
- Ermittlung der auszuzahlenden Nettolöhne (Abzug von Steuern, Sozialversicherungsbeiträgen, Vorschüssen),
- Führung der Lohn- und Gehaltskonten,
- Erstellung der Lohn- und Gehaltsabrechnungen für die Arbeitnehmer,
- Erstellung der Lohn- und Gehaltslisten,
- Erstellung der Buchungsbelege über die Personalaufwendungen für die Finanzbuchhaltung,
- Aufbereitung der Personalaufwendungen für die Kostenrechnung,
- Erstellung der Lohnsteueranmeldung und der Meldung für die Sozialversicherungsträger.

Lohn-/Gehaltskonto

Gemäß § 41 des Einkommensteuergesetzes haben Arbeitgeber für jeden Arbeitnehmer für jedes Jahr ein **Lohn-** bzw. **Gehaltskonto** zu führen. Auf diesem Konto stehen neben den persönlichen Daten des Arbeitnehmers alle für die Berechnung der Höhe der Bezüge erforderlichen Abrechnungsdaten, z. B. Grundlohn bzw. Grundgehalt, eventuelle Zulagen auf den Grundlohn, Fahrtkostenzuschüsse. In das Lohn- bzw. Gehaltskonto sind die den Lohnsteuerabzug bestimmenden Merkmale aus der Lohnsteuerkarte zu übernehmen, z. B. die Steuerklasse sowie eventuelle persönliche Freibeträge. Bei jeder Lohn- bzw. Gehaltszahlung sind insbesondere die Art und Höhe des gezahlten Arbeitsentgelts sowie die einbehaltenen Steuern, die Beiträge zur Sozialversicherung und der Auszahlungsbetrag in das Lohn- bzw. Gehaltskonto einzutragen. Lohn-/Gehaltskonten sind am Jahresende abzuschließen.

Lohn-/Gehaltsliste

Löhne und Gehälter werden in der Regel monatlich ausgezahlt. Für jeden Arbeitnehmer werden Einzelabrechnungen erstellt, in denen das auszuzahlende Nettoentgelt ermittelt wird. Die Einzelabrechnungen werden in einer **Lohn- bzw. Gehaltsliste** zusammengefasst. Diese bildet die Grundlage für die Erstellung des Belegs zur Buchung der Personalaufwendungen auf den Sachkonten des Hauptbuchs.

Beispiel

Gehaltsliste										Monat: März 20..
Name	St.-Kl.	Brutto-gehalt	Abzüge					Summe Abzüge	Aus-zahlung
			LSt	SolZ	KiSt (9 %)	Summe Steuern	Soz.-V.		
Töler	III/0	2 000,00	65,83	0,00	5,92	71,75	412,89	484,64	1 515,36
Müller	I	2 200,00	353,16	19,42	31,78	404,36	454,40	858,76	1 341,24
Kühn	III/2	2 200,00	110,33	0,00	0,00	110,33	454,40	564,73	1 635,27
Scholl	II/1	1 900,00	208,50	0,28	7,41	216,19	392,45	608,64	1 291,36
Summe		**8 300,00**	737,83	19,70	45,11	**802,63**	**1 714,14**	**2 516,77**	**5 783,23**

Buchungsanweisung			Datum: 31. März 20..
Gehaltsabrechnung		Monat:	März 20..
		EUR	EUR
Bruttogehälter			8 300,00
Abzüge:	Steuern	802,63	
	Sozialversicherung	1 714,14	2 516,77
Auszahlung			5 783,23
Arbeitgeberanteil zur Sozialversicherung			1 714,14
Zur Buchung angewiesen:	*Schneider*		

Arbeitsaufträge

1. Kontieren Sie die vorstehende Buchungsanweisung. Die Auszahlung ist durch Banküberweisung vorzunehmen.

2. Kontenplan: 2800 (Guthaben 15 000,00), 4810, 6200, 6400

Geschäftsfälle

		EUR
1. Lohnabrechnung		
Bruttolohn		2 300,00
Abzüge		
Lohnsteuer	320,00	
Solidaritätszuschlag	20,00	
Kirchensteuer	30,00	
Sozialversicherung	490,00	860,00
Banküberweisung		1 440,00
Arbeitgeberanteil		490,00

2. Banküberweisung der einbehaltenen Lohn- und Kirchensteuer und des Solidaritätszuschlags
3. Banküberweisung der einbehaltenen Beiträge zur Sozialversicherung und des Arbeitgeberanteils

3. Erstellen Sie die Gehaltsabrechnung und bilden Sie die Buchungssätze bei Gehaltszahlung durch Banküberweisung.

	EUR
Bruttogehalt	2 500,00
Lohnsteuer	450,00
Solidaritätszuschlag	25,00
Kirchensteuer	40,00
Beiträge zur Sozialversicherung	510,00
Arbeitgeberanteil	510,00

4. Kontenplan: 2800 (Guthaben 85 000,00), 4810, 6200, 6300, 6400

Geschäftsfälle

		EUR
1. Abrechnung von Löhnen lt. Lohnliste		
Bruttolöhne		17 300,00
Abzüge		
Lohnsteuer	2 420,00	
Solidaritätszuschlag	160,00	
Kirchensteuer	210,00	
Sozialversicherung	3 600,00	6 390,00
Banküberweisung		10 910,00
Arbeitgeberanteil		3 600,00
2. Abrechnung von Gehältern lt. Gehaltsliste		
Bruttogehälter		8 000,00
Abzüge		
Lohnsteuer	1 156,00	
Solidaritätszuschlag	75,00	
Kirchensteuer	95,00	
Sozialversicherung	1 700,00	3 026,00
Banküberweisung		4 974,00
Arbeitgeberanteil		1 700,00

3. Banküberweisung der einbehaltenen Lohn- und Kirchensteuer und des Solidaritätszuschlags
4. Banküberweisung der einbehaltenen Sozialversicherungsbeiträge und des Arbeitgeberanteils

5./6.

Vorläufige Saldenbilanz

Konten	Soll/EUR	Haben/EUR
0520 Gebäude	417 000,00	
0700 Technische Anlagen und Maschinen	509 000,00	
0860 Geschäftsausstattung	62 000,00	
2000 Rohstoffe	290 000,00	
2200 Fertige Erzeugnisse	65 000,00	
2400 Forderungen a. L. u. L.	319 200,00	
2600 Vorsteuer	11 800,00	
2800 Bank	135 000,00	
3000 Eigenkapital		474 480,00
4250 Langfristige Bankverbindlichkeiten		600 000,00
4400 Verbindlichkeiten a. L. u. L.		342 000,00
4800 Umsatzsteuer		25 300,00
4810 Noch abzuführende Abgaben		
5000 Umsatzerlöse		1 539 040,00
5001 Erlösberichtigungen	10 420,00	
5200 Bestandsveränderungen		
5710 Zinserträge		2 500,00
6000 Aufwendungen für Rohstoffe	740 000,00	
6160 Fremdinstandsetzung	14 000,00	
6200 Löhne	227 300,00	
6300 Gehälter	104 000,00	
6400 Arbeitgeberanteil zur Sozialversicherung	52 600,00	
7510 Zinsaufwendungen	26 000,00	
	2 983 320,00	2 983 320,00

Richten Sie noch die Konten 8010 und 8020 ein.

Geschäftsfälle	**5.** EUR	**6.** EUR
1. Wir belasten einen Kunden für eine überfällige Forderung mit Verzugszinsen	60,00	50,00
2. Verkauf von Fertigerzeugnissen auf Ziel, Nettowert	41 000,00	35 000,00
+ USt.	6 560,00	5 600,00
3. Der Kunde überweist die berechneten Verzugszinsen auf unser Bankkonto (s. Geschäftsfall 1)	60,00	50,00
4. Ein Kunde bezahlt unsere Rechnung A 1705 in Höhe von	17 400,00	29 000,00
unter Abzug von 3 % Skonto	522,00	870,00
durch Banküberweisung (Bruttoverfahren)		
5. Die Hypothekenzinsen für das letzte Halbjahr werden durch die Bank überwiesen	24 000,00	21 000,00
6. Für Ausbesserungsarbeiten am Außenputz unserer Fabrikhalle erhält die Putzerfirma einen Verrechnungsscheck über (einschl. 16 % USt.)	6 960,00	8 120,00
7. Verkauf einer nicht mehr benötigten Drehmaschine gegen Bankscheck zum Nettopreis von	4 000,00	5 000,00
+ USt.	640,00	800,00
8. Zahlung der Löhne und Gehälter durch Banküberweisung		
a) Gehälter, brutto	12 700,00	14 000,00
b) Löhne, brutto	24 800,00	27 000,00
einbehaltene Abzüge	10 100,00	8 900,00
Betriebsanteil zur Sozialversicherung	6 800,00	5 200,00

Abschlussangaben zu 5. und 6.

1. Von den Kunden wurde insgesamt an Skonto gekürzt, brutto ... 3 480,00
   Konto 5001 ist entsprechend zu berichtigen
2. Endbestände
   Rohstoffe ... 90 700,00
   Fertige Erzeugnisse ... 60 000,00
3. Im Übrigen stimmen die Salden der Bestandskonten mit den Inventurwerten überein.

4 Anlagenbereich

4.1 Anschaffung von Anlagegütern

Anlagegüter sind bei der Beschaffung mit den Anschaffungskosten auf dem jeweiligen Anlagekonto zu aktivieren. Zu den **Anschaffungskosten** zählen neben dem **Anschaffungspreis** (Listenpreis) alle Aufwendungen, die notwendig sind, um das Anlagegut zu erwerben und in Benutzung zu nehmen: z. B. Kosten der Begutachtung, Notariats- und Gerichtskosten, Grunderwerbsteuer beim Kauf eines Grundstücks, Zulassungsgebühren bei der Anschaffung von Kraftfahrzeugen, Einfuhrzölle, Aufwendungen für Provisionen, Transport- und Montagekosten, Umbaukosten, wenn z. B. im Zuge der Anschaffung einer neuen Maschine Mauern niedergerissen und wieder errichtet werden müssen. Diese Aufwendungen sind als **Anschaffungsnebenkosten aktivierungspflichtig** und somit auf dem jeweiligen Anlagekonto zu erfassen. Finanzierungskosten, z. B. Zinsen, Disagio, zählen grundsätzlich nicht zu den Anschaffungsnebenkosten.

Aktivierungspflichtige **Anschaffungskosten** können auch **nachträglich** anfallen, z. B. die nach dem Erwerb eines Betriebsgrundstücks entstehenden Erschließungskosten.

Alle beim Kauf eines Anlagegutes gewährten **Nachlässe,** z. B. Rabatte, Boni und Skonti, **mindern** die **Anschaffungskosten** und sind deshalb vom Anschaffungspreis abzuziehen (Anschaffungspreisminderungen).

Die bei der Anschaffung gezahlte **Vorsteuer** stellt einen durchlaufenden Posten dar und **zählt** somit **nicht zu den Anschaffungskosten.**

	Anschaffungspreis (Listenpreis)
+	**Anschaffungsnebenkosten**
–	**Anschaffungspreisminderungen**
=	**Anschaffungskosten**

Beispiel

Zielkauf einer Maschine: Listenpreis 120 000,00 EUR, Sonderrabatt 5 %, vom Lieferer berechnete Transport- und Montagekosten 16 000,00 EUR, zuzüglich 16 % Umsatzsteuer. Der Rechnungsausgleich erfolgt vereinbarungsgemäß nach 14 Tagen unter Abzug von 3 % Skonto durch Banküberweisung.

Berechnung der Anschaffungskosten

	Anschaffungspreis (Listenpreis)	120 000,00 EUR
–	5 % Sonderrabatt	6 000,00 EUR
	Zieleinkaufspreis	114 000,00 EUR
+	Transport- und Montagekosten	16 000,00 EUR
		130 000,00 EUR
–	3 % Skonto	3 900,00 EUR
	Aktivierungspflichtige Anschaffungskosten	**126 100,00 EUR**

Buchung der Eingangsrechnung:

0700	Technische Anlagen und Maschinen	130 000,00				
2600	Vorsteuer	20 800,00	an	4400	Verbindlichkeiten a. L. u. L.	150 800,00

Buchung des Rechnungsausgleichs:

4400	Verbindlichkeiten a. L. u. L.	150 800,00	an	2800	Bank	146 276,00
			an	0700	Technische Anlagen und Maschinen	3 900,00
			an	2600	Vorsteuer	624,00

Beim Rechnungsausgleich ist der **Skonto** als Anschaffungspreisminderung auf der **Habenseite des Anlagekontos** zu buchen.

Anlagegüter sind mit den Anschaffungskosten unter Berücksichtigung von Anschaffungsnebenkosten und Anschaffungspreisminderungen zu aktivieren.
Die bei der Anschaffung zu zahlende Vorsteuer sowie Finanzierungskosten gehören nicht zu den Anschaffungskosten.

Arbeitsaufträge

1. Beim Kauf eines Kleintransporters entstehen folgende Aufwendungen: Nettopreis 40 000,00 EUR + USt., Autoradio 600,00 EUR + USt., Sonderlackierung mit Werbeaufschrift 2 500,00 EUR + USt., Überführungskosten 450,00 EUR + USt., Nummernschilder 40,00 EUR + USt. und Zulassungsgebühren 50,00 EUR. Der Gesamtkaufpreis wird durch Banküberweisung beglichen.
   a) Ermitteln Sie die Anschaffungskosten.
   b) Buchen Sie den Geschäftsfall.
2. Der Kaufpreis eines unbebauten Grundstücks beträgt 100 000,00 EUR. Gleichzeitig fallen an: Maklergebühr 3 000,00 EUR + USt., Notarkosten 450,00 EUR + USt. und Gerichtsgebühren 80,00 EUR. Die Rechnungsbeträge werden durch Banküberweisung ausgeglichen.
   a) Ermitteln Sie die Anschaffungskosten.
   b) Buchen Sie den Geschäftsfall.
3. Zielkauf einer EDV-Anlage zum Listenpreis von 18 000,00 EUR + USt. Der Lieferer gewährt einen Sonderrabatt von 5 % und berechnet für Transport und Montage 1 200,00 EUR + USt. Der Rechnungsausgleich erfolgt 10 Tage nach Lieferung unter Abzug von 2 % Skonto vom Gesamtrechnungsbetrag durch Banküberweisung.
   a) Ermitteln Sie die Anschaffungskosten.
   b) Buchen Sie den Zielkauf.
   c) Buchen Sie den Rechnungsausgleich.
4. Beim Kauf einer Maschine für den Fertigungsbereich entstanden folgende Aufwendungen:
   – Listenpreis .... 120 000,00 EUR + USt.
   – Transportkosten .... 4 200,00 EUR + USt.
   – Transportversicherung .... 270,00 EUR
   – Montagekosten .... 2 800,00 EUR + USt.
   Der Lieferer gewährte 3 % Rabatt vom Listenpreis und 3 % Skonto vom Zieleinkaufspreis der Maschine. Außerdem fielen 11 700,00 EUR Zinsen für die Finanzierung dieser Anschaffung an.
   a) Ermitteln Sie die Anschaffungskosten.
   b) Buchen Sie den Rechnungsausgleich, wenn der Bruttorechnungsbetrag auf 143 414,00 EUR lautet und ein Bruttoskontobetrag von 4 050,72 EUR abgezogen wird.
5. Überprüfen Sie die rechnerische Richtigkeit des Rechnungsausgleichs in der vorangehenden Aufgabe.

4.2 Abschreibung abnutzbarer Anlagegüter

Fritz Fröhlich hat im Lotto gewonnen und sich im Mai 20.. für 41 000,00 EUR sein Traumauto, ein brandneues rotes Cabrio, gekauft. Als Geldanlage, wie Fröhlich sagt. Natürlich ist er sich darüber im Klaren, dass das gute Stück an Wert verliert, je mehr er damit fährt. Was er allerdings nicht versteht, ist die Tatsache, dass sein erst 30 000 km gefahrenes Schmuckstück schon nach einem halben Jahr nur noch mit 31 000 EUR in der Schwacke-Liste steht. Sein Freund Werner Klug klärt ihn auf: „Bei der Wertentwicklung darfst du nicht nur den technischen Verschleiß berücksichtigen, sondern auch die wirtschaftliche Entwertung. Weißt du denn nicht, dass für dein Auto inzwischen ein Nachfolgemodell auf dem Markt ist? Das treibt die Abschreibung natürlich in die Höhe. Übrigens gilt das nicht nur für privat genutzte Gegenstände; das ist auch bei betrieblich genutzten Gütern so."

4.2.1 Begriff der Abschreibung

Der Wert der im Betrieb eingesetzten **abnutzbaren Anlagegüter** wie Fahrzeuge, Maschinen, Betriebs- und Geschäftsausstattung usw. mindert sich durch:

- Gebrauch
- Witterungseinflüsse } → Verschleiß
- technischen Fortschritt → wirtschaftliche Entwertung

Dieser Werteverzehr wird durch **Abschreibungen** auf die Anlagegüter erfasst. Sie stellen **Aufwendungen** dar, die in der Erfolgsrechnung zu berücksichtigen sind. Im Steuerrecht (Einkommensteuergesetz) spricht man von **A**bsetzung **f**ür **A**bnutzung **(AfA).**[1]

Abschreibungen sind Aufwendungen, die zur Erfassung des Werteverzehrs bei abnutzbaren Anlagegütern in die Gewinn- und Verlustrechnung eingehen.

4.2.2 Berechnung der Abschreibung

Die Höhe der jährlichen Abschreibung ist von der **voraussichtlichen** (betriebsgewöhnlichen) **Nutzungsdauer** des Anlagegutes abhängig. Die Dauer der Nutzung ist im Voraus nie genau bestimmbar, sondern muss geschätzt werden. Der jährliche Abschreibungsbetrag kann unter Zugrundelegung einer bestimmten Nutzungsdauer nach unterschiedlichen **Berechnungsmethoden** ermittelt werden. Ausgangswert sind bei allen Methoden die Anschaffungskosten bzw. Herstellungskosten.

Lineare Abschreibung

Bei der linearen Abschreibung werden die Anschaffungs- bzw. Herstellungskosten **gleichmäßig** auf die Jahre der voraussichtlichen Nutzung verteilt. Die Abschreibung wird in jedem Jahr mit einem gleich bleibenden Abschreibungssatz **von den Anschaffungs- bzw. Herstellungskosten** berechnet. Somit

[1] *Abschreibungen werden in der Regel am Schluss des Geschäftsjahres gebucht.*

sind die **Abschreibungsbeträge jedes Jahr gleich hoch.** Nach Ablauf der Nutzungsdauer ist der Restwert gleich Null.

Bei linearer Abschreibung gilt:

$$\text{Jährlicher Abschreibungsbetrag in EUR} = \frac{\text{Anschaffungs- bzw. Herstellungskosten}}{\text{voraussichtliche Nutzungsdauer in Jahren}}$$

$$\text{Jährlicher Abschreibungssatz in \%} = \frac{100}{\text{voraussichtliche Nutzungsdauer in Jahren}}$$

Die Finanzverwaltung veröffentlicht **AfA-Tabellen mit Abschreibungsrichtsätzen** für die lineare Abschreibung. Die Richtsätze beruhen auf Erfahrungswerten und sollen sicherstellen, dass Abschreibungen nicht willkürlich bemessen werden.

Beispiel

Übliche lineare Abschreibungssätze		
	Nutzungsdauer	**Abschreibungssatz**
Geschäftsgebäude	40 Jahre	2,5 %
Personenkraftwagen	5 Jahre	20 %
Lastkraftwagen	4 Jahre	25 %
Geschäftsausstattung	10 Jahre	10 %
Maschinen (je nach Art und Verwendung)	3–12 Jahre	$33\frac{1}{3}$–$8\frac{1}{3}$ %

Degressive Abschreibung

Auch bei der **degressiven Abschreibung** entsprechen die jährlichen Abschreibungsbeträge einem festen Prozentsatz. Dieser wird jedoch nur im ersten Nutzungsjahr von den Anschaffungs- bzw. Herstellungskosten berechnet. In den folgenden Jahren wird er auf den **jeweiligen Buchwert bzw. Restwert** bezogen. Dadurch ergeben sich **jährlich fallende Abschreibungsbeträge.** Der Nullwert wird nach Ablauf der Nutzungsdauer nicht erreicht.

Damit auch bei degressiver Abschreibung die Anschaffungs- bzw. Herstellungskosten innerhalb der Nutzungsdauer annähernd vollständig abgeschrieben werden, muss der **Abschreibungssatz** bei degressiver Abschreibung **höher** sein **als bei linearer Abschreibung.** Steuerrechtlich darf der degressive Abschreibungssatz zur Zeit höchstens das Doppelte des linearen Abschreibungssatzes betragen, jedoch 20 % nicht übersteigen.

Übergang von der degressiven zur linearen Abschreibung

Zur Erreichung des Nullwerts kann man jederzeit von der degressiven zur linearen Abschreibung übergehen. Ein Übergang von der linearen Abschreibung zur degressiven Abschreibung ist nicht erlaubt.

Der günstigste Zeitpunkt für den **Übergang von der degressiven zur linearen Abschreibung** liegt in dem Jahr, in dem der Abschreibungsbetrag bei der linearen Abschreibung für die Restlaufzeit größer ist als bei der degressiven

Abschreibung. Nach dem Wechsel der Abschreibungsmethode wird der Restwert in gleichen Jahresbeträgen auf die Restnutzungsjahre verteilt.

Beispiel

Merke:
*Bei **linearer** Abschreibung jährlich gleich bleibende Abschreibungsbeträge – bei **degressiver** Abschreibung jährlich fallende Abschreibungsbeträge.*

Lineare und degressive Abschreibung/Übergang von der degressiven zur linearen Abschreibung:

- *Anschaffungskosten einer Maschine 100 000,00 EUR*
- *voraussichtliche Nutzungsdauer 10 Jahre*

Bei der degressiven Abschreibung wird mit dem steuerrechtlich zulässigen Höchstsatz von 20 % abgeschrieben.

Zur Erreichung des Nullwerts soll rechtzeitig von der degressiven zur linearen Abschreibung übergegangen werden.

Berechnung des Buchwertes (in EUR)	**lineare Abschreibung 10 %**	**degressive Abschreibung[1] 20 %**	**Übergang degressiv → linear**
Anschaffungskosten – Abschreibung 1. Jahr	100 000,00 10 000,00	100 000,00 20 000,00	
Buchwert nach dem 1. Jahr – Abschreibung 2. Jahr	90 000,00 10 000,00	80 000,00 16 000,00	
Buchwert nach dem 2. Jahr – Abschreibung 3. Jahr	80 000,00 10 000,00	64 000,00 12 800,00	
Buchwert nach dem 3. Jahr – Abschreibung 4. Jahr	70 000,00 10 000,00	51 200,00 10 240,00	
Buchwert nach dem 4. Jahr – Abschreibung 5. Jahr	60 000,00 10 000,00	40 960,00 8 192,00	
Buchwert nach dem 5. Jahr – Abschreibung 6. Jahr	50 000,00 10 000,00	32 768,00 6 554,00	
Buchwert nach dem 6. Jahr – Abschreibung 7. Jahr	40 000,00 10 000,00	26 214,00 5 243,00	→ Vergleich ↔ 26 214,00 6 554,00
Buchwert nach dem 7. Jahr – Abschreibung 8. Jahr	30 000,00 10 000,00	20 971,00 4 195,00	19 660,00 6 554,00
Buchwert nach dem 8. Jahr – Abschreibung 9. Jahr	20 000,00 10 000,00	16 776,00 3 356,00	13 106,00 6 554,00
Buchwert nach dem 9. Jahr – Abschreibung 10. Jahr	10 000,00 10 000,00	13 420,00 2 684,00	6 552,00 6 552,00
Buchwert nach dem 10. Jahr	0,00	10 736,00	0,00

Der Restwert der Maschine beträgt zum Zeitpunkt des Wechsels 26 214,00 EUR, die Restnutzungsdauer 4 Jahre. Der Restwert wird in gleichen Jahresbeträgen auf die Restnutzungsdauer verteilt. Der lineare Abschreibungsbetrag nach dem Übergang von der degressiven zur linearen Abschreibung berechnet sich wie folgt:

$$\textbf{Abschreibungsbetrag nach Übergang} = \frac{\textbf{Restwert bei Wechsel}}{\textbf{Restnutzungsjahre}}$$

$$= \frac{26\,214{,}00 \text{ EUR}}{4} = \textbf{6 554,00 EUR}$$

[1] *Die jährlichen Abschreibungsbeträge werden auf volle EUR aufgerundet.*

Durch den Übergang von der degressiven zur linearen Abschreibung wird erreicht, dass das Anlagegut am Ende der Nutzungsdauer voll abgeschrieben ist, weil nach dem Übergang zur linearen Abschreibung die Abschreibungsbeträge höher sind als bei der degressiven Abschreibung.

Die **degressive Abschreibung** weist **im Vergleich zur linearen Abschreibung** in den ersten Nutzungsjahren wesentlich höhere Abschreibungsbeträge auf. Dies entspricht in der Regel der tatsächlichen Wertminderung von Anlagegütern, die in den ersten Nutzungsjahren z. B. wegen des technischen Fortschritts erheblich höher ist als in den späteren Nutzungsjahren.

Erinnerungswert

Wird das Anlagegut nach Ablauf der Nutzungsdauer noch betrieblich genutzt, so ist es üblich einen **Erinnerungswert** von 1,00 EUR als Buchwert anzusetzen. Im Beispiel dürften dann bei der linearen Abschreibung am Ende des 10. Nutzungsjahres nur 9 999,00 EUR abgeschrieben werden. Nach dem Übergang von der degressiven zur linearen Abschreibung werden am Ende des letzten Nutzungsjahres nur 6 551,00 EUR abgeschrieben.

Gegenüberstellung der linearen und degressiven Abschreibungsmethoden			
Abschreibungsmethode	**Berechnung**	**jährliche Abschreibungsbeträge**	**Buchwert am Ende der Nutzungsdauer**
linear	von Anschaffungs- bzw. Herstellungskosten	gleich bleibend	Nullwert wird erreicht
degressiv	im 1. Nutzungsjahr von Anschaffungs- bzw. Herstellungskosten, dann vom Buch- bzw. Restwert	fallend	Nullwert wird nicht erreicht

Zeitanteilige Abschreibung – Vereinfachungsregel

Bei abnutzbaren Wirtschaftsgütern des Anlagevermögens, die im Laufe des Jahres angeschafft oder hergestellt werden, ist grundsätzlich nur die nach Monaten bemessene **zeitanteilige Abschreibung** zu berücksichtigen. Sie beginnt mit dem Monat der Anschaffung oder Herstellung. Dies gilt auch für Wirtschaftsgüter, die im Laufe des Jahres veräußert werden.

Für **bewegliche** Wirtschaftsgüter des abnutzbaren Anlagevermögens kann statt der zeitanteiligen Abschreibung für das Jahr der Anschaffung oder Herstellung eine **Vereinfachungsregel** angewandt werden. Sie besteht darin, dass bei der Anschaffung/Herstellung in der ersten Jahreshälfte der volle Jahresbetrag und bei der Anschaffung in der zweiten Jahreshälfte der halbe Jahresbetrag der Abschreibung angesetzt werden kann.

Beispiel

Ein Lkw wurde am 1. April . . für 180 000,00 EUR angeschafft. Er hat eine Nutzungsdauer von 5 Jahren und wird linear abgeschrieben.

Berechnung der Abschreibung für das Jahr 01	
nach Vereinfachungsregelung	**zeitanteilig**
volle Jahresabschreibung, da in der ersten Jahreshälfte angeschafft 20 % von 180 000,00 EUR = **36 000,00 EUR**	$\frac{36\,000{,}00 \cdot 9}{12}$ = **27 000,00 EUR**

4.2.3 Buchung der Abschreibung

Abschreibungen sind Aufwendungen. Sie werden deshalb auf dem **Aufwandskonto**

6520 Abschreibungen auf Sachanlagen

erfasst. Die Gegenbuchung erfolgt auf dem entsprechenden Anlagekonto, weil Abschreibungen die Anschaffungs- bzw. Herstellungskosten des Anlagegutes mindern.

Beispiel

Eine Maschine, deren Anschaffungskosten 100 000,00 EUR betragen, soll linear abgeschrieben werden. Es wird eine voraussichtliche Nutzungsdauer von 10 Jahren zugrunde gelegt.

Buchung:

6520	**Abschreibungen auf Sachanlagen**	**10 000,00**	**an**	**0700**	**Techn. Anlagen und Maschinen**	**10 000,00**

Wie alle anderen Aufwandskonten ist auch das Konto Abschreibungen **über das Gewinn- und Verlustkonto** abzuschließen. Der auf dem Anlagekonto ermittelte Restwert, auch Buchwert genannt, ist in das Schlussbilanzkonto zu übernehmen.

Beispiel

Buchung:

8020	**GuV**	**10 000,00**	**an**	**6520**	**Abschreibungen auf Sachanlagen**	**10 000,00**
8010	**Schlussbilanzkonto**	**90 000,00**	**an**	**0700**	**Techn. Anlagen und Maschinen**	**90 000,00**

4.2.4 Abschreibung geringwertiger Wirtschaftsgüter

Für die Abschreibung geringwertiger Wirtschaftsgüter (GWG) besteht gem. § 6 (2) EStG folgende **Wahlmöglichkeit:**

- Abschreibung entsprechend der Nutzungsdauer,
- volle Abschreibung im Jahr der Anschaffung oder Herstellung.

Zu den geringwertigen Wirtschaftsgütern zählen:

- **bewegliche Wirtschaftsgüter des abnutzbaren Anlagevermögens,**
- die **selbständig bewertbar und nutzbar** sind und
- deren **Anschaffungs- oder Herstellungskosten 410,00 EUR** ohne Umsatzsteuer nicht übersteigen.

Die im Laufe eines Geschäftsjahres angeschafften oder hergestellten geringwertigen Wirtschaftsgüter müssen aus einem besonderen Verzeichnis oder aus der Buchführung ersichtlich sein. Deshalb werden sie zunächst auf dem Konto

0890 Geringwertige Wirtschaftsgüter

aktiviert. Am Ende des Geschäftsjahres werden sie über das Konto

6540 Abschreibungen auf geringwertige Wirtschaftsgüter

in voller Höhe abgeschrieben.

Beispiel

Barkauf einer Schreibmaschine im März des laufenden Geschäftsjahres zum Rechnungspreis von 400,00 EUR + 16 % Umsatzsteuer.

Buchung bei Anschaffung im März:

0890	Geringwertige Wirtschaftsgüter	400,00				
2600	Vorsteuer	64,00	an	2880	Kasse	464,00

Buchung am Bilanzstichtag:

6540	Abschreibungen auf geringwertige Wirtschaftsgüter	400,00	an	0890	Geringwertige Wirtschaftsgüter	400,00

Geringwertige Wirtschaftsgüter mit Anschaffungs- und Herstellungskosten **bis 50,00 EUR** ohne Umsatzsteuer können ohne vorherige Aktivierung **sofort** als **Aufwand** gebucht werden.

4.2.5 Bedeutung der Abschreibung

Abschreibung als Mittel der Selbstfinanzierung

Die Abschreibungen gehen in die Kalkulation der Verkaufspreise ein. Über die Umsatzerlöse erhält die Unternehmung vom Käufer Ersatz für den bei der Erstellung der Erzeugnisse eingetretenen Werteverzehr der Anlagegüter. Mit diesem Teil der Umsatzerlöse kann die Ersatzbeschaffung verbrauchter Anlagegüter **(Ersatzinvestitionen)** finanziert werden.

Die gesetzlichen Vorschriften lassen dem Kaufmann einen Ermessensspielraum bei der Bemessung der Abschreibungsbeträge. Die Höhe der Abschreibungen kann somit in Grenzen beeinflusst werden. Durch hohe Abschreibungsbeträge wird der Periodengewinn vermindert, und damit auch die gewinnabhängigen Steuern (Einkommensteuer, Körperschaftsteuer, Gewerbesteuer) und die Gewinnausschüttungen an die Anteilseigner. Dem Unternehmen verbleiben somit liquide Mittel, mit denen eine Erweiterung des Anlagevermögens finanziert werden kann **(Erweiterungsinvestitionen).**

Die Abschreibung bietet also eine Möglichkeit zur **Selbstfinanzierung.**

Bedeutung der Abschreibung für die Finanzierung

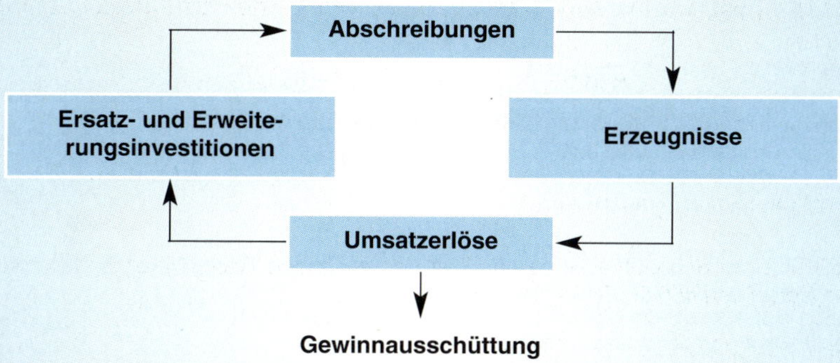

Abschreibung als Mittel der Wirtschaftspolitik

Für den Gesetzgeber ist die Abschreibung ein wichtiges Mittel der Wirtschaftspolitik. Eine Heraufsetzung der Abschreibungshöchstsätze, z. B. eine Erhöhung der degressiven Abschreibung vom 2-fachen auf das 3-fache der linearen Abschreibung, wird i. d. R. die Nachfrage nach Anlagegütern erhöhen und damit die Konjunktur beleben. Eine Senkung der Abschreibungshöchstsätze kann in Zeiten überhitzter Konjunktur zu einem Rückgang der Nachfrage beitragen.

Abschreibungen werden in die Verkaufspreise einkalkuliert. Die über die Verkaufspreise erzielten Erlöse ermöglichen die Ersatzbeschaffung verbrauchter Anlagegüter (Ersatzinvestitionen).
Abschreibungen, die über den tatsächlichen Werteverzehr hinausgehen, ermöglichen die Finanzierung von Anlagekäufen zur Betriebserweiterung (Erweiterungsinvestitionen).
Die Erhöhung oder Senkung der Abschreibungshöchstsätze stellt ein Mittel zur Konjunkturbeeinflussung dar.

Arbeitsaufträge

1. Die Anschaffungskosten einer Maschine betragen 60 000,00 EUR + Umsatzsteuer, die Nutzungsdauer wird auf 10 Jahre geschätzt.
   a) Erstellen Sie die Abschreibungstabelle für die lineare und degressive Abschreibung. Wählen Sie für die degressive Abschreibung den steuerlich zulässigen Höchstsatz.
   b) In welchem Jahr ist ein Wechsel von der degressiven zur linearen Abschreibung sinnvoll?
   c) Richten Sie die Konten Maschinen und Abschreibungen ein. Buchen Sie die lineare Abschreibung für das erste Jahr und schließen Sie die Konten ab.

2. Der Jahresanfangsbestand auf dem Konto Betriebs- und Geschäftsausstattung beträgt 36 000,00 EUR. Von den Anschaffungskosten (48 000,00 EUR) sind jährlich 10 % abzuschreiben.
   Im Februar kaufen wir einen Bürocomputer im Werte von 15 000,00 EUR + Umsatzsteuer gegen Banküberweisung. Der Bürocomputer ist linear mit 10 % jährlich abzuschreiben.
   a) Richten Sie die Konten Betriebs- und Geschäftsausstattung, Abschreibungen, GuV und das Schlussbilanzkonto ein.
   b) Buchen Sie die Anschaffung des Bürocomputers.
   c) Berechnen und buchen Sie die Abschreibung.
   d) Schließen Sie die Konten Abschreibungen und Betriebs- und Geschäftsausstattung ab.

3. Ein Lkw wurde am 1. August 01 für 140 000,00 EUR + Umsatzsteuer gekauft. Das Fahrzeug wird bei einer Nutzungsdauer von 4 Jahren linear abgeschrieben. Am 31. März 04 soll der Lkw zum Buchwert verkauft werden. Ermitteln Sie den Buchwert am Verkaufstag.

4. a) Wie wirkt sich ein hoher Abschreibungssatz auf den Gewinn aus?
b) Warum hat die Finanzverwaltung Abschreibungsrichtsätze festgelegt?
c) In welcher Höhe begrenzt das Steuerrecht den degressiven Abschreibungssatz?
d) Für welche Wirtschaftsgüter bietet die degressive Abschreibungsmethode einen besonderen Vorteil?
e) Welche Auswirkungen hat ein hoher Abschreibungssatz auf die Investitionsbereitschaft?

5. Ein Industrieunternehmen kann bei der Abschreibung einer Maschine zwischen der linearen und degressiven Absetzung für Abnutzung (AfA) wählen.
Kennzeichnen Sie auf einem besonderen Blatt die folgenden Aussagen mit
a) wenn sie für die Anwendung der linearen AfA,
b) wenn sie für die Anwendung der degressiven AfA sprechen oder
c) wenn sie keinen Einfluss auf die Wahl der entsprechenden AfA-Methode haben.

1. Steuerliche Vorteile sollen möglichst schnell in Anspruch genommen werden.
2. Die Maschine soll als geringwertiges Wirtschaftsgut bereits im Jahr der Anschaffung in voller Höhe abgeschrieben werden.
3. Die Abnutzung des Anlagegutes ist in den ersten Nutzungsjahren relativ hoch.
4. Die jährlichen Abschreibungsbeträge sollen in gleich bleibender Höhe in die Kalkulation einfließen.

6. Welche der folgenden Aussagen sind richtig, welche sind falsch?
1. Der Übergang von der linearen Abschreibung zur degressiven Abschreibung ist erlaubt.
2. Der Übergang von der degressiven Abschreibung zur linearen Abschreibung ist verboten.
3. Bei der degressiven Abschreibung erfolgt die Abschreibung vom Buchwert.
4. Bei Nutzung einer Maschine im Mehrschichtenbetrieb kann der Abschreibungsprozentsatz erhöht werden.
5. Bei der Abschreibung vom Buchwert werden die Abschreibungsbeträge von Jahr zu Jahr höher.
6. Bei der degressiven Abschreibung wird am Ende der Nutzungsdauer der Nullwert erreicht.
7. Bei der linearen Abschreibung werden die Anschaffungs- bzw. Herstellungskosten in fallenden Jahresbeträgen auf die Jahre der Nutzung verteilt.

7. Barkauf eines gebrauchten PC am 26. Juni für 350,00 EUR + Umsatzsteuer.
a) Buchen Sie am 26. Juni.
b) Buchen Sie am 31. Dezember (Bilanzstichtag), wenn eine Vollabschreibung in Anspruch genommen wird.

8. Im Laufe des Geschäftsjahres wurden geringwertige Wirtschaftsgüter im Gesamtwert von 16 418,00 EUR angeschafft und auf dem Konto 0890 Geringwertige Wirtschaftsgüter aktiviert.
a) Welche Voraussetzungen müssen für die steuerrechtliche Anerkennung als geringwertige Wirtschaftsgüter erfüllt sein?
b) Buchen Sie am 31. Dezember (Bilanzstichtag), wenn eine Vollabschreibung in Anspruch genommen wird.

9. Barkauf eines elektronischen Taschenrechners am 2. September für 40,00 EUR netto + Umsatzsteuer. Buchen Sie diesen Vorgang.

10. Zielkauf von 10 Tintenpatronen für einen Drucker zum Preis von 30,00 EUR je Stück + Umsatzsteuer. Buchen Sie diesen Vorgang.

11. Ein Industrieunternehmen kauft am 15. Mai eine Büromaschine zum Nettowert von 400,00 EUR + Umsatzsteuer. Gleichzeitig kauft es ein Zusatzgerät, ohne das die Büromaschine nicht genutzt werden kann, zum Nettowert von 60,00 EUR + Umsatzsteuer. Für beide Einkaufsvorgänge erhält das Unternehmen jeweils eine Rechnung.
Buchen Sie die Vorgänge.

D Grundzüge des Jahresabschlusses

Der Jahresabschluss hat im Wesentlichen zwei **Aufgaben:**

- die Ermittlung der Vermögens- und Kapitalbestände am Bilanzstichtag und
- die Feststellung des im Geschäftsjahr erzielten Erfolgs.

Die Erfüllung dieser Aufgaben erfordert zahlreiche **Vorarbeiten:**

- Der Abschluss bestimmter Bestands- und Erfolgskonten ist buchungstechnisch vorzubereiten (z. B. Ermittlung der Zahllast, Umbuchung der Erlösberichtigungen, Buchung der Bestandsveränderungen).
- Die durch körperliche Bestandsaufnahme ermittelten Abweichungen zwischen Inventurbeständen (Istbestände) und Buchbeständen (Sollbestände) sind aufzuklären oder – wenn Letzteres nicht möglich ist – durch Berichtigungsbuchungen zu bereinigen.
- Es ist zu prüfen, ob bei bestimmten Endbeständen Wertminderungen eingetreten sind, die noch gebucht werden müssen.
- Die Nebenbücher sind mit den entsprechenden Hauptbuchkonten abzustimmen.
- Es ist zu prüfen, ob alle auf den Erfolgskonten gebuchten Beträge wirtschaftlich in das laufende Geschäftsjahr gehören.

Vor dem endgültigen Abschluss der Konten wird in der Praxis meist ein **Probeabschluss** in Form einer Abschlussübersicht durchgeführt (s. Kap. D 2). Auf der Grundlage des Probeabschlusses lassen sich dann eine formgerechte **Bilanz** und eine **Gewinn- und Verlustrechnung** aufstellen.

1 Zeitliche Abgrenzung

Zeitliche Abgrenzung? – Kein Problem!

Stellen Sie sich vor, wir haben bereits Ende Dezember die Januar-Miete in Höhe von 2 300,00 EUR für die von uns gemieteten Lagerhallen bezahlt. Das Konto Mieten des laufenden Jahres weist also 13 x 2 300,00 EUR auf, eine Monatsmiete zu viel. Bei periodengerechter Erfolgsermittlung kann das natürlich nicht so bleiben, denn durch die bereits gebuchte Januar-Miete wird der Erfolg des laufenden Jahres in unzulässiger Weise geschmälert. Die Januar-Miete betrifft das folgende Jahr; sie muss deshalb in die Erfolgsrechnung des folgenden Jahres „geschleust" werden. Das geschieht durch einen buchhalterischen Trick: Man richtet ein Überleitungskonto ein; in diesem Fall das Konto 2900 Aktive Rechnungsabgrenzung. Auf diesem Konto wird die Januar-Miete zunächst „geparkt".

[1] *Goethe: Wilhelm Meisters Lehrjahre, Buch 1, 10. Kap.*

Buchung:

2900 Aktive Rechnungsabgrenzung 2 300,00 an 6700 Mieten 2 300,00

Die Habenbuchung auf dem Konto 6700 Mieten bewirkt, dass dieses Konto um 2 300,00 EUR entlastet wird. Es gibt also nur noch 12 Monatsmieten in die Erfolgsrechnung des laufenden Jahres ab.

Was geschieht mit dem Konto 2900 Aktive Rechnungsabgrenzung? Es erscheint als Aktivposten in der Schlussbilanz, wird aber am Anfang des folgenden Geschäftsjahres gleich wieder aufgelöst; in diesem Fall durch die Buchung

6700 Mieten 2 300,00 an 2900 Aktive Rechnungsabgrenzung 2 300,00

Jetzt steht die Januar-Miete dort, wo sie wirtschaftlich hingehört: in der Erfolgsrechnung des folgenden Jahres. Das Konto Aktive Rechnungsabgrenzung ist ausgeglichen, wie es sich für ein Überleitungskonto gehört.

1.1 Notwendigkeit der zeitlichen Abgrenzung

Der Erfolg eines Rechnungsabschnitts wird durch die Höhe der Aufwendungen und Erträge bestimmt. Er wird am Bilanzstichtag ermittelt. Vor dem Bilanzstichtag können jedoch Zahlungen erfolgt sein, die als Aufwand oder Ertrag ganz oder teilweise in die Erfolgsrechnung des folgenden Rechnungsabschnitts gehören. Andererseits können am Bilanzstichtag noch Zahlungen ausstehen, die erfolgsmäßig dem laufenden Rechnungsabschnitt zuzurechnen sind. Dabei kann es sich um folgende **Fälle** handeln:

- Im laufenden Geschäftsjahr sind Ausgaben für Güter oder Leistungen angefallen, die als Aufwand – ganz oder teilweise – in das folgende Geschäftsjahr gehören (von uns **geleistete Vorauszahlungen).**
- Im laufenden Geschäftsjahr sind Einnahmen erzielt worden, die als Ertrag – ganz oder teilweise – in das folgende Geschäftsjahr gehören (von uns **vereinnahmte Vorauszahlungen).**
- Am Bilanzstichtag stehen noch Einnahmen aus, die als Ertrag in das laufende Jahr gehören (von uns **noch zu vereinnahmende Zahlungen).**
- Am Bilanzstichtag stehen noch Ausgaben aus, die aufwandsmäßig in das laufende Jahr gehören (von uns **noch zu leistende Zahlungen).**

Solche Aufwands- und Ertragsüberlappungen müssen im Interesse einer **periodengerechten Erfolgsermittlung** bereinigt werden. Es dürfen nur solche Aufwendungen und Erträge in der Erfolgsrechnung des laufenden Rechnungsabschnitts erfasst werden, die in diesem Rechnungsabschnitt verursacht worden sind, also wirtschaftlich in das laufende Jahr gehören. Bei der Vorbereitung des Jahresabschlusses sind daher besondere **Buchungen zur zeitlichen Abgrenzung der periodenübergreifenden Erfolgsvorgänge** durchzuführen.

1.2 Aktive und Passive Rechnungsabgrenzung

Für periodenübergreifende Erfolgsvorgänge, bei denen die **Zahlung im laufenden Rechnungsabschnitt** erfolgte, sind lt. § 250 HGB **Rechnungsabgrenzungsposten** zu bilden. Zu unterscheiden sind Aktive und Passive Rechnungsabgrenzungsposten.

Aktive Rechnungsabgrenzung

Eine Aktive Rechnungsabgrenzung ist vorzunehmen, wenn im laufenden Geschäftsjahr **Vorauszahlungen für Leistungen erbracht** wurden, die – ganz oder teilweise – dem folgenden Rechnungsabschnitt zuzurechnen sind. Hierzu gehören z. B. von uns geleistete Vorauszahlungen für Versicherungen, Mieten und Steuern. Am Bilanzstichtag liegt also eine **Leistungsforderung** gegenüber dem Zahlungsempfänger vor. Die durch die erbrachte Vorauszahlung begründete Leistungsforderung wird auf dem Konto

2900 Aktive Rechnungsabgrenzung

im Soll erfasst. Der im laufenden Jahr gebuchte Aufwand ist durch eine Habenbuchung auf dem entsprechenden Aufwandskonto zu berichtigen.

Buchung am 31. Dezember (Bilanzstichtag):

Aktive Rechnungsabgrenzung an Aufwandskonto

Beispiel

Am 27. September haben wir die Jahresprämie in Höhe von 4 800,00 EUR für unsere Maschinenbruchversicherung für die Zeit vom 1. Oktober des laufenden Geschäftsjahres bis zum 30. September des folgenden Geschäftsjahres durch Banküberweisung bezahlt (Bilanzstichtag: 31. Dezember).

Buchung am 27. September:

6900 Versicherungsbeiträge 4 800,00 an 2800 Bank 4 800,00

*Der Aufwand für die Versicherungsprämie ist zeitlich abzugrenzen, weil er zwei Rechnungsabschnitte betrifft. Auf das laufende Geschäftsjahr entfallen 1 200,00 EUR Aufwand (für 3 Monate: Oktober bis Dezember), auf das folgende Geschäftsjahr 3 600,00 EUR (für 9 Monate: Januar bis September). Durch die Vorauszahlung der Versicherungsprämie wurde ein Anspruch auf Versicherungsschutz begründet. Dieser Anspruch stellt für uns eine **Leistungsforderung** dar, die als **Aktive Rechnungsabgrenzung** auf der Aktivseite der Bilanz auszuweisen ist. Auf dem Konto 6900 Versicherungsbeiträge ist im Haben eine Berichtigung in Höhe von 3 600,00 EUR vorzunehmen.*

Laufendes Jahr

Bildung der Aktiven Rechnungsabgrenzung:

2900 Akt. Rechnungsabgr. 3 600,00 an 6900 Versicherungsbeiträge 3 600,00

Abschluss der Konten 6900 und 2900:

8020	GuV	1 200,00	an	6900	Versicherungsbeiträge	1 200,00
8010	Schlussbilanzkonto	3 600,00	an	2900	Aktive Rechnungsabgr.	3 600,00

S 6900 Versicherungsbeiträge H

S		H	
2800	4 800,00	2900	3 600,00
		8020	1 200,00

S 2900 Aktive Rechnungsabgrenzung H

S		H	
6900	3 600,00	8010	3 600,00

S 8020 GuV-Konto H

S		H	
6900	1 200,00		

S 8010 SBK H

S		H	
2900	3 600,00		

Folgendes Jahr

Auflösung der aktiven Rechnungsabgrenzung:

6900 Versicherungsbeiträge 3 600,00 an 2900 Aktive Rechnungsabgr. 3 600,00

S	**2900 Aktive Rechnungsabgrenzung**		H	S	**6900 Versicherungsbeiträge**		H
AB	3 600,00	6900	3 600,00 →	2900	3 600,00		

Nach Eröffnung der Konten zu Beginn des folgenden Geschäftsjahres wird die Aktive Rechnungsabgrenzung über das Konto 6900 Versicherungsbeiträge aufgelöst. Dadurch wird erreicht, dass der Teil der Versicherungsprämie, der wirtschaftlich in das folgende Jahr gehört, als Aufwand in die Erfolgsrechnung dieses Jahres kommt, also periodengerecht erfasst wird.

Von uns im laufenden Geschäftsjahr geleistete Zahlungen (Ausgaben) für Aufwendungen des folgenden Geschäftsjahres sind als Aktive Rechnungsabgrenzung zu buchen. Die Aktive Rechnungsabgrenzung ist zu Beginn des folgenden Geschäftsjahres über das entsprechende Aufwandskonto aufzulösen.

Passive Rechnungsabgrenzung

Eine Passive Rechnungsabgrenzung ist vorzunehmen, wenn im laufenden Geschäftsjahr **Vorauszahlungen für Leistungen vereinnahmt** wurden, die wir – ganz oder teilweise – erst im folgenden Rechnungsabschnitt erbringen, z. B. von uns im Voraus vereinnahmte Mieten und Zinsen. Am Bilanzstichtag liegt also gegenüber dem Leistungsempfänger eine **Leistungsverbindlichkeit** vor. Die durch die erhaltene Vorauszahlung begründete Leistungsverbindlichkeit wird auf dem Konto

4900 Passive Rechnungsabgrenzung

im Haben erfasst. Der im laufenden Jahr gebuchte Ertrag ist durch eine Sollbuchung auf dem entsprechenden Ertragskonto zu berichtigen.

Buchung am 31. Dez. (Bilanzstichtag):

Ertragskonto an Passive Rechnungsabgrenzung

Beispiel

Ein Teil unseres Betriebsgebäudes ist vermietet. Am 1. November hat unser Mieter die lt. Vertrag halbjährlich im Voraus zu zahlende Miete (6 000,00 EUR) durch Bankscheck bezahlt. (Bilanzstichtag: 31. Dezember)

Buchung der Vorauszahlung am 1. November:

2800 Bank 6 000,00 an 5400 Mieterträge 6 000,00

Der vereinnahmte Mietertrag ist periodengerecht abzugrenzen, weil 2 000,00 EUR Ertrag (für 2 Monate: November, Dezember) auf das laufende Geschäftsjahr und 4 000,00 EUR Ertrag (für 4 Monate: Januar bis April) auf das folgende Geschäftsjahr entfallen. Auf dem Konto 5400 Mieterträge muss im Soll eine Berichtigung in Höhe von 4 000,00 EUR vorgenommen werden.

*Durch die an uns geleistete Mietvorauszahlung entstand für uns die Verpflichtung zur weiteren Überlassung der vermieteten Räume. Diese Verpflichtung stellt eine **Leistungsverbindlichkeit** gegenüber dem Mieter dar, die als **Passive Rechnungsabgrenzung** auf der Passivseite der Bilanz auszuweisen ist.*

Beispiel

Laufendes Jahr

Bildung der Passiven Rechnungsabgrenzung:

5400 Mieterträge 4 000,00 an 4900 Pass. Rechnungsabgr. 4 000,00

Abschluss der Konten 5400 und 4900:

5400 Mieterträge 2 000,00 an 8020 GuV 2 000,00
4900 Pass. Rechnungsabgr. 4 000,00 an 8010 Schlussbilanzkonto 4 000,00

S	4900 Passive Rechnungsabgrenzung		H
8010	4 000,00	5400	4 000,00

S	5400 Mieterträge		H
4900	4 000,00	2800	6 000,00
8020	2 000,00		

S	8010 SBK		H
		4900	4 000,00

S	8020 GuV		H
		5400	2 000,00

Folgendes Jahr

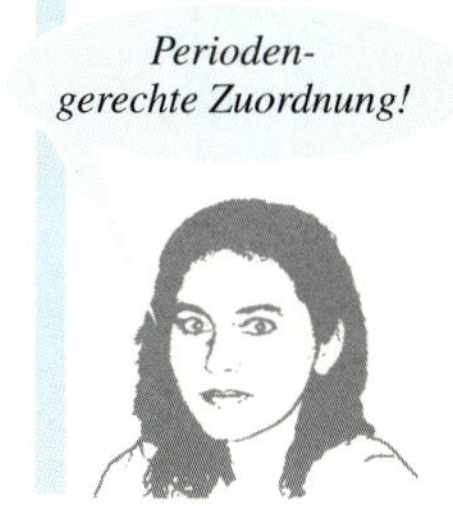

Auflösung der Passiven Rechnungabgrenzung:

4900 Passive Rechnungsabgrenzung 4 000,00 an 5400 Mieterträge 4 000,00

S	5400 Mieterträge		H
		4900	4 000,00

S	4900 Passive Rechnungsabgrenzung		H
5400	4 000,00	AB	4 000,00

Nach Eröffnung der Konten zu Beginn des folgenden Jahres wird die Passive Rechnungsabgrenzung über das Konto 5400 Mieterträge aufgelöst. Durch die Auflösung der Passiven Rechnungsabgrenzung wird erreicht, dass der Teil der Mieteinnahme, der wirtschaftlich in das folgende Jahr gehört, als Ertrag in die Erfolgsrechnung dieses Jahres kommt.

Von uns im laufenden Geschäftsjahr vereinnahmte Zahlungen (Einnahmen), die Erträge des folgenden Geschäftsjahres darstellen, sind als Passive Rechnungsabgrenzung zu buchen. Die Passive Rechnungsabgrenzung ist zu Beginn des folgenden Geschäftsjahres über das entsprechende Ertragskonto aufzulösen.

Sofortige Abgrenzung bei Zahlung

In den bisherigen Beispielen wurde die Rechnungsabgrenzung am Bilanzstichtag gebildet. Sie kann aus Gründen der Arbeitsvereinfachung auch schon vor dem Bilanzstichtag, nämlich **bei Zahlungsausgang bzw. Zahlungseingang** vorgenommen werden.

Beispiel

Am 1. Dezember zahlen wir Hypothekenzinsen für die Monate Dezember bis Februar in Höhe von 3 300,00 EUR durch Banküberweisung im Voraus.

7510 Zinsaufwendungen 1 100,00
2900 Akt. Rechnungsabgr. 2 200,00 an 2800 Bank 3 300,00

Bereits bei Zahlungsausgang wird also so gebucht, dass der Teil des Aufwandes, der wirtschaftlich in das folgende Jahr gehört, als Aktive Rechnungsabgrenzung erfasst und in die Erfolgsrechnung des folgenden Rechnungsabschnitts übergeleitet wird. Am Bilanzstichtag (31. Dezember) ist eine Abgrenzungsbuchung nicht mehr erforderlich.

Arbeitsauftrag

a) Buchen Sie die folgenden Geschäftsfälle, und führen Sie am Bilanzstichtag (31. Dezember) die erforderlichen Abschlussbuchungen durch.
b) Welche Buchungen ergeben sich im neuen Jahr?

		EUR
1.	Am 30. November wird die Kraftfahrzeughaftpflichtversicherung für die Monate Dezember, Januar und Februar in Höhe von ... im Voraus durch Banküberweisung beglichen.	900,00
2.	Ein Mieter, an den wir einen Teil des Geschäftsgebäudes vermietet haben, überweist am 1. November die Miete für die Monate November, Dezember und Januar in Höhe von ... im Voraus auf unser Bankkonto.	3 000,00
3.	Die Feuerversicherungsprämie für das Betriebsgebäude wird von uns am 1. Juni für ein Jahr im Voraus durch Banküberweisung beglichen ...	1 200,00
4.	Für ein Darlehen in Höhe von 40 000,00 EUR beträgt der jährliche Zinssatz 10 %. Laut Vereinbarung sind die Zinsen vierteljährlich im Voraus zu zahlen. Am 1. Dezember zahlen wir durch Banküberweisung ...	1 000,00
5.	Am 1. September zahlen wir die Hypothekenzinsen in Höhe von ... für ein halbes Jahr durch Banküberweisung im Voraus.	6 720,00
6.	Am 3. Dezember zahlen wir die Miete für eine von uns gemietete Lagerhalle für die Monate Dezember, Januar und Februar für ein Vierteljahr in Höhe von insgesamt ... durch Postbanküberweisung im Voraus.	6 000,00
7.	Am 1. November überweist ein Mieter für ein Ladenlokal, das er in unserem Geschäftshaus gemietet hat, die lt. Mietvertrag vierteljährlich im Voraus zu zahlende Miete in Höhe von insgesamt ... auf unser Bankkonto.	4 800,00
8.	Ein Darlehensschuldner überweist die vierteljährlich zu zahlenden Zinsen für die Monate Januar, Februar und März bereits am 23. Dezember d. J. auf unser Bankkonto ...	1 620,00

1.3 Sonstige Forderungen und Sonstige Verbindlichkeiten

Von den periodenübergreifenden Erfolgsvorgängen dürfen nur diejenigen als Rechnungsabgrenzungsposten ausgewiesen werden, bei denen der Zahlungsvorgang im laufenden Jahr liegt (vgl. Kapitel D 1.2). Von uns im folgenden Jahr zu vereinnahmende oder zu leistende Zahlungen stellen dagegen Geldforderungen bzw. Geldschulden dar und müssen nach den Bestimmungen des HGB in der Bilanz als Forderungen unter Sonstigen Vermögensgegenständen (Konto: Sonstige Forderungen) bzw. als Sonstige Verbindlichkeiten ausgewiesen werden.

Sonstige Forderungen

Eine Sonstige Forderung ist zu buchen, wenn dem laufenden Geschäftsjahr Erträge zuzurechnen sind, die noch nicht zu entsprechenden Einnahmen geführt haben. Die Einnahme erfolgt erst im folgenden Jahr, sie muss aber – ganz oder teilweise – dem folgenden Jahr als Ertrag zugerechnet werden. **Sonstige Forderungen** stellen als noch zu vereinnahmende Zahlungen **Geldforderungen** dar. Diese Geldforderungen werden auf dem Konto

2690 Sonstige Forderungen

im Soll gebucht. Der Ertrag ist auf dem entsprechenden Ertragskonto im Haben zu erfassen.

Buchung am 31. Dezember (Bilanzstichtag):

Sonstige Forderungen an Ertragskonto

*Der Zahlungsvorgang liegt im **folgenden** Jahr.*

Beispiel

Am 1. November haben wir bei unserer Bank 120 000,00 EUR als Festgeld für 6 Monate zu 6 % Zinsen angelegt. Die Auszahlung des Zinsertrages erfolgt am Ende der Festlegungszeit.

Laufendes Jahr

Bildung der Sonstigen Forderung:

2690 Sonstige Forderungen 1 200,00 an 5710 Zinserträge 1 200,00

Abschluss der Konten 5710 und 2690:

5710 Zinserträge	**1 200,00**	**an**	**8020 GuV**	**1 200,00**
8010 Schlussbilanzkonto	**1 200,00**	**an**	**2690 Sonstige Forderungen**	**1 200,00**

*Dieser Teil des Ertrages gehört noch in das **laufende** Jahr.*

S	**2690 Sonstige Forderungen**		H
5710	1 200,00	8010	1 200,00

S	**5710 Zinserträge**		H
8020	1 200,00	2690	1 200,00

S	**8010 SBK**		H
2690	1 200,00		

S	**8020 GuV-Konto**		H
		5710	1 200,00

Durch die Buchung der Sonstigen Forderung am Bilanzstichtag wird erreicht, dass der Teil der Zinsen, der wirtschaftlich in das laufende Geschäftsjahr gehört, auch als Ertrag in die Erfolgsrechnung dieses Jahres kommt.

Folgendes Jahr

Perioden-gerechte Zuordnung

Buchung der Zinsgutschrift:

2800 Bank	**3 600,00**	**an**	**5710 Zinserträge**	**2 400,00**
			2690 Sonstige Forderungen	**1 200,00**

S	**2690 Sonstige Forderungen**		H
AB	1 200,00	2800	1 200,00

S	**5710 Zinserträge**		H
		2800	2 400,00

S	**2800 Bank**		H
2690/5710	3 600,00		

Im folgenden Jahr wird das Konto 2690 Sonstige Forderungen wieder mit 1 200,00 EUR eröffnet. Bei Gutschrift der Zinsen auf unserem Bankkonto am 1. Mai ist die Sonstige Forderung aufzulösen. Der Teil der Erträge, der wirtschaftlich dem folgenden Geschäftsjahr zuzurechnen ist, wird bei der Buchung des Zahlungseingangs periodengerecht erfasst.

Werden Zahlungen, die wirtschaftlich das laufende Geschäftsjahr betreffen, erst im folgenden Geschäftsjahr vereinnahmt, so sind sie als Sonstige Forderungen zu buchen.

Sonstige Verbindlichkeiten

Eine Sonstige Verbindlichkeit ist zu buchen, wenn dem laufenden Geschäftsjahr Aufwendungen zuzurechnen sind, die noch nicht zu entsprechenden Ausgaben geführt haben. Die Ausgabe erfolgt erst im folgenden Geschäftsjahr, sie muss aber – ganz oder teilweise – dem laufenden Jahr als Aufwand zugerechnet werden. Dieser Aufwand ist im laufenden Geschäftsjahr vorweg zu erfassen. **Sonstige Verbindlichkeiten** stellen als noch zu leistende Zahlungen **Geldschulden** dar. Diese Geldschulden werden auf dem Konto

4890 Sonstige Verbindlichkeiten

im Haben gebucht. Die auf den Aufwand entfallende Vorsteuer darf erst gebucht werden, wenn die Rechnung eingegangen ist.

Buchung am 31. Dezember (Bilanzstichtag):

Aufwandskonto an Sonstige Verbindlichkeiten

Beispiel

Auch in diesem Fall liegt der Zahlungsvorgang im **folgenden** Jahr.

Dieser Teil des Aufwands gehört noch in das **laufende** Jahr.

Wir bezahlen die Dezembermiete in Höhe von 1 100,00 EUR für angemietete Geschäftsräume erst mit der Januarmiete am 3. Januar des folgenden Jahres. Die Zahlung erfolgt durch Banküberweisung.

Laufendes Jahr

Bildung der Sonstigen Verbindlichkeit:

6700 Mieten 1 100,00 an 4890 Sonstige Verbindlichkeiten 1 100,00

Abschluss der Konten 6700 und 4890:

8020 GuV	**1 100,00**	**an**	**6700 Mieten**	**1 100,00**
4890 Sonstige Verbindlichkeiten	**1 100,00**	**an**	**8010 Schlussbilanzkonto**	**1 100,00**

S	**6700 Mieten**		H
4890	1 100,00	8020	1 100,00

S	**4890 Sonstige Verbindlichkeiten**		H
8010	1 100,00	6700	1 100,00

S	**8020 GuV-Konto**		H
6700	1 100,00		

S	**8010 SBK**		H
		4890	1 100,00

Durch die Buchung der Sonstigen Verbindlichkeiten am Bilanzstichtag wird der Teil der von uns noch zu zahlenden Miete, der wirtschaftlich in das laufende Jahr gehört, als Aufwand in die Erfolgsrechnung dieses Jahres genommen.

Folgendes Jahr

Überweisung der Dezember- und Januar-Miete:

4890 Sonstige Verbindlichkeiten	**1 100,00**			
6700 Mieten	**1 100,00**	**an**	**2800 Bank**	**2 200,00**

S	**6700 Mieten**		H
2800	1100,00		

Periodengerechte Zuordnung der Januar-Miete

S	**4890 Sonstige Verbindlichkeiten**		H
2800	1 100,00	AB	1 100,00

S	**2800 Bank**		H
AB	30 000,00	4890/6700	2 200,00

Im folgenden Jahr wird das Konto 4890 Sonstige Verbindlichkeiten wieder mit 1 100,00 EUR eröffnet. Bei Zahlung der Miete ist die Sonstige Verbindlichkeit aufzulösen. Der Teil der Aufwendungen, der wirtschaftlich dem folgenden Geschäftsjahr zuzurechnen ist, wird bei der Buchung des Zahlungsausgangs periodengerecht erfasst.

Aufwendungen des laufenden Geschäftsjahres, die erst im folgenden Geschäftsjahr zu Ausgaben führen, sind als Sonstige Verbindlichkeiten zu buchen.

Fälle der zeitlichen Abgrenzung			
Tatbestand	**laufendes Geschäftsjahr**	**folgendes Geschäftsjahr**	**Buchung**
Von uns geleistete Vorauszahlungen (Leistungsforderungen)	**Ausgabe**	**Aufwand**	**Aktive Rechnungsabgrenzung** an Aufwandskonto
Von uns vereinnahmte Vorauszahlungen (Leistungsverbindlichkeiten)	**Einnahme**	**Ertrag**	Ertragskonto an **Passive Rechnungsabgrenzung**
Noch **zu vereinnahmende Erträge** (Geldforderungen)	**Ertrag**	**Einnahme**	**Sonstige Forderungen** an Ertragskonto
Noch zu **bezahlende Aufwendungen** (Geldschulden)	**Aufwand**	**Ausgabe**	Aufwandskonto an **Sonstige Verbindlichkeiten**

Arbeitsaufträge

1. Bilden Sie für folgende Geschäftsfälle die Buchungssätze
a) beim Jahresabschluss (31. Dezember)
b) bei Zahlungseingang bzw. Zahlungsausgang im neuen Jahr.

.... EUR

1. Die Zinsen in Höhe von 8 % für eine Hypothek von 160 000,00 EUR sind jeweils nachträglich am 30. April und 30. Oktober des Jahres zu zahlen. Die letzte Zahlung erfolgte am 30. Oktober durch Banküberweisung.
2. Für im Dezember getätigte Verkäufe schulden wir die Vertreterprovision in Höhe von .... 1 400,00 (handschriftlich: +224)
zuzüglich Umsatzsteuer. Die Abrechnung des Vertreters erwarten wir Mitte Januar. Der Rechnungsbetrag wird durch die Bank überwiesen.
3. Die Darlehenszinsen für das IV. Quartal in Höhe von 1 200,00
werden von uns erst am 9. Januar des folgenden Jahres durch die Bank überwiesen.
4. Die Zinsgutschrift der Bank für das letzte Halbjahr in Höhe von 120,00
erfolgt erst in der ersten Januarwoche des folgenden Jahres.
5. Der Handelskammerbeitrag für das letzte Quartal in Höhe von 600,00
wird von uns erst Anfang Januar des folgenden Jahres durch Postbanküberweisung gezahlt.
6. Eine Rechnung über Ausgangsfrachten steht am 31. Dezember noch aus.
Nettofracht 300,00
+ USt. 48,00
Der Rechnungsausgleich erfolgt am 10. Januar des folgenden Jahres durch Banküberweisung.
7. Dem Mieter einer unserer Werkswohnungen haben wir die Dezembermiete in Höhe von 240,00
bis zum 15. Januar des folgenden Jahres gestundet. Die Miete wird pünktlich an unserer Geschäftskasse eingezahlt.
8. Der Stromverbrauch für den Monat Dezember beläuft sich lt. Zählerstand auf 600,00
Die Rechnung der Stadtwerke geht erst am 13. Januar des folgenden Jahres ein. Der Rechnungsbetrag (600,00 EUR + 96,00 EUR USt.) wird sofort durch Postbanküberweisung beglichen.

9. Unser Darlehensschuldner zahlt die vierteljährlich nachträglich zu entrichtenden Zinsen für die Monate Oktober–Dezember erst am 15. Januar auf unser Bankkonto ein. 270,00
10. Die Rechnung für die am 30. Dezember vorgenommene Inspektion unseres betrieblich genutzten Pkw geht erst am 10. Januar ein.
Rechnungsbetrag netto 350,00
+ USt. 56,00
Der Rechnungsausgleich erfolgt durch Banküberweisung.

2. Auszug aus der vorläufigen Summenbilanz

Konten	Soll/EUR	Haben/EUR
2600 Vorsteuer	98 400,00	86 900,00
2690 Sonstige Forderungen	14 250,00	11 700,00
2900 Aktive Rechnungsabgrenzung	12 300,00	12 300,00
4800 Umsatzsteuer	191 500,00	243 600,00
4890 Sonstige Verbindlichkeiten	16 360,00	23 140,00
4900 Passive Rechnungsabgrenzung	7 400,00	7 400,00
5400 Mieterträge		27 800,00
5710 Zinserträge		9 780,00
6140 Frachten und Fremdlager	4 360,00	
6160 Fremdinstandsetzung	1 470,00	
6700 Mieten	23 650,00	
7030 Kraftfahrzeugsteuer	2 320,00	
7510 Zinsaufwendungen	8 520,00	

Am Bilanzstichtag (31. Dezember) ist noch Folgendes zu berücksichtigen:

1. Im Dezember wurde am Geschäftsgebäude eine Reparatur durch den Installateur durchgeführt. Die Rechnung über 1 200,00 EUR + USt. steht noch aus und ist deshalb bisher nicht gebucht worden.
2. Am 1. September wurde die Kraftfahrzeugsteuer mit 180,00 EUR für ein halbes Jahr im Voraus bezahlt und auf dem Konto 7030 gebucht.
3. Ein Mieter hat die Miete in Höhe von 900,00 EUR für das erste Quartal des folgenden Jahres bereits am 27. Dezember auf unser Bankkonto überwiesen.
4. Ein Mieter begleicht die Dezembermiete in Höhe von 800,00 EUR für Geschäftsräume in unserem Gebäude gemäß Vereinbarung erst im Januar.
5. Am 31. Dezember stellen wir fest, dass wir die Dezembermiete für angemietete Lagerräume in Höhe von 1 400,00 EUR noch nicht überwiesen haben.
6. Am 1. Oktober wurden Hypothekenzinsen in Höhe von 3 600,00 EUR für den Zeitraum vom 1. Oktober bis 31. März von uns im Voraus überwiesen.
7. Am 1. November hat ein Kunde die im Voraus zu zahlenden Halbjahreszinsen in Höhe von 1 080,00 EUR für ein ihm gewährtes Darlehen auf unser Bankkonto überwiesen.
8. Ein Mitarbeiter, dem wir ein Darlehen gewährt haben, hat die lt. Vereinbarung nachträglich zu zahlenden Jahreszinsen in Höhe von 1 320,00 EUR am 31. März des folgenden Jahres zu zahlen.
9. Für die bereits ausgeführte Lieferung an einen Kunden übernehmen wir ausnahmsweise die Frachtkosten. Die Rechnung des Frachtführers über 400,00 EUR + 64,00 EUR USt. steht noch aus und wird von uns erst im Januar beglichen.

3. Handelt es sich bei den nachfolgenden Sachverhalten zum Bilanzstichtag (31. Dezember) um eine

1. Aktive Rechnungsabgrenzung,
2. Passive Rechnungsabgrenzung,
3. Sonstige Forderung,
4. Sonstige Verbindlichkeit?

a) Am Ende des Geschäftsjahres ist die Dezembermiete noch nicht eingegangen.
b) Die Vertreterprovision für Dezember wird erst im Januar des folgenden Jahres überwiesen.

c) Die Hypothekenzinsen sind am 1. November für ein halbes Jahr im Voraus überwiesen worden.
d) Die Darlehenszinsen für die Zeit vom 1. Oktober bis 31. Dezember sind am 31. Dezember noch nicht eingegangen.
e) Die Vierteljahresmiete für das erste Quartal des kommenden Jahres ist bereits am 27. Dezember unserem Bankkonto gutgeschrieben worden.
f) Die Löhne für die Lohnwoche vom 28. Dezember bis 2. Januar werden erst im Januar abgerechnet.
g) Die vereinbarte Provision für ein vermitteltes Geschäft wurde noch nicht vereinnahmt.
h) Die Darlehenszinsen wurden vereinbarungsgemäß am 1. Dezember für ein Vierteljahr im Voraus an den Darlehensgeber überwiesen.

4. Am Bilanzstichtag (31. Dezember 01) wurden folgende Buchungssätze erstellt:

1.	5400	Mieterträge	an 4900 Passive Rechnungsabgrenzung
2.	7020	Grundsteuer	an 4890 Sonstige Verbindlichkeiten
3.	2690	Sonstige Forderungen	an 5400 Mieterträge
4.	2900	Aktive Rechnungsabgrenzung	an 6700 Mieten
5.	2900	Aktive Rechnungsabgrenzung	an 6900 Versicherungsbeiträge
6.	6700	Mieten	an 4890 Sonstige Verbindlichkeiten

Welcher der nachfolgenden Geschäftsfälle liegt dem Buchungssatz jeweils zugrunde?

a) Die Januarmiete für gemietete Geschäftsräume wurde bereits am 28. Dezember 01 überwiesen.
b) Die Gebäudeversicherungsprämie wurde am 26. September 01 für die Zeit vom 1. Oktober 01 bis 31. März 02 überwiesen.
c) Die Dezembermiete für eine vermietete Werkswohnung ist am Bilanzstichtag noch nicht eingegangen.
d) Die Dezembermiete für gemietete Geschäftsräume ist von uns irrtümlich noch nicht gezahlt worden.
e) Die Januarmiete für eine vermietete Werkswohnung ist bereits am 15. Dezember 01 eingegangen.
f) Die Grundsteuer für das letzte Quartal 01 ist am Jahresende noch nicht gezahlt worden.

5. Handelt es sich bei folgenden Angaben um

1. eine Aktive Rechnungsabgrenzung,
2. eine Passive Rechnungsabgrenzung,
3. eine Sonstige Forderung,
4. eine Sonstige Verbindlichkeit,
5. keinen Vorgang der zeitlichen Abgrenzung?

a) Ausgaben vor dem Bilanzstichtag, die Aufwendungen für die Zeit nach dem Bilanzstichtag darstellen.
b) Ausgaben vor dem Bilanzstichtag für Aufwendungen für die Zeit vor dem Bilanzstichtag.
c) Am Bilanzstichtag noch ausstehende Einnahmen für Erträge für die Zeit vor dem Bilanzstichtag.
d) Einnahmen vor dem Bilanzstichtag für Erträge für die Zeit nach dem Bilanzstichtag.

2 Abschlussübersicht (Betriebsübersicht)

Bevor die Hauptbuchkonten am Ende einer Rechnungsperiode abgeschlossen werden, wird **außerhalb der Buchführung** ein **Probeabschluss** durchgeführt. So können vor dem eigentlichen Kontenabschluss **Fehler** in den laufenden Buchungen **aufgedeckt** und bei den Abschlussbuchungen **vermieden** werden. Bei den vorbereitenden Abschlussbuchungen sind **wichtige Entscheidungen zu treffen,** z. B. über die Höhe der Abschreibungen oder über die Bildung von Rechnungsabgrenzungsposten; dabei sind handels- und steuerrechtliche Bewertungsvorschriften zu beachten. Es ist daher zweckmäßig, die mit dem Sachkontenabschluss verbundenen Buchungen zunächst in Form einer **tabellarsichen Übersicht** durchzuführen. Diese Übersicht nennt man **Abschlussübersicht** oder **Betriebsübersicht.**

Spalten der Abschlussübersicht (AÜ)

1. Summenbilanz

In dieser Spalte werden die **Summen der Soll- und Habenseiten** aller im Abrechnungszeitraum geführten Konten eingetragen. Die Summen ergeben sich aus den Buchungen während der Rechnungsperiode: aus den Anfangsbeständen und den laufenden Buchungen. Weil jeder Geschäftsfall sowohl im Soll als auch im Haben gebucht wurde, müssen **Soll- und Habenseite der Summenbilanz übereinstimmen.** Die Wertgleichheit von Soll- und Habenseite der Summenbilanz bestätigt die rechnerische Richtigkeit der während der Rechnungsperiode durchgeführten Buchungen. Die Summenbilanz stellt somit eine Probebilanz dar.

2. Saldenbilanz I

Aus den Zahlen der Summenbilanz werden für alle Konten Salden errechnet und in die Saldenbilanz I eingetragen. Während auf den Konten des Hauptbuchs der Saldo als Ausgleich auf die wertmäßig kleinere Seite kommt, trägt man ihn in der Saldenbilanz jeweils auf der wertmäßig größeren Seite ein. Bei richtiger Saldierung müssen auch in der Saldenbilanz **Soll- und Habenseite summengleich** sein.

3. Umbuchungen

In dieser Spalte führt man die **vorbereitenden Abschlussbuchungen** durch. Dazu zählen:

- Abschreibungen auf Anlagen,
- Bestandsveränderungen im Material- und Erzeugnisbereich,
- Verrechnung der Vorsteuer mit der Umsatzsteuer,
- Abschluss der Unterkonten über die entsprechenden Hauptkonten, z. B. Bezugskosten, Nachlässe, Erlösberichtigungen,
- Zeitliche Abgrenzungen,
- Korrekturbuchungen, z. B. Berichtigung von Buchungsfehlern, Ausgleich von Differenzen zwischen Inventur- und Buchbeständen.

Auch die **Umbuchungen** sind **nach den Regeln der doppelten Buchführung** im Soll und Haben durchzuführen. In der Umbuchungsspalte muss deshalb die **Summe der Sollbuchungen gleich der Summe der Habenbuchungen** sein.

4. Saldenbilanz II

Aus den Beträgen der Saldenbilanz I und den Beträgen der Umbuchungsspalte ergeben sich die **endgültigen Salden aller Konten.** Diese Salden werden in die Saldenbilanz II eingetragen. Auch in der Saldenbilanz II ist die **Summe der Sollseite gleich der Summe der Habenseite.**

5. Schlussbilanz (Inventurbilanz, Beständebilanz)

In die Spalte Schlussbilanz werden die **endgültigen Salden aller Bestandskonten** übertragen. Diese Salden stimmen nach den Umbuchungen mit den durch Inventur ermittelten Werten überein.
Weil auf dem Kapitalkonto der Gewinn bzw. Verlust des Abrechnungszeitraums noch nicht eingetragen ist, stimmen die Summen der Aktiva und Passiva in der Schlussbilanz nicht überein. Der Unterschied stellt den **Erfolg (Gewinn oder Verlust)** der Abrechnungsperiode dar.

6. Gewinn- und Verlustrechnung

In diese Spalte werden die **Salden der Erfolgskonten** übertragen. Als Saldo aus der Soll- und Habenseite ergibt sich der **Erfolg (Gewinn oder Verlust).** Er muss mit dem Erfolg der Spalte Schlussbilanz übereinstimmen.

Beispiel

Die Nummern der vorbereitenden Abschlussbuchungen finden Sie in der Spalte Umbuchungen der nachfolgenden AÜ.

Abschlussangaben und Umbuchungen zur Abschlussübersicht der Firma Karl Holzner e. K. zum 31. Dezember 03.

① *Die Prämie für die Gebäudeversicherung wurde am 1. Juni für ein ganzes Jahr im voraus bezahlt .... 1 200,00 EUR*

2900 Akt. Rechnungsabgr. 500,00 an 6900 Versicherungsbeiträge 500,00

② *Hypothekenzinsen für die Zeit von Oktober des laufenden Jahres bis März des folgenden Jahres sind nachträglich am 31. März des folgenden Jahres zu überweisen .... 1 400,00 EUR*

7510 Zinsaufwendungen 700,00 an 4890 Sonstige Verbindlichkeiten 700,00

③ *Abschreibungen auf Gebäude .... 20 000,00 EUR*
auf Maschinen .... 90 000,00 EUR
auf Geschäftsausstattung .... 10 000,00 EUR

6520	**Abschreibungen auf Sachanlagen**	**120 000,00**	**an 0520**	**Gebäude**	**20 000,00**
			an 0700	**Techn. Anlagen und Maschinen**	**90 000,00**
			an 0860	**Geschäftsausstattung**	**10 000,00**

④ *Inventurbestände: Rohstoffe .... 100 000,00 EUR*
Unfertige Erzeugnisse .... 70 000,00 EUR
Fertige Erzeugnisse .... 83 000,00 EUR

6000	**Aufwendungen für Rohstoffe**	**40 000,00**	**an 2000**	**Rohstoffe**	**40 000,00**
5200	**Bestandsveränd.**	**30 000,00**	**an 2100**	**Unfertige Erzeugnisse**	**30 000,00**
2200	**Fertige Erzeugnisse**	**20 000,00**	**an 5200**	**Bestandsveränd.**	**20 000,00**

⑤ *Umbuchung der Erlösberichtigungen*

5000 Umsatzerlöse 15 000,00 an 5001 Erlösberichtigungen 15 000,00

⑥ *Umbuchung der Vorsteuer*

4800 Umsatzsteuer 21 000,00 an 2600 Vorsteuer 21 000,00

Abschlussübersicht der Firma Karl Holzner e. K. für die Zeit vom 1. Januar 03 bis 31. Dezember 03

Kto.-Nr.	Konto	Summenbilanz		Saldenbilanz I	
		Soll	Haben	Soll	Haben
		EUR	EUR	EUR	EUR
0510	Bebaute Grundstücke	200 000,00		200 000,00	
0520	Gebäude	500 000,00	150 000,00	350 000,00	
0700	Technische Anlagen und Maschinen	900 000,00	300 000,00	600 000,00	
0860	Geschäftsausstattung	90 000,00	30 000,00	60 000,00	
2000	Rohstoffe	370 000,00	230 000,00	140 000,00	
2100	Unfertige Erzeugnisse	100 000,00		100 000,00	
2200	Fertige Erzeugnisse	63 000,00		63 000,00	
2400	Forderungen a. L. u. L.	570 000,00	468 000,00	102 000,00	
2600	Vorsteuer	21 000,00		21 000,00	
2800	Bank	630 000,00	590 000,00	40 000,00	
2900	Aktive Rechnungsabgrenzung				
3000	Eigenkapital		840 000,00		840 000,00
4250	Langfristige Bankverbindlichkeiten	70 000,00	310 000,00		240 000,00
4400	Verbindlichkeiten a. L. u. L.	171 000,00	285 000,00		114 000,00
4800	Umsatzsteuer		42 000,00		42 000,00
4810	Noch abzuführende Abgaben		32 000,00		32 000,00
4890	Sonstige Verbindlichkeiten				
5000	Umsatzerlöse		1 200 000,00		1 200 000,00
5001	Erlösberichtigungen	15 000,00		15 000,00	
5200	Bestandsveränderungen				
5410	Provisionserträge		3 000,00		3 000,00
6000	Aufwendungen für Rohstoffe	133 000,00		133 000,00	
6200	Löhne	540 000,00		540 000,00	
6400	Arbeitgeberanteil zur Sozialversicherung	86 000,00		86 000,00	
6520	Abschreibungen auf Sachanlagen				
6820	Postgebühren	2 000,00		2 000,00	
6900	Versicherungsbeiträge	13 000,00		13 000,00	
7510	Zinsaufwendungen	6 000,00		6 000,00	
		4 480 000,00	4 480 000,00	2 471 000,00	2 471 000,00

Umbuchungen		**Saldenbilanz II**		**Schlussbilanz**		**Gewinn- und Verlustrechnung**	
Soll	Haben	Soll	Haben	Aktiva	Passiva	Soll	Haben
EUR	EUR	EUR	EUR	EUR	EUR	EUR	EUR
		200 000,00		200 000,00			
	③ 20 000,00	330 000,00		330 000,00			
	③ 90 000,00	510 000,00		510 000,00			
	③ 10 000,00	50 000,00		50 000,00			
	④ 40 000,00	100 000,00		100 000,00			
	④ 30 000,00	70 000,00		70 000,00			
④ 20 000,00		83 000,00		83 000,00			
		102 000,00		102 000,00			
	⑥ 21 000,00						
		40 000,00		40 000,00			
① 500,00		500,00		500,00			
			840 000,00		840 000,00		
			240 000,00		240 000,00		
			114 000,00		114 000,00		
⑥ 21 000,00			21 000,00		21 000,00		
			32 000,00		32 000,00		
	② 700,00		700,00		700,00		
⑤ 15 000,00			1 185 000,00				1 185 000,00
	⑤ 15 000,00						
④ 30 000,00	④ 20 000,00	10 000,00				10 000,00	
			3 000,00				3 000,00
④ 40 000,00		173 000,00				173 000,00	
		540 000,00				540 000,00	
		86 000,00				86 000,00	
③ 120 000,00		120 000,00				120 000,00	
		2 000,00				2 000,00	
	① 500,00	12 500,00				12 500,00	
② 700,00		6 700,00				6 700,00	
247 200,00	247 200,00	2 435 700,00	2 435 700,00	1 485 500,00	1 247 700,00	950 200,00	1 188 000,00
			Gewinn:		**237 800,00**	**237 800,00**	
				1 485 500,00	1 485 500,00	1 188 000,00	1 188 000,00

Ermittlung des Eigenkapitals zum 31. Dezember 03	
Eigenkapital am 1. Januar 03	840 000,00 EUR
Gewinn im Jahre 03	237 800,00 EUR
Eigenkapital am 31. Dezember 03	1 077 800,00 EUR

In der Abschlussübersicht wird der Kontenabschluss einer Abrechnungsperiode in tabellarischer Form vorbereitet. Die Abschlussübersicht ermöglicht die Kontrolle der rechnerischen Richtigkeit der im Abrechnungszeitraum durchgeführten Buchungen. Sie bietet eine übersichtliche Zusammenfassung aller Bestands- und Erfolgskonten und ist die Grundlage für die zum Jahresabschluss erforderlichen Entscheidungen.

Arbeitsaufträge

1./2. Stellen Sie auf Grund der Summenbilanzen und Abschlussangaben die Abschlussübersichten auf.

1. Summenbilanz 2.

Soll/EUR	Haben/EUR	Konten	Soll/EUR	Haben/EUR
435 000,00	35 000,00	0700 Technische Anlagen und Maschinen	540 000,00	60 000,00
85 000,00		2000 Rohstoffe	65 000,00	
30 000,00		2200 Fertige Erzeugnisse	64 000,00	
228 000,00	148 200,00	2400 Forderungen a. L. u. L.	285 000,00	102 600,00
6 000,00		2600 Vorsteuer	11 000,00	
145 000,00	87 000,00	2800 Bank	143 000,00	62 000,00
	524 600,00	3000 Eigenkapital		756 600,00
68 400,00	102 600,00	4400 Verbindlichkeiten a. L. u. L.	68 400,00	125 400,00
	17 000,00	4800 Umsatzsteuer		19 000,00
	7 200,00	4890 Sonstige Verbindlichkeiten		4 600,00
	390 000,00	5000 Umsatzerlöse		350 000,00
7 200,00		5001 Erlösberichtigungen	5 800,00	
		5200 Bestandsveränderungen		
95 000,00		6000 Aufwendungen f. Rohstoffe	77 000,00	
145 000,00		6200 Löhne	132 000,00	
		6520 Abschreibungen auf Sachanlagen		
64 000,00		6700 Mieten	87 000,00	
3 000,00		6830 Telefonkosten	2 000,00	
1 311 600,00	1 311 600,00		1 480 200,00	1 480 200,00

Abschlussangaben zu 1: EUR

1. Die Telefonrechnung für den Monat Dezember über 400,00
   wurde noch nicht bezahlt.
2. Auf dem Konto 5001 ist ein Skontobetrag von 580,00
   brutto gebucht worden. Die Umsatzsteuer ist noch zu berichtigen.
3. Abschreibungen auf Maschinen 15 % des Buchwerts
4. Inventurbestände
   Rohstoffe 105 000,00
   Fertige Erzeugnisse 80 000,00
   Die Salden der übrigen Bestandskonten stimmen mit den Inventurbeständen überein.

Abschlussangaben zu 2: EUR

1. Die Dezembermiete für gemietete Geschäftsräume wird erst im Januar des folgenden Jahres überwiesen 6 200,00
2. Ein Preisnachlass an einen Kunden auf Grund einer Mängelrüge ist brutto gebucht worden 2 320,00
   Die Umsatzsteuer ist noch zu berichtigen.
3. Abschreibungen auf Maschinen 20 % des Buchwerts
4. Inventurbestände
   Rohstoffe 40 000,00 Fertige Erzeugnisse 65 000,00

Die Salden der übrigen Bestandskonten stimmen mit den Inventurbeständen überein.

3./4. Stellen Sie auf Grund der Summenbilanzen und Abschlussangaben die Abschlussübersicht auf.

Summenbilanz

3. Soll/EUR	3. Haben/EUR	Konten	4. Soll/EUR	4. Haben/EUR
450 000,00	280 000,00	0520 Gebäude	300 000,00	190 000,00
520 000,00	290 000,00	0700 Technische Anlagen und Maschinen	480 000,00	270 000,00
90 000,00		2000 Rohstoffe	50 000,00	
60 000,00		2200 Fertige Erzeugnisse	65 000,00	
171 000,00	91 200,00	2400 Forderungen a. L. u. L.	159 600,00	85 500,00
7 000,00		2600 Vorsteuer	9 000,00	
185 000,00	137 000,00	2800 Bank	143 000,00	89 000,00
2 810,00		2900 Aktive Rechnungsabgrenzung	2 000,00	
	444 790,00	3000 Eigenkapital		360 240,00
79 800,00	125 400,00	4400 Verbindlichkeiten a. L. u. L.	125 400,00	182 400,00
	15 600,00	4800 Umsatzsteuer		21 200,00
		4900 Passive Rechnungsabgrenzung		1 800,00
	382 700,00	5000 Umsatzerlöse		411 300,00
		5200 Bestandsveränderungen		
	13 000,00	5400 Mieterträge		18 000,00
95 000,00		6000 Aufwendungen für Rohstoffe	125 000,00	
	8 120,00	6002 Nachlässe		4 060,00
120 000,00		6200 Löhne	165 000,00	
		6520 Abschreibungen auf Sachanlagen		
7 200,00		6900 Versicherungsbeiträge	9 500,00	
1 787 810,00	1 787 810,00		1 633 500,00	1 633 500,00

Abschlussangaben zu 3: EUR

1. Am 1. Dezember erhielten wir eine Mietvorauszahlung für vermietete Garagen für die Monate Dezember bis Februar (Bilanzstichtag 31. Dezember) 600,00
2. Abschreibungen
   Abschreibung auf Gebäude 4 % vom Buchwert
   Abschreibungen auf Maschinen 10 % vom Buchwert
3. Inventurbestände
   Rohstoffe 75 000,00
   Fertige Erzeugnisse 40 000,00
   Die Salden der übrigen Bestandskonten stimmen mit den Inventurwerten überein.
4. Nachlässe wurden brutto gebucht.

Abschlussangaben zu 4: EUR

1. In den Versicherungsbeiträgen sind Vorauszahlungen für das folgende Geschäftsjahr enthalten 3 000,00
2. Abschreibungen
   Abschreibung auf Gebäude 3 % vom Buchwert
   Abschreibungen auf Maschinen 15 % vom Buchwert
3. Inventurbestände
   Rohstoffe 62 000,00
   Fertige Erzeugnisse 93 000,00
   Die Salden der übrigen Bestandskonten stimmen mit den Inventurwerten überein.
4. Nachlässe wurden brutto gebucht.

Den Kapitalgesellschaften sind die Personengesellschaften gleich gestellt, bei denen keine natürliche Person persönlich haftender Gesellschafter ist, z. B. GmbH & Co. KG. Für diese Personengesellschaften gelten bezüglich des Jahresabschlusses die gleichen gesetzlichen Bestimmungen wie für Kapitalgesellschaften.

3 Jahresabschluss

Der Kaufmann hat gem. § 242 HGB für den Schluss eines jeden Geschäftsjahres einen **Jahresabschluss**[1] zu erstellen. Der Jahresabschluss besteht aus der **Gewinn- und Verlustrechnung** und der **Bilanz.** Kapitalgesellschaften (GmbH, AG, KGaA) und die ihnen gleich gestellten Personengesellschaften müssen ihren Jahresabschluss um einen **Anhang** erweitern, außerdem haben mittelgroße und große Gesellschaften einen **Lagebericht** aufzustellen (§ 264 HGB).[2]

Im Anhang werden bestimmte Posten der GuV-Rechnung und der Bilanz näher erläutert. Es werden darin u. a. Angaben gemacht über die angewandten Abschreibungsmethoden, Beteiligungen, Bürgschafts- und Wechselverpflichtungen sowie die Zahl der Arbeitnehmer. Der Lagebericht informiert u. a. über den Geschäftsverlauf im Abschlussjahr, über bedeutsame Vorgänge nach Schluss des Geschäftsjahres sowie über die voraussichtliche Entwicklung des Unternehmens.

Bezüglich der Form der Gewinn- und Verlustrechnung sowie der Bilanzgliederung gibt es für Kapitalgesellschaften und die ihnen gleich gestellten Personengesellschaften genauere Vorschriften als für Einzelunternehmen und die übrigen Personengesellschaften. Diese Vorschriften gelten jedoch nicht in gleicher Weise für alle Gesellschaften; sie sind von der Größe des Unternehmens abhängig. Für die Zuordnung zu einer Größenklasse müssen an zwei aufeinander folgende Bilanzstichtagen zwei der in der folgenden Übersicht aufgeführten Merkmale zutreffen (§ 267 HGB).

Größenklassen gem. § 267 HGB			
Merkmale	**Kleine** Gesellschaften	**Mittelgroße** Gesellschaften	**Große** Gesellschaften
Bilanzsumme	bis 3 438 000,00 EUR	bis 13 750 000,00 EUR	über 13 750 000,00 EUR
Umsatzerlöse	bis 6 875 000,00 EUR)	bis 27 500 000,00 EUR	über 27 500 000,00 EUR
Arbeitnehmer	bis 50	bis 250	über 250

3.1 Gliederung der Gewinn- und Verlustrechnung

Einzelunternehmen und **Personengesellschaften** können ihren Erfolg durch Gegenüberstellung von Aufwendungen und Erträgen in einem **Gewinn- und Verlustkonto** ermitteln. Bei **Kapitalgesellschaften** und den ihnen gleich gestellten Personengesellschaften ist dagegen für die **Gewinn- und Verlustrechnung** eine Gliederung in **Staffelform** verbindlich vorgeschrieben (§ 275 HGB).

---

[1] *Vgl. auch S. 316 f.*

[2] *Eine ausführliche Darstellung des Jahresabschlusses von Kapitalgesellschaften befindet sich in Band 2, Kapitel D 2.*

Gliederung der Gewinn- und Verlustrechnung nach § 275 HGB (Gesamtkostenverfahren)

1. Umsatzerlöse
2. Erhöhung oder Verminderung des Bestands an fertigen und unfertigen Erzeugnissen
3. andere aktivierte Eigenleistungen
4. sonstige betriebliche Erträge
5. Materialaufwand:
   a) Aufwendungen für Roh-, Hilfs- und Betriebsstoffe und für bezogene Waren
   b) Aufwendungen für bezogene Leistungen
6. Personalaufwand:
   a) Löhne und Gehälter
   b) soziale Abgaben und Aufwendungen für Altersversorgung und für Unterstützung,
   davon für Altersversorgung
7. Abschreibungen:
   a) auf immaterielle Vermögensgegenstände des Anlagevermögens und Sachanlagen sowie auf aktivierte Aufwendungen für die Ingangsetzung und Erweiterung des Geschäftsbetriebs
   b) auf Vermögensgegenstände des Umlaufvermögens, soweit diese die in der Kapitalgesellschaft üblichen Abschreibungen überschreiten
8. sonstige betriebliche Aufwendungen
9. Erträge aus Beteiligungen
   davon aus verbundenen Unternehmen
10. Erträge aus anderen Wertpapieren und Ausleihungen des Finanzanlagevermögens,
   davon aus verbundenen Unternehmen
11. sonstige Zinsen und ähnliche Erträge,
   davon aus verbundenen Unternehmen
12. Abschreibungen auf Finanzanlagen und auf Wertpapiere des Umlaufvermögens
13. Zinsen und ähnliche Aufwendungen
   davon aus verbundenen Unternehmen
14. **Ergebnis der gewöhnlichen Geschäftstätigkeit**
15. außerordentliche Erträge
16. außerordentliche Aufwendungen
17. **außerordentliches Ergebnis**
18. Steuern vom Einkommen und vom Ertrag
19. sonstige Steuern
20. **Jahresüberschuss/Jahresfehlbetrag**

Kleine und mittelgroße Kapitalgesellschaften und ihnen gleich gestellte Personengesellschaften dürfen die Posten 1–5 des Gliederungsschemas zu einem Posten **Rohergebnis** zusammenfassen (§ 276 HGB).

Einzelunternehmen und **Personengesellschaften** können ihre Gewinn- und Verlustrechnung ebenfalls nach diesem Schema gliedern.

Sie erinnern sich: Das ist das Abschlussgliederungsprinzip des Schulkontenrahmens.

Die Erfolgskonten sind im Schulkontenrahmen NW weitgehend so aufgegliedert wie die Positionen im Gliederungsschema für die GuV-Rechnung. Ihre Salden lassen sich deshalb unmittelbar in dieses Gliederungsschema überführen.

Beispiel

Vergleichen Sie dieses GuV-Konto mit den Zahlen der Spalte Gewinn- und Verlustrechnung in der Betriebsübersicht auf Seite 385.

Die Möbelfabrik Karl Holzner e. K., Minden, hat für die Zeit vom 1. Januar 03 – 31. Dezember 03 folgendes GuV-Konto erstellt:

Soll **8020 Gewinn und Verlust** Haben

Soll		Haben	
5200	10 000,00	5000	1 185 000,00
6000	173 000,00	5410	3 000,00
6200	540 000,00		
6400	86 000,00		
6520	120 000,00		
6820	2 000,00		
6900	12 500,00		
7510	6 700,00		
3000	237 800,00		
	1 188 000,00		1 188 000,00

Aus diesem GuV-Konto entwickelt die Firma Holzner eine Gewinn- und Verlustrechnung in Staffelform:

Gewinn- und Verlustrechnung der Möbelfabrik Karl Holzner e. K., Minden, für die Zeit vom 1. Januar 03 bis zum 31. Dezember 03.

Kto. Nr.			EUR
5000 →	1. Umsatzerlöse		1 185 000,00
5200 →	2. Erhöhung oder Verminderung des Bestands an fertigen und unfertigen Erzeugnissen		10 000,00
5410 →	3. sonstige betriebliche Erträge		3 000,00
6000 →	4. Materialaufwand: a) Aufwendungen für Roh-, Hilfs- und Betriebsstoffe und für bezogene Waren		173 000,00
	5. Personalaufwand		
6200 →	a) Löhne und Gehälter	540 000,00	
6400 →	b) soziale Abgaben und Aufwendungen für Altersversorgung und für Unterstützung	86 000,00	626 000,00
6520 →	6. Abschreibungen: a) auf immaterielle Vermögensgegenstände des Anlagevermögens und Sachanlagen		120 000,00
6820, 6900 →	7. Sonstige betriebliche Aufwendungen		14 500,00
7510 →	8. Zinsen und ähnliche Aufwendungen		6 700,00
	9. Ergebnis der gewöhnlichen Geschäftstätigkeit		237 800,00
	10. Gewinn (Jahresüberschuss)		237 800,00

Arbeitsaufträge

1. Die Buchhaltung der Weberei Fritz Weiß e. K., Krefeld, hat für das Geschäftsjahr vom 1. Januar 07 bis 31. Dezember 07 folgendes Gewinn- und Verlustkonto erstellt:

Soll		8020 Gewinn und Verlust			Haben
6000	Aufwendungen f. Rohstoffe	193 000,00	5000	Umsatzerlöse	715 000,00
6030	Aufwendungen für Betriebsstoffe	19 000,00	5200	Bestandsveränderungen	18 000,00
6040	Verpackungsmaterial	4 000,00	5410	Provisionserträge	4 200,00
6160	Fremdinstandsetzung	11 000,00	5710	Zinserträge	2 600,00
6200	Löhne	113 000,00			
6300	Gehälter	78 000,00			
6400	Arbeitgeberanteil zur Sozialversicherung	37 000,00			
6520	Abschreibungen auf Sachanlagen	75 000,00			
6600	Sonstige Personalaufwendungen	15 000,00			
6750	Kosten des Geldverkehrs	800,00			
6850	Reisekosten	3 400,00			
7030	Kraftfahrzeugsteuer	3 200,00			
7510	Zinsaufwendungen	1 400,00			
7700	Gewerbeertragsteuer	50 000,00			
3000	Eigenkapital	136 000,00			
		739 800,00			739 800,00

1. Erstellen Sie eine Gewinn- und Verlustrechnung nach dem Gliederungsschema von § 275 HGB.
2. Wie wäre die Gewinn- und Verlustrechnung zu erstellen, wenn die ersten fünf Posten des Gliederungsschemas zum Rohergebnis zusammengefasst werden (Gliederung nach § 276 HGB)?

2. Die Buchführung der Möbelfabrik Karl Holzner e. K., Minden, weist für das Geschäftsjahr vom 1. Januar 04 bis 31. Dezember 04 folgendes GuV-Konto auf:

Soll		8020 Gewinn und Verlust			Haben
5200	Bestandsveränderungen	15 000,00	5000	Umsatzerlöse	424 000,00
6000	Aufwendungen f. Rohstoffe	78 000,00	5400	Mieterträge	21 000,00
6020	Aufwendungen für Hilfsstoffe	24 000,00	5460	Erträge aus dem Abgang von Vermögensgegenständen	8 000,00
6050	Energie	32 000,00	5710	Zinserträge	2 000,00
6150	Vertriebsprovisionen	16 000,00	3000	Eigenkapital	65 000,00
6160	Fremdinstandsetzung	9 000,00			
6200	Löhne	110 000,00			
6300	Gehälter	65 000,00			
6400	Arbeitgeberanteil zur Sozialversicherung	34 000,00			
6520	Abschreibungen auf Sachanlagen	87 000,00			
6600	Sonstige Personalaufwendungen	11 000,00			
6750	Kosten des Geldverkehrs	1 000,00			
6800	Büromaterial	3 000,00			
6870	Werbung	13 000,00			
7700	Gewerbeertragsteuer	18 000,00			
7020	Grundsteuer	4 000,00			
		520 000,00			520 000,00

1. Erstellen Sie eine Gewinn- und Verlustrechnung nach dem Gliederungsschema von § 275 HGB.
2. Wie wäre die Gewinn- und Verlustrechnung zu erstellen, wenn die ersten fünf Posten des Gliederungsschemas zum Rohergebnis zusammengefasst werden (Gliederung nach § 276 HGB)?

3.2 Gliederung der Jahresbilanz

Für **Einzelunternehmen und Personengesellschaften** gilt § 247 HGB. Danach sind in der Bilanz das Anlage- und das Umlaufvermögen, das Eigenkapital, die Schulden sowie die Rechnungsabgrenzungsposten gesondert auszuweisen und hinreichend zu gliedern. Eine **bestimmte Form der Bilanzgliederung** ist nach diesen Bestimmungen **nicht vorgeschrieben.**

Für **Kapitalgesellschaften** und ihnen gleich gestellte Personengesellschaften wird dagegen in § 266 HGB ein **Bilanzgliederungsschema zwingend vorgeschrieben.** Es ist jedoch nur für mittelgroße und große Gesellschaften verbindlich. **Kleine Gesellschaften** brauchen nach § 266 (1) HGB nur eine **verkürzte Bilanz** aufzustellen.

Bilanzschema für kleine Kapitalgesellschaften und ihnen gleich gestellte Personengesellschaften

Aktiva	Passiva
A. Anlagevermögen	**A. Eigenkapital**
I Immaterielle Vermögensgegenstände	I. Gezeichnetes Kapital
II. Sachanlagen	II. Kapitalrücklage
III. Finanzanlagen	III. Gewinnrücklagen
	IV. Gewinnvortrag/Verlustvortrag
	V. Jahresüberschuss/Jahresfehlbetrag
B. Umlaufvermögen	
I. Vorräte	
II. Forderungen und sonstige Vermögensgegenstände	**B. Rückstellungen**
III. Wertpapiere	
IV. Flüssige Mittel	**C. Verbindlichkeiten**
C. Rechnungsabgrenzungsposten	**D. Rechnungsabgrenzungsposten**

Einzelunternehmen und Personengesellschaften können sich bei der Gliederung ihrer Bilanzen an diesem Schema orientieren; das ist jedoch nicht vorgeschrieben.

Sie erinnern sich: Das ist das Abschlussgliederungsprinzip des Schulkontenrahmens.

Die Bestandskonten des Schulkontenrahmens NW sind in der Reihenfolge der im HGB vorgegebenen Bilanzpositionen gegliedert. Die Kontensalden lassen sich deshalb unmittelbar zur Bilanz zusammenführen.

Beispiel

Vergleichen Sie dieses SBK mit den Zahlen der Spalte Bilanz in der Betriebsübersicht auf Seite 385.

Die Möbelfabrik Karl Holzner e. K. hat für die Zeit vom 1. Januar 03 – 31. Dezember 03 folgendes Schlussbilanzkonto erstellt:

8010 Schlussbilanzkonto

Soll		Haben		
0510	200 000,00	3000	(einschl. Gewinn von 237 800,00 EUR)	1 077 800,00
0520	330 000,00			
0700	510 000,00	4250		240 000,00
0860	50 000,00	4400		114 000,00
2000	100 000,00	4800		21 000,00
2100	70 000,00	4810		32 000,00
2200	83 000,00	4890		700,00
2400	102 000,00			
2800	40 000,00			
2900	500,00			
	1 485 500,00			1 485 500,00

Beispiel

Bei der Gliederung ihrer Bilanz richtet sich die Firma Holzner nach dem in § 266 (1) HGB für kleine Gesellschaften vorgeschriebenen Gliederungsschema:

Bilanz der Möbelfabrik Karl Holzner e. K., Minden, zum 31. Dezember 03

Kto. Nr.	Aktiva	EUR	Passiva	EUR	Kto. Nr.
	A. Anlagevermögen		**A. Eigenkapital**		
0510, 0520, 0700, 0860 →	I. Sachanlagen	1 090 000,00	I. Eigenkapital	840 000,00	← 3000
	B. Umlaufvermögen		II. Gewinn (Jahresüberschuss)	237 800,00	← 8020
2000, 2100, 2200 →	I. Vorräte	253 000,00	**B. Verbindlichkeiten**	407 700,00	← 4250, 4400, 4800, 4810, 4890
2400 →	II. Forderungen und sonstige Vermögensgegenstände	102 000,00			
2800 →	III. Flüssige Mittel	40 000,00			
2900 →	**C. Rechnungsabgrenzungsposten**	500,00			
		1 485 500,00		1 485 500,00	

Den Jahresabschluss haben zu unterzeichnen

Unternehmensform		Unterzeichnungspflichtiger
Einzelunternehmen	→	der Unternehmer (Inhaber)
OHG	→	alle Gesellschafter
KG	→	alle Vollhafter
GmbH	→	alle Geschäftsführer
AG	→	alle Mitglieder des Vorstands

Arbeitsaufträge

1. Die Buchhaltung der Weberei Fritz Weiß e. K., Krefeld, hat für das Geschäftsjahr vom 1. Januar 07 bis 31. Dezember 07 folgendes Schlussbilanzkonto erstellt.

Soll — 8010 Schlussbilanzkonto — Haben

Soll			Haben		
0510	Bebaute Grundstücke	80 000,00	3000	Eigenkapital	828 000,00
0520	Gebäude	180 000,00	4250	Langfristige Bankverbindlichkeiten	350 000,00
0700	Technische Anlagen und Maschinen	600 000,00	4400	Verbindlichkeiten a. L. u. L.	160 000,00
0840	Fuhrpark	90 000,00	4800	Umsatzsteuer	9 000,00
0860	Geschäftsausstattung	50 000,00	4890	Sonstige Verbindlichkeiten	6 000,00
2000	Rohstoffe	110 000,00	4900	Passive Rechnungsabgrenzung	4 000,00
2030	Betriebsstoffe	60 000,00			
2200	Fertige Erzeugnisse	70 000,00			
2400	Forderungen a. L. u. L.	64 000,00			
2800	Bank	40 000,00			
2880	Kasse	10 000,00			
2900	Aktive Rechnungsabgrenzung	3 000,00			
		1 357 000,00			1 357 000,00

Erstellen Sie die Schlussbilanz nach dem verkürzten Gliederungsschema gemäß § 266 [1] HGB. Der für das Jahr 07 ermittelte Gewinn in Höhe von 136 000,00 EUR ist bereits dem Eigenkapital hinzugerechnet worden.

2. Die Buchhaltung der Möbelfabrik Karl Holzner e. K., Minden, hat für das Geschäftsjahr vom 1. Januar 04 bis 31. Dezember 04 folgendes Schlussbilanzkonto erstellt:

Soll		8010 Schlussbilanzkonto			Haben
0510	Bebaute Grundstücke	160 000,00	3000	Eigenkapital	823 000,00
0520	Gebäude	320 000,00	4200	Kurzfristige Bankverbindlichkeiten	35 000,00
0700	Technische Anlagen und Maschinen	300 000,00	4250	Langfristige Bankverbindlichkeiten	230 000,00
0860	Geschäftsausstattung	70 000,00	4400	Verbindlichkeiten a. L. u. L.	150 000,00
2000	Rohstoffe	60 000,00	4800	Umsatzsteuer	5 000,00
2020	Hilfsstoffe	80 000,00	4810	Noch abzuführende Abgaben	4 000,00
2100	Unfertige Erzeugnisse	90 000,00	4900	Passive Rechnungsabgrenzung	3 000,00
2200	Fertige Erzeugnisse	50 000,00			
2400	Forderungen a. L. u. L.	110 000,00			
2880	Kasse	8 000,00			
2900	Aktive Rechnungsabgrenzung	2 000,00			
		1 250 000,00			1 250 000,00

Erstellen Sie die Schlussbilanz nach dem verkürzten Gliederungsschema gemäß § 266 [1] HGB. Der für das Jahr 04 ermittelte Verlust in Höhe von 65 000,00 EUR ist bereits vom Eigenkapital abgezogen worden.

E

Buchen nach Belegen

Belegorganisation

Einer der wichtigsten Grundsätze der Buchführung ist, dass **für jede Buchung ein Beleg** vorhanden sein muss. Belege sind Bestandteile einer ordnungsmäßigen Buchführung, weil sich aus ihnen die Geschäftsfälle bestimmen und nachweisen lassen, z. B. Umsatzerlöse aus Kopien der Ausgangsrechnungen, Materialeinkauf aus den Eingangsrechnungen, Personalaufwendungen aus den Gehaltslisten. Nach der Herkunft der Belege unterscheidet man **Fremdbelege (externe Belege)** und **Eigenbelege (interne Belege).** Fremdbelege kommen von außen (z. B. von Geschäftspartnern, Behörden, Versicherungen, Banken) ins Unternehmen, Eigenbelege entstehen im eigenen Unternehmen.

Beispiele

Belegarten	
Fremdbelege	*Eigenbelege*
– *Lieferantenrechnungen* – *Lastschrift- und Gutschriftanzeigen von Lieferanten* – *Kontoauszüge von Banken und Postbank* – *Quittungen über geleistete Barzahlungen* – *Prämienrechnungen der Versicherungen* – *Honorarrechnungen von Steuerberatern*	– *Kopien von Ausgangsrechnungen* – *Kopien von Lastschrift- und Gutschriftanzeigen an Kunden* – *Lohn- und Gehaltsabrechnungen* – *Belege über Umbuchungen und Abschlussbuchungen* – *Materialentnahmescheine*

Die Buchung der Belege muss sorgfältig vorbereitet werden. Diese **Vorbereitung** kann in folgenden Schritten erfolgen:

- **Überprüfen** der rechnerischen und sachlichen Richtigkeit der Belege,
- **Ordnen** nach Belegarten (z. B. nach Bankbelegen, Eingangsrechnungen, Ausgangsrechnungen),
- **Kennzeichnen** der Belege nach Belegarten (z. B.: B für Bankbelege, ER für Eingangsrechnungen, AR für Ausgangsrechnungen),
- fortlaufende **Nummerierung** der nach Belegarten sortierten Belege,
- **Kontieren** der Belege (auf den Belegen wird der Buchungssatz verzeichnet).

Bei der **Buchung** können der Tag der Buchung, die Seite des Grundbuchs sowie das Zeichen des Buchhalters auf den Belegen vermerkt werden. Als Hilfsmittel für die Belegvorbereitung kann man **Buchungsstempel** verwenden, in die die Buchungsvermerke eingetragen werden.

Belege sind gemäß § 257 (4, 5) HGB 10 Jahre lang ab Schluss des Kalenderjahres, in dem sie entstanden sind, **aufzubewahren.** Damit sie jederzeit greifbar sind und als Beweismittel herangezogen werden können, sind sie in einer sinnvoll organisierten Form aufzubewahren (z. B. Bankbelege in zeitlicher Reihenfolge, Ausgangsrechnungen nach Kunden- bzw. nach Rechnungsnummern). Sind Belege auf Bildträgern oder anderen Datenträgern aufgenommen, dann müssen sie während der Dauer der gesetzlich vorgeschriebenen Aufbewahrungsfrist in einer angemessenen Zeit lesbar gemacht werden können.

1. Fremdbeleg

Fritz Scharf e. K., Hersteller von Schneidwaren, erhält folgende Rechnung:

Beispiel

Stahlhandel GmbH
Duisburg

Stahlhandel GmbH, Hafenstr. 10–14, 47119 Duisburg

Fritz Scharf e. K.
Schneidwarenfabrik
Burgstr. 100

42655 Solingen

Rechnung Nr. 00734 Kunden-Nr. 34108 Datum: 20..-11-16

Ihre Bestellung vom 10. Nov. 20..

Wie lieferten Ihnen durch die Spedition Hans Fern GmbH, Duisburg

900,0 kg	Flachstahl	18 Cr Ni 8	5 x 60 mm	1,60 je kg	1 440,00 EUR
662,5 kg	Flachstahl	18 Cr Ni 8	6 x 80 mm	1,60 je kg	1 060,00 EUR
					2 500,00 EUR
				16 % USt.	400,00 EUR
					2 900,00 EUR

Kto.	Soll	Haben
2000	2 500,00	
2600	400,00	
4400		2 900,00

Gebucht: 24.1.20.. Bu

2. Eigenbeleg

Fritz Scharf e. K. liefert Erzeugnisse an das Kaufhaus Jakob Kohlbein GmbH. Es liegt folgende Rechnungskopie vor:

Fritz Scharf e
Schneidwarenf

Fritz Scharf e. K., Postfach 4287, 42657 Solingen

Kaufhaus
Jakob Kohlbein GmbH
Karlstr. 108
80335 München

Datum: 20..-03-27

Rechnung – Kopie
Kunden-Nr.: 00875 Beleg-Nr.: 20643
Bitte bei Zahlung angeben

Menge	Bezeichnung	Einzelpreis/EUR	Betrag/EUR
50	Haushaltsscheren 140 mm	5,20	260,00
50	Haushaltsscheren 160 mm	6,30	315,00
50	Haushaltsscheren 200 mm	8,50	425,00
			1 000,00
		16 % USt.	160,00
			1 160,00

Kto.	Soll	Haben
2400	1 160,00	
5000		1 000,00
4800		160,00

Gebucht: 29.3.20.. Ko.

Für jede Buchung muss ein <u>Beleg</u> vorhanden sein. Belege dienen der Kontrolle der Buchungen und stellen Beweismittel gegenüber Geschäftspartnern, Behörden und anderen Stellen dar. Man unterscheidet Eigenbelege und Fremdbelege. Alle Belege sind zu kontieren und geordnet aufzubewahren.

Arbeitsauftrag

Fritz Dreher e. K. betreibt in Neuss, Industriestr. 200, eine Schraubenfabrik. Vor dem Abschluss zum 31. März sind noch die nachfolgenden Belege zu buchen und die Abschlussangaben zu berücksichtigen. Skonti und andere Nachlässe sind brutto zu buchen, die Sammelberichtigung der Vorsteuer bzw. Umsatzsteuer ist zum 31. März vorzunehmen.

Konten	Soll/EUR	Haben/EUR
0520 Gebäude	300 000,00	1 400,00
0700 Technische Anlagen und Maschinen	500 000,00	10 000,00
0860 Geschäftsausstattung	90 000,00	20 000,00
2000 Rohstoffe	50 000,00	
2030 Betriebsstoffe	17 000,00	
2100 Unfertige Erzeugnisse	36 000,00	
2200 Fertige Erzeugnisse	17 000,00	
2400 Forderungen a. L. u. L.	175 600,00	136 800,00
2600 Vorsteuer	6 400,00	
2800 Bank	152 600,00	122 300,00
3000 Eigenkapital		693 250,00
4250 Langfristige Bankverbindlichkeiten	6 000,00	180 000,00
4400 Verbindlichkeiten a. L. u. L.	91 200,00	205 200,00
4800 Umsatzsteuer	24 300,00	35 560,00
4810 Noch abzuführende Abgaben	26 800,00	26 800,00
5000 Umsatzerlöse		280 000,00
5001 Erlösberichtigungen	4 640,00	
5200 Bestandsveränderungen		
5710 Zinserträge		700,00
6000 Aufwendungen für Rohstoffe	33 860,00	
6001 Bezugskosten	3 200,00	
6002 Nachlässe		1 740,00
6030 Aufwendungen für Betriebsstoffe	8 300,00	
6160 Fremdinstandsetzung	7 500,00	
6200 Löhne	62 000,00	
6300 Gehälter	48 000,00	
6400 Arbeitgeberanteil zur Sozialversicherung	19 500,00	
6520 Abschreibungen auf Sachanlagen	31 400,00	
6750 Kosten des Geldverkehrs	250,00	
6800 Büromaterial	400,00	
7510 Zinsaufwendungen	1 800,00	
	1 713 750,00	1 713 750,00

Abschlussangaben

1. Richten Sie noch das Schlussbilanzkonto (8010) und das GuV-Konto (8020) ein.
2. Abschreibungen:
   Betriebsgebäude .... 700,00 EUR
   Technische Anlagen und Maschinen .... 6 000,00 EUR
   Betriebs- und Geschäftsausstattung .... 10 000,00 EUR
3. Inventurbestände:
   Rohstoffe .... 28 000,00 EUR
   Betriebsstoffe .... 21 000,00 EUR
   Unfertige Erzeugnisse .... 30 000,00 EUR
   Fertige Erzeugnisse .... 20 000,00 EUR
   Die Salden der übrigen Bestandskonten stimmen mit den Inventurwerten überein.
4. Die Zahllast ist zu passivieren.

Stahlhandel GmbH
Duisburg

Stahlhandel GmbH · Hafenstraße 10-14 · 47119 Duisburg

Fritz Dreher e. K.
Schraubenfabrik
Industriestraße 200

41460 Neuss

Telefon: (02 03) 71 85 20

Datum: 20..-03-27

Rechnung Nr. 16/342

Ihre Bestellung vom 16. März 20..

Wie lieferten Ihnen duch die Spedition Rollmann, Duisburg

2,7 t	Rundstahl 14301	8 mm Ø	4 300,00 EUR
2,5 t	Rundstahl 14301	10 mm Ø	4 000,00 EUR
1,0 t	Rundstahl 14301	15 mm Ø	1 700,00 EUR
			10 000,00 EUR
		+ 16 % USt.	1 600,00 EUR
			11 600,00 EUR

Spedition Rollmann GmbH
Transporte · Lagerung · Umschlag

Spedition Rollmann GmbH · Hafenstr. 210 · 47198 Duisburg

Fritz Dreher e. K.
Schraubenfabrik
Industriestraße 200

41460 Neuss

Datum: 20..-03-27

Rechnung Nr. 386 GN

Auftraggeber: Stahlhandel GmbH, Duisburg
Güternahverkehrstarif Tafel III

Wir transportierten für Sie:

6,2 t Rundstahl gebündelt		150,00 EUR
	16 % USt.	24,00 EUR
		174,00 EUR

Fritz Drehe
Schrauber

Fritz Dreher e. K., Industriestr. 200, 41460 Neus

Peter Wagner OHG
Schraubengroßhandel
Niederrheinstr. 87
47829 Krefeld

Ihr Zeichen	*Ihre Nachricht vom*	*U*
w-s	20..-03-26	d

Gutschrift wegen Mängelrüge

Auf Grund Ihrer Mängelrühe schreibe ich Ihnen gut:

Warenwert		300,00 EUR
	16 % USt.	48,00 EUR
		348,00 EUR

Freundliche Grüße
Fritz Dreher e. K.

i. V. Ma.

Klaus Volkmann
Bau- und Möbelschreinerei

Klaus Volkmann, Postweg 59, 41472 Neuss

Fritz Dreher e. K.
Schraubenfabrik
Industriestraße 200
41460 Neuss

Datum: 20..-03-29

Rechnung

Schreinerarbeiten in Ihren Verwaltungsräumen gemäß beiliegendem Arbeitsbericht		250,00 EUR
	16 % USt.	40,00 EUR
		290,00 EUR

Konrad Feldmann OHG
Bürobedarf — Büroeinrichtungen
Weingartstr. 59 · 41464 Neuss

K. Feldmann OHG · Weingartstr. 59 · 41464 Neuss

Fritz Dreher e. K.
Schraubenfabrik
Industriestraße 200
41460 Neuss

Rechnung Nr. 123

Ihre Auftrags-Nr. 12/1234/56

Datum: 20..-03-27

	Lieferschein Nr. 1456/v. 25.03.20..	EUR	EUR
12	Holzlineale	2,20	26,40
40	Ordner	2,10	84,00
10	Register 1265	1,80	18,00
20	Klebestifte WA 11	1,60	32,00
10	Stempelkissen Nr. II blau	3,10	31,00
10	Heftzangen	8,50	85,00
10	Stabilo gelb	1,10	11,00
20	Stenoblocks	0,40	8,00
10	Rollen Klebeband 5013	0,55	5,50
2	Tuben GUM 45015	1,30	2,60
1	Telefonregister		16,50
20	Radiergummi BR 40	1,00	20,00
			340,00
	+ 16 % USt.		54,40
			394,40

Konrad Feldmann OHG

Bürobedarf — Büroeinrichtungen

Weingartstr. 59 · 41464 Neuss

K. Feldmann OHG · Weingartstr. 59 · 41464 Neuss

Fritz Dreher e. K.
Schraubenfabrik
Industriestraße 200

41460 Neuss

Rechnung Nr. 1234

Ihre Auftrags-Nr. 13/456/789

Datum: 20..-03-27

	Lieferschein Nr. 1412/v. 24.03.20..		EUR
1	Drehsessel Gestell poliert 5 R Stoff 28-30		650,00
1	Schreibtisch Gestell anthr. N.K.S.		800,00
1	Registraturschrank N.K.S. 3 Züge für je 2 x DIN A4		550,00
			2 000,00
	+ 16 % USt.		320,00
			2 320,00

Fritz Dreher e. K.
Schraubenfabrik

Fritz Dreher e. K., Industriestr. 200, 41460 Neuss

Josef Schlosser
Metallbau
Suitbertusstr. 278
40223 Düsseldorf

Rechnung – Kopie

Kunden-Nr.: 01436 Beleg-Nr.: 208150 Datum: 20..-03-28
Bitte bei Zahlung angeben

Ich lieferte Ihnen sortiert gemäß beiliegender Packliste:

Sechskantschrauben, roh DIN 418	310,00 EUR
Sechskantschrauben, roh DIN 558	240,00 EUR
Vierkantschrauben, roh DIN 556	450,00 EUR
	1 000,00 EUR
16 % USt.	160,00 EUR
	1 160,00 EUR

BITTE RÜCKSEITE BEACHTEN!

Konto 6 250 348 — KONTOAUSZUG — **SPARKASSE NEUSS – BLZ 305 500 00 –** — Auszug 28 — Blatt 1

Buch.-Tag	Wert	PN	Erläuterung/Verwendungszweck	Umsätze	
03-28	03-27	753	H. Baumann, Rohstoff-Rchg. 200272 über 5 800,00 EUR abz. 3 % Skonto = 174,00 EUR, Fritz Dreher	5 626,00	S
03-31	04-01	757	Fritz Dreher, Rchg. 200354 über 2 900,00 EUR abz. Skonto 58,00 EUR, K. Schlosser	2 842,00	H
03-31	03-31	762	Gehaltszahlung, Datenträgeraustausch	10 150,00	S
03-31	03-31	765	Habenzinsen	23,00	H
03-31	03-31	766	Kontogebühren	35,00	S
03-31	03-31	767	Porto	9,00	S
03-31	03-31	804	Dauerauftrag Darlehensrückzahlung	2 000,00	S
03-31	03-31	805	Darlehenszinsen	800,00	S

BS	Letzter Auszug	Auszugdatum	Alter Kontostand	Neuer Kontostand
	20..-03-25	20..-03-31	EUR 30 300,00 H	EUR 14 545,00 H

Endl. 5024

Buchungsanweisung		Datum: 31. März 20..
Gehaltsabrechnung		Monat: März 20..
	EUR	EUR
Bruttogehälter		15 350,00
Abzüge		
Lohnsteuer, Solidaritätszuschlag, Kirchensteuer	2 060,00	
Sozialversicherungsbeiträge	3 140,00	5 200,00
Auszahlung		10 150,00
Arbeitgeberanteil		3 140,00
Überweisung durch Datenträgeraustausch		

	Personalbuchführung	Finanzbuchhaltung
Datum:	31. März 20..	31. März 20..
Name:	Schall	Schneider

Mineralölhandel GmbH

40213 Düsseldorf · Hafenstr. 56

Mineralölhandel GmbH · Hafenstr. 56 · 40213 Düsseldorf

Fritz Dreher e. K.
Schraubenfabrik
Industriestraße 200

41460 Neuss

Rechnung	Kunden-Nr.	Beleg-Nr.	Datum:
	40072	96.872	20..-03-30

Menge l	Bezeichnung	EUR/l	Gesamtpreis
200	Getriebeöl HLP 46	3,50	700,00 EUR
		16 % USt.	112,00 EUR
			812,00 EUR

Zahlbar innerhalb von 14 Tagen unter Abzug von 3 % Skonto oder innerhalb von 30 Tagen ohne Abzug.

Konrad Feldmann OHG

Bürobedarf — Büroeinrichtungen

Weingartstr. 59 · 41464 Neuss

K. Feldmann OHG · Weingartstr. 59 · 41464 Neuss

Fritz Dreher e. K.
Schraubenfabrik
Industriestraße 200

41460 Neuss

Rechnung Nr. 1420

Ihre Auftrags-Nr. 12/1234/56

Datum: 20..-03-28

	Lieferschein Nr. 1249/v. 26.03...	EUR	EUR
40	Kartons Druckerpapier	30,00	1 200,00
20	Packen Kopierpapier, je 500 Stück, Lux spezial, 80 g	7,50	150,00
			1 350,00
	+ 16 % USt.		216,00
			1 566,00

Sachwortverzeichnis

H

I

J

K